KB041681

# 新상법입문

제 2 판

한기정

박영사

An Introduction to Commercial Law

# 제2판 머리말

2020년에 초판을 낸 이후로 이번에 제2판을 발간하게 되었다. 본서의 독자들께 감사의 뜻을 표한다.

제2판에서는 초판에서 미진했던 부분을 수정 보완하였다. 초판의 숙명인 오탈자를 수정한 것은 물론이고, 상당 부분에 걸쳐서 가필하는 작업을 하였다. 특히 제1편~제4편에서 가필이 많이 이루어졌는데, 이는 난해한 상법학을 초심자도 보다 쉽고 명쾌하게 이해할 수 있도록 배려하기 위해서이다. 때로는 지나치게 친절하게 설명한 부분도 있는데 이는 본서가 갖는 입문서로서의 성격을 감안한 것이다. 한편으로는 설명이 충분하지 않은 부분도 간혹 보여서 아쉽다. 이는 본서가 한정된 지면에서 상법학의 주요 쟁점을 빠뜨리지 않고 전체를 기술하다 보니 생기는 것으로서 앞으로 보완해 가야 할 과제이다. 한편, 제2판에서는 최근의 주요 법령 개정도 반영하였다. 특히 상법 회사편이 2020년 말에 개정됨에 따른 다중대표소송의 도입, 감사위원의 일부 분리선출 등 중요한 개정 내용을 소개하였다.

제2판을 흔쾌히 출간해주신 박영사 안종만 회장님, 기획과 편집을 통해서 도와주시는 조성호 이사님과 김선민 이사님께 늘 감사를 드린다.

2022년 1월 관악에서

한기정

# 머 리 말

몇 해 전부터 서울대 학부에 개설된 상법(기업법) 강의를 맡게 되면서 이를 위한 교재가 필요하다는 생각을 하고 있었다. 법학을 전공하지 않은 학부생을 대상으로 교재 없이 방대한 상법을 강의하는 것은 돛단배로 망망대해를 횡단하는 것과 같은 느낌마저 준다. 본서는 법학의 입문자가 상법을 쉽게 터득할 수 있도록 상법의 기초적이고 핵심적인 요체를 가급적 간략하고 명쾌하게 기술한 입문서이다.

상법은 총칙, 상행위, 회사, 보험, 해상, 항공운송, 어음·수표를 대상으로 하는 법이다. 본서는 이 중에서 전문분야인 해상과 항공운송을 제외한 상법 전체에 대해 기술한다. 방대한 상법을 입문자를 위한 한권의 책으로 엮어낸다는 것이 쉽지만은 않은 일이다. 상법의 모든 것을 상세히 설명해서는 입문자가 감당하기 어렵고, 그렇다고 너무 기초적인 것만 다루면 피상적이라 실제적인 배움을 얻기 어렵다. 이에 따라 본서는 상법의 주요 쟁점을 빠뜨리지 않고 다루되 기본 개념 및 원리를 중심으로 핵심적 내용을 간결하고 명료하게 기술하는 데에 중점을 두고 있다. 이를 통해서 입문자가 상법이라는 거대한 숲을 바라볼 수 있고 곁들여서 나무도 볼 수 있게 배려하고 있다. 이러한 이유에서 상법을 입문하려는 경우는 물론이고 변호사시험, 공인회계사시험 등 상법과 관련된 각종 시험에 대비해서 상법의 요체를 간이·신속하게 이해하거나 암기하고자 하는 경우에도 본서가 동반자 역할을 할 수 있다.

본서의 서설에서는 민법의 기초에 대해 기술한다. 이는 민법에 대한 공부가 되어 있지 않은 독자를 위한 것이다. 상법은 민법을 응용하거나 변형하는 등 민법과 밀접한 관계에 있기 때문에 상법 공부를 위해서는 민법의 이해가 필수적이다. 서설은 상법 공부에 필요한 범위에서 민법의 기초를 다룬다. 민법이 익숙하지 않은 독자는 상법 공부를 하기 전에 반드시 서설을 읽어 볼 것을 권한다. 그런데 서설은 방대한 민법을 짧게 압축한 것이기 때문에 초학

자에게는 꽤 버거울 수 있다. 서설의 내용을 개략적으로 읽어 대체적인 감만 잡은 뒤에 빠르게 상법 부분으로 진도를 나아가고 필요한 경우 수시로 되돌아와서 해당 부분을 다시 확인해 보는 방법이 효과적일 것이다. 민법에 대한 공부가 어느 정도 되어 있는 독자는 서설을 건너뛰고 곧바로 상법 부분을 공부하면 된다.

본서를 출간을 위해 여러분들의 도움을 받았다. 원고를 읽고 오류를 지적해 주신 최문희 교수님(강원대 법전원), 천경훈 교수님(서울대 법전원)께 감사를 드린다. 독자의 눈높이에서 원고를 읽고 교정을 도와준 서울대 법전원 학생들(김채린, 신진식, 전종민, 김민수)에게 고마움을 전한다. 교정을 도와준 딸에게도 고마움을 전한다. 본서를 출간해 주신 박영사 안종만 회장님, 그리고 기획을 맡아주신 조성호 이사님, 편집을 맡아주신 김선민 이사님에게 감사를 드린다.

2020년 새해를 맞아 연구실에서

한기정

# 차 례

## 제1편 서 설

## 제 5 편 어음법 · 수표법

## 제6편 회 사 법

### 제1절 서 설

## 제 2 절 주식회사

# 법령 약어

민 … 민법
상 … 상법 상령 … 상법 시행령
어 … 어음법
수 … 수표법
외감 … 주식회사 등의 외부감사에 관한 법률
독점/독점규제법 … 독점규제 및 공정거래에 관한 법률
약관/약관규제법 … 약관의 규제에 관한 법률
자본/자본시장법 … 자본시장과 금융투자에 관한 법률

# 1편

# 서 설

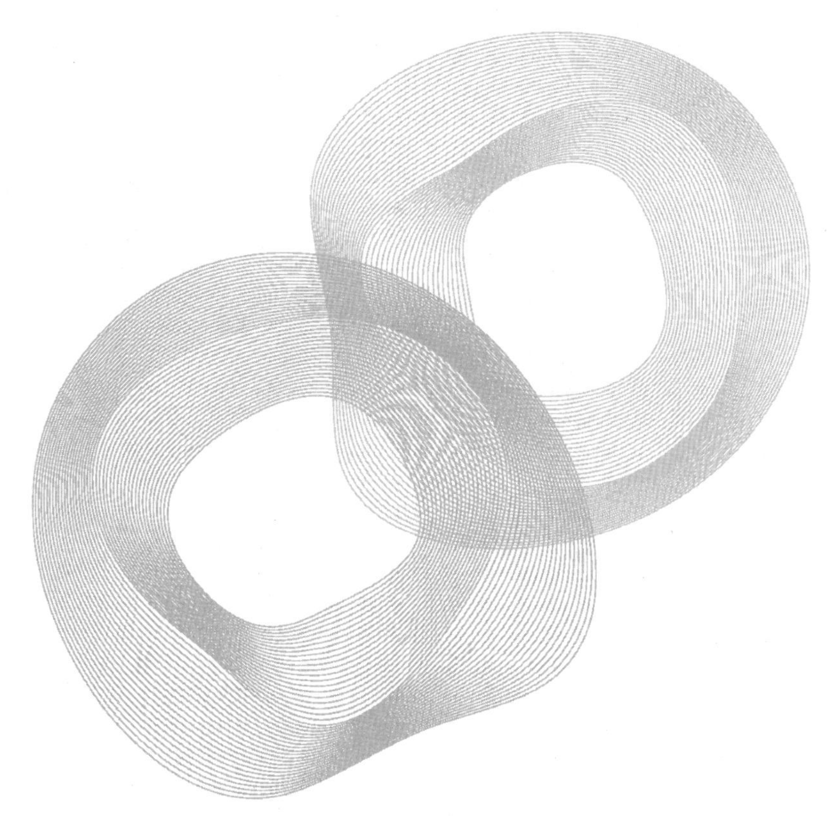

# 제1절 의 의 [1-1]

본서는 상법의 입문서로서 상법 전반에 걸쳐 주요내용에 대해 기술한다. 본서는 서설(제1편), 상법총칙(제2편), 상행위법(제3편), 보험법(제4편), 어음법·수표법(제5편), 회사법(제6편)으로 구성된다. 이는 국회가 제정한 법률인 '상법'의 6개의 편(총칙, 상행위, 회사, 보험, 해상, 항공운송) 중에서 특수분야인 해상과 항공운송을 제외한 것이고, 여기에 서설과 어음법·수표법을 추가한 것이다.

본서의 제1편인 서설은 상법의 입문에 앞서 공부해야 할 선행입문으로서 '법의 기초'와 '민법의 기초(민법총칙, 채권법, 물권법)'에 대해 다룬다. 이 중에서 특히 민법의 기초를 비교적 자세히 살펴본다. 왜냐하면, 상법은 상사관계에 적합하도록 민법을 변형하거나 응용한 경우가 많고, 나아가 상법에 규정이 없으면 민법의 규정이 적용(상1)되기 때문이다. 다만, 여기서 민법의 기초를 다루는 목적은 상법의 주요내용을 공부하기 위한 기초지식을 쌓는 데 있으므로 민법 중에서 상법과 관련이 많은 부분을 중점적으로 다루고 관련이 적은 부분은 적절히 줄이기로 한다(가령 물권법은 상법과 비교적 관련성이 적기 때문에 적은 분량만 다룬다).

# 제2절 법의 기초

## Ⅰ. 법의 종류 [1-2]

### 1. 공법과 사법

공법은 국가(또는 지방자치단체) 간, 또는 국가(또는 지방자치단체)와 개인 간의 관계를 규율하는 법이고, 사법은 개인 간의 관계를 규율하는 법이다. 공법과 사법의 구별기준에 관해서는 다양한 학설이 있으나 정설은 현재 없다. 헌법·행정법·형법·소송법(형사소송법, 민사소송법) 등이 공법에 속하고, 민법·상법 등이 사법에 속한다.

### 2. 일반법과 특별법

일반법과 특별법은 적용범위에 따른 구분이다. 일반법은 사람·지역·사항 등에 따른 제한 없이 일반적으로 적용되는 법이고, 특별법은 사람·지역·사항 등에 따라 적용이 제한되는 법이다. 특별법은 일반법에 우선하여 적용된다(특별법우선의 원칙). 가령 민법과 상법은 일반법과 특별법의 관계에 있다. 민법은 민사관계(개인 간의 사적인 법률관계)를 규율하고, 상법은 상사관계(기업의 경제활동과 관련한 법률관계)를 규율한다. 특별법우선의 원칙에 따라 상사관계에 관해 상법이 우선하여 적용된다. 다만, 민법이 민사관계를 규율하는 법인데도 불구하고 상사관계에 관해서 상법에 규정이 없으면 민법이 적용된다(상1). 그 이유는 상사관계 중에는 민사관계와 동일하게 규율해도 무방한 경우가 있기 때문이다(통설).

### 3. 강행법과 임의법

강행법과 임의법은 강제성에 따른 구분이다. 강행법은 당사자의 의사와 무관하게 적용이 강제되는 법이고, 임의법은 당사자의 의사로 적용을 배제할 수 있는 법이다[1-30]. 강행법인지 임의법인지는 법률에 명시되어 있는 경우도 있지만[가령 '다른 약정이 있으면 그러하지 않다'(상94단)는 임의법임을 명시한 것이다], 대부분은 해석에 의해서 구분한다(가령 상사매매에 관한 상법 67조~71조는 임의규정이라고 해석된다[3-24]). 일반적으로 보면 공법에는 강행법이 많고 사법에는 임의법이 많다. 사법에 속하는 상법의 경우 회사편은 회사의 조직관계를 단체적으로 규율하므로 대개가 강행법이고[6-5], 상행위편은 상행위를 행하는 당사자의 사적 자치를 중시하기 때문에 대개가 임의법이다[3-1].

## Ⅱ. 법의 해석 [1-3]

법의 해석이란 법조문이 갖는 의미(내용)를 명확히 확정하는 것을 가리킨다. 일반적·추상적으로 규정된 법조문을 구체적·개별적 사실에 적용할 때 법조문의 의미에 대해 다툼이 생길 수 있기 때문에 법의 해석이 필요하다.

법의 해석은 단순히 법조문의 문리 또는 문언(사전적 의미)에 따라 그대로 의미를 해석하는 방법도 가능하지만, 이러한 방법으로는 타당한 의미를 발견하기 어렵다고 판단되는 경우 다른 해석방법을 동원한다. 해당 법조문의 타당한 의미는 해당 법조문의 입법연혁(입법배경), 입법목적(입법취지·정신) 또는 법체계(해당 법률의 다른 법조문, 다른 법률의 법조문 등)와의 관계, 그리고 현재의 정치·경제·사회·문화적 환경 등을 종합적으로 고려함으로써 발견할 수 있다. 이러한 과정을 통해서 다양한 해석방법 중에서 타당한 해석방법을 선택하게 되며 어느 것을 선택할 것인지는 해당 법조문별로 구체적·개별적으로 판단할 수밖에 없고 논란의 대상이 되고 있다.

다양한 해석방법으로는 다음과 같은 것이 있다. ① 문리해석: 문리해석은 법조문의 문리(사전적 의미)에 따라 그대로 해석하는 방법이다. 제1차적인 해석방법이다. ② 축소해석·확장해석: 축소해석은 법조문의 문리보다 축소해서 의미를 해석하는 방법이다(가령 [1-4]). 확장해석은 법조문의 문리보다 확장해서 의미를 해석하는 방법이다. ③ 반대해석·유추해석·물론해석: 반대해석은 법조문이 서로 반대되는 두 개의 사실 중에서 하나에 대해서만 규정하고 있는 경우 다른 하나에 대해서는 반대의 의미로 해석하는 방법이다(가령 [6-25]). 유추해석은 법조문이 서로 유사한 두 개의 사실 중에서 하나에 대해서만 규정하고 있는 경우 다른 하나에 대해서도 같은 의미로 해석하는 방법이다(가령 [2-24]). 물론해석은 법조문이 어떤 사실을 규정하고 있는 경우 이보다 중대한 사실에 대해서도 물론 같은 의미로 해석하는 방법이다(가령 [3-55])(이는 같은 의미로 해석한다는 점에서 실질적으로 유추해석과 큰 차이가 없다).

## Ⅲ. 주요 용어 [1-4]

### 1. 추정·간주

당사자 사이에서 사실관계가 다투어지는 경우 그 입증이 곤란한 경우가 있다. 이에 대비한 제도가 추정 또는 간주이며, 양자의 차이는 반증을 통한 번복이 가능한지에 있다.

간주는 일정한 사실관계를 의제하는 것이다. 이를 위해 법에 '간주한다' 또는 '본다'로 규정되어 있다. 가령 상인이 영업을 위해서 하는 행위는 상행위로 본다(상47①)[3-2]. 간주는 반증을 통해서도 번복할 수 없다.

추정은 어떤 사실로부터 다른 사실을 추론하는 것이다. 추정에는 법률상 추정과 사실상 추정이 있다. 양자의 차이는 추정력의 정도에 있다. 법률상 추정은 법에 '추정한다'로 규정되어 있다. 가령 상인의 행위는 영업을 위해서 하는 것으로 추정한다(상47②)[3-4]. 법률상 추정은 적극적 반대사실의 입증을 통해 추정된 사실을 번복할 수 있다. 그리고 사실상 추정은 해석을 통해서 추정되는 경우이다. 가령 기업의 중요사항(지배인의 선임·해임 등)은 상업등기를 하게 되어 있는데, 등기한 내용은 사실에 부합한다는 사실상의 추정을 받는다(판례·통설)[2-51]. 사실상 추정은 추정된 사실이 진실인지에 의심을 품게 하는 정도의 간접사실에 대한 입증을 통해서 번복할 수 있다.

## 2. 준용

준용이란 일정한 규정을 유사한 다른 사실에 적용하는 입법기술(입법방법)이다. 유추적용은 유사사실 간의 해석방법이고, 준용은 유사사실 간의 입법기술이다(통설)(유추적용이 가능한지는 사안별로 논란이 있을 수 있으나, 준용규정을 두면 논란의 여지가 없어진다). 가령 대리상의 유치권(상91)은 위탁매매인의 유치권에 준용된다(상111). 이는 입법의 편의를 도모하는 법기술로서 동일한 내용을 반복해서 규정하는 행위를 준용을 통해 효율적으로 피할 수 있다.

## 3. 선의·악의

선의는 일정한 사실을 '알지 못한다'는 의미이고, 악의는 일정한 사실을 '안다'는 의미이다(판례·통설). 이는 윤리·도덕적 관점이 아닌 인지적 관점에 따른 개념이다. 가령 등기할 사항은 등기하지 않으면 선의의 제3자에게 대항하지 못한다(상37①). 여기서 선의는 제3자가 등기할 사항의 존재를 알지 못하는 것을 의미한다(통설). 한편, '해할 것을 알고'(어17,수22)(이는 단순히 '안다'의 의미를 넘어선다)는 엄밀하게 '해의'라고 분류하여 악의와 구분하기도 하지만 넓은 의미의 악의에 포함시키는 것이 보통이다[5-39].

## 4. 당사자·제3자

어떤 법률관계에서 직접 참여한 자가 당사자이고 그 이외의 자가 제3자이다. 가령 물건의 매매업을 하는 상인이 지배인을 선임하고 그 지배인이 영업을 위해 물건을 매매한 경우, 지배인의 선임이라는 법률관계를 놓고 보면 상인과 지배인은 당사자이고 매매의 상대방은 제3자이다. 제3자는 어떤 법률관계에 당사자가 아니지만 어떤 법률관계로부터 일정한 영향을 받을 수 있는데, 아래 5.에서 이러한 경우를 살펴보자.

## 5. 대항하지 못한다

'대항하지 못한다'는 특정인에게 일정한 사실 또는 권리 등을 주장하지 못한다는 의미이다. 가령 상인이 지배인의 대리권 범위를 제한하는 경우 이를 가

지고 선의의 제3자에게 대항하지 못한다(상11③)[2-17]. 다만, 악의의 제3자에게는 이 사실을 가지고 대항할 수 있다(이는 상법 11조 3항에 대한 반대해석의 결과이다). 앞에서 선의는 지배인의 대리권 범위가 제한되어 있다는 사실을 알지 못한다는 뜻이다. 상인은 선의의 제3자(지배인과 거래한 매매의 상대방)에게 이 사실을 주장하지 못하므로 상인과 선의의 제3자 간에는 지배인의 대리권 범위를 제한한 행위가 아무런 효력을 미치지 못한다. 반대로 선의의 제3자가 이 사실을 주장하여 상인과 선의의 제3자 간에도 지배인의 대리권 범위를 제한한 행위가 효력을 미치게 하는 것은 가능하다.

### 6. 고의·중과실·과실

고의, 중과실, 과실은 주로 의무위반 시의 심리상태를 가리킨다. 즉, 자신의 행위에 의해 일정한 결과가 발생하리라는 것을 ① 알면서도 이를 행하는 심리상태(고의), ② 현저한 주의 태만으로 알지 못하고 이를 행하는 심리상태(중과실), ③ 주의 태만으로 알지 못하고 이를 행하는 심리상태(과실)를 각각 가리킨다. 한편, 과실(과실은 중과실과 구분하기 위해 경과실이라고 부르기도 한다)은 추상적 과실과 구체적 과실로 나뉜다. 전자는 평균인이 기울여야 할 일반적·객관적 주의[이는 '선량한 관리자의 주의' 또는 '선관주의'(민681 등)라고 표현된다]가 결여된 경우이고, 후자는 각자가 기울여야 할 개별적·주관적 주의[이는 '자기 재산과 동일한 주의'(민695 등)라고 표현된다]가 결여된 경우이다[1-135, 136]. 민법상 과실은 원칙적으로 추상적 과실이다.

### 7. 외관책임

외관책임은 진실에 부합하지 않는 외관이 존재하는 경우 여기에 귀책사유가 있는 자가 외관을 신뢰한 사람에게 외관에 따른 책임을 지는 것이다. 이는 거래의 안전을 위해서 인정되는 책임이다. 가령 표현대리(대리인에게 대리권이 있는 듯한 무권대리)에서 본인의 책임(민125 등)[1-43], 명의대여자의 책임(상24)[2-39]은 전형적인 외관책임이다.

# 제 3 절 민법총칙

## 제 1 관 서 론

### Ⅰ. 민법의 의의 [1-5]

#### 1. 형식적 의미의 민법

형식적 의미의 민법은 '민법'(1조~1118조)이라는 명칭을 가진 법률을 가리킨다. 이는 1958년에 제정되었으며 총 5개의 편(총칙, 물권, 채권, 친족, 상속)으로 구성되어 있다. 국회가 제정한 법률인 민법의 위임에 따라 행정부가 제정한 대통령령인 '민법 제312조의2 단서의 시행에 관한 규정'(1조~3조)도 형식적 의미의 민법에 속한다.

#### 2. 실질적 의미의 민법

(1) 의의

실질적 의미의 민법은 '민사관계(개인 간의 사적인 법률관계)를 규율하는 법'이다(통설). ① 일반법: 민법은 사람·지역·사항 등에 따른 제한 없이 민사관계에 일반적으로 적용되는 법이다[1-2]. ② 사법: 민법은 민사관계의 성립, 효력, 소멸 등의 차원에서 사법상 권리의무를 다루는 사법(private law)이다[1-2].

### (2) 3대 원칙

① 민법이 지향하는 이념 또는 목표를 나타내는 민법의 3대 원칙을 보자. 첫째, 사적 자치의 원칙은 모든 개인이 자유로운 의사에 의해 법률행위를 할 수 있다는 원칙이다. 여기에는 계약체결의 자유, 상대방선택의 자유, 내용결정의 자유, 방식선택의 자유가 있다. 민법에는 당사자의 의사로 적용을 배제할 수 있는 임의법규(민105에 따르면 선량한 풍속 기타 사회질서에 관계가 없는 규정)가 많은데, 이는 사적 자치의 원칙이 반영된 것이다. 둘째, 사유재산권절대의 원칙은 모든 개인의 재산권은 국가 또는 타인에 의해 침해되지 않는다는 원칙이다. 셋째, 과실책임의 원칙은 모든 개인은 고의 또는 과실이 없는 한 타인에게 손해배상책임을 지지 않는다는 원칙이다. ② 민법의 3대 원칙은 근대 민법의 생성기에는 절대적인 원칙이었으나, 오늘날은 현대적 수정을 거쳐서 일정한 예외가 인정되고 있다(즉, 일정한 경우 사적 자치 또는 사유재산권이 제한되거나 무과실책임이 인정된다).

## Ⅱ. 민법의 법원 [1-6]

법의 법원(sources of law)은 민사관계를 규율하는 법규범을 가리킨다. 민사에 관하여 법률에 규정이 없으면 관습법에 의하고 관습법이 없으면 조리에 의한다(민1). 즉, 성문법, 관습법, 조리의 순서로 적용된다. '민법'(1조~1118조)이라는 명칭을 가진 법률이 민법의 주된 성문법이다. 관습법은 어떤 관행이 법규범의 지위를 얻은 경우이다. 한편, 조리는 사물의 본성(자연의 이치 또는 법의 일반원리)을 가리킨다. 사회통념[1-37, 77, 83 등]은 전형적인 조리에 해당한다. 법의 흠결이 있더라도(전형적인 법의 흠결은 가령 '부득이한 사정이 있는 경우'라고 규정하면서 그 구체적인 기준을 명시하지 않는 경우이다) 법관은 이를 이유로 재판을 거부할 수 없고 조리를 적용해서 판결해야 한다.

## Ⅲ. 민법의 규율대상(권리관계)

### 1. 의의

#### (1) 권리관계 [1-7]

민법은 개인 간의 사적인 권리·의무의 관계를 규율대상으로 삼는다. 권리·의무관계는 법률관계이며, 간단히 권리관계라고 한다. 법률관계는 호의관계(법적인 의무가 없이 일정한 행위를 해주는 생활관계)와 구분된다.

#### (2) 권리의 종류 [1-8]

1) **내용** 권리는 내용을 기준으로 재산권, 인격권, 지적재산권, 상속권 등으로 구분된다. 이 중에서 재산권은 다음과 같이 나뉜다. 채권은 채권자가 채무자에게 급부(일정한 행위)를 요구할 수 있는 권리이다. 물권은 물건을 직접 지배할 수 있는 배타적인 권리이다. 지적재산권은 지적 창조물에 대한 권리이다. 상속권은 상속이 개시된 뒤에 상속인이 갖는 권리이다.

2) **작용** 권리는 작용을 기준으로 다음과 같이 나뉜다. 지배권은 타인의 행위 없이 권리객체를 직접 지배할 수 있는 권리이다(가령 물권). 청구권은 타인에게 일정한 행위를 요구할 수 있는 권리이다(가령 채권). 형성권은 상대방과의 합의가 필요 없이 권리자의 일방적 의사표시에 의해 법률관계의 발생·변경·소멸을 가져올 수 있는 권리이다[가령 동의권(민5), 취소권(민140), 추인권(민143), 해제권·해지권(민543), 상계권(민492) 등]. 항변권은 타인의 청구권의 행사를 저지할 수 있는 권리이다[가령 보증인의 최고·검색의 항변권(민437)].

3) **의무자의 범위** 권리는 의무자의 범위를 기준으로 다음과 같이 나뉜다. 절대권(대세권)은 누구에게나 주장할 수 있는 권리이다(가령 물권). 상대권(대인권)은 특정인에게만 주장할 수 있는 권리이다(가령 채권).

### 2. 권리의 충돌 및 중첩

#### (1) 권리의 충돌 [1-9]

동일한 객체에 대해 수개의 권리가 존재하여 서로 충돌하는 경우가 있다. ① 채권과 채권: 채권자는 채권의 성립원인·시기 등을 묻지 않고 채무자의 전

재산으로부터 평등하게 변제를 받을 수 있다(채권자평등의 원칙). 채권에 배타성과 공시방법이 없음에도 불구하고 성립원인·시기 등에 따라 채권의 우열을 인정하면, 다른 채권자에게 예측할 수 없는 손해를 끼칠 염려가 있다. 따라서 어떤 채권자가 채무자의 재산을 압류한 경우 다른 채권자는 압류채권자와 균등하게 자신의 채권액에 비례해서 재산의 종류에 따라 이중압류 또는 배당요구를 할 수 있다(그 법적 근거에 대해 통설은 우리 민사소송법의 구조상 우선주의가 채택되어 있지 않기 때문이라고 설명한다). 하지만 저당권 또는 질권과 같이 우선변제의 효력이 있는 담보가 설정되어 있는 채권에 대해서는 채권자평등의 원칙이 적용되지 않는다. ② 채권과 물권: 물권은 채권에 우선하는 것이 원칙이다(물권에는 배타성이 인정된다)[1-161]. 가령 임차권은 임대차계약(민618)에 따른 채권이지만, 부동산의 임차인은 임차권을 등기하면(임차권의 물권화 현상) 배타성이 생겨서 제3자에게도 대항할 수 있다(민621)[1-130]. 즉, 그 부동산이 양도되어도 임대차가 임차인과 양수인 사이에 그대로 존속한다(통설).

### (2) 권리의 중첩 [1-10]

하나의 사실이 수개의 법률요건에 해당하는 경우에 수개의 권리가 모두 발생하는지가 문제된다. ① 권리경합: 수개의 권리가 병존적으로 발생하고 권리자가 이를 각각 행사할 수 있는 경우이다. 가령 하나의 사실로 채무불이행(민390)과 불법행위(민750)의 요건이 충족되는 경우 채무불이행으로 인한 손해배상청구권과 불법행위로 인한 손해배상청구권은 청구권경합의 관계가 되고 권리자는 이를 경합적으로 행사할 수 있다[1-152, 3-85]. 채무불이행과 불법행위는 그 요건과 효과면에서 차이가 있으므로 경합적으로 행사할 실익이 있다. 권리자는 그 중에서 선택해서 하나만 행사해도 되고 모두 행사해도 된다. 모두 행사할 수 있다고 해서 손해를 넘는 이득을 얻을 수 있다는 의미는 아니다(모두 행사해서 양측으로부터 배상을 받더라도 그 총액이 권리자가 입은 손해를 초과하지 못한다). ② 법조경합: 하나의 권리만 발생하고 권리자가 이것만 행사할 수 있는 경우이다. 일반법과 특별법의 관계에서 특별법이 우선적으로 적용되고 일반법이 적용되지 않는 경우가 전형적인 법조경합이다. 가령 상사대리의 경우 상법상 비현명주의(상48)가 적용되고 민법상 현명주의(민115)는 적용되지 않으므로[3-7], 상사대리에서 현명주의에 관련한 권리는 주장할 수 없다.

### 3. 권리의 행사한계

#### (1) 신의성실의 원칙(신의칙) [1-11]

권리의 행사와 의무의 이행은 신의에 좇아 성실히 해야 한다(민2①). 즉, 상대방의 정당한 이익을 배려하여 형평에 맞게 권리행사 또는 의무이행을 해야 한다. 신의성실의 원칙의 구체적 모습은 다음과 같다. ① 모순행위금지(금반언)의 원칙: 선행행위와 모순되는 권리행사는 허용되지 않는다는 원칙이다. ② 실효의 원칙: 권리불행사에 대한 합리적인 신뢰가 형성된 경우 권리행사가 제한된다는 원칙이다. ③ 사정변경의 원칙: 법률관계의 기초가 된 사정이 이후에 예견할 수 없을 정도로 중대하게 변경된 경우 그 법률관계가 변동된다는 원칙이다.

#### (2) 권리남용금지의 원칙 [1-12]

권리는 남용하지 못한다(민2②). 권리남용은 권리를 본래 목적대로 행사하는 것이 아니라 그 목적에 반하게 행사하는 경우를 의미한다. 가령 회사법상 법인격부인의 법리는 그 근거가 권리남용의 금지이다[6-10].

### 4. 권리의 변동

#### (1) 의의 [1-13]

권리의 변동은 권리의 발생·변경·소멸(상실)을 가리킨다. 권리변동은 '일정한 요건'(법률요건)이 충족되면 '일정한 효과'(법률효과)가 발생하는 방식으로 이루어진다. 법률요건은 하나의 사실만으로 구성되기도 하지만 수개의 사실로 구성되기도 하는데, 이러한 각각의 사실을 '법률사실'이라고 한다.

#### (2) 법률요건 [1-14]

법률요건은 다음과 같이 구분된다. ① 법률행위: 법률요건 중 가장 중요한 것이 법률행위이며, 이에 관해서는 아래 제2관 법률행위에서 자세히 설명한다. 법률행위는 법률사실 중 하나인 의사표시를 필수적 요소로 한다(다른 법률사실이 부가될 수도 있다). 의사표시는 사람의 정신작용에 기초한 법률사실이며, 일정한 법률효과를 향한 의사의 표명이다. 법률행위는 행위자의 의사대로 법률효과가 발생한다는 점에 특색이 있다. 가령 매매계약을 보면 매매의 효과를 향한 청약과 승낙이 각각 의사표시에 해당하고, 따라서 매매계약은 법률행위에 해당한다. ② 준법률행위: 준법률행위는 사람의 정신작용에 기초한 법률사실을 요소로 하나 행위자의 의사를 묻지 않고 법이 정한 법률효과가 발생한다. 준법률행위는 의사의 통지(자기의 의사를 타인에게 알리는 행위)[가령 독촉·최고(민15)], 관념의 통지(일정한 사실을 타인에게 알리는 행위)[가령 소집통지(민71)], 감정의 표시[가령 용서(민841)], 사실행위[주소의 설정(민18)] 등으로 구분된다. ③ 위법행위: 채무불이행(민390)과 불법행위(민750)가 위법행위이다. 위법행위는 사람의 정신작용에 기초한 법률사실을 요소로 하나 법에 의해서 허용되지 않는 행위이다. 이 경우 행위자에게 귀책사유(고의·과실)가 있으면 법이 정한 법률효과(손해배상청구권 등)가 발생한다. ④ 사건: 사건은 사람의 정신작용에 기초하지 않은 법률사실을 요소로 하고, 법이 정한 법률효과가 발생한다. 가령 시간의 경과가 사건인데, 일정한 기간이 경과할 때까지 권리를 행사하지 않으면 권리가 소멸한다(이를 소멸시효라고 한다)(민162).

### (3) 법률효과 [1-15]

법률효과는 다음과 같이 구분된다. ① 권리의 발생: 권리의 발생은 절대적 발생으로서 원시취득과 상대적 발생으로서 승계취득으로 나뉜다. 원시취득은 타인의 권리에 기초하지 않고 새로운 권리를 취득하는 것이다(제조에 의한 물건의 소유권 취득, 또는 선의취득[1-164] 등이 여기에 속한다). 승계취득은 타인의 권리에 기초해서 기존의 권리를 취득하는 것으로서, 특정승계(매매 등과 같이 하나의 법률요건에 의해 하나의 권리를 취득하는 것)와 포괄승계(상속·합병 등과 같이 하나의 법률요건에 의해 수개의 권리를 포괄적으로 취득하는 것)로 나뉜다. ② 권리의 변경: 권리의 변경은 권리의 주체·내용·효력 등이 변경되는 것이다. ③ 권리의 소멸: 권리의 소멸(상실)은 절대적 소멸(가령 물건의 멸실로 인한 소유권의 소멸)과 상대적 소멸(가령 매매로 인한 소유권의 이전)로 나뉜다.

# 제2관 법률행위

## Ⅰ. 의의

### 1. 법률행위의 개념 [1-16]

법률행위는 의사표시를 필수적 요소로 하는(다른 법률사실이 부가될 수도 있다) 법률요건이다. 법률요건 중 가장 중요한 것이 법률행위이다. 왜냐하면 법률행위는 의사표시를 요소로 하고 그 의사표시대로 법률효과가 발생하므로 민법의 3대 원칙인 사적 자치의 원칙[1-5]을 실현하는 수단으로 적합하기 때문이다.

### 2. 법률행위의 종류 [1-17]

① 단독행위·계약·합동행위: 단독행위는 하나의 의사표시로 구성되는 법률행위이다(가령 취소·해제). 계약은 대립적·교환적인 수개의 의사표시로 구성되는 법률행위이다(가령 매매). 합동행위는 평행적·구심적인 수개의 의사표시로 구성되는 법률행위이다[가령 사단법인의 설립행위(민32)]. ② 요식행위·불요식행위: 요식행위는 일정한 방식이 요구되는 법률행위이다(가령 어음·수표행위[5-9]). 불요식행위는 일정한 방식이 요구되지 않는 법률행위이다. 사적 자치의 원칙[1-5]에 따라서 대부분의 법률행위가 불요식행위에 속한다. ③ 채권행위·물권행위·준물권행위: 채권행위는 채권을 발생시키는 법률행위이다(가령 매매). 물권행위는 물권을 변동시키는 법률행위이다(가령 소유권이전행위). 준물권행위는 물권 이외의 권리를 변동시키는 법률행위이다(가령 채권양도).

### 3. 법률행위의 요건

#### (1) 성립요건 [1-18]

법률행위는 그 존재가 인정되려면 최소한의 형식적·외형적인 요건이 필요한데, 이것이 성립요건이다. 가령 의사표시의 존재는 성립요건에 해당한다.

### (2) 효력요건 [1-19]

성립한 법률행위가 효력을 갖기 위해서는 일정한 요건이 필요한데, 이것이 효력요건이다. 효력요건에는 다음과 같은 것이 있다. ① 당사자: 법률행위의 당사자는 의사능력·행위능력을 갖추어야 한다[1-21~25]. ② 내용: 법률행위의 내용(목적)은 확정성, 가능성, 적법성, 사회적 타당성을 갖추어야 한다[1-28~31]. ③ 의사표시: 법률행위를 구성하는 의사표시는 흠결이 없어야 한다. 즉, 의사표시는 의사와 표시가 일치하고 사기·강박에 의한 것이 아니어야 한다[1-33~36].

## 4. 법률행위의 해석 [1-20]

### (1) 의의

법률행위의 해석이란 법률행위가 갖는 의미(내용)를 명확하게 확정하는 것이다. 법률행위는 의사표시를 요소로 하므로 법률행위의 해석은 의사표시의 해석이기도 하다. 판례·통설에 따른 법률행위의 해석방법은 다음과 같다.

### (2) 자연적 해석

자연적 해석은 계약서의 기재사항 등과 같은 외형상 표시행위에 구속되지 않고 제반사정을 고려하여 표의자의 진의(실제의사)를 확인하는 해석방법이다. 가령 매매계약의 당사자인 갑과 을이 일치하여 매매목적물을 A로 생각했으나 착오로 매매계약서상 매매목적물이 B라고 기재된 경우 자연적 해석에 따르면 매매목적물은 A이다.

### (3) 규범적 해석

규범적 해석은 표의자의 진의를 확인하지 못한 경우에 표시행위의 객관적인 의미를 확인하는 해석방법이다. 규범적 해석은 표시행위의 객관적인 의미를 상대방의 이해가능성을 기준으로 확인한다. 여기서 상대방은 실제의 상대방이 아니라 합리적인 상대방을 가리키는데, 실제의 상대방이 어떻게 이해했는지가 중요하지 않고 추상적으로 가정한 합리적인 상대방이라면 어떻게 이해했을지가 중요하다. 가령 갑이 매매목적물을 A로 생각했지만 B로 표시한 경우 그 상대방인 을이 기대가능한 주의를 기울였어도 갑의 진의를 알 수 없었다면 갑의 의사표시상 매매목적물은 B가 된다.

### (4) 보충적 해석

보충적 해석은 법률행위에 공백(틈)이 있는 경우 이를 보충하는 해석방법이다. 가령 매매계약을 체결하면서 이행시기에 관한 약정이 없는 경우(이행시기에 관한 당사자의 진의가 확인되면 이에 따른다) 당사자의 진의가 확인되지 않으면 보충적 해석을 하게 된다. 보충적 해석은 당사자의 진의를 확인할 수 없으므로 당사자의 '가정적 의사'(법률행위 당시에 법률행위의 공백을 알았다면 당사자가 가졌을 것으로 가정할 수 있는 의사)를 탐구해서 법률행위의 공백을 보충한다.

## Ⅱ. 의사능력·행위능력

### 1. 의사능력 [1-21]

법률행위는 권리·의무의 변동을 가져오므로 행위자에게 의사능력이 있어야 한다. 의사능력은 행위의 의미·결과를 합리적으로 인식할 수 있는 정신능력을 가리킨다(통설). 가령 만취자, 정신질환자는 의사능력이 인정되지 않는 자이다. 의사능력이 없는 자의 법률행위는 무효이다(판례·통설). 가령 만취자가 행한 증여행위는 무효이다. 의사능력의 유무는 구체적·개별적으로 판단한다(판례·통설). 의사무능력을 이유로 법률행위의 구속력을 벗어나려는 자가 의사무능력을 입증해야 한다(통설).

### 2. 행위능력

#### (1) 의의 [1-22]

행위능력은 의사능력이 부족하다고 판단되는 사람을 객관적·획일적 기준으로 정하는 제도이고, 이러한 사람이 제한능력자이다. 제한능력자에는 세 가지 종류가 있는데, 피성년후견인의 능력제한이 가장 엄격하고 다음이 미성년자, 피한정후견인의 순서이다.

#### (2) 제한능력자

**1) 미성년자**[1-23] ① 의의: 미성년자는 19세 미만의 자연인이다(민4). 미성년자의 친권자가 1차적으로는 미성년자의 법정대리인이며(민911), 미성년자

의 법정대리인은 동의권(민5①본), 취소권(민140), 대리권(민920,949)을 갖는다. ② 행위능력: 미성년자는 행위능력이 제한되어서 법률행위를 하려면 법정대리인의 동의를 얻어야 한다(민5①본). 이에 위반한 법률행위는 제한능력자 또는 법정대리인이 취소할 수 있다(민5②,140). 예외적으로, 권리만을 얻거나 의무만을 면하는 행위(민5①단), 법정대리인이 범위를 정해서 처분을 허락한 재산의 처분행위(민6), 법정대리인으로부터 허락을 얻은 특정한 영업에 관한 행위(민8) 등은 미성년자의 행위능력이 제한되지 않는다.

2) **피성년후견인**[1-24] ① 의의: 가정법원은 '질병, 장애, 노령, 그 밖의 사유로 인한 정신적 제약으로 사무를 처리할 능력이 지속적으로 결여된 사람'에 대해 일정한 사람(본인, 배우자 등)의 청구에 의해 성년후견개시의 심판을 한다(민12①). 성년후견개시의 심판을 받은 사람이 피성년후견인이다. 피성년후견인에게는 가정법원의 선임에 따라 성년후견인을 둔다(민929,936). 성년후견인은 피성년후견인의 법정대리인이 되고(민938①), 원칙상 동의권은 없으나 취소권(민140), 대리권(민938,949)을 갖는다. 성년후견개시의 원인이 소멸된 경우 가정법원은 성년후견종료의 심판을 한다(민11). ② 행위능력: 피성년후견인은 행위능력이 제한되어서 피성년후견인의 법률행위는 피성년후견인 또는 법정대리인이 취소할 수 있다(민10①,140). 성년후견인의 동의가 있었는지 여부와 무관하게 취소할 수 있다(피성년후견인은 의사능력이 현저히 부족하기 때문이다). 예외적으로, 가정법원이 취소할 수 없는 피성년후견인의 법률행위의 범위를 정한 경우(민10②), 일용품의 구입 등 일상생활에 필요하고 그 대가가 과도하지 않은 법률행위(민10④) 등은 피성년후견인의 행위능력이 제한되지 않는다.

3) **피한정후견인**[1-25] ① 의의: 가정법원은 '질병, 장애, 노령, 그 밖의 사유로 인한 정신적 제약으로 사무를 처리할 능력이 부족한 사람'에 대해 일정한 사람(본인, 배우자 등)의 청구에 의해 한정후견개시의 심판을 한다(민9①). 한정후견개시의 심판을 받은 사람이 피한정후견인이다. 피한정후견인에게는 가정법원의 선임에 따라 한정후견인을 둔다(민959의2,959의3). 한정후견인은 그의 동의가 요구되는 범위 내에서 동의권과 취소권을 갖는다(민13①④,140). 또한 한정후견인은 가정법원의 심판에 의해 대리권을 갖는다(민959의4). 한정후견개시의 원인이 소멸된 경우 가정법원은 한정후견종료의 심판을 한다(민14). ② 행위능력: 피한정

후견인은 원칙적으로 행위능력이 제한되지 않는다. 예외적으로, 가정법원이 한정후견인의 동의를 받아야 하는 피한정후견인의 법률행위의 범위를 정한 경우 피한정후견인의 행위능력이 제한되어서 그 동의 없이 한 법률행위를 피한정후견인 또는 한정후견인이 취소할 수 있다(다만, 일용품의 구입 등 일상생활에 필요하고 그 대가가 과도하지 않은 법률행위는 그렇지 않다)(민13①④,140).

4) **제한능력자의 상대방 보호**[1-26] 위 1)~3)에서 기술한 바와 같이 제한능력자와 거래한 상대방은 제한능력자 측의 취소권 행사 여부에 영향을 받는 불안정한 위치에 놓인다. 즉, 취소 전에는 그 법률행위가 유효하고 취소하면 그 법률행위는 소급적으로 무효가 된다(민141본). 민법은 상대방 보호를 위해서 다음과 같은 제도를 두고 있다. 첫째, 상대방의 확답촉구권이다. 상대방은 제한능력자(제한능력자가 능력자가 된 경우) 또는 법정대리인(제한능력자가 아직 능력자가 되지 못한 경우)에게 1개월 이상의 기간을 정해 취소할 수 있는 행위를 추인할 것인지 여부의 확답을 촉구('최고'라고도 한다)할 수 있다(민15①②). 둘째, 상대방의 철회권·거절권이다. 제한능력자가 맺은 계약은 추인(취소권의 포기[1-46])이 있을 때까지 상대방이 의사표시를 철회할 수 있고, 제한능력자의 단독행위는 추인이 있을 때까지 상대방이 거절할 수 있다(민16①②). 셋째, 제한능력자 측의 취소권 상실이다. 제한능력자가 속임수로써 자기를 능력자로 믿게 한 경우, 또는 미성년자나 피한정후견인이 속임수로써 법정대리인의 동의가 있는 것으로 믿게 한 경우 제한능력자 측이 해당 법률행위를 취소할 수 없다(민17).

## Ⅲ. 법률행위의 내용(목적)

### 1. 의의 [1-27]

법률행위의 내용(목적)은 확정성, 가능성, 적법성, 사회적 타당성을 갖추어야 하고, 이는 법률행위가 효력을 갖기 위한 요건이다(통설).

### 2. 확정성 [1-28]

법률행위의 내용은 법률행위 당시에 확정되어 있거나 장래에 확정될 수 있는 것이어야 한다.

### 3. 가능성 [1-29]

법률행위의 내용은 실현이 가능한 것이어야 한다. 법률행위의 불능은 원시적 불능(법률행위 당시에 이미 불능인 경우)과 후발적 불능(법률행위 이후에 불능이 된 경우)으로 나뉘고, 전부불능(법률행위의 전부가 불능인 경우)과 일부불능(법률행위의 일부가 불능인 경우)으로 나뉜다.

원시적 전부불능이면 법률행위의 전부가 무효이다(민535). 원시적 일부불능이면 원칙적으로 법률행위의 전부가 무효이나 그 무효부분이 없더라도 법률행위를 했으리라고 인정되는 경우 나머지 부분만은 유효이다(민137). 전부무효의 원칙은 당사자가 법률행위 전부를 일체로써 의도하는 것이 일반적이라는 점을 반영한 것이다.

한편, 후발적 불능은 법률행위의 효력 문제가 아니라 채무불이행의 문제가 된다[1-77].

### 4. 적법성 [1-30]

법률행위의 내용은 적법해야 한다. 즉, 법률행위는 당사자의 의사와 무관하게 적용이 강제되는 강행법규(민103: 선량한 풍속 기타 사회질서에 관계가 있는 규정)에 위반해서는 안 된다. 이와 달리 임의법규(민105: 선량한 풍속 기타 사회질서에 관계가 없는 규정)는 당사자의 의사로 적용을 배제할 수 있으므로 적법성 문제가 생기지 않는다. 강행법규는 당사자의 의사로 적용을 배제할 수 없으므로 사적 자치를 제한하고, 임의법규는 사적 자치를 반영하여 당사자의 의사를 존중한다.

강행법규를 위반한 위법한 법률행위는 무효이다. 가령 최고이자율(24%)을 초과하는 이자약정은 강행법규의 위반으로서 그 초과부분은 무효이다(이자제한법2,동법시행령). 무효인 법률행위에 기해 얻은 이득은 원칙상 반환청구의 대상이다(민741)[1-147]. 하지만, 법률행위가 불법을 원인으로 무효로 된 경우 그 법률행위에 기해 얻은 이득은 원칙상 반환청구의 대상이 아니다(민746본)(가령 갑과 을이 불륜의 대가로 이익을 수수한 경우 이러한 수수행위는 불륜이라는 불법을 원인으로 하여 무효이지만 그렇다고 해서 이익제공자가 상대방에게 반환을 청구할 수 없다)[1-151]. 이는 불법행위자의 반환청구를 불법이 돕지 않겠다는 취지이다. 다만, 불법원인이 수익자에게만 있는 경우는 그렇지 않다(민746단)(가령 채권자의 일방적 요구에 의해 최고이자율을 초과하는 이자약정이 이루어지고 이에 따라 이자가 수수된 경우는 채무자는 최고이자율을 초과하는 이자에 대해 반환청구를 할 수 있다).

한편, 강행법규를 직접적으로 위반하는 법률행위와 간접적으로 위반하는 법률행위가 있는데, 후자를 탈법행위라고 한다. 탈법행위는 강행법규가 금지하려는 것을 우회하여(회피하여) 실질적으로 위반하는 위법한 법률행위이므로 그 효과는 역시 무효이다[가령 이자 이외에 수수료, 공제금 등을 수수하는 경우에도 이는 탈법행위로서 이자로 취급되어 이자제한법이 적용된다(이자제한법4①)].

### 5. 사회적 타당성 [1-31]

법률행위의 내용은 사회질서에 반하지 않아야 한다. 위 4.에서 설명한 바와 같이 사회질서에 관한 규정은 강행법규에 속하는데, 이는 개별적·구체적인 강행법규의 형태로 존재하기도 하지만 일반적·추상적인 강행법규의 행태로 존재하기도 한다. 개별적·구체적인 강행법규만으로 사회질서를 모두 규정할 수 없으므로 일반적·추상적인 강행규정을 두게 된 것이다.

민법 103조는 일반적·추상적인 강행법규로서, 이에 따르면 선량한 풍속 기타 사회질서에 위반한 사항을 내용으로 하는 법률행위는 무효이다. 판례에 나타난 사회질서 위반의 예를 보면, 정의 관념에 반하는 행위(가령 어떤 지위를 금전적 대가를 받고 줄 것을 약속하는 계약), 윤리적 질서에 반하는 행위(가령 법률상 처가 있으면서 다른 여성과 맺은 첩계약), 지나치게 사행적인 행위(도박자금의 대여계약) 등이 있다.

불공정한 법률행위('폭리행위'라고도 한다), 즉 당사자의 궁박, 경솔 또는 무경험으로 인해 현저하게 공정을 잃은 법률행위는 무효이다(민104). 불공정한 법률행위도 사회질서 위반의 일종이다(판례·통설). 불공정한 법률행위는 궁박, 경솔 또는 무경험으로 인해서 당사자 사이의 급부와 반대급부 사이에 현저한 불균형이 생긴 경우를 가리킨다. 여기서 궁박은 벗어날 길이 없는 곤란한 상태를 의미하며, 계속적이든 일시적이든, 경제적 원인이든 정신적 원인이든 묻지 않는다(판례).

## Ⅳ. 의사표시의 흠

### 1. 의의 [1-32]

법률행위의 의사표시는 흠(결함)이 없어야 한다. 의사표시에 흠이 있는 경우 해당 법률행위는 무효이거나 취소될 수 있다. 의사표시의 흠에는 '의사와 표시가 일치하지 않는 경우'(의사의 결여)와 '하자 있는 의사표시'가 있다. 전자는 표시는 있으나 이에 부합하는 의사가 없는 경우로서, 진의 아닌 의사표시, 허위표시, 착오에 의한 의사표시가 있다. 후자는 표시가 있고 이에 부합하는 의사가 있으나 의사형성에 하자가 있는 경우로서, 사기 또는 강박에 의한 의사표시가 있다.

### 2. 진의 아닌 의사표시 [1-33]

'진의 아닌 의사표시'(비진의표시 또는 심리유보)는 표의자(의사표시자)가 진의가 다르다는 것(의사와 표시의 불일치)을 알면서 하는 의사표시이다(가령 갑이 물건을 매도할 생각이 없으면서 을에게 매도한다고 표시한 경우이다). 이는 의사와 표시가 일치하지 않는데 표의자가 이를 아는 경우이다. 이 경우 상대방의 보호를 위해서 표시를 우선할 필요가 있다. 따라서 진의 아닌 의사표시는 표시된 대로 효력이 있다(민107①본). 다만, 상대방이 표의자의 진의가 아님을 알았거나 알 수 있었을 경우 무효이다(민107①단)(이 경우 상대방을 보호할 필요가 없기 때문이다). 이 경우 거래안전의 보호를 위해서 의사표시의 무효는 선의의 제3자에게 대항하지 못한다(민107②).

### 3. 허위표시 [1-34]

허위표시는 상대방과 통정한(통모한 또는 서로 짠) 허위의 의사표시이다(가령 갑이 강제집행을 피하기 위해서 을과 짜고 허위로 자신의 재산을 을에게 이전한 경우이다). 이는 의사와 표시가 일치하지 않는데 표의자가 상대방과 그 불일치에 대해 합의한 경우이다. 이 경우 상대방 보호를 이유로 표시를 우선할 필요는 없다. 따라서 허위표시는 무효이다(민108①). 이 경우 거래안전의 보호를 위해서 의사표시의 무효는 선의의 제3자에게 대항하지 못한다(민108②).

### 4. 착오로 인한 의사표시 [1-35]

착오로 인한 의사표시는 '법률행위 내용'의 '중요부분'에 관한 착오에 기해서 행한 의사표시이다. 이는 의사와 표시가 일치하지 않는데 표의자가 이를 알지 못하는 경우이다. 법률행위 내용의 착오는 의미의 착오(A를 기재하려 했으나 이를 B라고 잘못 믿고 B를 기재), 표시의 착오(A를 기재하려 했으나 B라고 잘못 기재) 등이 있다. 중요부분의 착오는 착오가 없었다면 '표의자는 물론이고 일반인도' 그 의사표시를 하지 않았으리라고 생각될 정도로 중요한 착오를 가리킨다(다수설).

표의자가 의사와 표시의 불일치를 알지 못한다는 점을 고려할 때 표의자를 보호할 필요성이 있다. 따라서 착오로 인한 의사표시는 취소할 수 있다(민109① 본). 이 경우 거래안전의 보호를 위해서 의사표시의 취소는 선의의 제3자에게 대항하지 못한다(민109②). 다만, 착오가 표의자의 중과실로 인한 경우는 취소하지 못한다(민109①단)(이 경우 표의자를 보호할 필요가 없기 때문이다).

### 5. 사기·강박에 의한 의사표시 [1-36]

하자 있는 의사표시는 의사와 표시가 일치하지만 자유롭게 의사결정을 하지 못하여 의사의 형성과정에 하자가 있는 경우이다. 사기에 의한 의사표시가 되기 위해서는 사기자의 고의에 의한 기망행위가 있어야 한다(통설). 기망행위는 적극적 행위인 것이 원칙이고, 다만 설명의무가 인정되는 경우는 단순한 침묵도 기망행위가 될 수 있다(가령 아파트분양자가 아파트 근처에 쓰레기매립장이 건립될 예정이라는 사실을 침묵하면 기망행위가 된다)(판례). 강박에 의한 의사표시는 강박자의 고의에 의한 강박행위(불이익을 위협하여 공포심을 야기하는 위법행위)가 있어야 한다.

사기 또는 강박의 경우는 표의자를 보호할 필요가 있다. 따라서 사기 또는 강박에 의한 의사표시는 취소할 수 있다(민110①). 다만, 상대방이 있는 의사표시인 경우에는 상대방의 보호도 필요하므로 표의자의 취소권이 제한된다. 즉, 상대방이 있는 의사표시에 관해 제3자가 표의자에게 사기나 강박을 행한 경우 상대방이 그 사실을 알았거나 알 수 있었을 경우에 한해 표의자가 의사표시를 취소할 수 있다(민110②). 이 경우 거래안전의 보호를 위해서 의사표시의 취소는 선의의 제3자에게 대항하지 못한다(민110③).

## Ⅴ. 의사표시의 효력발생시기, 수령능력, 공시송달

### 1. 효력발생시기 [1-37]

상대방 있는 의사표시인 경우는 언제 효력이 발생하는지가 문제된다. 민법은 도달주의를 원칙으로 한다. 즉, 상대방 있는 의사표시는 상대방에게 도달한 때에 그 효력이 생긴다(민111①). 이는 표의자보다 상대방을 우선하는 입장이다. 다만, 도달은 사회통념상 상대방이 통지내용을 알 수 있는 객관적인 상태에 놓인 경우(가령 편지의 배달)를 가리키며, 상대방이 실제로 수령하거나 통지내용을 알 것까지 요구되지는 않는다(판례·다수설). 도달주의는 대화자 간(의사표시가 즉시 도달하는 관계)인지 격지자 간(의사표시가 즉시 도달하지 않는 관계)인지를 묻지 않고 적용된다(통설). 대화자와 격지자는 공간적 개념이 아니라 시간적 개념이다(통설).

도달주의 원칙에 대한 예외로서, 상대방에게 발신한 때 의사표시의 효력이 생기는 경우도 있다(발신주의 또는 발송주의)(민15 등). 이는 상대방보다 표의자를 우선하는 경우이다.

### 2. 수령능력 [1-38]

의사표시의 수령능력은 타인이 행한 의사표시의 내용을 이해할 수 있는 능력이다. 제한능력자[1-23~25]는 의사표시를 하는 능력뿐만 아니라 수령능력도 제한된다. 즉, 의사표시의 상대방이 의사표시를 받은 때에 제한능력자[1-23~25]인 경우 의사표시자는 그 의사표시로써 상대방에게 대항할 수 없다(민112본)(이에 따르면 표의자는 제한능력자에게 의사표시의 도달을 주장할 수 없지만, 제한능력자 측에서 이를 주장하는 것은 무방하다). 다만, 상대방의 법정대리인이 의사표시가 도달한 사실을 안 후에는 그렇지 않다(민112단).

### 3. 공시송달 [1-39]

표의자가 과실 없이 상대방을 알지 못하거나 상대방의 소재를 알지 못하는 경우 의사표시는 민사소송법 공시송달의 규정에 의해 송달할 수 있다(민113). 공시송달은 법원사무관 등이 송달할 서류를 보관하고 그 사유를 법원게시판에 게시하거나, 그 밖에 대법원규칙이 정하는 방법에 따라서 해야 한다(민소195).

# Ⅵ. 법률행위의 대리

## 1. 대리의 의의 [1-40]

### (1) 개념

대리는 타인(대리인)이 본인을 위해서 의사표시를 하거나 의사표시를 수령함으로써 본인에게 법률효과가 생기는 제도이다. 대리인은 본인의 기관이 아니며 별개의 법적 지위를 갖는다. 따라서 대리는 본인과 타인인 대리인 사이의 신뢰관계에 기초한 제도이다. 한편, 대표는 법인의 대표기관이 법인을 위해서 하는 행위이며, 이는 대리와 구분된다[1-64].

### (2) 적용범위

대리는 의사표시에 적용되는 제도이다. 따라서 사실행위 또는 불법행위에는 적용되지 않는다. 대리는 능동대리(의사표시를 하는 대리)와 수동대리(의사표시를 받는 대리)가 모두 가능하다.

### (3) 대리의 요건

대리가 유효하게 성립하기 위해서는 대리인·대리권·대리행위의 요건이 충족되어야 한다.

먼저 대리인을 보자. 대리인에게 의사능력이 없으면 그 대리행위는 무효이다. 대리인이 행위능력자임은 요하지 않는다(민117). 따라서 제한능력자의 대리행위는 제한능력을 이유로 취소할 수 없다. 제한능력자 제도는 제한능력자 본인을 보호하기 위한 제도인데, 대리의 효과는 제한능력자인 대리인이 아니라 본인에게 미치기 때문이다.

대리권은 임의대리권과 법정대리권으로 나뉜다. 전자는 본인의 수권행위(본인이 대리인에게 대리권을 수여하는 행위)에 의해서 발생하고, 후자는 법률의 규정 등에 의해서 발생한다(가령 미성년자의 친권자는 민법 911조에 의해서 미성년자에 대한 법정대리권을 갖는다). 대리권은 본인이 사망하면 소멸하고, 대리인이 사망하거나 성년후견의 개시가 있거나 또는 파산한 경우에도 소멸한다(민127). 이러한 사정이 발생한 경우 본인과 대리인 사이의 신뢰관계가 유지된다고 볼 수 없기 때문이다.

대리행위를 위해서는 대리인이 대리권 내에서 본인을 위해 대리하는 것임을 표시해야 한다(민114①). 이를 '현명주의'라고 한다(가령 '갑의 대리인 을'이라고 본인을 표시해야 그 행위는 갑을 위한 것으로 본다). 만약 대리인이 본인을 위한 것임을 표시하지 않으면 그 행위는 자기를 위한 것으로 본다(민115본). 이는 자기를 위한다고 표시된 경우이고, 표시대로 효과를 인정하는 것이다. 그러나 상대방이 대리인으로서 한 것임을 알았거나 알 수 있었을 경우는 그 행위는 본인을 위한 것으로 본다(민115단)(가령 '갑의 대리인 을'이라고 본인을 표시하지 않고 을이 행위한 경우에도 을이 갑의 대리인임을 상대방이 알았거나 알 수 있었을 경우에는 그 행위는 갑을 위한 것으로 본다). 이 경우는 본인을 위한다는 의사를 존중하는 것이다.

#### (4) 대리의 효과

대리행위의 법률효과는 직접 본인에게 발생한다(민114). 즉, 법률효과가 대리인을 거쳐서 본인에게 이전되는 것이 아니라 처음부터 본인에게 발생한다.

### 2. 자기계약·쌍방대리 [1-41]

대리인은 본인의 허락이 없으면 본인을 위해서 자기계약 또는 쌍방대리를 하지 못한다(민124본). 자기계약은 대리인이 자신과 법률행위를 하는 경우(가령 갑이 을의 대리인으로서 자신과 법률행위를 하는 경우)이고, 쌍방대리는 대리인이 동일한 법률행위에 관해 당사자쌍방을 대리하는 경우(가령 갑이 을과 병을 대리해서 어떤 법률행위를 하는 경우)이다. 양자는 이익상충(대리인의 지위를 이용하여 본인이익의 희생하에 자신 또는 제3자의 이익을 추구)으로 인해 본인에게 손해를 끼칠 수 있기 때문에 본인의 허락이 요구된다.

한편, 채무의 이행은 본인의 허락이 없어도 자기계약 또는 쌍방대리를 할 수 있다(민124단). 이 경우는 이익상충의 우려가 없기 때문이다.

### 3. 무권대리 [1-42]

#### (1) 개념

무권대리는 무권대리인(대리권이 없는 자)이 행한 대리행위를 가리킨다.

#### (2) 효과

무권대리는 본인이 추인하지 않으면 본인에게 효력이 없다(민130). 즉, 원칙상 무효이다. 다만, 본인이 추인하면 유효로 될 수 있으므로 '유동적 무효'에 해당한다. 본인은 추인권을 갖는다. 추인은 효력의 발생여부가 확정되지 않은 행위에 관해 행위의 효과가 자기에게 직접 발생하는 것을 목적으로 하는 상대방 있는 단독행위이다(판례·통설). 본인이 추인하면 무권대리는 처음부터(소급하여) 유권대리와 같은 효과가 생기고, 다만 제3자의 권리를 해치지 못한다(민133). 후자는 거래안전을 보호하기 위해서이다.

무권대리의 상대방을 보호할 필요가 있다. 첫째, 최고권이다. 즉, 상대방은 상당한 기간을 정해서 본인에게 추인여부의 확답을 최고할 수 있다(민131본). 둘째, 철회권이다. 즉, 상대방은 계약 당시에 무권대리임을 알았던 경우를 제외하고 본인의 추인이 있을 때까지 계약을 철회할 수 있다(민134).

무권대리인의 책임을 보자. 본인의 추인이 없는 한 무권대리인은 상대방의 선택에 따라 계약이행책임 또는 손해배상책임을 진다(민135①). 다만, 무권대리의 사실을 상대방이 알았거나 알 수 있었을 경우 또는 대리인이 제한능력자인 경우는 그렇지 않다(민135②).

이상의 무권대리의 효과는 계약의 무권대리에 적용된다(민130~135). 단독행위의 무권대리는 확정적으로 무효인 것이 원칙이다(통설). 이 경우 상대방의 기대를 보호할 필요가 없기 때문이다. 하지만, 상대방 있는 단독행위(가령 취소)는 그 행위에 상대방의 관여가 있다고 볼 수 있는 일정한 경우 상대방 기대의 보호를 위해서 계약의 무권대리와 같게 취급한다. 즉, 능동대리에서 상대방이 대리인이라 칭하는 자의 대리권 없는 행위에 동의하거나 대리권을 다투지 않은 경우, 수동대리에서 무권대리인의 동의를 얻어 상대방이 행위를 한 경우 민법 130조~135조가 준용된다(민136).

### 4. 표현대리 [1-43]

#### (1) 개념

표현대리는 무권대리의 일종이면서 '대리인에게 대리권이 있는 것과 같은 외관이 있고' '본인에게 이에 대한 귀책사유가 있으며' '상대방이 외관을 신뢰한 경우'를 가리킨다. 표현대리는 전형적인 외관책임에 속한다(판례·통설)[1-4].

(2) 종류

표현대리에는 세 가지 종류가 있다. 첫째, '대리권 수여의 표시에 의한 표현대리'는 본인이 대리권을 수여하지 않았음에도 수여한 것으로 표시한 경우이다(민125). 둘째, '권한을 넘은 표현대리'는 대리권을 수여한 것은 맞지만 수여된 대리권을 초과하는 대리행위를 한 경우이다(민126). 셋째, '대리권 소멸 후의 표현대리'는 수여된 대리권이 소멸했음에도 대리행위를 한 경우이다(민129).

(3) 요건

상대방의 선의·무과실이 요구된다. 민법 125조와 129조는 이를 명시하고 있다. 민법 126조에 따르면 상대방이 '권한이 있다고 믿을 만한 정당한 이유'가 있어야 하는데, 판례와 다수설은 이를 선의·무과실과 같은 의미라고 해석한다.

(4) 효과

표현대리의 요건이 충족되면 본인은 무권대리에 대해 '책임이 있고'(민125,126), '제3자에게 대항할 수 없다'(민129). 이는 상대방이 주장한다면 무권대리의 효과를 본인에게 귀속시켜서 유권대리와 같은 효과가 생긴다는 의미이다. 한편, 상대방이 표현대리에 따른 본인의 책임과 무권대리에 따른 무권대리인의 책임(민135) 중에서 선택하여 물을 수 있는지에 대해 이를 긍정하는 입장과 부정하는 입장이 대립한다.

## Ⅶ. 법률행위의 무효 및 취소

### 1. 의의 [1-44]

법률행위의 유효요건을 충족하지 못한 경우 해당 법률행위의 효과는 무효 또는 취소이다. 무효사유와 취소사유의 구별은 사유의 중대성을 기준으로(무효가 더 중대하다) 정하는 입법정책의 문제이다. 무효와 취소의 주된 차이는, 무효는 원칙적으로 누군가의 주장 여부와 무관하게 당연히 처음부터 효력이 없고, 취소는 일단 유효하게 효력이 발생하나 특정인(취소권자)이 주장(취소)하면 비로소 처음부터(소급하여) 효력이 없다는 점이다.

## 2. 무효 [1-45]

### (1) 의의

법률행위의 무효는 원칙적으로 법률행위가 성립한 때부터 당연히 효력이 발생하지 않는 것이 확정되어 있다(다만, 예외도 있다). 가령 강행법규를 위반한 법률행위[1-30], 사회질서를 위반한 법률행위(민법103), 불공정한 법률행위(민법104), 허위표시에 따른 법률행위(민108①)는 무효이다. 무효인 법률행위에 따라서 이미 이행된 급부는 부당이득이므로 반환되어야 하는 것이 원칙이고, 다만 법률행위가 불법을 원인으로 무효인 경우(가령 강행법규 위반의 법률행위)에는 반환청구에 제한이 따른다(민741)[1-30, 147].

### (2) 종류

법률행위의 무효는 다음과 같이 구분되는데, 이 중에서 절대적 무효, 당연무효, 확정적 무효가 원칙이다. ① '절대적 무효'는 누구에게나 주장할 수 있는 무효이고, '상대적 무효'는 특정인에게는 주장할 수 없는 무효[가령 허위표시는 무효이나 선의의 제3자에게 대항하지 못한다(민108②)]이다. ② '당연무효'는 특별한 절차를 거치지 않아도 무효이고, '재판상 무효'는 소(訴)에 의해서만 주장할 수 있는 무효[가령 회사설립의 무효(상184)]이다. ③ '확정적 무효'는 추인을 해도 효력이 생기지 않는 무효이고, '유동적 무효'는 추인을 하면 소급해서 유효로 되는 무효[가령 무권대리는 무효이나 본인이 추인하면 소급하여 유효(민133본)]이다.

### (3) 관련 법리

① 일부무효의 법리: 법률행위의 일부가 무효인 경우 전부를 무효로 한다(민137본). 이는 당사자가 법률행위 전부를 일체로써 의도하는 것이 일반적이라는 점을 고려한 것이다. 그러나 무효부분이 없더라도 법률행위를 했을 것이라고 인정될 경우 나머지 부분은 무효가 되지 않는다(민137단). 이 경우는 일체성을 고려할 필요가 없기 때문이다. ② 무효행위의 전환: 무효인 법률행위가 다른 법률행위의 요건을 구비하고 당사자가 무효를 알았더라면 다른 법률행위를 하는 것을 의욕했으리라고 인정될 경우 다른 법률행위로서 효력을 가진다(민138). ③ 무효행위의 추인: 무효인 법률행위는 추인(무효인 법률행위를 유효하게 하는 단독행위)에 의해

서 유효로 될 수 있는가? 원칙적으로 가능하지 않다(민139본)(다만, 전술한 유동적 무효인 경우는 추인하면 소급해서 유효로 된다). 만약 당사자가 무효임을 알고 추인한 경우는 새로운 법률행위로 본다(민139단). 이에 따르면 추인 시부터 새로운 법률행위가 되므로 소급효는 없다(판례·통설). 다만, 당사자가 소급효를 인정하는 추인을 하면 이는 사적 자치의 원칙상 유효하다(통설). 한편, 강행법규 또는 사회질서 위반 등은 추인해도 유효로 되지 않음은 물론이고 새로운 법률행위도 되지 않는다(통설).

### 3. 취소 [1-46]

#### (1) 의의

법률행위의 취소는 유효하게 성립한 법률행위의 효력이 처음부터(소급해서) 소멸되게 하는 특정인(취소권자)의 일방적 의사표시이다(취소권은 형성권이다). 취소할 수 있는 법률행위는 '유동적 유효'(무효가 될 수 있는 유효)인 법률행위이다. 가령 제한능력자의 법률행위는 일정한 경우 취소할 수 있다[1-23~25].

#### (2) 요건

취소권자는 제한능력자, 착오로 인하거나 사기·강박에 의해 의사표시를 한 자, 그의 대리인 또는 승계인이다(민140). 취소는 해당 법률행위의 상대방에 대한 의사표시로 해야 한다(민142).

#### (3) 효과

취소된 법률행위는 처음부터 무효인 것으로 본다(민141본). 취소된 법률행위에 기초해서 이미 이행된 급부는 부당이득으로서 반환되어야 하는 것이 원칙이다(민741)[1-147]. 다만, 제한능력자는 해당 법률행위로 인해 받은 이익이 현존하는 한도에서 상환할 책임이 있다(민141단)(이는 제한능력자 보호를 위한 예외규정이다).

#### (4) 취소할 수 있는 법률행위의 추인

취소할 수 있는 법률행위의 추인은 취소하지 않겠다는 일방적 의사표시이다(추인권은 형성권이다). 취소권자(민140)가 추인할 수 있다(민143①). 추인은 취소의 원인이 소멸된 후에 해야 효력이 있지만(민144①)(즉, 제한능력자는 능력자가 된 후, 착오·사기·강박에 의해 의사표시를 한 자는 착오·사기·강박에서 벗어난 뒤에 추인할 수 있다), 다만 법정대리인 또는 후견인이 추인하는 경우는 그렇지 않다(민144②). 추인하면 해당 법률행위는 유동적 유효에서 벗어나서 확정적으로 유효하다. 추인 후에는 취소하지 못한다(민143①).

추인이 의제되는 경우도 있는데, 이를 법정추인이라고 한다. 즉, 취소할 수 있는 법률행위에 관해 민법 144조에 따른 추인요건이 갖추어진 후에 추인의 의사를 추정할 수 있는 일정한 사유(전부 또는 일부의 이행 등)가 있으면 '이의를 보류하지 않는 한'(추인이 아니라는 의사를 표명하지 않는 한) 추인한 것으로 본다(민145).

(5) 취소권의 소멸

취소권은 추인할 수 있는 날로부터 3년 내에 또는 법률행위를 한 날로부터 10년 내에 행사해야 한다(민146). 이는 제척기간[1-53]이고(통설), 3년 또는 10년 중에서 먼저 완성되는 기간에 따라서 취소권이 소멸한다.

## Ⅷ. 법률행위의 조건 및 기한

### 1. 의의 [1-47]

법률행위의 당사자는 사적 자치의 원칙에 따라 법률행위의 효력 등을 제한하는 내용도 정할 수 있다. 이러한 내용을 법률행위의 '부관'이라고 한다. 법률행위의 부관 중에서 대표적인 것이 조건 및 기한이다. 조건은 발생여부가 불확실한 사실이고, 기한은 발생할 것이 확실한 사실이라는 점에서 다르다. 조건이 있는 법률행위는 조건부 법률행위라고도 하고, 기한이 있는 법률행위는 기한부 법률행위라고도 한다.

### 2. 조건 [1-48]

① 개념: 조건은 발생여부가 불확실한 장래의 사실이다. 가령 취업할 때까지만 생활비를 지급한다는 약정에서 취업은 조건에 해당한다. 조건이 있는 법률행위는 조건이 성취되기 전까지 효력이 불안정하다. ② 종류: 정지조건은 그 성취 시에 법률행위 효력이 발생하는 조건이고, 해제조건은 그 성취 시에 법률행위 효력이 소멸되는 조건이다(위 사례의 취업은 해제조건에 해당하고 생활비지급약정은 해제조건이 있는 계약이 된다). 한편, 불법조건(사회질서에 위반하는 조건)은 그 법률행위를 무

효로 만든다(민151①)(가령 범죄를 범할 것을 조건으로 하는 증여계약은 무효이다). ③ 효과: 정지조건이 있는 법률행위는 조건이 성취된 때로부터 효력이 생기고, 해제조건이 있는 법률행위는 조건이 성취된 때로부터 효력을 잃는다(민147)(따라서 위 사례에서 취업이라는 조건이 성취되면 생활비지급약정은 효력을 잃는다). ④ 조건을 붙일 수 없는 법률행위: 사적 자치에 따라 법률행위에는 조건을 붙일 수 있는 것이 원칙이다. 다만, 다음과 같은 예외가 있다. 첫째, 친족법·상속법상 행위에 조건을 붙이면 사회질서에 반한다(가령 혼인에 조건을 붙일 수 없다). 둘째, 단독행위에 조건을 붙이면 상대방의 지위를 불안정하게 만든다(가령 취소와 같은 형성권의 행사는 조건을 붙일 수 없다). 셋째, 어음·수표행위에 조건을 붙이면 어음·수표의 유통성에 반한다(어1(2),75(2),수1(2))[5-47].

### 3. 기한 [1-49]

① 개념: 기한이란 발생여부가 확실한 장래의 사실이다. 가령 내년 3월까지만 생활비를 지급한다는 약정에서 3월은 기한이다. ② 종류: 기한은 시기와 종기가 있다. 전자는 그 성취 시에 법률행위 효력이 발생하거나 채무의 이행기가 도래하는 기한이고, 후자는 그 성취 시에 법률행위 효력이 소멸되는 기한이다(위 사례의 3월은 종기에 해당한다). 그리고 기한은 확정기한과 불확정기한이 있다. 전자는 발생시기가 확정되어 있는 기한이고, 후자는 발생시기가 확정되어 있지 않은 기한이다(불확정기한도 발생할 것이 확실하다는 점에서 기한이다. 가령 특정인이 사망하면 보험금을 지급하는 사망보험계약은 불확정기한이 있는 법률행위이다)(위 사례의 3월은 확정기한에 해당한다). ③ 효과: 시기가 있는 법률행위는 기한이 도래한 때로부터 효력이 생기고, 종기가 있는 법률행위는 기한이 도래한 때로부터 효력을 잃는다(민152). 또한 채무이행과 관련하여 시기가 있는 법률행위는 기한이 도래한 때로부터 채무의 이행기가 도래한다. ④ 기한을 붙일 수 없는 법률행위: 조건을 붙일 수 없는 법률행위는 기한도 붙일 수 없는 것이 원칙이다(통설). 다만, 조건을 붙일 수 없는 법률행위인 어음·수표행위에는 기한(만기)을 붙일 수 있다[5-49]. ⑤ 기한의 이익: 기한의 이익은 기한이 존재함으로써(즉, 기한이 도래하지 않음으로써) 당사자가 받는 이익이다. 기한의 이익은 채무자에게 있는 것으로 추정한다(민153①). 기한의 이익을 가진 자는 기한의 이익을 포기할 수 있지만, 그렇다고 해서 상대방의 이익을 해

하지는 못한다(민153②). 가령 채무이행의 시기(이행기)가 정해진 경우, 이자 없는 소비대차의 채무자는 시기 전의 변제를 할 수 있지만, 이자 있는 소비대차의 채무자는 시기까지의 이자를 지급해야만 기한 전의 변제가 가능하다.

## 제3관 기 간

### Ⅰ. 의의 [1-50]

기간은 어느 시점부터 어느 시점까지의 연속된 시간을 가리킨다. 기간은 어느 특정한 시점을 가리키는 기일과 다르다. 기간의 계산은 법령, 재판상의 처분 또는 법률행위에 다른 정한 바가 없으면 민법의 규정에 따른다(민155). 따라서 이는 임의규정이다.

### Ⅱ. 기간의 계산 [1-51]

#### 1. 시·분·초 단위

시·분·초 단위로 기간을 계산하는 것(가령 2시간)을 자연적 계산법이라고 한다. 이 경우 기간의 기산점은 시·분·초의 즉시부터이고(민156), 만료점은 시·분·초가 종료된 때이다(통설)(가령 현재 오후 3시 30분인데, 2시간의 기간은 오후 3시 30분부터 5시 30분까지이다).

#### 2. 일·주·월·년 단위

① 개념: 일·주·월·년 단위로 기간을 계산하는 것(가령 3일)을 역법적 계산법이라고 한다. ② 기산점: 기간의 초일은 산입하지 아니한다(초일불산입의 원칙)(민157본)(가령 '4월 3일 14시부터 3일'이라면 4월 4일 0시가 기산점이다). 그러나 기간이 오전 영시로부터 시작하는 경우는 그렇지 않다(초일산입의 예외)(민157단)(가령 '4월 3일부터 3일'이라면 4월 3일 0시가 기산점이다). 연령계산에는 출생일을 산입한다(민158). ③ 만료점: 기간 말일의 종료로 기간이 만료한다(민159). 기간 말일의 종료는 기간 말일의 24

시를 가리킨다(가령 '4월 3일 14시부터 3일'이라면 4월 4일 0시가 기산점이고 4월 6일 24시가 만료점이다). ④ 계산방법: 첫째, 기간을 주·월·연으로 정한 경우 역에 의해 계산한다(민160①). 가령 기간을 월 단위로 한 경우 날의 수로 환산하지 않고 1달이 30일이든 31일이든 모두 1개월로 계산한다(가령 '4월 1일부터 3개월'이라면 6월 30일 24시가 만료점이다). 둘째, 주·월·연의 처음부터 기간을 기산하지 않는 경우 최후의 주·월·연에서 기산일에 해당한 날의 전일로 기간이 만료한다(민160②)(가령 '4월 3일부터 3개월'이라면 최종월의 기산일에 해당하는 날인 7월 3일의 전일인 7월 2일 24시가 만료점이다). 셋째, 기간을 월·연으로 정한 경우에 최종월에 해당일이 없는 때에는 그 월의 말일로 기간이 만료한다(민160③)(가령 '1월 31일부터 1개월'이라면 2월 말일 24시가 만료점이다). 넷째, 기간의 말일이 토요일 또는 공휴일인 경우 기간은 그 익일(다음날)로 만료한다(민161).

### Ⅲ. 기간의 역산 [1-52]

일정한 시점부터 역으로 기간을 계산하는 경우는 기간계산에 관한 민법 규정이 유추적용된다(통설). 가령 사원총회의 소집통지는 1주간 전에 발송해야 하는데(민71), 만약 사원총회 일시가 4월 3일 14시이면 기산점은 그 전일인 4월 2일 24시이고 만료점은 3월 27일 0시이므로 3월 26일 24시까지는 사원총회 소집통지를 발송해야 한다.

## 제4관 소멸시효

### Ⅰ. 의의 [1-53]

#### 1. 시효

시효는 일정한 사실상태가 오랫동안 지속된 경우 그것이 진실한 권리관계에 합치하는지를 묻지 않고 사실상태 그대로 권리관계를 인정하는 제도이다. 시효는 취득시효(시간의 경과로 권리를 취득)와 소멸시효(시간의 경과로 권리를 상실)가 있다. 취득시효는 민법 물권편이 규정하고 있으므로[1-167], 여기서는 소멸시효만 살펴본다.

### 2. 소멸시효

소멸시효는 권리불행사(권리자가 일정한 기간 동안 권리를 행사하지 않는 것)의 상태가 지속된 경우 그의 권리를 소멸시키는 제도이다. 일정한 사실상태가 지속되면 이에 기초해서 거래가 축적되므로 거래안전의 보호가 필요하다는 점, 권리를 행사하지 않는 권리자는 보호할 필요가 없다는 점 등이 소멸시효의 취지이다(판례·통설).

소멸시효와 제척기간은 구분된다. 제척기간은 일정한 권리에 관해서 법률이 정한 존속기간이다(가령 취소권의 소멸기간은 제척기간이다[1-46]). 이러한 권리는 제척기간 내에 행사하지 않으면 당연히 소멸한다. 제척기간은 법률관계의 조속한 안정을 목적으로 하므로 중단·정지가 인정되지 않는 등 소멸시효와는 일정한 차이가 있다(판례·통설). 하나의 권리에 대해 소멸시효와 제척기간이 동시에 적용되는 경우는 없고 그 중 하나만 적용된다.

## Ⅱ. 소멸시효의 요건 [1-54]

### 1. 소멸시효의 대상

소멸시효의 대상이 되는 권리는 재산권이다(민162). 가족권, 인격권 등은 그 성질상 소멸시효의 대상이 아니다. 소유권도 재산권의 일종이지만 소멸시효의 대상이 되지 않는다(민162②)(소유권은 항구적 권리이다).

### 2. 권리의 불행사

권리를 행사할 수 있었음에도 행사하지 않아야 시효로 소멸한다. 따라서 소멸시효의 기산점은 ‘권리를 행사할 수 있는 때’로부터 진행한다(민166①). 권리를 행사할 수 있다는 것은 권리를 행사하는 데 장애가 없다는 것을 가리킨다. 법률상 장애(가령 채무의 이행기가 되지 않거나 조건이 성취되지 않은 경우)는 이러한 장애에 포함되지만, 사실상 장애(가령 권리자가 법률지식이 부족한 경우)는 이러한 장애에 포함되지 않는다(판례·통설). 즉, 법률상 장애가 있는 경우에는 소멸시효가 진행되지 않지만 사실상 장애가 있는 경우에는 소멸시효가 진행된다.

### 3. 시효기간의 경과

채권은 10년이 시효기간이고, 채권 및 소유권 이외의 재산권은 20년이 시효기간이다(민162). 여기서 채권은 민사채권을 가리킨다. 상사채권(상행위로 인한 채권)은 상법에 다른 규정이 없으면 5년이 시효기간이다(상64본)[3-10]. 보다 단기의 시효기간도 있다. 즉, 3년의 시효기간이 적용되는 채권(민163: 1년 이내의 기간으로 정한 금전 또는 물건의 지급을 목적으로 한 채권, 의사의 치료에 관한 채권, 생산자 및 상인이 판매한 생산물 및 상품의 대가 등), 1년의 시효기간이 적용되는 채권(민164: 음식점의 음식료채권, 연예인의 임금채권, 학생 및 수업자의 교육에 관한 채권 등)이 있다.

## Ⅲ. 소멸시효의 중단 [1-55]

소멸시효는 일정한 사유(1. 청구 2. 압류 또는 가압류, 가처분 3. 승인)로 인해서 중단된다(민168). 권리자가 권리를 행사하거나 의무자가 승인하는 경우 시효가 중단되는 것이다. 시효의 중단사유 중에서 청구는 재판상 청구(민170) 등을 가리킨다. 최고(채권자가 채무자에게 채무이행을 독촉하는 행위)도 청구에 포함되지만, 최고 후 6개월 내에 일정한 행위(재판상의 청구, 파산절차참가, 화해를 위한 소환, 임의출석, 압류 또는 가압류, 가처분)를 하지 않으면 시효중단의 효력이 없다(민174).

시효가 중단되면 그 전에 경과한 시효기간은 제외하고 중단사유가 종료한 때부터 새롭게 진행한다(민178①). 또한, 시효의 중단은 당사자 및 그 승계인 간에만 효력이 있다(민169). 따라서 시효중단의 효력은 상대적이다. 당사자는 중단행위에 관여한 사람을 의미한다(판례·통설).

## Ⅳ. 소멸시효의 정지 [1-56]

소멸시효의 정지는 일정한 사유가 있으면 그 사유가 종료된 때부터 일정 기간 내에 소멸시효가 완성되지 않는 것을 가리킨다. 소멸시효의 정지사유로는 천재 기타 사변(민182: 천재 기타 사변으로 인하여 소멸시효를 중단할 수 없을 경우 그 사유가 종료한 때부터 1개월 내에는 시효가 완성하지 않는다) 등이 있다.

소멸시효의 정지인 경우 이미 경과한 시효기간은 그대로 존속하면서 일정 기간이 경과하면 시효가 완성된다(일정 기간이 일종의 유예기간에 해당한다). 소멸시효의 정지는 이미 경과한 기간이 없었던 것으로 되지 않는다는 점에서 소멸시효의 중단과 다르다.

## V. 소멸시효의 효력 등 [1-57]

① 권리의 소멸: 소멸시효가 완성되면 권리가 당연히 소멸한다. 소멸시효는 그 기산일에 소급하여 효력이 생긴다(민167). 즉, 소급효가 있다. 이는 이미 존재하는 사실상태를 보호하자는 취지이다. ② 시효이익의 포기: 소멸시효의 이익은 미리 포기하지 못한다(민184①). 소멸시효의 이익은 가령 소멸시효로 인해서 채무를 면하는 것을 가리킨다. 이는 사전포기(소멸시효 완성 전의 포기)가 무효임을 의미한다(소멸시효는 권리자의 의사가 아니라 일정한 사실상태에 기초한 제도인데 권리자의 의사에 따른 사전포기를 인정하면 소멸시효제도가 무의미해질 수 있다). 시효가 완성된 이후의 사후포기는 허용된다(통설). ③ 시효관련 약정: 소멸시효는 법률행위에 의해 배제, 연장 또는 가중할 수 없으나(이를 허용하면 소멸시효 제도가 무의미해질 수 있다) 단축 또는 경감할 수 있다(민184②).

# 제5관 권리의 주체

## I. 의의 [1-58]

권리의 주체는 권리가 귀속되는 자이다. 권리의 주체는 권리능력(권리의 주체가 될 수 있는 지위)을 가진 자이어야 한다. 권리능력은 '인격' 또는 '법인격'이라고도 한다. 권리능력을 가진 자를 '권리능력자'라고 한다. 민법상 권리능력자에는 '자연인'과 '법인'이 있다. 한편, 의무도 권리와 마찬가지로 그 귀속주체인 의무능력자가 있는데 이는 권리능력자와 동일하다.

## Ⅱ. 행위능력자와 구분 [1-59]

권리능력은 권리의 주체가 될 수 있다는 의미이고, 실제로 그의 단독행위에 의해서 권리를 취득하는 것은 행위능력의 문제이다[1-22]. 권리능력자이더라도 제한능력자는 행위능력이 제한된다[1-23~25].

## Ⅲ. 자연인 [1-60]

누구나 자연인은 생존한 동안 권리능력을 갖는다(민3). 외국인도 법률이 특별히 제한하는 경우를 제외하면 권리능력을 갖는다. 자연인은 출생 때부터 권리능력을 갖는다. 출생시기는 태아가 모체로부터 완전히 분리된 때이다(전부노출설)(통설). 따라서 태아는 권리능력이 없는 것이 원칙이다. 다만, 태아의 권리보호를 위해서 일정한 경우[불법행위로 인한 손해배상청구(민762), 상속(1000③) 등]는 태아를 이미 출생한 것으로 간주한다. 그리고 자연인은 사망한 때부터 권리능력을 잃는다. 사망시기는 호흡과 심장의 작동이 영구히 멈춘 때이다(통설).

자연인의 법률관계는 주소와 같은 생활장소를 기준으로 정해지는 경우가 있다[가령 변제의 장소(민467②)]. 생활의 근거가 되는 곳이 주소이고, 주소는 동시에 두 곳 이상 있을 수 있다(민18②). 주소를 알 수 없으면 거소를 주소로 본다(민19). 거소는 어느 정도 계속해서 거주하지만 생활의 근거가 될 정도는 아닌 장소이다(통설). 국내에 주소가 없는 자는 국내에 있는 거소를 주소로 본다(민20). 어느 행위에 있어서 가주소를 정한 경우 이를 그 행위에 관한 주소로 본다(민21). 가주소는 생활과는 무관하며 당사자가 약정에 의해 주소로 의제한 장소이다(이는 사적 자치의 반영이다).

## Ⅳ. 법인

### 1. 의의 [1-61]

#### (1) 개념

법인이란 자연인이 아니면서 권리능력이 인정된 경우이다.

(2) 종류

법인은 공법인(국가, 지방자치단체 등)과 사법인(회사 등)이 있다. 사법인은 다음과 같이 나뉜다. ① 사단법인과 재단법인: 전자는 일정한 목적을 위해 결합한 사람의 단체가 법인인 경우이고, 후자는 일정한 목적을 위해 출연된 재산이 법인인 경우이다. ② 영리법인과 비영리법인: 전자는 영리를 목적으로 하는 법인이고, 후자는 비영리를 목적으로 하는 법인이다.

(3) 주소

법인의 주소는 그 주된 사무소의 소재지에 있는 것으로 한다(민36). 법인은 그 주소, 즉 주된 사무소의 소재지에 설립등기를 함으로써 성립한다(민33).

(4) 법인이 아닌 사단 또는 재단

법인으로서의 실질을 구비했으면서도 법인으로서 설립등기를 마치지 않은 경우가 있는데, 여기에는 '법인이 아닌 사단'(가령 종중, 교회 또는 '설립 중의 회사'[6-42])과 '법인이 아닌 재단'(가령 설립등기를 하지 않은 장학재단)이 있다. 이들이 가진 법인으로서의 실질을 고려하여 비록 매우 제한적이지만 권리능력이 인정된다. 첫째, '법인이 아닌 사단'은 소송의 당사자가 될 수 있으며(당사자능력)(민소52), 사단 명의로 부동산등기도 할 수 있다(등기능력)(부동산등기법26). 사원은 공동소유의 일종인 총유(민275~278)[1-171]의 형태로 법인이 아닌 사단의 재산을 공동소유한다. 둘째, '법인이 아닌 재단'은 소송의 당사자가 될 수 있으며(당사자능력)(민소52), 재단 명의로 부동산등기도 할 수 있다(등기능력)(부동산등기법26). 명문의 규정은 없으나, 법인이 아닌 재단은 재산을 단독소유한다(통설)(재단에는 사원이 없으므로 공동소유는 고려대상이 아니다).

2. 법인의 설립 [1-62]

민법상 사단법인 또는 재단법인은 다음의 설립요건을 갖추어야 설립될 수 있다. 첫째, 비영리성을 띠어야 한다. 즉, 법인은 학술, 종교, 자선, 기예, 사교 기타 영리가 아닌 사업을 목적으로 해야 한다(민32). 이에 따라 민법상 영리법인은 가능하지 않다. 둘째, 설립행위가 있어야 한다. 사단법인의 설립자는 일정한 사항(목적, 명칭 등)을 기재한 정관을 작성해서 기명날인해야 한다(민40). 재단법인의 설립자는 일정한 재산을 출연하고 일정한 사항(목적, 명칭 등)을 기재한 정관을 작성하여 기명날인해야 한다(민43). 출연은 자기 재산을 감소시키면서 타인의 재산을 증가시키는 행위이다. 셋째, 주무관청의 허가를 얻어야 한다(민32). 주무관청은 법인의 목적사업을 관장하는 행정관청을 가리킨다(통설). 주무관청은 목적사업이 무엇인지에 따라 정해진다(주무관청은 목적사업별로 법무부, 행정안전부 등 다양하다). 넷째, 설립등기가 있어야 한다. 법인은 그 주된 사무소의 소재지에서 설립등기를 함으로써 성립한다(민33).

### 3. 법인의 기관 [1-63]

#### (1) 의의

법인은 자연인이 아니어서 실제로 행위하지 못하므로 자신의 기관의 행위를 통해서 활동한다.

#### (2) 이사

이사는 필수기관이다. 즉, 법인은 이사를 반드시 두어야 한다(민57). 이사의 권한을 보자. 이사는 법인의 업무를 집행한다(민58①). 이사가 수인이면 정관에 다른 규정이 없으면 업무집행은 이사의 과반수로써 결정한다(민58②)(이사가 수인이면 이사회를 두는 것이 일반적이다). 이사는 법인의 업무에 관해 각자 법인을 대표한다(민59①본). 다만, 정관에 규정한 취지에 위반할 수 없고, 특히 사단법인은 총회의 의결에 의해야 한다(민59①단). 이사의 대표권에 대한 제한은 등기하지 않으면 제3자에게 대항하지 못한다(민60). 이사는 권한에 따른 의무와 책임도 부담한다. 즉, 이사는 선량한 관리자의 주의로써 직무를 수행해야 한다(민61). 이사가 임무를 해태한 경우 법인에 대해 연대해서 손해배상책임이 있다(민65).

#### (3) 감사

법인은 정관 또는 사원총회의 결의로써 감사를 둘 수 있다(민66)(감사는 임의기관이다). 감사는 법인의 재산상황 및 이사의 업무집행상황을 감사하는 업무 등을 수행한다(민67). 한편, 주무관청은 법인의 사무를 검사·감독한다(민37).

#### (4) 사원총회

사원총회는 사단법인의 필수기관이다. 즉, 사원총회는 모든 사원(사단의 구성원을 말한다)으로 구성되는 최고의 의사결정기관이다. 사단법인의 업무는 정관에 의해 이사 또는 기타 임원에게 위임한 사항 이외에는 사원총회의 결의에 의해야 한다(민68). 사원총회는 통상총회와 임시총회가 있다. 전자는 매년 1회 이상 일정한 시기에 소집되는 총회이고(민69), 후자는 가령 이사가 필요하다고 인정한 경우 소집되는 총회이다(민70①). 한편, 재단법인은 사원이 없으므로 사원총회도 없다.

사원은 사단법인에 대해 사원권(사원의 지위)을 갖는다. 이에 따라 각 사원은 사원총회에서 의결권을 갖는다. 각 사원의 결의권은 평등하다(1인마다 1개의 의결권을 가지며 이를 '두수주의'라고 한다)(다만, 정관으로 달리 정할 수 있다)(민73①③). 사원은 서면이나 대리인을 통해서 결의권을 행사할 수 있다(다만, 정관으로 달리 정할 수 있다)(민73②③). 비영리법인인 사단법인에서는 사원의 개성이 중시되므로, 사원의 지위는 양도 또는 상속할 수 없다(민56). 다만, 이는 정관으로 달리 정할 수 있다고 해석한다(판례·통설).

### 4. 법인의 능력 [1-64]

#### (1) 권리능력

법인은 권리능력자이지만 자연인과 다르므로 권리능력의 범위 면에서 일정한 제한을 받는다. 첫째, 성질상 제한이다. 생명권, 친권 등은 그 성질상 자연인에게만 인정된다. 둘째, 법률상 제한이다. 법인의 권리능력은 법률에 의해서 제한될 수 있다. 가령 청산법인은 청산의 목적 범위 내에서만 권리능력이 있다(민81). 셋째, 정관상 제한이다. 법인은 정관으로 정한 목적의 범위 내에서 권리능력을 갖는다(민34). 다만, 목적의 범위는 넓게 해석해서 그 목적을 수행하는 데 직접 또는 간접으로 필요한 모든 행위가 포함된다(판례).

#### (2) 행위능력

법인은 권리능력을 가진 범위 내에서 행위능력을 갖는다(통설). 법인의 경우 자연인과 달리 제한능력자가 존재하지 않는다.

법인은 자연인이 아니므로 현실적으로 행위를 할 수 없다. 따라서 자연인을 자신의 일부인 대표기관으로 정해서 그로 하여금 법인의 행위능력 범위 내에서 법인을 대표하게 함으로써 행위를 한다. 대표기관의 대표행위에 의해서 법인에게 법률효과가 생긴다. 대표기관은 법인의 기관으로서 자신의 일부이므로 법인과 별개의 지위를 갖지 않는다. 이 점에서 대표기관은 대리인[1-40]과 차이가 있다(대리인은 본인과 별개의 지위를 갖는다). 즉, 대표는 법인이 자신의 일부인 대표기관을 통해서 자신의 행위를 하는 것이다. 다만, 대표는 이와 같이 개념적, 형식적으로 대리와 다르지만(대리는 개념적, 형식적으로도 타인으로 하여금 행위하게 하는 것이다[1-40]), 실질적으로 대리와 유사한 면도 있으므로(대표도 실질적으로는 타인을 대표기관을 정해서 그로 하여금 행위하게 하는 것이다) 법인의 대표에는 대리에 관한 규정이 준용된다(민59②).

#### (3) 불법행위능력

법인의 행위능력이 인정되는 것처럼 불법행위능력도 인정된다. 법인은 자연인이 아니므로 법인의 대표기관이 하는 불법행위(민750)를 법인의 불법행위로 간주된다. 이에 따라 법인은 이사 기타 대표자가 그 직무에 관해 타인에게 가한 손해를 배상할 책임이 있다(민35①). 이는 대표자의 행위가 불법행위의 요건을 충족함을 전제로 한 규정이다(통설). 이사 기타 대표자는 이로 인해 자기의 손해배상책임을 면하지 못하는데(민35①), 이는 피해자를 두텁게 보호하기 위해서 법인과 대표기관의 공동불법행위로 규정한 것이다. 법인과 대표기관은 부진정연대채무[1-97]를 부담하며, 피해자는 법인의 손해배상책임과 대표기관의 손해배상책임 중에서 선택하여 청구할 수 있다(통설)[1-10].

법인의 목적 범위 이외의 행위로 인해서 타인에게 손해를 가한 경우는 법인을 제외하고(이 경우는 법인의 불법행위로 보지 않는다) 대표기관만이 불법행위책임을 진다. 다만, 피해자를 두텁게 보호하기 위해서, 그 사항의 의결에 찬성하거나 그 의결을 집행한 사원, 이사 및 기타 대표자가 연대해서 손해를 배상해야 한다(민35②).

### 5. 법인의 소멸 [1-65]

법인의 소멸은 법인이 권리능력을 상실하는 것이다. 법인의 소멸은 해산과 청산을 거쳐야 한다.

해산은 법인이 본래 목적활동을 중지하고 청산절차에 들어가는 것을 말한다. 법인은 일정한 사유(법인 일반으로는 존립기간의 만료, 법인의 목적의 달성 또는 달성의 불능 기타 정관에 정한 해산사유의 발생, 파산, 설립허가의 취소. 사단법인인 경우 사원이 없게 되거나 사원총회의 결의가 있는 경우도 사유가 된다)로 인해서 해산한다(민77).

청산은 청산법인(해산한 법인)이 잔무를 처리하고 재산을 정리해서 권리능력을 완전히 소멸시키는 절차이다. 청산이 종료되면 법인이 소멸한다. 청산법인은 청산의 목적범위 내에서만 권리능력이 있다(민81). 청산법인의 업무는 청산인이 수행한다. 파산의 경우를 제외하고는 이사가 청산인이 되고, 다만 정관 또는 사원총회의 결의로써 달리 정한 바가 있으면 그에 의한다(민82). 청산 종료 전까지 감사 또는 사원총회는 그대로 유지된다.

## 제6관 물 건

### Ⅰ. 의의 [1-66]

물건은 권리의 객체 중 하나이다. 물건은 유체물 및 무체물(전기 기타 관리할 수 있는 자연력)을 말한다(민98). 유체물이든 무체물이든 관리가 가능해야 하므로, 우주 또는 태양 등은 물건이 아니다. 사람의 신체를 물건으로 보는 것은 윤리적으로 허용되지 않는다. 그리고 물건은 독립성이 있어야 한다. 즉, 물건의 일부 또는 구성부분은 물건이 될 수 없다. 이는 일물일권주의(하나의 독립한 물건에 하나의 물권이 성립한다는 입장)[1-159]의 원칙 때문이다.

### Ⅱ. 부동산과 동산 [1-67]

토지 및 그 정착물은 부동산이다(민99①). 토지의 소유권은 정당한 이익이 있는 범위 내에서 토지의 상하에 미친다(민212). 토지의 정착물은 건물, 수목(분리되지 않은 과실을 포함), 다리, 돌담 등을 가리킨다(통설). 판례는 농작물은 토지의 정착물이 아니며 그 경작자의 소유(따라서 부동산이 아니다)라고 본다. 한편, 동산은 부동산 이외의 물건이다(민99②). 전기 기타 관리할 수 있는 자연력도 동산에 속한다.

## Ⅲ. 주물과 종물 [1-68]

물건(주물)의 소유자가 그 물건의 일상적 사용을 돕기 위해서 자기소유인 다른 물건을 부속시킨 경우 부속물이 종물이다(민100①). 주물과 종물은 운명공동체로 보아서, 종물은 주물의 처분에 따른다(민100②). 이는 당사자가 다르게 약정할 수 있다(판례·통설). 가령 배와 노는 주물과 종물의 관계이며, 배가 매매되면 당사자가 달리 약정하지 않는 한 노도 매매된 것이다.

## Ⅳ. 원물과 과실 [1-69]

과실은 일정한 물건에서 발생한 수익이다. 과실을 낳게 한 물건이 원물이다. 물건의 용법에 의하여 수취하는 산출물은 천연과실이다(민101①)(가령 과일, 곡물, 동물의 새끼, 우유, 흙, 자갈). 물건의 사용대가로 받는 금전 기타의 물건은 법정과실이다(민101②)(가령 임차료).

과실의 귀속 문제를 보자. 첫째, 천연과실은 원물로부터 분리하는 때에 수취할 권리자에게 속한다(민102①)(분리되기 전에는 원물의 일부일 뿐이다). 둘째, 법정과실은 수취할 권리의 존속기간일수의 비율로 취득한다(민102②)(다만, 통설은 이를 임의규정으로 본다). 가령 법정과실을 수취할 권리의 존속기간 중에 원물이 양도됨으로써 수취할 권리자가 양도인에서 양수인으로 변동된 경우 양도인과 양수인은 각각 수취할 권리를 갖는 기간일수의 비율로 나누어 법정과실을 취득한다.

# 제4절 채 권 법

## 제1관 의 의 [1-70]

채권법은 민법 중 채권편을 가리키는 것으로서 채권에 관한 법이다. 채권법은 사적 자치가 광범위하게 인정되어서 임의법규가 많다.

## 제2관 채권법총론

### Ⅰ. 채권의 의의 [1-71]

채권이란 특정인(채권자)이 다른 특정인(채무자)에게 '일정한 행위'(급부)를 요구할 수 있는 권리이다. 가령 일정한 금전의 지급을 청구할 수 있는 금전채권이 전형적인 채권이다. 채권은 내용 면에서 재산권, 작용 면에서 청구권, 의무자의 범위 면에서 상대권이라는 특징을 갖는다[1-8]. 또한 채권은 평등성이라는 특징도 갖는다(채권자평등의 원칙)[1-9].

채무자는 채권의 내용에 따른 급부를 이행해야 할 의무를 부담한다. 이것이 채무자의 본래의 의무인 급부의무이다. 채무자는 이외에도 부수적 의무를 부담한다. 부수적 의무는 급부의무를 이행하는 과정에서 법률 또는 신의칙(민2) 등에 의해 부담하는 의무이다(이는 '신의칙상 부수적 의무', '성실의무'라고도 한다). 가령 여행업자는 교통수단을 제공하는 급부의무 이외에 여행자의 안전을 배려해야 할 부수적 의무를 부담한다.

## Ⅱ. 채권의 발생 [1-72]

채권은 법률행위 또는 법률의 규정에 의해 발생한다. 단독행위[가령 유언(민1060)] 또는 계약[가령 매매(민563)]에 의해 채권이 발생하는 경우는 전자이다. 사무관리(민734), 부당이득(민741), 불법행위(민750)에 의해 채권이 발생하는 경우는 후자이다.

## Ⅲ. 채권의 목적 [1-73]

### 1. 의의

채권의 목적(내용)은 채무자가 해야 하는 '급부'를 말한다. 이러한 급부를 이행해야 할 채무자의 의무가 급부의무이다. 채무자의 급부는 다음과 같이 구분된다.

### 2. 작위급부와 부작위급부

작위급부는 적극적 행위를 해야 할 급부이다. 부작위급부는 소극적 행위를 해야 할 급부로서 아무런 행위를 하지 않거나 이의를 제기하지 않아야 하는 등의 급부이다.

### 3. 주는 급부와 하는 급부

주는 급부는 물건의 인도를 목적으로 하는 급부이다. 하는 급부는 그 밖의 작위를 목적으로 하는 급부이다.

### 4. 특정물급부와 불특정물급부

이는 주는 급부의 구분으로서 인도할 물건이 특정되어 있는지를 기준으로 나눈 것이다. 특정물채권(민374)은 특정물의 인도를 목적으로 하는 채권이다(가령 특정한 화가가 그린 특정한 그림의 인도를 목적으로 하는 채권). 불특정물채권은 불특정물의 인도를 목적으로 하는 채권이다. 불특정물채권의 종류는 다음과 같다. 종류채권은 목적물이 종류와 수량에 의해 정해진 채권이고(민375)(가령 사과 5kg의 인도를 목적으로 하는 채권), 금전채권은 금전의 인도를 목적으로 하는 채권이며(민376)(가령 1백만원의 지급을 목적으로 하는 채권), 이자채권은 이자의 지급을 목적으로 하는 채권이다[이는 약정에 의해서 성립(약정이자)하거나, 법률의 규정에 의해서 성립(법정이자)한다].

## Ⅳ. 채권의 효력

### 1. 의의 [1-74]

채권의 효력은 대내적 효력(채권자와 채무자 사이의 효력)과 대외적 효력(채권자와 제3자 사이의 효력)이 있다. ① 대내적으로 보면, 채권자는 채무자에게 급부를 청구하여(청구력) 이를 보유할 수 있다(급부보유력). 채권자는 채무자가 채무를 이행하지 않으면 강제실현할 수 있는데, 채무자에게 소를 제기할 수 있고(소구력) 이행판결과 같은 집행권원을 얻어서 채무자의 재산에 강제집행할 수 있다(집행력). 한편, 채무의 이행에 채권자의 수령이 필요한 경우 이를 이행하지 않으면 채권자는 채권자지체의 책임을 진다. ② 대외적으로 보면, 제3자가 채권을 침해하여 불법행위(민750)의 요건을 갖추면 채권자는 제3자에게 손해배상을 청구할 수 있다(통설).

이하에서는 채권의 대내적 효력으로서 채무불이행과 채권자지체에 대해 좀 더 자세히 살펴본다.

### 2. 채무불이행

#### (1) 의의 [1-75]

채무불이행은 채무의 내용에 따른 이행이 이루어지지 않은 경우를 가리킨다. 아래 (2)는 채무불이행의 유형이고, (3)~(6)은 채무불이행 시의 채권자를 위한 구제수단이다. 채무불이행 시의 구제수단은 채권자가 그 중에서 선택할 수 있다. 다만, 서로 모순되는 선택은 할 수 없다. 가령 이행지체에 대해 전보배상도 받고 계약도 해제하는 것은 허용되지 않는다.

### (2) 유형

1) **이행지체**[1-76] 이행지체는 '이행기'에 이행이 가능하지만(이행이 가능하지 않으면 이행불능의 문제가 된다), 이행이 되지 않은 경우를 가리킨다. 이행기의 판단기준은 다음과 같다. 채무이행의 '확정한 기한'[1-49]이 있는 경우 채무자는 기한이 도래한 때로부터 지체책임이 있다(민387①). 채무이행의 '불확정한 기한'[1-49]이 있는 경우 채무자는 기한이 도래함을 안 때로부터 지체책임이 있다(민387①). 채무이행의 기한이 없는 경우에는 채무자는 이행청구를 받은 때로부터 지체책임이 있다(민387②). 채무자는 이행기까지 기한의 이익[1-49]을 누리지만 일정한 사유(1. 채무자가 담보를 손상, 감소 또는 멸실하게 한 때, 또는 2. 채무자가 담보제공의 의무를 이행하지 않은 때)가 있는 경우 기한의 이익을 주장하지 못한다(민388).

2) **이행불능**[1-77] 이행불능이란 채무의 내용에 따른 이행이 불가능한 경우를 가리킨다. 여기서 이행불능은 채권이 성립할 때는 이행이 가능했지만 후발적으로 불가능하게 된 경우를 가리킨다(통설)(원시적 불능에 대해서는 [1-29]). 불능은 거래관념 또는 사회통념에 따라 판단한다(통설). 가령 물리적으로는 가능하지만 과다한 비용과 시간이 드는 경우도 불능으로 취급된다(가령 목적물인 반지를 모래사장에서 분실한 경우).

3) **불완전이행**[1-78] 채무자가 이행을 했지만 그 이행이 불완전한 경우를 가리킨다. 가령 갑이 을에게 물건을 매도했는데 그 물건의 하자로 인해서 을의 건물에 화재가 발생한 경우 갑의 채무이행은 불완전이행이 된다. 가령 1천만 원의 금전채무 중에서 500만 원만 이행한 경우 이는 일부를 이행하고 일부를 이행지체한 것이지 불완전이행한 것은 아니다. 판례와 통설은 불완전이행을 이행지체 및 이행불능과 구분되는 채무불이행의 제3의 유형으로 분류하고 있다.

### (3) 강제이행 [1-79]

① 개념: 강제이행(현실적 이행의 강제)은 국가기관인 법원에 의해 강제로 채권의 내용을 실현하는 것을 가리킨다(민389). ② 요건: 첫째, 강제이행은 이행지체와 같이 이행이 가능하나 이행되지 않은 경우에 적합하다(이행불능은 강제이행이 불가능하다). 둘째, 위법성이 요건이다. 가령 채권자가 이행하지 않아서 채무자가 동시이행의 항변권(민536)[1-115]을 행사할 수 있는 경우라면 강제이행할 수 없다. 셋

째, 채무자의 귀책사유는 요건이 아니다. 강제이행은 채권의 내용대로 이행하라는 의미이지 책임을 지라는 의미는 아니기 때문이다(통설). ③ 유형: 강제이행으로는 직접강제(민389①)(가령 법원이 동산인도채무에 따른 동산의 인도를 직접 실현하는 경우), 대체집행(민389②)(가령 법원이 건물철거채무에 따른 건물철거를 채무자의 비용으로 제3자의 철거행위를 통해서 실현하는 경우), 간접강제(민집261)(법원이 이행압박을 위해서 채무자에게 지연배상을 명하는 경우) 등이 있다. 대체집행은 직접강제가 불가능한 경우에 가능하다(통설). ④ 손해배상책임과의 관계: 강제집행을 실현한 경우에도 이와 별도로 손해배상청구는 가능하다(민389④). 가령 이행지체로 인한 손해배상은 강제집행과 별개의 문제이다.

### (4) 손해배상

#### 1) 의의[1-80]

㈎ 채무불이행의 책임　손해배상은 채무불이행에 따른 책임이다. 즉, 채무자의 채무불이행이 있으면 채권자는 채무자에게 손해배상을 청구할 수 있다(민390).

㈏ 손해　손해는 채무불이행으로 인해서 피해자가 입은 불이익으로서, 채무불이행이 없었다면 있었어야 할 이익상태와 채무불이행으로 발생한 현재의 이익상태의 차이이다(차액설)(통설). 손해배상은 손해를 전보(메워서 채워줌)하는 행위이다(통설).

손해의 종류는 다양하다. ① 재산적 손해와 비재산적 손해가 있는데, 후자는 정신적 손해라고도 하고 이에 대한 손해배상을 위자료라고 한다. ② 적극적 손해와 소극적 손해가 있는데, 전자는 기존이익이 멸실 또는 감소되는 손해이고, 후자는 장래이익의 획득이 방해되어 생기는 손해로서 '일실이익'이라고도 한다. ③ 이행이익의 손해와 신뢰이익의 손해가 있는데, 전자는 채무가 이행되었으면 이익을 얻었을 경우 채무가 이행되지 않아서 채권자가 입은 손해(가령 물건을 매수하여 전매이익을 얻을 수 있었을 경우 그 전매이익)이고, 후자는 채권자가 무효인 또는 취소된 법률행위를 유효하다고 믿었기 때문에 입은 손해(가령 계약비용 또는 계약준비비용 등)[1-123]이다.

2) 요건[1-81]

㈎ 대상 이행지체, 이행불능 또는 불완전이행은 손해배상의 대상이 된다(민390본).

㈏ 위법성 손해배상에는 채무불이행의 위법성이 요구된다(통설). 가령 채권자가 이행하지 않아서 채무자가 동시이행의 항변권(민536)[1-115]을 행사할 수 있는 경우라면 손해배상책임은 지지 않는다.

㈐ 귀책사유 손해배상에는 채무자의 귀책사유가 요구된다. 채무자의 고의 또는 과실이 요구되고(과실책임주의)(민390단), 이 경우 채무자의 법정대리인 또는 이행보조자(가령 조수)의 고의 또는 과실은 채무자의 고의 또는 과실로 간주된다(민391). 이에 따라 채무자에게 고의 또는 과실이 없으면 손해배상책임이 없으며, 이에 대한 입증책임은 채무자가 부담한다(통설). 이행지체 중에 생긴 손해에 대해서는 책임을 가중해서 무과실책임이 적용된다. 즉, 채무자는 과실이 없더라도 이행지체 중에 생긴 손해를 배상해야 하는 것이 원칙이고, 다만 채무자가 이행기에 이행해도 손해를 면할 수 없는 경우는 그렇지 않다(민392).

㈑ 인과관계 채무불이행과 손해 사이에는 인과관계가 있어야 하고, 이는 의학적·자연과학적 인과관계가 아니라 사회적·법적 인과관계이다(판례·통설).

3) 효과

㈎ 배상의 방법[1-82] 손해는 다른 의사표시가 없으면 금전배상이 원칙이다(금전배상주의)(민394).

㈏ 배상의 범위[1-83] 통상손해를 배상해야 하는 것이 원칙이고 예외적으로 특별손해도 배상해야 한다. ① 통상손해: 채무불이행으로 인한 손해배상은 통상의 손해를 그 한도로 한다(민393①). 통상손해는 해당 채무불이행이 있으면 거래통념상 또는 사회통념상 일반적으로 발생한다고 생각되는 손해이다(판례·통설). 가령 매도인의 소유권이전등기의무가 불능으로 된 경우 이행불능으로 된 당시의 목적물의 시가상당액이 통상손해이다(판례). ② 특별손해: 특별손해(특별한 사정으로 인한 손해)는 채무자가 그 사정을 알았거나 알 수 있었을 때에 한해 배상책임이 있다(민393②). 즉, 특별손해는 원칙상 손해배상의 범위에서 제외되지만 '예견가능성'이 있는 경우에는 포함되는 것이다. 가령 채무자의 채무불이행으로 인해서 채권자가 제3자에게 손해배상책임을 지게 되었다면 이로 인해 입은 손해는

특별손해이다(판례). 예견가능성은 채권성립 시가 아니라 채무불이행 시를 기준으로 판단한다(판례·다수설).

(다) 배상의 산정[1-84] ① 배상의 종류: 이행지체의 손해배상은 '지연배상'(이행의 지체로 생긴 손해배상)이 원칙이고, '전보배상'(이행에 갈음하는 손해배상)은 예외이다(민395: 채권자가 상당한 기간을 정해 이행을 최고해도 기간 내에 이행하지 않거나 지체 후의 이행이 채권자에게 이익이 없는 경우 수령을 거절하고 전보배상을 청구할 수 있다). 이행불능의 손해배상은 전보배상이다(통설). ② 손익상계: 손익상계(이익공제)는 채무불이행으로 인해 채권자에게 손해가 발생하는 한편 이익도 발생하는 경우 배상액의 산정에서 이익을 공제하는 것을 가리킨다(가령 물건매도인의 불이행으로 인해서 매수인이 물건보관비를 지출하지 않게 된 경우 이를 배상액에서 공제한다)(판례·통설). ③ 과실상계: 손해의 발생 또는 확대에 채권자에게도 과실이 있는 경우 배상액의 산정에서 과실을 참작하는 것을 가리킨다(민396)(가령 채권자에게 20%의 과실이 있다면 손해의 80%만을 손해배상액으로 산정한다). ④ 배상액의 예정: 당사자는 채무불이행에 관한 손해배상액을 예정할 수 있다(민398①). 이는 손해액의 증명에 따른 불편을 줄이기 위한 것이다. 손해배상의 예정액이 부당히 과다한 경우 법원은 적당히 감액할 수 있다(민398②). 손해배상액의 예정은 이행의 청구나 계약의 해제에 영향을 미치지 않는다(민398③). 위약금의 약정이 있으면 이는 손해배상액의 예정으로 추정한다(민398④). 만약 이러한 추정이 번복된 경우라면 위약금은 위약벌(위약에 대한 제재로서 벌금을 가리킨다. 이는 손해배상과는 다른 문제이다)이 된다(이에 대한 입증은 위약금의 약정이 손해배상액의 예정이 아니라 위약벌이라고 주장하는 자가 해야 한다). 이 경우 채무자는 손해배상책임과 위약금지급책임을 모두 진다.

(라) 손해배상자의 대위[1-85] 채권자가 채권의 목적인 물건 또는 권리의 가액전부를 손해배상으로 받은 경우 채무자는 물건 또는 권리에 관해 당연히 채권자를 대위한다(대신해서 권리를 얻는다)(민399). 가령 임치계약에서 수치인의 과실로 임치물이 도난된 경우 수치인이 물건가액의 전부를 임치인에게 배상하면 수치인은 그 물건의 소유권을 대위하여 취득한다. 이는 채권자가 이중이득을 얻는 것을 막자는 것이다.

(마) 소멸시효[1-86] 채무불이행으로 인한 손해배상청구권에는 원채권의 소멸시효기간이 적용된다(판례).

(5) 대상청구권 [1-87]

대상청구권은 이행불능 시의 채권자의 구제수단이다. 즉, 대상청구권은 이행불능으로 인해 '대상'(이행불능의 대가로 채무자가 목적물에 대신하여 취득하는 이익)이 생긴 경우 채권자가 이를 청구할 수 있는 권리이다. 채무자의 귀책사유는 대상청구권 발생에 필요한 요건이 아니다. 가령 부동산의 매매계약이 성립된 이후 부동산이 국가에 의해 수용되면 매수인은 매도인의 국가에 대한 수용보상금청구권의 이전이나 이미 수령한 수용보상금의 반환을 매도인에게 청구할 수 있다(판례·통설).

(6) 해제·해지

1) 해제[1-88]

㈎ 개념 해제는 원칙상 일시적 계약에서 채무불이행 시에 계약을 소급적으로 소멸시키는 것이다(판례·다수설). 가령 매매계약에서 매도인의 목적물인도 채무는 일시적(일회적) 급부로 실현될 수 있으므로 일시적 계약이다[1-117]. 해제권은 형성권[1-8]으로서 상대방에 대한 의사표시로써 행사한다(민543①).

㈏ 요건 ① 최고: 첫째, 이행지체인 경우 채권자는 상당한 기간을 정해 이행을 최고하고 기간 내에 이행하지 않으면 계약을 해제할 수 있다(민544본). 다만, 채무자가 미리 이행하지 않을 의사를 표시한 경우, 또는 '정기행위'[계약의 성질(가령 크리스마스트리의 매매) 또는 당사자의 의사표시에 의해 일정한 시일 또는 일정한 기간 내에 이행하지 않으면 계약의 목적을 달성할 수 없을 경우]에서 일정한 시기에 이행되지 않는 경우, 채권자는 최고 없이 계약을 해제할 수 있다(민544단,545). 둘째, 이행불능인 경우 채무자에게 책임 있는 사유가 있으면 채권자는 최고 없이 계약을 해제할 수 있다(민546). 이행불능인 경우 최고가 무의미하므로 요건이 아니다. 채무자에게 책임 없는 사유로 인한 이행불능인 경우는 채무가 소멸하고, 따라서 계약해제의 대상이 되지 않는다(통설). 그리고 이 경우는 위험부담의 법리가 적용된다[1-115]. 셋째, 불완전이행인 경우 완전이행이 가능하면 최고를 거쳐서 해제할 수 있고(위 첫째를 유추적용), 완전이행이 불가능하면 최고 없이 해제할 수 있다(위 둘째를 유추적용)(통설). ② 위법성: 해제권 행사에는 채무불이행의 위법성이 요구된다(판례·통설). 가령 채권자가 이행하지 않아서 채무자가 동시이행의 항변권(민536)[1-115]을 행사할 수 있는 경우라면 계약을 해제할 수 없다. ③ 귀책사유: 위 ①에서 살펴

본 바와 같이 이행불능의 경우 해제권 행사에 채무자의 귀책사유가 필요하다(민546). 이행지체의 경우 계약의 해제에 채무자의 귀책사유가 필요한지에 대해서는 규정이 없는데, 필요하다고 해석하는 입장이 통설이다.

(다) 효과　① 소급적 소멸: 해제권을 행사하면 계약관계가 소급적으로 소멸한다(직접효과설)(판례·다수설). ② 원상회복: 계약이 소급적으로 소멸되므로 이미 이행한 것이 있으면 이를 회복시킬 필요가 있다. 따라서 계약이 해제되면 각 당사자는 그 상대방에게 원상회복(계약이 없었더라면 있어야 할 상태로 회복)의 의무가 있다(민548①본). 반환할 금전에는 받은 날로부터 이자를 붙여야 하고(민548②), 원상회복의무는 당사자 간에 동시이행의 관계에 있다(민549). 다만, 원상회복의무를 이유로 들어 제3자의 권리를 해하지 못한다(민548①단). 이는 거래안전을 위해서이다. ③ 손해배상의 병존: 계약의 해제는 손해배상의 청구에 영향을 미치지 않는다(민551). 가령 이행지체의 경우 해제도 하고 지연손해도 받는 것은 가능하다.

2) 해지[1-89]

(가) 개념　해지는 계속적 계약(가령 임대차계약)에서 채무불이행 시에 계약을 해지 시로부터 장래를 향해서 소멸시키는 것이다(민550). 가령 임대차계약에서 임대인이 임차인에게 임차물을 사용·수익하게 할 채무는 계속적 급부로 실현될 수 있으므로 계속적 계약이다[1-117]. 이 경우 이미 제공된 급부까지 소멸시킬 필요는 없으므로 장래효를 갖는 해지를 적용하는 것이다. 해지권은 형성권[1-8]으로서 상대방에 대한 의사표시로써 한다(민543①).

(나) 요건　민법은 계약별로 일정한 요건 하에 해지권을 규정하고 있다[가령 임대차의 경우 임차인의 의사에 반하여 임대인이 보존행위를 하면 임차인에게 해지권이 인정된다(민625)].

(다) 효과　① 비소급적 소멸: 해지권을 행사하면 계약관계가 해지 시부터 장래를 향해서 소멸한다(민550). 비소급적 소멸로 인해서 해지 이전에 이미 성립한 채무는 소멸하지 않고 그대로 존속한다. ② 청산의무: 계속적 계약이 해지되면 계약관계의 청산의무가 존재한다(통설). 여기서 청산은 해지 이후의 계약관계를 종료시키는 것이다. ③ 손해배상의 병존: 계약의 해지는 손해배상의 청구에 영향을 미치지 않는다(민551). 가령 이행지체의 경우 해지도 하고 지연손해도 받는 것은 가능하다.

### 3. 채권자지체 [1-90]

① 의의: 채권자지체는 채무의 이행에 채권자의 협력이 필요한 경우(가령 물건을 인도하는 채무인 경우 채권자의 수령이 필요하다)[1-104] 이를 이행하지 않는 채권자가 지는 책임이다. 즉, 채권자가 이행을 '받을 수 없거나'(수령불능) 또는 '받지 않은 경우'(수령거절)에는 채무자에 의한 이행의 제공(변제의 제공)[1-104]이 있는 때로부터 채권자가 지체책임이 있다(민400). ② 요건: 채무의 이행에 채권자의 협력이 필요하지 않은 경우(부작위채무 등)는 적용되지 않는다(통설). 채무자 보호를 위해서 채권자의 귀책사유는 묻지 않는다(통설)(채권자의 귀책사유가 없더라도 채권자지체가 성립된다). ③ 효과: 채권자지체 중에는 채무가 소멸하는 것은 아니지만 채무자가 고의 또는 중과실이 없으면 채무불이행으로 인한 모든 책임이 없고(민401), 이자가 있는 채권이라도 이자지급의무가 없다(민402). 채권자지체로 인해 목적물의 보관·변제의 비용이 증가되면 증가액은 채권자가 부담한다(민403).

## Ⅴ. 책임재산의 보전

### 1. 의의 [1-91]

채권의 효력은 종국적으로 채무자의 책임재산(일반재산)에 의해 담보된다(금전채권은 물론이고 채무불이행 시의 손해배상청구권도 채무자의 책임재산에 의해 담보된다). 따라서 채무자의 책임재산은 모든 채권자를 위한 공동담보에 해당하고 이것이 감소하면 변제의 가능성은 그만큼 감소한다. 민법은 일정한 경우 채무자의 책임재산 감소행위에 대응하여 채권자가 개입하여 책임재산을 보전할 수 있도록 하고 있다.

### 2. 채권자대위권 [1-92]

#### (1) 의의

채권자는 자기의 채권을 보전하기 위해 채무자의 권리를 행사할 수 있다(민404①본). 가령 갑이 을에 대해 갖고 있는 채권을 행사하지 않는 경우 갑의 채권자인 병이 갑의 을에 대한 채권을 행사하여 갑의 책임재산을 보전할 수 있다.

(2) 요건

① 채권자: 첫째, 채권자가 자신의 채권을 보전할 '필요'가 있어야 한다. 이에 따라 금전채권인 경우 또는 금전채권이 아니더라도 손해배상청구권으로 귀착될 경우에는 원칙상 '채무자의 무자력'(채무자의 자력으로는 채권의 완전한 만족을 받기 어려운 경우)이 요건이다(판례). 둘째, 채권자의 채권이 '이행기'가 도래해야 하고, 다만 이행기 전에도 법원의 허가가 있거나 보존행위(가령 시효중단)라면 대위행사가 가능하다(민404②). ② 채무자: 채무자가 권리를 행사하지 않아야 한다(채무자가 권리를 행사함에도 대위권을 인정하는 것은 채무자에 대한 부당한 간섭이다)(판례·통설). ③ 객체: 대위행사가 가능한 권리이어야 한다. 일신에 전속한 권리는 대위행사가 가능하지 않다(민404①단). 압류가 금지되는 채권(민집246 등)도 채권의 공동담보가 될 수 없으므로 대위행사가 가능하지 않다(통설). ④ 대위권행사의 유형 및 방법: 대위권행사는 원칙적으로 채무자 권리에 대한 보존행위를 비롯한 관리행위를 포함하고 처분행위는 포함하지 않는다. 채권자는 자신의 이름으로 대위권을 행사할 수 있다(민404①본). 채무자의 동의는 필요하지 않다(판례·통설). ⑤ 채무자의 처분권 제한: 채권자가 보존행위 이외의 권리를 대위행사한 경우 채무자에게 통지해야 하고, 채무자가 통지를 받은 후에는 권리를 처분해도 이로써 채권자에게 대항하지 못한다(민405). 즉, 대위행사의 통지를 하면 대위행사가 채무자의 처분행위에 우선하는 효과가 생겨서, 결과적으로 채무자의 처분권이 제한된다.

(3) 효과

채권자가 대위권을 행사하면 그 효과는 직접 채무자에게 귀속한다(통설). 그 결과 모든 채권자를 위한 책임재산이 보전된다.

### 3. 채권자취소권 [1-93]

(1) 의의

채무자가 '채권자를 해함을 알고 재산권을 목적으로 한 법률행위'(악의에 의한 사해행위)를 한 경우 채권자는 취소 및 원상회복을 법원에 청구할 수 있다(민406①본). 가령 채무자가 자신의 유일한 재산을 타인에게 양도한 경우 채권자는 양도행위를 취소하여 책임재산으로 회복시킬 것을 법원에 청구할 수 있다. 채권자취소권은 이미 성립한 법률행위의 효력을 취소하는 것이므로 채권자의 개입이 강력하다고 볼 수 있고, 이에 따라 행사요건이 강화된다(가령 재판상청구가 요구되고 단기제척기간이 적용된다).

(2) 요건

① 피보전채권의 존재: 채권자의 채무자에 대한 채권이 유효하게 성립하고 있어야 한다. 피보전채권은 불특정물채권(가령 금전채권)이어야 한다(통설). 채권자취소권은 모든 채권자를 위해 책임재산을 보전하기 위한 권리인데, 특정물채권을 위한 채권자취소권의 행사는 특정한 채권자를 위한 책임재산 보전행위라고 보아야 하기 때문이다. ② 대상: 취소의 대상은 '악의에 의한 사해행위'(채권자를 해함을 알고 재산권을 목적으로 한 법률행위)이다(민406①본). 채권자를 해한다는 것은 채무자의 재산행위로 인해서 채무자의 책임재산이 감소하여 채권이 완전한 만족을 받기 어렵게 만드는 경우를 가리킨다(판례·통설). 즉, 채무자의 적극재산이 소극재산(채무)의 총액보다 적은 경우로서 무자력 또는 채무초과를 의미한다. 여기서 악의(사해의사)는 채무자에게 요구된다(통설). 혼인 등은 재산권을 목적으로 한 법률행위가 아니므로 채권자취소의 대상이 아니다. ③ 재판상 청구: 채권자취소권은 채권자가 자신의 이름으로 재판상 행사할 수 있다(민406①본). 이는 반드시 법원에 소를 제기하는 방법으로 행사해야 한다는 의미이다(판례·통설). ④ 피고: 채권자취소소송의 피고는 사해행위로 인한 수익자(채무자와 거래한 상대방) 또는 전득자(수익자로부터 해당 재산권을 전득한 자)이다. 다만, 수익자 또는 전득자가 사해행위 또는 전득 당시에 채권자를 해함을 알지 못한 경우에는 채권자취소권의 행사가 가능하지 않다(민406①단). 이는 거래안전을 보호하기 위해서이다. ⑤ 단기제척기간: 채권자취소소송은 채권자가 취소원인을 안 날로부터 1년, 법률행위가 있은 날로부터 5년 내에 제기해야 한다(민406②). 이는 제척기간[1-53]이고(통설), 1년 또는 5년 중에서 먼저 완성되는 기간에 따라서 취소권이 소멸한다.

(3) 효과

사해행위의 취소와 원상회복은 모든 채권자의 이익을 위해 효력이 있으므로(민407), 반환받은 재산 또는 이익은 채무자의 책임재산으로 귀속된다. 채권자취소권은 모든 채권자를 위한 공동담보의 보전이 목적이기 때문이다.

## Ⅵ. 다수당사자의 채권관계

### 1. 의의 [1-94]

다수당사자의 채권관계는 하나의 급부에 대해 채권자 또는 채무자가 복수인 채권관계이다. 다수당사자의 채권관계에는 분할채권·분할채무, 불가분채권·불가분채무, 연대채무, 보증채무가 있으며, 이들은 대외적 효력(채권자와 채무자의 관계)과 대내적 효력(채권자 간의 관계 또는 채무자 간의 관계)의 면에서 차이가 있다. 이는 채권·채무 상호간의 독립성의 차이에서 비롯된다. 분할채권·분할채무는 상호간에 독립적이다. 이와 달리 불가분채권·불가분채무, 연대채무, 보증채무는 상호간에 독립적인 측면과 독립적이지 않은 측면이 섞여 있으며 다만 그 비중은 그 종류별로 다르다. 그리고 불가분채무, 연대채무, 보증채무는 담보기능을 갖는다. 다수당사자의 채무에서 담보기능이란 여러 채무자의 존재로 인해서 채무의 이행가능성이 높아지는 기능을 가리킨다.

### 2. 분할채권·분할채무 [1-95]

#### (1) 의의

분할채권(채권자가 복수인 경우)·분할채무(채무자가 복수인 경우)는 채권이나 채무가 각 채권자 또는 각 채무자에게 분할되는 다수당사자의 채권관계이다. 가령 갑·을·병이 정으로부터 물건을 공동으로 매수한 경우 갑·을·병의 매매대금채무는 분할채무이다. 다수당사자의 채권관계는 분할채권 또는 분할채무로 되는 것이 원칙이다. 즉, 채권자나 채무자가 수인인 경우에 특별한 의사표시가 없으면 각 채권자 또는 각 채무자는 균등한 비율로 권리가 있고 의무를 부담한다(민408).

#### (2) 효력

분할채권 또는 분할채무는 각각 독립한 채권 또는 채무이다(통설). 따라서 분할채권자는 자기의 채권액 이상을 채무자에게 청구할 수 없고, 분할채무자는 자기가 부담하는 채무액 이상을 이행할 의무가 없다. 이와 같이 독립적인 분할채권·분할채무에는 불가분채권·불가분채무, 연대채무, 보증채무에 존재하는 절대적 효력이 적용될 여지가 없다.

### 3. 불가분채권·불가분채무 [1-96]

#### (1) 의의

불가분채권(채권자가 복수인 경우)·불가분채무(채무자가 복수인 경우)는 불가분의 급부를 대상으로 복수의 채권자 또는 채무자가 존재하는 다수당사자의 채권관계이다. 불가분채권·불가분채무는 급부의 성질 또는 당사자의 의사표시에 의해서 성립된다(민409). 가령 갑·을·병이 정으로부터 물건을 공동으로 매수하면서 당사자가 매매대금채무를 불가분으로 약정한 경우 갑·을·병의 매매대금채무는 불가분채무이다. 불가분채권·불가분채무는 채권자 측이 이행청구할 때 또는 채무자 측이 채무를 이행할 때 편리하다.

#### (2) 효력

1) **불가분채권** ① 불가분채권의 경우 각 채권자는 모든 채권자를 위해 이행을 청구할 수 있고, 채무자는 모든 채권자를 위해 각 채권자에게 이행할 수 있다(민409). 이는 절대적 효력이다(특정한 채권자에게 이행하면 다른 채권자에게도 효력이 인정되어 다른 채권자에게 이행하지 않아도 된다). 가령 갑·을·병이 정으로부터 물건을 공동으로 매수하면서 당사자가 매매대금채무를 불가분으로 약정한 경우 그 중 한 명이 정에게 매매대금채무 전부의 이행을 청구할 수 있고 정은 그 중 한 명에게 그 전부를 이행할 수 있다(따라서 청구 및 이행에 편리하다). ② 이를 제외하면 각 채권자 중 1인의 행위나 1인에 관한 사항은 다른 채권자에게 효력이 없다(민410①). 이는 상대적 효력이다(다른 채권자에게는 효력이 인정되지 않는다). 가령 채권자 1인과 채무자 사이에 채무면제가 있더라도 다른 채권자는 채무자에게 전부의 이행을 청구할 수 있다.

2) **불가분채무** ① 불가분채무의 경우 불가분채권에 관한 규정(민409)과 연대채무에 관한 규정의 일부(민413~415,422,424~427)를 준용한다(민411). 이 중에서 상법 413조의 준용을 보면, 불가분채무는 복수의 채무자가 채무 전부를 각자 이행할 의무가 있고 채무자 1인의 이행으로 다른 채무자도 의무를 면하게 되는 채무를 가리킨다(민413). 이와 같이 여러 채무자의 존재로 인해서 불가분채무의 이행가능성이 높아진다(담보기능). ② 불가분채무는 연대채무의 절대적 효력에 관

한 규정 일부(민416~421)는 준용하지 않기 때문에 담보기능이 연대채무보다 강하다. 가령 연대채무에 적용되는 민법 421조가 불가분채무에 준용되지 않으므로 불가분채무의 어느 채무자에 대해 소멸시효가 완성되어도 다른 채무자에게는 영향이 없는데, 이로 인해서 불가분채무의 담보기능이 상대적으로 강하다.

### 4. 연대채무 [1-97]

#### (1) 의의

연대채무는 복수의 채무자가 채무 전부를 각자 이행할 의무가 있고 채무자 1인의 이행으로 다른 채무자도 의무를 면하게 되는 채무를 가리킨다(민413). 가령 갑 · 을 · 병이 정에게 1백만 원의 연대채무를 부담한다면 갑 · 을 · 병은 1백만 원 전부의 지급책임을 부담하고 이 중에서 누군가가 정에게 1백만 원을 지급하면 갑 · 을 · 병 모두의 채무가 소멸한다. 이와 같이 여러 채무자의 존재로 인해서 연대채무의 이행가능성이 높아진다(담보기능). 연대채무는 당사자의 의사표시 또는 법률의 규정[가령 공동임차인의 연대책임(민654,616)]에 의해 성립한다. 연대채무는 실질적으로 채무는 단일하지만 모든 채무자가 전부이행의무를 부담함으로써 담보기능을 수행한다. 연대채무는 채무간에 주종관계가 없다는 점에서 보증채무보다 담보기능이 강하다. 한편, 연대채무는 전술한 불가분채무보다 담보기능이 약하다.

#### (2) 효력

① 이행청구: 채권자는 어느 연대채무자에게(또는 동시나 순차로 모든 연대채무자에게) 채무의 전부나 일부의 이행을 청구할 수 있다(민414). ② 연대채무자 1인에게 생긴 사유의 효력: 어떤 연대채무자에게 생긴 사유는 절대적 효력이 있는 경우(다른 연대채무자에게도 효력이 인정되는 경우)와 상대적 효력이 있는 경우(다른 연대채무자에게는 효력이 인정되지 않는 경우)로 나뉜다. 다수당사자의 채무관계에서 절대적 효력이 인정되는 범위가 넓으면 넓을수록 다수당사자의 채무가 갖는 담보기능은 약화된다. '채권의 만족이라는 공통의 목적에 관한 사유'(가령 변제)는 연대채무의 본질상 당연히 절대적 효력을 갖고, 채무면제 등도 절대적 효력을 갖는다(민416~422). 가령 채권자와 어떤 연대채무자 간에 면제로 채무가 소멸하면 다른 연

대채무자의 채무도 소멸한다. 이외의 사유는 상대적 효력만 갖는다(민423). ③ 구상관계: 어느 연대채무자가 변제 기타 자기의 출재로 공동면책이 된 경우 다른 연대채무자의 부담부분에 관해 구상권(채무를 대신 변제한 사람이 채무자에게 반환을 청구할 수 있는 권리)을 행사할 수 있다(민425①). 연대채무자의 부담부분은 균등한 것으로 추정한다(민424).

### (3) 부진정연대채무

① 의의: 민법에는 규정이 없지만 판례와 통설은 부진정연대채무를 인정한다. 이는 복수의 채무자가 동일한 급부에 대해 각각 독립하여 전부이행의무를 지고 그 중 어떤 채무자의 전부이행이 있으면 모든 채무자의 채무가 소멸하는 다수당사자의 채무로서 민법이 연대채무로 규정하지 않은 것을 가리킨다. 부진정연대채무와 연대채무의 차이는 복수의 채무 간에 주관적 공동관계(또는 내적 관련성)가 있는지 여부이며, 전자는 후자와 달리 그러한 관계가 없다(판례·다수설). 주관적 공동관계란 가령 채무자 상호간에 연대채무를 부담한다는 공동의 인식이 있는 관계를 가리킨다. 따라서 채무간 독립성은 부진정연대채무가 연대채무보다 강하다. 법인의 불법행위에서 법인의 배상책임과 대표기관의 배상책임(민35①)[1-64], 피용자의 불법행위로 인한 배상책임과 사용자의 배상책임(민756)[1-156] 등은 부진정연대채무의 예이다(이 경우 채무자 상호간에 연대채무를 부담한다는 공동의 인식이 있다고 보기 어렵다). ② 효력: 이행청구의 효력은 연대채무(민414)와 같다. 채권을 만족시키는 변제 또는 이에 준하는 경우(대물변제·공탁·상계)는 절대적 효력이 있지만, 이외의 경우는 상대적 효력만 있다(판례·통설). 따라서 부진정연대채무는 절대적 효력이 상대적으로 좁다(따라서 부진정연대채무의 담보기능이 연대채무보다 강하다). 부진정연대채무자 간에는 주관적 공동관계가 없으므로 부담부분이 없는 것이 원칙이다(판례·통설). 사용자와 피용자는 부진정연대채무자이지만 명문의 규정에 의해서 사용자의 피용자에 대한 구상권이 인정된다(민756)[1-156](이 경우는 피용자가 종국적인 책임자라고 보는 것이다).

### 5. 보증채무 [1-98]

#### (1) 의의

보증채무는 타인(주채무자)이 채무를 이행하지 않으면 보증인이 이행해야 할 채무이다(민428①). 보증채무는 채권자와 보증인 사이의 보증계약에 의해 성립한다. 보증계약은 보증인의 기명날인(또는 서명)이 있는 서면(전자적 형태는 제외)으로 체결해야 유효하다(민428의2①). 이와 같이 보증채무의 존재로 인해서 주채무의 이행가능성이 높아진다(담보기능). 보증채무는 주채무에 대한 담보기능을 수행하지만, 보증채무는 주종관계가 있으므로 연대채무보다 담보기능이 약하다.

#### (2) 효력

① 이행청구: 채권자는 주채무자와 보증인에게 각각 또는 동시에 이행의 청구를 할 수 있다. 보증채무의 '부종성'(보증채무는 주채무의 이행을 담보하는 것이므로 주채무에 종속한다)으로 인해서, 보증인은 주채무자가 갖는 항변권(주채무 소멸의 항변 등)으로 채권자의 이행청구에 대항할 수 있다(민433①). 또한 보증채무의 '보충성'(보증채무는 주채무의 이행을 담보하는 것이므로 주채무를 보충한다)으로 인해서, 보증인은 최고·검색의 항변권으로 채권자의 이행청구에 대항할 수 있다. 즉, 채권자로부터 이행청구를 받은 보증인은 주채무자의 변제자력이 있는 사실 및 그 집행이 용이할 것을 증명하여 '먼저 채무자에게 청구할 것'(최고)과 '그 재산에 집행할 것'(검색)을 항변으로 주장할 수 있다(민437). ② 채무자 1인에게 생긴 사유의 효력: 첫째, 채권자와 주채무자 간에 주채무자에게 생긴 사유는 보증채무의 부종성 때문에 모두 보증인에게 효력이 있다(통설). 둘째, 채권자와 보증인 간에 보증인에게 생긴 사유는 원칙적으로 주채무자에게 효력이 미치지 않지만(상대적 효력), 예외적으로 채권을 만족시키는 변제 또는 이에 준하는 경우(대물변제·공탁·상계)는 주채무자에게 효력이 미친다(절대적 효력)(통설). ③ 구상관계: 보증인이 변제 기타의 출재로 주채무를 소멸하게 한 경우 주채무자에게 구상권을 갖는다. 구상권의 범위는 주채무자의 부탁으로 보증인이 되었는지 여부에 따라 차이가 있다(민441,444①②). 주채무 소멸 후의 사후구상이 원칙이고, 사전구상은 예외적으로만 허용한다(민442).

### (3) 연대보증

연대보증은 보증인이 주채무자와 연대하여 부담하는 채무이다. 연대보증채무도 보증채무로서 부종성은 유지되지만, 보충성은 상실되어서 최고·검색의 항변권(민437)은 인정되지 않는다는 점이 특색이다.

## Ⅶ. 채권양도와 채무인수

### 1. 채권양도 [1-99]

#### (1) 의의

채권양도란 채권을 동일성을 유지하면서 이전하는 계약이다(통설). 이를 지명채권의 양도와 증권적 채권의 양도로 구분해서 살펴보자.

#### (2) 지명채권의 양도 [1-100]

1) 의의 　지명채권은 채권자가 특정되어 있는 채권이다(일반적으로 채권은 이를 가리킨다). 지명채권은 채권의 성립·행사·양도에 증권의 작성·교부가 필요하지 않다. 지명채권은 원칙상 양도성을 갖는다(민449①본). 다만, 채권의 성질이 허용하지 않는 경우(민449①단)[가령 위임계약[1-135]은 당사자의 신뢰관계에 기초한 것이므로 그에 따른 채권은 그 성질상 양도의 대상이 되지 않는다), 당사자가 반대의 의사를 표시한 경우(다만, 그 의사표시로써 선의의 제3자에게 대항하지 못한다)(민449②), 또는 법률의 규정이 있는 경우[가령 부양청구권(민979)]는 양도가 제한된다.

2) 요건

㈎ 합의 　양도인과 양수인 사이에 지명채권의 양도에 대한 합의가 필요하다.

㈏ 대항요건 　채무자와 그 밖의 제3자는 채권양도의 사실을 알지 못하여 불측의 손해를 입을 수 있으므로 이를 방지하기 위해서 대항요건이 요구된다. 채무자와 제3자를 나누어서 살펴보자. 첫째, 지명채권의 양도는 양도인이 채무자에게 통지하거나 채무자가 승낙하지 않으면 채무자에게 대항하지 못한다(민450①). 이러한 대항요건을 갖추지 못한 경우 채무자는 양수인에게 채무의 변제를 거절할 수 있다. 둘째, 제3자에게 대항하기 위해서는 마찬가지로 양도인의 통지

또는 채무자의 승낙이 필요한데(민450①), 이 경우 통지나 승낙은 확정일자 있는 증서에 의해야 한다(민450②). 확정일자 있는 증서는 사문서에 공증인 또는 법원서기가 일정한 절차에 따라 확정일자인을 찍은 경우 등을 가리킨다(민법부칙3). 그리고 제3자는 채권에 관해 양수인의 지위와 양립할 수 없는 법률상 지위를 취득한 자를 말한다(가령 채권의 이중양수인, 채권 위의 질권자)(판례·통설). 이러한 대항요건을 갖추지 못한 경우 양수인과 제3자 사이에 우열을 가릴 수 없다(가령 채권의 이중양수인 사이에 누가 채권을 배타적으로 취득하는지를 가릴 수 없다).

### (3) 증권적 채권의 양도 [1-101]

① 의의: 증권적 채권은 채권의 성립·행사·양도의 전부 또는 일부에 증권의 작성·교부가 필요한 채권이고, 이러한 증권을 유가증권이라고 한다. 어음·수표는 전형적인 유가증권이며, 어음금지급청구권과 수표금지급청구권은 전형적인 증권적 채권이다. ② 지시채권: 지시채권은 '증권에 기재된 자'(특정인 또는 그가 배서에 의해 지시하는 자로서 증권에 기재된 자)에게 변제해야 하는 증권적 채권이며, 이러한 증권을 지시증권이라고 한다. 지시채권은 증권에 배서하여 양수인에게 증권을 교부하는 방식으로 양도한다(민508). 지명채권양도에서와 같은 대항요건은 필요하지 않으며, 따라서 권리이전이 간편하고 신속하다. 배서는 증권에 배서의 뜻(배서인이 지시하는 자에게 변제하라는 뜻)을 기재하고 배서인이 기명날인(또는 서명)하는 법률행위이다(민510①). 어음(어11,77), 수표(수14), 화물상환증(상130), 창고증권(상157), 선하증권(상861) 등은 법률상 당연한 지시증권이다(어음·수표의 지시증권성에 대해서는 [5-8]). ③ 무기명채권: 무기명채권은 증권에 기재된 자가 아니라 증권을 소지하는 자에게 변제해야 하는 증권적 채권이며, 이러한 증권을 무기명증권이라고 한다. 가령 수표는 무기명증권으로 발행할 수 있다(수1)(이를 소지인출급식수표라고 부른다). 무기명채권은 증권을 양수인에게 교부하는 방식으로 양도한다(민523). 배서가 요구되지 않고, 지명채권양도에서와 같은 대항요건도 필요하지 않으며, 따라서 권리이전이 간편하고 신속하다.

## 2. 채무인수 [1-102]

① 의의: 채무인수란 채무를 동일성을 유지하면서 인수인에게 이전시키는

계약이다(통설). 채무인수가 성립되면 구채무자는 채무를 면하고 신채무자가 채무를 부담하게 된다. 채무인수는 채무자가 변경되므로 이전을 위해서는 이에 따른 요건이 필요하며, 다만 채무의 성질상 이전할 수 없는 경우(가령 특정한 채무자만이 할 수 있는 급부)에는 이전될 수 없다(민453①단). ② 당사자 및 요건: 채권자·채무자·인수인이 당사자인 경우 채무인수는 당연히 효력이 있다. 채권자·인수인이 당사자인 경우도 채무인수는 효력이 있고(채무자의 동의 또는 승인은 필요하지 않다), 다만 이해관계 없는 제3자는 채무자의 의사에 반하여 인수인이 될 수 없다(민453②). 채무자·인수인이 당사자인 경우는 채권자의 승낙이 있어야 효력이 생긴다(민454①). 왜냐하면 채무자가 누구인지에 따라 채무의 이행가능성이 달라질 수 있기 때문이다. ③ 병존적 채무인수와 구분: 병존적(중첩적) 채무인수는 인수인이 종래의 채무자와 함께 동일한 내용의 채무를 부담하는 계약이며, 따라서 두 채무가 병존하게 된다. 이는 보증채무 또는 연대채무와 같이 담보기능을 갖는다.

## Ⅷ. 채권의 소멸

### 1. 의의 [1-103]

민법은 채권(또는 채무)의 소멸원인으로 변제·대물변제·공탁·상계·경개·면제·혼동에 대해 규정하고 있다. 이외에도 소멸시효의 완성 등에 의해서 소멸한다. 민법이 규정하는 소멸원인 중에서 변제·대물변제·공탁·상계는 채권의 만족을 주는 소멸원인이고, 경개·면제·혼동은 채권의 만족이 없는 소멸원인이다.

### 2. 변제 [1-104]

#### (1) 개념

변제는 채무의 내용인 급부를 실현하는 것으로서 채무를 소멸시킨다.

#### (2) 변제자

채무자는 당연히 변제자가 될 수 있다. 제3자도 원칙상 변제자가 될 수 있으나(469①본), 당사자의 의사로써 제3자에 의한 변제를 허용하지 않는 경우(469①단) 등은 제3자가 변제자가 될 수 없다.

(3) 변제수령자

변제수령권이 있는 자가 변제수령자이다. 변제수령자가 아닌 자에 대한 변제는 원칙상 무효이다. 채권자가 변제수령자이지만 그 예외가 있다. 첫째, 채권자이더라도 변제수령자가 아닌 경우가 있다[가령 질권이 설정된 경우 질권자가 변제수령자이다(민353)][1-176]. 둘째, 채권자가 아닌 자가 변제수령자인 경우도 있다. 이는 변제수령권한은 없지만 채권을 행사할 정당한 권한이 있는 외관을 가진 자로서 '표현수령권자'라고 한다. 가령 '채권의 준점유자'(민210)(이는 채권을 사실상 행사하는 자이며, 예금증서·인장·비밀번호를 소지하는 경우가 전형적인 예이다)에 대한 변제는 변제자가 무과실로 선의인 경우 유효하다(민470).

(4) 변제장소

변제장소는 채무의 성질 또는 당사자의 의사표시로써 정해질 수 있다. 그렇지 않으면, 특정물인도(특정한 물건의 인도)는 채권성립 당시에 물건이 있던 장소에서 변제해야 하고(민467①), 특정물인도 이외의 경우는 채권자의 현주소(영업에 관한 채무의 변제는 채권자의 현영업소)에서 변제해야 한다(민467②). 후자를 '지참채무'의 원칙이라고 한다. 이와 달리 '추심채무'는 채권자가 채무자의 현주소(영업에 관한 채무의 변제는 채무자의 현영업소)에서 변제받아야 하는 채무이다.

(5) 변제의 제공

채무 중에는 채무자의 이행행위만으로 변제가 되는 경우가 있다(가령 부작위채무가 그러하다). 하지만 일반적으로 변제에 채권자의 협력이 필요하다(인도채무, 작위채무, 추심채무 등이 그러한 예로 들어지고 있다). 채권자의 협력이 필요한 채무인 경우 채무자가 급부에 필요한 준비를 마치고 채권자의 협력을 구하는 것이 변제의 제공이다. 변제의 제공이 있으면 채무자는 채무를 면하는 것은 아니지만(즉, 변제의 효과는 생기지 않는다) 채무불이행의 책임은 면한다(민461).

(6) 변제자대위

변제자대위(변제자에 의한 대위)는 채무자가 아닌 제3자가 변제한 경우 제3자가 갖는 구상권의 범위 내에서 종래 채권자에게 귀속했던 채권 및 담보에 관한 권리가 변제자에게 이전되는 것이다(민482①). 가령 보증채무자가 보증채무를 이행한 경우 채권자가 주채무자에게 갖는 채권이 보증채무자에게 이전된다. 이는 구상권을 확실하게 하는 제도이다. 제3자는 자신의 구상권(자신의 권리)과 변제자대위(종래 채권자의 권리) 중에서 선택하여 행사할 수 있다.

### 3. 대물변제 [1-105]

대물변제는 채무자가 본래의 급부를 대신해서 다른 급부를 현실적으로 이행하여 채무를 소멸시키는 것이다(민466)(가령 1억 원의 금전지급채무를 이행하는 대신에 특정한 물건의 소유권을 이전해서 그 채무를 소멸시키는 경우가 그러하다. 대물변제에 따라 기존채무가 소멸할 뿐이고 새로운 채무는 생기지 않는다. 이 점에서 경개[1-108]와 다르다). 대물변제는 계약이며, 다른 급부를 약정하는 것만으로는 부족하고 현실로 이행해야 성립된다(이 점에서 그러한 약정만으로 성립하는 경개[1-108]와 차이가 있다). 대물변제는 변제와 같은 효력이 있다(민466).

### 4. 공탁 [1-106]

공탁은 채무자가 채권자를 위해서 변제의 목적물을 채무이행지의 공탁소에 임치하는 것이다(민487,488). 공탁소는 지방법원, 지방법원지원, 시·군법원에 둔다(공탁법2①). 채권자가 변제를 받지 않거나(수령거절) 받을 수 없는 경우(수령불능)에 공탁을 하면 변제와 마찬가지로 채무가 소멸한다(민487). 채권자는 채권이 소멸하되 공탁소에 대해 공탁물 인도청구권을 취득한다. 한편, 공탁이 아니라 변제의 제공을 하면 채무불이행의 책임만을 면하게 한다(민400,461)[1-90, 104].

### 5. 상계 [1-107]

채권자와 채무자가 서로 같은 종류의 채무를 부담하는 경우 양 채무의 이행기가 도래한 때 각 채무자는 대등액에 관해 상계할 수 있다(민492①본)(가령 갑이 을에게 5백만 원의 채무를 부담하고 을이 갑에게 3백만 원의 채무를 부담하는 경우, 갑이 상계를 하면 을의 갑에 대한 채무는 소멸하고 갑의 을에 대한 채무는 2백만 원만 남는다). 상계는 변제와 마찬가지로 채무를 소멸시킨다(민492①본). 상계권은 형성권으로서 일방적 의사표시로써 행사할 수 있다[1-8]. 이 의사표시에는 조건 또는 기한을 붙이지 못한다(민493①). 상계권의 행사는 단독행위인데, 여기에 조건 또는 기한을 붙이면 상대방의 지위를 불안정하게 만들기 때문이다[1-48, 49]. 상계의 요건(상계의 요건을 '상계적상'이라고도 부른다)으로는, 양 채무의 동종성(가령 금전채무 간에 상계가 가능하다), 양 채무의 변제기 도래 등이 있다.

### 6. 경개 [1-108]

경개는 채무의 중요부분을 변경함으로써 신채무를 성립시키는 동시에 구채무를 소멸시키는 계약이다(민500)(가령 1억원 원의 금전지급채무 대신에 특정한 물건의 소유권 이전채무를 발생시키는 계약이 그러하다).

### 7. 면제 [1-109]

면제는 채권자가 채무자에게 채무를 면제하여 채무를 무상으로 소멸시키는 단독행위이다(민506본). 다만, 해당 채권에 대해 정당한 이익을 갖는 제3자에게는 면제를 가지고 대항할 수 없다(민506단).

### 8. 혼동 [1-110]

혼동은 채권과 채무가 동일인에게 귀속하는 사실이다. 가령 채무자가 자신에 대한 채권을 양수하면 혼동이 발생한다. 혼동이 있으면 채무가 소멸하지만, 그 채권이 제3자의 권리의 목적인 경우는 소멸하지 않는다(민507)(가령 그 채권에 제3자를 질권자로 하는 권리질권이 설정되어 있는 경우가 그러하다).

# 제3관 계 약 법

## Ⅰ. 계약총론

### 1. 계약의 의의

#### (1) 개념 [1-111]

계약은 대립적·교환적인 수개의 의사표시로 구성되는 법률행위이다. 가령 매매가 전형적인 계약이며, 이는 대립적·교환적인 청약과 승낙의 의사표시로 구성된다.

(2) 종류

**1) 전형계약과 비전형계약**[1-112] 전형계약은 민법이 규정하는 15개의 계약이다(가령 매매는 전형계약이다). 비전형계약은 전형계약이 아닌 것으로서 무명계약이라고도 한다. 사적자치의 원칙상 수없이 많은 비전형계약이 존재한다(가령 금융거래계약은 비전형계약이다).

**2) 낙성계약과 요물계약**[1-113] 낙성계약은 당사자의 합의만으로 성립하는 계약이다. 매매를 비롯한 대부분의 계약은 낙성계약이다. 요물계약은 그 성립에 물건인도와 같은 현실의 급부가 필요한 계약이다. 민법상 전형계약 중에는 현상광고(민675)가 유일한 요물계약이다. 현상광고는 광고에서 정한 행위(가령 분실한 물건을 찾아주기)가 현실로 완료되어야 성립한다[1-134].

**3) 불요식계약과 요식계약**[1-114] 불요식계약은 유효한 계약을 체결하는 데 아무런 형식이 요구되지 않는 계약이다. 민법상 전형계약은 모두 불요식계약으로서 청약과 승낙만으로 성립된다. 요식계약은 유효한 계약을 체결하는 데 일정한 형식이 요구되는 계약이다. 가령 보증계약은 서면에 의해 체결해야 유효하다(민428의2①)[1-98]).

**4) 쌍무계약과 편무계약**[1-115]

**㈎ 개념** 쌍무계약은 당사자 쌍방이 '계약의 성립 후에' 계약의 효력으로서 대가적(의존적) 의미를 갖는 채무를 부담하는 계약이다. 가령 매매, 교환, 임대차 등이 쌍무계약이다. 편무계약은 쌍무계약이 아닌 것이다. 가령 증여는 편무계약이다. 또한 현상광고도 편무계약인데, '계약의 성립 후'에 광고자만이 일방적으로 채무를 부담하는 계약이기 때문이다[1-134].

**㈏ 쌍무계약의 효력** 쌍무계약에서 채무는 서로 대가적 의미를 가지므로 상호간에 견련성(의존성)을 띤다. ① 성립상의 견련성(일방의 채무가 성립하지 않으면 상대방의 채무도 성립하지 않는다). ② 이행상의 견련성(일방이 채무를 이행하지 않으면 상대방도 이행을 거부할 수 있다): 동시이행의 항변권은 이행상의 견련성을 나타낸다. 즉, 일방 당사자는 상대방이 변제제공을 할 때까지 자기 채무의 이행을 거절할 수 있다(민536①본). ③ 존속상의 견련성(일방의 채무가 소멸하면 상대방의 채무도 소멸한다): 위험부담

은 존속상의 견련성을 나타낸다. 위험부담은 일방당사자의 채무가 그의 책임 없는 사유로 이행불능이 된 경우 상대방 채무의 운명이 어떻게 되는지의 문제이다(가령 갑이 자신의 물건을 을에게 매도하는 계약을 체결하여 각각 물건인도의무와 금전채무를 부담했는데, 갑의 귀책사유 없이 물건이 멸실된 경우 갑이 을에게 금전채무의 이행을 청구할 수 있는지의 문제이다). 이행불능이 된 채무의 채무자가 상대방에게 채무이행을 청구할 수 없다면 이행불능으로 인한 위험을 채무자가 부담하는 것이고, 만약 청구할 수 있다면 반대로 채권자가 부담하는 것이다. 우리 민법은 쌍방당사자의 귀책사유가 없는 경우 채무자위험부담주의를 선택한 결과, 이행불능으로 된 채무의 채무자가 상대방 채무의 이행을 청구하지 못한다(민537)(위 사례에서 갑과 을 모두에게 귀책사유가 없는 경우 이행불능이 된 물건인도의무의 채무자인 갑은 을에게 금전채무의 이행을 청구할 수 없는 위험을 부담한다). 다만, 채권자에게 귀책사유가 있는 경우는 채권자위험부담주의를 택하여 채무자가 상대방 채무의 이행을 청구할 수 있다(민538).

5) **유상계약과 무상계약**[1-116] 유상계약은 당사자 쌍방이 '계약의 성립 전후에 걸친 전체 과정에서' 대가적 출연(급부)을 하는 계약이다. 가령 매매, 교환, 임대차 등이 유상계약이다. 현상광고도 유상계약이다. 현상광고는 계약성립 후에 광고자만이 채무를 부담한다는 점에서 편무계약이지만 계약성립 전후의 전체과정을 보면 쌍방의 대가적 재산출연(가령 분실한 물건의 찾아주기와 보수의 지급)이 존재한다. 무상계약은 유상계약이 아닌 것이다(가령 증여는 무상계약이다). 유상계약에는 담보책임이 적용된다는 점이 무상계약과의 차이점이다. 담보책임은 대가적 출연 간의 등가성을 유지시키기 위한 것이다. 민법은 매도인의 담보책임을 규정하고(민570~584)[1-126] 이를 다른 유상계약에 준용한다(민567).

6) **일시적 계약과 계속적 계약**[1-117] 일시적 계약은 일시적 급부로 채무가 실현되는 계약이다(가령 매매는 일시적 계약이다). 계속적 계약은 지속적 급부로 채무가 실현되는 계약이다(가령 고용, 임대차는 계속적 계약이다). 일시적 계약과 계속적 계약은 가령 채무불이행의 효과에서 차이가 난다. 즉, 해제는 원칙상 일시적 계약에 적용되고, 해지는 계속적 계약에 적용된다[1-88, 89].

7) **자기를 위한 계약과 제3자를 위한 계약**[1-118] 자기를 위한 계약은 일방당사자가 타방당사자에 대한 채권을 직접 취득하는 계약이다. 이와 달리 제3자를 위한 계약은 일방당사자가 계약당사자가 아닌 제3자로 하여금 타방당사

자에 대한 채권을 직접 취득하게 하는 계약이다(민539①). 가령 갑과 을이 물건의 매매계약을 체결하면서 매수인인 을로 하여금 병에게 직접 대금지급채무를 부담하도록 약정한 경우이다. 이 경우 갑이 요약자, 을이 채무자(낙약자), 병이 제3자(수익자)이다. 제3자의 권리는 제3자가 채무자에게 계약의 이익을 받을 의사를 표시한 때에 생긴다(민539②). 수익의 의사표시를 하면 제3자의 권리는 확정적 권리가 되며, 이후에 당사자가 제3자의 권리를 변경 또는 소멸시키지 못한다(민541). 제3자의 권리는 당사자의 계약에 기초한 것이므로, 채무자는 요약자와의 계약에 기한 항변으로 제3자에게 대항할 수 있다(민542).

### 2. 계약의 성립

#### (1) 의의

**1) 개념**[1-119] 계약은 청약과 승낙이 있어야 하고 양자가 일치해야 성립한다. 청약은 승낙과 결합하여 계약을 성립시킬 것을 목적으로 하는 의사표시이고, 승낙은 청약에 응하여 계약을 성립시킬 것을 목적으로 하는 의사표시이다.

**2) 청약**[1-120] 청약은 구속력이 있어서 임의로 철회하지 못한다(청약의 비철회성)(민527). 이러한 구속력은 청약의 효력이 유지되는 기간[1-121] 내에만 인정된다. 청약의 의사표시가 상대방에게 도달하기 전에 철회하는 것은 가능하다. 한편, 청약은 청약의 유인과 다르다. 청약의 유인은 타인으로 하여금 청약을 하도록 유인하는 행위이다(가령 일반적으로 구인광고는 청약의 유인에 해당한다).

**3) 승낙**[1-121]

**(가) 무조건성** 승낙은 무조건이어야 한다. 만약 청약에 대해 조건을 붙이거나 변경을 가하여 승낙한 경우 계약이 성립되지 않는다. 왜냐하면 청약과 승낙이 일치하지 않기 때문이다. 이 경우는 청약의 거절과 동시에 새로 청약한 것으로 본다(민534).

**(나) 승낙의 시기** 승낙은 청약의 효력이 유지되는 기간에 이루어져야 계약이 성립한다. 먼저, 승낙기간이 정해진 경우 승낙기간 내에 승낙의 통지가 청약자에게 도달하지 않으면 청약이 효력을 잃는다(민528①). 다음, 승낙기간이 정해지지 않은 경우 승낙의 통지가 상당한 기간 내에 청약자에게 도달하지 않으면

청약이 효력을 잃는다(민529)(상당한 기간은 상황별로 사회통념에 따라 개별적·구체적으로 해석한다). 이는 승낙의 도달주의에 따라서 승낙의 유효기간을 정한 것이다.

**(다) 계약의 성립시기** 승낙이 이루어지면 계약이 성립한다. 민법은 '격지자 간'(의사표시가 즉시 도달하지 않는 관계)[1-37]에는 승낙의 통지가 발송된 때에 계약이 성립한다고 규정한다(민531). 이는 승낙의 발신주의에 따라서 계약의 성립시기를 정한 것이다. 다만, 승낙의 유효기간에 관한 도달주의와의 조화로운 해석이 요구된다. 그리하여 통설은 승낙기간(또는 상당한 기간) 내에 도달하지 않는 것을 해제조건[1-48]으로 해서 승낙의 통지를 발송한 때 계약이 성립된다고 해석한다. 이에 따르면 승낙의 통지를 발송한 때 계약은 성립하고 만약 승낙의 통지가 도달하지 않으면 계약은 소급해서(처음부터) 효력을 상실한다. 한편, 민법은 '대화자 간'(의사표시가 즉시 도달하는 관계)[1-37]의 계약성립 시기에 대해 별도로 규정하지 않으므로 승낙통지의 도달주의가 그대로 적용된다(즉, '대화자 간'의 계약은 승낙의 통지가 도달한 때 성립한다. 대화자 간에는 의사표시의 발송과 도달이 즉시적인 것이 보통이므로 발송주의와 도달주의의 차이가 별로 크지 않다).

**4) 예외적 모습**[1-122] ① 의사실현: 청약자의 의사표시나 관습에 의해 승낙의 통지가 필요하지 않은 경우 계약은 의사실현(승낙의 의사표시로 인정되는 사실)이 있는 때에 성립한다(민532). 가령 유료주차장에 주차하는 행위가 의사실현이다. ② 교차청약: 당사자 간에 동일한 내용의 청약이 상호교차된 경우 양 청약이 상대방에게 도달한 때에 계약이 성립한다(민533). 청약만 있고 승낙은 없지만 양 청약의 내용이 동일하므로 승낙을 의제해서 계약성립으로 인정하는 것이다.

### (2) 계약체결상의 과실 [1-123]

계약체결상의 과실은 계약의 체결과정에서 일방당사자가 그의 귀책사유로 인해 상대방에게 손해를 준 경우를 가리킨다. 민법은 원시적 불능(가령 매매의 목적물이 처음부터 존재하지 않은 경우)에서 이를 규정하고 있다. 계약은 원시적 불능인 경우 무효인데, 원시적 불능을 알았거나 알 수 있었을 당사자는 신뢰이익의 손해(상대방이 계약의 유효를 믿었음으로 인해 입은 손해)[1-80]를 배상해야 한다(민535①).

### 3. 계약의 해제·해지 [1-124]

계약상 채무가 불이행되면 그 효과로서 채권자는 계약의 해제권 또는 해지권을 갖는다[1-88, 89].

## Ⅱ. 계약각론

### 1. 증여 [1-125]

증여는 당사자 일방(증여자)이 무상으로 재산을 상대방(수증자)에 수여하는 의사를 표시하고 상대방이 승낙함으로써 효력이 생긴다(민554). 증여는 무상계약이다.

### 2. 매매 [1-126]

① 의의: 매매는 당사자 일방(매도인)이 재산권을 상대방(매수인)에게 이전할 것을 약정하고 상대방이 대금을 지급할 것을 약정함으로써 효력이 생긴다(민563). 매매는 낙성·불요식·쌍무·유상계약이다. 유상계약인 매매에 관한 규정은 성질이 허용하는 한 다른 유상계약에 준용한다(상567). ② 담보책임: 매도인은 매매목적물인 물건 또는 권리에 흠(하자)이 있는 경우 매수인에게 담보책임을 부담한다. 담보책임의 내용은 흠의 유형별로 차이가 있지만 계약해제권, 대금감액청구권, 손해배상청구권 등이 있다. 흠의 유형으로는 권리의 하자(권리의 전부가 타인에게 속한 경우 등), 물건의 하자 등이 있다(민569 등). ③ 환매: 매도인이 매매계약과 동시에 매수인과의 특약에 의해서 환매권(매매목적물을 다시 매수할 권리)을 유보한 경우 환매권을 행사하여 매매목적물을 다시 매수할 수 있다(상590①).

### 3. 교환 [1-127]

교환은 당사자 쌍방이 금전 이외의 재산권을 상호이전할 것을 약정함으로써 효력이 생긴다(민596).

### 4. 소비대차 [1-128]

소비대차는 당사자 일방(대주)이 금전 기타 대체물의 소유권을 상대방(차주)에게 이전할 것을 약정하고 상대방은 그와 같은 종류, 품질 및 수량으로 반환할 것을 약정함으로써 효력이 생긴다(민598). 소비대차는 무상이 원칙이나 유상(이자부 소비대차)으로도 약정할 수 있다(통설).

### 5. 사용대차 [1-129]

사용대차는 당사자 일방(대주)이 상대방(차주)에게 무상으로 사용·수익하게 하기 위하여 목적물을 인도할 것을 약정하고 상대방은 사용·수익한 후 물건을 반환할 것을 약정함으로써 효력이 생긴다(민609). 사용대차는 무상계약이다.

### 6. 임대차 [1-130]

임대차는 당사자 일방(임대인)이 상대방(임차인)에게 목적물(임차물)을 사용·수익하게 할 것을 약정하고 상대방이 차임을 지급할 것을 약정함으로써 효력이 생긴다(민618). 임차인은 임차권(임차인이 임차물을 사용·수익하게 할 것을 임대인에게 청구할 수 있는 권리)을 갖는다. 임차권은 채권이므로, 가령 임대인이 임차물을 타인에게 매도하여 소유권을 이전하면 임차인은 그 타인에게 임차권을 주장하지 못한다. 이에 따라 민법은 부동산임차인의 권리를 보호하기 위한 제도를 두고 있다. 즉, 부동산임차인은 당사자 간에 반대약정이 없으면 임대인에게 임대차등기절차에 협력할 것을 청구할 수 있고, 부동산임대차를 등기하면 그때부터 제3자에게 효력이 생겨서 그에게 임차권을 주장할 수 있다(민621). 즉, 그 부동산이 양도되어도 임대차가 임차인과 양수인 사이에 그대로 존속한다(통설). 또한 건물의 소유를 목적으로 한 토지임대차는 등기하지 않아도 임차인이 그 지상건물을 등기하면 제3자에게 임대차의 효력이 생긴다(민622①).

### 7. 고용 [1-131]

고용은 당사자 일방(노무자)이 상대방(사용자)에게 노무를 제공할 것을 약정하고 상대방이 보수를 지급할 것을 약정함으로써 효력이 생긴다(민655). 노무자는 사용자의 지휘·감독에 따라 노무를 제공한다는 점에 특색이 있다.

### 8. 도급 [1-132]

도급은 당사자 일방(수급인)이 어느 일을 완성할 것을 약정하고 상대방(도급인)이 일의 결과에 대하여 보수를 지급할 것을 약정함으로써 효력이 생긴다(민664). 수급인은 '일의 완성'을 목적으로 노무를 제공한다는 점에 특색이 있다.

### 9. 여행계약 [1-133]

여행계약은 당사자 일방(여행주최자)이 상대방(여행자)에게 운송, 숙박, 관광 또는 그 밖의 여행 관련 용역을 결합하여 제공하기로 약정하고 상대방이 대금을 지급하기로 약정함으로써 효력이 생긴다(상674의2).

### 10. 현상광고 [1-134]

현상광고는 광고자가 어느 행위를 한 자에게 보수를 지급할 의사를 표시하고 이에 응한 자가 광고에서 정한 행위를 완료함으로써 효력이 생긴다(민675). 현상광고는 요물계약(광고에서 정한 행위가 완료되어야 계약이 성립된다), 편무계약(계약성립 후에는 광고자만이 일방적으로 채무를 부담한다), 그리고 유상계약이다(계약성립 전후의 전체과정을 보면 쌍방의 대가적 출연이 존재한다)[1-113, 115, 116].

### 11. 위임 [1-135]

① 의의: 위임은 당사자 일방(위임인)이 상대방(수임인)에게 사무의 처리를 위탁하고 상대방이 승낙함으로써 효력이 생긴다(민680). 위임은 무상이 원칙이나 유상으로 약정할 수 있다(민686①). 위임인이 수임인과의 신뢰에 기초하여 사무를 위탁하고 수임인은 재량권을 갖고 자주적으로 노무를 제공한다는 점에 특색이 있다. 이 점에서 위임은 고용(사용자의 지휘·감독을 받아 노무를 제공한다) 및 도급('일의 완성'을 목적으로 노무를 제공한다)과 다르다. ② 수임인의 의무: 수임인은 위임사무를 자주적으로 처리하는 대신에 위임의 본지에 따라 선관주의(선량한 관리자의 주의)로써 처리해야 한다(민681). 위임의 본지는 위임의 목적(내용)을 가리킨다. 수임인은 위임인의 청구에 따라 위임사무의 처리상황을 보고하고 위임이 종료된 경우 지체 없이 그 전말을 보고해야 한다(민683). 수임인은 위임인의 승낙이나 부득이한

사유 없이 제3자로 하여금 자기에 갈음하여 위임사무를 처리하게 하지 못한다(민682①)(이는 '복위임의 제한'인데, 위임인과 신뢰관계가 없는 제3자가 위임사무를 처리하는 것을 제한하려는 것이다).

### 12. 임치 [1-136]

임치는 당사자 일방(임치인)이 상대방(수치인)에게 금전이나 유가증권 기타 물건의 보관을 위탁하고 상대방이 승낙함으로써 효력이 생긴다(민693). 임치는 무상이 원칙이나 유상으로도 약정할 수 있다(민701,686①). 무상의 수치인은 임치물을 '자기 재산과 동일한 주의'로써 보관하면 된다(민695). 유상의 수치인은 임치물을 선관주의로써 보관해야 한다(통설). 전자는 구체적 경과실에 대해 책임을 지고, 후자는 추상적 경과실에 대해 책임을 지는 것이다.

### 13. 조합

#### (1) 의의 [1-137]

조합은 2인 이상이 상호 출자하여 공동사업을 경영할 것을 약정함으로써 효력이 생긴다(민703①)(가령 갑과 을이 공동으로 출자하여 매매업을 하기로 약정했다면 갑과 을 사이에 조합이 성립한다). 출자는 금전 기타 재산 또는 노무로 할 수 있다(민703②). 조합은 단체로서 공동기업의 일종이지만 조합원의 개성도 중시된다. 조합은 법인격이 없고, 조합원의 개성과 조합원 간 신뢰에 기초하고 있으며, 조합원이 무한책임을 진다. 또한 조합원의 수가 비교적 적고 원칙상 조합원이 업무집행에 직접 참여함으로써 소유와 경영이 일치한다는 점이 특색이다.

#### (2) 조합의 업무집행 [1-138]

**1) 대내관계** ① 업무집행자를 정하지 않은 경우, 모든 조합원이 업무를 집행한다(통설). 만약 조합원 간에 의견이 일치하지 않으면 조합원의 과반수로써 결정한다(민706②). 통상업무는 각 조합원이 단독으로 할 수 있지만, 사무의 완료 전에 다른 조합원의 이의가 있으면 즉시 중지해야 한다(민706③). ② 조합원 중의 일부를 업무집행자를 정하는 경우, 조합계약으로 업무집행자를 선임하거나 조합원의 3분의 2 이상의 찬성으로써 업무집행자를 선임할 수 있다(민706①). 업

무집행자가 복수인 경우 업무집행자 간에 의견이 일치하지 않으면 업무집행을 과반수로써 결정한다(민706②). 통상업무는 각 업무집행자가 단독으로 할 수 있지만, 사무의 완료 전에 다른 업무집행자의 이의가 있으면 즉시 중지해야 한다(민706③). ③ 각 조합원은 언제든지 조합의 업무 및 재산상태를 검사할 수 있다(민710).

2) **대외관계** 조합은 법인격이 없으므로 조합업무에 관한 법률행위를 할 때 조합원 전원의 명의로 해야 한다. 실제로는 편의상 대리의 방식으로 업무를 처리한다(이를 '조합대리'라고 한다). 조합대리가 일반적이라는 점을 고려하여, 조합업무를 집행하는 조합원은 업무집행의 대리권이 있는 것으로 추정한다(민709).

(3) **조합의 재산관계** [1-139]

1) **조합재산의 합유** 조합은 법인격이 없으므로 조합재산은 조합 자신이 아니라 모든 조합원에게 귀속된다. 모든 조합원은 조합재산을 합유의 방식으로 공동소유한다(민704,271~274)[1-170]. 합유는 소유권 이외의 재산권(채권 등)에도 준용되어 모든 조합원이 이를 '준합유'한다(민278). 합유물은 처분 또는 변경 시에 합유자 전원의 동의가 있어야 하는 것이 원칙이다(민272본). 그런데, 조합재산의 처분 또는 변경과 같은 업무는 통상업무라고 보기 어렵고 따라서 위 (2)에서 설명한 민법 706조 2항이 적용된다. 민법 706조 2항이 적용되면 조합재산의 처분 또는 변경에 조합원 전원의 동의가 요구되는 것은 아니므로 민법 272조 본문과 충돌하게 되고 따라서 조화로운 해석이 필요하다. 판례는 민법 272조 본문은 합유의 일반원칙이고 조합재산에 관한 한 민법 706조 2항이 특칙이어서 특별법 우선의 원칙에 따라 특칙이 우선해서 적용된다고 해석한다.

2) **조합채무에 대한 책임** 조합의 채무는 모든 조합원이 '준합유'한다(민278). 이에 따라 조합채권자는 조합원이 공동소유하는 조합재산에 대해 책임을 물을 수 있다. 나아가 조합원은 무한책임을 지므로 조합재산에 한정하지 않고 개인재산으로도 책임을 진다. 개인재산으로 지는 채무는 분할채무(민408)[1-95]가 원칙이고, 조합채권자가 채권발생 당시에 조합원의 손실부담의 비율을 알면 이에 따르고 만약 알지 못하면 각 조합원에게 균분하여 권리를 행사할 수 있다(민712). 하지만, 조합원 중에 변제할 자력이 없는 자가 있으면 변제할 수 없는 부분

은 다른 조합원이 균분하여 변제할 책임이 있다(민713). 이 경우 조합원에게 그의 분할채무 이상의 채무를 지우는 것은 조합채권자를 보호하기 위해서이다.

3) 손익의 분배 손익분배의 내용 및 시기는 조합원 간의 약정에 따른다. 손익분배의 비율을 정하지 않은 경우 각 조합원의 출자가액에 비례해서 정한다(민711①). 이익 또는 손실에 대한 분배비율을 정한 경우 그 비율은 이익과 손실에 공통된 것으로 추정한다(민711②)(가령 조합원 갑과 을의 이익분배비율을 5:5로 정한 경우 그들의 손실분배비율도 5:5로 추정한다).

### (4) 조합원의 탈퇴 [1-140]

① 임의탈퇴: 조합계약으로 조합의 존속기간을 정하지 않았거나 조합원의 종신까지 존속할 것을 정한 경우 각 조합원은 언제든지 탈퇴할 수 있고, 다만 부득이한 사유 없이 조합의 불리한 시기에 탈퇴하지 못한다(민716①). 조합의 존속기간을 정한 때에도 조합원은 부득이한 사유가 있으면 탈퇴할 수 있다(민716②). ② 비임의탈퇴: 조합원은 일정한 사유(1. 사망 2. 파산 3. 성년후견의 개시, 또는 4. 제명)가 있으면 탈퇴된다(민717). 제명은 정당한 사유 있는 경우에 다른 조합원 전원의 동의로써 결정한다(민718①).

### (5) 조합의 해산·청산 [1-141]

조합은 조합원으로 구성된 '단체'이므로 조합의 종료를 위해서는 해산 및 청산의 절차를 거쳐야 한다. 조합은 존속기간의 만료, 조합원 전원의 합의 등이 있으면 해산한다(판례·통설). 부득이한 사유가 있는 경우는 각 조합원이 조합의 해산을 청구할 수 있다(민720). 부득이한 사유로는 조합원 간의 대립, 조합목적을 달성하기 어려운 경우 등이 있다. 조합이 해산되면 청산 절차를 거치고, 청산이 완료되면 조합이 소멸한다. 총조합원 공동으로 또는 그들이 선임한 청산인이 청산사무를 집행한다(민721①). 잔여재산은 각 조합원의 출자가액에 비례하여 분배한다(민724②).

## 14. 종신정기금 [1-142]

종신정기금계약은 당사자 일방(정기금채무자)이 자기, 상대방 또는 제3자의 종신까지 정기적으로 금전 기타의 물건을 상대방 또는 제3자에게 지급할 것을 약정함으로써 효력이 생긴다(민725). 종신정기금은 유상일 수도 있고 무상일 수도 있다.

### 15. 화해 [1-143]

화해는 당사자가 상호양보하여 당사자 간의 분쟁을 끝낼 것을 약정함으로써 효력이 생긴다(민731). 가령 갑과 을 사이에 채권금액에 다툼이 있는 경우 양자가 일정한 금액으로 합의하여 분쟁을 끝내는 것이 화해이다. 화해는 창설적 효력이 있다. 즉, 종래의 법률관계를 묻지 않고 화해에 의해 기존의 권리는 상실되고 새로운 권리가 취득된다(민732)(가령 갑의 을에 대한 채권금액에 관해 다툼이 있는 경우 화해를 하면 갑은 기존의 채권금액에 대한 권리를 상실하고 새로운 채권금액에 대한 권리를 취득한다).

## 제4관 법정채권

## Ⅰ. 사무관리

### 1. 의의 [1-144]

사무관리는 어떤 사람(관리자)이 의무 없이 타인(타인은 관리자와의 관계에서 '본인'의 지위를 갖는다. 이하에서 '본인'은 이를 가리킨다.)을 위해 그의 사무를 처리하는 행위이다(민734①)(가령 길에서 의식을 잃은 사람을 행인이 도왔다면 그의 행위가 사무관리이다). 이 경우 비용 등이 발생하면 채권을 발생시킬 필요가 있는데, 이는 당사자의 의사와 무관하게 법률에 의해 인정된다. 이런 의미에서 사무관리에 관한 채권은 법정채권이다. 사무관리는 적법행위이므로 이에 관련된 행위는 위법성을 조각한다(위 사례에서 의식을 잃은 사람을 병원으로 이송하는 행위가 그의 신체를 구속하는 위법행위라고 보지 않는다).

### 2. 요건 [1-145]

사무관리는 ① 본인의 사무에 대한 관리가 있을 것 ② 관리의사(본인을 위하여 하는 의사)가 있을 것 ③ 법률상의 의무가 없을 것(계약상 의무이든 법률상 의무이든 묻지 않는다), 그리고 ④ 본인에게 불이익한 것 또는 본인의 의사에 반한다는 것이 명백하지 않아야 한다(민734①,737단).

### 3. 효과 [1-146]

#### (1) 관리자의 의무

관리자는 사무의 성질에 좇아 가장 본인에게 이익되는 방법으로 관리해야 한다(민734①). 본인에게 이익 여부는 객관적으로 판단한다(통설). 관리자가 본인의 의사를 알거나 알 수 있는 경우 이에 적합하게 관리해야 한다(민734②). 관리자가 민법 734조 1항 또는 2항에 위반하여 사무를 관리한 경우 과실이 없더라도 손해를 배상할 책임이 있다(민734③본). 다만, 공익관리행위(관리행위가 공공의 이익에 적합한 경우) 또는 긴급사무관리(생명·신체·명예·재산에 대한 급박한 위해를 면하기 위한 경우)는 중과실이 없으면 손해를 배상할 책임이 없다(민734③단,735). 관리자는 본인, 그 상속인이나 법정대리인이 사무를 관리하는 때까지 관리를 계속해야 하고(계속관리의무), 다만 관리의 계속이 본인의 의사에 반하거나 본인에게 불리함이 명백한 경우라면 그렇지 않다(민737).

#### (2) 본인의 의무

관리자가 본인을 위해 지출한 필요비·유익비의 상환을 청구할 수 있고(민739①), 본인은 이에 따라 비용을 상환해야 한다(비용상환의무). 관리자가 본인의 의사에 반하여 관리한 경우는 본인의 현존이익(본인이 사무관리로 인해서 얻은 이익 중에서 현재 남아 있는 이익)의 한도에서 비용상환을 청구할 수 있다(민739③). 관리자가 사무관리 시에 과실없이 손해를 입은 경우 본인의 현존이익의 한도에서 손해보상을 청구할 수 있고(민740), 본인은 이에 따라 손해를 보상해야 한다(손해보상의무).

## Ⅱ. 부당이득

### 1. 의의 [1-147]

부당이득은 어떤 사람(수익자)이 법률상 원인 없이 타인(손실자)의 재산 또는 노무로 인해 얻은 이익이다(민741). 가령 무효인 계약의 이행으로 물건을 인도한 경우 그 물건은 부당이득이다. 이 경우 손실자가 수익자로부터 부당이득을 반환받을 수 있도록 채권을 발생시킬 필요가 있는데, 이것이 부당이득반환청구권이고 이는 당사자의 의사와 무관하게 법률에 의해 인정된다. 이런 의미에서 부당이득에 관한 채권은 법정채권이다.

### 2. 요건 [1-148]

부당이득의 요건은 ① 수익(타인의 재산 또는 노무로 인해 이득을 얻었을 것) ② 손실(타인에게 손실을 가했을 것) ③ 인과관계(수익과 손실 사이에 인과관계가 있을 것), 그리고 ④ 법률상 원인의 부존재 등이다(민741). 법률상 원인의 부존재는 급부부당이득과 침해부당이득으로 나뉜다. 전자는 이득이 손실자의 급부에 의해서 발생한 경우이고(가령 무효인 계약의 이행으로 물건을 인도한 경우), 후자는 이득이 손실자의 급부와 무관한 경우이다(가령 타인의 물건을 무단으로 사용하는 경우).

### 3. 효과 [1-149]

수익자는 자신이 받은 이익을 손실자에게 반환해야 한다(민741). 부당이득의 반환은 원물(수익자가 받은 목적물 자체)의 반환이 원칙이고, 다만 수익자가 원물을 반환할 수 없는 경우 그 가액을 반환해야 한다(민747①). 만약 수익자가 무자력인 경우에 악의의 무상전득자(수익자로부터 무상으로 이익의 목적물을 양수한 악의의 제3자)가 있으면 무상전득자가 반환할 책임이 있다(민747②). 선의의 수익자는 받은 이익이 현존하는 한도에서 반환책임이 있다(민748①). 악의의 수익자는 받은 이익에 이자를 붙여 반환하고 손해가 있으면 배상해야 한다(민748②).

### 4. 특수문제

#### (1) 비채변제 [1-150]

비채변제는 채무가 없음에도 불구하고 변제로서 급부하는 것이다. 비채변제는 부당이득이므로 반환청구를 할 수 있는 것이 원칙이다.

하지만 비채변제라도 변제자를 보호할 필요가 없는 경우에는 반환청구가 제한된다. ① 악의의 변제: 변제자가 채무가 없음을 알면서도 변제한 경우 반환을 청구하지 못한다(민742). ② 변제기 전의 변제: 변제기 전에 채무를 변제하면 반환을 청구하지 못한다(민743본). 즉, 채무자는 기한의 이익[1-49]을 주장하지 못한다. 다만, 착오로 변제기 전에 변제한 경우는 채권자가 이로 인해 얻은 이익을 반환해야 한다(민743단). ③ 도의관념에 적합한 변제: 채무가 없으면서 착오로 변제한 경우 변제가 도의관념에 적합하면 반환을 청구하지 못한다(민744). 가령 법률상 양육의무가 없는 자가 착오로 양육한 경우가 그러하다. ④ 타인채무의 변제: 착오로 타인의 채무를 변제한 경우 변제자는 채권자에게 반환을 청구할 수 있다. 하지만 채권자에게 예측하지 못한 손해가 생기는 경우라면 반환청구를 제한할 필요가 있다. 즉, 채권자가 선의로(변제가 유효하다고 믿고) 증서를 훼멸하거나(없애버리거나) 담보를 포기하거나 소멸시효로 인해 채권을 잃은 경우라면 변제자가 채권자에게 반환을 청구하지 못한다(민745①). 이 경우 변제자는 채무자에게 구상할 수 있다(민745②).

#### (2) 불법원인급여 [1-151]

불법의 원인으로 인해 재산을 급여하거나 노무를 제공한 경우 이익의 반환을 청구하지 못한다(민746본)(가령 갑과 을이 불륜의 대가로 이익을 수수한 경우가 그러하다). 불법행위자의 반환청구를 법률이 돕지 않겠다는 취지이다. 하지만, 불법원인이 수익자에게만 있는 경우는 그렇지 않다(민746단)[1-30]. 즉, 불법원인이 손실자에게만 있거나 또는 손실자 및 수익자 모두에게 있는 경우에 이익의 반환을 청구하지 못한다.

## Ⅲ. 불법행위

### 1. 의의 [1-152]

#### (1) 개념

불법행위는 어떤 자(가해자)가 고의 또는 과실로 위법하게 타인(피해자)에게 손해를 가하는 행위이다(민750). 가령 자동차 운전을 하면서 과실로 타인에게 상해를 입히면 불법행위에 해당한다. 이 경우 피해자는 가해자에게 불법행위로 인한 손해배상청구권을 취득하는데, 이는 당사자의 의사와 무관하게 법률에 의해 인정된다. 이런 의미에서 불법행위로 인한 손해배상청구권은 법정채권이다.

(2) 채무불이행책임과의 구분과 경합

① 구분: 채무불이행으로 인한 손해배상청구권과 불법행위로 인한 손해배상청구권의 주요 차이는 다음과 같다. 첫째, 귀책사유의 증명책임이다. 채무불이행은 채무자가 자신에게 고의·과실이 없음을 증명해야 하지만, 불법행위는 피해자가 가해자의 고의·과실을 증명해야 한다(통설). 채무불이행의 상대방보다 불법행위의 상대방이 보다 무거운 입증책임을 지는 것이다(불법행위는 그 성립 여부 자체가 다툼의 대상인 것이 보통이고 이 경우 피해자가 가해자의 귀책사유를 입증하게 하는 것이 합리적이라고 본 것이다). 둘째, 소멸시효기간이다. 채무불이행으로 인한 손해배상청구권에는 원채권의 소멸시효기간이 적용되지만(판례), 불법행위로 인한 손해배상청구권은 피해자가 손해 및 가해자를 안 날로부터 3년 또는 불법행위를 한 날로부터 10년의 소멸시효가 적용된다(민766). ② 경합: 계약관계에 있는 당사자 사이에 불법행위가 발생하면 채무불이행으로 인한 손해배상청구권과 불법행위로 인한 손해배상청구권이 성립될 수 있다. 가령 임차인이 고의 또는 과실로 임차물을 훼손하면 임차물보존의무의 불이행으로 인한 손해배상책임과 임차물 훼손으로 인한 손해배상책임이 성립된다. 이 경우 양 손해배상청구권은 위 ①에서 본 바와 같이 요건·효과가 다른 별개이므로 병존적 청구권경합의 관계에 있으며, 피해자보호의 차원에서 피해자는 이들을 경합적으로 각각 행사할 수 있다(청구권경합설)(판례·통설)[1-10].

## 2. 요건 [1-153]

불법행위가 성립하기 위해서는 다음의 요건이 필요하다. ① 가해자의 가해행위로 인한 손해의 발생: 가해자의 가해행위가 존재하고, 피해자의 손해가 발생하며, 양자 사이에 인과관계가 존재해야 한다(민750). 여기의 인과관계는 의학적·자연과학적 인과관계가 아니라 사회적·법적 인과관계이다(판례·통설). ② 위법성: 가해행위는 위법해야 한다(민750). 정당방위(민761①), 긴급피난(민761②: 급박한 위난을 피하기 위해 부득이 타인에게 손해를 가한 경우를 말한다), 피해자의 승낙이 있는 경우, 정당행위(가령 사무관리[1-144]) 등은 위법성이 없다(위법성 조각사유). ③ 고의·과실: 과실책임의 원칙[1-5]에 따라 가해자의 고의·과실이 요구되고, 피해자가 이를 입증해야 한다(민750). 그러나 과실을 입증하기 어려운 경우 등 정책적으로 필요한 경우는 예외적으로 무과실책임도 지운다[가령 환경오염 등으로 인한 무과실책임(환경정책기본법44)]. ④ 책임능력: 가해자의 책임능력이 요구된다. 책임능력은 자신의 행위가 법적 책임의 대상이 됨을 인식하는 정신능력을 가리킨다(통설). 미성년자는 자신의 가해행위의 책임을 변식할 지능이 없으면 배상의 책임이 없다(민753). 심신상실자는 배상의 책임이 없고, 다만 고의 또는 과실로 인해 심신상실을 초래한 경우는 그렇지 않다(민754)(심신상실은 심신장애로 인해서 사물을 변별하거나 의사를 결정할 능력이 없는 상태를 가리킨다). 가해자인 미성년자 또는 심신상실자의 책임능력 존부는 구체적·개별적으로 판단한다(통설).

### 3. 효과 [1-154]

불법행위의 요건이 충족되면 손해배상청구권이 발생한다. 이에 관해서는 채무불이행에 따른 손해배상청구권의 규정이 다수 준용된다. ① 배상의 방법: 채무불이행 시 손해배상의 방법(민394)[1-82]은 불법행위에 준용된다(민763). 타인의 명예를 훼손한 자에게 법원은 피해자의 청구에 의해 손해배상에 갈음해서 또는 손해배상과 함께 명예회복에 적당한 처분을 명할 수 있다(민764). ② 배상의 범위: 채무불이행 시 손해배상의 범위(민393)[1-83]는 불법행위에 준용된다(민763). ③ 배상의 산정: 타인의 신체, 자유 또는 명예를 해하거나 기타 정신상 고통을 가한 자는 재산 이외의 손해도 배상할 책임이 있다(민751①). 타인의 생명을 해한 자는 피해자의 직계존속, 직계비속 및 배우자에게 재산상의 손해가 없는 경우에도 손해배상의 책임이 있다(민752). 과실상계(민396)[1-84]는 불법행위에 준용된다(민763). 손익상계[1-84]도 불법행위에 적용된다(판례·통설). 배상의무자는 손해가 고의 또는 중과실에 의한 것이 아니고 자신의 생계에 중대한 영향을 미치게 될 경우 법원에 배상액의 경감을 청구할 수 있다(민765①). ④ 손해배상자의 대위: 채무불이행 시 손해배상자의 대위(민399)[1-85]도 불법행위에 준용된다(민763). ⑤ 소멸시효: 손해배상청구권은 피해자나 그 법정대리인이 손해 및 가해자를 안 날로부터 3년간 또는 불법행위를 한 날로부터 10년간 행사하지 않으면 시효로 소멸한다(민766). 3년 또는 10년 중에서 먼저 완성되는 기간에 따라서 소멸한다.

### 4. 특수 불법행위

#### (1) 책임무능력자의 감독자책임 [1-155]

가해자가 책임무능력자(민753,754)이어서 책임이 없는 경우 그를 감독할 법정의무가 있는 자가 손해배상책임이 있고, 다만 감독의무를 게을리하지 않은 경우 그렇지 않다(민755①)(가령 친권자는 유아를 감독할 법정의무가 있다). 감독의무자를 갈음하여 책임무능력자(민753,754)를 감독하는 자도 같다(민755②)(가령 유치원 교사는 감독의무자를 대신하여 유아를 감독한다).

#### (2) 사용자의 책임 [1-156]

㈎ 의의 사용자(타인을 사용하여 사무에 종사하게 한 자)는 피용자가 사무집행에 관해서 제3자에게 가한 손해를 배상할 책임이 있다(민756①본). 대리감독자(사용자를 대신하여 사무를 감독하는 자)도 같은 책임이 있다(민756②).

㈏ 요건 ① 사용관계: 사용자와 피용자 사이에 사용관계(타인을 사용하여 사무에 종사하게 하는 관계)가 있어야 한다(민756①본). 사용관계는 타인을 지휘·감독하는 것으로서 고용의 본질적 요소이지만, 위임·조합 등에서도 경우에 따라 존재할 수 있다(통설). ② 사무집행: 피용자가 사무집행에 관한 행위로 인해서 제3자에게 손해를 가했어야 한다(민756①본). 사무집행 자체에 관한 행위는 물론이고 외형상 사무집행 내에 속하는 것으로 보이는 행위도 포함된다(외형이론)(판례·통설). ③ 불법행위: 사용자책임은 사용자 고유의 책임이 아니라 피용자의 불법행위책임을 대신해서 지는 책임이므로(대위책임설), 피용자의 제3자에 대한 행위는 불법행위의 요건을 갖추고 있어야 한다(판례·통설). ④ 귀책사유: 사용자(또는 대리감독자)가 피용자의 선임 및 사무감독에 상당한 주의를 한 경우 또는 상당한 주의를 해도 손해가 있을 경우에는 책임이 없다(민756①). 이에 대한 증명은 사용자가 해야 한다(통설).

㈐ 효과 사용자(또는 대리감독자)는 손해배상책임이 있다(민756①②). 이 경우 사용자(또는 대리감독자)는 피용자에게 구상권을 행사할 수 있다(민756③)(이 경우는 피용자가 종국적인 책임자라고 보는 것이다). 사용자의 책임과 피용자 자신의 책임은 부진정연대책임의 관계에 있다(판례·통설)[1-97].

### (3) 공동불법행위자의 책임 [1-157]

수인이 공동의 불법행위로 인해서 타인에게 손해를 가한 경우 공동불법행위자로서 연대하여 손해를 배상할 책임이 있다(민760①). 공동이 아닌 수인의 행위 중에서 어느 자의 행위가 손해를 가한 것인지를 알 수 없는 경우도 공동불법행위자로 본다(민760②). 교사자나 방조자도 공동불법행위자로 본다(민760③).

# 제5절 물 권 법

## 제1관 총 설

### Ⅰ. 물권법의 의의 [1-158]

물권법은 민법 중 물권편을 가리키는 것으로서 물권에 관한 법이다. 물권법은 배타성을 갖는 물권을 규율하므로 대체로 강행규정이다. 이 점에서 채권법과 다르다.

### Ⅱ. 물권의 의의

#### 1. 물권의 개념 [1-159]

물권은 물건 기타의 객체를 직접적으로 지배할 수 있는 배타적 권리이다(통설). 물권은 내용 면에서 재산권이고, 작용 면에서 지배권이며, 의무자의 범위 면에서 절대권(대세권)이다[1-8].

물권의 객체를 더 살펴보자. 첫째, 물권의 객체는 물건이 원칙이지만, 일정한 경우 권리도 객체가 될 수 있다. 가령 채권에 질권을 설정하는 경우(권리질권)(민345)가 그러하다. 이하에서는 편의상 물권의 객체를 물건이라고 부르기로 한다. 둘째, 물권의 객체는 확정되고(확정성) 독립적이어야 한다(개별성). 셋째, 하나의 물건 위에 내용상 양립할 수 없는 물권은 하나만 성립할 수 있는 것이 원칙이다(일물일권주의). 가령 하나의 물건 위에 소유권이 둘 이상 성립할 수 없다.

## 2. 물권의 종류 [1-160]

물권의 종류와 내용은 법률이 정하는 것에 한해서 인정된다(물권법정주의)(민185). 민법상 물권에는 점유권·소유권·지상권·지역권·전세권·유치권·질권·저당권이 있다. 이는 '점유권'과 '본권'으로 나뉘는데, 전자는 물건을 사실상 지배하는 경우에 인정되는 물권(지배할 수 있는 권리를 가졌는지는 묻지 않는다)이고, 후자는 물건을 지배할 수 있는 권리(사실상 지배하고 있는지는 묻지 않는다)이다. 본권은 '소유권'과 '제한물권'으로 나뉘는데, 전자는 물건의 가치(사용·수익·교환가치)를 전면적으로 지배할 수 있는 권리이고, 후자는 물건 가치의 일부만 지배하는 권리이다. 제한물권은 '용익물권'과 '담보물권'으로 나뉘는데, 전자는 물건의 사용·수익가치를 지배하는 권리이고, 후자는 물건의 교환가치를 지배하는 권리이다.

## 3. 물권의 효력 [1-161]

### (1) 우선적 효력

① 물권 간의 우선적 효력: 하나의 물건 위에 내용상 양립할 수 있는 물권은 둘 이상 성립되어 병존할 수 있는데, 이들 간의 우선적 효력을 보자. 하나의 물건에 소유권과 제한물권이 병존할 수 있는데, 제한물권은 소유권을 제한하면서 성립하므로 소유권은 제한물권에 의해 제한을 받는다[1-166]. 이외에 하나의 물건에 물권들이 병존하는 경우는 시간적으로 먼저 성립한 물권이 후에 성립한 물권에 우선한다(통설). ② 채권에 대한 우선적 효력: 하나의 물건 위에 물권과 채권이 충돌하면 물권이 우선한다. 가령 갑이 을과 병에게 부동산을 이중양도한 뒤 을에게 소유권이전등기를 해준 경우 병은 갑에 대한 채권(소유권이전청구권)을 가지고 소유권자인 을에게 해당 부동산에 대한 권리를 주장할 수 없다. 이는 물권이 물건에 대한 직접적인 지배권인 반면에 채권은 특정인(채권자)에게 일정한 행위를 요구하는 권리에 불과하기 때문이다.

(2) **물권적 청구권**

물권의 내용이 어떤 사정으로 인해 방해당하고 있거나 방해당할 염려가 있을 때 물권자가 방해자에게 방해의 제거 또는 예방에 필요한 행위를 청구할 수 있는 권리가 물권적 청구권이다. 여기에는 반환청구권, 방해제거청구권, 방해예방청구권 등이 있다. 가령 타인이 건물을 불법점거한 경우 물권자는 그 반환을 청구할 수 있다.

## 제2관 물권의 변동

### Ⅰ. 의의

[1-162]

① 개념: 물권의 변동은 물권의 발생·변경·소멸을 가리킨다. 가령 소유권의 이전은 물권변동의 예이다. ② 종류: 부동산의 물권변동과 동산의 물권변동이 있다. 그리고 법률행위에 의한 물권변동과 법률의 규정에 의한 물권변동이 있다. 가령 취득시효(민245)가 후자의 예이다. ③ 공시의 원칙: 물권은 배타성이 있으므로 물권의 귀속 및 내용(누구에게 물권이 속하며 그 내용은 무엇인지)에 대해 공시할 필요가 있다. 공시제도로는 부동산은 등기, 동산은 인도(점유의 이전)가 있다. ④ 공신의 원칙: 공신의 원칙은 공시된 내용이 사실과 다르더라도 공시된 내용대로 효력을 인정하는 원칙이다. 가령 무효인 소유권등기를 믿고 해당 부동산을 매수하여 등기한 경우 이러한 신뢰를 보호하기 위해서 매수인을 정당한 소유자로 인정하자는 것이 공신의 원칙이다. 하지만 우리 민법은 부동산에 대해 공신의 원칙을 인정하지 않고 있다(등기공무원이 부동산 등기에 대한 형식적 심사권만 갖고 있는 등의 사정으로 인해서 부동산의 등기와 실제의 권리관계가 일치하지 않는 경우가 적지 않았고 이로 인해 지금까지 부동산에 대해 공신의 원칙이 인정되지 않는다). 그 결과 위 사례에서 매수인은 정당한 소유자로 되지 못한다(매수인은 매도인에게 채무불이행의 책임 등을 물을 수 있다). 이와 달리 동산에는 선의취득(민249)을 통해서 공신의 원칙을 인정하고 있다.

## Ⅱ. 부동산물권의 변동 [1-163]

### 1. 법률행위에 의한 변동

법률행위로 인한 부동산물권의 변동은 등기해야 효력이 생긴다(민186). 부동산의 등기가 변동요건인데, 이는 물권변동의 존부·시기를 등기라는 형식적 기준을 통해 객관적·획일적으로 정하자는 것이다. 그리고 부동산의 인도는 변동요건이 아니다. 부동산의 등기는 부동산등기부라는 공적 장부에 부동산에 관한 권리에 대해 기록하는 것이다. 등기사무는 부동산 소재지의 지방법원(또는 그 지원 또는 등기소)이 담당한다(부동산등기법7①).

### 2. 법률의 규정에 의한 변동

상속·공용징수·판결·경매 기타 법률의 규정에 의한 부동산의 물권변동은 등기를 요하지 않고, 다만 등기하지 않으면 이를 처분하지 못한다(민187). 이는 물권변동의 존부·시기가 상속 등과 같은 객관적 사유에 의해 정해질 수 있으므로 물권변동의 요건으로서 등기가 요구되지 않는다. 마찬가지로 부동산의 인도는 변동요건이 아니다.

## Ⅲ. 동산물권의 변동 [1-164]

여기서는 동산물권의 변동 중에서 '권리자로부터의 취득'과 '무권리자로부터의 취득'(선의취득)을 살펴본다. 동산물권의 변동 중에서 나머지는 민법이 소유권과 관련하여 규정하므로 소유권 부분에서 살펴본다. 권리자로부터의 취득은 법률행위로 인한 물권변동에 해당한다.

### 1. 권리자로부터의 취득

법률행위로 인한 동산물권의 변동은 인도해야 효력이 생긴다(민188①). 동산의 인도(점유의 이전)가 변동요건인데, 이는 물권변동의 존부·시기를 인도라는 형식적 기준을 통해 객관적·획일적으로 정하자는 것이다. 인도는 '현실의 인도'(동산에 대한 사실상 지배를 실제로 이전)를 원칙으로 한다(민188①). 나아가 간이인도, 점유개정, 목적물반환청구권의 양도도 인도로 인정된다. 간이인도는 양수인이 이미 동산을 점유하고 있는 경우이다(민188②). 점유개정은 당사자의 계약으로써 양도인이 동산의 점유를 계속하는 경우이다(민189). 목적물반환청구권의 양도는 제3자가 동산을 점유하고 있을 때 양도인이 제3자에 대한 반환청구권을 양수인에게 양도하는 경우이다(민190).

### 2. 선의취득(무권리자로부터의 취득)

동산의 선의취득은 동산의 점유에 공신력(공신의 원칙)을 인정함으로써 거래안전을 보호하기 위한 제도이다(즉, 동산점유에 의해 형성된 소유자의 외관을 신뢰한 상대방을 보호한다). 즉, 평온, 공연하게 동산을 양수한 자가 선의이며 과실없이 동산을 점유한 경우 양도인이 정당한 소유자가 아닌 때에도 즉시 그 동산의 소유권을 취득한다(민249). 이는 동산질권에도 준용된다(민343)(선의취득의 요건을 갖추어 동산에 질권이 설정되면 상대방은 그 동산에 대한 질권을 취득한다). 이에 따라 동산의 소유권과 질권은 무권리자로부터 취득이 가능하다. 이는 법률의 규정에 의한 원시취득으로서 취득자는 무권리의 영향이 없는 온전한 권리를 취득하고 이전의 권리자는 권리를 상실한다(통설). 한편, 도품 또는 유실물은 진정한 권리자가 자신의 의사에 반하여 점유를 상실한 경우이므로 선의취득이 제한적으로만 인정된다(민250,251).

## 제3관 물권의 종류별 내용

### Ⅰ. 점유권 [1-165]

물건을 사실상 지배하는 자는 점유권이 있다(민192①). 사실지배가 점유권의 요건이다. 사실지배의 원인은 다양한데, 지배를 정당화하는 본권(물권을 지배할 수 있는 권리)이 있는지를 묻지 않고 사실상 지배 자체를 보호하는 것이다(가령 물건의 절취자도 점유권을 취득할 수 있다). 점유자가 점유물에 행사하는 권리는 적법하게 보유한 것으로 추정한다(권리추정력)(민200). 다만, 권리추정력은 점유를 공시방법으로 하는 동산에 대해서만 적용된다(판례·통설)(부동산은 등기가 공시방법이므로 등기에 의해서 권리가 추정되고 점유만으로는 권리가 추정되지 않는다). 점유자는 본권이 없으므로 본권자가 반환을 청구하면 그 물건을 반환해야 한다(통설). 점유권도 권리이므로 침해에 대한 보호를 위해 점유보호청구권으로서 점유물반환청구권(민204), 점유물방해제거청구권(민205), 점유물방해예방청구권(민206)이 인정된다.

## Ⅱ. 소유권

### 1. 의의 [1-166]

소유권은 물건의 가치(사용·수익·교환가치)를 전면적으로 지배할 수 있는 권리이다. 소유권은 제한물권의 제한을 받으면 일시적으로 권능의 일부를 사용할 수 없지만 제한이 소멸되면 본래의 권능을 회복한다. 소유권은 존속기간의 제한이 없으며, 소멸시효도 적용되지 않는다(민162②).

### 2. 소유권의 취득 [1-167]

물권의 변동에서 기술했던 소유권의 취득원인[1-163, 164] 이외에도 다양한 소유권의 취득원인이 있는데 그 중에서 중요한 몇 가지를 살펴보자.

#### (1) 취득시효

어떤 자가 권리자처럼 권리를 행사하고 있는 사실상태가 일정기간 지속된 경우 그를 처음부터 권리자이었던 것으로 의제하는 제도가 취득시효이다. 민법은 소유권에 대해 취득시효를 인정하면서 다른 재산권에도 준용한다(민248). 취득시효에는 두 종류가 있다. ① 점유취득시효: 20년 간 소유의 의사로 평온·공연하게 '부동산을 점유'하는 자는 등기함으로써 소유권을 취득한다(민245①). 취득시효가 완성되면 취득시효 완성자는 시효기간 만료 당시의 부동산 소유자에게 소유권이전등기청구권을 취득한다(판례·통설). 10년 간(점유가 선의이며 과실없이 개시된 경우에는 5년 간) 소유의 의사로 평온·공연하게 '동산을 점유'한 자도 소유권을 취득한다(민246). ② 등기부취득시효: '부동산의 소유자로 등기'한 자가 10년간 소유의 의사로 평온·공연하게 선의이며 과실없이 '부동산을 점유'한 경우 소유권을 취득한다(민245②).

(2) 선점·습득·발견

① 무주물의 선점: 소유자가 없는 동산을 소유의 의사로 점유한 자는 소유권을 취득한다(민252①). 무주의 부동산은 국유로 한다(민252②). ② 유실물의 습득: 유실물은 법률에 따른 공고 후 6개월 내에 소유자가 권리를 주장하지 않으면 습득자가 소유권을 취득한다(민253). ③ 매장물의 발견: 매장물은 법률에 따른 공고 후 1년 내에 소유자가 권리를 주장하지 않으면 발견자가 소유권을 취득하고, 다만 타인의 토지 기타 물건에서 발견한 매장물은 타인과 발견자가 절반씩 취득한다(민254). ④ 문화재의 특칙: 학술, 기예 또는 고고의 중요한 재료가 되는 물건은 민법 252조 1항, 253조, 254조에 불구하고 국유로 한다(민255①). 다만, 습득자·발견자 및 매장물이 발견된 토지 기타 물건의 소유자는 국가에게 적당한 보상을 청구할 수 있다(민255②).

### 3. 공동소유

(1) 의의 [1-168]

공동소유는 하나의 물건을 2인 이상이 공동으로 소유하는 경우이다. 여기에는 공유, 총유, 합유가 있다. 공동소유에 관한 규정은 소유권 이외의 재산권에 준용한다(민278본). 소유권 이외의 재산권의 공동소유를 '준공동소유'라고 한다.

(2) 공유 [1-169]

공유는 공동소유자 간에 인적 결합관계가 없는 경우로서 개인주의적인 공동소유에 해당한다. 물건이 지분에 의해 수인의 소유로 된 경우 공유로 한다(민262①)(가령 갑과 을이 병으로부터 물건을 공동으로 매수하면 갑과 을은 물건에 대한 공유자가 된다). 공유자의 지분은 균등한 것으로 추정한다(민262②). 공유물 전부를 지분의 비율로 사용·수익할 수 있다(민263). 각 공유자는 자기 지분을 처분할 수 있고, 언제든지 공유물의 분할을 청구할 수 있다(민263,268①). 공유자는 다른 공유자의 동의없이 공유물을 처분하거나 변경하지 못한다(민264).

(3) 합유 [1-170]

합유는 조합체의 공동소유이다. 합유자는 지분처분의 자유와 분할청구권이 없으므로 합유는 단체주의적 성격이 강하다. 다만, 합유자는 공유자처럼 지분을 갖는다는 점을 볼 때 지분 개념이 없는 총유와 달리 합유는 개인주의적 성격도 있다. 조합체는 조합계약[1-137]에 의해서 성립될 수도 있고, 법률의 규정에 의해서 성립될 수도 있다. 합유의 법률관계를 구체적으로 보면, 수인이 조합체로서 물건을 소유하는 경우 합유로 한다(민271①). 합유자의 권리는 합유물 전부에 미친다(민271①). 합유자는 전원의 동의 없이는 합유물에 대한 자기 지분을 처분하지 못하고, 합유물의 분할을 청구하지 못한다(민273). 합유물의 처분·변경에는 합유자 전원의 동의가 요구되고, 다만 보존행위는 각자가 할 수 있다(민272).

#### (4) 총유 [1-171]

총유는 '법인이 아닌 사단'[1-61]의 공동소유이다. 총유는 단체성이 강하게 반영된 단체주의적 공동소유이다. 법인이 아닌 사단의 사원이 집합체로서 물건을 소유할 때에는 총유로 한다(민275①). 이에 따르면 총유물의 관리·처분은 사원총회의 결의에 의하고(민276①), 각 사원은 정관 기타의 규약에 따라 총유물을 사용·수익할 수 있다(민276②). 공유·합유와 달리 총유에는 각 사원의 지분이라는 개념이 없다.

## Ⅲ. 용익물권

### 1. 지상권 [1-172]

지상권자는 타인의 토지에 건물 기타 공작물이나 수목을 소유하기 위해 그 토지를 사용하는 권리가 있다(민279). 지상권은 용익물권(물건의 사용·수익가치를 지배하는 물권)의 일종이다. 지상권은 법률행위인 지상권설정계약과 등기에 의해 성립하기도 하고, 법률의 규정에 의해 성립하기도 한다.

### 2. 지역권 [1-173]

지역권자는 일정한 목적을 위해 타인의 토지를 자기토지의 편익에 이용하는 권리가 있다(민291). 가령 갑의 토지와 을의 토지가 인접한 경우 갑이 을의 토지에 도로를 내어서 자신의 토지로 통행하려는 경우 지역권을 활용할 수 있다. 지역권은 용익물권의 일종이다. 지역권은 법률행위인 지역권설정계약과 등기에 의해 성립하기도 하고, 법률의 규정에 의해 성립하기도 한다.

### 3. 전세권 [1-174]

전세권자는 전세금을 지급하고 타인의 부동산을 점유하여 부동산의 용도에 좇아 사용·수익하며, 부동산 전부에 대해 후순위권리자 기타 채권자보다 전세금의 우선변제를 받을 권리가 있다(민303①). 전세권은 기본적으로 용익물권이지만, 우선변제권으로 인해 담보물권적 성격도 띤다. 전세권은 법률행위인 전세권설정계약과 등기에 의해 성립하기도 하고, 법률의 규정에 의해 성립하기도 한다.

## Ⅳ. 담보물권

### 1. 유치권 [1-175]

① 의의: 타인의 물건 또는 유가증권을 점유한 자는 물건이나 유가증권에 관해서 생긴 채권이 변제기에 있는 경우 변제를 받을 때까지 물건 또는 유가증권을 유치할 권리가 있다(민320①). 가령 시계를 수선한 경우 수선료를 받기까지 시계를 유치하고 인도를 거절할 수 있다. 유치권은 담보물권(물건의 교환가치를 지배하는 물권)이다. 유치권은 일정한 요건이 갖추어지면 법률에 의해서 성립하는 법정물권이다. ② 요건: 첫째, 채권자가 유치물을 적법하게 점유해야 한다(민320②). 둘째, 피담보채권과 유치물 간에 개별적 견련성(유치물인 물건 또는 유가증권이 해당 피담보채권의 발생에 직접 관련되어야 한다)이 요구된다. 셋째, 유치물이 채무자의 소유일 것은 요구되지 않는다(통설). ③ 효력: 유치권자는 유치물의 점유를 계속하며 인도를 거절할 수 있다(통설). 유치권자는 채권의 변제를 받기 위해 유치물을 '경매' 할 수 있다(민322①). 이 경우 다른 채권자보다 우선하는 우선변제의 효력은 원칙상 인정되지 않는다(하지만 채무자가 경매를 피하려면 유치권자에게 변제해야 하므로 사실상 인정되는 측면은 있다). 정당한 이유(가령 경매비용이 커서 변제가 곤란한 경우)가 있으면 간이변제충당(감정인의 평가에 의해 유치물로 직접 변제에 충당할 것)을 법원에 청구할 수 있는데(민322②), 이것이 성립되면 예외적으로 우선변제의 효과가 생긴다.

## 2. 질권

[1-176]

### (1) 의의

질권은 채권자가 채권을 담보하기 위해 채무자 또는 제3자로부터 받은 동산 또는 재산권을 유치하고 채무자가 변제하지 않는 경우 다른 채권자에 우선해서 목적물로부터 우선변제를 받는 효력이 있다(민329,345). 질물(질권의 목적물)이 동산(부동산은 질물이 되지 못한다)이면 동산질권이고 재산권(채권, 주식 등)이면 권리질권이 된다. 질권은 담보물권이다. 질권자가 목적물을 점유하지만 그는 사용·수익할 수 없고, 또한 질권설정자는 점유하지 않으므로 사용·수익할 수 없다(이처럼 사용·수익권이 사장된다는 점이 질권의 단점으로 지적되고 있다).

### (2) 동산질권

① 의의: 동산질권은 법률행위인 질권설정계약과 동산의 인도에 의해 설정되는 것이 보통이고, 일정한 요건이 충족되면 법률의 규정에 의해 설정되기도 한다. 질권의 설정을 '입질'이라고 표현한다. ② 효력: 질권자는 채권의 변제를 받을 때까지 질물을 유치할 수 있다(유치적 효력)(민335본). 질권자는 채권의 변제를 받기 위해 유치물을 경매할 수 있다(민338①). 이 경우 다른 채권자보다 우선해서 변제받을 수 있는 우선변제의 효력이 인정된다(민329). 정당한 이유가 있는 경우 간이변제충당[1-175]도 법원에 청구할 수 있다(민338②). ③ 유질계약: 유질계약은 금지되어서(민339) 그 효력은 무효이다(통설). 유질계약이란 질권설정자가 채무변제기 전의 계약으로 질권자에게 변제 대신에 질물의 소유권을 취득하게 하거나 '법률이 정한 방법'(경매 또는 간이변제충당)에 의하지 않고 질물을 처분할 것을 약정하는 것이다. 유질계약은 법률이 정하지 않은 방법으로 질권을 실행하면 질권자가 폭리를 취할 수 있으므로 경제적 약자인 질권설정자인 채무자(채무자는 채권자에 비해 일반적으로 경제적 약자이다)를 보호하기 위해서 유질계약을 금지하는 것이다(일반적인 질권설정계약에 따르면 채무의 변제기에 변제되지 않으면 질권의 목적물 중에서 채무액만큼 채권자가 우선변제를 받고 나머지는 채무자에게 반환되어야 하나, 유질계약에 따르면 채권자가 질권의 목적물을 전부 취득하는 등의 채무자에게 불리한 효과가 생긴다). ④ 물상대위: 담보물권은 목적물의 교환가치를 목적으로 하는 권리이므로 목적물이 멸실·훼손되어도 그것

의 교환가치를 대표하는 것이 존재하는 경우 그 위에 존속한다. 이것이 '물상대위'이다. 즉, 질권자는 질물의 멸실, 훼손 또는 공용징수로 인해 질권설정자가 받을 금전 기타 물건에 대해 권리를 행사할 수 있다(민342). 가령 질물이 멸실된 경우 질물설정자가 이에 대비해서 체결했던 보험계약에 따라 보험금을 받을 수 있다면 질권은 그 위에 존속한다. 이러한 동산질권의 물상대위는 권리질권과 저당권에도 준용된다(민355,370)(유치권은 교환가치의 취득을 목적으로 하는 것이 아니라 채무자의 변제를 간접적으로 강제할 뿐이므로 물상대위가 적용되지 않는다).

(3) 권리질권

권리질권은 재산권을 목적으로 하는 질권이다. 권리질권은 법률행위인 질권설정계약에 의해 설정되기도 하고, 법률의 규정에 의해 설정되기도 한다. 질권설정계약에 의해서 권리질권을 설정하기 위해서는 법률에 다른 규정이 없는 한 해당 권리의 양도방법을 갖출 것이 요구된다(민346). 이 점에서 동산의 인도가 요구되는 동산질권과 비교된다. 가령 채권에 질권을 설정하는 경우 질권설정계약과 함께 채권의 양도방법[1-100, 101]을 갖추어야 한다. 그리고 권리질권에 대해서는 특약이 없는 한 동산질권에 관한 규정을 준용한다(민355).

### 3. 저당권 [1-177]

① 의의: 저당권자는 채무자 또는 제3자가 점유를 이전하지 않고 채무의 담보로 제공한 부동산에 대해 다른 채권자보다 자기채권의 우선변제를 받을 권리가 있다(민356). 저당물(저당권의 목적물)은 원칙상 부동산이다. 저당권은 법률행위인 저당권설정계약과 부동산의 등기에 의해 설정되는 것이 보통이고, 일정한 요건이 충족되는 경우 법률의 규정에 의해 설정되기도 한다. ② 효력: 저당권자는 채권의 변제를 받기 위해 저당물의 경매를 청구할 수 있다(민363①). 이 경우 다른 채권자보다 우선해서 변제받을 수 있는 우선변제의 효력이 인정된다(민356). ③ 물상대위: 동산질권의 물상대위[1-176]는 저당권에도 준용된다(민355,370).

# 2편

# 상법총칙

# 제1절 서 설

## 제1관 상법의 의의 [2-1]

### Ⅰ. 형식적 의미의 상법

형식적 의미의 상법은 '상법'(1조~935조)이라는 명칭을 가진 법률을 가리킨다. 이는 1962년에 제정되었으며 총 6개의 편(총칙, 상행위, 회사, 보험, 해상, 항공운송)으로 구성되어 있다. 상법은 국회가 제정한 법률이고, 상법의 위임에 따라 행정부가 제정한 대통령령인 '상법 시행령'(1조~49조)도 형식적 의미의 상법에 속한다.

### Ⅱ. 실질적 의미의 상법

실질적 의미의 상법은 '기업에 관한 법'을 가리킨다(기업법설)(통설). 기업이란 영리를 목적으로 계속해서 반복적으로 거래행위를 하는 조직체를 가리킨다. 기업의 이념 및 특성을 살펴보자. ① 이념: 상법의 이념은 기업을 유지·강화하고 기업활동을 원활하게 하는 것이다. 이에 따라 상법은 이를 구체화하는 각종의 제도와 관련된 규정을 두고 있다. ② 특별법: 상법은 상사관계(기업의 경제활동과 관련한 법률관계)를 규율한다는 점에서 민사관계(개인 간의 사적인 법률관계)를 규율하는 민법과 차이가 있으며, 상법은 상사관계에 관해 민법에 대한 특별법의 지위를 갖는다. 상법과 민법의 관계를 보면, 상법이 민법과 다르게 규정하거나[가령 민사채권의 소멸시효는 10년(민162①)이나 상사채권의 소멸시효는 5년(상64)이다], 상법이 민법을 변형하여 규정하거나[가령 상법상 지배인(상11)은 민법상 대리인(민114)을 변형한 것이다], 또는 민법에는 없으나 상법이 규정한 경우가 있다[가령 상호(상18)는 민법에 규정이 없다]. 상법에 규정이 없으면 일반법인 민법이 상사관계에 보충적으로 적용된다(상1). ③ 사법: 상법은 상사관계의 성립, 효력, 소멸 등의 차원에서 사법상 권리의무를 다루는 사법(private law)이다(사법이라는 점에서 상법과 민법은 같다). 이 점에서 상법은 상사관계의 질서유지 등을 위해서 공법상 권리의무[기업에게 부과하는 공법적 의무(금지의무 등)와 위반 시 효과(가령 벌금, 과태료, 시정조치) 등]를 주로 다루는 공법(public law)과는 차이가 있다. 가령 독점규제법은 공법이다.

### Ⅲ. 본서의 대상

본서는 형식적 의미의 상법 중에서 총칙편, 상행위편, 회사편, 보험편을 주로 다룬다. 나아가 어음법과 수표법도 포함된다(어음과 수표는 기업이 주로 이용하기는 하지만 일반인 간에도 이용된다는 점에서 어음법과 수표법이 상법에 포함되는지에 대해 논리상 의문이 제기되고 있으나 전통적으로는 주로 기업이 이용한다는 점에 주목하여 상법의 범주에 포함시켜서 다루어왔다).

## 제 2 관 상법의 법원

### Ⅰ. 의의 [2-2]

상법의 법원(sources of law)은 상사관계를 규율하는 법규범을 가리킨다. 상사에 관해 상법에 규정이 없으면 상관습법에 의하고 상관습법이 없으면 민법의 규정에 의한다(상1). 이는 상사관계에 적용되는 법의 적용순서를 규정한 것이다. 이 중에서 상법과 상관습법이 상법의 법원이다(통설). 비록 민법이 상법의 법원이 아니지만 상사관계에 적용되는 이유는 상사관계 중에는 민사관계와 동일하게 규율해도 무방한 경우가 있기 때문이다(통설). 한편, 상법이 규정하고 있지 않지만,

회사의 정관은 상사자치법으로서 상법의 법원으로 인정된다(통설)[6-3].

## Ⅱ. 상관습법 [2-3]

상관습법은 많지 않다. 판례 및 통설이 인정하는 상관습법으로는, 가령 화물상환증과 상환없이 운송물을 인도하는 보증도(보증인의 보증하에 인도)의 관행이 있다[3-101].

## Ⅲ. 약관

### 1. 의의 [2-4]

약관이란 계약의 한 당사자가 다수의 상대방과 반복하여 계약을 체결하기 위해서 일정한 형식으로 미리 마련한 계약내용이다(약관2(1)). 명칭, 형태, 범위는 약관인지 여부에 영향을 미치지 않는다(약관2(1)). 약관은 사업자가 미리 일방적으로 작성하는 것이 보통이다. 상사계약은 대량·반복적인 성질이 강해서 약관을 통해 체결되는 경우가 많다. 약관은 사업자가 일방적으로 작성하고, 사업자와 고객 사이의 경제적 관계가 대등하지 않은 경우가 많기 때문에 규제의 필요성이 크다. 이를 위해서 1986년에 약관규제법이 제정됐다.

### 2. 약관의 구속력 [2-5]

약관이 계약의 당사자를 구속하는 근거가 무엇인지에 대해서는 상관습법설과 합의설이 대립한다. 약관이 존재하는 거래에서는 특별한 사정이 없는 한 '해당 거래는 약관에 의한다'는 상관습법이 존재한다는 입장이 상관습법설이다. 이에 따르면 이러한 상관습법을 통해서 약관이 당사자를 법적으로 구속하게 된다(약관 자체가 법규범이라고 하는 것은 아니다). 또한 이에 따르면 약관을 계약내용에 포함시키자는 당사자의 합의가 없어도 약관이 당사자를 구속하게 된다. 합의설은 약관이 당사자를 법적으로 구속하는 이유는 약관을 계약내용에 포함시키기로 당사자가 합의했기 때문이라는 입장이다(판례·다수설). 이에 따르면 당사자 간에 이러한 합의가 없으면 약관은 아무런 법적 구속력이 없다. 요컨대, 상관습법과 합의설의 차이는 보험약관이 당사자를 구속하기 위해서 당사자의 합의가 필요한지 여부이다. 합의설을 취하는 판례는 보험약관이 포함된 보험청약서가 작성된 경우 보험계약자가 보험약관의 내용을 알지 못하는 경우에도 보험약관이 당사자를 구속한다고 본다(즉, 이 경우 보험약관을 계약내용에 포함시키자는 묵시적 합의가 있다고 보는 것이다).

## 3. 약관의 작성 [2-6]

사업자는 고객이 약관의 내용을 쉽게 알 수 있도록 한글로 작성하고, 표준화·체계화된 용어를 사용하며, 약관의 중요한 내용을 부호, 색채, 굵고 큰 문자 등으로 명확하게 표시해서 알아보기 쉽게 약관을 작성해야 한다(약관3①).

## 4. 약관의 편입 [2-7]

### (1) 의의

합의설에 따르면 당사자가 약관을 계약내용에 포함하기로 합의하면 해당 약관은 계약내용으로 편입된다. 하지만 이는 약관이 계약내용으로 편입되기 위한 필요조건이지 충분조건은 아니다. 즉, 아래 (2) 및 (3)과 같이 개별약정이 존재하지 않아야 하고, 약관의 명시·교부·설명의무가 이행되어야 비로소 계약으로의 완전한 편입이 이루어진다.

### (2) 개별약정의 부존재

약관에서 정하고 있는 사항에 대해 사업자와 고객이 약관내용과 다르게 합의한 경우 그 합의사항은 약관보다 우선한다(약관4). 이를 '개별약정(또는 개별합의)의 우선'이라고 하며(약관이 구속력을 갖는 이유를 당사자 사이의 합의에서 찾는다면 개별약정이 우선함은 당연하다), 개별약정이 우선하는 경우 해당 약관조항은 계약내용으로 편입되지 않는다.

### (3) 약관의 명시·교부·설명의무

**1) 의의** 사업자는 약관의 명시·교부·설명의무를 부담하며, 이는 정보제공의무으로서의 성격을 띤다. 이러한 의무를 위반하면 해당 약관조항은 계약내용으로 편입되지 않을 수 있다. 이러한 의무를 부담시키는 취지는 고객에게

약관내용을 알 수 있는 기회를 제공하자는 것이다(판례·통설). 즉, 고객이 약관에 의한 계약체결에 대해서 합의를 했다고 해도, 만약 약관내용을 알 수 있는 상태에서 한 합의가 아니라면, 그 합의는 진정한 것이 아닐 수 있다. 합의가 형식적 절차에 머무는 것을 예방하기 위해서는, 고객에게 약관내용을 알 수 있는 기회를 줄 필요가 있다.

2) 요건　　① 명시·교부의무: 사업자는 계약을 체결할 때 고객에게 약관내용을 계약의 종류에 따라 일반적으로 예상되는 방법으로 분명하게 밝히고(명시의무), 고객이 요구하면 약관의 사본을 고객에게 내주어(교부의무) 고객이 약관의 내용을 알 수 있게 해야 한다(약관3②본). 다만, 일정한 업종(1. 여객운송업 2. 전기·가스 및 수도사업 3. 우편업 4. 공중전화 서비스 제공 통신업)의 약관은 이러한 의무가 면제된다(약관3②단). 거래의 신속 등이 면제이유이다. ② 설명의무: 사업자는 계약을 체결할 때 약관의 중요한 내용을 고객이 이해할 수 있도록 설명해야 한다(약관3③본). 다만, 계약의 성질상 설명하는 것이 현저하게 곤란한 경우는 그렇지 않다(약관3③단). 설명의 대상인 중요사항은 계약의 체결 여부나 그 조건에 영향을 미치는 사항이다(판례). ③ 면제: 명문의 규정은 없지만 명시·교부·설명의무가 면제되는 경우가 있다. 이러한 의무가 인정되는 이유는 고객이 알지 못하는 가운데 약관의 중요사항이 계약내용이 되어서 고객이 예측하지 못한 불이익을 받는 것을 피하는데 있다. 따라서 고객이 충분히 잘 알고 있는 내용이거나, 거래상 일반적이고 공통된 것이어서 고객이 별도의 설명 없이도 충분히 예상할 수 있었던 내용이거나, 이미 법령에 의하여 정하여진 것을 되풀이하거나 부연하는 정도에 불과한 내용은 명시·교부·설명의무가 면제된다(판례·통설).

3) 효과　　① 편입 배제: 사업자가 명시·교부의무 또는 설명의무를 위반하여 계약을 체결한 경우 해당 약관을 계약의 내용으로 주장할 수 없다(약관3④). 사업자는 해당 약관을 계약내용으로 주장할 수 없으므로, 고객은 해당 약관을 계약내용에서 배제할 수 있다(이 경우 해당 약관은 계약으로 편입되지 못한다. 고객은 약관의 전부에 대해 의무 위반이 있으면 그 전부를 계약 내용에서 배제할 것을 주장할 수 있고, 약관의 일부만 의무 위반이 있으면 그 부분에 대해서만 계약내용에서 배제할 것을 주장할 수 있다)(판례·통설). 의무 위반이 있더라도, 고객이 해당 약관을 계약내용에서 배제해야 한다는 주장을 하지 않으면 해당 약관은 완전한 구속력을 갖게 된다. ② 계약의 운명:

만약 고객의 배제주장에 의해서 약관의 전부 또는 일부가 계약내용으로 편입되지 못하면, 계약의 운명은 어떻게 되는가? 계약은 나머지 부분만으로 유효하게 존속하는 것이 원칙이고, 유효한 부분만으로는 계약의 목적 달성이 불가능하거나 유효한 부분이 한쪽 당사자에게 부당하게 불리한 경우에는 예외적으로 계약 전부가 무효로 된다(약관16). 이 규정은 법률행위의 일부가 무효이면 전부를 무효로 한다는 민법상 일반원칙(민137본)[1-45]의 특칙이다. 만약 일반원칙에 따라서 해당 계약 전부를 무효로 한다면, 의무위반 부분만 계약내용에서 배제하고 계약의 효력을 유지하는 것이 고객에게 유리한 경우 고객에게 불리하게 작용할 수 있으므로, 이를 고려하여 특칙을 둔 것이다.

### 5. 약관의 해석 [2-8]

#### (1) 공정해석의 원칙

공정해석의 원칙은 약관을 신의성실의 원칙에 따라서 공정하게 해석하는 것을 가리킨다(약관5①). 약관이든 약관이 아닌 계약이든 그 해석은 신의성실의 원칙에 따라 공정하게 해야 하므로, 위 원칙이 약관에 특유한 해석원칙이라 할 수는 없다.

#### (2) 객관해석의 원칙

객관해석의 원칙은 고객마다 다르게 약관을 해석하지 않는다는 원칙이다(약관5①). 즉, 평균적 고객의 이해가능성을 기준으로 획일적으로 해석하는 것을 가리킨다(통설). 일반적으로 계약을 해석할 때 개별 고객의 구체적 이해, 의사 등을 고려하여 해석(판례·통설)하는 것과는 대조된다. 약관의 객관해석 원칙은 약관의 목적이 대량거래를 획일적으로 처리하는 데 있다는 점을 고려한 것이다(판례·통설).

#### (3) 작성자불이익의 원칙

작성자불이익의 원칙은 약관내용이 명백하지 않으면 작성자에게 불리하게, 그 상대방에게 유리하게 제한하여 해석하는 것이다(약관5②). 약관내용을 명백하게 작성할 수 있음에도 불구하고 그렇게 하지 않은 작성자에게 불이익을 준다는 데서 그 취지를 찾을 수 있다. 여기서 약관내용이 명백하지 않다는 것, 즉 모호하다고 하는 것은 약관내용이 두 가지 이상의 의미로 해석될 수 있음을 가리킨다(다의적 해석의 가능성은, 약관 조항이 객관적으로 다의적으로 해석되고 그 각각의 해석이 합리성이 있는 것을 의미한다. 합리성을 벗어난 해석의 가능성까지 다의적 해석 가능성에 포함하지는 않는다). 다만, 공정해석, 객관해석을 통해서 약관의 뜻이 분명한 경우는 작성자불이익의 원칙을 적용하지 않는다. 어떤 약관의 해당 문리만 본다면 다의적인 해석의 가능성이 있다고 하더라도, 해당 약관의 목적과 취지를 고려하여 공정하고 객관적인 해석을 거치면 그 뜻이 분명해지는 경우, 작성자불이익의 원칙을 적용하지 않는 것이다(판례·통설). 이는 작성자불이익의 원칙이 작성자에게 과중한 부담을 주는 것을 막자는 것이다.

# 제2절 기업의 인적 요소

## 제1관 상 인

### Ⅰ. 상인의 의의 [2-9]

상인은 상사관계의 귀속주체이다. 즉, 기업활동에서 발생하는 권리·의무가 귀속되는 주체가 상인이다. 상인의 개념은 국가마다 다르다. 여기에는 실질주의(일정한 종류의 행위를 하는 자를 상인으로 본다), 형식주의(행위의 종류와 무관하게 일정한 형식을 갖추면 상인으로 본다), 절충주의(실질주의와 형식주의를 절충한다)가 있다. 통설은 우리 상법이 실질주의(일정한 종류의 행위를 하는 당연상인)와 형식주의(영업이라는 형식을 갖춘 의제상인)를 결합한 절충주의를 취하고 있다고 본다.

### Ⅱ. 상인의 종류

#### 1. 당연상인 [2-10]

당연상인은 '자기명의'로 '상행위'를 하는 자이다(상4). 여기서 상행위는 기본적 상행위(상46)를 의미한다고 좁게 해석한다(통설). 즉, 당연상인은 기본적 상행위를 하는 자이다. 이하에서는 자기명의와 기본적 상행위로 구분해서 살펴보자.

자기명의로 행위한다는 것은 그 행위의 결과로 발생하는 권리·의무가 귀속하는 주체가 된다는 의미이다. 즉, 상인은 상행위에 따라 발생하는 권리·의무의 귀속주체가 된다.

기본적 상행위는 '영업'으로 하는 매매, 임대차 등과 같은 일정한 행위(1. 동산, 부동산, 유가증권 기타의 재산의 매매 2. 동산, 부동산, 유가증권 기타의 재산의 임대차 3. 제조, 가공 또는 수선에 관한 행위 4. 전기, 전파, 가스 또는 물의 공급에 관한 행위 5. 작업 또는 노무의 도급의 인수 6. 출판, 인쇄 또는 촬영에 관한 행위 7. 광고, 통신 또는 정보에 관한 행위 8. 수신·여신·환 기타의 금융거래 9. 공중이 이용하는 시설에 의한 거래 10. 상행위의 대리의 인수 11. 중개에 관한 행위 12. 위탁매매 기타의 주선에 관한 행위 13. 운송의 인수 14. 임치의 인수 15. 신탁의 인수 16. 상호부금 기타 이와 유사한 행위 17. 보험 18. 광물 또는 토석의 채취에 관한 행위 19. 기계, 시설, 그 밖의 재산의 금융리스에 관한 행위 20. 상호·상표 등의 사용허락에 의한 영업에 관한 행위 21. 영업상 채권의 매입·회수 등에 관한 행위 22. 신용카드, 전자화폐 등을 이용한 지급결제 업무의 인수)를 가리킨다(상46본). 그러나 오로지 임금을 받을 목적으로 물건을 제조하거나 노무에 종사하는 자의 행위는 상행위가 아니다(상46단). 여기서 임금은 고용으로 인한 보수가 아니라 영세한 보수를 의미하며, 이러한 경우는 물건제조 또는 노무와 같은 행위의 성격 때문이 아니라 그 영세성(영세성은 거래규모 등에 비추어 객관적으로 판단한다)으로 인해서 기업성을 인정할 수 없으므로 상행위로 인정하지 않는다(통설). 기본적 상행위로서 매매는 매도를 위한 매수, 또는 매수를 위한 매도에 한정된다고 해석한다(통설)(이는 매매차익을 목적으로 하는 전통적인 매매 개념을 반영한 것이고, 이에 따르면 농작물을 재배하여 영업적으로 매도하는 경우 기본적 상행위는 아니고 의제상인이 그 행위를 하는 경우에 준상행위에 해당할 뿐이다).

위에서 '영업'은 영리성과 계속·반복성을 요소로 한다(판례·통설). 영리성은 영리를 추구하는 의사를 가리킨다. 영리추구가 아니라 구성원의 복리후생을 위해 물건을 염가로 제공하는 행위는 영리성이 없다(판례·통설). 영리를 추구하는 것으로 충분하고 얻은 이익을 구성원에게 배분하는지는 묻지 않는다(이 점에서 상인의 영리성과 회사의 영리성[6-7]은 다르다)(통설). 계속·반복성은 해당 행위를 계속적, 반복적으로 행하려는 의사를 가리킨다.

### 2. 의제상인 [2-11]

상인에는 당연상인 이외에 의제상인도 있다. 즉, 점포 기타 유사한 설비에 의하여 상인적 방법으로 영업을 하는 자는 상행위를 하지 않아도 상인으로 본다(상5①). 이를 특히 설비상인이라고 한다. 또한 회사는 상행위를 하지 않아도 상인으로 본다(상5②). 이에 따르면 설비상인과 회사는 상행위를 하지 않아도 상인으로 의제되는 것이다. 여기서 상행위는 좁은 의미로서 당연상인이 행하는 기본적 상행위를 가리킨다고 해석하며, 의제상인은 기본적 상행위 이외의 행위(가령 경영자문, 연예기획)를 영업으로 하는 자로서 의제상인의 행위를 '준상행위'라고 한다(상66). 넓은 의미의 상행위에는 기본적 상행위와 준상행위가 모두 포함된다 [3-3]. 기본적 상행위에 적용되는 상법 상행위 통칙(상46~65)은 준상행위에도 준용되므로(상66), 기본적 상행위와 준상행위는 법적용에 차이가 없다. 회사와 관련해서는, 준상행위를 하는 회사를 민사회사라고 하고, 기본적 상행위를 하는 회사는 상사회사라고 한다(이는 개념상의 구분일 뿐이고 구별의 실익은 별로 없다. 왜냐하면 상법의 적용 면에서는 차이가 없기 때문이다).

의제상인도 자기명의로 행위하는 자이다(통설). 이에 대해서는 상법 5조가 명시하고 있지 않지만 해석상 당연히 인정된다. 상인은 상행위에 따라 발생하는 권리·의무의 귀속주체이므로 자기명의가 요구되는 것이다.

한편, 의제상인지 여부가 논란되는 경우도 있다. 가령 법률서비스를 제공하는 변호사 또는 의료서비스를 제공하는 의사와 같은 전문직업인이 의제상인에 해당하는지가 문제된다. 변호사의 경우 영리추구가 제한되고 그 직무에 관해 고도의 공공성·윤리성이 중시되므로 의제상인이 아니라고 보는 것이 판례의 입장이다.

### 3. 소상인 [2-12]

소상인은 자본금액이 1천만 원에 미치지 못하는 상인으로서 회사가 아닌 자이다(상령2). 소상인은 영세성을 고려하여 지배인, 상호, 상업장부, 상업등기에 관한 규정을 적용하지 않는다(상9). 가령 소상인은 영업에 관한 재판상 또는 재판외의 모든 대리권을 가진 지배인(상11)[2-15] 제도가 별로 필요하지 않으므로 지배인에 관한 규정을 적용하지 않는다.

## Ⅲ. 상인자격의 취득과 상실 [2-13]

### 1. 법인

회사는 설립등기에 의해 법인격을 취득하므로(상172) 설립등기를 함으로써 상인자격을 취득한다. 회사는 해산 후 권리의무에 대한 청산절차를 거쳐서 소멸하는데(상531 등) 이때 상인자격을 상실한다.

공법인(국가·지방자치단체·공사 등)도 그 설립목적에 부수하여 영업에 종사하는 것이 가능한 경우 그 범위 내에서 영업을 개시할 때 상인자격을 취득하고 영업을 종료할 때 상인자격을 상실한다(통설).

### 2. 자연인

자연인은 영업을 개시함으로써 상인의 자격을 취득한다(통설). 개업준비행위(영업을 개시하기 위해서 하는 준비행위)도 영업의 개시에 포함된다. 통설은 개업준비행위로 인정되기 위해서는 영업의사가 주관적으로 존재하고 또한 상대방에 의해서 객관적으로 인식될 수 있어야 한다는 입장이다(영업의사의 대외적 인식가능성설). 이에 따르면 영업을 위한 점포구입, 영업양수[2-43], 상업사용인[2-12]의 고용 등이 개업준비행위에 해당한다. 판례는 통설과 같이 영업의사의 대외적 인식이 객관적으로 가능한 경우는 물론이고, 나아가 객관적으로 인식이 가능하지는 않더라도 상대방이 주관적으로 인식하고 있는 경우도 개업준비행위로 인정한다(판례는 영업자금의 차입은 그 성질상 영업을 위한 것임이 객관적으로 인식되기 어려우므로 이 경우는 상대방의 주관적 인식 여부에 따라서 개업준비행위에 해당하는지를 판단한다는 입장이다).

자연인은 영업을 종료함으로써 상인의 자격을 상실한다.

## Ⅳ. 제한능력자 관련 [2-13A]

상법은 제한능력자[1-22~24]의 영업과 관련하여 민법에 대한 특칙을 두고 있다.

### 1. 제한능력자

미성년자가 법률행위를 하기 위해서는 법정대리인의 동의를 얻어야 한다(민5

①본). 하지만 법정대리인으로부터 허락을 얻은 특정한 영업에 관한 행위는 법정대리인의 동의 없이 할 수 있는데(민8)[1-22], 이 경우 공시를 위해서 등기해야 한다(상6). 미성년자가 법정대리인의 허락을 얻어 회사의 무한책임사원이 된 경우 그 사원자격으로 인한 행위에 대해서는 행위능력자로 본다(상7).

### 2. 법정대리인

법정대리인이 미성년자, 피한정후견인 또는 피성년후견인을 위해 영업을 하는 때에는 등기해야 한다(상8①). 이 경우 법정대리인은 대리인으로서 영업을 하는 것이며, 이 경우 공시를 위해서 등기가 요구되는 것이다. 법정대리인의 대리권에 대한 제한은 선의의 제3자에게 대항하지 못한다(상8②).

## 제2관 상업사용인

### Ⅰ. 의의 [2-14]

상업사용인은 특정한 상인에 종속되어 대외적 업무를 대리하는 자이다. 상업사용인에는 지배인, 부분적 포괄대리권을 가진 사용인, 물건판매점포의 사용인 등 세 가지가 있다. 대량적·반복적으로 행해지는 상거래에서 상인 측 대리인의 대리권이 사안별로 개별적·구체적으로 정해지면 대리권의 존부 및 범위의 불확실성으로 인해 상거래의 신속과 안전이 확보되기 어렵다. 이를 해결하기 위해서 법정된 포괄적·정형적인 대리권이 수여되는 상업사용인 제도가 마련된 것이다.

상업사용인은 종속성(상인에 종속되어 있을 뿐이지 독립된 상인이 아니다), 대리권(법정된 포괄적·정형적인 대리권이 수여된다), 대외적 업무(대리행위와 친한 법률행위의 업무) 등을 요소로 한다. 상업사용인은 근로계약에 따른 근로자이어야만 하는 것은 아니고 위임계약에 따른 수임인도 가능하다. 한편, 소상인[2-12]에게는 지배인에 관한 규정을 적용하지 않는다(상9). 대리권이 지극히 광범위한 지배인을 제외한 나머지 상업사용인은 소상인에게도 적용된다.

## Ⅱ. 지배인

### 1. 의의 [2-15]

지배인은 영업주에 갈음하여 그 영업에 관한 재판상 또는 재판 외의 모든 행위를 할 수 있는 대리권을 가진 상업사용인이다(상11①). 지배인에 해당하는지는 그가 사용하는 명칭에 상관없이 실질적으로 판단한다(통설). 지배인이라는 명칭을 사용하지 않아도 지배인의 대리권이 수여된 경우는 지배인이고(가령 은행지점장), 반대로 지배인이라는 명칭을 사용해도 지배인의 대리권이 수여되지 않은 경우는 지배인이 아니다. 한편, 지배인으로 인정될 만한 명칭을 사용하는 경우 표현지배인[2-20]이 될 수 있는데, 이는 지배인인지를 정하는 기준이 아니라 외관책임의 문제이다.

상인은 지배인을 선임할 수 있다(상10①). 상인의 수권을 받은 대리인도 지배인을 선임할 수 있다(통설). 지배인이 상인의 수권 없이 다른 지배인을 선임하지는 못한다(통설). 지배인의 수에는 제한이 없다. 지배인 선임행위의 법적 성질은 대리권의 수여행위이다(통설). 지배인은 선임계약의 종료 또는 대리권의 소멸에 의해 종임된다. 상인의 사망으로는 대리권이 소멸되지 않는다(상50)[3-8]. 회사에서 지배인의 선임·해임은 일정한 절차가 요구된다[가령 주식회사의 경우 이사회결의를 거쳐서 대표이사가 행한다(상393①)]. 한편, 상인은 지배인의 선임·종임을 등기해야 한다(상13). 이는 거래의 신속과 안전을 위한 공시이다. 등기의 효력은 일반원칙(상37)[2-44]에 따른다.

### 2. 지배인의 권한

#### (1) 지배권의 의의 및 내용 [2-16]

① 대리권의 범위(포괄성·정형성): 지배인은 영업에 관한 재판상 또는 재판 외의 모든 행위를 할 수 있는 대리권을 갖는다(상11①). 지배인의 대리권을 지배권이라고 부르며, 이는 포괄적이고(영업에 관한 모든 행위가 대리권의 범위에 속한다) 정형적이라는(대리권의 범위를 개별적으로 수권하는 것이 아니라 법이 일률적으로 정한다) 특성을 갖는다. 재판상 행위는 소제기 등의 소송행위를 가리키며, 지배인이 영업상 분쟁에 신속하게 대응할 수 있도록 대리권의 범위에 포함된다. 그리고 지배인은 지배인

이 아닌 점원 기타 사용인을 선임 또는 해임할 수 있다(상11②). ② 영업관련성: 지배권은 영업에 관한 행위가 그 요소이다. 영업에 관한 행위에는 영업적 상행위[3-4]는 물론이고 보조적 상행위[3-4]도 포함된다(통설). 또한 영업에 관한 행위인지는 거래의 안전을 보호하기 위해서 상인 또는 지배인의 주관적 의사와 무관하게 행위의 성질에 따라 객관적으로 판단한다(가령 어음행위는 상인 또는 지배인이 어떠한 주관적 의사로 행위하든 객관적으로 영업에 관한 행위이고 따라서 지배권의 범위에 속한다)(판례·통설). ③ 한계: 상인의 일신전속적 행위(가령 서명)는 지배권이 미치지 않는다(통설). 또한 지배인은 영업의 존속을 전제로 영업에 관한 지배권을 가지므로 영업의 폐지·양도 등에는 지배권이 미치지 않는다(통설). ④ 수여단위: 상인은 지배인을 선임하여 본점 또는 지점에서 영업하게 할 수 있으므로(상10)(동일인을 여러 영업소의 지배인으로 선임하는 것은 무방하다), 지배권의 수여단위는 본점 또는 각 지점이다(통설). 즉, 지배인은 선임된 영업소에서 지배권을 행사할 수 있을 뿐이고 다른 영업소에서도 지배권을 행사할 수 있는 것은 아니다.

### (2) 지배권의 제한 [2-17]

지배권의 범위는 거래의 신속과 안전을 위해서 법률이 정형적으로 정하고 있음은 전술하였다. 하지만 경우에 따라서는 상인이 지배권의 범위를 제한할 현실적 필요도 있다. 그러나 상인이 이러한 지배권의 범위를 제한하는 경우 이를 가지고 선의의 제3자에게 대항하지 못한다(상11③). 지배권의 제한은 상인과 지배인 간에는 유효하지만, 거래의 안전을 보호하기 위해서 선의의 제3자에게는 그 효력을 제한하는 것이다. 판례는 제3자가 중과실이 없이 선의이어야 하고(중과실이 있는 제3자까지 보호할 필요는 없으므로 선의를 '중과실 없는 선의'로 축소해석하는 것이다), 악의·중과실에 대한 입증책임은 지배권을 제한한 상인이 부담한다고 본다. 또한 판례는 제3자는 지배인과 거래한 직접의 상대방은 물론이고 상대방으로부터 권리를 전득한 자도 포함된다고 본다.

### (3) 지배권의 남용 [2-18]

지배권은 영업에 관한 행위에 대해 수여되고 영업관련성은 객관적으로 판단함을 위 (1)에서 기술하였다. 따라서 영업에 관한 행위라면 지배인이 지배권을 남용해서 자기 또는 제3자를 위해서 행위해도 본인인 상인에게 귀속되는 것이 원칙이다. 다만, 지배인이 자기 또는 제3자(여기서 제3자는 거래상대방을 제외한다)를 위해서 행위하였음을 거래상대방이 알았거나 알 수 있었다면 본인인 상인은 거래상대방에게 대항할 수 있다는 법리가 확립되어 있다(이 경우 거래상대방을 보호할 필요가 없기 때문이다). 이를 지배권 남용의 법리라고 하며, 이는 지배인이 지배권의 범위 내에서 행위했지만 주관적 의도가 문제되는 경우에 적용된다(지배권 범위의 객관성을 주관적 측면에서 보완한 것이다). 판례는 이 법리의 이론적 근거를 민법 107조 1항 단서(의사표시는 상대방이 표의자의 진의가 아님을 알았거나 이를 알 수 있었을 경우 무효로 한다)에서 찾는 입장이다(민법 107조 1항 단서는 '심리유보'에 관한 규정이어서[1-33], 이러한 입장을 '심리유보설'이라고 부른다).

### 3. 공동지배인 [2-19]

지배인이 수인이더라도 각자 대리권을 행사하는 것이 원칙이다(각자대리의 원칙). 하지만 상인은 수인의 지배인에게 공동으로 대리권을 행사하게 하는 것도 가능하다(상12①). 이 경우를 공동지배인이라고 한다. 포괄적인 지배권이 지배인에 의해 전횡되는 것을 방지하고자 할 때 공동지배인 제도를 활용할 수 있다. 공동지배인의 대리는 동시이든 순차적이든 무방하다. 공동지배인이 단독으로 대리하면 무권대리(민130)가 된다. 공시를 위해서 공동지배인에 관한 사항은 등기해야 한다(상13).

공동지배인 제도는 능동대리(의사표시를 하는 대리)에 적용되고 수동대리(의사표시의 수령을 대리)에는 그 적용이 없다. 즉, 공동지배인이 선임되어 있더라도 지배인 1인에 대한 의사표시는 영업주에게 그 효력이 있다(상12②). 수동대리는 지배인 1인이 대리하더라도 대리권남용의 우려가 없고 또한 거래상대방의 편의도 고려해야(공동지배인 전원에게 의사표시를 해야 하는 거래상대방은 불편하다) 하기 때문이다.

공동지배인 간에 지배권을 포괄적으로 위임하는 것은 공동지배인 제도의 취지에 반하므로 허용되지 않는다(통설). 한편, 사안별로 개별적으로 위임하는 것에 대해서는 이를 긍정하는 입장(거래의 신속을 이유로 한다)과 부정하는 입장(공동지배인 제도의 취지를 철저히 살리자고 한다)이 대립한다.

### 4. 표현지배인 [2-20]

#### (1) 의의

지배인으로 인정될 만한 명칭(본점 또는 지점의 본부장, 지점장 등)을 사용하는 자는 선의의 제3자에게 지배인과 동일한 권한이 있는 것으로 간주된다(상14①본). 지배인으로 선임된 것은 아니지만 지배인 명칭의 사용으로 인해 지배인의 외관이 만들어진 경우 거래안전의 보호를 위해 지배인으로 의제하자는 것이다. 표현지배인은 외관책임의 법리가 적용된 것으로서 민법상 표현대리[1-43]의 특칙이다(민법상 표현대리에 비해 요건이 완화된다. 가령 민법상 표현대리는 제3자에게 과실 없는 선의가 요구되지만 표현지배인에서는 제3자에게 중과실 없는 선의가 요구된다. 이는 상거래에서의 거래안전을 보다 더 보호하기 위해서이다).

#### (2) 요건

① 외관의 존재(표현적 명칭의 사용): 지배인, 본부장, 지점장 등과 같이 지배인으로 인정될 만한 표현지배인의 명칭이 사용되어야 한다. 하지만 상위직(지배인)의 존재를 인식할 수 있는 명칭(가령 지점차장 등)은 표현지배인의 명칭이 아니다(판례). ② 귀책사유: 표현적 명칭의 사용에 본인인 상인의 귀책사유가 있어야 한다. 즉, 상인은 표현적 명칭의 사용을 명시적 또는 묵시적으로 허락했어야 한다(판례·통설). ③ 표현지배권의 범위: 표현지배인도 지배인의 권한과 동일한 권한을 갖는다고 의제되므로 표현지배권도 지배권 범위로 제한된다. 다만, 지배인과 달리 표현지배인에게는 재판상 행위에 관한 권한은 없는 것으로 본다(상14①단). 왜냐하면 재판상 행위는 거래안전보다는 실체적 진실이 중시되기 때문이다(통설). ④ 영업소로서의 실질: 표현지배인은 영업소로서의 실질[2-29, 30]을 갖춘 영업소에서 지배인의 명칭을 사용하는 자이다(판례·다수설). 이러한 요건이 충족되지 않는 경우는 민법상 표현대리가 적용될 뿐이다. 판례는 보험회사의 영업소가 본점·지점으로서의 실질을 갖추지 못하고 본점·지점의 지휘감독하에 제한된 업무만을 보조적으로 처리하는 곳이므로 그 영업소장은 표현지배인이 아니라고 본다. ⑤ 선의의 제3자: 외관책임은 거래상대방의 외관에 대한 신뢰를 보호하기 위한 법리이다. 따라서 거래상대방은 선의이어야 하고(상14②), 여기서 선의는 중

과실이 없는 선의를 의미한다(통설).

(3) 효과

표현지배인의 요건이 충족되면 재판상 행위를 제외하고 지배인과 동일한 권한이 있는 것으로 간주되므로(상14①) 그의 행위는 유효한 대리행위가 된다. 이와 달리 요건이 충족되지 않으면 그의 행위는 무권대리(민130)가 된다.

## Ⅲ. 부분적 포괄대리권을 가진 사용인

### 1. 의의 [2-21]

영업의 특정한 종류 또는 특정한 사항에 대한 위임을 받은 상업사용인은 이에 관한 재판 외의 모든 행위를 할 수 있다(상15①). 이를 '부분포괄사용인'이라고 부르기로 한다. 가령 판매부장·구매부장(차장·과장 등을 포함한다)은 특정한 부분(판매·구매)에 포괄적 대리권을 가진 부분포괄사용인이다(지점의 경우는 가령 지점차장, 지점과장 등이 이에 해당한다). 부분포괄사용인에 해당하는지는 그가 사용하는 명칭에 상관없이 실질적으로 판단한다.

상인 또는 지배인이 부분포괄사용인을 선임할 수 있다(상11②). 부분포괄사용인의 선임·종임에 관한 나머지 사항은 지배인의 선임·종임[2-15]과 대체로 같다. 한편, 부분포괄사용인의 선임·종임은 등기사항이 아니다(부분포괄사용인의 권한은 지배인만큼 넓지 않다는 점 등을 고려한 것이다).

### 2. 부분포괄사용인의 권한 [2-22]

(1) 대리권의 의의 및 내용

① 대리권의 범위(포괄성·정형성): 부분포괄사용인은 영업의 특정한 종류·사항에 대한 재판 외의 모든 행위를 할 수 있는 대리권을 갖는다(상15①). 이는 포괄적이고(영업의 특정한 종류·사항에 관한 모든 행위가 대상이다. 지배권에 비해서 특정한 종류·사항으로 제한되지만 이 범위 내에서는 모든 행위가 대상이라는 점에서 역시 포괄적이다) 정형적이라는(개별적으로 수권하는 것이 아니라 법이 일률적으로 정한다) 특성을 갖는다. 가령 구매부장은 구매에 관한 재판 외의 모든 행위를 대리할 수 있다. 소제기 등과 같은 재판

상 행위에 대한 대리권은 그 중대성을 고려하여 지배인에게만 수여된다(상11). ② 영업관련성: 부분포괄사용인의 대리권에 대한 영업관련성은 지배권의 영업관련성[2-16]과 기본적으로 내용이 같다. 다만, 부분포괄사용인은 특정한 종류·사항에 대해서만 영업관련성이 요구된다는 점에서 지배권과 차이가 있다. 특정한 종류·사항이 무엇인지는 사회통념 및 거래관행에 의해 정해진다(판례·통설). 가령 건물의 분양계약을 수권받은 관리부장은 분양계약 자체는 물론이고 분양계약의 취소·해제를 할 권한도 갖는다(판례). 하지만 부분포괄사용인은 특별한 사정이 없는 한 채무부담행위(어음발행, 채무보증 등)를 할 권한은 없다(판례). ③ 한계 및 수여단위: 부분포괄사용인의 대리권의 한계 및 수여단위는 지배권의 한계 및 수여단위[2-16]와 그 내용이 같다.

#### (2) 대리권의 제한

지배인의 대리권 제한(상11③)[2-17]은 부분포괄사용인의 대리권에 준용된다(상15②).

### 3. 대리권의 남용 [2-23]

부분포괄사용인의 대리권의 남용은 지배권의 남용[2-18]과 기본적으로 내용이 같다.

### 4. 표현지배인의 유추적용 문제 [2-24]

부분포괄사용인이 아닌 사용인이 그러한 사용인으로 인정될 만한 명칭(지점차장, 판매부장 등)을 사용하는 경우 표현지배인의 법리(상14)를 유추적용할 것인지가 문제된다. 이를 긍정하는 입장(거래안전을 위해 선의의 제3자를 보호한다)과 부정하는 입장(유추적용을 인정하면 본인인 상인의 책임이 과중하다)이 대립한다. 판례는 부정하는 입장이며, 이 경우 민법상 표현대리[1-43]에 따라 처리한다(민법상 표현대리가 표현지배인에 비해 요건이 엄격함은 전술하였다)[2-20].

## Ⅳ. 물건판매점포의 사용인 [2-25]

### 1. 의의

물건을 판매하는 점포의 사용인은 상업사용인이다(상16①). 이를 '판매점포사용인'이라고 부르기로 한다. 판매점포사용인에 해당하는지는 그가 사용하는 명칭에 상관없이 실질적으로 판단한다.

판매점포사용인의 법적 성질은 지배인 또는 부분포괄사용인과 다르다. 즉, 판매점포사용인은 판매에 관한 대리권을 수여받았는지를 묻지 않고 법률에 의해서 상업사용인으로 의제되고 이에 따라 상인은 외관책임을 지는 것이다. 이는 물건을 판매하는 점포 내에 있는 사용인은 외관상 판매에 관한 대리권을 가진 것으로 거래상대방이 오인할 수 있다는 점을 반영한 것이다. 판매점포사용인은 법정된 외관책임을 진다는 점을 고려하면, 대리권의 수여행위에 의한 판매점포사용인의 선임행위는 요구되지 않는다.

### 2. 요건

① 외관의 존재: 물건을 판매하는 점포 내에 사용인이 있어야 한다(이 경우 물건을 판매할 권한이 있다는 외관이 존재한다). 상인과 사용인 간에는 고용계약이 존재하는 것이 보통이나, 반드시 그런 것은 아니다(가령 상인과 가족 간에는 고용계약이 없더라도 가족이 판매점포사용인이 될 수 있다)(통설). ② 귀책사유: 점포 내의 사용인 존재에 대해 상인이 명시적 또는 묵시적으로 허락했어야 한다(상인의 의사와 무관하게 무단으로 점포에서 일하는 경우에는 상인에게 외관책임을 지우지 않는다)(통설). ③ 대리권의 범위: 판매점포사용인의 대리권은 점포 내의 판매에 관한 행위에 미친다(따라서 사용인이 점포 밖에서 하는 행위는 대리권의 범위에서 벗어난다)(통설). 판매행위 자체에 한정하지 않고 판매에 수반되는 행위(판매대금의 수령, 판매 시의 할인 등)도 할 수 있다(통설). ④ 제3자의 선의: 거래상대방이 악의인 경우에는 적용하지 않는다(상16②). 통설은 거래상대방이 중과실이 없이 선의이어야 한다고 본다.

### 3. 효과

판매점포사용인의 요건이 충족되면 그는 판매에 관한 모든 권한이 있는 것으로 의제된다(상16①). 따라서 그의 행위는 유효한 대리행위가 된다. 이와 달리 요건이 충족되지 않으면 그의 행위는 무권대리(민130)가 된다.

## Ⅴ. 상업사용인의 의무

### 1. 의의 [2-26]

상업사용인은 상인(영업주)을 대리하여 대외적인 영업활동을 하므로 그의 영업비밀, 고객관계 등을 잘 알 수 있다. 상업사용인이 경업(영업주와 동일한 영업을 하는 행위)을 하면 이익상충(자신의 이익과 상인의 이익이 충돌)으로 인해 상인의 이익이 침해될 수 있으므로 이를 방지하기 위해서 부작위의무로서 경업금지의무를 둔다. 또한 상업사용인이 겸직을 하면 자신의 직무에 전념할 수 없으므로 이를 방지하기 위해서 부작위의무로서 겸직금지의무를 둔다.

### 2. 경업금지의무 [2-27]

#### (1) 의의

상업사용인은 상인의 허락없이 자기 또는 제3자의 계산으로 상인의 영업부류에 속한 거래를 할 수 없다(상17①). 해당 거래의 계산(경제적 손익)의 귀속주체가 상인이 아니라 자기 또는 제3자이어야 한다. 해당 거래의 명의(법적 효과의 귀속주체)가 누구인지는 묻지 않는다. 상인의 영업부류에는 영업적 상행위[3-4]만 포함되고 보조적 상행위[3-4]는 제외된다(보조적 상행위에 대해서까지 이익상충을 인정하기는 어렵다)(통설). 한편, 상인의 허락을 받으면 경업을 할 수 있다. 묵시적 허락도 가능하고, 사후적 추인에 의한 허락도 가능하다(통설).

#### (2) 위반 시 효과

**1) 의의** 상업사용인이 경업금지를 위반하여 거래한다고 해서 그 거래행위가 무효가 되는 것은 아니다(통설). 이는 거래안전을 보호하기 위해서이다. 대신에 상인은 개입권을 행사할 수 있다. 이외에 상인은 상업사용인에 대한 계약의 해지 또는 손해배상청구를 할 수 있다(상17③).

**2) 개입권** 해지 또는 손해배상청구만으로는 경업을 효과적으로 예방

하기에 한계(경업금지위반에 따른 손해배상청구는 손해의 입증이 어렵고 경우에 따라 상업사용인이 손해를 배상하고도 이득을 얻는 경우가 있다)가 있으므로 개입권의 행사를 통해서 경업금지의 실효성을 높일 필요가 있다. 즉, 상업사용인이 경업금지를 위반하여 거래하면 자기의 계산으로 거래한 경우 상인은 이를 상인의 계산으로 한 것으로 볼 수 있고 제3자의 계산으로 거래한 경우 상인은 상업사용인에게 이로 인한 이득의 양도를 청구할 수 있다(상17②). 개입권은 상인이 거래의 경제적 효과를 자신에게 귀속시킬 수 있는 권리이다(권리일 뿐이므로 행사 여부는 상인이 선택할 수 있다). 개입권은 형성권으로서 상인의 일방적 의사표시로써 행사할 수 있다(통설). 개입권을 행사하면 상인은 거래의 경제적 효과를 자신에게 귀속시킬 수 있다(즉, 상인은 상업사용인이 거래로 얻은 물건, 이익 등을 자신에게 이전할 것을 청구할 수 있다). 개입권을 행사해서 상인이 거래의 명의를 자신에게 귀속시킬 수는 없다(즉, 상인이 거래의 당사자로 되지는 않는다). 한편, 상인이 그 거래를 안 날로부터 2주간을 경과하거나 그 거래가 있은 날로부터 1년을 경과하면 개입권이 소멸한다(상17④).

### 3. 겸직금지의무 [2-28]

#### (1) 의의

상업사용인은 상인의 허락없이 회사의 무한책임사원, 이사 또는 다른 상인의 사용인이 되지 못한다(상17①). 경업금지와 달리 겸직금지는 영업부류의 요건이 요구되지 않는다(즉, 상인의 영업부류와 다르더라도 겸직이 금지된다). 이러한 이유에서 겸직금지는 이익상충이 아니라 상업사용인의 전념의무에 기초한 것이라고 해석한다(다수설).

#### (2) 위반 시 효과

상업사용인이 겸직금지를 위반하여 이사 등의 업무에 종사한다고 해서 그 행위가 무효가 되는 것은 아니다(통설). 또한 상인에게 개입권이 인정되지 않는다. 대신에 상인은 상업사용인에 대한 계약의 해지 또는 손해배상의 청구를 할 수 있다(상17③).

# 제 3 절 기업의 물적 요소

## 제 1 관 영 업 소

### Ⅰ. 의의 [2-29]

영업소는 영업활동을 위한 조직으로서 이에 필요한 인적·물적 시설을 갖춘 장소를 가리킨다. 즉, 영업소는 상인의 상행위(영업적 상행위 및 보조적 상행위[3-4])가 이루어지는 장소이다. 영업소인지는 상인의 주관적 의사와 무관하게 영업소의 실질이 존재하는지를 기준으로 객관적으로 판단한다(통설).

영업소의 수에는 제한이 없다. 본점은 영업활동을 총괄하는 영업소이고, 지점은 본점의 지시하에 영업활동을 하는 영업소이다(지점도 독립된 단위영업을 수행하는 영업소이다). 회사의 본점은 정관의 기재사항이고, 본점을 변경하려면 정관변경절차를 거쳐야 한다(상289①(6) 등). 회사의 본점과 지점은 그 소재지를 등기해야 한다(상317② 등).

### Ⅱ. 효과 [2-30]

#### 1. 의의

상사관계에서 상인의 영업소는 민사관계에서 자연인의 주소와 같은 효과를 갖는다. 회사의 주소는 본점소재지에 있는 것으로 한다(상171).

### 2. 일반적 효과

① 채무변제의 장소: 지참채무[1-104]는 채권자의 영업소, 추심채무[1-104]는 채무자의 영업소가 채무변제의 장소가 된다[3-19]. ② 지배인선임의 단위: 지배인은 영업소(본점 또는 지점) 단위로 선임한다(상10)[2-15]. ③ 등기관할의 장소: 상법상 등기할 사항은 영업소의 소재지를 관할하는 법원의 상업등기부에 등기한다(상34)[2-42]. ④ 재판관할의 장소: 회사법상 각종의 소(訴)는 회사 본점소재지의 지방법원의 관할에 전속한다(상186 등).

### 3. 지점의 특칙

① 채권자의 지점에서의 거래로 인한 특정물인도(특정한 물건의 인도) 이외의 채무는 그 지점을 이행장소로 본다(상56)[3-19]. ② 영업양도는 특정 지점의 영업만을 분리해서 양도하는 것이 가능하다(통설)[2-47].

## 제2관 상 호

### Ⅰ. 의의 [2-31]

상호는 상인이 영업활동을 위해 스스로를 표시하기 위한 명칭이다(상18). 상호는 명칭이므로 문자로 표시되고 발음되어야 하는데(통설), 특히 상호를 등기하는 경우 실무상 한글로 표시할 것이 요구되고 있다. 상호는 기업의 동일성을 식별하는 징표이면서, 한편으로는 기업의 신용과 명성이 화체된 재산적 가치를 갖기도 한다. 상호와 상표는 구분되는데, 전자는 기업 자체를 표시한 명칭이고 후자는 제품을 표시한 명칭이다. 한편, 소상인[2-12]에는 상호에 관한 규정을 적용하지 않는다(상9).

## Ⅱ. 상호의 선정(상호선정의 자유) [2-32]

상인은 그 성명 기타의 명칭으로서 상호를 선정할 수 있다(상18). 이는 상호자유주의(어떠한 명칭이든 자유롭게 선정할 수 있다는 입장)에 따른 것이다. 국가에 따라서는 상호진실주의(상호에 표시된 업종명·지명·인명 등이 실제로 일치해야 한다는 입장) 또는 절충주의(상호자유주의와 상호진실주의를 절충하는 입장)를 취하기도 한다.

상법은 상호자유주의를 채택하면서 한편으로는 거래안전 또는 거래질서의 보호를 위해서 다음과 같은 제한을 두고 있다. ① 회사 관련: 회사의 상호는 그 종류에 따라 합명회사, 합자회사, 유한책임회사, 주식회사 또는 유한회사의 문자를 사용해야 한다(상19)(이는 회사의 종류별로 사원의 책임이 다르기 때문이다[6-13~18]). 회사가 아니면 상호에 회사임을 표시하는 문자를 사용하지 못하며, 회사의 영업을 양수한 경우에도 같다(상20)(이는 회사가 비회사에 비해 영업의 규모와 신용이 높다고 일반적으로 인식하기 때문이다). ② 상호의 단일성: 동일한 영업에는 단일상호를 사용해야 한다(상21①). 지점의 상호에는 본점과의 종속관계를 표시해야 하는데(상21②), 이는 결국 본점과 지점이 단일한 상호를 사용해야 함을 의미한다. 상호단일성은 동일한 영업에 상호가 수개이면 무질서한 상호사용으로 거래상대방에게 혼동을 준다는 점을 고려한 것이다.

## Ⅲ. 상호의 등기

### 1. 등기 [2-33]

상호는 상인 또는 제3자의 이해와 밀접한 관련이 있으므로 공시를 위한 등기제도가 마련되어 있다. 회사의 상호는 필요적 등기사항이다(상317②(1) 등). 자연인(개인상인)의 상호는 등기가 강제되지 않지만, 자연인도 상호를 일단 등기하면(만약 등기하면 등기의 효력이 생긴다) 그 변경과 소멸의 등기는 필요적 등기사항이다(상40).

상호의 등기는 상호권을 창설하는 것이 아니라 상호권의 보호를 강화하는 효과를 발생시킨다(상호사용권이나 상호전용권은 상호의 사용을 통해서 그 권리가 생기는 것이지 등기가 이러한 상호권을 창설하는 것은 아니다). 즉, 상호를 등기하면 등기배척권이 생기고(상22), 상호전용권과 관련하여 타인의 부정한 목적이 추정될 뿐만 아니라 손해를 받을 염려를 입증할 필요가 없는데(상23②④) 이는 상호권을 강화해 주는 효과이다. 이에 대해서는 아래 [2-36]에서 살펴본다.

### 2. 가등기 [2-34]

회사의 상호등기는 설립절차 또는 정관변경 등의 절차를 먼저 거쳐야 하므로 시간이 소요되는데, 이때 제3자가 이 상호의 등기를 선점하는 경우가 있을 수 있다. 이에 대비해서 본등기 요건이 구비되기 전에 상호보전을 위한 가등기를 할 수 있다. 상호를 가등기하면 타인이 동일한 특별시·광역시·시·군에서 동종영업의 상호로 등기하지 못한다(상22의2④).

상호의 가등기는 다음의 경우에 할 수 있다. ① 회사설립: 주식회사·유한회사·유한책임회사의 설립 시에 본점의 소재지를 관할하는 등기소에 상호의 가등기를 신청할 수 있다(상22의2①). 나머지 회사 및 개인상인의 경우는 설립절차가 간이·신속하기 때문에 설립 시의 가등기가 가능하지 않다. ② 상호변경: 회사는 상호나 목적 또는 상호와 목적을 변경하는 경우 본점의 소재지를 관할하는 등기소에 상호의 가등기를 신청할 수 있다(상22의2②). ③ 회사의 본점이전: 회사는 본점을 이전하는 경우 이전할 곳을 관할하는 등기소에 상호의 가등기를 신청할 수 있다(상22의2③).

## Ⅳ. 상호권

### 1. 의의 [2-35]

상호권은 상인이 자신의 상호에 대해 갖는 권리이다. 전술한 바와 같이 상호권은 등기 여부와 무관하게 상호를 사용하는 상인이 갖는 권리이며, 다만 등기를 하면 상호권의 보호가 강화된다. 상호권에는 상호사용권(타인으로부터 방해를 받지 않고 상호를 사용할 수 있는 권리)과 상호전용권(타인이 자신의 상호를 부정한 목적으로 사용할 경우 이를 배척할 수 있는 권리)이 있다. 그리고 상호를 등기한 경우에는 등기배척권도 인정된다.

### 2. 상호전용권 [2-36]

#### (1) 의의

상호권자는 다른 사용자인 타인에게 상호사용의 폐지를 청구할 수 있다. 즉, 누구든지 부정한 목적으로 타인의 영업으로 오인할 수 있는 상호를 사용하지 못하며(상23①), 이에 위반하여 상호를 사용하는 자가 있는 경우 이로 인해 손해를 받을 염려가 있는 자 또는 상호를 등기한 자는 그 폐지를 청구할 수 있다(상23②). 이러한 상호전용권은 손해배상청구권과 달리 사전적 구제수단으로서의 성질을 띤다.

#### (2) 요건

① 부정한 목적: 타인의 영업으로 오인하게 하여 부당한 이익을 얻으려는 등의 부정한 목적이 타인에게 있어야 한다(판례·통설). 부정한 목적의 존부는 상인의 명성·신용, 영업의 종류·규모 등의 제반 사정을 고려하여 판단한다(판례·통설). 그 입증책임은 상호의 등기 여부에 따라 차이가 있다. 미등기상호권자는 부정한 목적의 존재를 입증해야 한다. 이와 달리 등기상호권자의 경우는 입증책임이 전환된다(타인이 부정한 목적의 부존재를 입증해야 한다). 즉, 동일한 특별시·광역시·시·군에서 동종영업으로 타인이 등기한 상호를 사용하는 자는 부정한 목적으로 사용하는 것으로 추정한다(상23④)(동일지역 및 동종영업인 경우에만 부정한 목적이 추정된다). ② 오인가능성: 상호가 유사해서 일반인의 입장에서 타인의 영업으로 오인할 가능성이 있어야 한다(판례·통설). 상호의 유사성은 상인의 명성·신용, 영업의 종류·규모·지역 등의 제반 사정을 고려하여 판단한다(판례·통설). 가령 서울의 '보령제약 주식회사'와 수원의 '보령약국'은 오인가능성이 없다(이 경우 상호는 유사하나 지역의 차이 등의 사정을 고려한 것이다)(판례). ③ 손해의 염려: 손해를 받을 염려가 있어야 한다. 실제로 손해가 생겨야 하는 것은 아니고 향후에 손해가 발생할 가능성이 있으면 충분하다(통설). 이 점이 상호전용권이 사전적 구제수단인 이유이다. 그 입증책임은 상호의 등기 여부에 따라 차이가 있다. 미등기상호권자는 손해의 염려를 입증해야 하고, 등기상호권자는 이러한 입증을 하지 않아도 된다(이는 상법 23조 2항이 '이로 인해 손해를 받을 염려가 있는 자' 또는 '상호를 등기한 자'는 상호사용

의 폐지를 청구할 수 있다고 규정하여 후자는 손해의 염려에 대한 입증이 필요하지 않다고 해석된다)(통설).

### (3) 효과

상호권자는 다른 사용자인 타인에게 상호사용의 폐지를 청구할 수 있고(상호폐지청구권), 이외에 그에게 손해배상청구권도 행사할 수 있다(상23②③). 상호사용의 폐지에는 상호등기의 말소도 포함된다(통설).

## 3. 등기배척권 [2-37]

이미 등기된 상호가 중복해서 등기되는 것을 배척할 수 있는데, 이것이 등기배척권이다. 즉, 타인이 등기한 상호는 동일한 특별시·광역시·시·군에서 동종영업의 상호로 등기하지 못한다(상22). 등기배척권은 동일상호에 한해서만 적용된다고 해석한다(판례·통설). 등기배척권은 선등기의 사실만으로 후등기를 배척하는 권리이므로 그 적용범위를 제한하는 것이 타당하기 때문이다. 유사상호인 경우는 상호전용권(상23)의 요건이 충족되는 경우 상호등기의 말소를 청구할 수 있음은 전술하였다. 한편, 상법 22조는 등기배척권이 동일지역 및 동종영업의 상호에 한해서 적용된다고 규정한다(상호전용권에는 이러한 요건이 없다). 이는 등기배척권의 적용범위를 제한하려는 입법자의 의사가 반영된 것이다.

상법 22조는 등기배척권의 효과로서 '등기하지 못한다'고 규정하고 있다. 이 의미에 대해 선등기자는 후등기에 대해 말소를 청구할 수 있다는 입장(실체법설)(판례·다수설)과 상법 22조는 등기소의 의무를 정한 것으로서 등기소가 후등기의 신청을 각하해야 한다는 의미에 그치고 후등기에 대한 말소청구는 상호전용권(상23)의 문제라는 입장(등기법설)이 대립한다. 한편, 등기배척권은 후등기를 말소(등기법설에 따르면 각하)하는 효과가 생길 뿐이지 해당 상호의 사용을 배척하는 효과까지 생기는 것은 아니다(상호등기가 없이도 상호를 사용할 수 있다). 상호사용 자체를 배척하기 위해서는 위 [2-36]에서 살펴본 상호전용권의 요건을 충족해서 상호전용권을 행사해야 한다.

### 4. 양도·변경·폐지 [2-38]

#### (1) 양도

상호의 양도는 제한적으로 허용된다. 즉, 상호는 영업을 폐지하거나 영업과 함께 하는 경우에 한해 양도할 수 있다(상25①). 상호를 영업과 분리하여 양도하면 동일상호에 동일영업의 존재를 기대한 일반인의 신뢰에 반할 수 있다는 점을 고려한 것이다. 상호를 영업과 함께 양도하면 이러한 문제가 없기 때문에 허용된다. 그리고 영업을 폐지한 경우는 위와 같은 문제가 생기지 않기 때문에(영업을 폐지한 경우는 동일상호에 동일영업이 존재하지 않기 때문이다) 상호의 양도가 허용된다. 영업의 폐지는 그에 필요한 행정절차까지 거친 폐업으로 제한하지 않고 사실상 폐업한 경우를 의미한다(판례·통설).

상호양도가 허용되는 경우 상호양도는 당사자 간의 합의만으로 그 효력이 발생한다. 다만, 상호의 양도는 등기하지 않으면 제3자에게 대항하지 못한다(상25②). 여기서 제3자의 선의·악의는 묻지 않는다(통설). 이 점에서 외관법리에 따라 선의의 제3자를 보호하는 일반적인 상업등기(상37)와는 다르다[2-50]. 상호양도의 등기는 상호양도의 공시를 강제하기 위한 것이지 외관책임을 인정하기 위한 것이 아니기 때문에 제3자의 신뢰 여부를 묻지 않는 것이다.

#### (2) 변경·폐지

상호를 등기한 자가 정당한 사유 없이 2년간 상호를 사용하지 않으면 폐지한 것으로 본다(상26). 상호를 등기한 자는 등기한 사항에 변경이 있거나 폐지한 경우 지체 없이 등기해야 한다(상40). 이 경우 상호를 등기한 자가 2주간 내에 변경 또는 폐지의 등기를 하지 않으면 이해관계인은 그 등기의 말소를 청구할 수 있다(상27).

## V. 명의대여자의 책임

### 1. 의의 [2-39]

명의대여자(타인에게 자기의 성명 또는 상호를 사용하여 영업을 할 것을 허락한 자)는 자기를 영업주로 오인하여 거래한 제3자에게 명의차용자(그 타인)와 연대하여 변제할 책임이 있다(상24). 법적 성질을 보면, 명의대여자의 책임은 명의대여자가 영업주로 보이는 외관에 대해 지는 외관책임이다(통설). 명의대여자가 책임을 진다고 해서 그가 거래당사자로 되어 거래로 인해 발생하는 법적 효과가 명의대여자에게 귀속되는 것은 아니다. 이 점에서 표현대리인[1-43]·표현지배인[2-20] 등과 다르다(표현대리인·표현지배인은 그 요건이 충족되면 유효한 대리행위로 인정되어 해당 법률행위의 효과가 외관형성에 책임이 있는 본인에게 귀속된다).

## 2. 적용범위 [2-40]

① 당사자: 명의대여자의 책임은 영업주에게 명의를 대여한 자에게 책임을 지우는 것이므로, 명의차용자는 반드시 상인이어야 하고 명의대여자는 상인이 아니어도 무방하다(판례·통설). 가령 지방자치단체인 ○○시가 영업주에게 명의를 대여한 경우 비록 ○○시는 상인이 아니지만 명의대여자 책임이 적용된다(판례). ② 위법한 명의대여: 명의대여 자체가 위법하여 금지된 경우[가령 건설업면허의 명의대여는 불법이다(건설산업기본법21)]에, 명의대여자와 명의차용자 사이에서는 명의대여가 무효이나, 선의의 제3자를 보호하기 위해서 명의대여자의 책임이 적용된다(판례·통설). ③ 영업관련성: 대여한 명의와 관련된 영업에 대해서만 명의대여자의 책임이 적용된다(판례·통설). 즉, 정미소업에 관해 상호를 대여했더라도 정미소의 부속건물을 임대한 것은 정미소업 자체와 무관하므로 명의대여자의 책임이 부정된다(판례). 어음·수표상의 채무는 영업과 관련해서 발생한 채무가 될 수 있으므로 명의대여자의 책임이 적용된다(판례·통설). ④ 불법행위: 명의차용자가 불법행위를 한 경우에도 명의대여자의 책임이 적용되는가? 피해자의 오인과 피해의 발생 사이에 인과관계가 없으므로 적용될 수 없다는 입장(가령 고객이 영업장소에서 재해로 인한 상해를 입은 경우 그 원인이 피해자가 영업주를 오인했기 때문이라고 보기는 어렵다)(판례)과 사실행위적 불법행위(가령 재해로 인한 상해)와 거래행위적 불법행위(가령 사기적 거래행위)를 구분해서 후자의 경우는 피해자의 오인과 피해의 발생 사이에 인과관계의 존재가 가능하므로(가령 고객이 명의대여자의 신용을 믿고 거래를 했으나 사기를 당한 경우) 적용되어야 한다는 입장이 대립한다.

### 3. 요건 [2-41]

#### (1) 외관의 존재

① 명의의 동일성: 명의차용자가 명의대여자의 명의(성명 또는 상호)를 사용하여 마치 명의대여자가 영업을 수행하는 듯한 외관이 존재해야 한다. 차용한 명의가 반드시 동일해야 하는 것은 아니고 유사한 것으로서 사회통념상 명의대여자의 영업으로 오인하기에 적합하면 충분하다(판례·통설). 타인의 명의에 지점, 지사, 영업소 등의 명칭을 사용한 경우는 명의의 동일성이 인정되지만(이 경우는 명의대여자인 타인이 해당 지점, 지사, 영업소의 영업을 한다고 오인될 수 있다), 대리점의 명칭을 사용한 경우는 그렇지 않다(대리점은 독립적인 상인이라는 외관을 형성하기 때문에 명의대여자인 타인이 해당 대리점의 영업을 한다고 오인되지 않는다)(판례). ② 영업의 동일성: 명의대여자가 상인인 경우 명의대여자의 영업과 명의차용자의 영업이 동일해야 하는지가 문제된다. 이를 긍정하는 입장과 부정하는 입장이 있다. 판례는 명의대여자가 호텔업을 하고 명의차용자가 그 호텔 내에서 나이트클럽을 운영한 사안에서 영업의 동일성을 긍정하여(호텔업과 나이트클럽은 영업적 동일성이 있다) 명의대여자의 책임을 인정한 바 있다(다만, 영업의 동일성이 요구되는지에 대해서는 판례의 입장이 분명하지 않다).

#### (2) 귀책사유

명의대여자가 명의차용자에게 명의사용을 허락해야 하고, 명시적 허락 및 묵시적 허락이 모두 가능하다(판례·통설). 단순한 방치(또는 부작위)가 묵시적 허락이 되는지는 논란이 있다. 판례·통설에 따르면 단순히 자기의 명의를 사용하여 영업한다는 사실을 알고도 방치했다는 점만으로는 명의대여자의 책임이 성립되지 않고, 명의대여자에게 명의사용을 관리해야 할 적극적인 의무가 인정됨에도 불구하고 방치한 경우에만 명의대여자의 책임이 성립된다(판례는 갑의 영업장소를 사용할 것을 허락받은 을이 일방적으로 갑의 명의까지 사용함에도 갑이 이를 방치한 경우는 명의대여자의 책임이 인정된다고 보았다).

#### (3) 제3자의 선의

거래상대방이 명의대여자를 영업주로 오인해야 한다(통설). 거래상대방이 중과실이 없이 선의이어야 하고, 이에 대한 입증책임은 면책을 주장하는 명의대여자에게 있다(판례·통설).

### 4. 효과 [2-42]

명의차용자가 여전히 해당 거래의 당사자이고, 다만 명의대여자는 명의차용자와 함께 연대하여 책임을 진다(상24). 명의차용자가 영업주라는 점을 고려하여 그를 거래의 당사자로 하고(영업주인 명의차용자가 거래당사자로 되는 것이 이행가능성 등의 면에서 바람직하다고 본 것이다), 명의차용자에게는 연대책임을 지운 것이다. 여기서 연대책임은 거래상대방의 보호를 위해 법이 정한 책임이고, 명의대여자와 명의차용자 사이에 영업행위 자체에는 주관적 공동관계가 없기 때문에 부진정연대책임[1-97]이다(판례·통설). 이에 따르면 명의차용자에 대한 이행청구와 같은 소멸시효의 중단사유는 명의대여자에게 영향을 미치지 않는다(판례).

앞서 설명했듯이[2-40] 명의대여자 책임은 원칙적으로 불법행위에 대한 책임이 아니라, 법률행위에 대한 거래책임을 연대하여 지는 것이다. 다만, 명의대여자가 명의대여자 책임과 별도로 민법상 사용자책임을 지는 경우는 있다. 즉, 명의대여자가 불법행위를 한 명의차용자를 객관적·규범적으로 지휘·감독해야 할 지위에 있었다면 사용자책임(민756)을 부담한다(판례). 가령 갑이 을 명의로 어린이집 등록을 하고 영업하던 중 보육교사의 과실로 유아가 사망했다면, 갑뿐만 아니라 명의대여자인 을도 사용자책임을 질 수 있다(판례)(어린이집은 유아의 상해 등이 발생할 위험이 상존하므로 명의대여자는 명의차용자를 객관적·규범적으로 지휘·감독해야 할 지위에 있다고 보는 것이다).

## 제 3 관 상업장부

### Ⅰ. 의의 [2-43]

상업장부는 상인이 영업상의 재산·손익의 상황을 명백히 하기 위해서 작성하는 장부이다. 상업장부는 투자자 또는 거래상대방 등에게 기업의 지급능력·신용 등에 관한 정보를 제공하는 기능을 수행한다. 상업장부에는 회계장부와 대차대조표가 있다. 회계장부는 거래와 기타 영업상의 재산에 영향이 있는 사항을 기재하는 것으로서 대차대조표의 기초가 되는 장부이다(상30①②). 대차대조표(재무상태표라고도 한다)는 일정한 시기에 기업의 자산·부채를 기재하여 그 재무상태를 표시하는 장부이다. 한편, 소상인[2-12]에는 상업장부에 관한 규정을 적용하지 않는다(상9).

## Ⅱ. 상인의 의무

### 1. 작성의무 [2-44]

#### (1) 의의

상인은 회계장부 및 대차대조표를 작성해야 한다(상29①). 상인은 영업을 개시한 때와 매년 1회 이상 일정시기에, 특히 회사는 성립한 때와 매 결산기에 회계장부에 의해 대차대조표를 작성하고 작성자가 이에 기명날인(또는 서명)해야 한다(상30②).

#### (2) 작성원칙

상업장부의 작성은 상법에 규정한 것을 제외하고는 일반적으로 공정·타당한 회계관행에 의한다(상29②). 상법은 상업장부의 작성원칙에 대해 거의 규정하지 않고 대부분을 공정·타당한 회계관행에 맡기고 있다(이는 상업장부의 작성원칙이 복합하고 방대할 뿐만 아니라 상법의 개정속도가 작성원칙의 변화속도를 따라갈 수 없다는 점이 고려된 것이다). 일반적으로 공정·타당한 회계관행은 상인의 종류마다 다른데, 이에 대해 살펴보자. 첫째, 외부감사법의 적용을 받는 회사[6-338]는 한국채택국제회계기준(K-IFRS) 또는 일반회계기준(K-GAAP) 중에서 선택할 수 있다(외감5①③). 전자는 우리나라가 국제회계기준위원회(IASB)의 국제회계기준(IFRS)을 채택하여 정한 회계기준이다. 둘째, 외부감사법의 적용을 받는 회사 중에서 상장법인, 은행, 증권회사, 보험회사 등에 대해서는 한국채택국제회계기준의 적용이 강제된다(외감5①③,외감령6①). 이러한 회사에 대해서는 국제적 회계기준을 따르게 하자는 취지이다. 셋째, 외부감사법이 적용되지 않는 회사에 대해서는 중소기업회계기준이 적용된다(상446의2,상령15(3)).

### 2. 보존의무 [2-45]

상인은 10년간 상업장부와 영업에 관한 중요서류를 보존해야 하고, 다만 전표 또는 이와 유사한 서류는 5년간 보존해야 한다(상33①). 영업에 관한 중요서류는 영수증, 주문서 등이 포함된다. 이 기간은 상업장부의 경우 그 폐쇄한 날로부터 기산한다(상33②). 보전방법을 보면, 상업장부와 영업에 관한 중요서류는 마이크로필름 기타의 전산정보처리조직에 의해 보존할 수 있다(상33③④).

### 3. 제출의무 [2-46]

법원은 신청에 의해 또는 직권으로 소송당사자에게 상업장부 또는 그 일부분의 제출을 명할 수 있다(상32).

## 제 4 관 상업등기

### Ⅰ. 의의 [2-47]

상업등기는 상법에 따라 법원의 상업등기부에 하는 등기를 가리킨다(상34). 상업등기는 기업에 관한 사항을 공시해서 투자자 또는 거래상대방 등에게 기업에 관한 정보를 제공하는 기능을 수행한다. 상법에 따라 등기할 사항은 당사자의 신청에 의해 영업소의 소재지를 관할하는 법원의 상업등기부에 등기한다(상34). 이와 같은 신청주의가 원칙이고, 다만 직권등기(가령 상업등기법 76조 2항에 의하면 등기의 착오나 빠진 부분이 등기관의 잘못으로 인한 것이면 등기관은 직권으로 경정해야 한다) 등의 예외가 있다. 한편, 소상인[2-12]에게는 상업등기에 관한 규정을 적용하지 않는다(상9).

### Ⅱ. 종류 [2-48]

등기사항은 필요적 등기사항(반드시 등기해야 하는 사항이다)과 상대적 등기사항(등기 여부를 임의로 선택할 수 있는 사항이다)으로 구분된다. 상법상 등기사항은 대부분 필요적 등기사항이고, 상대적 등기사항은 드물다(가령 개인상인의 상호는 상대적 등기사항이다[2-33]). 상대적 등기사항도 일단 등기하면 그 변경 또는 소멸은 필요적 등기사항이 된다(상40).

또한, 등기사항은 창설적 등기사항(등기를 함으로써 비로소 효력이 생기는 사항이다)과 선언적 등기사항(이미 발생한 효력을 등기를 통해서 사후적으로 확인하는 사항이다)으로 구분된다. 회사의 설립등기(상172)가 전자의 예이고(설립등기에 의해서 비로소 회사성립의 효력이 생긴다), 지배인의 선임·해임의 등기(상13)가 후자의 예이다(지배인의 선임·해임의 등기는 지배인을 선임하거나 해임한 사실을 사후적으로 알리는 것일 뿐이고 등기에 의해서 그 선임 또는 해임의 효력이 비로소 생기는 것은 아니다). 상법상 등기사항은 대부분 선언적 등기사항이고, 창설적 등기사항은 드물다.

## Ⅲ. 상업등기의 효력

### 1. 일반적 효력 [2-49]

#### (1) 등기 전의 효력

등기할 사항은 등기하지 않으면 선의의 제3자에게 대항하지 못한다(상37①)(이를 '소극적 공시원칙'이라고 한다). 선의는 제3자가 등기사항의 존재를 알지 못하는 것이고(통설), 중과실이 없이 선의이어야 한다(다수설). 등기의무자가 제3자에게 등기사항을 주장하지 못하는 것이고, 제3자가 등기의무자에게 등기사항을 주장하는 것은 무방하다(통설). 소극적 공시원칙은 등기의무자의 외관책임이 아니고 공시책임이다(외관책임은 사실과 다른 외관을 만들어낸 것에 대한 책임이지만 공시책임은 사실에 부합하는 공시를 하지 않은 것에 대한 책임이다). 공시책임은 원칙적으로 귀책사유를 묻지 않는다. 즉, 등기의무자의 귀책사유를 묻지 않고 공시되지 않으면 소극적 공시원칙이 적용되는 것이다(가령 등기의무자는 등기신청을 했으나 등기공무원의 과실로 등기가 되지 않은 경우에도 소극적 공시원칙이 적용된다)(이 점에서 원칙적으로 귀책사유가 있어야 인정되는 외관책임[1-4]과 차이가 있다).

(2) 등기 후의 효력

등기한 후라도 제3자가 정당한 사유로 인해 알지 못한 경우 대항하지 못한다(상37②). 이에 따르면 등기한 후에는 제3자가 선의라고 해도 대항할 수 있는 것이 원칙이고(이를 '적극적 공시원칙'이라고 한다), 다만 정당한 사유가 있는 경우에 예외이다. 정당한 사유는 천재지변, 등기소의 화재 등과 같은 객관적 사정이어야 하고, 등기의무자의 질병과 같은 주관적 사정은 포함되지 않는다(통설).

(3) 적용 범위

① 특수한 효력: 일반적 효력은 아래 2.의 특수한 효력이 있는 등기사항에 대해서는 적용되지 않는다. ② 불법행위: 일반적 효력은 불법행위에도 적용되는가? 제3자의 오인과 피해의 발생 사이에 인과관계가 없으므로 적용될 수 없다는 입장(가령 고객이 지점에서 재해상해를 입은 경우 그 원인이 그 지점의 지배인의 해임을 등기하지 않았기 때문이라고 보기는 어렵다)과 사실행위적 불법행위(가령 재해상해)와 거래행위적 불법행위(가령 사기적 거래행위)를 구분해서 후자의 경우는 제3자의 오인과 피해의 발생 사이에 인과관계가 가능하므로(가령 고객이 해임이 등기되지 않은 지배인과 거래행위를 했으나 사기를 당한 경우) 적용되어야 한다는 입장이 대립한다. ③ 본점·지점: 본점의 소재지에서 등기할 사항은 다른 규정이 없으면 지점의 소재지에서도 등기해야 한다(상35)(즉, 본점의 소재지에서 등기했다고 해서 그 등기의 효력이 지점에까지 미치는 것은 아니다). 지점의 소재지에서 등기할 사항을 등기하지 않으면 일반적 효력은 그 지점의 거래에 한해서 적용한다(상38)(즉, 지점의 소재지에서 등기하지 않았다고 해서 그 등기하지 않은 효력이 본점 또는 다른 지점의 거래에까지 미치는 것은 아니다).

## 2. 특수한 효력 [2-50]

상업등기 중에는 특수한 효력을 갖는 경우가 있다(이 경우 일반적 효력은 적용되지 않는다). ① 창설적 효력: 창설적 등기사항을 등기하면 비로소 등기사항의 효력이 발생한다. 가령 회사의 설립등기(상172)에 의해서 회사성립의 효력이 생긴다. ② 보완적 효력: 등기 후 일정기간이 경과하면 그 전제가 되는 법률관계의 하자를 주장할 수 없는 경우가 있다(즉, 등기가 하자를 보완하는 효력을 갖는다). 가령 회사의 설립등기 이후, 또는 신주발행으로 인한 변경등기일로부터 1년 경과 이후에는 주식인수의 하자를 주장할 수 없다(상320,427)[6-53, 368]. ③ 면제적 효력: 등기에 의해 책임이 면제되는 경우가 있다. 가령 합명회사 사원이 퇴사할 경우 퇴사등기를 하면 향후의 회사채무에 대해 면책된다(상225). ④ 배척적 효력: 상호를 등기하면 타인의 등기를 배척하는 효력이 생긴다(상22)[2-37]. ⑤ 특수 대항력: 상호양도는 등기하면 제3자에게 대항할 수 있지만, 등기하지 않으면 선의·악의를 묻지 않고 제3자에게 대항하지 못한다(상25②). 상업등기의 일반적 효력과 달리 제3자의 선의·악의를 묻지 않고 대항할 수 없다는 점에서 특수하다[2-38].

## Ⅳ. 부실등기의 효력 [2-51]

### 1. 의의

고의 또는 과실로 인해 부실등기(사실과 상위한 사항을 등기)를 한 자는 그 상위(相違: 서로 다름)를 선의의 제3자에게 대항하지 못한다(상39). 가령 회사가 허위로 갑을 지배인으로 등기한 경우 이를 믿고 갑과 거래한 을에게 부실등기임을 이유로 갑이 지배인이 아님을 주장하지 못한다. 상업등기에는 공신의 원칙(공시된 내용이 사실과 다르더라도 공시된 내용대로 효력을 인정하는 원칙)[1-162]이 인정되지 않고(등기공무원이 상업등기에 대한 형식적 심사권만 갖고 있는 등의 사정으로 인해서 등기된 내용이 실제의 권리관계와 일치하지 않는 경우가 종종 있다), 다만 등기된 내용이 사실에 부합한다는 사실상의 추정을 받을 뿐이다(판례·통설). 이렇게 등기에 사실상 추정력만 인정되어서는 거래안전을 기하기 어려우므로 부실등기를 한 자가 선의의 제3자에게 대항할 수 없도록 하자는 것이다(그렇다고 이것이 공신의 원칙을 인정한 것은 아니다. 등기된 대로 효력을 인정하는 것이 아니라 법률의 규정에 의해서 선의의 제3자에 대항할 수 없을 뿐이다. 다만, 이 범위 내에서 마치 공신의 원칙을 인정한 것과 같은 사실상 효과가 생긴다).

### 2. 요건

① 외관의 존재: 사실과 상위한 사항이 등기되어야 한다. 처음부터 사실과 상위한 사항이 등기된 경우가 이에 해당한다. 나아가 등기할 시점에는 사실과 부합했지만 이후에 사정변경으로 상위하게 된 경우도 이에 해당하는가? 이를 부정하는 입장(다수설)(이러한 경우는 상법 37조 1항의 상업등기의 소극적 공시원칙의 문제일 뿐이

다)과 긍정하는 입장(이 경우도 결과적으로 사실과 상위하므로 상법 37조 1항은 물론이고 상법 39조도 적용된다)이 대립한다. ② 귀책사유: 등기의무자에게 부실등기에 대한 고의 또는 과실이 있어야 한다(등기신청을 제대로 했는데 등기공무원의 실수로 부실등기가 이루어진 경우는 상법 39조가 적용되지 않는다. 이 경우도 상법 39조를 적용하는 것은 등기의무자에게 가혹하다고 보는 것이다)(판례·통설). 등기의무자가 고의 또는 과실로 사실과 다르게 등기를 신청한 경우(적극적 부실등기)에 귀책사유가 인정됨은 물론이다. 나아가 등기의무자가 제3자의 허위신청에 관여하거나 부실등기를 알고도 방치한 경우(소극적 부실등기)에도 부실등기에 귀책사유를 인정할 수 있다(판례·다수설). ③ 제3자의 선의: 제3자는 선의이어야 한다. 상업등기의 일반적 효력에서 제3자의 선의[2-49]와 내용이 같다(통설).

### 3. 효과

부실등기를 한 자는 이를 선의의 제3자에게 대항하지 못한다(상39). 부실등기자가 제3자에게 부실등기임을 주장하지 못하는 것이고, 제3자가 사실에 부합하는 내용을 주장하는 것은 무방하다.

# 제5관 영업양도

## Ⅰ. 의의 [2-52]

① 개념: 영업양도는 영업의 동일성을 유지하면서 이를 일체로써 양도하는 행위를 가리킨다(판례·통설). 양업양도 시에 양도인은 영업을 이전할 의무를 부담하고 양수인은 그 대금을 지급할 의무를 부담한다. 영업양도는 영업의 매매와 유사하나 이전되는 영업재산이 포괄적(영업의 동일성이 유지된다는 의미이다)이라는 점에서 그 특수성이 있다. ② 양도대상: 양도의 대상은 영업이다. 상인의 개념에서 영업은 상인의 행위형식으로서 영리성 및 계속·반복성을 가리킨다[2-10](이를 주관적 의미의 영업이라고 한다. 영리성은 영리를 추구하는 의사이고, 계속·반복성은 계속적으로 반복하려는 의사이므로 주관성을 띤다). 하지만 영업양도에서 영업은 영업재산을 가리키며(이를

객관적 의미의 영업이라고 한다), 이는 상인이 영리목적으로 결합시킨 재산의 전체를 가리킨다(판례·통설). 여기서 영업재산은 적극재산(부동산, 동산, 채권 등), 소극재산(채무 등)(여기서 '소극'재산은 부채라는 의미이다), 근로관계, 그리고 경제적 가치가 있는 무형의 사실관계(판매망, 고객망, 평판, 영업비결 등) 등을 포함하는 넓은 의미이다. ③ 양도방법: 양도방법은 영업의 동일성을 유지하면서 이를 일체로써 양도하는 것이다(판례·통설). 동일성의 존부는 종래의 영업의 전부 또는 중요한 일부가 유지되면서 동일한 기능을 수행할 수 있는지에 달려 있다(즉, 영업의 전부를 양도해도 종래의 영업이 유지되고 있다고 사회통념상 인정되지 않으면 영업양도가 아니고 영업의 중요한 일부를 양도해도 종래의 영업이 유지되고 있다고 판단되면 영업양도에 해당한다)(판례·통설). 가령 수개의 영업소 중의 일부 영업소만 양도해도 그 영업소가 객관적으로 영업소의 실질을 갖고 있는 경우(영업소에 필요한 인적·물적 시설을 갖춘 경우)라면 영업양도가 될 수 있다(통설). 만약 자산과 같은 물적 조직만 이전되고 근로관계와 같은 인적 조직이 이전되지 않은 경우 종래의 영업이 유지되고 있다고 볼 수 없으므로 원칙적으로 영업양도가 아니다(판례). ④ 영업의 현물출자: 영업을 현물로 출자하여 회사를 설립하는 경우가 있다. 현물출자는 회사의 설립행위 중 일부를 구성한다[6-49]는 점에서 상법상 영업양도와는 형식 면에서 차이가 있다. 하지만 그 실질은 영업양도와 유사하다는 점을 고려하여, 판례는 영업의 현물출자에 상법상 영업양도에 관한 규정을 유추적용한다.

## Ⅱ. 영업양도의 절차 [2-53]

### 1. 영업양도계약의 체결

영업양도를 위해서는 양도인과 양수인 간에 영업양도계약이 체결되어야 한다. 이 계약은 명시적이든 묵시적이든 무방하다(판례·통설). 양도인이 회사인 경우 일정한 의사결정절차를 거쳐야 한다(가령 주식회사는 상법 374조에 따라 주주총회의 특별결의가 요구된다)[6-200].

### 2. 재산의 이전의무

영업양도계약의 효과로서 양도인은 양수인에게 영업재산을 이전할 의무를 진다. 영업재산은 영업의 동일성을 유지하면서 이전되어야 한다. 영업재산은 영업재산별로 개별적으로 이전된다(판례·통설)(영업양도는 영업의 동일성을 유지하면서 영업을 일체로 이전하는 행위임에도 불구하고 실제로는 재산을 포괄적으로 이전할 수 있는 법규정이 없다. 영업양도의 특징으로서 영업재산의 포괄적 이전은 영업의 동일성을 유지하면서 이전된다는 의미로 이해하면 된다). 즉, 영업재산별로 부동산은 등기, 동산은 인도, 채권은 통지(또는 승낙) 등의 요건을 갖추어 이전한다.

### 3. 근로관계의 이전의무

영업양도계약의 효과로서 양도인은 양수인에게 근로자의 근로관계를 이전할 의무를 지는 것이 원칙이다(판례·통설). 근로관계도 영업의 동일성에 영향을 미치는 요소이기 때문이다. 다만, 근로자는 반대의 의사를 표시해서 양도인에게 잔류하거나 퇴직할 수 있다(판례). 양도당사자가 근로관계의 일부를 양도대상에서 제외하는 특약을 할 수 있지만, 이는 실질적으로 해고이므로 근로기준법상의 정당한 이유가 있어야 유효하다(판례). 위와 같은 잔류, 퇴직, 제외 등은 영업의 동일성을 훼손하지 않는 범위 내에서 이루어져야만 영업양도로서 인정될 수 있다.

## Ⅲ. 영업양도의 효과

### 1. 경업금지의무 [2-54]

#### (1) 의의

영업양도는 영업의 동일성을 유지하면서 일체를 이전하는 것임에도 양도인이 다시 동일한 영업을 한다면 이익상충으로 인해서 양수인의 이익이 침해될 수 있으므로 이를 방지하기 위해서 경업금지의무를 둔다. 영업을 양도한 경우에 다른 약정이 없으면 양도인은 10년간 동일한 특별시·광역시·시·군과 인접한 특별시·광역시·시·군에서 동종영업을 하지 못한다(상41①). 양도인이 동종영업을 하지 않는다고 약정한 경우 동일한 특별시·광역시·시·군과 인접한 특별시·광역시·시·군에 한해 20년을 초과하지 않는 범위 내에서 그 효력이 있다(상41②).

(2) 요건

① 금지영업: 상법 41조가 동종영업을 금지영업으로 규정하고 있는데, 이는 경업금지의 취지를 고려해서 광의로 파악하여 동일한 영업뿐만 아니라 영업의 내용·규모 등에 비추어 볼 때 양도된 영업과 경쟁관계가 있는 영업을 가리킨다고 해석한다(판례·통설). ② 금지지역: 상법 41조가 인접 행정구역을 금지지역에 포함시킨 것은 영업소가 인접지역에 속하지만 동일지역과의 경계선에 있는 경우를 고려한 것이다. 금지지역으로서의 동일·인접지역은 양도된 물적 설비가 있던 지역이 아니라 양도인이 실제로 통상적인 영업활동을 하던 지역을 중심으로 실질적으로 판단하는 것이 경업금지의 취지에 부합한다(판례·통설). ③ 금지기간: 상법 41조에 따르면 약정된 금지기간이 없으면 금지기간은 10년이고, 약정된 금지기간이 20년을 초과하면 초과부분은 무효라고 해석된다(통설). 후자는 금지기간이 20년을 초과하면 개인의 영업의 자유를 지나치게 구속한다는 점을 고려하여 20년을 상한으로 둔 것이다.

(3) 효과

경업금지위반의 효과에 대한 상법 규정은 없다. 따라서 민법상 채무불이행의 원칙에 따른다. 상업사용인이 경업금지의무를 위반한 경우 인정되는 개입권 [2-27]은 여기서 인정되지 않는다.

## 2. 영업상 채권자의 보호 [2-55]

(1) 의의

영업양도 시에 영업의 동일성을 훼손하지 않는 범위 내에서 채무의 일부가 양도에 포함되지 않는 경우가 있을 수 있다. 이 때 양수인이 양도인의 상호를 속용하는 경우 양도인의 영업으로 인한 제3자의 채권에 대해서 양수인도 변제할 책임이 있다(상42①). 또한 양수인이 양도인의 상호를 속용하지 않는 경우 양도인의 영업으로 인한 채무를 인수할 것을 광고하면 양수인도 변제할 책임이 있다(상44). '상호의 속용(續用)'은 동일한 상호를 계속해서 사용한다는 의미이다. 영업상 채무가 양도인에게 남아있고 양수인에게 인수되지 않았음에도 불구하고 상호의 속용이나 채무인수의 광고를 하면 양수인에게 채무가 인수된 듯한 외관이 생길 수 있다. 이 경우 채권자가 양도인에게 채권추심을 할 기회를 상실할 수 있으므로(양도인이 영업을 양도한 이후는 그에 대한 채권추심의 가능성이 낮아질 우려가 있다) 양수인에게 외관책임을 지우는 것이다(판례·통설).

(2) 요건

**1) 외관의 존재** 양수인이 채무인수를 하지 않았음에도 불구하고 상호를 속용하면 채무인수를 한 듯한 외관이 생긴다. 상호의 속용에서 상호의 동일성은 주요부분에서 동일하면 충분하다(판례·통설). '주식회사 파주레미콘'과 '파주콘크리트주식회사', '협성산업'과 '주식회사 협성'은 동일한 상호이다(판례). 한편, 양수인이 채무인수를 하지 않았음에도 불구하고 채무인수의 광고를 하면 채무인수를 한 듯한 외관이 생긴다. 판례는 채권자에게 채무인수를 개별적으로 통지한 경우에도 채무인수의 광고에 준하는 것으로 본다.

**2) 제3자의 선의** 상법은 단순히 제3자라고 규정하고 있어서 악의의 채권자도 보호되는지가 문제된다. 양수인의 책임은 외관책임이라는 점을 고려할 때 채권자가 채무인수가 없었다는 사실에 대해 선의이어야 한다(판례·통설). 여기서 선의는 채무인수가 없었다는 사실에 대한 선의이며, 영업양도가 있었다는 사실을 알았더라도 채무인수가 없었다는 사실을 몰랐다면 선의가 인정된다(판례·통설). 채권자의 악의에 대한 입증책임은 책임을 면하려는 양수인이 부담한다(판례·통설).

**3) 영업관련성** 양수인의 책임은 양도인의 영업으로 생긴 채무에 대해서만 인정된다. 영업적 상행위[3-4]뿐만 아니라 보조적 상행위[3-4]로 생긴 채무도 포함한다(통설). 영업과 관련된 것이라면 계약상 채무뿐만 아니라 불법행위로 인해 손해배상채무 또는 부당이득으로 인한 상환채무도 포함된다(판례·통설). 영업양도 전에 발생한 영업상 채무이면 충분하고, 영업양도 이후에 발생한 영업상 채무에 대해서는 적용되지 않는다(판례·통설).

**4) 적용범위** 상호속용의 경우에도 양수인이 영업양도를 받은 후 지체 없이 양도인의 채무에 대해 책임이 없음을 등기한 때에는 적용하지 않는다(상42②). 또한 양도인과 양수인이 지체 없이 제3자(채권자)에게 그 뜻을 통지한 경우에 그 통지를 받은 제3자에 대해서도 적용하지 않는다(상42②).

(3) 효과

① 양수인 책임: 양수인은 양수한 영업과 관련된 채무를 변제할 책임을 진다. 양수인은 양도인(채무자)과 부진정연대채무[1-97]를 부담한다(통설). ② 양도인 책임: 양수인이 변제의 책임이 있는 경우 양도인의 제3자(채권자)에 대한 채무는 영업양도 후 또는 광고 후 2년이 경과하면 소멸한다(상45). 양도인의 채무임에도 불구하고, 채권자가 이러한 단기의 제척기간 내에 양도인에게 청구하지 않으면, 양도인은 채무를 면하는 효과가 생긴다. 이는 양수인이 양도된 영업의 영업주로서 변제책임을 지므로 양도인이 면책되어도 채권자 보호에 문제가 없다고 본 것이다.

### 3. 영업상 채무자의 보호 [2-56]

(1) 의의

영업양도 시에 영업의 동일성을 훼손하지 않는 범위 내에서 채권의 일부가 양도에 포함되지 않는 경우가 있을 수 있다. 이 경우 이 채권의 채무자는 양수인에게 변제해도 진정한 채권자인 양도인에게 대항할 수 없다. 즉, 이 경우 채무자는 이중지급의 위험(진정한 채권자인 양도인에게 다시 지급해야 하는 위험)을 져야 한다. 하지만 다음과 같이 채무자가 이중지급의 위험을 지지 않는 예외가 있다.

(2) 상호를 속용하는 경우

① 의의: 양수인이 상호를 속용하는 경우 양도인의 영업으로 인한 채권에 대해 채무자가 선의이며 중과실 없이 양수인에게 변제하면 그 효력이 있다(상43). 즉, 채무자는 양수인에게 한 변제를 가지고 양도인에게 대항할 수 있다. 양수인이 상호를 속용하는 경우 채권이 양도되었다는 외관이 생기므로 이 경우 채무자를 이중지급의 위험으로부터 벗어나게 하자는 것이다. ② 채무자의 선의: 여기서 선의는 채권양도가 없었다는 사실을 모른다는 의미라는 입장(상호속용을 채권양도가 있었다는 외관으로 본다)과 채권양도가 없었다는 사실이 아니라 영업양도가 있었다는 사실을 모른다는 의미라는 입장(영업양도의 사실을 알고 있었다면 채권양도가 없었다는 사실을 몰라도 선의가 인정되지 않는다)이 대립한다. ③ 반환의무: 채무자의 양수인에 대한 변제가 유효하다고 해서 양수인의 변제수령이 정당화되는 것은 아니다. 양

수인은 자신이 수령한 변제를 부당이득으로서 양도인에게 반환할 의무를 부담한다.

### (3) 상호를 속용하지 않는 경우

상호를 속용하는 않는 경우는 채무자가 신뢰할 만한 외관이 없으므로 이중지급의 위험을 져야 하는 것이 원칙이다. 다만, 채권의 준점유자(민210)에 대한 변제는 변제자가 선의이며 과실없는 때에 한하여 효력이 있다(민470). 즉, 채권의 준점유자는 채권을 사실상 행사하는 자로서 변제수령권한은 없지만 채권을 행사할 정당한 권한이 있는 외관을 가진 경우이다[1-104]. 가령 예금증서·인장·비밀번호를 소지하는 경우가 전형적인 예이다.

한편, 양도인이 채권양도를 광고하거나 통지한 경우에도 상호속용처럼 채권양도의 외관이 형성된 것으로 보아서 채무자의 양수인에 대한 변제를 유효한 것으로 볼 것인지의 문제가 있다. 이를 긍정하는 입장(상법 44조를 유추적용한다)(다수설)과 부정하는 입장(명문의 근거가 필요하다)이 대립한다.

# 3편

# 상행위법

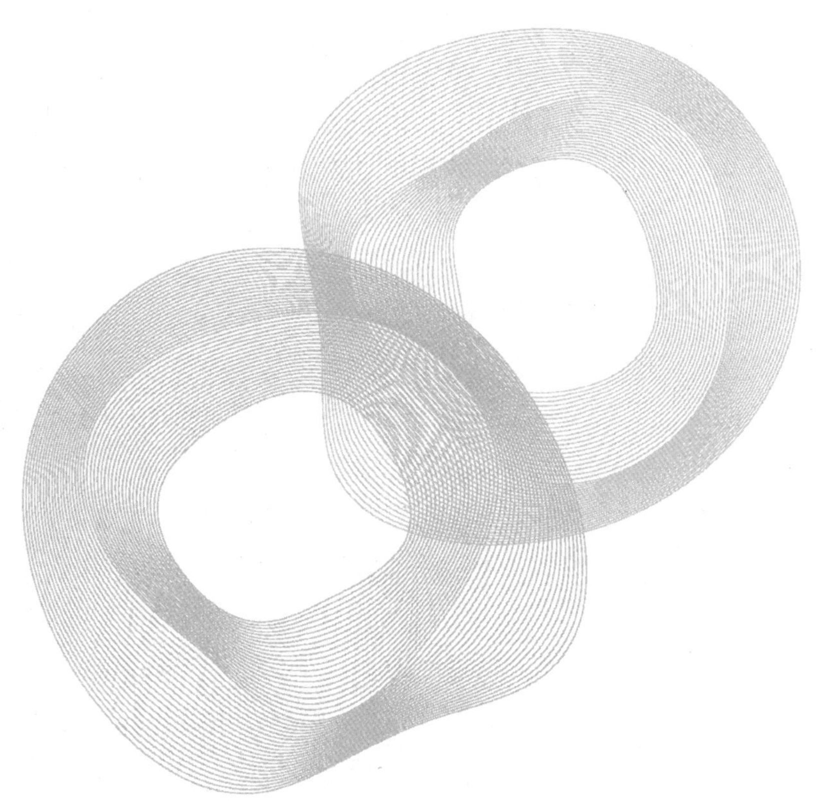

# 제 1 절 상행위법 통칙

## 제 1 관 서 설

### Ⅰ. 상행위법의 의의 [3-1]

상행위법은 상행위를 대상으로 하는 법이다. 상법은 상행위의 영리, 신속, 안전, 신용 등을 확보하기 위해 상행위편(상46~168의12)을 마련하고 있다. 상법은 거래당사자가 대등한 존재라고 전제하기 때문에 상행위편의 규정들은 당사자들이 달리 정할 수 있는 임의규정의 성격을 띤다(통설).

### Ⅱ. 상행위의 의의

#### 1. 개념 [3-2]

상행위법은 상행위를 대상으로 한다. 상행위는 상인이 하는 행위이며, 이는 민사행위와 구분된다. 상행위의 종류는 다음과 같다.

#### 2. 기본적 상행위와 준상행위 [3-3]

당연상인이 영업으로 하는 행위가 기본적 상행위[2-10]이고, 의제상인이 영업으로 하는 행위가 준상행위[2-11]이다. 이 두 가지를 합쳐서 영업적 상행위라고 부른다. 왜냐하면 행위의 종류는 다르지만 영업이라는 공통분모가 있기 때문이다. 기본적 상행위와 준상행위의 구분 실익은 크지 않다. 왜냐하면 기본적 상행위에 적용되는 상법 상행위 통칙(상46~65)이 준상행위에 준용(상66)되기 때문이다.

### 3. 영업적 상행위와 보조적 상행위 [3-4]

영업적 상행위는 상인이 영업으로 하는 행위(기본적 상행위 또는 준상행위)이다. 한편, 상인이 영업을 위해서 하는 행위는 상행위로 본다(상47①)[2-9]. 이는 보조적 상행위를 가리킨다. 보조적 상행위인지는 행위의 객관적 성질에 의해서 정해진다(통설). 상인의 행위는 영업을 위해 하는 것으로 추정한다(상47②). 영업을 위해 하는 행위가 아님을 입증하면 상행위가 되지 않으며, 입증책임은 이를 주장하는 자에게 있다(판례·통설). 보조적 상행위의 예로는 매매를 영업으로 하고 있는 상인이 자금을 차입하기 위해서 은행과 체결하는 대출계약을 들 수 있다. 또한 상인이 하는 개업준비행위(영업을 개시하기 위해서 하는 준비행위)[2-13]도 보조적 상행위의 예에 해당한다(판례·통설). 영업적 상행위인지 보조적 상행위인지에 따라 상법의 적용 여부가 달라지는 경우가 있다. 가령 상업사용인의 경업금지의무는 영업적 상행위에만 적용되고 보조적 상행위에는 적용되지 않는다[2-27].

### 4. 쌍방적 상행위와 일방적 상행위 [3-5]

쌍방적 상행위는 당사자 쌍방에게 상행위가 되는 경우이다(즉, 당사자 쌍방이 상인으로서 하는 행위이다). 이와 달리 일방적 상행위는 당사자 일방에게만 상행위가 되는 경우이다(즉, 당사자 일방만 상인으로서 하는 행위이다). 가령 매매업자 간의 물건의 매매는 쌍방적 상행위이나, 매매업자와 일반인 간의 물건의 매매는 일방적 상행위이다. 다만, 예외적으로 쌍방적 상행위에만 상법이 적용되는 경우도 있다(이는 해당 상법 조항의 취지 및 내용을 고려한 것이다). 가령 상사유치권(상58)[3-11], 상사매매의 특칙(상67~71)[3-24~28]은 상인 간의 상행위, 즉 쌍방적 상행위에만 적용된다고 명시하고 있다.

### 5. 공법인의 상행위 [3-6]

공법인의 상행위는 법령에 다른 규정이 없는 경우에 한해 상법을 적용한다(상2).

## 제 2 관 민법 총칙편에 대한 특칙

### Ⅰ. 대리와 위임

### 1. 대리의 방식 [3-7]

① 민법: 민법은 대리의 방식으로서 현명주의를 채택한다[1-40]. 즉, 대리인이 본인을 위한 것임을 표시하지 않으면(즉, 대리행위임을 표시하지 않으면) 그 행위는 자기를 위한 것으로 본다(민115본)(가령 '갑의 대리인 을'이라고 본인을 표시해야 그 행위는 갑을 위한 것으로 본다). ② 상법: 상법은 대리의 방식으로서 비현명주의를 채택한다. 즉, 상행위의 대리인은 본인을 위한 것임을 표시하지 않아도 그 행위는 본인에게 효력이 있다(상48본)(대리인에게는 이행의 청구를 할 수 없다). 그 취지는 상거래의 간이·신속을 위해서이다(대량적·반복적 거래에서 일일이 본인을 표시해야 하는 불편을 해소할 필요가 있다). 다만, 선의의 상대방을 보호하기 위해서, 상대방이 본인을 위한 것임을 알지 못한 경우는 대리인에게도 이행의 청구를 할 수 있다(상48단). 이 경우에도 거래 자체는 본인과 상대방 사이에 성립하고, 대리인도 거래상 책임을 진다는 의미이다(대리인은 본인과 부진정연대채무[1-97]를 부담한다)(판례·통설). 그리고 상법 48조는 상행위의 대리인에게 적용되는데, 본인이 상인인 경우에만 적용된다고 해석한다(가령 일방적 상행위인 경우 상인인 본인에게는 비현명주의가 적용되고 비상인인 본인에게는 현명주의가 적용된다)(통설).

### 2. 대리권의 존속 [3-8]

① 민법: 대리권은 본인이 사망하면 소멸한다(민127(1))[1-40]. 대리권은 본인과 대리인 사이의 신뢰에 기초한 것이기 때문이다. ② 상법: 상인이 영업에 관해

수여한 대리권은 본인의 사망으로 인해 소멸하지 않는다(상50). 기업은 본인의 사망에도 불구하고 존속하는 것이 보통이라는 점을 고려한 특칙이다(상인이 사망해도 상속 또는 양도 등에 의해서 기업이 유지되는 것이 보통이다).

### 3. 위임의 범위 [3-9]

상행위의 위임을 받은 자는 위임의 본지에 반하지 않는 범위 내에서 위임을 받지 않은 행위를 할 수 있다(상49). 가령 수임인이 매매업자를 위해서 물건을 매수했는데 가격이 폭락하는 경우 급히 매도하여 손해를 방지·경감할 수 있다. 이는 수임인에게 임기응변적 조치권한을 부여한 것이다. 상법 49조는 상행위의 수임인에게 적용되는데, 위임인이 상인인 경우에만 적용된다고 해석한다(가령 일방적 상행위인 경우 상법 49조는 상인으로부터 위임받은 수임인에게는 적용되고 비상인으로부터 위임받은 수임인에게는 적용되지 않는다)(통설).

한편, 상법 49조가 민법 681조에 대한 특칙인지에 대해서는 논란이 있다. 즉, 상법 49조는 민법상 수임인의 선관주의(민법 681조에 의하면 수임인은 위임의 본지에 따라 선관주의로써 위임사무를 처리해야 한다)에 기초해서도 할 수 있는 행위를 주의적으로 규정한 것이어서 특칙이 아니라는 입장(통설)과 선관주의보다는 확장된 위임범위를 규정한 것이라는 입장이 대립한다.

## Ⅱ. 상사시효 [3-10]

① 의의: 상행위로 인한 채권(상사채권)은 상법에 다른 규정이 없으면 5년간 행사하지 않으면 소멸시효가 완성한다(상64본). 그러나 다른 법령에 이보다 단기의 시효의 규정이 있으면 그 규정에 의한다(상64단). 5년의 상사시효는 민사시효보다 단기라는 점에서 특칙이다(민법 162조 1항에 의하면 민사행위로 인한 채권은 10년간 행사하지 않으면 소멸시효가 완성한다[1-54]). 상거래의 신속성을 고려하여 단기소멸시효를 규정한 것이다. ② 상행위관련성: 상행위로 인한 채권이어야 한다. 일방적 상행위도 포함하며, 이 경우 채권자가 상인이든 채무자가 상인이든 무방하다(판례·통설). 보조적 상행위도 포함된다(판례·통설). 상거래의 신속성과 무관한 불법행위로 인한 손해배상청구권은 상사시효의 적용대상이 아니다(판례·통설). ③ 채권의 변

형: 상행위로 인한 채권이 동일성을 유지하면서 변형된 경우로서 손해배상청구권(채무불이행)[1-80] 또는 원상회복청구권(계약의 해제)[1-88], 하자담보책임(매매와 같은 유상계약에서 목적물에 하자가 있는 경우)[1-126]은 상사시효의 적용을 받는다(판례·통설). 다만, 판례는 상행위의 무효로 인한 부당이득반환청구권에 관한 한 '상거래와 같은 정도의 신속한 해결의 필요성'이 있는지를 판단해서 상사시효의 적용 여부를 결정한다.

## 제 3 관 민법 물권편에 대한 특칙

### Ⅰ. 상사유치권 [3-11]

#### 1. 의의

상인 간의 상행위로 인한 채권이 변제기에 있는 경우 채권자는 변제를 받을 때까지 그 채무자에 대한 상행위로 인해 자기가 점유하고 있는 채무자소유의 물건 또는 유가증권을 유치할 수 있다(상58본). 그러나 당사자 간에 다른 약정이 있으면 그렇지 않다(상58단). 상사유치권은 피담보채권과 유치물 간의 개별적 견련성은 필요 없고 일반적 견련성만으로 충분하고, 유치물은 채무자의 소유이어야 한다는 점에서 볼 때, 민사유치권(민320①)[1-175]에 대한 특칙이다.

상법 58조가 규정하는 상사유치권과는 별도로 특수상사유치권이 있다. 대리상의 유치권(상91)[3-57], 위탁매매인의 유치권(상111)[3-80], 운송주선인의 유치권(상120)[3-90], 운송인의 유치권(상147)[3-108]이 그것이다. 민사유치권, 상사유치권, 특수상사유치권은 그 요건이 조금씩 차이가 있으므로, 채권자는 이 중에서 자신의 상황에 맞게 선택하여 행사할 수 있다.

#### 2. 요건

① 상행위관련성: 피담보채권의 성립 시 및 유치물의 점유 시에 채권자와 채무자 모두가 상인이어야 한다(통설). 채권자는 제3자로부터 양수하거나 상속받은 채권에 대해서는 상사유치권을 행사할 수 없다(통설). ② 변제기: 피담보채권

은 변제기가 도래해야 한다. ③ 유치물: 유치물은 물건 또는 유가증권이다. 물건에는 부동산도 포함된다(판례·통설). ④ 일반적 견련성: 피담보채권과 유치물 간의 일반적 견련성(해당 피담보채권의 발생에 직접 관련된 물건 또는 유가증권은 아니지만 채권자가 채무자와의 상행위로 인해 점유한 물건 또는 유가증권이면 일반적 견련성이 인정된다)만으로도 유치권이 성립된다. 민사유치권은 개별적 견련성(유치물인 물건 또는 유가증권이 해당 피담보채권의 발생에 직접 관련되어야 한다)이 요구된다(민320①). 일반적 견련성만을 요구하는 취지는 상사채권에 대한 간이·신속한 담보방법을 제공하기 위해서이다(개별적 견련성에 비해 일반적 견련성의 요건은 비교적 충족하기 쉬우므로 상사유치권은 상사채권에 대한 간이·신속한 담보방법이 되는 것이다). ⑤ 채무자의 소유: 유치물은 채무자의 소유이어야 한다. 민사유치권은 채무자소유의 요건이 없다(민320①). 채무자소유의 요건은 유치권의 성립요건이지 존속요건은 아니다(따라서 유치권이 성립된 후 채무자가 유치물을 타인에게 양도해도 채권자의 유치권은 존속한다. 즉, 채권자는 그 타인에게도 유치권을 행사할 수 있다)(통설). 존속요건으로 요구하면 채무자가 유치물을 타인에게 양도하는 방법으로 유치권에서 쉽게 벗어날 수 있는 문제가 있기 때문이다.

### 3. 효력

유치권의 효력에는 불가분성(민321), 경매·간이변제충당(민322) 등이 있다[1-175].

## Ⅱ. 유질계약 [3-12]

① 민법: 유질계약이란 질권설정자(채무자)가 채무변제기 전의 계약으로써 경매 이외의 방법(질권자에게 변제 대신에 질물의 소유권을 직접 취득하게 하는 등 법률에 정한 방법에 의하지 않은 방법)에 의해 질물을 처분할 것을 약정하는 계약이다[1-176]. 이러한 유질계약은 금지되어서(민339) 그 효력은 무효이다(통설). 이는 경제적 약자인 질권설정자(채무자)를 보호하자는 것이다(이에 대한 자세한 설명은 [1-176]). ② 상법: 상행위로 인하여 생긴 채권을 담보하기 위해 설정한 질권에는 유질계약이 허용된다(상59). 상인은 경제적 약자가 아니므로 후견적 보호의 대상이 아니고 따라서 유질계약을 허용하자는 취지이다. 상인이 질권설정자인 경우는 당연히 유질계약이 허용되지만, 상인이 아닌 자가 질권설정자인 경우에도 허용되는지에 대해서는

긍정설(판례)과 부정설(상인이 아닌 자는 경제적 약자이므로 후견적 보호가 필요하다)(다수설)이 대립한다.

## 제4관 민법 채권편에 대한 특칙

### Ⅰ. 상행위의 유상성

#### 1. 보수청구권 [3-13]

① 의의: 상인이 영업범위 내에서 타인을 위해 행위를 하면 상당한 보수를 청구할 수 있다(상61). 상인은 보수 약정이 없어도 보수청구권이 있다는 점이 특칙이다(민법 686조 1항에 의하면 위임계약의 수임인은 특별한 약정이 없으면 위임인에게 보수를 청구할 수 없다[1-135]). 이는 상인의 유상성 또는 영리성을 고려한 것이다. ② 상행위 관련성: 행위자가 상인이어야 하되 그 상대방은 상인이 아니어도 무방하고, 상인이 영업범위 내에서 행위해야 하되 보조적 상행위는 물론이고 사실행위도 포함된다(통설). ③ 타인을 위한 행위: 타인을 위한다는 의사로 행위하는 것으로 충분하고 실제로 타인에게 이익이 발생했을 것까지는 요구하지 않는다(판례·통설).

#### 2. 법정이자청구권 [3-14]

(1) 금전소비대차

① 의의: 상인이 영업에 관해 금전을 대여하면 법정이자를 청구할 수 있다(상55①). 상인은 이자약정이 없어도 금전소비대차에 대한 이자청구권이 있다는 점이 특칙이다(민법 598조에 의하면 금전소비대차는 이자약정이 없는 한 무이자가 원칙이다[1-128]). 이는 상인의 유상성 또는 영리성을 고려한 것이다. ② 상행위관련성: 대주는 상인이어야 하고 차주는 상인이 아니어도 무방하며, 상인이 영업에 관해 금전을 대여해야 하되 보조적 상행위로서 행한 경우도 포함된다(통설).

(2) 체당금

① 의의: 상인이 영업범위 내에서 타인을 위해 금전을 체당하면 체당일 이

후의 법정이자를 청구할 수 있다(상55②). 체당이란 금전소비대차에 의하지 않고 타인을 위해서 금전을 출연하는 행위로서 위임·임치·사무관리 등에서 발생한다(통설)(가령 수임인이 위임사무를 처리하면서 원래 위임인이 내야 할 등기비용을 대신해서 내면 체당에 해당한다). 상인은 이자약정이 없어도 체당금에 대한 이자청구권을 갖는다는 점이 특칙이다(민법 688조 및 701조에 의하면 위임과 임치의 경우 필요비에 대한 법정이자청구권이 규정되어 있다는 점에서 특칙이 아니나, 사무관리[1-144]의 경우 그러한 법정이자청구권이 규정되어 있지 않으므로 특칙이 된다). 이는 상인의 유상성 또는 영리성을 고려한 것이다. ② 상행위관련성: 체당자는 상인이어야 하되 그 상대방은 상인이 아니어도 무방하고, 상인이 영업범위 내에서 체당해야 하되 보조적 상행위로서 행한 경우도 포함된다(통설).

### 3. 상사법정이율 [3-15]

① 의의: 상행위로 인한 채무의 법정이율은 연 6%로 한다(상54). 상사법정이율은 민사법정이율인 연 5%(민379)보다 높다는 점에서 특칙이다. 이는 상인의 유상성 또는 영리성을 고려한 것이다. ② 상행위관련성: 상행위 당사자의 일방은 상인이어야 한다(즉, 상행위가 일방적 상행위이면 충분하다)(판례·통설). 다만, 채권자가 상인이고 채무자가 상인이 아닌 경우는 채무자에게 가혹할 수 있으므로 적용되어서는 안 된다는 반대론이 있다. 상행위는 보조적 상행위로도 충분하지만, 상행위의 영리성과 무관한 불법행위로 인한 손해배상채무에는 적용되지 않는다(판례·통설). ③ 채무의 변형: 상행위로 인한 채무가 동일성을 유지하면서 변형된 경우로서 손해배상채무(채무불이행) 또는 상행위의 무효로 인한 부당이득반환채무는 상사법정이율의 적용을 받는다(판례·통설).

## Ⅱ. 청약 관련 특칙

### 1. 청약의 효력 [3-16]

① 민법: 민법은 '대화자 간'(의사표시가 즉시 도달하는 관계)과 '격지자 간'(의사표시가 즉시 도달하지 않는 관계)을 구분하지 않고 계약상 청약의 효력을 정하고 있다(대화자와 격지자는 공간적 개념이 아니라 시간적 개념이다). 즉, 승낙기간을 정한 경우는 그 기

간 내에, 승낙기간을 정하지 않은 경우는 '상당한 기간' 내에 '승낙의 통지를 받지 못하면' 청약이 효력을 잃는다(상528①,529)[1-121]. ② 상법: 상법은 대화자 간의 청약의 효력에 대해 특칙을 두고 있다. 즉, 대화자 간의 청약은 상대방이 '즉시' '승낙하지 않으면' 효력을 잃는다(상51). 이는 상사계약의 신속한 확정을 위한 것이다. 하지만 상법상 특칙은 다음과 같은 이유로 실질적으로는 민법과 별 차이가 없다(통설). 만약 승낙기간을 정한 경우(상법 51조는 임의규정이므로 이 경우 적용되지 않는다) 민법에 따라 승낙기간 내에 승낙의 통지를 받지 못하면 청약이 효력을 잃는다. 승낙기간을 정하지 않은 경우는 '상당한 기간'과 '즉시', 그리고 '승낙의 통지를 받지 못하면'과 '승낙하지 않으면'이라는 부분에 표현상 차이가 있으나, 의사표시가 즉시적으로 도달하는 대화자 간에는 그들 간에 실질적 차이가 없다.

### 2. 낙부통지의무 [3-17]

① 의의: 상인이 상시 거래관계에 있는 자로부터 그 영업부류에 속한 계약의 청약을 받은 경우 지체 없이 낙부의 통지를 발송해야 하고, 이를 해태하면 승낙한 것으로 본다(상53). 상인이 낙부통지의무를 부담한다는 점에서 특칙이다(민법에 의하면 청약을 받은 자가 거절의 의사표시를 통지할 의무는 없다). 이는 상사계약의 신속한 확정을 위한 것이다. ② 상행위관련성: 청약의 상대방이 상인이어야 하되 청약자는 상인이 아니어도 무방하고, 상인이 영업부류에 속한 계약의 청약을 받아야 하고 보조적 상행위는 포함되지 않는다(보조적 상행위까지 포함하면 청약을 받은 상인의 부담이 과중하기 때문이다)(통설). ③ 상시거래관계: 상시거래관계(과거에도 빈번한 거래가 있었고 향후에도 빈번한 거래가 예상되는 관계)에 있는 자로부터 청약을 받아야 한다(통설). ④ 적용범위: 승낙기간을 정하지 않은 격지자 간의 계약에만 적용된다(승낙기간을 정한 격지자 간의 청약에는 적용의 여지가 없고, 대화자 간의 청약은 즉시 승낙하지 않으면 효력을 잃으므로 적용의 여지가 없다)(통설).

### 3. 물건보관의무 [3-18]

① 의의: 상인이 영업부류에 속한 계약의 청약을 받은 경우 견품 기타의 물건을 받으면 청약을 거절해도 청약자의 비용으로 물건을 보관해야 한다(상60본). 상인이 물건보관의무를 부담한다는 점에서 특칙이다(민법에 의하면 청약과 함께 물건을

받은 경우 청약을 거절해도 물건을 보관할 의무는 없다). 이는 상거래의 안전과 신용을 확보하기 위한 것이다(청약자 입장에서 보면 물건의 멸실 또는 훼손 위험이 보관을 통해서 방지된다). 상인이 물건보관의무를 위반하면 손해배상책임을 부담한다(통설). ② 상행위관련성: 청약의 상대방이 상인이어야 하되 청약자는 상인이 아니어도 무방하고, 상인이 영업부류에 속한 계약의 청약을 받아야 하고 보조적 상행위는 포함되지 않는다(보조적 상행위까지 포함하면 청약을 받은 상인의 부담이 과중하기 때문이다)(통설). ③ 적용범위: 물건의 가액이 보관비용을 상환하기에 부족하거나 보관으로 인해 손해를 받을 염려가 있으면 물건보관의무는 적용되지 않는다(상60단).

## Ⅲ. 채무의 이행

### 1. 이행장소 [3-19]

① 민법: 변제장소는 채무의 성질 또는 당사자의 의사표시로써 정해질 수 있다. 그렇지 않으면, 특정물인도는 채권성립 당시에 물건이 있던 장소에서 변제해야 하고(민467①), 특정물인도 이외인 경우는 채권자의 현주소(영업에 관한 채무의 변제는 채권자의 현영업소)에서 변제해야 한다(민467②). 후자를 지참채무의 원칙이라고 한다[1-104]. ② 상법: 채권자의 '지점'에서의 거래로 인한 특정물인도 이외의 채무는 그 '지점'을 이행장소로 본다(상56). 상법 56조는 민법 467조 2항에 대한 특칙이다. 다만, 채권자의 지점도 영업소의 일종이라는 점에서 상법과 민법은 별 차이가 없다(통설).

### 2. 이행시기 [3-20]

법령 또는 관습에 의해 영업시간이 정해진 경우 채무의 이행 또는 이행의 청구는 그 시간 내에 해야 한다(상63). 이는 특칙이기보다는 상사채무의 이행시기를 주의적으로 확인한 것이다(통설).

## Ⅳ. 다수당사자의 채무

### 1. 연대채무 [3-21]

① 의의: 수인이 그 1인 또는 전원에게 상행위가 되는 행위로 인해 채무를 부담한 경우 연대하여 변제할 책임이 있다(상57①). 상사채무의 채무자가 수인인 경우 연대채무(민413)[1-97]가 된다는 점에서 특칙이다(민법 408에 의하면 채무자가 수인인 경우 특별한 의사표시가 없으면 각 채무는 균등한 비율로 채무를 부담하는 분할채무가 된다[1-95]). 이는 상사채무의 신용(또는 담보)을 강화하기 위한 것이다. ② 상행위관련성: 채무자의 1인 또는 수인이 상인이어야 하되 채권자는 상인이 아니어도 무방하고, 보조적 상행위로 인한 채무로도 충분하다(통설). ③ 단일행위: 수인이 단일행위에 의해 공동으로 채무자가 되어야 한다. 가령 매매업을 하는 민법상 조합(민703)[1-137]의 조합원들이 물건을 매수하여 대금지급채무를 지게 되면 이 채무는 상법 57조 1항에 의해 연대채무가 된다.

### 2. 연대보증 [3-22]

① 의의: 보증이 상행위이거나 주채무가 상행위로 인한 것이면 보증인은 주채무자(피보증채무의 채무자)와 연대하여 변제할 책임이 있다(상57②). 상사보증채무(상행위와 관련된 보증채무)는 연대보증채무[1-98]가 된다는 점에서 특칙이다. 연대보증채무는 보증채무의 일종이지만 보증인이 갖는 최고·검색의 항변권(민437)이 인정되지 않는다(민법 437조에 따르면 채권자로부터 이행청구를 받은 보증인은 먼저 채무자에게 청구할 것과 그 재산에 집행할 것을 채권자에게 최고·검색의 항변으로 주장할 수 있는데[1-98], 연대보증인에게는 이러한 항변이 적용되지 않는다). 이는 상사보증채무의 신용(또는 담보)을 강화하기 위한 것이다. ② 상행위관련성: 보증이 상행위(가령 은행의 보증행위)이거나 주채무가 상행위로 인한 것(가령 주채무가 상인의 영업자금차용으로 인한 것)이어야 한다. 상행위는 보조적 상행위도 무방하다(통설). 다만, 보증인 또는 주채무자가 상인이어야 한다(보증인 또는 주채무자가 상인이 아님에도 연대보증채무로 되는 것은 보증인의 부담이 과중하다)(통설).

## Ⅴ. 무상수치인의 주의의무 [3-23]

① 의의: 상인이 영업범위 내에서 물건의 임치를 받은 경우 보수를 받지 않아도 선관주의를 기울여야 한다(상62). 상인은 무상수치인이라도 선관의무를 부담한다는 점에서 특칙이다(민법 695조에 의하면 무상수치인은 임치물을 자기재산과 동일한 주의로 보관하면 된다[1-136]). 이는 상거래의 안전과 신용을 확보하기 위한 것이다. ② 상행위관련성: 수치인이 상인이어야 하되 임치인은 상인이 아니어도 무방하고, 상인이 영업범위 내에서 물건의 임치를 받아야 하고 보조적 상행위도 포함된다(통설). 한편, 상법 152조 및 160조는 공중접객업자와 창고업자의 임치물에 관한 주의의무에 대해 별도로 규정하고 있다[3-125, 129]. ③ 임치계약: 임치계약이 유효하게 존속해야 한다. 임치계약이 해지된 경우는 상법 62조의 적용이 없다(판례).

## Ⅵ. 상사매매

### 1. 의의 [3-24]

상법은 상사매매(상인 간의 매매)의 '신속한 종결'과 '매도인 보호'(매도하는 상인의 입장을 배려할 필요가 있다는 의미)를 위한 규정을 두고 있다. 이는 민법상 매매 규정(민563~595)에 대한 특칙이다. 매매가 당사자 모두에게 상행위가 되어야 하고(상67~71) 보조적 상행위라도 무방하다(통설). 상사매매의 특칙은 임의규정이라고 해석되므로 당사자가 달리 정할 수 있다(판례·통설).

### 2. 매도인의 공탁·경매권 [3-25]

① 의의: 매수인이 목적물의 수령을 거부하거나 수령할 수 없는 경우, 매도인은 이를 공탁하거나 상당한 기간을 정해 최고한 후 경매할 수 있고, 이 경우 지체 없이 매수인에게 통지를 발송해야 한다(상67①). 매도인이 공탁권과 경매권 중에서 임의로 선택할 수 있다는 점이 특칙이다[민법에 따르면 공탁이 우선이고(민487), 다만 목적물이 공탁에 부적합한 경우 등에 예외적으로 법원의 허가를 받아야 경매를 할 수 있다(민490)]. 이는 상사매매의 신속한 종결과 매도인 보호를 위한 것이다. ② 최고: 경매를 위해서는 최고가 요구되는데, 만약 매수인에게 최고할 수 없거나 목적물이

멸실·훼손의 염려가 있으면 최고없이 경매할 수 있다(상67②). ③ 대금: 경매한 경우 경매대금에서 경매비용을 공제한 잔액을 공탁해야 하고, 다만 그 전부나 일부를 매매대금에 충당할 수 있다(상67③)(민법 487조에는 경매대금을 매매대금에 충당할 수 있다는 규정이 없다).

### 3. 확정기매매 [3-26]

① 의의: 확정기매매(매매의 성질 또는 당사자의 의사표시에 의해 일정한 일시 또는 기간 내에 이행하지 않으면 계약의 목적을 달성할 수 없는 경우)에서 당사자의 일방이 이행시기를 경과하면 상대방이 즉시 이행을 청구하지 않는 한 계약을 해제한 것으로 본다(상68). 확정기매매에서 이행지체가 있으면 계약이 해제된 것으로 간주된다는 점에서 특칙이다(확정기매매는 민법 545조의 정기행위에 해당한다. 민법 545조에 따르면 정기행위에 이행지체가 있으면 해제권이 발생할 뿐이다[1-88]). 이는 상사매매의 신속한 종결을 위한 것이다. ② 확정기매매의 요건: 매매의 성질(가령 크리스마스트리의 매매) 또는 당사자의 의사표시(목적물의 사용시기가 제한된다는 매수인의 주관적 동기가 표시된 경우이며, 가령 선적기일을 알리면서 수출상품을 매수하는 경우)가 있어야 확정기매매가 된다. 단순히 이행시기를 준수하라는 요청만으로는 확정기매매가 되지 않는다(통설). ③ 귀책사유: 이행지체에 매도인의 귀책사유가 있어야 하는지에 대해 긍정하는 입장(채무불이행책임에는 귀책사유가 요구되는 것이 민법상 원칙이고 이는 상사매매에서도 예외가 될 수 없다)과 부정하는 입장(상법 68조는 상사매매의 신속한 종결을 위한 특칙이므로 예외적으로 귀책사유를 요건으로 하지 않는다)이 대립한다.

### 4. 목적물의 검사·통지의무 [3-27]

① 의의: 매수인은 목적물을 수령하면 지체 없이 검사해야 하고 하자·수량부족을 발견한 경우에 즉시 매도인에게 통지를 발송하지 않으면 계약해제, 대금감액 또는 손해배상을 청구하지 못한다(상69①). 매수인이 검사·통지의무를 이행하면 매도인에게 담보책임을 물을 수 있다. 상법 69조는 매수인에게 '즉시' 검사·통지의무를 부과한 점에서 특칙이다(민법 580조와 582조에 의하면 매수인은 목적물에 하자가 있음을 안 날로부터 6개월 내에 매도인에게 하자담보책임을 물을 수 있다). 이는 상사매매의 신속한 종결과 매도인 보호(시간이 경과하면 매도인이 전매의 기회를 상실할 우려를 방

지)를 위한 것이다. ② 귀책사유: 즉시검사·통지의무의 위반에 매수인의 귀책사유는 묻지 않는다(통설). ③ 하자의 발견가능성: 매수인이 즉시 발견할 수 없는 하자를 6개월 내에 발견한 경우도 즉시검사·통지의무가 적용된다(상69①). 즉시 발견할 수 없는 하자는 목적물의 성질로 인한 것이어야 한다(매수인의 사정으로 즉시 발견하지 못한 경우는 여기에 해당하지 않는다)(통설). 가령 사과의 과심이 부패한 경우는 즉시 발견할 수 없는 하자이다(판례). 6개월 내에도 발견할 수 없는 하자인 경우는 어떠한가? 매도인이 담보책임을 면한다는 입장(판례·통설)(상사매매의 신속한 종결과 전매기회를 상실한 매도인의 보호를 중시한다)과 면할 수 없다는 입장(매도인이 담보책임 자체를 면하게 되는 것은 불공평하다)이 대립한다. ④ 매도인의 악의: 매도인이 악의인 경우 즉시검사·통지의무는 적용되지 않는다(상69②). 즉, 매도인이 목적물을 인도할 때 물건의 하자·수량부족을 안 경우는 보호의 필요성이 없다. ⑤ 불완전이행책임: 판례는 하자담보책임과 불완전이행책임(가령 물건의 하자로 인해서 물건 이외에 다른 손해를 야기한 경우)[1-78]은 병존적 청구권경합[1-10]의 관계에 있다고 본다(이행지체책임 또는 이행불능책임과의 청구권경합 문제는 생기지 않는다. 하자담보책임은 이행했으나 하자가 있는 경우의 책임이기 때문이다). 이에 따르면 매수인이 즉시검사·통지의무를 해태하여 하자담보책임을 물을 수 없더라도 매도인에게 채무의 불완전이행으로 인한 책임을 묻는 것은 별개이다.

### 5. 목적물의 보관·공탁·경매의무 [3-28]

① 의의: 목적물의 하자·수량부족을 이유로 매수인이 계약을 해제한 경우 매도인의 비용으로 목적물을 보관 또는 공탁해야 한다(상70①본). 다만, 목적물이 멸실·훼손될 염려가 있으면 법원의 허가를 얻어 경매하여 지체 없이 매도인에게 통지를 발송하고 경매대가를 보관 또는 공탁해야 한다(상70①단②). 매수인에게 보관·공탁·경매의무를 부과한 점에서 특칙이다(민법의 일반원칙에 따르면 계약을 해제하면 각 당사자는 원복회복의무를 부담하므로 매수인이 계약을 해제하면 매수인은 수령한 목적물을 매도인에게 매도인의 비용으로 반환해야 한다). 이는 매도인 보호(매도인이 목적물의 현재 소재지에서 전매할 기회를 확보하고 반송비용을 절약)를 위한 것이다. ② 해제사유: 상법은 보관·공탁의무가 적용되는 해제사유를 하자·수량부족으로 규정하고 있으나, 통설은 이를 예시로 보아서 그 이외의 사유로 매매계약을 해제한 경우에도 적용된다고 해석한다.

③ 원격지매매: 보관·공탁의무는 원격지매매(목적물의 인도장소가 매도인의 영업소·주소와 다른 특별시·광역시·시·군에 있는 경우)에만 적용한다(상70③). 원격지매매가 아니라면 매도인이 목적물을 반환받아 직접 처리해도 문제가 없기 때문이다. ④ 준용: 보관·공탁·경매의무는 매수인에게 인도된 물건이 매매목적물과 상위(相違: 서로 다름)하거나 수량이 초과하면 그 상위 또는 초과한 부분에 대해 준용한다(상71).

## 제5관 상호계산

### Ⅰ. 상호계산의 의의 [3-29]

상호계산은 상인 간 또는 상인과 비상인 간에 상시 거래관계가 있는 경우 일정기간의 거래로 인한 채권·채무의 총액에 관해 상계하고 그 잔액을 지급할 것을 약정하는 계약이다(상72). 반복해서 발생하는 채권·채무를 변제기마다 각각 결제하는 것에 비해 일정기간 말에 포괄적으로 상계 후 잔액을 지급하면 결제가 편리하다(결제편리기능). 나아가 일정기간 말까지 변제가 유예되고(신용기능), 자신의 상대방에 대한 채무에 의해 상대방에 대한 자신의 채권이 담보된다(담보기능). 상호계산은 청약과 승낙만으로 성립되는 불요식의 낙성계약이다.

### Ⅱ. 상호계산의 요건 [3-30]

① 당사자: 최소한 일방 당사자는 상인이어야 하고, 당사자 사이에는 상시 거래관계가 있어야 한다. ② 기간: 상호계산은 일정기간의 거래로 인한 채권을 대상으로 하는데, 여기서 일정기간이 상호계산기간이고 이는 상호계산계약에 의해 정해진다. 만약 상호계산기간이 정해지지 않았다면 그 기간을 6개월로 한다(상74). ③ 대상: 첫째, 상계에 적당해야 하므로 대상이 금전채권으로 제한된다(통설). 둘째, 거래로 인한 채권이어야 하므로 그 이외에 불법행위 등으로 인한 채권은 대상이 아니다(통설). 셋째, 특별한 약정이 없는 한 담보부채권은 대상이 아니다(상대방의 무담보채권과 상계되면 담보가 무의미해지기 때문이다)(통설).

## Ⅲ. 상호계산의 효력

### 1. 소극적 효력 [3-31]

#### (1) 당사자 간 효력

**1) 원칙** 상호계산기간 중에 생긴 채권·채무는 독립성을 잃고 상호계산에 구속된다(상호계산독립성의 원칙 또는 상호계산불가분의 원칙). 즉, 개별적 채권·채무를 상호계산에서 분리해서 독립적으로 행사, 담보설정 또는 양도하는 등의 행위를 할 수 없다(따라서 상호계산기간 중에는 이행지체가 생기지 않고 시효도 진행되지 않는다). 이는 상호계산을 방해하기 때문이다. 하지만 채권·채무에 관한 확인의 소의 제기, 해제권·취소권 등의 행사는 가능하다. 왜냐하면 상호계산은 유효한 채권·채무의 존재를 전제로 하는 제도라고 보아야 하고 따라서 이러한 행위들을 상호계산을 이유로 막을 수 없기 때문이다.

**2) 예외** 어음 기타의 상업증권으로 인한 채무를 상호계산에 포함시킨 경우 증권채무자가 변제하지 않으면 상호계산의 당사자는 그 채무를 상호계산에서 분리할 수 있다(상73). 가령 상호계산의 당사자 갑이 1천만 원의 환어음을 다른 당사자인 을에게 배서양도하고 을이 그 대가로 갑에게 9백만 원의 채무를 부담하게 되어 상호계산에 포함시켰으나 환어음채무자가 만기에 1천만 원을 지급하지 않은 경우 상법 73조에 따라 을은 9백만 원의 채무를 상호계산에서 분리할 수 있다. 을은 환어음채권을 지급받지 못했는데 그 대가로 부담한 채무가 여전히 상호계산에 포함된다면 공평하지 않기 때문이다.

#### (2) 제3자에 대한 효력

제3자가 상호계산에 포함된 채권을 양수하거나 압류할 수 있는가? 이는 상호계산의 효력이 제3자에게도 미치는지의 문제이다. 이에 대해서 절대적 효력설(상호계산의 독립성은 강행적 효력이 있어서 제3자는 양수하거나 압류할 수 없다), 상대적 효력설(당사자의 계약으로 제3자의 양수 또는 압류를 배제하는 것은 허용되지 않으므로 선의의 제3자에 의한 양수, 선의·악의와 무관하게 제3자에 의한 압류가 가능하다), 그리고 절충설(양도는 상대적 효력설, 압류는 절대적 효력설이 적용된다는 입장이다)이 대립하고 있다.

## 2. 적극적 효력 [3-32]

### (1) 잔액채권의 성립

상호계산기간이 경과한 시점(계산폐쇄일)에 채권·채무가 총액으로 상계되어 소멸하고 잔액채권이 성립한다. 이는 상호계산계약의 효과이므로 이를 위한 별도의 의사표시가 필요하지 않다(통설). 성립된 잔액채권은 원래의 채권·채무의 효력으로부터 영향을 받는 유인적 잔액채권이다(가령 원래의 채권·채무가 무효이면 잔액채권의 금액이 변동된다)(통설).

### (2) 잔액채권의 확정

1) **승인과 확정** 잔액채권은 계산서의 승인에 의해 확정된다.

2) **승인의 효력** 당사자가 채권·채무의 각 항목을 기재한 계산서를 승인한 경우 그 각 항목에 대해 이의를 제기하지 못한다(상75본). 이는 잔액채권이 확정되면 원래의 채권·채무의 효력으로부터 영향을 받지 않는 무인적 잔액채권이 된다는 의미이다(가령 원래의 채권·채무가 무효이더라도 잔액채권의 금액은 변동하지 않는다. 이로 인한 불공평은 부당이득반환청구로 해결한다)(통설). 이는 상호계산관계를 확정시키자는 취지이다. 하지만, 개개 항목의 착오나 탈루가 있는 경우(가령 원래의 채권·채무의 일부가 계산서에 누락된 경우)는 그렇지 않다(상75단). 통설은 그렇지 않다의 의미를 제한해석해서 착오나 탈루로 인한 불공평을 부당이득반환청구로 해결한다는 것으로 해석한다(요컨대, 통설은 상호계산의 안정성을 위해서 원래의 채권·채무에 관한 사유를 이유로 승인행위의 효력을 다툴 수는 없고, 다만 그로 인한 불공평은 부당이득반환청구로 해결하자는 입장이다). 다만, 만약 계산서의 승인 자체에 하자가 있는 경우(가령 사기 또는 강박으로 인해서 승인을 한 경우)는 민법 일반원칙에 따라 승인행위의 효력을 다툴 수 있다(통설). 이런 경우까지 상호계산의 안정성을 도모할 일은 아니기 때문이다.

### (3) 소멸시효 및 이자

잔액채권에 대한 소멸시효의 기산점은 계산폐쇄일(즉, 잔액채권의 성립일)이라는 입장과 계산서승인일(즉, 잔액채권의 확정일)이라는 입장이 대립한다. 잔액채권에 대해서 채권자는 계산폐쇄일 이후의 법정이자를 청구할 수 있다(상76①). 다만, 당사자는 각 항목을 상호계산에 계입한 날로부터 이자를 붙일 것을 약정할 수 있다(상76②).

## 제 6 관 익명조합

### Ⅰ. 익명조합의 의의 [3-33]

익명조합은 당사자의 일방(익명조합원)이 영업을 위해 출자하고 상대방(영업자)은 영업으로 인한 이익을 분배할 것을 약정하는 계약이다(상78). 익명조합은 익명조합원이 출자의무를 부담하고 영업자가 영업을 수행하며 이익분배의무를 부담하는 익명조합원과 영업자의 공동기업이다(익명조합은 출자능력을 갖춘 자와 영업능력을 갖춘 자가 결합하여 활용하기에 적합한 공동기업이다). 익명조합원은 출자금의 한도에서 책임을 지는 유한책임자이고 영업자는 자신의 모든 재산으로 책임지는 무한책임자이다. 다만, 익명조합은 익명조합원과 영업자 간의 내부관계에서만 공동기업이고 제3자와의 외부관계에서는 영업자의 단독기업이라는 점(외부적으로 익명조합원은 익명으로 존재할 뿐이다)이 특징이다. 이 점에서 합자회사[6-553] 및 합자조합[3-41]과 구분되는데, 이들은 내부적으로나 외부적으로나 유한책임자와 무한책임자가 결합된 공동기업이다.

### Ⅱ. 익명조합의 설립 [3-34]

익명조합은 기업조직의 한 종류이지만 법인격이 부여되지 않으므로 그 법적 형식은 당사자 간의 계약이다. 따라서 익명조합을 설립하려면 익명조합계약이 체결되어야 한다. 익명조합계약의 당사자는 익명조합원과 영업자이다. 익명조합원이 상인일 필요는 없으나 영업주는 당연히 상인이어야 한다.

익명조합계약의 법적 성질은 다음과 같다. 첫째, 익명조합계약은 민법상 조합계약(민법 703조에 따르면 조합계약은 2인 이상이 상호출자하여 공동사업을 경영할 것을 약정하는 것이다)[1-137]의 요소를 띤다(통설). 따라서 상법 또는 익명조합계약에서 정하지 않은 내부관계는 민법상 조합에 관한 규정(민703~724)을 유추적용한다(익명조합은 외부적으로는 영업주의 단독기업이므로 외부관계에는 이러한 유추적용이 없다). 둘째, 익명조합계약은 일정한 방식을 요구하지 않고 청약과 승낙만으로 성립되는 불요식의 낙성계약이다.

## Ⅲ. 익명조합의 내부관계

### 1. 익명조합원의 지위 [3-35]

① 출자의무: 익명조합원은 출자의무를 진다. 출자의 목적물은 금전 기타의 재산(금전 또는 현물)만을 출자할 수 있고(상79), 신용 또는 노무는 출자할 수 없다(상86,272). 익명조합원은 외부적으로는 익명으로 남고 업무집행을 하지 않기 때문에 신용 또는 노무의 출자가 허용되지 않는다. ② 감시권: 익명조합원은 업무집행을 하지 못한다(상86,278). 대신에 영업자의 전횡을 막기 위해 업무집행에 관한 감시권을 갖는다. 즉, 익명조합원은 영업연도 말에 영업시간 내에 한해 회계장부·대차대조표 기타의 서류를 열람할 수 있고 업무와 재산상태를 검사할 수 있다(상86,277①). 다만, 중요한 사유가 있으면 언제든지 법원의 허가를 얻어 위 열람과 검사를 할 수 있다(상86,277②).

### 2. 영업자의 지위 [3-36]

① 영업수행의무: 영업자는 익명조합계약에 따라 영업을 수행할 의무를 부담한다. 영업자는 출자의무 대신에 영업수행을 함으로써 내부적으로 공동기업주의 역할을 하게 된다. 익명조합은 대외적으로는 영업주의 단독기업이므로 익명조합원이 출자한 금전 기타의 재산은 영업자의 재산으로 간주된다(상79). ② 이익분배의무: 영업자는 익명조합원에게 이익분배의무를 부담한다. 만약 이익의 발생 여부와 무관하게 영업자가 정기적으로 일정액을 익명조합원에게 지급하기로 약정한 경우는 익명조합이 아니다(판례·통설)[이러한 약정은 소비대차(민598)에 해당한다]. ③ 경업금지의무: 상법상 명문의 규정은 없지만 영업자는 내부적으로 공동기업의 영업주이므로 익명조합원에게 경업·겸직금지의무를 부담한다고 해석한다(상업사용인의 경업·겸직금지에 관한 상법 17조 1항을 유추적용한다)(통설).

### 3. 손익의 분배 [3-37]

#### (1) 이익분배

이익분배는 익명조합의 본질적 요소이다(상78). 이익분배의 비율은 당사자의 약정에 따른다. 이 약정이 없다면 민법상 조합의 이익분배비율을 유추적용한다(통설). 즉, 각자의 출자가액비율에 따라 이익을 분배하며(민711), 영업자는 신용 또는 노무가 주된 출자이므로 이를 기준으로 출자가액을 정하고, 만약 출자한 재산이 별도로 있다면 이를 합산하여 출자가액을 정한다. 익명조합원의 출자가 손실로 인해 감소된 경우 손실을 전보한 후가 아니면 이익분배를 청구하지 못한다(상82①). 손실이 출자액을 초과한 경우에도 익명조합원은 이미 받은 이익의 반환 또는 증자할 의무가 없다(상82②). 다만, 이 규정들은 임의규정이다(상82③).

#### (2) 손실분담

손실분담은 익명조합의 본질적 요소가 아니다(통설)(이익분배가 없다면 소비대차와 구분이 어렵지만 이익분배는 있으나 손실분담이 없는 경우는 소비대차와의 구분에 문제가 없고, 이익분배가 있다면 공동기업으로서 최소한의 요건을 갖춘 것이다). 가령 익명조합원이 전적으로 손실을 부담하거나 영업주가 전적으로 손실을 부담한다고 약정해도 익명조합으로서 인정되는 데에 문제가 없다. 다만, 당사자가 손실분담의 비율을 정하는 것이 보통이다. 이 약정이 없다면 손실분담비율은 이익분배비율과 같다(민711②).

## Ⅳ. 익명조합의 외부관계

### 1. 영업자의 단독기업 [3-38]

익명조합은 제3자와 외부관계에서는 영업자의 단독기업이므로 영업자가 제3자에 대해 권리와 의무가 있다. 이러한 이유에서 익명조합원이 출자한 금전 기타의 재산은 영업자의 재산으로 간주하고(상79), 따라서 영업자가 영업재산을 유용하더라도 횡령죄는 성립하지 않는다(판례)(이 경우 익명조합원은 영업자에게 채무불이행 또는 불법행위의 책임을 물을 수 있다. 또한 배임죄가 성립될 소지가 있다. 다만, 배임죄를 축소적용하려는 경향이 있다는 점을 고려할 필요가 있다). 또한 영업자는 외부적으로 자신의 모든 재산으로 영업상 책임을 지는 것(무한책임)이 원칙이다.

### 2. 익명조합원의 익명성 [3-39]

익명조합원은 영업자의 행위에 관해 제3자에 대해 권리나 의무가 없다(상80). 익명조합원은 오직 영업자에게 출자의무를 부담할 뿐이다. 하지만, 익명조합원이 자기의 성명을 영업자의 상호 중에 사용하게 하거나 자기의 상호를 영업자의 상호로 사용할 것을 허락한 때에는 그 사용 이후의 채무에 대해 영업자와 연대하여 변제할 책임이 있다(상81). 이는 명의대여자의 책임(상24)[2-39]을 주의적으로 규정한 것에 불과하므로(따라서 선의의 제3자를 위해서만 적용된다)(통설), 익명조합원의 고유한 책임이라고 볼 것은 아니다.

## Ⅴ. 익명조합의 종료 [3-40]

① 해지: 익명조합계약으로 조합의 존속기간을 정하지 않았거나 어느 당사자의 종신까지 존속할 것을 약정한 경우 각 당사자는 영업연도 말에 계약을 해지할 수 있고, 다만 이 해지는 6개월 전에 상대방에게 예고해야 한다(상83①). 부득이한 사정이 있으면 존속기간의 약정의 유무에 불구하고 각 당사자는 언제든지 계약을 해지할 수 있다(상83②). ② 기타: 조합계약은 일정한 사유(1. 영업의 폐지 또는 양도 2. 영업자의 사망 또는 성년후견개시 3. 영업자 또는 익명조합원의 파산)로 인해서 종료한다(상84).

# 제 7 관 합자조합

## Ⅰ. 합자조합의 의의 [3-41]

합자조합은 업무집행조합원(조합의 업무집행자로서 조합의 채무에 대해 무한책임을 지는 조합원)과 유한책임조합원(출자가액을 한도로 유한책임을 지는 조합원)이 상호출자를 해서 공동사업을 경영할 것을 약정하는 계약이다. 합자조합은 내부적으로나 외부적으로나 업무집행조합원과 유한책임조합원이 결합된 공동기업이다. 이 점에서 합자조합은 무한책임사원과 유한책임사원이 결합된 공동기업인 합자회사[6-553]와 유사하며(하지만 합자조합은 법인이 아니나 합자회사는 법인이라는 점에서 차이가 있다), 이러한 이유에서 합자조합에는 합자회사에 관한 규정이 다수 준용된다(상86의8①~③). 한편, 합자조합은 내부적으로는 공동기업이나 외부적으로는 단독기업인 익명조합[3-33]과 다르다.

## Ⅱ. 합자조합의 설립 [3-42]

### 1. 합자조합계약

합자조합은 기업조직의 한 종류이지만 법인격이 부여되지 않으므로 그 법적 형식은 당사자 간의 계약이다(이 점에서 법인격이 부여되는 합자회사와 다르다). 따라서 합자조합이 설립하려면 합자조합계약이 체결되어야 한다. 합자조합계약의 당사자는 1인 이상의 업무집행조합원과 1인 이상의 유한책임조합원이다.

합자조합계약의 법적 성질은 다음과 같다. 첫째, 합자조합계약은 민법상 조합계약(민법 703조에 따르면 조합계약은 2인 이상이 상호출자하여 공동사업을 경영할 것을 약정하는 것이다)[1-137]의 요소를 띤다. 따라서 상법 또는 합자조합계약에서 정하지 않은 사항은 원칙상 민법상 조합에 관한 규정(민703~724)을 준용한다(상86의8④본). 다만, 민법상 조합에서 조합원은 전원이 무한책임을 진다는 점에서 합자조합과는 다르므로 이에 관한 한 준용할 수 없다. 둘째, 합자조합계약은 일정한 방식이 요구되는 요식계약이다. 합자조합계약에는 일정한 사항(목적, 명칭, 조합원 등)을 적고 조합원 전원이 기명날인(또는 서명)해야 한다(상86의3). 조합원의 권리의무 등을 명확하게 정해서 이를 둘러싼 조합원 간 또는 조합원과 제3자 간의 분쟁을 예방하자는 취지이다.

### 2. 등기

업무집행조합원은 합자조합의 설립 후 2주 내에 일정한 사항(목적, 명칭, 조합원 등)을 등기해야 한다(상86의4①). 합자조합이 대외적으로 공동기업조직이라는 점을 고려하여 제3자에게 영향을 미칠 수 있는 사항을 공시하자는 취지이다. 합자조합에 대한 설립등기의 효력은 상업등기의 일반적 효력[2-49]이 적용된다. 따라서 등기가 합자조합의 설립요건은 아니다(통설)(법인은 등기가 설립요건이다. 합자조합은 법인이 아니다).

## Ⅲ. 합자조합의 법률관계

### 1. 출자 [3-43]

모든 조합원은 출자의무를 부담한다. 업무집행조합원은 출자목적물에 제한이 없다. 유한책임조합원은 신용 또는 노무를 제외되고 금전 또는 현물의 출자만 가능하지만, 합자조합계약으로 달리 정하는 것이 가능하다(상86의8③,272).

### 2. 업무집행 및 대리 [3-44]

#### (1) 업무집행조합원

업무집행조합원은 합자조합계약에 다른 정함이 없으면 각자가 업무를 집행하고 대리할 권리와 의무가 있다(상86의5①). 합자조합은 조합일 뿐이고 법인이 아니므로 스스로 권리의무의 주체가 될 수는 없다(따라서 대표행위는 존재하지 않는다). 합자조합의 조합원 전원이 권리의무의 주체이고, 업무집행조합원의 대리행위를 통해서 제3자와의 법률행위의 효과를 조합원 전원에게 귀속시키게 된다.

만약 둘 이상의 업무집행조합원이 있는 경우 합자조합계약에 다른 정함이 없으면 각 업무집행조합원의 업무집행에 관한 행위에 대해 다른 업무집행조합원의 이의가 있으면 행위를 중지하고 업무집행조합원 과반수의 결의에 따라야 한다(상86의5③). 한편, 둘 이상의 업무집행조합원이 '공동'으로 업무를 집행하거나 대리하는 것, 업무집행조합원 중 '일부'의 업무집행조합원만 업무를 집행하거나 대리하는 것도 합자조합계약에서 정할 수 있다(상86의3(9)(10)).

#### (2) 유한책임조합원

유한책임조합원은 합자조합계약에서 정하는 경우 업무의 집행 또는 대리를 할 수 있는가? 긍정설(상법 86조의8 3항이 규정하는 "조합계약에 따른 다른 규정이 없으면"에 대한 반대해석이 그 근거이다)과 절충설(가능은 하지만, 이 경우 유한책임조합원은 제3자보호를 위해 무한책임을 져야 한다)이 대립한다. 한편, 유한책임조합원은 업무집행조합원의 전횡을 막기 위해 업무집행에 관한 감시권을 갖는다. 즉, 유한책임조합원은 영업연도 말에 영업시간 내에 한해 회계장부·대차대조표 기타의 서류를 열람할 수 있고 업무와 재산상태를 검사할 수 있다(상86의8③,277①). 다만, 중요한 사유가 있으면 언제든지 법원의 허가를 얻어 위 열람과 검사를 할 수 있다(상86의8③,277②).

(3) 제3자

제3자에게 업무를 집행 또는 대리할 권리를 부여하는 것은 허용되지 않는다(통설). 합자조합은 인적 요소가 강한 공동기업이므로 소유와 경영이 일치하기 때문이다.

### 3. 조합원의 의무 [3-45]

① 선관의무: 업무집행조합원은 선관주의로써 업무를 집행해야 한다(상86의5②). ② 경업·겸직 제한: 업무집행조합원은 다른 조합원의 동의가 없으면 자기 또는 제3자의 계산으로 회사의 영업부류에 속하는 거래를 하지 못하며 동종영업을 목적으로 하는 다른 회사의 무한책임사원 또는 이사가 되지 못한다(상86의8②,198①). 이는 이익상충(자신의 이익과 다른 조합원의 이익이 충돌)을 방지하자는 취지이다. 업무집행조합원이 적용대상인 것은 그가 업무의 집행 또는 대리를 하므로 경업·겸직으로 인한 이익상충의 우려가 크기 때문이다. 다만, 경업·겸직의 제한은 합자조합계약에서 달리 정할 수 있다(상86의8②단). ③ 자기거래 제한: 조합원은 다른 조합원 과반수의 결의가 있는 때에 한하여 자기 또는 제3자의 계산으로 합자조합과 거래를 할 수 있다(상86의8②,199). 이는 이익상충을 방지하자는 취지이다. 자기거래로 인한 이익상충의 우려는 업무의 집행 또는 대리와 무관하므로 이익거래의 제한은 모든 조합원에게 적용된다. 다만, 자기거래 제한은 합자조합계약에서 달리 정할 수 있다(상86의8②단).

### 4. 이익의 분배 및 손실의 분담 [3-46]

조합원 간의 이익의 분배 및 손실의 분담은 합자조합계약에서 정해진다(상86의3(7)). 이러한 정함이 없으면 민법상 조합 규정을 준용해서 정한다(상86의8④본). 즉, 각자의 출자가액비율에 따라 이익을 분배하며(민711①), 손실분담비율은 이익분배비율과 같다(민711②).

### 5. 조합원의 책임 [3-47]

업무집행조합원은 조합의 채무에 대해 직접·연대·무한책임을 진다(상86의8②,212). 즉, 조합채무에 대해 조합재산으로 완제할 수 없을 때 자신의 재산으로 다른 업무집행조합원과 연대하여 채권자에게 직접적으로 책임을 진다(여기서 직접적으로 책임을 진다는 것은 채권자가 자신의 권리로서 조합원에게 직접 책임을 물을 수 있다는 의미이다. 한편, 간접적으로 책임을 진다는 것은 조합원은 조합에 대해 책임을 지고 채권자가 조합에 대해서 책임을 묻는 방식을 가리킨다). 유한책임조합원은 조합의 채무에 대해 채권자에게 직접적으로 책임을 지지만 유한책임에 그친다(상86의8①,279①). 구체적으로 보면, 유한책임조합원은 조합계약에서 정한 출자가액에서 이미 이행한 부분을 뺀 가액을 한도액으로 채권자에게 직접 조합채무를 변제할 책임이 있다(상86의6①)(가령 출자가액이 1천만 원인데 이미 이행한 부분이 5백만 원이면 유한책임조합원은 5백만 원을 한도로 자신의 개인재산으로 채권자에게 직접 책임을 진다). 이 경우 합자조합에 이익이 없는데도 배당을 받은 금액은 이 한도액에 더한다(상86의6②)(가령 위 사례에서 이익이 없음에도 2백만 원의 배당을 받았다면 유한책임사원은 7백만 원을 한도로 자신의 개인재산으로 채권자에게 직접 책임을 진다). 이는 유한책임의 남용을 막기 위한 규정이다.

### 6. 조합원의 변동 [3-48]

#### (1) 가입·탈퇴·제명

① 가입: 합자조합에 새로운 조합원이 가입하는 것에 대해 합자조합계약에서 정한 바가 없을 때 기존 조합원의 전원 동의가 있으면 가입이 가능하다고 해석한다(통설). ② 탈퇴: 조합원이 합자조합에서 탈퇴하는 것에 대해 합자조합계약에서 정한 바가 없으면 민법상 조합원의 탈퇴에 관한 규정(민716,717,719)이 준용된다(상86의8④본). ③ 제명: 조합원을 합자조합에서 제명하는 것에 대해 합자조합계약에서 정한 바가 없을 때 기존 조합원의 전원 동의가 있으면 제명이 가능하다(상86의8④본,민718).

#### (2) 지분의 양도

업무집행조합원은 다른 조합원 전원의 동의를 받지 않으면 그 지분의 전부 또는 일부를 타인에게 양도하지 못한다(상86의7①). 업무집행조합원은 무한책임으로 인해서 그의 개성이 중시되므로 다른 조합원 전원의 동의를 요구하는 것이다. 한편, 유한책임조합원의 지분은 합자조합계약에서 정하는 바에 따라 양도할 수 있다(상86의7②). 즉, 조합원의 자치에 맡겨져 있다. 유한책임조합원의 지분을 양수한 자는 양도인의 조합에 대한 권리·의무를 승계한다(상86의7③).

### 7. 합자조합의 해산과 청산 [3-49]

#### (1) 해산

합자조합계약에서 존속기간 또는 그 밖의 해산사유를 정할 수 있다(상86의3⑫). 그리고 ① 조합원 전원의 동의 ② 목적의 달성 또는 불능 ③ 업무집행조합원 또는 유한책임조합원 중 어느 한 종류만 존속(상86의8①,285①), 또는 ④ 부득이한 사유에 의한 각 조합원의 해산청구(상86의8④,민720) 등도 해산사유에 해당한다.

#### (2) 청산

청산인이 합자조합의 청산절차를 진행한다. 합자조합의 해산 시에 업무집행조합원의 다수결로 청산인을 선임해야 하고, 선임하지 않은 경우 업무집행조합원이 청산인으로 된다(상86의8②,287). 청산절차는 민법상 조합의 청산절차에 따른다(상86의8④,민722~724).

# 제 2 절 상행위법 각칙

## 제 1 관 대 리 상

### Ⅰ. 대리상의 의의 [3-50]

대리상은 일정한 상인을 위해 상업사용인이 아니면서 상시 그 영업부류에 속하는 거래의 대리 또는 중개를 영업으로 하는 자이다(상87). 통설에 따른 대리상의 구체적인 요소는 다음과 같다. ① 대리·중개: 대리상은 일정한 상인을 위해 대리 또는 중개한다. 중개란 거래가 성립되도록 돕는 사실행위를 가리킨다. 대리권을 가진 대리상을 체약대리상(계약체결을 대리하는 대리상)이라 하고 중개권을 가진 대리상을 중개대리상이라고 한다. ② 행위대상: '일정한 상인을 위해 상시 그 영업부류에 속하는 거래'를 대리 또는 중개한다. 대리상은 일정한 상인을 계속적으로 보조하는 자로서 그의 영업적 상행위(기본적 상행위 또는 준상행위)를 대리 또는 중개한다. 따라서 불특정다수의 상인을 위해 일시적으로 대리 또는 중개하거나, 일정한 상인을 계속적으로 보조하더라도 그의 보조적 상행위를 대리 또는 중개하는 경우는 상법상 대리상이 아니다. ③ 특약점과 구분: 특약점은 일정한 상인으로부터 물품을 공급받아서 자신의 명의와 자신의 계산으로 영업적인 매매를 하는 상인이다(특약점은 물품을 공급하는 상인을 위해서 대리하거나 중개하는 것이 아니고 자신을 위해서 매매하는 상인이다). 특약점은 흔히 대리점이라는 명칭을 사용함으로써 대리상과 혼동이 될 수 있으나 대리 또는 중개를 영업으로 하는 것이 아니라는 점에서 대리상과 다르다. ④ 상인: 대리상은 대리상계약의 인수를 영업으로 하는 상인이다(상46⑽). 대리상의 대리 또는 중개는 대리상계약의 이행으로서 행하는 보조적 상행위(상47①) 또는 사실행위이다. 대리상은 독립된 상인이므로, 상인에 종속된 상업사용인[2-14]과 다르다.

## Ⅱ. 대리상의 법률관계

### 1. 대리상계약 [3-51]

대리상계약은 일정한 상인이 대리상에게 대리 또는 중개를 위탁하는 계약이다. 대리상계약은 위임계약의 성질을 갖는다(통설). 이는 일정한 방식을 요구하지 않고 청약과 승낙만으로 성립되는 불요식의 낙성계약이다. 상인과 대리상은 대리상계약에서 대리상의 종류(체약대리상 또는 중개대리상)를 정하게 된다.

### 2. 대리상의 의무

#### (1) 선관의무 [3-52]

대리상은 위탁자인 상인의 수임인으로서 위탁사무에 대해 선관주의(민681)를 기울여야 한다(통설).

#### (2) 통지의무 [3-53]

대리상이 거래의 대리 또는 중개를 한 경우 지체 없이 본인인 상인에게 그 통지를 발송해야 한다(상88). 통지의무는 대리 또는 중개별로 각각 이루어져야 한다(통설).

#### (3) 경업·겸직금지 [3-54]

① 의의: 대리상은 본인의 허락없이 자기나 제3자의 계산으로 본인인 상인의 영업부류에 속한 거래를 하거나, 동종영업을 목적으로 하는 회사의 무한책임사원 또는 이사가 되지 못한다(상89①). 전자가 경업금지이고 후자가 겸업금지이다. 대리상은 본인인 상인을 위해서 상시적으로 대리 또는 중개를 하므로 그의 영업비밀, 고객관계 등을 잘 알 수 있다. 대리상이 경업을 하면 이익상충(자신의 이익과 상

인의 이익이 충돌)으로 인해 상인의 이익이 침해될 수 있으므로 이를 방지하기 위해서 부작위의무로서 경업·겸직금지의무를 둔 것이다. ② 겸직금지대상: 겸직금지의 대상이 회사의 무한책임사원 또는 이사로 규정되어 있으나, 다른 상인의 사용인이 되는 것도 금지된다고 해석한다(통설). ③ 위반효과: 상업사용인이 경업·겸직금지를 위반한 경우의 효과(상17②~④)[2-27, 28]가 대리상에게 준용된다(상89②).

### (4) 영업비밀준수의무 [3-55]

대리상은 계약의 종료 후에도 대리상계약과 관련해 알게 된 본인인 상인의 영업상의 비밀을 준수해야 한다(상92의3). 이는 대리상이 본인인 상인을 위해 대리 또는 중개하므로 그의 영업비밀을 알 수 있는 위치에 있다는 점을 고려한 것이다. 이 규정에 따르면 계약기간 중에 영업비밀준수의무가 적용됨은 물론이고, 계약종료 후에도 영업비밀준수의무가 적용된다는 점에 상법 92조의3이 특별히 의미가 있다.

## 3. 대리상의 권리

### (1) 보수청구권 [3-56]

대리상은 대리상계약상 보수를 정하지 않은 경우에도 보수청구권을 갖는다(상61).

### (2) 유치권 [3-57]

대리상은 거래의 대리 또는 중개로 인한 채권이 변제기에 있는 경우 변제받을 때까지 본인을 위해 점유하는 물건 또는 유가증권을 유치할 수 있다(상91본). 그러나 당사자 간에 다른 약정이 있으면 그렇지 않다(상91단). 이는 특수상사유치권의 일종이다[3-11]. 유치물과 피담보채권의 개별적 견련성(유치물인 물건 또는 유가증권이 해당 피담보채권의 발생에 직접 관련되어야 한다)이 요구되지 않고, 유치물이 반드시 본인인 상인의 소유일 필요가 없다는 점에서 대리상의 유치권은 요건을 충족하기가 용이하다.

### (3) 보상청구권 [3-58]

① 의의: 대리상의 활동으로 본인인 상인이 새로운 고객을 획득하거나 영업상의 거래가 현저하게 증가하고 이로 인해 대리상계약의 종료 후에도 본인이 이

익을 얻고 있는 경우 대리상은 상당한 보상을 청구할 수 있다(상92의2①본). 다만, 계약의 종료가 대리상의 책임있는 사유로 인한 경우에는 그렇지 않다(상92의2①단). 대리상의 노력으로 고객증가 등이 이루어지면 본인인 상인이 대리상계약을 해지하는 방식으로 대리상의 노력을 편취하는 현상을 방지하고자 하는 것이 보상청구권의 취지이다. 보상청구권의 실질은 보수청구권의 일종이며, 다만 상법이 특별히 인정한 '법정'보수청구권의 성질을 갖는다(통설). ② 요건: 본인이 이익을 얻고 있는 경우는 실제로 영업이익을 얻고 있는 상태가 아니라 영업이익을 얻을 가능성이 있는 상태로 충분하다(통설). ③ 효과: 보상금액은 계약의 종료 전 5년간의 평균연보수액을 초과할 수 없고, 계약의 존속기간이 5년 미만인 경우 그 기간의 평균연보수액을 기준으로 한다(상92의2②). 보상청구권은 계약이 종료한 날부터 6월을 경과하면 소멸한다(상92의2③). ④ 배제의 특약: 보상청구권을 배제하는 당사자의 특약이 유효한지에 대해 부정설(본인인 상인과 대리상 사이의 경제적 불균형을 고려할 때 무효이다)과 긍정설(대리상도 상인인데 상법상 상인 간의 경제적 불균형은 인정하기 어려우므로 유효이다)이 대립한다. ⑤ 유추적용: 판례는 특약점보호를 위해서 특약점[3-50]에 대해 대리상의 보상청구권을 유추적용하고 있다.

#### (4) 통지받을 권한 [3-59]

물건의 판매나 그 중개의 위탁을 받은 대리상은 매매의 목적물의 하자 또는 수량부족 기타 매매의 이행에 관한 통지를 받을 권한이 있다(상90). 이는 매수인을 보호하기 위한 규정으로서 대리상에게 통지하는 것으로 본인인 상인에게 통지한 것과 같은 효과가 생기게 한 것이다. 이 규정이 없더라도 체약대리상은 이러한 통지를 받을 권한이 인정된다고 해석되므로, 이는 중개대리상을 위한 특칙이다(다수설).

### 4. 대리상계약의 해지 [3-60]

대리상계약의 존속기간을 약정하지 않은 경우 각 당사자는 2개월 전에 예고하고 계약을 해지할 수 있다(상92①). 이는 위임에 대한 상호해지의 자유(민법 689조 1항은 위임계약은 각 당사자가 언제든지 해지할 수 있다고 규정한다)를 제한하여 예고를 의무화한 것이다. 본인인 상인과 대리상의 계속적 관계를 고려하여 해지로 인한 피해를 줄이자는 취지이다. 한편, 부득이한 사정이 있는 경우에는 대리상계약의 존속기간에 관한 약정이 있는지를 묻지 않고 각 당사자는 언제든지 대리상계약을 해지할 수 있다(상92②).

## 제2관 중 개 업

### Ⅰ. 중개인의 의의 [3-61]

중개인은 타인 간의 상행위의 중개를 영업으로 하는 자이다(상93). 통설에 따른 중개인의 구체적 요소는 다음과 같다. ① 상행위의 중개: 상행위의 중개는 당사자 간에 상행위가 이루어지도록 돕는 사실행위이다. 여기의 상행위는 일방적 상행위도 포함된다. 보조적 상행위도 포함되는지에 대해서는 부정하는 입장(상법상 중개인은 영업으로 반복되는 상행위의 중개를 전제하므로 영업적 상행위이어야 한다)과 긍정하는 입장(상법상 중개인은 불특정다수인을 대상으로 일시적으로 중개하므로 보조적 상행위도 무방하다)이 대립한다. 한편, 상행위가 아닌 민사행위의 중개를 영업으로 하는 민사중개인도 중개인의 일종이다. 민사중개인과 구별하기 위해서는 상법 93조가 말하는 중개인을 상사중개인이라고 부를 수 있다. 가령 결혼중개업자는 전형적인 민사중개인이다. 부동산중개인의 경우 민사행위(부동산거래의 당사자 쌍방이 상인이 아닌 경우)의 중개를 영업으로 하면 민사중개인이고, 상행위(부동산거래의 당사자 중 적어도 일방이 상인인 경우)의 중개를 영업으로 하면 상사중개인이다. 상사중개인과 민사중개인은 중개대상인 행위의 성질(상행위인지 민사행위인지)에 따른 구분일 뿐이지 상인인지 여부를 구분하는 것은 아니다. 즉, 민사중개인도 중개를 영업으로 하면 상인이므로(상46(11)) 상법이 적용된다. 다만, 민사중개인에게는 상사중개인에 관한 상법 93조~100조의 규정이 적용되지 않는 것이다(이 규정은 상행위를 중개하는 중개인에게 적용되기에 적합한 내용을 담고 있어서 민사중개인에게는 적용되지 않는 것이다). ② 중개대리상과의 구분: 중개대리상은 일정한 상인을 위해 계속적으로 중개하는 자이지만, 중개인은 불특정다수인을 위해 일시적으로 중개하는 자라는 점에서 차이가 있다. ③ 상인: 중개인은 중개계약의 인수를 영업으로 하는 상인이다(상46(11)). 중개인의 중개행위는 중개계약의 이행으로서 행하는 사실행위이다.

## Ⅱ. 중개업의 법률관계

### 1. 중개계약 [3-62]

① 의의: 중개계약은 상행위의 당사자가 중개인에게 중개를 위탁하는 계약이다. 중개계약은 위임계약의 성질을 갖는다(통설). 이는 일정한 방식을 요구하지 않고 청약과 승낙만으로 성립되는 불요식의 낙성계약이다. ② 종류: 중개계약은 쌍방적 위탁(중개인이 상행위의 당사자 쌍방과 중개계약을 체결한다)과 일방적 위탁(중개인이 상행위의 당사자 일방과만 중개계약을 체결한다)으로 나뉜다. 또한 중개계약은 쌍방적 중개계약(중개인이 적극적 중개의무를 부담하고 거래성립 시에 위탁자가 보수지급의무를 부담한다)과 일방적 중개계약(중개인이 적극적 중개의무는 지지 않으나 거래성립 시에 위탁자가 보수지급의무를 부담한다)으로 나뉜다. 통설은 당사자 사이에 특별한 약정이 없는 경우 쌍방적 중개계약으로 본다.

### 2. 중개인의 의무

#### (1) 선관의무 [3-63]

중개인은 위탁자의 수임인으로서 위탁사무에 대해 선관주의(민681)를 기울여야 한다(통설).

#### (2) 견품보관의무 [3-64]

중개인이 중개한 행위에 관해 견품을 받은 경우 그 '행위가 완료될 때'까지 보관해야 한다(상95). 이는 당사자 사이에 견품과 실제거래물품과의 차이로 인한 분쟁에 대비하자는 취지이다. 따라서 여기서 '행위가 완료될 때'는 계약이 완료된 때가 아니라 그러한 분쟁이 발생하지 않을 것이 확실하게 된 때를 의미한다고 해석한다(통설).

#### (3) 결약서교부의무 [3-65]

당사자 간에 계약이 성립된 경우 중개인은 지체 없이 결약서(각 당사자의 성명 또는 상호, 계약연월일과 그 요령[주요내용]을 기재한 서면)를 작성하여 기명날인(또는 서명)을 한 후 각 당사자에게 교부해야 한다(상96①). 결약서는 계약성립 이후에 교부하는 것으로서 계약서는 아니고 계약내용에 관한 증거이다(통설). 당사자가 즉시 이행을 해야 하는 경우를 제외하고 중개인은 각 당사자로 하여금 결약서에 기명날인(또는 서명)하게 한 후 그 상대방에게 교부해야 한다(상96②). 이는 당사자에게 계약내용을 확인시키자는 취지이다[이 경우 결약서 내용대로 계약이 체결된 것으로 추정된다(민소358)]. 만약 당사자의 일방이 결약서의 수령을 거부하거나 기명날인(또는 서명)을 하지 않으면 중개인은 지체 없이 상대방에게 통지를 발송해야 한다(상96③). 이는 당사자 사이에 계약내용에 관한 분쟁의 소지가 있음을 의미하므로 상대방에게 알려주자는 취지이다.

### (4) 장부작성의무 [3-66]

중개인은 결약서에 기재하는 사항을 장부에 기재해야 한다(상97①). 당사자는 언제든지 자기를 위해 중개한 행위에 관한 장부의 등본을 교부할 것을 청구할 수 있다(상97②). 이러한 장부는 거래의 증거에 해당한다.

### (5) 묵비의무 [3-67]

당사자가 성명(또는 상호)을 상대방에게 표시하지 않을 것을 중개인에게 요구한 경우 중개인은 상대방에게 교부할 결약서와 장부등본에 기재하지 못한다(상98). 상거래에서는 당사자의 개성이 중시되지 않는 것(상대방이 누구인지보다는 상거래가 성립되어 이행되는 것이 보다 중요)이 일반적이라는 점을 고려하여 묵비의무를 인정한 것이다.

### (6) 개입의무(이행책임) [3-68]

중개인이 임의로 또는 묵비의무에 따라서 당사자 일방의 성명(또는 상호)을 상대방에게 표시하지 않은 경우 상대방은 중개인에게 이행을 청구할 수 있다(상99). 이 경우 묵비된 당사자 일방이 이행하지 않으면 그 상대방이 그에게 책임을 물을 수 없으므로, 중개인에게 담보책임 성격의 개입의무를 부담하게 한 것이다. 중개인이 개입의무에 따라서 개입한 경우에도 중개인이 거래의 당사자가 되는 것은 아니다(통설). 개입의무는 상대방이 중개인을 신뢰하고 거래한 것에 대한 담보책임에 불과하기 때문이다. 계약이 성립된 후 묵비된 당사자의 성명(또는 상호)이 개시되어도 중개인에 대한 상대방의 신뢰는 보호될 필요가 있으므로 중개인의 이행책임은 지속된다(통설).

### 3. 중개인의 권리

#### (1) 보수청구권 [3-69]

중개인은 중개계약상 보수를 정하지 않은 경우에도 보수청구권을 갖는다(상61). 보수(중개료)를 청구하기 위해서는 단순히 중개행위를 한 것만으로는 부족하고 중개행위로 인해서 당사자 사이에 계약이 유효하게 성립되어야 한다(다만, 거래당사자 사이에서 계약이 성립한 이상 그 이행 여부는 보수청구권에 영향을 미치지 못한다)(통설). 이에 따라 중개인은 결약서의 교부절차를 종료하지 않으면 보수를 청구하지 못한다(상100①). 중개인의 보수는 당사자 쌍방이 균분하여 부담한다(상100②). 다만, 다른 약정이나 관습이 있으면 그에 따른다(통설).

#### (2) 급여수령대리권 [3-70]

중개인은 중개한 행위에 관하여 당사자를 위해 지급 기타의 이행을 받지 못하고, 다만 다른 약정이나 관습이 있으면 그렇지 않다(상94). 중개인은 대리권이 없기 때문이다. 다만, 중개인이 개입의무를 부담하게 된 경우라면 급여수령대리권이 인정된다(통설).

## 제 3 관 위탁매매업

### Ⅰ. 위탁매매인의 의의 [3-71]

위탁매매인은 자기명의로써 타인의 계산으로 위탁물(물건 또는 유가증권)의 매매를 영업으로 하는 자이다(상101). 통설에 따른 위탁매매인의 구체적인 요소는 다음과 같다. ① 주선: 주선은 '자기명의'로써 '타인의 계산'으로 거래하는 법률행위이고, 위탁매매는 대표적인 주선행위이다. 첫째, 주선인의 명의로 거래하므로 주선행위의 법률적 효과는 행위자인 주선인(위탁매매인)에게 귀속된다. 즉, 위탁매매인은 위탁매매로 인해 상대방에게 직접 권리를 취득하고 의무를 부담한다(상102). 둘째, 타인인 위탁자의 계산으로 매매하므로 경제적 효과는 그에게 귀속된다. 즉, 위탁매매인은 타인인 위탁자로부터 물건 또는 유가증권을 수령하여 이를 매매한 후 그 대가는 위탁자에게 이전하고 약정된 보수를 받게 된다. ② 주선대상: 위탁매매인은 물건 또는 유가증권의 매매를 주선한다. 물건에 부동산이 포함되는지는 긍정설과 부정설(위탁물이 위탁자의 소유로 간주되는 예외적인 경우에 위탁물이 부동산이면 제3자에게 불측의 손해를 줄 수 있다는 점을 논거로 한다. 이에 대해서는 위탁물의 귀속[3-73]에서 논의한다)이 대립한다. 한편, 물건운송의 주선행위는 운송주선(상114)이고, 위탁매매와 운송주선을 제외한 기타의 주선행위는 준위탁매매(상113)라고 한다. ③ 상인: 위탁매매인은 위탁매매계약의 인수를 영업으로 하는 상인이다(상46⑿). 위탁매매인이 체결하는 매매계약은 위탁매매계약의 이행으로서 행하는 보조적 상행위이다(상47①).

## Ⅱ. 위탁매매업의 법률관계

### 1. 3면 관계

#### (1) 위탁자와 위탁매매인 [3-72]

① 의의: 위탁자와 위탁매매인은 위탁매매계약(위탁계약이라고도 한다)을 체결한다. 이를 위탁매매의 내부관계라고 한다. 위탁매매계약은 위탁자가 위탁매매인에게 위탁물(물건 또는 유가증권)의 매매를 위탁하는 계약이다. 이는 물건 등을 사달라는 매수위탁과 팔아달라는 매도위탁으로 구분되며, 매수와 매도 중 하나만을 위탁할 수도 있고 둘 다 위탁할 수도 있다. 위탁매매계약은 위임계약의 성질을 갖는다(상112, 민680). 이는 일정한 방식을 요구하지 않고 청약과 승낙만으로 성립되는 불요식의 낙성계약이다. ② 매수위탁자가 상인인 경우: 상인인 위탁자가 자신의 영업에 관해 물건의 매수를 위탁한 경우 위탁자와 위탁매매인 간의 관계에는 상인 간의 상사매매에 관한 규정(상68~71)을 준용한다(상110). 위탁자와 위탁매매인은 원칙적으로 위임관계이지만 상인 간의 거래를 신속하게 종결시키기 위해서 위탁자를 매수인, 위탁매매인을 매도인이라고 의제하여 상사매매 규정을 준용하는 것이다.

(2) 위탁매매인과 거래상대방

위탁자는 위탁매매계약을 이행하기 위해서 거래상대방과 매매계약을 체결한다. 위탁매매인은 위탁에 따른 매매계약의 당사자이므로 거래상대방에게 직접 권리를 취득하고 의무를 부담한다(상102). 이를 위탁매매의 외부관계라고 한다.

(3) 위탁자와 거래상대방

위탁자와 거래상대방 사이에는 직접적인 법률관계가 존재하지 않는다. 따라서 위탁자와 거래상대방은 서로에게 매매계약상 이행을 청구하는 등의 행위를 할 수 없다.

## 2. 위탁물의 귀속 [3-73]

(1) 대외관계

위탁매매인이 위탁자를 위해 위탁물(위탁매매인이 위탁자로부터 받은 물건·유가증권, 또는 위탁매매로 인해 취득한 물건·유가증권·채권)을 점유하는 경우(위탁자로부터 매매를 위탁받아 점유한 때부터 매매 후에 그 결과를 위탁자에게 이전시킬 때까지) 대외적으로 위탁매매인의 소유로 보는 것이 원칙이다(통설). 이는 위탁매매인이 위탁에 따른 매매계약의 당사자이고 위탁매매인의 명의로 매매하기 위해 법적 형식의 측면에서 필요하기 때문이다.

(2) 대내관계

위탁물은 '위탁자와 위탁매매인 간의 관계' 또는 '위탁자와 위탁매매인의 채권자 간의 관계'에서는 이를 위탁자의 소유 또는 채권으로 본다(상103). 전자는 대내관계이고, 후자도 넓은 의미에서 대내관계에 포함시킬 수 있다. 이는 경제적 실질로 보면 위탁자가 위탁물에 직접적 이익을 가지고 있고 나아가 위탁매매인은 위탁자와의 관계에서 신탁의 수탁자와 유사한 지위에 있다는 점을 반영한 것이다(판례)(즉, 경제적 실질 면에서 보면 위탁자가 위탁물의 진정한 소유자 또는 채권자이고 위탁매매인은 그를 위해 활동하는 수임인에 불과하다). 가령 위탁매매인이 파산하거나 강제집행을 당하는 경우 위탁자가 다른 채권자와 동등한 지위를 가진 일반 채권자에 불과하다면(채권자평등의 원칙에 대해서는 [1-9]), 위탁매매의 경제적 실질과 모순되는 결과가 생긴다. 이를 방지하기 위해 대내관계에서 위탁물의 귀속을 대외관계와 다르게 정한 것이다.

위탁물을 위탁자의 소유 또는 채권으로 보는 구체적 내용은 다음과 같다(설명의 편의상 위탁물을 물건·유가증권으로 제한하여 위탁자의 소유로 단순화한다). ① '위탁자와 위탁매매인 간의 관계'에서 위탁물은 위탁자의 소유이므로, 위탁매매인이 이를 임의로 소비하면 횡령죄가 성립된다(판례·통설). ② '위탁자와 위탁매매인의 채권자 간의 관계'에서 위탁물은 위탁자의 소유이므로, 위탁매매인의 채권자가 위탁물에 대해 강제집행을 하는 경우 위탁자는 이의의 소를 제기할 수 있고(민집48), 위탁매매인이 파산절차·회생절차에 들어간 경우 위탁자는 위탁물에 대한 환취권(반환·인도를 청구하는 권리)을 행사할 수 있다(회생70,407). ③ 위탁물이 부동산인 경우에 위 ① 또는 ②를 적용하게 되면 권리의 외관과 실질이 달라서 제3자가 불측의 손해를 보는 문제가 생길 수 있다. 위탁매매인이 부동산등기부상 소유자로 등기되어 있는 경우 이를 신뢰하고 위탁매매인과 거래하여 채권자가 된 제3자가 그러하다. 이 점을 고려해서 위탁물에서 부동산을 제외하자는 입장이 있음은 전술하였다[3-71].

### 3. 위탁매매인의 의무

#### (1) 선관의무 [3-74]

위탁매매인은 위탁자의 수임인으로서 위탁사무에 대해 선관주의를 기울여야 한다(상112,민681). 여기에는 매매계약의 체결, 위탁물의 보관 등이 포함된다.

#### (2) 통지의무 및 계산서제출의무 [3-75]

위탁매매인이 위탁받은 매매를 한 경우 지체 없이 위탁자에게 그 계약의 요령(주요내용)과 거래상대방의 주소·성명의 통지를 발송해야 하며 계산서를 제출해야 한다(상104).

#### (3) 지정가액준수의무 [3-76]

매매가격은 위탁자가 위탁매매인에게 일임하거나 지정한다. 지정가액이 있는 경우 위탁매매인은 이를 준수해야 한다. ① 위탁자가 지정한 가액보다 염가로 매도하거나 고가로 매수한 경우에도 위탁매매인이 그 차액을 부담하면 그 매매는 위탁자에게 효력이 있다(상106①). 즉, 지정가액을 준수하지 않은 매매는 위탁자와 위탁매매인 간에 효력이 없지만, 이 경우도 그 차액을 위탁매매인이 부담한 경우에는 위탁자와 위탁매매인 간에 효력이 있다는 의미이다(한편, 지정가액을 준수했는지가 위탁매매인과 상대방 간의 매매의 효력에 영향을 미치지 못함은 물론이다). ② 위탁자가 지정가액보다 고가로 매도하거나 염가로 매수한 경우에 그 차액은 다른 약정이 없으면 위탁자의 이익으로 한다(상106②).

#### (4) 이행담보책임 [3-77]

위탁매매인은 위탁자를 위한 매매에 관해 상대방이 채무를 이행하지 않는 경우 위탁자에게 이행할 책임이 있다(상105본). 그러나 다른 약정이나 관습이 있으면 그렇지 않다(상105단). 이행담보책임은 상대방의 채무가 그 성질상 대체급부가 가능한 경우에만 인정된다. 이행담보책임은 위탁자보호를 위해 상법이 인정하는 법정책임으로서 무과실책임이다(통설).

#### (5) 위탁물 훼손 등의 통지의무 [3-78]

위탁매매인이 위탁물을 인도받은 후에 훼손·하자를 발견하거나 부패할 염려가 있는 때 또는 가격저락의 상황을 안 때에는 지체 없이 위탁자에게 통지를 발송해야 한다(상108①). 위탁자의 지시를 받기 위해 통지가 필요한 것이다. 이때 위탁자의 지시를 받을 수 없거나 지시가 지연되는 경우 위탁매매인은 위탁자의 이익을 위해 적당한 처분을 할 수 있다(상108②).

### 4. 위탁매매인의 권리

#### (1) 개입권 [3-79]

① 의의: 위탁매매인이 거래소의 시세가 있는 물건 또는 유가증권의 매매를 위탁받은 경우 직접 그 매도인이나 매수인이 될 수 있다(상107①). 즉, 위탁매매인이 매매의 상대방이 될 수 있는 권리가 개입권이다. 이 경우에 매매대가는 위탁매매인이 매매의 통지를 발송할 때의 거래소의 시세에 따른다(상107①). 거래소는 공개적·경쟁적으로 거래가 이루어져서 매매가액의 공정성이 보장되므로 개입권이 인정되어도 위탁자에게 손해가 없기 때문이다. 개입권은 형성권으로서 위탁매매인의 일방적 의사표시로 행사할 수 있다(통설). 위탁매매인이 개입권을 행사하여 거래하면 마치 위탁매매인이 자신과 스스로 거래하는 것으로 보일 수 있

다. 그러나 위탁매매인은 자기명의로써 타인의 계산으로 거래하는 것이므로 경제적 관점에서 보면 타인과 자신의 거래라고 볼 수 있다. ② 보수청구권: 위탁매매인은 개입권을 행사한 경우 위탁자에게 보수를 청구할 수 있다(상107②). 개입권 행사는 위탁매매계약을 이행하는 하나의 방법에 불과하므로 위탁매매계약이 소멸하는 것이 아니고 따라서 위탁매매인은 보수를 청구할 수 있다.

(2) 기타 권리 [3-80]

① 보수청구권: 위탁매매인은 위탁매매계약상 보수를 정하지 않은 경우에도 보수청구권을 갖는다(상61). ② 공탁권·경매권: 상사매매에서 공탁권·경매권(상67)[3-25]은 위탁매매인이 매수위탁을 받은 경우 위탁자가 매수한 물건의 수령을 거부하거나 수령할 수 없는 때에 준용한다(상109). ③ 유치권: 대리상의 유치권(상91)[3-57]은 위탁매매인에 준용한다(상111).

### 5. 준위탁매매인 [3-81]

준위탁매매인은 매매주선, 운송주선 이외의 주선행위를 영업으로 하는 자이다. 매매주선을 영업으로 하는 자는 위탁매매인(상101)이고 운송주선을 영업으로 하는 자는 운송주선인(상114)이다(연혁적으로 매매주선과 운송주선이 먼저 발달하여 위탁매매인과 운송주선인이라는 독자적인 명칭을 갖게 되었고 나머지 주선인은 준위탁매매인으로 통칭된다). 위탁매매인에 관한 규정(상102~112)을 준위탁매매인에 준용한다(상113).

## 제4관 운송주선업

### Ⅰ. 운송주선인의 의의 [3-82]

운송주선인은 자기명의로 물건운송의 주선을 영업으로 하는 자이다(상114). 통설에 따른 운송주선인의 구체적인 요소는 다음과 같다. ① 주선: 주선은 자기명의로써 타인의 계산으로 거래하는 법률행위이다[3-71]. 주선을 한다는 점에서 운송주선인은 위탁매매인(상101)과 같다. 말하자면 운송주선인은 송하인으로부터

'물건운송서비스를 구해 달라'는 위탁을 받고, 자기의 명의로 송하인의 계산으로 운송계약을 체결하는 것이다. 따라서 다른 규정이 없는 경우 위탁매매인의 규정을 운송주선인에 준용한다(상123). ② 주선대상: 운송주선인은 물건운송의 주선을 대상으로 하며, 운송방법은 육상·해상·항공운송 중 어느 것이든 무방하다. 여객운송의 주선은 운송주선업이 아니라 준위탁매매업에 속한다(상113)(여객운송의 주선은 물건운송의 주선과 법리가 다르기 때문에 운송주선인에 포함시키지 않고 준위탁매매인으로 분류된다). ③ 상인: 운송주선인은 운송주선계약의 인수를 영업으로 하는 상인이다(상46⑿). 운송주선인이 체결하는 물건운송계약은 운송주선의 이행으로서 행하는 보조적 상행위이다(상47①).

## Ⅱ. 운송주선업의 법률관계

### 1. 운송주선계약 [3-83]

운송주선계약은 위탁자인 송하인이 운송주선인에게 물건운송계약의 체결을 위탁하는 계약이다. 운송주선인은 운송주선계약을 이행하기 위해 운송인과 물건운송계약을 체결하게 된다. 따라서 위탁자와 운송인 사이에는 직접적인 법률관계가 존재하지 않는 것이 원칙이다. 운송주선계약은 위임계약의 성질을 갖는다(상123,112,민680). 이는 일정한 방식을 요구하지 않고 청약과 승낙만으로 성립되는 불요식의 낙성계약이다.

### 2. 운송주선인의 의무 [3-84]

① 선관의무: 운송주선인은 위임계약인 운송주선계약에 따른 수임인이므로 위탁자에게 선관의무(선량한 관리자의 주의를 다할 의무)(민681)를 부담한다. ② 운송계약의 체결: 운송주선계약은 운송계약체결의 위탁을 내용으로 하는 계약이므로 이에 따라 운송주선인은 위탁자인 송하인을 위해서 운송인과 운송계약을 체결하게 된다. 운송주선인은 운송계약의 당사자로서 송하인의 지위를 갖게 된다(운송주선계약의 당사자인 송하인은 운송계약의 당사자가 아니므로 운송계약상 송하인의 지위를 갖지 못하고 운송주선계약에서만 송하인의 지위를 갖는다). ③ 기타 의무: 위탁매매인의 규정이 운송주선인에게 준용됨에 따라(상123), 운송주선인은 통지의무·계산서제출의무

[3-75], 지정운임준수의무[3-76], 운송물의 훼손 등에 대한 통지의무[3-78]를 부담한다. 이행담보책임[3-77]은 준용되지 않는다(이행담보책임은 대체급부가 가능한 경우에만 인정되는데, 운송인의 의무는 운송주선인이 대체할 수 있는 급부라고 보기 어렵기 때문이다)(통설).

### 3. 운송주선인의 손해배상책임

#### (1) 의의 [3-85]

운송주선인은 자기나 그 사용인이 운송(운송물의 수령·인도·보관, 운송인이나 다른 운송주선인의 선택 등)에 관해 과실이 없었음을 증명하지 않으면 운송물의 멸실·훼손·연착으로 인한 손해배상책임을 진다(상115). 상법 115조가 규정하는 손해배상책임은 운송주선인이 운송주선계약을 불이행하여 지는 채무불이행책임이다. 그런데 이 경우 운송주선인에게는 불법행위책임(민750)도 성립되는 것이 보통이다. 이러한 불법행위책임은 손해배상책임과 요건·효과가 다른 별개이므로 병존적 청구권경합의 관계[1-10]이며[가령 채무불이행책임은 과실이 추정되나 불법행위책임은 그렇지 않고, 채무불이행책임은 고가물의 특칙(상136)이 적용되나 불법행위책임은 그렇지 않다], 피해자보호의 차원에서 피해자는 이들을 경합적으로 각각 행사할 수 있다(청구권경합설)(판례·통설).

#### (2) 요건 [3-86]

① 주관적 요건: 운송주선인의 책임은 과실책임이고, 다만 그는 무과실의 입증책임을 부담한다(과실추정주의). 즉, 운송주선인은 자기나 그 사용인이 운송에 관해 과실이 없었음을 입증해야 한다. ② 객관적 요건: 운송과 관련하여(운송관련성) 운송물의 멸실·훼손·연착으로 인한 손해가 발생해야 한다. 이에 대한 입증은 청구권자가 해야 한다. 운송물의 수령·인도·보관, 운송인이나 다른 운송주선인의 선택은 운송관련성의 예시이다(통설). 운송물의 멸실에는 물리적 멸실은 물론이고 도난·분실 등도 포함된다(통설).

#### (3) 효과 [3-87]

① 손해배상액: 운송주선인의 손해배상액은 민법의 일반원칙(민393)에 따른다. 즉, 통상손해는 물론이고 특별손해(운송인이 알았거나 알 수 있었던 특별한 사정으로 인한 손해)도 배상해야 한다. 육상운송인은 손해배상액의 정형화에 관한 규정이 있

지만(상137), 운송주선인은 이러한 규정이 없다. ② 고가물의 특칙: 화폐, 유가증권 기타의 고가물은 위탁자가 운송계약의 위탁 시에 그 종류와 가액을 명시하지 않으면 운송주선인이 손해배상책임이 없다(상124,136)[3-104]. 다만, 고가물에 대한 운송주선인 또는 그 사용인에 의한 불법행위책임은 별개의 문제이다(청구권경합설)(통설). ③ 소멸시효: 운송주선인의 손해배상책임은 수하인이 운송물을 수령한 날로부터(운송물의 전부멸실인 경우는 운송물을 인도할 날로부터) 1년을 경과하면 소멸시효가 완성된다(상121①②). 다만, 운송주선인이나 그 사용인이 악의인 경우는 이러한 단기소멸시효가 적용되지 않고(상121③) 5년의 상사시효(상64본)가 적용된다(통설).

### 4. 운송주선인의 권리

#### (1) 개입권 [3-88]

① 의의: 운송주선인은 다른 약정이 없으면 직접 운송할 수 있다(상116①). 이를 개입권이라고 한다. 개입권은 운송의 운임 및 운송방법이 대개 일정하여 폐단이 없기 때문에 인정된다. 개입권은 형성권으로서 운송주선인의 일방적 의사표시로 행사할 수 있다(통설). ② 행사의제: 운송주선인이 위탁자의 청구에 의해 화물상환증을 작성한 때에는 직접 운송하는 것으로 본다(상116②). 이 경우는 운송주선인이 직접 운송하겠다는 묵시적 의사표시를 한 것으로 볼 수 있기 때문이다. ③ 개입효과: 운송주선인은 개입권을 행사한 경우 운송인과 동일한 권리의무가 있다(상116①). 다만, 개입권 행사는 운송주선계약을 이행하는 하나의 방법에 불과하므로 운송주선계약이 소멸하는 것은 아니다(통설). 따라서 운송주선인은 운송인으로서의 보수·비용 이외에도 운송주선인으로서의 보수·비용을 청구할 수 있다.

#### (2) 보수청구권 [3-89]

운송주선인은 운송물을 운송인에게 인도한 때에는 즉시 보수를 청구할 수 있다(상119①). 청구의 상대방은 운송주선계약의 상대방인 송하인이다. 시기는 운송인에게 인도한 때이다(수하인에게 인도한 때가 아니다). 다만, 확정운임운송주선계약(운송주선계약에서 운임의 액을 정한 경우)에는 다른 약정이 없으면 따로 보수를 청구하지 못한다(상119②). 이 경우는 운임의 액에 보수가 포함되어 있다고 간주된다[만약 정해진 운임의 액에 보수가 제외되어 있음이 명백한 경우는 따로 보수를 청구할 수 있다(판례)]. 이 점을 고려하여 확정운임운송주선계약은 위탁자와 운송주선인 간의 운송계약이며, 운송주선인의 지위는 운송인의 지위로 갈음한다(판례·통설).

(3) 기타 권리 [3-90]

① 유치권: 운송주선인은 운송물에 관해 받을 보수, 운임, 기타 위탁자를 위한 체당금[3-14]이나 선대금에 관해서만 그 운송물을 유치할 수 있다(상120). 유치물과 피담보채권 사이에 개별적 견련성(유치물인 운송물이 해당 피담보채권의 발생에 직접 관련되어야 한다)이 요구되나, 유치물이 반드시 채무자의 소유일 필요는 없다. 이 점에서는 민사유치권의 요건[1-175]과 같지만, 유치물이 운송물에 한정된다는 점에서 다르다. ② 비용상환청구권: 운송주선인은 운송주선계약의 이행으로 인해 발생한 비용(운임 등)의 지급을 위탁자에게 청구할 수 있다(상123,112,민687,688).

(4) 소멸시효 [3-91]

운송주선인의 위탁자 또는 수하인에 대한 채권은 1년간 행사하지 않으면 소멸시효가 완성한다(상122).

### 5. 수하인의 지위 [3-92]

운송주선계약상 수하인(운송주선계약에서 운송물의 수령인으로 기재된 자)은 운송주선계약의 당사자가 아니다. 다만, 수하인은 법률의 규정에 의해서 일정한 지위를 획득하는데, 운송계약상 수하인이 획득하는 지위(상140,141)[3-111]가 준용된다(상124).

## Ⅲ. 순차운송주선

### 1. 의의 [3-93]

순차운송주선은 수인의 운송주선인이 동일한 운송물에 대해 순차적으로 운송주선을 하는 경우를 가리킨다. 이는 장거리운송에 흔히 나타나는 운송주선이다.

### 2. 종류 [3-94]

순차운송주선은 세 종류가 있다. ① 부분운송주선: 이는 위탁자가 수인의 운송주선인과 구간별로 운송주선계약을 체결한 것이다. 이 경우 위탁자에게 수개의 독립한 운송주선계약이 존재할 뿐이고, 운송주선인 간에는 법률관계가 존재하지 않는다. ② 하수운송주선: 이는 위탁자가 최초의 운송주선인과 전구간에 대한 운송주선계약을 체결하고, 최초운송주선인이 그 전부 또는 일부를 '다른 운송주선인'(하수운송주선인)에게 하도급을 주는 경우이다. 하수운송주선인은 위탁자가 체결한 운송주선계약의 당사자가 아니라 최초운송주선인의 이행보조자이며, 최초운송주선인은 하수운송주선인의 선택 등에 관한 주의의무 위반에 대해 손해배상책임을 진다(상115). ③ 중간운송주선(또는 중계운송주선): 이는 최초의 운송주선인이 위탁자와 일부 구간의 운송주선계약을 체결하고 나머지 구간에 대해 최초운송주선인이 자기명의로 위탁자의 계산으로 다른 중간운송주선인과 운송주선계약을 체결하는 것이다. 상법 117조가 규정하는 '수인이 순차로 운송주선을 하는 경우'는 중간운송주선을 가리킨다(통설).

### 3. 순차운송주선의 특칙 [3-95]

상법은 순차운송주선(즉, 중간운송주선)에 관여된 순차운송주선인 간의 법률관계에 대해 규정하고 있다. 가령 송하인 갑의 위탁을 받은 최초의 운송주선인 A와 그로부터 운송주선을 위탁받은 중간운송주선인 B의 법률관계를 보자. ① 대위의무: 후자인 순차운송주선인이 전자인 순차운송주선인에 갈음하여 전자의 권리를 행사할 의무를 부담한다(상117①). 이는 후자가 전자를 위해 일종의 대위의무를 지는 것이다. 가령 A가 갑으로부터 보수를 받지 못한 경우, B는 운송물에 대한 유치권(상120)을 대위행사해야 한다. ② 대위변제(1): 후자인 순차운송주선인은 전자인 순차운송주선인에게 변제한 경우 전자의 권리를 취득한다(상117②). 가령 A가 갑으로부터 보수를 받지 못했으나 B가 이를 대위변제한 경우, B가 A의 갑에 대한 보수청구권을 취득한다. ③ 대위변제(2): 순차운송주선인이 운송인에게 변제한 경우 운송인의 권리를 취득한다(상118). 가령 A가 운송계약을 체결한 운송인 C에게 지급해야 할 운임을 B가 대위변제한 경우, B가 A의 C에 대한 권리를 취득한다.

# 제5관 운 송 업

## Ⅰ. 운송인의 의의 [3-96]

운송인은 육상 또는 호천, 항만에서 물건 또는 여객의 운송을 영업으로 하는 자이다(상125). 운송은 일정한 장소로 이동시키는 행위이다. 운송인은 육상운송인(육상운송에 의한 운송인)을 가리킨다(호천, 항만에서 운송도 육상운송에 포함된다). 해상운송인은 상법 해상편, 항공운송인은 상법 항공운송편이 별도로 규정하고 있다. ① 운송대상: 물건 또는 여객이 운송대상이다. 전자를 영업으로 하는 자가 물건운송인, 후자를 영업으로 하는 자가 여객운송인이다. ② 상인: 운송인은 운송계약의 인수를 영업으로 하는 상인이다(상46⒀). 운송인이 하는 운송은 운송계약의 이행으로서 행하는 사실행위이다.

## Ⅱ. 물건운송의 법률관계

### 1. 물건운송계약 [3-97]

① 의의: 운송계약은 운송인이 물건을 한 장소에서 다른 장소로 이동시킬 것을 약속하고 송하인이 일정한 보수를 지급할 것을 약속함으로써 성립되는 계약이다. 운송계약에는 운송물, 발송지·도착지, 수하인(운송물의 수령인), 운임 등이 포함된다. 운송계약은 운송의 완성을 목적으로 하므로 도급계약(민664)에 해당한다(통설). 운송계약은 일정한 방식을 요구하지 않고 청약과 승낙만으로 성립되는 불요식의 낙성계약이다. ② 당사자: 운송계약의 당사자는 운송인과 송하인(위탁자)이다. 송하인은 물건의 소유자일 수도 있지만 운송주선인과 같이 소유자가 아닐 수도 있다. 그리고 수하인은 운송계약의 당사자가 아니다. ③ 화물상환증이 발행된 경우: 화물상환증이 발행된 경우 운송계약은 화물상환증의 문면에 기재된 내용에 영향을 받는다(이를 화물상환증의 문언증권성이라고 한다)[3-113].

## 2. 물건운송인의 의무

### (1) 운송의무 [3-98]

운송인은 운송계약에 따라 운송의무를 부담한다. 운송의무에는 운송물의 운송뿐만 아니라 수령·보관·인도의무도 포함된다(상135). 이 중에서 인도의무는 아래 [3-101]에서 살펴본다.

### (2) 환물상환증발행의무 [3-99]

운송인은 송하인의 청구에 따라 화물상환증을 발행해야 한다(상128①). 화물상환증에 대해서는 아래 [3-112]에서 살펴본다.

### (3) 처분의무 [3-100]

송하인(화물상환증이 발행된 경우라면 그 소지인)은 운송인에게 운송의 중지, 운송물의 반환 기타의 처분을 청구할 수 있다(상139①). 운송인은 이에 따라 처분의무를 진다. 운송인은 이미 운송한 비율에 따른 운임, 체당금[3-14], 처분비용의 지급을 청구할 수 있다(상139①).

### (4) 운송물인도의무 [3-101]

운송인은 도착지에서 운송물을 인도할 의무를 부담하는데 그 내용은 화물상환증의 발행을 기준으로 구분된다. ① 화물상환증이 발행된 경우: 화물상환증이 발행된 경우 이와 상환하지 않으면 운송물의 인도를 청구할 수 없다(상환증권성)(상129). 따라서 화물상환증소지인이 운송물의 인도청구권을 갖는다(운송계약상 송하인이 정해져 있어도 이 경우 송하인은 의미가 없다). 다만, 화물상환증과 상환하지 않고도 운송물을 인도하는 보증도(보증인의 보증하에 인도)의 관행이 있으며, 이는 상관습법으로 인정된다(판례·통설). 다만, 이 경우 보증도에 의해 운송물을 인도한 후 화물상환증소지인이 운송물의 반환을 청구한 경우 이는 소지인의 인도청구권을 침해한 것이므로 운송인은 소지인에게 불법행위책임을 진다(판례·통설). 이는 운송인의 편의를 위해 보증도를 허용하되, 만약 인도에 문제가 생긴 경우 화물상환증소지인을 보호하자는 것이다. ② 화물상환증이 발행되지 않은 경우: 화물상환증이 발행되지 않은 경우 송하인이 운송물에 대한 운송중지, 운송물반환 등의 처분권을 가지므로(상139①), 운송인은 인도에 관해 송하인의 지시에 따라야 한다. 다만, 운송물이 도착지에 도착한 후 수하인이 그 인도를 청구한 때에는 수하인의 권리가 송하인의 권리에 우선한다(상140②).

### 3. 물건운송인의 손해배상책임

#### (1) 의의 [3-102]

운송인은 자기, 운송주선인, 사용인, 그 밖에 운송을 위하여 사용한 자가 운송물의 수령·인도·보관·운송에 관해 과실이 없었음을 증명하지 않으면 운송물의 멸실·훼손·연착으로 인한 손해배상책임이 있다(상135). 상법 135조가 규정하는 손해배상책임은 운송인이 운송계약을 불이행하여 지는 채무불이행책임이다. 그런데 이 경우 운송인에게는 불법행위책임(민750)도 성립되는 것이 보통이다. 이러한 불법행위책임은 손해배상책임과는 요건·효과가 다른 별개이므로 병존적 청구권경합의 관계이며[가령 채무불이행책임은 과실이 추정되나 불법행위책임은 그렇지 않고, 채무불이행책임은 손해배상액의 정형화(상137) 및 고가물의 특칙(상136)이 적용되나 불법행위책임은 그렇지 않다], 피해자보호의 차원에서 피해자는 이들을 경합적으로 각각 행사할 수 있다(청구권경합설)(판례·통설).

#### (2) 요건 [3-103]

① 청구권자: 화물상환증이 발행된 경우는 그 소지인이 청구권자이다(통설). 이와 달리 화물상환증이 발행되지 않은 경우는 송하인이 청구권자이다(통설). 다만, 운송물이 도착지에 도착하면 수하인도 송하인과 동일한 권리를 취득하므로(상140①) 수하인도 청구권자가 된다. ② 주관적 요건: 운송인의 책임은 과실책임이고, 다만 그는 무과실의 입증책임을 부담한다(과실추정주의). 즉, 운송인은 자기, 운송주선인, 사용인, 그 밖에 운송을 위하여 사용한 자가 운송에 관해 과실이 없었음을 입증해야 한다(상135). 과실은 추정하되, 아래 [3-104]에서 보는 바와 같이 손해배상액이 정형화된다. ③ 객관적 요건: 수령·인도·보관·운송과 관련하여 운송물의 멸실·훼손·연착으로 인한 손해가 발생해야 한다. 이에 대한 입증은 청구권자가 해야 한다. 운송물의 멸실에는 물리적 멸실은 물론이고 도난·분실 등도 포함된다(통설).

(3) 효과 [3-104]

1) 손해배상액 운송인보호의 차원에서 운송인의 손해배상액이 운송물의 가격을 기준으로 정형화된다. 이는 운송업의 경우 사고로 인한 손실위험이 빈도 및 금액 면에서 상당할 수 있다는 점을 고려한 것이다. ① 전부멸실·연착: 운송물이 전부멸실 또는 연착된 경우의 손해배상액은 '인도할 날'의 도착지가격에 의한다(상137①). 연착은 인도할 날 이후에 인도된 것을 가리키며, 그 손해배상액은 인도한 날의 가격이 인도할 날의 가격보다 하락한 경우 그 차액이다(통설)(차액이 아니라 전액을 배상하는 것은 운송인에게 가혹하다. 다만, 인도한 날의 가격이 인도할 날의 가격보다 상승한 경우는 면책되는 문제도 생긴다). ② 일부멸실·훼손: 운송물이 일부멸실 또는 훼손된 경우의 손해배상액은 '인도한 날'의 도착지가격에 의한다(상137②). 일부멸실 또는 훼손된 채 연착된 경우는 상법 137조 1항에 따른 연착으로 취급한다(통설). ③ 고의·중과실: 운송물의 멸실·훼손·연착이 운송인의 고의·중과실로 인한 경우는 모든 손해를 배상해야 한다(상137③). 즉, 이 경우 손해배상액은 민법의 일반원칙(민393)에 따라 통상손해는 물론이고 특별손해(운송인이 알았거나 알 수 있었던 특별한 사정으로 인한 손해)도 배상해야 한다(통설). ④ 공제: 운송물의 멸실 또는 훼손으로 인해 지급을 요하지 않는 운임 기타 비용은 손해배상액에서 공제한다(상137④).

2) 고가물의 특칙 ① 의의: 화폐, 유가증권 기타의 고가물은 송하인이 운송을 위탁할 때 그 종류와 가액을 명시하지 않으면 운송인은 손해배상책임이 없다(상136). 고가물은 통상적인 주의로는 도난·분실의 위험이 높으므로 운송인보호를 위해 송하인의 명시의무를 둔 것이다. ② 요건: 고가물인지는 주관적 가치가 아니라 객관적 가치를 가지고 그때그때의 시세와 사회통념에 의해서 판단한다(판례·통설). 고가물의 명시는 운송인(또는 그 대리인)에게 하면 된다(판례·통설). ③ 효과: 통설은 고가물의 명시가 없는 경우 보통물로서의 손해배상책임도 지지 않는다고 본다. 보통물로의 가액을 정하기 어렵고, 또한 고가물의 명시를 촉진하기 위해서이다. 다만, 고가물에 대한 운송인 또는 그 사용인에 의한 불법행위책임은 별개의 문제로서 병존적 청구권경합의 관계[1-10]이다(청구권경합설)(통설).

3) 책임소멸 ① 유보없는 수령 등: 운송인의 책임은 수하인(화물상환증이 발행된 경우는 그 소지인)이 유보없이 운송물을 수령하고 운임 기타의 비용을 지급

한 경우 소멸한다(상146①본). 이는 하자의 치유에 해당한다. 그러나 운송물에 즉시 발견할 수 없는 훼손 또는 일부멸실이 있는 경우 운송물을 수령한 날로부터 2주간 내에 운송인에게 통지를 발송한 때에는 그렇지 않다(상146①단). 운송인 또는 그 사용인이 악의인 경우에는 책임이 소멸되지 않는다(상146②). ② 소멸시효: 운송인의 손해배상책임은 수하인이 운송물을 수령한 날로부터(운송물의 전부멸실인 경우는 운송물을 인도할 날로부터) 1년을 경과하면 소멸시효가 완성된다(상147,121①②). 다만, 운송인이나 그 사용인이 악의인 경우는 이러한 단기소멸시효가 적용되지 않고(상147,121③) 5년의 상사시효(상64본)가 적용된다(통설).

### 4. 물건운송인의 권리

#### (1) 운송물인도청구권 [3-105]

운송인은 운송계약의 이행을 위해서 송하인에게 운송물의 인도를 청구할 수 있다.

#### (2) 화물명세서 교부청구권 [3-106]

**1) 의의** 운송인은 송하인에게 화물명세서의 교부를 청구할 수 있다(상126①). 운송인은 교부받은 화물명세서에 따라 운송의 준비를 하게 된다.

**2) 화물명세서** 화물명세서는 운송에 관한 일정한 사항(운송물의 종류, 도착지, 수하인, 운송인, 운임 등)을 기재하고 송하인이 기명날인(또는 서명)한 서면이다. 기재사항이 흠결되었다고 화물명세서가 무효인 것은 아니다(통설). 화물명세서는 운송계약에 관한 증거에 해당한다(통설). 송하인이 화물명세서에 허위 또는 부정확한 기재를 하고 이로 인해 운송인에게 손해가 발생하면 이를 배상할 책임이 있다(상127①). 이는 무과실책임이다(통설). 다만, 운송인이 악의인 경우는 손해배상책임이 적용되지 않는다(상127②).

#### (3) 운임 등의 청구권 [3-107]

**1) 일반** 운송인은 송하인에게 운임을 청구할 수 있다. 운송인은 상인이므로 운송계약에서 운임을 정하지 않은 경우에도 운임청구권이 인정된다(상61). 운송계약은 도급계약이므로 운송이 완성된 때(도착지에서 운송물이 인도된 때) 운임을 청구할 수 있다(통설). 다만, 현실적인 인도가 아니라 인도할 수 있는 상태

를 갖춘 것으로 충분하다(판례·통설). 수하인(화물상환증이 발행된 경우 그 소지인)이 운송물을 수령한 경우 운임, 운송비용, 체당금[3-14]의 지급의무자가 되고(상141,131), 이는 송하인과의 연대채무이다(통설). 운송물수령 이전의 체당금, 운송비용의 지급의무자는 상법이 규정하고 있지 않는데 송하인이 지급의무자라고 해석한다. 운송비용은 운임에 포함되는 것이 일반적이므로 여기서 운송비용은 운임에 포함되지 않은 비용(가령 통관비용 등)이다.

2) **멸실** 운송물의 전부 또는 일부가 송하인의 귀책사유 없이 멸실한 경우 운송인은 운임을 청구하지 못하고 운임의 전부 또는 일부를 받았으면 반환해야 한다(상134①). 운송물의 전부 또는 일부가 그 성질이나 하자 또는 송하인의 과실로 인해 멸실한 경우 운송인은 운임의 전액을 청구할 수 있다(상134②).

3) **처분** 송하인(화물상환증이 발행된 경우 그 소지인)은 운송인에게 운송의 중지, 운송물의 반환 기타의 처분을 청구할 수 있는데(상139①), 운송인은 이미 운송한 비율에 따른 운임, 체당금, 처분비용의 지급을 청구할 수 있다(상139①).

### (4) 유치권 [3-108]

운송인은 운송물에 관해 받을 보수, 운임, 기타 위탁자를 위한 체당금[3-14]이나 선대금에 관해서만 그 운송물을 유치할 수 있다(상147,120). 유치물과 피담보채권 사이에 개별적 견련성(유치물인 운송물이 해당 피담보채권의 발생에 직접 관련되어야 한다)이 요구되나, 유치물이 반드시 채무자의 소유일 필요는 없다. 이 점에서는 민사유치권의 요건[1-175]과 같지만, 유치물이 운송물에 한정된다는 점에서 다르다.

### (5) 공탁권·경매권 [3-109]

① 수하인 불명: 운송인은 수하인을 알 수 없는 경우 운송물을 공탁할 수 있다(상142①)[화물상환증이 발행된 경우는 그 소지인의 불명을 의미한다(통설)]. 이 경우 운송인은 송하인에게 상당한 기간을 정해 운송물처분에 대한 지시를 최고해도 지시하지 않으면 운송물을 경매할 수 있다(상142②). 이에 따라 운송인이 공탁 또는 경매를 한 경우 지체 없이 송하인에게 통지를 발송해야 한다(상142③). ② 수령의 거부·곤란: 수하인이 운송물의 수령을 거부하거나 수령할 수 없는 경우 운송인은 상법 142조에 따라 공탁 또는 경매할 수 있다(상143①)[화물상환증이 발행된 경우는 그 소지인의 수령거부·곤란을 의미한다(통설)]. 경매 시에는 송하인에 대한 최고 전에 수

하인에게 상당한 기간을 정해 운송물수령을 최고해야 한다(상143②)[화물상환증이 발행된 경우는 그 소지인에게 최고해야 한다(통설)]. ③ 전부 불명: 송하인, 화물상환증소지인과 수하인을 알 수 없는 경우 운송인은 6개월 이상의 기간을 정해 권리자가 권리를 주장할 것을 공고해야 한다(상144①). 이때 권리를 주장하는 자가 없으면 운송인은 운송물을 경매할 수 있다(상144③).

#### (6) 소멸시효 [3-110]

운송인의 송하인 또는 수하인에 대한 채권은 1년간 행사하지 않으면 소멸시효가 완성한다(상147,122). 화물상환증소지인에 대한 채권도 마찬가지라고 해석한다.

### 5. 수하인의 지위 [3-111]

#### (1) 화물상환증이 발행되지 않은 경우

수하인(운송계약에서 운송물의 수령인으로 기재된 자)은 운송계약의 당사자가 아니다. 다만, 수하인은 법률의 규정에 의해서 다음과 같은 지위를 획득한다. ① 수하인은 운송물이 도착지에 도착한 때 송하인과 동일한 권리를 취득하고, 운송물이 도착지에 도착한 후 수하인이 그 인도를 청구하면 수하인의 권리가 송하인의 권리에 우선한다(상140). ② 수하인이 운송물을 수령한 경우 운임, 운송비용, 체당금[3-14]의 지급의무자가 되고(상141), 이는 송하인과의 연대채무이다(통설).

#### (2) 화물상환증이 발행된 경우

화물상환증이 발행된 경우 수하인의 지위는 인정되지 않고 화물상환증소지인이 그러한 지위를 획득한다. 다만, 판례는 수하인이 도착한 운송물에 대한 권리를 이미 행사한 경우 그 이후에 화물상환증이 발행되어도 수하인의 권리가 우선한다고 본다.

### 6. 화물상환증

#### (1) 의의 [3-112]

화물상환증은 채권의 일종인 운송인에 대한 운송물인도청구권이 표창된 유가증권이다. 화물상환증은 소지인이 운송물을 운송 중에 간이·신속하게 처분하거나 담보를 설정하는 등에 사용할 수 있다. 따라서 화물상환증의 유통성보호가 필요하다. 그런데 우리나라는 육상운송기간이 단기이기 때문에 화물상환증이 사용되지 않는다. 그럼에도 선하증권(해상운송인에 대한 운송물반환청구권을 표창한 유가증권)과 창고증권(창고업자에 대한 임치물반환청구권을 표창한 유가증권)이 화물상환증을 준용하고 있으므로(상861,157) 화물상환증은 법리적으로 중요하다.

(2) 특성 [3-113]

화물상환증은 유가증권으로서 유통성보호를 위해 다음과 같은 특성을 갖는다. 유통성보호가 보다 강조된 유가증권인 어음·수표의 특성[5-7, 8]과 비교해서 살펴볼 필요가 있다.

1) 요식증권 화물상환증은 일정한 사항이 기재되어야 하는 요식증권이다(상128②). 하지만 그 흠결이 본질적인 것(가령 운송물의 종류는 본질적인 것이다)이 아니면 무효로 되지 않으므로 엄격한 요식증권은 아니다(통설).

2) 비설권증권성 화물상환증상 권리(운송물인도청구권)는 증권의 작성에 의해 비로소 발생하는 것이 아니라 운송계약에 의해 이미 발생된 권리이다(상128①). 즉, 화물상환증은 이미 발생한 권리를 증권에 표창한 것이다.

3) 요인증권성 화물상환증은 그 원인관계인 운송계약으로부터 발생한 운송물인도청구권을 표창한 것이다(상128①). 따라서 화물상환증의 효력은 운송계약의 부존재·무효·취소에 의해 영향을 받는다. 즉, 운송계약이 부존재 또는 무효이거나 취소된 경우 화물상환증은 효력이 없다.

4) 문언증권성 화물상환증상의 권리는 증권에 기재된 문언이 정한 바에 따라 정해진다(상131). 이로 인해 화물상환증의 양수인은 문언 이외의 사항(운송계약 등)을 조사하지 않아도 화물상환증의 내용에 관해 안심할 수 있으므로 화물상환증의 유통성이 높아진다.

5) 지시증권성 ① 지시증권은 특정인 또는 그가 지시(배서양도)하는 자에게 채무를 변제해야 하는 증권이다. 화물상환증은 지시증권으로 발생할 수 있음은 물론이고, 증권에 권리자가 지정되어 발행된 경우라도 배서를 통해서 양도할 수 있는 법률상 당연한 지시증권이다(상130본)(증권에 권리자가 지정되어 발행되면 그 증권은 지명증권인 것이 원칙인데, 화물상환증은 이 경우에도 배서에 의해 양도할 수 있다는 의미이다). 다만, 배서금지문구를 증권에 기재한 경우에는 배서에 의해 양도할 수 없다

(상130단). ② 배서(원칙상 증권에 배서문구·피배서인을 기재하고 기명날인 또는 서명하여 피배서인에게 교부하는 행위)에 의한 양도는 간이·신속한 권리이전방법이므로 화물상환증의 유통성을 높인다. 배서와 직접 또는 간접으로 관련된 효과인 인적항변의 절단(민515)[5-35], 자격수여적 효력(민513)[5-85], 선의취득(민514)[5-92], 선의지급의 면책력(민518)[5-102] 등도 화물상환증의 유통성을 높인다. 배서의 담보적 효력[5-86]은 어음·수표에는 인정되지만 화물상환증에는 인정되지 않는다.

6) **제시증권성** 화물상환증은 소지인이 권리를 행사하기 위해서 제시해야만 하는 증권이다(상129). 화물상환증이 유통되면 누가 권리자인지를 알 수 없으므로 화물상환증을 제시하게 하는 것이다.

7) **상환증권성** 화물상환증은 소지인이 운송물을 인도받을 때 지급인에게 교부해야만 하는 증권이고(상129), 이와 같이 인도와 증권을 서로 교환해야 한다는 의미에서 화물상환증은 상환증권이다. 만약 화물상환증이 상환되지 않으면 그 이후 화물상환증이 유통되어 이를 선의로 취득한 제3자에 다시 운송물을 인도해야 하는 위험(이를 이중지급의 위험이라고 한다)에 빠지게 된다.

8) **처분증권성·인도증권성** 운송물의 처분은 화물상환증으로써 해야 하고(상132)(처분증권성), 화물상환증을 교부하면 운송물 위에 행사하는 권리의 취득에 관해 운송물을 인도한 것과 동일한 효력이 있다(상133)(인도증권성). 이에 관해서는 아래 [3-115, 116]에서 살펴본다.

### (3) 발행 [3-114]

송하인의 청구에 의해 운송인이 화물상환증을 발행해야 한다(상128①). 화물상환증에는 일정한 사항(1. 운송물의 종류, 중량 또는 용적, 포장의 종별, 개수와 기호 2. 도착지 3. 수하인과 운송인의 성명 또는 상호, 영업소 또는 주소 4. 송하인의 성명 또는 상호, 영업소 또는 주소 5. 운임 기타 운송물에 관한 비용과 그 선급 또는 착급의 구별 6. 화물상환증의 작성지와 작성년월일)을 기재하고 운송인이 기명날인(또는 서명)을 해야 한다(상128②).

### (4) 효력

#### 1) 채권적 효력[3-115]

㈎ **의의** 화물상환증소지인은 운송인에게 채권인 운송물인도청구권을 갖는다. 운송물인도청구권은 화물상환증의 문언에 따라 정해지고(문언증권성) 또한

운송계약을 원인관계로 한다(요인증권성). 그런데 공권이 발행된 경우(운송인에게 운송물의 현실적 인도가 없었음에도 화물상환증이 발행된 경우), 또는 운송물이 상이한 경우(화물상환증에 기재된 운송물과 실제의 운송물이 상이한 경우)에는 문언성(문언증권성)과 요인성(요인증권성)이 충돌한다. 이 경우 채권인 운송물인도청구권의 법률관계가 화물상환증의 채권적 효력 문제이다.

(나) 구분 통설은 다음과 같은 두 가지로 구분하여 채권적 효력을 정한다. ① 소지인이 송하인인 경우: 소지인이 송하인인 경우 요인성이 우선한다. 왜냐하면 송하인은 운송계약의 당사자이지 화물상환증의 양수인은 아니므로 유통성 보호를 위한 문언성을 우선할 필요는 없기 때문이다. 가령 운송계약상 운송물이 곡식 10톤인데 화물상환증상 운송물은 곡식 20톤으로 기재된 경우 소지인은 곡식 10톤의 운송물인도청구권을 갖는다. 다만, 소지인과 운송인 간에 화물상환증의 문언대로 운송계약이 체결되고 운송물을 수령한 것으로 추정한다(상131①). 즉, 문언성은 입증책임의 배분에 영향을 미친다. ② 소지인이 제3자인 경우: 화물상환증이 유통되어 송하인 이외의 자가 소지인이 된 경우, 소지인이 선의이면 유통성보호의 차원에서 문언성을 우선하고 선의가 아니면 요인성을 우선한다. 화물상환증을 선의로 취득한 소지인에 대하여 운송인은 화물상환증에 적힌 대로 운송물을 수령한 것으로 보고 화물상환증에 적힌 대로 운송인으로서 책임을 진다(상131②). 이에 따르면 가령 운송계약상 운송물은 곡식 10톤인데 화물상환증상 운송물이 곡식 20톤으로 기재된 경우 소지인은 곡식 20톤의 운송물인도청구권을 갖는다.

2) 물권적 효력[3-116]

(가) 의의 화물상환증의 교부는 운송물 자체의 인도와 동일한 효력이 있고, 이를 화물상환증의 물권적 효력이라고 한다. 즉, 화물상환증이 발행된 경우 운송물의 처분은 화물상환증으로써 해야 하고(상132)(처분증권성), 화물상환증을 교부하면 '운송물 위에 행사하는 권리'의 취득에 관해 운송물을 인도한 것과 동일한 효력이 있다(상133)(인도증권성).

(나) 법적 성질 통설(대표설)은 상법 133조가 민법 190조에 대한 특칙이라고 본다. 동산에 대한 물권을 양도하기 위해서는 양도의 합의와 동산의 인도(점유의 이전)가 필요한데, 후자에 관해 민법 190조는 제3자가 점유하는 동산에 대한

물권을 양도하는 경우 양도인이 제3자에 대해 갖는 반환청구권을 양수인에게 양도함으로써 동산을 인도한 것으로 본다[즉, 제3자(운송인)가 동산인 목적물(운송물)을 직접 점유하고 양도인(화물상환증소지인)이 제3자에 대한 목적물반환청구권을 통해 간접점유하는 경우 양도인은 목적물반환청구권을 양수인에게 양도함으로써 목적물의 간접점유가 양수인에게 이전되어 해당 목적물이 인도된 것으로 본다]. 목적물반환청구권은 채권이므로 이를 양도하기 위해 통지·승낙의 대항요건(민450)을 갖추어야 하지만, 화물상환증이 운송물을 대표한다는 점(따라서 대표설이라고 한다)을 고려하여 상법 133조는 소지인이 화물상환증을 교부하는 것으로 목적물반환청구권(즉, 운송물인도청구권)이 양도되고 그에 따라 운송물의 간접점유가 양수인에게 이전되어 해당 목적물이 인도된다고 규정한 것이다. 다만, 상법 133조는 특칙이기보다는 확인적 규정에 불과하다는 반론이 가능하다(화물상환증의 교부로 목적물반환청구권이 양도되는 것은 상법 133조의 효과이기보다는 화물상환증이 유가증권으로서 지시증권이기 때문이다. 즉, 화물상환증은 지시증권으로서 이를 배서양도하면 화물상환증이 표창하는 권리인 운송물인도청구권은 별도의 대항요건이 없이도 이전된다. 이에 의하면 화물상환증의 물권적 효력은 화물상환증의 지시증권성과 민법 190조만으로도 가능하므로 상법 133조는 확인적 규정에 불과하다).

㈐ 요건　'운송물 위에 행사하는 권리'는 소유권, 질권 등을 가리킨다(통설). 운송물이 존재하지 않거나 멸실되거나(이 경우는 운송인이 직접점유자가 아니다), 운송물이 제3자에 의해 선의취득된 경우(이 경우는 양도인이 간접점유자가 아니다)에는 물권적 효력이 적용되지 않는다(통설).

### 7. 순차운송

#### (1) 의의 [3-117]

순차운송은 수인의 운송인이 동일한 운송을 각 구간별로 운송하는 경우를 가리킨다. 통운송이라고도 한다. 이는 장거리운송에 흔히 나타나는 운송형태이다. 한편, 육상·해상·항공 등 다양한 운송수단이 결합된 경우를 복합운송이라고 한다.

#### (2) 종류 [3-118]

순차운송은 세 종류가 있다. ① 부분운송: 이는 송하인이 수인의 운송인과 구간별로 운송계약을 체결한 경우이다. 이 경우 송하인이 체결한 수개의 독립한 운송계약이 존재하므로 운송인 간에는 법률관계가 존재하지 않는다. ② 하수운송: 이는 송하인이 최초의 운송인과 전구간에 대한 운송계약을 체결하고, 최초운송인이 그 전부 또는 일부를 '다른 운송인'(하수운송인)에게 하도급을 주는 경우이다. 하수운송인은 송하인이 체결한 운송계약의 당사자가 아니라 최초운송인의 이행보조자이며, 최초운송인은 운송을 위해 사용한 자인 하수운송인의 주의의무 위반에 대해 손해배상책임을 진다(상135). ③ 중간운송(또는 연대운송): 이는 송하인이 최초의 운송인과 전구간에 대한 운송계약을 체결하되, 이 운송계약에 최초운송인은 일부 구간만 운송하고 '다른 운송인'(중간운송인)이 나머지 구간을 운송한다는 합의가 포함되어 있는 경우이다(최초의 운송인은 자기의 명의와 송하인의 계산으로 다른 운송인과 운송계약을 체결한다. 이는 송하인의 계산이라는 점에서 하도급과 다르다). 상법 138조가 규정하는 '수인이 순차로 운송할 경우'는 중간운송을 가리킨다(통설).

### (3) 순차운송의 특칙 [3-119]

상법은 순차운송(즉, 중간운송)에 관여된 운송인 간의 법률관계에 대해 규정하고 있다. 가령 송하인 갑의 위탁을 받은 최초의 운송인 A와 그에 이은 중간운송인 B의 법률관계를 보자. ① 연대책임: 각 순차운송인은 운송물의 멸실, 훼손 또는 연착으로 인한 손해에 연대책임이 있다(상138①). 순차운송인 중 1인이 손해를 배상하면 손해를 야기한 순차운송인에게 구상권이 있다(상138②). 이 경우 손해를 야기한 순차운송인을 알 수 없으면 각 순차운송인은 그 운임액의 비율로 손해를 분담하고, 다만 손해가 자기의 운송구간 내에서 발생하지 않았음을 증명하면 손해분담의 책임이 없다(상138③). ② 대위의무: 후자인 순차운송인은 전자인 순차운송인에 갈음하여 전자의 권리를 행사할 의무를 부담한다(상147,117①). 이는 후자가 전자를 위해 일종의 대위의무를 지는 것이다. 가령 A가 갑으로부터 보수를 받지 못한 경우, B는 운송물에 대한 유치권(상147,120)을 대위행사해야 한다. ③ 대위변제: 후자인 순차운송인이 전자인 순차운송인에게 변제한 경우 전자의 권리를 취득한다(상147,117②). 가령 A가 갑으로부터 보수를 받지 못했으나 B가 이를 대위변제한 경우, B가 A의 갑에 대한 보수청구권을 취득한다.

## Ⅲ. 여객운송의 법률관계

### 1. 여객운송계약 [3-120]

① 의의: 운송계약은 운송인이 여객을 한 장소에서 다른 장소로 이동시킬 것을 약속하고 여객이 일정한 보수를 지급할 것을 약속함으로써 성립되는 계약이다. 여객운송계약은 운송의 완성을 목적으로 하므로 도급계약(민664)에 해당한다(통설). 운송계약은 일정한 방식을 요구하지 않고 청약과 승낙만으로 성립되는 불요식의 낙성계약이다. 운송계약의 당사자는 운송인과 여객이다. ② 승차권이 발행된 경우: 무기명식 승차권은 운송채권을 표창하는 유가증권이고 교부만으로 양도될 수 있다(통설). 다만, 이는 항공권과 같이 기명식으로 발행되는 경우에는 적용할 수 없다.

### 2. 여객운송인의 손해배상책임

#### (1) 여객 손해 [3-121]

1) 의의　　운송인은 자기 또는 사용인이 운송에 관한 주의를 해태하지 않았음을 증명하지 않으면 여객이 운송으로 인해 받은 손해를 배상해야 한다(상148①). 상법 148조가 규정하는 손해배상책임은 운송인이 운송계약을 불이행하여지는 채무불이행책임이다. 그런데 이 경우 운송인에게는 불법행위책임(민750)도 성립되는 것이 보통이다. 이러한 불법행위책임은 채무불이행책임과는 요건·효과가 다른 별개이므로 병존적 청구권경합의 관계[1-10]이며(가령 채무불이행책임은 과실이 추정되나 불법행위책임은 그렇지 않다), 피해자보호의 차원에서 피해자는 이들을 경합적으로 각각 행사할 수 있다(청구권경합설)(판례·통설)[1-10, 152].

2) 요건　　① 청구권자: 여객이 청구권자이다(통설). ② 주관적 요건: 운송인의 책임은 과실책임이고, 다만 그는 무과실의 입증책임을 부담한다(과실추정주의). 즉, 운송인은 자기 또는 사용인이 과실이 없었음을 입증해야 한다(상135). 운송인은 운송설비의 안전점검은 물론이고 운행 전에 사고발생 위험을 차단하기 위한 주의를 기울여야 하는 등 광범위한 주의의무를 부담한다(판례·통설). 외부에서 차량에 투석하는 등 제3자의 행위가 개입된 경우 운송인은 면책된다(판례). ③ 객관적 요건: 여객이 운송으로 인해 손해가 있어야 하고, 이에 대한 입증

은 청구권자가 해야 한다(통설).

3) **효과** 손해배상액에는 여객이 생명·신체에 입은 재산상 손해액(치료비 등), 의복의 손해액, 연착으로 인한 손해액, 상실된 장래의 일실이익, 여객이 입은 정신적 손해액 등이 포함된다(통설). 손해배상액을 정함에 법원은 피해자와 그 가족의 정상을 참작해야 한다(상148②). 이로 인해 여객운송인의 책임은 무겁다고 평가된다.

#### (2) 수하물 손해 [3-122]

운송인이 여객으로부터 인도를 받은 수하물의 멸실 또는 훼손에 대해서는 운임을 받지 않은 경우에도 물건운송인의 책임(상135)[3-102]과 동일한 책임이 적용된다(상149①). 운송인이 여객으로부터 인도를 받지 않은 수하물(가령 휴대수하물)의 멸실 또는 훼손에 대해서 자기 또는 사용인의 과실이 없으면 손해를 배상할 책임이 없다(상150). 따라서 여객이 운송인 또는 그 사용인의 과실을 입증해야 한다.

### 3. 여객운송인의 권리 [3-123]

① 운임청구권: 운송인은 여객에게 보수로서 운임을 청구할 수 있다(상61). ② 공탁·경매권: 수하물이 도착지에 도착한 날로부터 10일 내에 여객이 그 인도를 청구하지 않으면 상법 67조[3-25]가 준용되어 공탁·경매권을 행사할 수 있다(다만, 주소 또는 거소를 알지 못하는 여객에 대해서는 상법 67조가 요구하는 최고와 통지를 요하지 않는다)(상149②). ③ 유치권: 운송인은 탁송수하물에 관해 받을 운임 등에 관해 탁송수하물을 유치할 수 있다는 명문의 규정은 없으나, 운송인보호를 위해서 물건운송인의 유치권[3-108]을 유추적용할 필요가 있다(통설).

## 제6관 공중접객업

### Ⅰ. 공중접객업자의 의의 [3-124]

공중접객업자는 극장, 여관, 음식점, 그 밖의 공중시설(공중이 이용하는 시설)에 의한 거래를 영업으로 하는 자이다(상151). ① 공중시설: 극장 등은 공중시설의 예시이다. 이외에도 커피숍, 백화점, 골프장 등이 여기에 포함된다. ② 상인: 공중접객업자는 공중시설에 의한 거래의 인수를 영업으로 하는 상인이다(상46(9)).

## Ⅱ. 공중접객업자의 책임

### 1. 물적 손해에 대한 책임 [3-125]

#### (1) 임치받은 물건

① 의의: 공중접객업자는 자기 또는 그 사용인이 고객으로부터 임치받은 물건의 보관에 관하여 주의를 게을리하지 않았음을 증명하지 않으면 그 물건의 멸실 또는 훼손으로 인한 손해를 배상할 책임이 있다(상152①). ② 주관적 요건: 공중접객업자의 책임은 과실책임이고, 다만 그는 무과실의 입증책임을 부담한다(과실추정주의). 즉, 공중접객업자는 자기나 그 사용인이 물건의 보관에 관해 과실이 없었음을 입증해야 한다. ③ 객관적 요건: 첫째, 명시적 또는 묵시적인 임치합의가 있어야 한다(임치에 보수약정이 있는지 여부는 묻지 않는다). 가령 숙박업자가 주차장소를 제공할 뿐이고 주차 및 출입을 통제하거나 확인할 수 없는 경우는 주차사실을 고지하거나 차량열쇠를 맡기는 경우에만 묵시적 임치합의가 있다(판례). 둘째, 물건의 보관과 관련하여 물건의 멸실·훼손으로 인한 손해가 발생해야 하고, 고객이 이에 대해 입증해야 한다(통설).

#### (2) 임치받지 않은 물건

① 의의: 공중접객업자는 고객으로부터 임치받지 않은 경우에도 그 시설 내에서 휴대한 물건이 자기 또는 그 사용인의 과실로 인해 멸실 또는 훼손된 경우 손해배상책임이 있다(상152②). ② 주관적 요건: 공중접객업자의 책임은 과실책임이고, 고객이 그 과실을 입증해야 한다(통설). ③ 객관적 요건: 공중접객업자의 시설 내에서 고객이 휴대한 물건의 멸실·훼손으로 인한 손해가 발생해야 하고, 고객이 이에 대해 입증해야 한다(통설).

#### (3) 고가물의 특칙

화폐, 유가증권, 그 밖의 고가물에 대해서는 고객이 그 종류와 가액을 명시하여 임치하지 않으면 공중접객업자는 그 물건의 멸실 또는 훼손으로 인한 손해배상책임이 없다(상153). 고가물은 통상적인 주의로는 도난·분실의 위험이 높으므로 공중접객업자 보호를 위해 고객의 명시의무를 둔 것이다. 그 내용은 운송업에서 고가물의 특칙[3-104]과 같다. 다만, 고가물에 대한 공중접객업자 또는 그 사용인에 의한 불법행위책임은 별개의 문제이다(통설).

#### (4) 면책약정

공중접객업자와 고객 사이에 약정으로 공중접객업자의 책임을 면제 또는 경감하는 것은 가능하다(상법 152조 1항 및 2항은 임의규정이다)(통설). 다만, 고객의 휴대물에 대해 책임이 없음을 알린 것으로는 공중접객업자가 손해배상책임을 면하지 못한다(상152③). 이러한 고지로는 공중접객업자를 면책시킬 수 없다는 의미이다.

#### (5) 소멸시효

공중접객업자의 손해배상책임(상152,153)은 공중접객업자가 임치물을 반환하거나 고객이 휴대물을 가져간 후 6개월이 지나면 시효로 소멸한다(상154①). 물건의 전부멸실인 경우 위 기간은 고객이 그 시설에서 퇴거한 날부터 기산한다(상154②). 다만, 공중접객업자나 그 사용인이 악의인 경우는 이러한 단기소멸시효가 적용되지 않고(상154③) 5년의 상사시효(상64본)가 적용된다(통설).

### 2. 인적 손해에 대한 책임 [3-126]

상법은 공중접객업자의 인적 손해에 대한 책임에 관해 규정하고 있지 않다. 따라서 고객은 민법에 따라 그 책임을 물어야 한다. ① 불법행위책임: 고객은 민법 750조에 따라 공중접객업자의 귀책사유 그리고 자신의 손해를 입증해야 한다(다만, 그 입증은 일반적으로 용이하지 않다). ② 채무불이행책임: 고객이 불법행위책임을 입증하기 어렵다는 점을 고려하여, 판례는 공중접객업자가 지는 계약상 고객보호의무의 위반에 따른 손해배상책임을 적극 인정하려는 입장이다. 가령 고객과 숙박계약을 체결한 숙박업자는 숙박시설을 지배하고 있으므로 고객안전을 배려할 보호의무를 부담하고, 고객이 보호의무위반을 입증하면 숙박업자는 자신의 무과실을 입증해야만 채무불이행에 따른 손해배상책임을 면할 수 있다.

# 제7관 창 고 업

## Ⅰ. 창고업자의 의의 [3-127]

창고업자는 타인을 위해 창고에 물건을 보관하는 것을 영업으로 하는 자이다(상155). ① 타인의 물건: 임치인은 타인이어야 하므로 자기의 물건은 제외된다. 물건은 보관에 적합한 동산이다(통설). ② 창고: 창고는 물건의 보관장소이며, 건물은 물론이고 컨테이너도 가능하며 나아가 야적장도 가능하다(통설). ③ 보관: 창고업자는 물건을 보관하는 것이지 물건의 소유권을 취득하는 것이 아니다. 따라서 민법 702조의 소비임치(수치인이 임치물의 소유권을 취득하고 동량의 다른 물건을 반환한다)는 여기의 보관이 아니다. ④ 상인: 창고업자는 창고임치계약의 인수를 영업으로 하는 상인이다(상46⒁).

## Ⅱ. 창고업의 법률관계

### 1. 창고임치계약 [3-128]

창고임치계약은 임치인이 창고업자에게 물건의 보관을 위탁하는 계약이다. 이는 임치계약(민693)의 성질을 갖는다. 이는 일정한 방식을 요구하지 않고 청약과 승낙만으로 성립되는 불요식의 낙성계약이다.

### 2. 창고업자의 의무

#### (1) 임치물 보관의무 [3-129]

상인이 그 영업범위 내에서 물건의 임치를 받은 경우 유상이든 무상이든 선관주의를 기울여야 한다(상62). 임치물의 종류 및 성질에 따른 적합한 방법으로 보관해야 한다.

#### (2) 창고증권발행의무 [3-130]

창고업자는 임치인의 청구에 따라 창고증권을 발행해야 한다(상156①). 창고증권에 대해서는 아래 [3-141]에서 살펴본다.

### (3) 임치물 반환의무 [3-131]

**1) 반환상대방** 창고증권이 발행된 경우 이와 상환하지 않으면 임치물의 반환을 청구할 수 없으므로(상환증권성)(상157,129), 창고증권소지인이 임치물의 반환청구권을 갖는다. 창고증권이 발행되지 않은 경우는 임치인이 임치물의 반환청구권을 갖는다.

**2) 반환시기** 임치인(창고증권이 발행된 경우 그 소지인)의 청구가 있으면 임치기간의 약정 유무를 묻지 않고 임치물을 반환해야 한다(민698단). 창고증권으로 임치물을 입질(질권의 설정)한 경우 질권자의 승낙이 있으면 임치인은 채권의 변제기 전이라도 임치물의 일부반환을 청구할 수 있다(상159). 만약 임치기간의 약정이 없으면 창고업자는 임치물을 받은 날로부터 6월을 경과한 후에는 2주간 전에 예고하고 언제든지 반환할 수 있다(상163). 다만, 부득이한 사유가 있으면 창고업자는 언제든지 임치물을 반환할 수 있다(상164).

### (4) 임치물의 검사 등에 응할 의무 [3-132]

임치인(창고증권이 발행된 경우 그 소지인)은 영업시간 내에 언제든지 창고업자에게 임치물의 검사 또는 견품의 적취를 요구하거나 그 보존에 필요한 처분을 할 수 있다(상161).

### (5) 임치물의 훼손 등의 통지의무 [3-133]

창고업자가 임치물을 인도받은 후에 그 훼손·하자를 발견하거나 임치물이 부패할 우려가 있으면 지체 없이 임치인에게 통지를 발송해야 한다(상168,108①). 이때 임치인의 지시를 받을 수 없거나 지시가 지연되면 창고업자는 임치인의 이익을 위해 적당히 처분할 수 있다(상168,108②). 창고업자에게 준용되는 상법 108조는 위탁매매인에 관한 규정으로서 통지·처분의 사유에 위탁매매목적물의 가격하락도 포함되나, 단순히 임치물을 보관하는 창고업자에게 이 경우까지 통지·처분의 사유에 포함시킬 필요는 없다(통설).

## 3. 창고업자의 손해배상책임 [3-134]

① 의의: 창고업자의 손해배상책임은 기본적으로 운송인의 손해배상책임(상

135)[3-102]과 그 내용이 같다. 즉, 창고업자는 자기 또는 사용인이 임치물의 보관에 관해 과실이 없음을 증명하지 않으면 임치물의 멸실·훼손으로 인한 손해배상책임이 있다(상160). 여기의 멸실은 정당한 권리자가 아닌 자에게 인도하여 정당한 권리자가 반환받지 못한 경우도 포함된다(판례). ② 책임소멸: 운송인의 책임소멸(상146)[3-104]이 창고업자에게 준용된다(상168). 그리고 운송인과 마찬가지로 창고업자에게 단기소멸시효가 적용된다. 즉, 임치물의 멸실 또는 훼손으로 인한 창고업자의 손해배상책임은 물건의 출고일로부터 1년이 경과하면 소멸시효가 완성된다(상166①). 이 기간은 임치물의 전부멸실인 경우 임치인, 그리고 알고 있는 창고증권소지인에게 멸실통지를 발송한 날로부터 기산한다(상166②). 다만, 창고업자나 그 사용인이 악의인 경우는 이러한 단기소멸시효가 적용되지 않고(상166③) 5년의 상사시효(상64본)가 적용된다(통설). ③ 기타: 운송인에게 적용되는 손해배상액의 정형화(상137), 고가물의 특칙(상136)은 창고업자에게 적용이 없다(창고업은 운송업만큼 사고로 인한 손실위험이 큰 것은 아니라는 점을 고려해서 손해배상액의 정형화를 배제하고, 임치 자체를 영업으로 한다는 점을 고려하여 고가물의 특칙을 배제한 것이다).

### 4. 창고업자의 권리

#### (1) 임치물인도청구권 [3-135]

창고업자는 임치계약의 이행을 위해서 임치인에게 임치물의 인도를 청구할 수 있다.

#### (2) 보관료 등의 청구권 [3-136]

창고업자는 상인으로서 보관료 약정이 없더라도 임치물의 보관에 대해 보수(보관료)를 청구할 수 있다(상61). 창고업자는 임치물을 출고할 때 보관료 기타의 비용과 체당금[3-14]의 지급을 청구할 수 있고, 다만 보관기간 경과 후에는 출고 전이라도 청구할 수 있다(상162①). 임치물의 일부출고의 경우는 창고업자는 그 비율에 따른 보관료 기타의 비용과 체당금의 지급을 청구할 수 있다(상162②). 비용은 보험료 등을 가리킨다. 그런데 상법 162조는 임의규정으로서 실무상으로는 보관료 선급을 약정하는 것이 일반적이다.

### (3) 유치권 [3-137]

창고업자를 위한 독자적인 유치권 제도는 없다. 창고업자는 민법상의 유치권(민320)을 행사할 수 있고, 만약 임치인도 상인인 경우에는 상인 간의 유치권(상58)을 행사할 수 있다.

### (4) 공탁권·경매권 [3-138]

창고업자는 임치인 또는 창고증권소지인이 임치물의 수령을 거절하거나 수령할 수 없을 때 상사매매에서 매도인과 같이 공탁권·경매권(상67①②)[3-25]을 행사할 수 있다(상165).

### (5) 손해배상청구권 [3-139]

창고업자는 임치물의 성질 또는 하자로 인해 입은 손해의 배상을 임치인에게 청구할 수 있고, 다만 창고업자가 그 성질 또는 하자를 안 때에는 그렇지 않다(민697).

### (6) 소멸시효 [3-140]

운송인의 임치인 또는 창고증권소지인에 대한 채권은 그 물건을 출고한 날로부터 1년간 행사하지 않으면 소멸시효가 완성한다(상167).

## 5. 창고증권 [3-141]

① 의의: 창고증권은 창고업자에 대한 임치물반환청구권을 표창하는 유가증권이다. 창고증권은 소지인이 임치물을 간이·신속하게 처분하거나 담보를 설정하는 등에 사용할 수 있다. 따라서 창고증권의 유통성보호가 필요하다. ② 발행: 임치인의 청구에 의해 창고업자가 창고증권을 발행해야 한다(상156①). 창고증권에는 일정한 사항(1. 임치물의 종류, 품질, 수량, 포장의 종별, 개수와 기호 2. 임치인의 성명 또는 상호, 영업소 또는 주소 3. 보관장소 4. 보관료 5. 보관기간을 정한 때에는 그 기간 6. 임치물을 보험에 붙인 때에는 보험금액, 보험기간과 보험자의 성명 또는 상호, 영업소 또는 주소 7. 창고증권의 작성지와 작성년월일)을 기재하고 창고업자가 기명날인(또는 서명)해야 한다(상156②). 한편, 창고증권소지인은 창고업자에게 창고증권을 반환하고 임치물을 분할하여 각 부분에 대한 창고증권의 발행을 청구할 수 있다(상158①). ③ 특성 및 효력: 창고증

권의 특성 및 효력은 화물상환증[3-113]과 완전히 동일하므로(상157,129~133) 중복을 피하기 위해 여기서는 설명을 생략한다.

# 제 8 관 금융리스업

## Ⅰ. 금융리스업자의 의의 [3-142]

금융리스업자는 금융리스의 이용자가 선정한 금융리스물건(기계, 시설, 그 밖의 재산)을 제3자인 공급자로부터 취득하거나 대여받아 이용자에게 이용하게 하는 것을 영업으로 하는 자이다(상168의2). ① 금융리스: 본래 리스는 기계, 시설 등과 같은 물건의 임대차이나(이를 운용리스라고 한다), 금융리스는 물건구매를 위한 금융거래이다(판례·통설). 즉, 금융리스는 형식적으로는 금융리스업자와 이용자 간에 임대차이나, 실질적으로는 이용자의 물건구입을 위해 금융리스업자가 구입대금을 대신 지급하고 채권담보를 위해 소유권을 보유하되 이용자로부터 사용료를 받아서 구입대금을 회수하는 것이다. 금융리스에서는 이용자가 금융리스물건의 종류, 공급자, 구매조건 등을 선정하고 직접 금융리스물건의 관리도 한다. ② 거래구조: 이용자는 금융리스물건의 종류 등을 선정한 후 이에 따라 금융리스업자와 금융리스계약을 체결하고, 금융리스업자는 위 선정에 따라 공급자와 공급계약을 체결한다(금융리스물건이 이용자에게 직접 인도되도록 정하는 것이 일반적이다). 이용자는 금융리스물건을 인도받으면 물건수령증을 금융리스업자에게 교부하고, 금융리스업자는 공급자에게 대금지급을 하게 된다. ③ 상인: 금융리스업자는 금융리스계약의 인수를 영업으로 하는 상인이다(상46⒆).

## Ⅱ. 금융리스업의 법률관계

### 1. 금융리스계약 [3-143]

금융리스계약은 금융리스업자와 이용자 간에 금융리스를 내용으로 해서 체결되는 계약이다. 금융리스계약은 그 실질이 임대차가 아니라 물적금융을 위해서 임대차(가령 리스료)·소비대차(가령 대금지급)·매매(가령 하자담보책임) 등의 요소가 혼합된 비전형계약이다(판례·통설). 금융리스계약은 일정한 방식을 요구하지 않고 청약과 승낙만으로 성립되는 불요식의 낙성계약이다.

## 2. 금융리스업자의 권리·의무

### (1) 권리 [3-144]

① 리스료 지급청구권: 금융리스업자는 이용자에게 리스료의 지급청구권을 갖는다(상168의3②). 금융리스에서 리스료는 금융리스물건의 사용료이기보다는 물건대금의 원금·이자를 분할하여 상환하는 금액에 해당한다(통설). 리스료는 원금·이자를 분할하여 일정기간마다 청구하는 것이 일반적이다. ② 해지권: 이용자의 책임 있는 사유가 있는 경우 금융리스계약을 해지할 수 있다(상168의5①). 가령 이용자가 리스료를 지급하지 않는 경우가 이용자의 책임 있는 사유에 해당한다. 이 경우 금융리스업자는 잔존하는 리스료 상당액의 일시 지급 또는 금융리스물건의 반환을 청구할 수 있다(상168의5①). 이 청구는 금융리스업자의 이용자에 대한 손해배상청구에 영향을 미치지 않는다(상168의5②). 즉, 잔존하는 리스료의 지급 또는 금융리스물건의 반환으로 회복되지 않는 손해가 있으면 이는 별도로 배상청구를 할 수 있다.

### (2) 의무 [3-145]

① 금융리스물건을 수령할 수 있게 할 의무: 금융리스업자는 이용자가 금융리스계약에서 정한 시기에 금융리스계약에 적합한 금융리스물건을 수령할 수 있도록 해야 한다(상168의3①). 금융리스업자는 공급자와 공급계약을 체결하면서 금융리스물건이 공급자로부터 이용자에게 직접 인도되도록 정하는 것이 일반적이다. ② 대금지급의무: 금융리스업자는 공급자에게 공급계약에 따른 대금을 지급해야 한다. 금융리스업자가 이용자로부터 물건수령증을 교부받으면 대금을 지급하기로 공급계약에서 정하는 것이 일반적이다. 이용자가 물건수령증을 발급한 경우 적합한 금융리스물건이 수령된 것으로 추정되는데(상168의3③), 이는 이용자와 금융리스업자 사이에 적용되는 추정으로서 금융리스업자를 보호하자는 취지이다(통설). 만약 물건수령증의 교부가 없더라도 금융리스업자가 물건이 이용자

에게 인도되었다는 점과 이용자가 정당한 사유 없이 물건수령증을 교부하지 않았다는 점을 아는 경우에는 공급자에게 대금을 지급해야 한다(판례). ③ 하자담보책임: 금융리스계약은 금융리스업자가 금융리스물건의 하자에 대해 이용자에게 하자담보책임을 지지 않는다고 정하는 것이 일반적이다. 판례와 통설은 하자담보책임의 배제를 유효하다고 인정한다. 금융리스업자가 금융리스물건의 선정에 관여하지 않기 때문이다. 한편, 이용자는 공급자에게 하자담보책임을 물을 수 있는데, 이 경우 금융리스업자는 필요한 협력을 해야 한다[3-146].

### 3. 이용자의 권리·의무

#### (1) 권리 [3-146]

① 사용·수익권: 이용자는 금융리스물건을 사용·수익할 권리를 갖는다. 이는 금융리스계약의 본질적 내용이다. ② 하자담보책임청구권: 금융리스물건이 공급계약에서 정한 시기와 내용에 따라 공급되지 않은 경우 이용자는 공급자에게 직접 손해배상을 청구하거나 공급계약의 내용에 적합한 금융리스물건의 인도를 청구할 수 있다(상168의4②). 이 규정에 의해 이용자는 공급계약의 당사자는 아니지만 직접 공급자에게 하자담보책임을 물을 수 있다. 한편, 금융리스업자는 이용자가 하자담보책임청구권을 행사하는 데 필요한 협력을 해야 한다(상168의4③). ③ 해지권: 이용자는 중대한 사정변경으로 인해 금융리스물건을 계속 사용할 수 없는 경우 3개월 전에 예고하고 금융리스계약을 해지할 수 있고, 다만 이용자는 해지로 인해 금융리스업자에게 발생한 손해를 배상해야 한다(상168의5③).

#### (2) 의무 [3-147]

① 물건수령증 교부의무: 이용자는 공급자로부터 금융리스물건을 인도받은 후 이를 검사해서 물건수령증을 금융리스업자에게 교부해야 한다(통설). 물건수령증을 발급한 경우에는 적합한 금융리스물건이 수령된 것으로 추정된다(상168의3③). ② 리스료의 지급의무: 이용자는 금융리스물건을 수령함과 동시에 리스료를 지급해야 한다(상168의3②). 리스료의 지급시기는 금융리스물건의 수령 시이다. 리스료는 원금과 이자를 분할하게 되므로 이때 최초의 리스료를 지급하게 되고, 이후에는 일반적으로 일정기간마다 지급하게 된다. ③ 선관의무: 이용자는 금융

리스물건을 수령한 이후에는 선관주의로써 금융리스물건을 유지 및 관리해야 한다(상168의3④). 금융리스업자가 금융리스물건에 대한 유지·관리의무를 부담하지 않는 것은 금융리스가 물건구매를 위한 금융거래에 불과하기 때문이다(이 점에서 운용리스업자와 다르다). ④ 금융리스물건의 반환의무 등: 금융리스계약의 해지 시에 잔존 리스료 상당액의 일시 지급의무 또는 금융리스물건의 반환의무를 부담한다[3-144].

#### 4. 공급자의 권리·의무

##### (1) 권리 [3-148]

공급자는 공급계약의 당사자인 금융리스업자로부터 금융리스물건의 대금을 지급받을 권리가 있다.

##### (2) 의무 [3-149]

① 금융리스물건의 인도의무: 공급자는 공급계약에서 정한 시기에 금융리스물건을 이용자에게 인도해야 한다(상168의4①). ② 하자담보책임: 공급자는 이용자에게 하자담보책임을 진다[3-146].

## 제9관 가 맹 업

### Ⅰ. 가맹업자의 의의 [3-150]

가맹업자는 가맹관계의 제공을 영업으로 하는 자이다(상168의6). ① 가맹관계: 가맹관계는 가맹업자가 가맹상에게 자신의 상호·상표 등을 제공하고 가맹상은 가맹업자가 지정하는 품질기준이나 영업방식에 따라 영업을 하는 관계를 가리킨다(상168의6). 가맹은 프랜차이즈(franchise)라고도 한다. 가맹상은 가맹업자와 상호간 신뢰적·의존적 관계(가맹업자의 상호·상표 등을 이용하고 그의 품질기준·영업방식을 준수)에 있지만 자신을 위해서 자신의 명의와 계산으로 영업하는 독립된 상인이다. 가맹업자와 가맹상의 관계가 불공정한 경우(가령 불공정한 설비제공 또는 재료공급

등)도 있기 때문에 '가맹사업거래의 공정화에 관한 법률'(가맹사업거래법)이 이를 규율한다. ② 상인: 가맹업자는 가맹계약의 인수를 영업으로 하는 상인이다(상 46(20)).

## Ⅱ. 가맹업의 법률관계

### 1. 가맹계약 [3-151]

가맹계약은 가맹업자와 가맹상 간에 가맹관계의 제공을 내용으로 해서 체결되는 계약이다. 라이센스계약은 상호·상표 등의 사용에 관한 계약이지만 품질기준·영업방식의 준수가 포함되지 않으므로 가맹계약과 다르다. 가맹계약은 임대차(가령 시설의 임대차)·매매(가령 재료공급)·도급(가령 직원교육) 등의 요소가 혼합된 비전형계약이다(판례·통설). 가맹계약은 일정한 방식을 요구하지 않고 청약과 승낙만으로 성립되는 불요식의 낙성계약이다.

### 2. 가맹업자의 의무·책임 [3-152]

① 가맹상에 대한 지원의무: 가맹업자는 가맹상의 영업을 위해 필요한 지원을 해야 한다(상168의7①). 지원의무의 구체적 내용은 가맹계약에서 정해진다. ② 경업금지의무: 가맹업자는 다른 약정이 없으면 가맹상의 영업지역 내에서 동일한 또는 유사한 업종의 영업을 하거나, 동일한 또는 유사한 업종의 가맹계약을 체결할 수 없다(상168의7②). 이러한 범위 내에서 가맹상에게 배타적 영업권이 보장된다. ③ 제3자에 대한 책임: 가맹업자와 가맹상은 각자 독립된 상인이므로 가맹업자는 가맹상의 고객에게 책임이 없는 것이 원칙이다. 다만, 가맹업자가 가맹상에게 자신의 상호사용을 허락하였으므로 명의대여자의 책임(상24)[2-39]을 질 수 있고, 가맹업자가 가맹상과 지휘감독관계에 있는 경우에는 사용자책임(민756)[1-156]을 질 수 있다.

### 3. 가맹상의 권리·의무 [3-153]

① 영업권에 대한 주의의무: 가맹상은 가맹업자의 영업에 관한 권리가 침해되지 않도록 해야 한다(상168의8①). 가맹상이 가맹업자의 상호·상표, 품질기준,

영업방식 등을 사용하므로 이를 침해하지 않도록 주의해야 한다는 의미이다. ② 사용료지급의무: 가맹상은 가맹계약에서 정한 바에 따라 사용료(가맹료)를 지급해야 한다. ③ 영업비밀준수의무: 가맹상은 계약의 종료 후에도 가맹계약과 관련해 알게 된 가맹업자의 영업상의 비밀을 준수해야 한다(상168의8②). 이는 가맹상이 가맹업자의 품질기준과 영업방식 등을 사용하므로 가맹업자의 영업비밀을 알 수 있는 위치에 있다는 점을 고려한 것이다. 계약기간 중에는 물론이고 계약종료 후에도 영업비밀준수의무가 적용된다는 점에 특별히 의의가 있다. ④ 영업양도의 제한: 가맹상은 가맹업자의 동의를 받아 영업양도[2-52]를 할 수 있다(상168의9①). 가맹업자는 특별한 사유가 없으면 영업양도에 동의해야 한다(상168의9②). 가맹업자와 가맹상은 상호간 신뢰적·의존적 관계에 있으므로 가맹상의 영업양도에 제한이 필요하고, 다만 가맹상의 입장에서 영업양도는 투자금회수를 위한 사실상 유일한 방법이므로 특별한 사유가 있는 경우에만 영업양도가 제한되도록 규정한 것이다.

### 4. 가맹계약의 해지 [3-154]

① 가맹계약상 존속기간에 대한 약정의 유무와 관계없이 부득이한 사정이 있으면 각 당사자는 상당한 기간을 정하여 예고한 후 가맹계약을 해지할 수 있다(상168의10). 이는 가맹상이 영업을 위해 자본을 투자했음을 고려하여 부득이한 사정과 상당기간의 예고라는 요건을 통해서 가맹업자의 해지 자유를 제한하는 데 그 주된 취지가 있다. 가맹상이 가맹업자의 명성 또는 신용을 훼손하는 경우는 부득이한 사정에 해당할 수 있을 것이다. ② 가맹사업거래법은 가맹업자에 의한 해지의 제한을 별도로 규정하고 있다. 즉, 가맹업자는 가맹상에게 2개월 이상의 유예기간을 두고 계약위반의 사실을 구체적으로 밝히고 시정하지 않으면 해지한다는 사실을 서면으로 2회 이상 통지해야 한다(가맹사업거래법14①본). 다만, 가맹관계를 지속하기 어려운 경우로서 대통령령이 정하는 경우(가맹상이 정당한 사유 없이 연속하여 7일 이상 영업을 중단한 경우 등)에는 그렇지 않다(가맹사업거래법14①단). 이러한 해지 절차를 거치지 않은 가맹계약의 해지는 그 효력이 없다(가맹사업거래법14②).

# 제10관 채권매입업

## Ⅰ. 채권매입업자의 의의 [3-155]

채권매입업자는 타인이 '물건·유가증권의 판매, 용역의 제공 등에 의하여 취득했거나 취득할 영업상의 채권'(영업채권)을 매입하여 회수하는 것을 영업으로 하는 자이다(상168의11). ① 채권매입관계: 채권매입관계는 거래상인이 영업상 발생한 외상매출채권인 영업채권을 채권매입업자에게 양도하고(채권매입업자는 양수대가를 선급하는 것이 보통이다) 채권매입업자는 이를 추심하고 관리하는 관계이다. 채권매입관계에는 두 종류가 있다. 즉, 진정채권매입은 채권이 회수되지 못하는 경우 채권매입업자가 거래상인에게 상환을 청구할 수 없고, 부진정채권매입은 이 경우 채권매입업자가 거래상인에게 상환을 청구할 수 있다. 상법은 부진정채권매입을 원칙으로 한다(상168의12)(판례·통설). ② 상인: 채권매입업자는 채권매입계약의 인수를 영업으로 하는 상인이다(상46(21).

## Ⅱ. 채권매입업의 법률관계

### 1. 채권매입계약 [3-156]

채권매입계약은 거래상인(채권매입계약의 당사자로서 영업채권을 양도할 의무를 부담하므로 채권매입계약의 채무자라고도 한다)이 일정기간 발생하는 영업채권을 채권매입업자에게 양도하기로 약정하는 기본계약이다. 채권매입계약이 체결되면 이에 따라 거래상인이 영업채권을 채권매입업자에게 양도한다. 채권매입계약은 매매(진정채권매입인 경우)·소비대차(부진정채권매입인 경우)·추심관리 등의 요소가 혼합된 비전형계약이다(판례·통설). 채권매입계약은 일정한 방식을 요구하지 않고 청약과 승낙만으로 성립되는 불요식의 낙성계약이다.

### 2. 영업채권양도의 법적 성질 [3-157]

채권매입계약에 따라 거래상인이 채권매입업자에게 영업채권을 양도하게 되는데, 그 법적 성질은 진정채권매입은 채권의 매매, 부진정채권매입은 소비대차(거래상인이 채권매입업자에게 영업채권을 담보로 제공하고 금융을 얻는 행위)이다(통설). 진정채권매입이든 부진정채권매입이든, 영업채권의 양도는 채권양도의 일종이므로 그 요건(민450,451)을 충족해야 한다.

### 3. 채권매입업의 법률관계

#### (1) 채권매입업자와 거래상인 [3-158]

영업채권의 채무자가 채무를 이행하지 않은 경우 채권매입업자는 거래상인에게 영업채권액의 상환을 청구할 수 있다(상168의12본). 이는 부진정채권매입을 가리킨다. 회수가 되지 않은 경우 채권매입업자는 상환청구권을 행사한다. 만약 채권매입계약에서 다르게 정한 경우는 채권매입업자가 상환청구권을 행사할 수 없다(상168의12단). 즉, 부진정채권매입이 원칙이고, 진정채권매입은 약정이 있는 경우에 가능하다.

#### (2) 채권매입업자와 채무자 [3-159]

영업채권의 양도를 가지고 채무자 등에 대항하려면 통지 또는 승낙(민450,451)이 요구된다. 이러한 요건이 충족된 경우 영업채권의 채무자는 채권매입업자에게 채무를 이행해야 한다.

# 4편

# 보험법

# 제1절 서 설

## 제1관 본서의 대상 [4-1]

보험법은 보험계약법과 보험규제법으로 구분된다. 본서에서 중점적으로 서술하려는 대상은 보험계약법(law of insurance contracts)이다. 보험계약법은 보험계약을 규율하는 사법을 가리킨다. 즉, 보험계약의 당사자인 보험자와 보험계약자, 그리고 기타 이해관계자의 권리의무 관계를 규율하는 사법이다. 여기서 보험자(保險者, insurer)는 보험료를 받는 대가로 보험금 지급의무를 부담하는 자이다(보험회사는 전형적인 보험자이다. 이외에 공제[4-6] 등도 보험자에 속한다). 보험계약법의 주된 법원(sources of law)은 1962년에 제정된 상법의 보험편(제4편 638~739의3)이다. 상법 보험편은 1991년, 2014년에 전면 개정된 바 있다. 한편, 보험약관의 법적 성격을 법규범으로 이해하는 입장[4-41]에서는 보험약관도 보험계약법의 법원이라고 할 수 있을 것이다. 하지만 보험약관의 법규범성을 인정하지 않고 그 효력의 근거를 당사자의 의사에서 찾는 입장에서는 보험약관을 법원이라고 하지 않는다. 한편, 보험규제법(law of insurance regulations)은 보험업을 규율하는 공법으로서 국가가 보험자를 어떻게 규율할 것인가를 법적으로 다룬다. 보험규제법의 주요 법원은 보험업법(1962년 제정)이다. 본서에서 보험업법은 보험계약법과 관련된 부분(가령 102조의 사용자책임)에 한해서 다루기로 한다.

# 제2관 보험제도

## Ⅰ. 보험의 정의

### 1. 의의 [4-2]

① 필요성: 보험법은 보험에 적용되는 법이므로, 보험을 정의하지 않으면 그 적용범위를 정할 수 없다. ② 사보험에 대한 법적 정의: 상법 보험편은 원칙상 '사보험'을 규율한다. 사보험이란 영리추구 또는 상호부조와 같이 사경제적 작용을 목적으로 하는 보험이다. 사보험에 관한 정의는 경영적 관점 등에서도 가능하지만, 본서는 보험법의 문제를 다루므로 '법적 정의'가 주된 관심사이다. ③ 정의의 불완전성: 아쉽게도 우리나라에는 아직 보험에 대한 완전한 일의적(一義的) 정의가 없다(이 점은 외국의 주요 입법례도 마찬가지이다). 보험으로 지칭되는 현상이 다양하고 복잡하며 변동하고 있어서, 보험의 정의가 불완전할 수밖에 없다. 따라서 일의적인 정의보다는 보험의 요소를 파악하는 것으로 보험의 정의에 갈음할 수밖에 없다. ④ 관련 규정: 보험계약은 당사자 일방이 일정한 보험료를 지급하고 재산 또는 생명이나 신체에 불확정한 사고가 발생할 경우에 상대방이 일정한 보험금이나 그 밖의 급여를 지급할 것을 약정함으로써 효력이 생긴다(상 638). 여기에 나타난 보험의 요소는, 불확정한 사고, 보험료, 보험급여(보험금이나 그 밖의 급여) 등이다. 입법자는 보험정의에 필요한 요소를 상법 638조에 최소한으로 규정하고, 여타 요소는 학설 및 판례의 해석론에 맡겼다고 볼 수 있다.

### 2. 주요 요소

#### (1) 보험사고 [4-3]

보험은 '불확정'한 사고의 발생으로 '손해'를 입을 가능성에 대비하는 제도이다. ① 불확정성: 보험사고의 불확정성은 보험계약을 체결할 시점을 기준으로 보험사고의 발생 여부 또는 발생 시기가 확정되지 않은 것을 가리킨다(통설). 전자는 자동차사고·화재·상해 등에, 후자는 사람의 사망·노령 등에 나타난다. 나아가 사고의 발생으로 인한 손해의 정도가 확정되지 않은 경우도 보험사고의 불확정성에 포함될 수 있다. 상법에 따르면, 보험계약을 체결할 때에 보험사고가 이미 발생했거나 발생할 수 없는 경우는 보험계약이 무효인 것이 원칙이다(상644본)(이러한 보험계약이 유효라면 보험제도가 남용되어 존립기반을 상실하기 때문이다). 가령 사망자를 대상으로 사망보험계약을 체결하면 이미 보험사고가 발생한 경우에 해당하고, 사망자를 대상으로 생존보험계약을 체결하면 보험사고가 발생할 수 없는 경우에 해당한다. 다만, 예외적으로 보험자, 보험계약자, 피보험자가 보험사고의 기발생 또는 발생불능을 알지 못한 경우는 유효로 한다(상644단)(이 경우에는 보험제도가 남용될 우려가 없기 때문이다). 이처럼 보험사고의 불확정성은 객관적임을 요하지 아니하고 주관적으로 계약당사자에게 불확정하면 된다. ② 손해성: 보험사고는 손해(또는 재산상 불이익)를 야기할 위험이 있어야 한다(판례). 보험사고의 특성인 손해성은 보험사고의 전형인 물건·권리의 멸실·훼손, 사람의 사망·상해·질병과 같은 것에서 확인할 수 있다.

### (2) 보험료와 보험급여 [4-4]

보험계약자의 보험료지급채무와 보험자의 보험급여지급채무는 보험의 요소이다(통설). 양자는 대가적 관계에 있으며, 이를 통해서 보험계약자 측의 위험(사고로 손해를 입을 가능성)이 보험자에게로 이전 또는 전가된다[이를 위험이전(transfer of risk)이라고 하며, 이것이 보험의 1차적 기능이다](통설). ① 보험료지급채무: 보험료의 지급시기는 묻지 않는다(판례·통설)(판례에 의하면 보험료 성격의 상조비를 미리 납부하는 것뿐 아니라 다른 회원의 사망 시마다 회원이 일정액의 상조비를 납부한 경우에도 이는 보험료에 해당한다). ② 보험급여지급채무: 보험급여지급채무는 보험기간 중에 면책사유가 없는 보험사고가 발생해야 구체화되는 정지조건부 의무이다(판례·통설). 그렇다고 해서 보험계약이 정지조건부 법률행위(민147)[1-48]는 아니다. 정지조건부 법률행위는 조건이 성취되어야 그 효력이 생기지만, 보험계약은 원칙적으로 체결과 동시에 효력이 생기기 때문이다. 한편, 보험급여의 종류는 현금에 한정하지 않고 현물도 무방하다(통설). 용역(서비스)도 보험급여가 될 수 있는지에 대해서는 견해가 대립하는데, 판례는 금전에 대한 대체적 의미의 용역에 한해서 보험급여가 될 수 있다고 본다. 이하에서 보험급여지급채무는 보험금지급책임 또는 보상책임이라고도 부른다.

### (3) 보험의 기술 [4-5]

상법에는 명시적인 규정이 없으나 보험의 기술(technic)이 보험의 요소인지가 논의되고 있다. 하나는 위험의 분산이고, 다른 하나는 개별 위험과 보험료의 일치이다. 통설 및 주류적 판례는 양자를 보험의 요소로 인정한다(다만, 대수의 법칙을 통한 위험의 분산은 보험자가 수지균등을 달성하기 위한 유력하고 일반적인 수단이기는 하지만 반드시 그런 것은 아니므로 보험의 요소가 아니라는 입장도 있다). ① 위험의 분산: 위험의 분산은 다수의 위험을 모아서 위험단체를 구성한 후 대수의 법칙을 통해서 사전에 예상한 사고발생률과 실제의 사고발생률을 근접시키는 방법이다. 보험자는 수지균등의 원칙(보험자의 총수입과 총지출의 균형)을 달성하기 위해서 위험의 분산을 활용한다. 수지균등에 실패하여 손실이 적정 수준 이상으로 발생하면 향후 보험금지급을 위한 재원이 부족하게 될 수 있고, 이익이 적정 수준 이상으로 발생하면 보험료가 과다할 수 있다(이와 같은 수지불균등은 보험의 공공성 및 사회성을 고려하면 바람직하지 않다). 대수의 법칙(law of large numbers)이란, 모집단의 규모가 클수록 어떤 사건의 예상한 발생 확률과 실제의 발생 확률이 근접하게 된다는 통계학의 이론이다(이 원칙을 보험에 적용해 보면, 사람의 연령별 사망률 등 사고발생 확률을 관찰할 수 있는 모집단이 크면 클수록 예상한 사고발생률과 실제의 사고발생률이 근접할 가능성이 높아진다). ② 개별 위험과 보험료의 일치: 보험자는 각 보험계약이 부보하는 위험 각각에 대해서 그 위험의 정도를 측정하고 이에 부합하는 보험료를 부과한다(사고발생률이 높은 고위험에 대해서는 고액의 보험료, 사고발생률이 낮은 저위험에 대해서는 저액의 보험료를 부과하는 것이다). 이것이 개별 위험과 보험료(보다 정확하게는 계약조건)의 일치 문제이다(개별 위험과 보험료의 일치를 급여·반대급여 균등의 원칙이라고 한다). 수지균등의 원칙은 전체 보험계약자가 지급하는 전체 급여와 보험자가 지급하는 전체 반대급여가 균등한 것을 가리키는 거시적 개념이나, 급여·반대급여 균등의 원칙은 각 보험계약자가 지급하는 개별 급여와 보험자가 지급하는 개별 반대급여가 균등한 것을 가리키는 미시적 개념이다. 개별 위험과 보험료의 일치가 가져오는 효과는 무엇인가? 역선택(adverse selection)의 방지이다. 만약 위험의 정도와 무관하게 보험료가 산정되면, 저위험자는 보험을 회피하고, 고위험자만 가입하는 현상이 생길 수 있다. 따라서 저위험자가 보험 제도를 이용할 수 없게 되는 문제가 생긴다. 결과적으로 역선택은 보험 제도의 합리적 존립 기반을 위태롭게 할 수 있다.

## Ⅱ. 보험 인접분야와의 비교 [4-6]

### 1. 예금

예금이란 은행 등 예금업무를 운영하는 금융기관에 일정한 금액을 맡기면 이후에 원금 및 이자가 상환되는 제도를 가리킨다. 예금은 불확정한 사고의 발생을 요소로 하지 않으므로 보험과 다르다.

### 2. 신탁

신탁(trust)은 위탁자(신탁을 설정하는 자)와 수탁자(신탁을 인수하는 자) 간의 신임관계에 기하여 위탁자가 수탁자에게 특정한 재산의 이전 등을 하고 수탁자로 하여금 수익자의 이익 등을 위해 재산의 관리 등 신탁목적의 달성을 위해 필요한 행위를 하게 하는 법률관계이다(신탁법2). 신탁은 불확정한 사고의 발생을 요소로 하지 않으므로 보험과 다르다.

### 3. 금융투자

금융투자는 불확정한 사건의 발생을 요소로 한다는 점에서 보험과 같다. 가령 금융투자상품인 주식은 기업 가치의 변화라는 불확정한 사건의 발생에 따라 그 가치가 결정된다. 그런데 금융투자는 불확정한 사실의 발생으로 인해서 이익 또는 손해가 생긴다는 점이 특징이다(자본3①). 이 점에서 불확정한 사고의 발생으로 인한 손해의 발생을 요소로 하는 보험과 다르다(손해를 발생시킨다는 점에 주목해서 보험에서는 '사고'라는 표현을 사용한다).

### 4. 도박

도박도 불확정한 사건의 발생을 요소로 한다는 점에서 보험과 같지만, 불확정한 사실의 발생으로 인해서 이익 또는 손해가 생긴다는 점에서 보험과 다르다.

### 5. 보증

보증채무는 타인(주채무자)이 채무를 이행하지 않으면 보증인이 이행해야 할 채무이다(민428①). 보험과 보증[1-98]은 자기채무인지 타인채무인지, 그리고 이에 따른 구상권이 인정되는지 여부 등에서 차이가 있다. 보증인이 보증채무를 이행하는 경우, 채권자와의 관계에서는 자신의 채무를 이행하는 것이지만 주채무자와의 관계에서는 실질적으로 타인의 채무를 이행하는 것이 된다(통설). 그 결과 보증인은 주채무자에게 구상권을 갖는다(민444). 이와 달리, 보험자가 보험사고의 발생으로 인해 보험금을 지급하는 것은 자신의 채무를 이행하는 것이 된다. 따라서 보험금을 지급하였다고 해도 보험자에게 구상권은 허용되지 않는다.

### 6. 공제

공제는 일정한 단체에 속한 구성원들 사이에 불확정한 사고에 대비한 상호부조다. 공제는 보험과 비교할 때 실질적인 차이는 없다. 다만, 근거법률이 다를 뿐이다. 우리 법제는 보험업법에 근거하면 보험업, 기타 법률에 의하면 대개 공제라고 칭한다. 법적 근거가 없는 상태에서 공제를 영위하면 무허가 보험업에 해당하여 보험업법(4①) 등에 따른 형사처벌을 받게 된다. 주요한 공제(괄호 안은 근거법률)로는, 수협공제(수산업협동조합법), 신협공제(신용협동조합법), 새마을금고공제(새마을금고법), 교직원공제(한국교직원공제회법) 등이 있다.

공제는 법적 성격이 보험업법상 상호보험[4-8]과 유사하다. 상호보험이란 보험자가 자신의 구성원에게 제공하는 보험으로서 영리성을 띠지 않는다. 공제도 일정한 단체에 속한 구성원에게 제공하는 보험이고, 비영리가 목적이기 때문에 상호보험과 유사하다. 법적용 면에서 보면, 상법 보험편은 성질에 반하지 않는 범위 내에서 상호보험, 공제, 그 밖에 이에 준하는 계약에 준용된다(상664).

## Ⅲ. 보험의 종류

### 1. 공보험과 사보험 [4-7]

#### (1) 공보험

공보험은 공경제적 작용을 목적으로 하는 보험이다[이는 국가·지방자치단체 등이 추구하는 공공정책(경제정책, 사회복지정책 등)과 관련된 보험이며, 가령 국민건강보험은 공보험이다].

#### (2) 사보험

사보험이란 영리추구 또는 상호부조와 같이 사경제적 작용을 목적으로 하는 보험이다. 사보험은 근거법률에 따라 몇 가지로 구분된다. ① 보험업법에 근거한 보험업은 전형적인 사보험이다. 이는 보험회사가 운영하는 영리보험 또는 상호보험을 가리킨다. 상법 보험편은 영리보험에 전면적으로 적용되고, 성질이 반하지 않는 범위에서 상호보험에 준용된다(상664). ② 공제[4-6]는 사보험이다. 공제에는 상법 보험편이 성질에 반하지 않는 범위에서 준용된다(상664). ③ '우체국예금·보험에 관한 법률'(우체국예금보험법)에 근거한 우체국보험은 국가가 운영하고 과학기술정보통신부장관이 관장한다(동법1,3). 이는 국가가 경영하더라도 그 실질은 사보험에 가깝다. 우체국예금보험법은 보험계약관계를 규율하는 규정을 독자적으로 두고 있어서 상법 보험편이 적용될 여지는 적다.

### 2. 영리보험과 상호보험 [4-8]

보험업법에 따른 사보험은 영리보험과 상호보험으로 나뉜다. ① 영리보험: 영리보험은 영리를 목적으로 하는 보험이다. 영리보험을 운영하려면 보험업법에 따라 금융위원회의 허가를 받아야 한다(보험업법4①). 영리보험의 운영주체는 주식회사인 보험회사이다(보험업법18). 영리보험에서 보험관계와 사원관계는 완전히 별개이다(사원관계는 주식회사인 보험회사의 주주가 됨으로써만 성립하고, 보험관계는 보험회사와 보험계약을 체결할 때만 성립한다). ② 상호보험: 상호보험은 상호부조를 목적으로 하는 보험이다. 상호보험을 운영하려면 보험업법에 따라서 금융위원회의 허가를 받아야 한다(보험업법4①). 상호보험의 운영주체는 상호회사인 보험회사인데(보험업법2(7)), 우리나라에 상호회사가 존재한 예는 아직 없다. 상호회사는 출자의무를 부담하는 사원으로 결합된 사단법인이며, 사원과 상호회사 사이에는 사원관계가 형성된다. 그리고 사원관계에는 반드시 보험관계가 수반되어서, 사원은 보험계약자의 지위도 갖게 되는데(이러한 이유에서 상호보험은 상호회사가 자신의 사원에게 제공하는 보험이라고도 말할 수 있다), 이 점이 주식회사인 보험회사와 차이점이다. 한편, 상호보험에는 보험업법에 의한 상호보험 이외에 선주상호보험조합법에 의한 선주상호보험도 있다.

### 3. 손해보험과 인보험 [4-9]

① 상법 보험편은 사보험을 손해보험과 인보험으로 분류한다. 상법 보험편은 양자에 공통으로 적용될 규정(1장 통칙)을 두고, 손해보험과 인보험에 각기 적용될 규정(2장 손해보험, 3장 인보험)도 두고 있다. ② 상법상 손해보험은 재산이 보험목적이고(통설) 비정액으로 보상하는(실제로 발생한 손해만큼 보상하는)(상665) 보험이다. 여기에는 화재보험, 운송보험, 해상보험, 책임보험, 자동차보험(자동차보험은 대개 손해보험이지만 예외도 있다[4-173]), 보증보험 등이 있다. 한편, 상법상 인보험은 사람이 보험목적인 보험이다(상727). 여기에는 생명보험, 상해보험, 질병보험이 있다. 생명보험은 보험사고가 발생하면 손해여부·손해액을 묻지 않고 정액보상하고, 상해보험·질병보험은 정액보상이 가능하지만 성질이 허용하는 경우(가령 입원비, 치료비) 비정액보상도 가능하다고 해석한다(판례·통설). 비정액보상의 상해보험·질병보험을 특히 '손해보험형' 상해보험·질병보험이라고 부른다[4-188, 192]. ③ 상법상 손해보험과 인보험의 분류는 이론상의 분류와는 차이가 있어서 용어상 혼동을 주기 쉽다. 이론상의 분류를 보면 '보험목적'을 기준으로 재산보험(보험목적이 재산)과 인보험(보험목적이 사람)으로 나뉘고, '보상방식'을 기준으로 손해보험(또는 비정액보험)(실제로 발생한 손해만큼 보상하는 보험)과 정액보험(실제의 손해액과 무관하게 당사자가 약정한 금액을 보상하는 보험)으로 나뉘기 때문이다. 상법상 손해보험은 이론상 재산보험과 이론상 손해보험(또는 비정액보험)이 결합된 것이다.

### 4. 가계보험과 기업보험 [4-10]

가계보험과 기업보험은 보험계약자의 지위에 따른 구분이다. 가계보험은 보험계약자가 보험자보다 열등한 경제적 지위에 있는 경우를 가리키고, 기업보험은 양자가 대등한 경제적 지위에 있는 경우를 가리킨다. 상법은 가계보험의 경우 보험계약자 보호를 위한 후견적 개입을 한다. 즉, 가계보험의 경우 계약의 당사자가 상법 보험편에 비해 보험계약자·피보험자·보험수익자에게 불리한 내용으로 계약을 체결할 수 없고(상663본), 다만 기업보험의 경우에는 그렇지 않다(상663단)[4-25].

### 5. 기타 [4-11]

#### (1) 개별보험·집합보험·총괄보험·단체보험

보험목적의 수에 따라서도 보험을 분류할 수 있다. 개별적 재산 또는 사람이 보험목적이면 개별보험이다. 복수의 재산 또는 사람이 보험목적인 일정한 경우에는 특수한 취급을 한다. 집합된 물건을 일괄하여 보험목적으로 하면 집합보험(상686)이 된다. 집합보험 중에서도 보험기간 중에 보험목적에 속한 물건이 수시로 교체되는 경우가 총괄보험이다(상687)(가령 창고업자가 임치물이 수시로 교체되는 창고를 보험에 가입하는 경우 이는 총괄보험이 된다). 어떤 단체에 속한 구성원들의 전부 또는 일부가 보험목적이 되는 인보험이 단체보험(상735의3)[4-184]이다.

#### (2) 임의보험·강제보험

보험가입의 강제성 여부에 따라 보험을 분류할 수 있다. 사보험은 대부분이 가입 여부가 자유로운 임의보험이다. 하지만 예외적으로 강제보험도 있다. 가령 자동차보험 중 대인배상책임보험, 대물배상책임보험은 일정한 경우 가입이 강제된다[4-173]. 강제보험은 피해자 보호가 주된 목적이다.

## Ⅳ. 보험의 사회적 작용

### 1. 순기능 [4-12]

보험의 순기능에는 생활의 안정추구, 자금의 공급, 신용의 수단, 손해의 방지 등이 언급되고 있다. 이 중에서 가장 중요한 것은 생활의 안정추구이며, 이것은 경제적 안정성의 확보라고 말할 수 있다. 현대인은 각종 사고의 발생가능성, 즉 위험에 노출되어 살아가고 있다. 이러한 위험이 도사리고 있는 한 가계활동이나 기업활동은 경제적 안정성을 위협받게 된다. 가계나 기업은 보험을 통해서 위험을 보험자에게로 이전할 수 있다[4-5]. 위험을 이전받은 보험자는 보험의 기술을 활용해서 인수한 위험을 안정적으로 관리하게 된다.

### 2. 역기능 [4-13]

보험에는 부작용도 있다. ① 도덕적 위태: 도덕적 위태(morale hazard)는 보험가입으로 인해 보험계약자가 사고발생과 관련하여 평소보다 주의를 게을리 할 위험을 가리킨다. 보험가입이 없으면 마땅히 기울일 주의를 보험가입으로 인해서 기울이지 않아서 사고가 증가하는 부정적 측면이 있다. ② 도덕적 위험 및 보험사기: 도덕적 위험(moral hazard)은 보험을 부당하게 이용할 위험을 가리킨다. 가령 보험계약자가 의도적으로 사고를 일으켜 보험금을 부당하게 편취할 위험이 도덕적 위험의 전형이다. 도덕적 위험이 현실화되어 나타난 것이 보험사기(insurance fraud)이다. 금융감독원의 통계자료에 의하면, 2018년에 보험사기로 적발된 금액은 무려 7,982억 원이고, 관련 혐의자가 79,179명에 이른다. 지능적 방법이 사용되기 때문에 보험사기의 적발이 쉽지 않다는 현실을 감안하면, 실제 금액이나 인원은 훨씬 더 많을 것으로 추정된다. 이러한 보험사기의 폐해는 심각하다(보험사기 때문에 심지어 무고하게 사람이 죽거나 다치고, 재물이 손괴되기도 한다. 또한 보험자의 보험금지급부담이 커질 뿐만 아니라 결국 보험료 인상으로 이어져 선량한 보험계약자가 피해를 보게 된다). 따라서 도덕적 위험, 보험사기, 보험의 도박화 등의 역기능을 최소화하는 것은 보험법의 핵심적 과제이다.

# 제3관 보험계약법의 기초

## Ⅰ. 보험계약의 관련요소

### 1. 보험계약의 관계자 [4-14]

① 보험자: 보험자는 보험계약 체결의 당사자로서 보험료를 대가로 받고 보험금지급책임을 지는 자이다(상638)[4-1]. ② 보험계약자: 보험계약자는 계약의 당

사자로서 보험료지급의무를 부담한다(상638). ③ 피보험자: 피보험자는 손해보험과 인보험에서 그 의미가 다르며, 계약의 당사자는 아니다. 손해보험에서 피보험자는 보험금청구권을 갖는다(상665). 보험계약자와 피보험자가 같은 경우를 '자기를 위한' 손해보험, 다른 경우를 '타인을 위한' 손해보험이라고 한다. 한편, 인보험에서 피보험자는 보험사고의 객체를 의미한다. 즉, 사망·생존·상해·질병이 발생하는 대상을 가리킨다. 보험계약자와 피보험자가 같은 경우를 '자기의' 인보험, 다른 경우를 '타인의' 인보험이라고 부른다. ④ 보험수익자: 보험수익자는 인보험에만 존재하며, 계약의 당사자는 아니다. 보험수익자는 보험금청구권을 갖는다(상733). 보험계약자와 보험수익자가 같은 경우를 '자기를 위한' 인보험, 다른 경우를 '타인을 위한' 인보험이라고 한다. ⑤ 모집종사자: 보험계약의 체결을 함에 있어서 그 대리 또는 중개를 보험계약의 모집이라고 한다(보험업법2⑿). 대량적·반복적인 보험거래의 특성상 보험계약은 모집을 통해 체결되는 것이 보통이다. 보험계약 체결의 모집에 종사하는 자를 모집종사자라고 한다[4-29].

### 2. 보험사고·보험목적 [4-15]

① 보험사고: 보험사고는 보험목적에 손해를 야기하는 사고로서 그 발생에 의해서 보험자의 보험금지급책임이 구체화된다. 가령 화재로 인한 손해를 보상하는 화재보험에서는 화재가 보험사고이다. 보험사고에는 불확정성이 요구된다(상644)[4-3, 62]. ② 보험목적: 보험목적이란 보험사고가 발생하는 대상 또는 객체이다(상666⑴ 등). 재산보험의 경우 해당 재산, 인보험의 경우 사람(피보험자)이 보험목적이다.

### 3. 피보험이익 [4-16]

상법은 손해보험에서 피보험이익을 요구한다(상668)[4-135]. 피보험이익이란 보험금청구권자인 피보험자가 보험목적에 대해 갖는 경제적 이익이다. 피보험이익이 없으면 해당 보험계약은 무효로 된다(판례·통설). 피보험이익은 이득금지의 원칙을 실현하기 위한 것이며, 피보험자가 보험을 통해서 손해를 보상받는 것이 아니라 이득을 얻는 것을 방지하게 된다.

### 4. 보험료 · 보험금액 · 보험금 [4-17]

① 보험료: 보험자가 보험금지급채무를 부담하는 대가로 보험계약자가 지급해야 하는 것이 보험료이다. ② 보험금액: 보험사고의 발생 시에 보험자가 지급해야 할 금액으로 당사자가 약정한 것이다. 정액보험에서 보험금액은 보험사고의 발생 시에 보험자가 지급해야 하는 금액 자체이다. 비정액보험에서 보험금액은 보험사고의 발생 시에 보험자가 지급해야 하는 금액의 상한액으로서 이 범위 내에서 실제로 발생한 손해액만큼 지급하게 된다. ③ 보험금: 보험자가 보험사고 발생 시에 실제로 지급해야 하는 금액이 보험금이다. 정액보험에서 보험금액과 보험금은 일치하고, 비정액보험에서 보험금은 보험금액과 같거나 작다.

### 5. 보험기간 [4-18]

보험기간 중에 보험사고가 발생해야 보험자가 보험금지급책임을 진다. 즉, 보험기간이란 보험자가 보상책임을 지기 위해서 보험사고가 발생해야만 하는 기간이다(상643 등). 보험기간은 당사자가 정하는 것인데, 보험계약의 체결 이후에 시작하는 것으로 정하는 것이 보통이다. 이를 '장래보험'이라고 한다. 한편, 계약 체결 이전의 시점을 보험기간의 시작시기로 정하는 경우도 있는데, 이를 '소급보험'(상643) [4-62]이라고 한다.

## Ⅱ. 보험계약의 실제

### 1. 생명보험계약 [4-19]

① 생명보험계약의 예를 보자. A는 매달 1만 원씩 내고 2020. 1. 1. ~ 2030. 12. 31. 중에 자신이 사망하는 경우 자신의 배우자인 B가 1억 원을 취득할 수 있는 보험계약을 보험설계사 C의 모집을 통해서 D와 체결하였다. ② 여기서 1만 원은 보험료, 사망은 불확정한 보험사고, 1억 원은 보험금액을 가리킨다. 생명보험에서는 위 기간 중에 보험사고가 발생하면 손해액을 따지지 않고 약정한 보험금액을 그대로 보험금으로 지급한다. 따라서 보험금액과 보험금은 일치한다. 위 기간은 보험사고가 발생하면 보험금지급책임이 구체화되는 기간으로서,

보험기간에 해당한다. ③ 보험설계사 C는 보험계약 체결을 중개하는 자이다. 그리고 계약의 당사자는 A와 D이다. 보험료지급의무를 지는 A가 보험계약자, 보험금지급의무를 지는 D가 보험자이다. 또한 보험금청구권자인 B를 보험수익자라고 한다. ④ 보험사고는 A(보다 정확하게는 A의 생명)를 대상으로 한다. 보험사고의 대상 또는 객체가 보험목적이다. 사람을 보험목적으로 하는 보험에는 생명보험, 상해보험, 질병보험 등이 있으며, 이를 통칭하여 인보험이라고 한다. 인보험에서 보험목적인 사람을 특히 피보험자라고 부른다. 따라서 위 예에서 A는 보험계약자이자 피보험자이다. 위 예는 보험계약자와 피보험자가 동일하고 보험수익자는 다른 경우인데, 이들을 모두 같게 정하는 것도 가능하고, 일부만 같게 정하는 것도 가능하며, 모두 다르게 정하는 것도 가능하다.

### 2. 손해보험계약 [4-20]

① 손해보험계약의 예를 보자. 甲은 매달 10만 원을 내고 2020. 1. 1.~2020. 12. 31. 중에 시가 5억 원인 자신의 건물에 화재가 발생하면 5억 원의 범위 내에서 자신이 그 손해를 보험금으로 보상받을 수 있는 보험계약을 보험대리점인 乙을 통해서 丙과 체결하였다. ② 여기서 10만 원은 보험료, 화재는 불확정한 사고, 5억 원은 보험금액을 가리킨다. 손해보험에서 보험금액은 보험자의 최고 보상한도이다. 손해보험은 손해만큼 보상하는 것이므로 5억 원의 범위 내에서 실제 발생한 손해를 보상한다. 만약 위 보험기간 중에 화재로 인한 손실이 3억 원이라면 보험자가 실제로 지급해야 할 보험금은 3억 원이 된다. 따라서 손해보험에서 보험금액과 보험금이 항상 일치하는 것은 아니다. ③ 보험대리점인 乙은 보험계약 체결을 대리 또는 중개하는 자이다. 계약의 당사자인 甲과 丙이 각각 보험계약자, 보험자이다. 화재라는 사고가 발생하는 대상인 건물이 보험목적이다. 손해보험의 보험목적은 재산이기 때문에, 그것을 인칭(人稱)하는 표현을 사용하지 않는다는 점이 인보험과 다르다. ④ 보험금청구권자인 甲을 피보험자라고 하는데, 인보험의 피보험자와는 의미가 다르다는 점에 주의할 필요가 있다. 위 예는 보험계약자와 피보험자가 동일한 경우인데, 이들을 같게 정하는 것도 가능하고 다르게 정하는 것도 가능하다. 손해보험에서 피보험자는 피보험이익(보험목적에 대하여 일정한 경제적 이익)을 가져야 한다. 위 예에서 피보험자는 보험목적인 건

물의 소유자로서 경제적 이익을 갖고 있다.

## Ⅲ. 보험계약의 법적 성질 [4-21]

### 1. 불요식·낙성계약

보험계약은 청약과 승낙에 의한 합의만으로 성립되는 불요식의 낙성계약이다(판례·통설). 다만, 보험실무상 보험자가 작성한 보험청약서에 보험계약자가 필요사항을 기재하는 방식으로 청약의 의사표시를 하고 이와 함께 보험료를 지급하고 보험자가 이에 대해 승낙하는 것이 보통이다.

### 2. 쌍무·유상계약

보험계약은 쌍무계약(당사자 쌍방이 계약의 성립 후에 계약의 효력으로서 대가적 의미를 갖는 채무를 부담하는 계약)[1-115]이자 유상계약(당사자 쌍방이 계약의 성립 전후에 걸친 전체 과정에서 대가적 출연을 하는 계약)[1-116]이다(판례·통설). 보험계약자의 보험료지급채무와 보험자의 보험금지급채무가 쌍무계약과 유상계약의 요소에 해당한다.

### 3. 사행계약

보험계약은 사행(射倖)계약이다(판례·통설). 사행계약이란 일방 또는 쌍방 당사자가 부담하는 급여의무의 존재 또는 그 급여액이 우연한 사건(또는 사고)의 발생에 의해 확정되는 계약이다. 보험금의 지급이 불확정한 사고의 우연한 발생에 달려 있다는 점에서, 보험계약은 사행적 성격을 띤다. 사행계약은 사회적 효용의 존재 등을 이유로 사회질서(민103)에 부합하는 경우에만 합법적인 것으로 인정된다. 보험계약은 합법적인 사행계약이지만 부당한 이득을 목적으로 악용될 소지도 있으므로 상법은 이를 방지하기 위한 규정을 두고 있다. 가령 손해보험에서는 이득금지의 원칙(상676 등)[4-134]이 적용되고 피보험이익(상668)[4-135]이 요구된다.

### 4. 선의계약

통설은 보험계약이 사행계약이기 때문에 선의성(또는 최대선의성)을 띤다고 보고, 판례도 보험계약이 선의성을 띤다고 본다. 이는 보험계약의 당사자에게 선의의무(또는 최대선의의무)가 요구된다는 의미이다. 여기서 선의성(또는 최대선의성)이란 어떤 사정을 알지 못하는 심리적 상태가 아니라 정직성·윤리성 등을 의미한다. 선의성(또는 최대선의성)은 신의성실의 원칙에 근거한다고 보는 것이 판례 및 통설의 입장이다.

### 5. 상사계약

영업적으로 하는(영리성과 계속·반복성을 띠는) 보험계약의 인수는 기본적 상행위에 속한다(상46(17))[2-10]. 따라서 영리보험에 의한 보험계약은 상사계약이다(통설). 이와 달리 상호보험 또는 공제에 의한 보험계약도 상사계약인지는 논란이 있다.

### 6. 계속계약

보험계약은 계속적 계약이다(통설). 보험계약은 일정한 보험기간 동안의 보험사고를 계속적으로 보장하는 계약이기 때문이다.

### 7. 부합계약

보험계약은 일반적으로 부합계약이다(통설). 부합계약은 약관을 통해서 체결되면서 약관내용이 개별적 합의의 대상이 아닌 계약이다. 상대방은 약관에 의한 체결에 응하든가 아니면 체결을 포기하는 선택만 가능하다.

## Ⅳ. 보험법의 특성

### 1. 기술성 [4-22]

보험법은 기술성을 띤다(통설). 이에 따르면 일반적으로 보험자가 위험을 인수할 때 보험의 기술[4-5]에 입각하고 보험법은 이러한 보험의 기술을 고려하여 보험관계를 규율하는 법이다. 보험의 기술을 보험법에 어느 정도 반영할 것인지는 입법정책의 문제이다. 가령 고지의무(상651)[4-49] 또는 위험변경증가(상652,653)[4-101]등은 보험의 기술이 반영된 경우이다.

### 2. 선의성 [4-23]

보험법은 선의성을 띤다(통설). 이것은 보험법에 보험계약의 선의성[4-21]이 반영되어 있다는 뜻이다. 보험계약의 선의성은 어떤 사정을 알지 못하는 심리적 상태가 아니라 정직성·윤리성 등을 의미한다[4-21]. 가령 사기에 의한 초과보험 또는 사기에 의한 중복보험은 무효이고 보험자는 그 사실을 안 때까지의 보험료를 청구할 수 있다(상669④,672③)[4-145, 146](보다 정확하게는 보험자가 그 사실을 안 때까지의 보험료를 이미 지급받았으면 반환하지 않아도 되고, 지급받지 않았다면 그 보험료를 청구할 수 있다고 해석한다). 민법상 일반원칙에 따른다면 사기에 의한 계약체결은 취소권이 부여되고 취소 시에 계약이 처음부터 무효이므로 보험료를 청구할 수 없겠지만[1-36], 보험계약의 선의성을 반영하여 사기에 의한 초과보험 또는 중복보험에 보다 엄격한 효과를 부과한 것이다.

### 3. 단체성 [4-24]

일반적으로 보험은 개별위험을 다수로 집적하여 위험단체를 구성하므로 개별위험이 서로 무관하지 않은 측면이 있다. 이런 이유에서 보험계약을 보험계약자와 보험자 사이의 개별적 거래관계로만 인식하지 않고 위험단체의 개념을 고려하여 전체 보험계약자와 보험자 사이에 일응 단체적 거래관계로 인식할 여지가 생긴다. 보험계약의 단체적 성격을 어느 정도 인정할 것인지는 입법정책 및 해석의 문제이다(통설).

단체성을 적극적으로 인정하는 입장은 보험계약자 평등의 원칙을 중시하면서 보험계약을 일반계약과 다르게 취급하려는 경향이 있다. 가령 약관규제법에 따르면 사업자가 어떤 약관조항에 대한 명시 또는 설명의무를 위반한 경우 그 약관조항을 계약내용으로 주장할 수 없는데(약관3③④), 단체성을 적극적으로 인정하는 입장은 이 법조항이 보험계약에는 적용되지 않아야 한다고 본다. 이는 원인이 무엇이든 어떤 약관조항이 특정한 보험계약자에게만 적용되지 않는 것은 보험계약자 평등의 원칙에 반한다는 점을 근거로 한다. 하지만 판례는 위 법조항이 보험계약에도 적용된다는 입장이다. 이는 특정한 보험계약자에게 특혜를 주자는 것이 아니라 보험자가 약관조항에 대한 명시 또는 설명의무를 위반함으로써 그 약관조항을 알지 못하고 계약을 체결한 해당 보험계약자를 구제할 필요가 있고, 이러한 필요성은 단체성보다 우선한다고 보는 것이다.

단체성에 관한 논의는 다음의 예에서도 살펴볼 수 있다. 보험계약의 체결 또는 모집과 관련하여 보험계약자나 피보험자에게 특별이익을 제공하거나 제공하기로 약속해서는 안 되고 그 위반 시에는 형사처벌 등의 제재가 따른다(보험업법98,196①,202(2)). 그러한 특별이익으로는 정당한 근거가 없는 보험료의 할인 등이 있다. 단체성을 적극적으로 인정하는 입장에서는 보험계약자 평등의 원칙을 들어서 특별이익이 제공된 해당 보험계약은 무효라고 본다. 이와 달리 단체성을 소극적으로 인정하는 입장에서는 형사처벌 등의 제재는 받더라도 해당 보험계약은 유효라고 본다.

### 4. 강행규정성 [4-25]

#### (1) 절대적(양면적) 강행규정성

보험사고의 불확정성(상644), 피보험이익의 요건(상668 등), 인보험에서 피보험자의 서면동의 요건(상731 등) 등은 보험계약자 또는 보험자 쌍방에 적용되는 강행규정이다(통설). 이는 도덕적 위험, 보험의 도박화를 막기 위한 규정들로서 이를 위반하면 모든 사람과의 관계에서 절대적으로 무효이다.

#### (2) 상대적(편면적) 강행규정성

상법 보험편의 규정은 당사자 사이의 특약으로 보험계약자·피보험자·보험수익자의 불이익으로 변경하지 못한다(상663본). 당사자가 정한 계약조항이 상법 보험편 규정보다 보험계약자 등에 불리하면 그 계약조항은 강행규정 위반으로 무효이고(이에 해당하는 예로는 실효약관조항[4-97]이 있다), 이와 달리 보험계약자 등에 유리하면 효력이 인정된다(판례·통설). 이렇게 상법 보험편은 상황에 따라 강행규정인지가 결정되는 상대적 강행규정이고, 이를 '불이익변경금지의 원칙'이라고 한다. 이 범위 내에서 보험자와 보험계약자의 계약상 사적 자치는 제한된다.

불이익변경금지의 원칙은 재보험 및 해상보험, 기타 이와 유사한 보험의 경우에는 적용하지 않는다(상663단). 상법 663조 본문에 따라서 불이익변경금지의 원칙이 적용되는 보험을 '가계보험'이라고 하고, 상법 663조 단서에 따라서 불이익변경금지의 원칙이 적용되지 않는 보험을 '기업보험'이라고 부른다(판례·통설). 기업보험과 가계보험을 구분하는 기준을 보험계약자의 종류에서 찾는 입장이 있고(보험계약자종류설), 보험의 종류에서 찾는 입장이 있다(보험종류설). 판례와 통설은 전자를 지지하며, 이에 따르면 기업보험이란 보험계약자가 기업인 경우이고 가계보험은 보험계약자가 자연인 등 기업이 아닌 경우라고 본다(이 입장은 보험에 관한 지식이 희박한 일반대중, 또는 경제적으로 약자의 지위에 있는 자를 보호하는 데서 상대적 강행규정의 취지를 찾는다). 가령 소형어선을 소유하며 연안·근해어업에 종사하는 영세어민들을 보험계약자로 하는 해상보험은 상법 663조 본문에 따른 불이익변경금지의 원칙이 적용된다(판례).

### 5. 사회성 및 공공성 [4-26]

보험은 오늘날 위험사회에서 국민생활에 필수적인 제도로서 개인 또는 기업이 의존하는 정도가 매우 높다. 이로 인해 보험은 사회성과 공공성을 띤다(판례·통설). 가령 보험업법상 보험업을 하려면 금융위원회의 허가(보험업법4①)를 받아야 하는 등 일정한 규제를 받고 있다.

### 6. 국제성 [4-27]

보험법은 국제성을 띤다. 보험제도는 사실상 모든 나라에 존재하고, 보험법은 국가마다 어느 정도 차이는 있지만, 상호간에 긴밀하게 영향을 받고 있다. 특히 재보험, 해상보험 등과 같은 기업보험에서 보험계약의 법리는 국가 간에 상호 수렴하는 경향이 나타난다. 해상보험에서 국제적 표준으로 사용되는 보험증권이나 보험약관에는 대부분 영국법 준거조항을 두고 있다.

# 제 2 절 보험계약 총론

## 제 1 관 보험계약의 모집

### Ⅰ. 모집의 의의 [4-28]

보험계약의 모집은 보험계약의 체결을 대리하거나 중개하는 것이다(보험업법2⑿). 대리는 법률효과를 본인에게 귀속시키는 대리인의 법률행위를 말하고, 중개는 계약의 당사자들과 교섭하여 계약이 체결되도록 조력하는 중개인의 사실행위를 가리킨다. 대량적·반복적인 보험거래의 특성상 보험계약은 모집을 통해 체결되는 것이 보통이다.

### Ⅱ. 모집종사자

#### 1. 의의 [4-29]

모집종사자는 보험계약 모집의 주체를 말한다. 보험업법은 모집종사자를 일정하게 제한한다(그 취지는 모집질서의 확보와 보험계약자 보호 등에 있다). 모집종사자로는 보험설계사, 보험대리점, 보험중개사, 그리고 보험회사의 임원(대표이사, 사외이사, 감사 및 감사위원은 제외) 또는 직원 등이 있다(보험업법83①). 보험업법은 보험대리점이라고 표현하지만 이하에서는 상법에 따라 보험대리상이라고 부르기로 한다. 보험설계사, 보험대리상, 보험중개사가 되기 위해서는 일정한 요건을 갖추고 등록되어야 한다(보험업법2(9)~(11)). 그리고 모집종사자는 아니지만 인보험에서 보험계약의 체결과정에 관련된 보조자로서 보험의(保險醫)가 있다.

### 2. 보험설계사 [4-30]

#### (1) 의의

보험설계사는 특정한 보험자를 위하여 계속적으로 보험계약의 체결을 중개하는 사용인이다(상646의2③). 여기서 사용인이란 독립된 상인이 아니면서 타인의 사무를 보조하는 자라는 의미이다. 보험설계사는 보험자와 고용관계[1-131]에 있는 노무자라고 볼 수 있는가? 판례는 고용관계가 아니라 위임관계에 있다고 본다(고용관계에 있기 위해서는 노무자가 임금을 목적으로 종속적인 관계, 즉 지휘감독관계에서 사용자에게 노무를 제공해야 하지만, 보험설계사는 종속적인 관계에서 보험자에게 노무를 제공한다고 보기 어렵다).

#### (2) 권한

보험설계사는 일정한 경우 보험료수령권과 보험증권교부권을 갖는다. 첫째, 보험설계사는 보험자가 작성한 영수증을 보험계약자에게 교부하는 경우 보험계약자로부터 보험료를 수령할 권한이 있다(상646의2①(1)③). 또한 타인을 위한 보험계약[4-129]에서 피보험자(손해보험) 또는 보험수익자(인보험)가 보험료지급채무를 지는 경우가 있는데[4-92], 이 경우에도 보험설계사는 보험료수령권을 갖는다(상646의2④). 둘째, 보험설계사는 보험자가 작성한 보험증권을 보험계약자에게 교부할 권한이 있다(상646①(2)③).

이외의 권한과 관련해서, 판례는 보험설계사가 보험자를 위해 보험계약의 체결에 관한 중개권한만 갖고 체결을 대리할 권한인 체약대리권은 없으며, 나아가 고지수령권·통지수령권도 없다고 본다. 이에 따르면, 보험설계사가 보험계약의 체결에 관해 보험자를 대리해도 이는 무권대리에 불과하고, 보험계약자가 보험설계사에게 상법 651조의 고지의무나 상법 652조의 통지의무 등을 이행해도 이는 보험자에게 이행한 것으로 보지 않는다. 통설은 판례와 같다. 다만, 이에 반대하는 입장도 있다(가령 화재보험이나 자동차보험과 같이 정형화되어 있는 보험에서는 보험설계사의 체약대리권이나 고지수령권을 인정해서 보험계약자를 보호해야 한다는 입장이 있다).

### 3. 보험대리상 [4-31]

#### (1) 의의

상법에는 보험대리상에 대한 개념 규정이 없다. 통설은 보험대리상이 상법상 대리상(상87)[3-50]의 일종이라고 해석한다. 보험대리상을 상법상 대리상에 따라 정의하면, 보험대리상은 특정한 보험자를 위하여 계속적으로 보험계약의 체결을 대리 또는 중개하는 독립된 상인이다. 대리를 영업으로 하면 보험체약대리상이고 중개를 영업으로 하면 보험중개대리상이 된다. 보험대리상은 상법상 대리상과 마찬가지로 보험자와 위임관계에 있다.

#### (2) 권한

상법에 따르면 보험대리상은 원칙상 보험체약대리상이고, 다만 권한의 일부를 제한할 수 있다. 이는 보험계약자가 보험대리상을 보험체약대리상이라고 오인할 수 있다는 점을 고려한 것이다. 즉, 보험대리상은 체약대리권 등의 권한(1. 보험계약자로부터 보험료 수령 2. 보험자가 작성한 보험증권을 보험계약자에게 교부 3. 보험계약자로부터 청약·고지·통지·해지·취소 등 보험계약에 관한 의사표시의 수령 4. 보험계약자에게 보험계약의 체결·변경·해지 등 보험계약에 관한 의사표시를 하는 행위)을 갖는다(상646의2①). 보험자는 위 권한 중 일부를 제한할 수 있으나, 이 제한을 이유로 선의의 보험계약자에게 대항하지 못한다(상646의2②). 여기서 선의는 위 권한의 제한을 알지 못하는 것을 가리킨다. 가령 보험자가 보험대리상의 고지수령권을 제한했더라도 선의의 보험계약자가 보험대리상에게 고지(가령 상법 651조에 따른 중요사항의 고지)를 했다면, 보험자는 이것이 고지수령권이 없는 자에 대한 고지이므로 고지로서 효력이 없다는 주장을 할 수 없다.

한편, 보험자와 보험대리상의 내부적 관계에서 보험대리상이 위 권한을 갖는지는 당사자가 대리상 계약에서 정할 문제이다. 하지만 보험대리상과 보험계약자와의 외부적 관계에서 보험대리상은 상법 646조의2에 따라 원칙적으로 위 권한을 갖는 보험체약대리상이다. 이것은 일종의 외관법리를 채용한 것으로 볼 수 있다(보험대리상에게는 보험계약 체결의 대리권이 수여되어 있다는 외관을 인정하는 것이다).

따라서 보험자가 보험대리상의 위 권한을 제한해도 이를 알지 못하는 선의의 제3자에게는 대항하지 못하는 것이다.

### 4. 보험중개사 [4-32]

#### (1) 의의

상법에는 보험중개사에 대한 개념 규정이 없다. 보험업법에 의하면 보험중개사는 독립적으로 보험계약의 체결을 중개하는 자를 가리킨다(보험업법2(11)). 보험중개사는 상법상 중개인(상93)[3-61]의 일종이다(통설). 이에 따르면 보험중개사는 특정한 보험자로부터 독립하여 보험계약 체결의 중개를 하는 독립된 상인이다.

보험중개사가 보험계약자와 보험자 쌍방을 위하여 중개행위를 하는 쌍방위탁 중개인인지, 아니면 보험계약자를 위해서 중개행위를 하는 일방위탁 중개인인지는 견해가 대립한다(쌍방적 위탁과 일방적 위탁에 대해서는 [3-62]). 전자로 보게 되면, 보험중개사는 보험자 및 보험계약자 쌍방으로부터 중개위탁을 받아서 어느 한쪽에 치우치지 않고 중립적 지위에서 중개행위를 해야 한다. 후자로 보게 되면, 보험중개사는 보험계약자로부터 중개위탁을 받고 중개를 하는 자로서 보험계약자를 위해서 중개행위를 하면 된다.

#### (2) 권한

상법에는 보험중개사의 권한에 대한 규정이 없다. 보험업법의 관련 규정을 살펴보자. 보험중개사는 보험계약의 체결을 중개할 권한을 갖고 있다(보험업법2(11)). 보험중개사는 자신이 체약대리권 등의 권한(보험증권을 발행하거나, 보험자를 대리하여 보험계약의 체결·변경·해지의 의사표시를 수령하거나, 보험료를 수령·환급하거나, 보험계약자 등으로부터의 보험계약에 관한 고지·통지사항을 수령하거나, 보험사고에 대한 보험회사 책임 유무를 판단하거나 보험금을 결정하는 권한)이 없다는 점을 기재한 서면을 미리 보험계약자에게 발급하고 설명해야 한다(보험업법92① 등).

### 5. 보험의 [4-33]

보험의(保險醫)는 보험계약을 모집하는 모집종사자는 아니다. 보험의는 인보험계약의 체결과 관련하여 보험자가 피보험자에 대한 위험측정 등을 하는 데 도움을 주는 의사로서 보험자의 보조자이다. 진사의(診査醫), 진단의(診斷醫)라고도 한다. 보험의는 피보험자에 대한 신체검사를 맡아 의료적 소견을 보험자에게 제시한다. 보험자는 이에 기초해서 위험의 인수 여부 또는 그 조건을 정한다. 보험의는 체약대리권은 없지만, 신체검사와 관련하여 피보험자가 하는 고지에 대한 고지수령권을 갖는다(통설).

## Ⅲ. 모집종사자의 약관과 다른 모집행위

### 1. 문제 상황 [4-34]

모집종사자가 보험약관과 다른 내용으로 보험계약을 모집하고 보험계약자가 이에 응한 경우를 보자. 모집종사자가 보험자로부터 약관과 다르게 모집할 권한을 받은 경우라면 그러한 모집행위가 유효한 것이고, 결국 약관과 다르게 개별약정[4-42]이 체결되었다고 하는 데 별다른 문제가 없다. 하지만 우리 실무상 약관과 다르게 모집할 권한이 모집종사자에게 주어지는 경우는 매우 드물다.

### 2. 적용 법리 [4-35]

모집종사자가 권한 없이 약관과 다른 모집행위를 한 경우 보험자는 이에 계약책임을 지게 되는가? 원칙적으로는 부정된다. 대신에 불법행위의 문제로 처리해서 보험계약자는 모집종사자에게 손해배상책임(민750)을 묻거나 보험자에게 사용자책임(보험업법102)을 물을 수 있다. 이 과정에서 보험계약자의 과실 부분에 대해서는 과실상계[1-84]가 이루어지게 된다. 다만, 표현대리[1-43]가 (유추)적용될 수 있는 경우라면 보험자가 계약책임을 지게 된다(통설).

## Ⅳ. 모집종사자의 불법행위와 사용자책임

### 1. 모집종사자의 불법행위 [4-36]

모집종사자가 모집과정에서 보험계약자에게 불법행위를 범하면 이로 인한 손해배상책임을 부담하게 된다(민750). 가령 보험설계사가 가공의 보험상품에 가입할 것을 권유하고 보험료 명목으로 금원을 받아 편취한 경우, 또는 타인의 사망보험계약을 모집할 때 피보험자의 서면동의 요건(상731①)[4-179]에 대해 보험계약자에게 설명하지 않았던 경우에 불법행위가 성립한다(판례).

### 2. 보험자의 사용자책임 [4-37]

#### (1) 의의

보험자는 임직원, 보험설계사 또는 보험대리상(보험대리상 소속 보험설계사를 포함)이 모집을 하면서 보험계약자에게 손해를 입힌 경우 배상할 책임을 진다(보험업법 102본). 다만, 보험자가 보험설계사 또는 보험대리상에 모집을 위탁하면서 상당한 주의를 하였고 이들이 모집을 하면서 보험계약자에게 손해를 입히는 것을 막기 위해 노력한 경우에는 그렇지 않다(보험업법102단). 보험업법 102조는 민법상 사용자책임(민756)[1-156]의 특칙이다. 이에 따라 보험자의 사용자책임에 대해서는 보험업법 102조가 우선해서 적용된다(판례·통설). 모집종사자의 손해배상책임과 보험자의 사용자책임은 청구권경합의 관계에 있고[1-10], 보험계약자는 배상자력이 튼튼한 보험자에게 우선적으로 책임을 추궁하려 할 것이므로 사용자책임은 중요한 피해 구제수단이다. 한편 우체국보험[4-7]에는 원칙적으로 보험업법이 아니라 '우체국 예금·보험에 관한 법률'이 적용된다. 다만, 판례는 보험업법 102조가 우체국보험에도 적용된다고 해석한다.

#### (2) 요건

① 모집종사자의 종류 및 귀책사유: 첫째, 보험설계사나 보험대리상의 불법행위에 대해 보험자가 사용자책임을 지고 이는 과실책임이다(보험업법102①단). 보험자와 보험설계사 또는 보험자와 보험대리상 사이의 관계는 위임관계[4-30, 31]이므로 사용자책임에 요구되는 사용관계(지휘감독관계)[1-156]가 없는 것이 원칙이지만, 보험계약자 보호의 차원에서 객관적, 규범적으로 보험자로 하여금 지휘감독할 의무를 부과한 것이다. 판례는 보험계약자 보호를 위해서 과실책임을 무과실책임에 가깝게 적용하고 있다(즉, 판례는 특별한 사정이 없는 한 보험자의 과실을 인정하고 있다). 둘째, 임직원의 불법행위에 대한 보험자의 사용자책임은 무과실책임이다(판례·통설). 셋째, 보험중개사에 대해서는 사용자책임이 적용되지 않는 것이 원칙

이다. 보험중개사는 보험자로부터 독립하여 모집을 하는 자이기 때문이다. ② 모집관련성: 보험자의 사용자책임은 모집종사자가 '모집을 하면서' 보험계약자에게 손해를 입힌 경우에 적용된다. 사용자책임에 관한 외형이론[1-156]에 따라서 원칙적으로 모집종사자의 모집행위는 물론이고 외형상 마치 모집행위 내에 속하는 것과 같은 행위에도 사용자책임이 적용된다(판례·통설).

(3) 과실상계

손해의 발생에 보험계약자에게 중대한 책임이 있다면 사용자책임은 부인된다(판례). 그리고 보험계약자에게 과실이 있는 경우 과실상계[1-84, 154]가 적용된다(판례·통설). 판례는 타인의 사망보험계약을 모집할 때 보험설계사가 피보험자의 서면동의 요건(상731①)[4-179]에 대해서 보험계약자에게 설명하지 않았던 경우 보험계약자도 보험설계사로부터 교부받은 보험계약청약서 및 약관을 검토하여 보험계약이 유효하도록 피보험자의 서면동의를 받았어야 할 주의의무를 위반했다고 보아 과실비율 40%에 의한 상계를 적용한 바 있다(과실비율은 획일적이지 않고 구체적인 사실관계에 따라 달리 정해질 수 있다).

## V. 모집종사자에 대한 영업행위규제

### 1. 의의 [4-38]

보험업법은 모집종사자에 대한 업무행위규제를 규정하고 있다. 업무행위규제란 모집종사자가 보험계약자를 상대로 업무행위를 할 때 준수해야 할 주의의무이다. 영업행위규제의 취지는 보험계약자의 보호 또는 건전한 거래질서의 확립을 도모하는 데 있다. 보험업법은 영업행위규제로서 보험계약의 중요내용에 대한 설명의무(보험업법95의2), 적합성의 원칙(보험업법95의3) 등에 대해 규정하고 있다.

### 2. 위반 시 효과 [4-39]

모집종사자가 업무행위규제를 위반하면 보험업법 규정에 따른 공법적 제재를 받는다. 제재내용은 과태료, 벌금, 징역, 과징금 등 업무행위규제별로 다양하다. 모집종사자가 업무행위규제를 위반하여 위법성이 인정되고 보험계약자에게 손해가 발생한 경우에는 불법행위로 인한 손해배상청구권이 성립될 수 있다. 이 경우 보험자는 보험업법 102조에 따른 사용자책임을 질 수 있다(판례).

## 제2관 보험계약과 약관

### Ⅰ. 의의

#### 1. 부합계약 [4-40]

보험계약은 일반적으로 보험약관을 통해서 체결되는 부합계약이다(통설)[4-21]. 보험약관의 존재이유로 다수계약의 편의성, 보험계약자 사이의 평등화, 감독기관에 의한 감독 필요성 등이 거론된다(통설). 보험약관도 약관의 일종이므로 약관규제법의 적용을 받는다(판례·통설). 약관규제법에 따른 약관규제의 일반론은 이미 기술한 바 있으므로[2-4~8] 여기서는 보험약관의 특수문제에 대해 살펴보기로 한다.

#### 2. 법적 구속력 [4-41]

일반적으로 약관이 법적 구속력을 갖는 근거에 대해 합의설(약관이 당사자를 법적으로 구속하는 이유는 약관을 계약내용에 포함시키기로 당사자가 합의했기 때문이라는 입장이다)과 상관습법설(약관이 존재하는 거래에서는 특별한 사정이 없는 '해당 거래는 약관에 의한다'는 상관습법이 존재한다는 입장이다)이 대립한다[2-5]. 판례 및 다수설은 합의설을 지지한다. 보험약관이 법적 구속력을 갖는 근거에 대해서도 판례는 합의설을 취하지만, 학설은 합의설과 함께 상관습법설도 유력하다. 보험약관에 관해 상관습법설이 부각되는 이유는 부합계약성이 보험계약의 특성이라고 할 정도로 보험약관을 통하여 보험계약이 체결되는 것이 워낙 일반화되어 있다는 점 때문인 것으로 보인다.

#### 3. 개별약정의 우선 [4-42]

약관에서 정하고 있는 사항에 대해 사업자와 고객이 약관내용과 다르게 합의한 경우 그 합의사항은 약관보다 우선한다(약관4)[2-7]. 판례와 통설은 보험약관에 대해서도 개별약정 우선의 원칙이 적용된다고 본다(단체성[4-24]에 입각해서 보험계약자 평등의 원칙을 이유로 모든 보험계약자는 보험약관의 적용을 받아야 하므로 개별약정의 우선을 적용하지 말아야 한다는 반대론이 있다).

### 4. 보험약관의 개정 [4-43]

보험약관에 의해서 보험계약이 체결된 다음에 보험약관이 개정되더라도, 이미 체결된 보험계약에 영향을 미치지 않고, 체결 당시의 보험약관이 보험계약의 내용으로 유지되는 것이 원칙이다(통설). 변경된 보험약관이 보험계약자 등에게 유리한 경우에도 이미 체결된 보험계약에 당연히 소급하여 적용되는 것은 아니며, 소급적용하려면 당사자 사이에 명시적 또는 묵시적 합의가 있어야 한다(판례). 다만, 예외도 있다. 금융위원회는 일정한 경우 보험약관의 변경을 명령할 수 있는데, 보험계약자의 이익을 보호하기 위해서 필요한 경우 이미 체결된 보험계약에 대해서도 장래에 향하여 변경의 효력을 미치게 할 수 있다(보험업법131②③). 즉, 이미 체결된 보험계약에도 변경된 보험약관의 효력이 미친다는 점에서 (비록 변경명령 이후로부터 장래에 향해서만 효력이 있지만) 소급효가 안정된다.

## Ⅱ. 보험약관의 교부·설명의무

### 1. 의의 [4-44]

보험자는 보험계약을 체결할 때에 보험계약자에게 보험약관을 교부해야 한다(교부의무)(상638의3①). 보험자는 보험계약을 체결할 때에 보험계약자에게 보험약관의 중요한 내용을 설명해야 한다(설명의무)(상638의3①). 보험자가 교부·설명의무를 위반하면 보험계약자는 보험계약이 성립한 날부터 3개월 내에 그 계약을 취소할 수 있다(상법 638의3②). 교부·설명의무 모두를 위반해야 하는 것은 아니고, 그중 어느 하나라도 위반하면 취소권이 생긴다. 여기서 3개월은 제척기간으로 해석한다(통설).

### 2. 약관규제법과의 관계 [4-45]

#### (1) 차이

① 약관규제법에 따르면[2-7] 사업자는 계약을 체결할 때 고객에게 약관내용

을 계약의 종류에 따라 일반적으로 예상되는 방법으로 분명하게 밝히고(명시의무), 고객이 요구하면 약관의 사본을 고객에게 내주어(교부의무) 고객이 약관의 내용을 알 수 있게 해야 한다(약관3②본). 또한 사업자는 계약을 체결할 때 약관의 중요한 내용을 고객이 이해할 수 있도록 설명해야 한다(약관3③본). ② 요건 면에서 상법과 약관규제법은 차이가 별로 없다. 다만, 약관규제법에 따르면 고객이 요구해야만 교부의무가 적용된다는 점에서 상법과 다르다(보험약관은 내용이 전문적이고 분량도 많은 것이 보통이어서, 교부를 받지 않으면 그 내용을 알 기회를 갖기 어렵다는 점을 감안해서 상법이 보험계약자의 요구 없이도 교부의무가 적용된다고 규정한 것으로 보인다). ③ 효과 면에서 상법과 약관규제법은 차이가 크다. 약관규제법에 따르면 사업자가 명시·교부의무 또는 설명의무를 위반하여 계약을 체결한 경우 해당 약관을 계약의 내용으로 주장할 수 없다(약관3④). 상법에 따르면 보험자가 교부·설명의무를 위반한 경우 보험계약자는 보험계약이 성립한 날부터 3개월 내에 그 계약을 취소할 수 있다(상638의3②). 가령 보험약관에 있는 중요한 면책조항이 설명되지 않고 보험계약이 체결되었는데 이후에 그 면책사유로 인해서 보험사고가 발생한 경우를 보자. 상법에 의하면 보험계약자가 계약에 대한 취소권을 행사할 수 있지만 발생한 보험사고에 대해 보험금청구권은 행사하지 못한다. 이와 달리 약관규제법에 의하면 보험계약자는 설명되지 않은 면책조항을 계약내용에서 배제하여 보험금청구권을 행사할 수 있다.

### (2) 경합적용의 문제

판례는 약관규제법 3조와 상법 638조의3이 서로 모순되거나 저촉되지 않기 때문에 경합적으로 적용된다는 입장이다(경합적용설)(보험계약자는 이 중에서 선택해서 행사할 수 있다). 학설은 경합적용설과 상법단독적용설(단체성[4-24]에 입각해서 보험계약자 평등의 원칙을 이유로 약관규제법 3조가 적용되지 않아야 한다는 입장이다)이 대립하고 있다.

# 제 3 관 보험계약의 체결

## Ⅰ. 보험계약의 성립

### 1. 청약과 승낙 [4-46]

① 불요식의 낙성계약: 보험계약은 청약과 승낙에 의한 합의만으로 성립되는 불요식의 낙성계약이다(판례·통설). 따라서 계약 내용이 반드시 보험약관의 규정에 국한되지는 않는다(판례). 보험실무상 보험자가 작성한 보험청약서에 보험계약자가 필요사항을 기재하는 방식으로 청약을 하고 보험료도 같이 지급하는 경우가 흔하다. 보험자는 보험증권의 교부를 통하여 승낙의 의사표시에 갈음하는 경우가 많다. ② 청약의 철회: 청약은 임의로 철회하지 못한다(청약의 구속성)(민527)[1-120]. 그런데 보험계약에는 청약철회제도(cooling off system)가 도입되어 있다. 이는 지인의 권유 등으로 인해 충동적으로 보험계약을 청약했거나 청약자의 주관적 의사와는 다른 내용으로 계약이 체결되는 등의 사정이 있는 경우 보험계약자가 청약을 철회할 수 있게 해주자는 것이다. 즉, 일정한 경우(일정한 유형의 보험계약자 및 보험계약만 가능하다) 보험계약자는 보험증권을 받은 날로부터 15일 내에 청약철회의 의사를 표시하면 보험자는 특별한 사정이 없는 한 거부할 수 없다(보험업법102의4).

### 2. 낙부통지의무 및 승낙의제 [4-47]

① 청약자 지위의 불안정성: 민법상 일반원칙에 따르면 청약을 받은 자는 승낙을 해야 할 의무가 없고 '승낙 여부를 통지'(낙부통지)할 의무도 없다(다만, 상시거래관계에 있는 자로부터 영업부류에 속한 계약의 청약을 받은 상인은 낙부통지를 해야 할 의무가 있다[3-17]). 이에 따르면 보험계약 청약자의 법적 지위는 불안정하다. 보험자가 승낙 여부를 정하는 데는 위험측정 등으로 인해서 상당한 시간이 소요될 수 있고, 그렇다고 이 시간 후에 보험자가 승낙 또는 낙부통지를 해야 하는 것도 아니기 때문이다. ② 낙부통지의무: 보험계약의 청약자를 보호하기 위해서 보험자는 낙부통지의무를 부담한다. 즉, 보험자가 보험계약자로부터 보험계약의 청약과 함

께 '보험료 상당액의 전부 또는 일부'의 지급을 받은 경우 다른 약정이 없으면 30일 내에 그 상대방에게 낙부의 통지를 발송해야 한다(상638의2①본). 그러나 인보험계약의 피보험자가 신체검사를 받아야 하는 경우 그 기간은 신체검사를 받은 날부터 기산한다(상638의2①단). 보험료 상당액의 전부 또는 일부는 '최초의 보험료'라고 해석한다(최초의 보험료는 보험료를 일시에 지급하기로 약정한 경우 보험료의 전부이고 보험료를 나누어 지급하기로 약정한 경우는 초회분인 1회 보험료를 가리킨다)(통설). 다만, 이 규정은 임의규정이다. ③ 승낙의제: 보험자가 낙부통지의무를 위반하면 승낙한 것으로 간주된다(상638의2②).

### 3. 승낙 전 보험보호 [4-48]

#### (1) 의의

보험계약의 청약 후 승낙 전에는 보험보호의 공백이 생기므로, 이때 보험보호를 주는 제도가 필요하다. 이에 따라, 보험자가 보험계약자로부터 청약과 함께 보험료 상당액의 전부 또는 일부를 받은 경우 승낙 전에 보험사고가 생기면 청약을 거절할 사유가 없는 한 보험자는 보상책임을 진다(상638의2③본). 승낙 전 보험보호는 당사자가 체결한 보험계약의 효과로서가 아니라 법률의 규정에 의해 비롯된 것이므로, 이에 따른 보험자의 책임은 법정책임이다.

#### (2) 요건

① 보험계약의 청약 및 보험료의 지급: 보험자는 보험계약자로부터 보험계약의 청약, 그리고 보험료 상당액의 전부 또는 일부를 지급받아야 한다. 여기서 보험료의 전부 또는 일부는 '최초의 보험료'[4-47]를 가리킨다. ② 신체검사가 필요한 경우: 인보험계약의 피보험자가 신체검사를 받아야 함에도 불구하고 받지 않은 경우는 보험자의 보상책임이 없다(상638의2③단). ③ 청약거절사유의 부존재: 청약을 거절할 사유가 없어야 보험자가 보상책임을 진다. 청약거절사유란 객관적으로 인수할 수 없는 위험상태·사정에 있는 것을 의미하고, 각 보험자가 마련하고 있는 객관적인 보험인수기준이 청약거절사유인지의 판단기준이 된다(판례). ④ 승낙 전 보험사고의 발생: 청약 후 승낙 전에 보험사고가 발생해야 보험자가 보상책임을 진다. 보험사고가 청약 후 승낙 전에 발생한 경우라면, 청약 후에 계

약 당사자와 피보험자가 보험사고의 발생을 알게 되었다고 해도 보험사고의 불확정성(상644)에 반하는 문제는 생기지 않는다고 해석한다(판례)(승낙 전 보험보호는 승낙 전에 존재하는 보험보호의 공백을 없애고 이 기간 동안에도 보험보호를 제공하자는 취지인데, 만약 청약 후 승낙 전에 보험사고가 발생했다는 사실을 계약 당사자 또는 피보험자가 알고 있는 경우 보험사고의 불확정성에 반해서 보험자가 면책된다고 하면 그 취지를 살릴 수 없기 때문이다).

#### (3) 효과

보험자의 승낙 전이라도 보험사고가 발생하면 보험자가 보상책임을 진다.

## Ⅱ. 고지의무

### 1. 의의 [4-49]

① 개념: 보험계약이 체결되는 과정에서 보험계약자 측은 고지의무를 이행해야 한다. 고지의무란 보험계약의 체결 당시에 중요사항을 보험자에게 알려주어야 할 의무이다. 즉, 보험계약자 또는 피보험자가 중요한 사항을 고의 또는 중과실로 불고지 또는 부실고지해서는 안 된다(상651본). 고지의무 위반이 있으면 보험자는 보험계약을 해지하고 일정한 요건하에 면책될 수 있다(상651본,655). ② 구분: 고지의무는 계약체결 시에 위험측정을 위해서 보험계약자 측에 요구되는 의무이다. 이 점에서 계약체결 이후의 위험변경증가로 인해 당초 위험과 달라지는 경우를 규율하는 제도인 위험변경증가의 통지의무(상652)[4-102], 위험유지의무(상653)[4-109]와는 구분된다. ③ 인정이유: 고지의무의 인정근거에 관한 학설은 다양하다. 첫째, 가장 유력한 기술적 기초설(기술설 또는 위험측정설이라고도 한다)은 보험의 기술(급여·반대급여 균등의 원칙)[4-5] 때문에 보험자가 위험측정(보험사고 발생의 개연율을 측정)을 하는 데 필요한 정보를 얻어야 하므로 고지의무가 인정된다고 보는 입장이다. 둘째, 기술적 기초설과 선의설의 절충설이 있다. 선의설은 보험계약자가 보험자에게 선의의무[4-21]를 부담하므로 고지의무가 인정된다는 입장이다. 셋째, 기술적 기초설과 정보비대칭설의 절충설도 있다. 정보비대칭설은 보험자가 위험측정을 하는 데 필요한 위험정보가 주로 보험계약자 측의 지배하에 있으므로 고지의무가 인정된다는 입장이다. ④ 법적 성질: 첫째, 고지의무는 진정

한 의무가 아니라 간접의무이다(통설)(진정한 의무는 위반 시에 이행을 강제하거나 손해배상을 청구할 수 있는 의무이다. 고지의무는 위반 시에 보험자가 보험계약자 측에 이행을 강제하거나 손해배상을 청구할 수 없는 의무이고, 단지 계약의 해지권 등이 인정된다는 점에서 간접의무이다). 둘째, 고지의무는 보험계약의 효과로서 인정되는 의무가 아니라 상법의 규정에 의해서 인정되는 법정의무이다(통설).

## 2. 고지의무의 요건

### (1) 당사자 [4-50]

**1) 고지의 주체** 고지의무자는 보험계약자 또는 피보험자이다(상651). 인보험의 보험수익자는 고지의무자가 아니다(보험수익자는 보험계약자도 아니고 위험과 직접 관련된 자도 아니기 때문이다). ① 보험계약자: 보험계약자는 보험계약의 당사자라는 점에서 고지의무자이다. 보험계약자의 대리인은 보험계약자를 대신해서 고지의무를 이행할 수 있다(판례·통설). 대리인에 의해 보험계약을 체결하는 경우 대리인이 안 사유는 그 본인이 안 것과 동일한 것으로 한다(상646). 따라서 대리인이 알고 있는 중요사항을 불고지 또는 부실고지하면 고지의무 위반이 된다(통설). ② 피보험자: 인보험 및 손해보험의 피보험자는 모두 고지의무자이다(통설). 첫째, 피보험자도 고지의무자가 된 이유는 위험에 관한 정보가 그의 지배하에 있을 수 있기 때문이다(인보험에서 피보험자는 보험사고의 객체인 보험목적에 해당하는 자이고, 손해보험에서 피보험자는 보험목적에 대해 피보험이익[4-17, 135]을 갖는 자이므로 위험에 관한 정보를 갖고 있다)(통설). 둘째, 피보험자가 보험계약의 체결 사실을 알지 못해서 고지의무를 이행하지 못하는 경우가 있을 수 있어서 이에 대비한 규정이 있다. 즉, 피보험자의 위임이 없음에도 보험계약자가 손해보험계약을 체결하는 경우, 보험계약자는 피보험자의 위임이 없다는 사실을 보험자에게 고지해야 하고, 그 고지가 없으면 타인이 그 계약이 체결된 사실을 알지 못하였다는 사유로 보험자에게 대항하지 못한다(상639①단). 여기서 보험자에게 대항하지 못하는 것으로 고지의무 위반을 들 수 있다(고지의무 뿐만 아니라 통지의무 등 피보험자가 보험자에게 부담하는 각종의 의무를 포함한다)(통설).

**2) 고지의 상대방** 고지의 상대방은 보험자, 그리고 그를 위해서 고지수령권을 갖고 있는 대리인이다(통설). 고지수령권이 없는 자에 대한 고지는 보험

자에 대한 고지가 되지 않는다(통설). 모집종사자의 고지수령권 문제는 이미 살펴본 바 있다[4-30~33].

(2) 이행시기 [4-51]

고지의무의 이행시기는 보험계약의 성립 시이다(상651).

(3) 중요사항 [4-52]

① 의의: 고지대상은 중요사항(material fact)이다. 중요사항은 '보험계약의 체결 여부나 그 조건에 영향을 미치는 위험에 관한 사항'(위험사항)으로서, '객관적으로 보험자가 그 사실을 안다면'(객관적 보험자 기준) '그 계약을 체결하지 않든가 또는 적어도 동일한 조건으로는 계약을 체결하지 않으리라고 생각되는 사항'(결정적 영향 기준)을 말한다(판례·통설). 또한 중요사항은 보험의 종류에 따라 달라지되 보험의 기술에 비추어 객관적으로 정해지는 사실문제이다(판례·통설). 가령 상해보험에서 피보험자가 오토바이를 소유·운전하는지, 자동차보험에서 자동차의 용도가 유상운송인지 등은 중요사항이다(판례). 판례는 인보험계약에서 다른 인보험계약의 존재는 중요사항이고 손해보험계약에서 다른 손해보험계약의 존재는 중요사항이 아니라고 본다. ② 보험자가 질문한 사항: 보험자가 서면으로 질문한 사항은 중요사항으로 추정된다(상651의2). 중요사항에 대한 입증은 보험자가 하는 것이 원칙이지만(판례·통설), 이 추정규정으로 인해서 입증책임이 전환된다. 보험의 기술에 정통한 보험자가 질문한 사항에 추정력을 부여하여 중요사항을 둘러싼 분쟁을 예방하는 효과가 있다. 하지만 법률상 추정력 부여는 보험계약자의 이익을 크게 해칠 여지가 커서 폐지론이 제기되고 있다(법률상 추정은 적극적 반대사실의 입증을 통해 추정된 사실을 번복할 수 있는데, 보험의 전문가가 아닌 보험계약자에게 이러한 입증을 기대하기 어렵기 때문이다). ③ 고지범위의 축소: 보험청약서의 질문표가 중요사항에 관해 질문하면서 응답범위를 제한한 경우 그만큼 고지범위가 축소된다(판례)(가령 최근 5년 이내의 병력을 고지하라고 하면 그 이전의 병력은 고지범위에서 제외된다).

(4) 불고지 또는 부실고지 [4-53]

① 의의: 고지의무 위반이 되려면 중요사항에 대해서 불고지 또는 부실고지가 있어야 한다. 여기서 불고지는 중요사항을 알리지 않는 묵비행위(non-disclosure)를 말한다(통설). 부실고지는 중요사항에 대해서 사실과 다르게 말하는 것(misrepresentation)을 가리킨다(통설). 불고지 또는 부실고지에 대한 입증은 보험자가 해야 한다(판례·통설). ② 고지의무의 수동화: 현재의 고지의무는 자발적 고지의무이지만 수동적 응답의무로 전환해야 한다는 논의가 있고, 이것이 고지의무의 수동화 문제이다. 보험의 전문가가 아닌 보험계약자는 중요사항에 관해 잘 알지 못하는 것이 보통이어서 자발적으로 고지할 것을 기대하기 어렵다(그래서 보험계약자는 보험청약서의 질문표에 응답하는 방식으로 고지의무를 이행하는 것이 보통이다). 만약 보험약관이 보험자가 서면으로 질문한 사항에 보험계약자 측이 응답하면 고지의무가 이행된다고 정한 경우 고지의무는 수동적 응답의무로 전환된다(판례). 이러한 약관조항이 없는 경우에도 고지의무는 수동적 응답의무로 제한된다고 해석할 수 있는가? 판례는 이를 부정한다. 학설로는 긍정설, 부정설, 절충설(질문하지 않은 사항은 악의적으로 묵비한 경우에만 고지의무 위반이 된다)이 대립한다. 한편, 프랑스·독일·일본 등은 고지의무를 수동적 응답의무로 제한하는 명시적 법규정을 두고 있다.

(5) 고의 또는 중과실 [4-54]

1) **입법정책** 고지의무의 요건으로서 보험계약자 측의 귀책사유를 요구할 것인지는 입법정책의 문제이다. 귀책사유가 없어도 고지의무 위반이 된다고 한다면 위험과 계약은 일치하게 된다(이를 객관주의라고 한다)(고지된 위험과 실제의 위험이 다른 경우 보험계약자 측의 귀책사유를 묻지 않고 고지의무 위반으로 취급하므로 위험과 계약이 일치하게 되는 것이다). 이를 관철하면 급여·반대급여의 균형[4-5]을 이룰 가능성은 높지만 보험계약자에게 가혹할 뿐만 아니라 보험계약자 입장에서는 그만큼 보험의 효용이 떨어진다. 그래서 외국 입법례는 대체적으로 귀책사유를 요건으로 한다(이를 주관주의라고 한다). 다만, 고의·중과실·과실 중에서 어느 정도로 요구할 것인지는 국가마다 상이하다.

2) **고의·중과실** ① 상법은 보험계약자 또는 피보험자의 고의 또는 중과실을 고지의무의 주관적 요건으로 한다(상651). 고의는 인식하고 있는 것이고, 중과실은 현저한 부주의로 인식하지 못하는 것이다(통설). 고의가 성립하는데 해치려는 의도(해의)까지 요구되지는 않는다(통설). ② 고의 또는 중과실의 인식대상을 무엇으로 볼 것인가? 하나는 '고지하여야 할 사실 자체'이고, 다른 하나는 '그것이 중요사항에 해당한다는 점'(중요사항 해당성)이다. 가령 상해보험에서

오토바이를 운전한다는 사실이 중요사항이 될 수 있는데, 이것을 예로 들어보자. 여기서 오토바이를 운전한다는 사실이 전자이고, 그것이 보험자의 계약체결 여부나 그 조건에 영향을 미친다는 점이 후자이다. 보험계약자가 전자를 안다고 해서 반드시 후자를 아는 것은 아니기 때문에 구별실익이 있다. 중요사항이란 보험의 기술에 비추어 객관적으로 정해지는 것이므로, 보험계약자는 고지하여야 할 사실을 알고 있다고 해도 그것이 중요사항인지는 알지 못할 수 있는 것이다. 판례는 고지해야 할 사실 자체와 그것의 중요사항 해당성이라는 두 가지 측면 모두에서 고의 또는 중과실을 요구하고 있다. 학설은 고의에 대해서는 판례와 일치한다. 하지만 중과실에 관해서는 판례와 같은 입장, 또는 고지해야 할 사실 자체는 알고 있어야 하고 단지 중요사항 해당성에 대해서만 중과실이 인정될 수 있다는 입장 등이 대립하고 있다. ③ 고의 또는 중과실에 대한 입증은 보험자가 해야 한다(판례·통설).

### 3. 고지의무 위반의 효과

#### (1) 계약의 효력 [4-55]

**1) 해지권의 발생** 고지의무 위반이 있으면 해지권이 발생한다(상651본). 해지권의 발생은 보험사고의 발생 여부와 무관하다(판례·통설). 만약 해지권을 행사하지 않으면 보험계약의 효력은 그대로 유지되고, 발생한 보험사고에 대해 보상책임을 부담한다.

**2) 해지의 효과** 보험자가 해지권을 행사하게 되면 장래에 향하여 보험계약은 효력을 상실한다(민550). 따라서 해지의 효과는 장래효(비소급효)인 것이 원칙이다. 그런데 일정한 경우 예외적으로 소급효를 인정한다(판례·통설). 여기서 소급효는 계약의 효력을 소급적으로 상실시킨다는 의미가 아니라, 계약의 효력은 유지시키되 일정한 경우 보험자를 면책시키는 것을 가리킨다. 즉, 고지의무 위반으로부터 영향을 받은 보험사고라면, 그것이 해지 이전에 발생했다고 해도, 보험자는 보상책임이 없고 이미 지급한 보험금이 있으면 반환받을 수 있다(상655)[4-56].

**3) 해지권 행사의 제한** ① 행사기간: 보험자는 불고지 또는 부실고지를 안 날로부터 1개월 내에 또는 보험계약을 체결한 날로부터 3년 내에 행사해

야 한다(상651본). 보험계약의 해지 여부를 신속하게 확정해서 법률관계를 안정시키기 위해서이다(판례). 이는 제척기간이다(판례·통설). ② 보험자의 고의·중과실: 보험자가 보험계약의 체결 시에 불고지 또는 부실고지를 알고 있거나 중과실로 알지 못한 경우에는 보험계약을 해지할 수 없다(상651단). 이 경우까지 보험자를 보호할 필요는 없기 때문이다. 보험자를 위하여 고지수령권을 갖고 있는 모집종사자에게 고의 또는 중과실이 있는 경우도 해지권이 제한된다(판례·통설). 보험자의 고의 또는 중과실이 있었다는 사실은 보험계약자가 입증해야 한다(통설). 판례는 보험자가 자신의 전산망에 입력되어 있는 피보험자에 관한 정보(자동차보험에 가입했던 내역)를 확인하지 않은 경우 중과실이 있다고 본다. ③ 보험목적이 여러 개인 경우: 경제적으로 독립한 여러 물건에 대해 화재보험계약이 체결된 경우, 일부 물건에 대해서만 고지의무 위반이 있었으면, 나머지 물건에 대해서 동일한 조건으로 그 부분만에 대해 보험계약을 체결하지 않았을 것이라는 사정이 없는 한, 고지의무 위반이 있는 일부 물건에 대하여만 보험계약을 해지할 수 있다(판례). 이는 해지권 행사를 합리적으로 제한한 것이다. ④ 해지권의 포기: 보험자가 해지권을 행사하지 않거나 포기하는 것은 가능하다(통설).

### (2) 보험자의 책임 [4-56]

보험사고가 발생한 이후에도 보험계약을 해지한 경우 보험자가 보상책임이 없고 이미 지급한 보험금의 반환을 청구할 수 있다(상655본). 다만, 고지의무를 위반한 사실이 보험사고의 발생에 영향을 미치지 않았음이 입증된 경우에는 보험자가 보상책임이 있다(상655단). 고지의무 위반사실과 보험사고의 발생 사이의 인과관계의 존부에 따라 보험자의 책임이 달라지는 것이다(이것이 인과관계의 특칙이다). 보험계약자가 인과관계의 부존재에 대한 입증책임을 진다(판례·통설)(상법 655조의 조문구조상 그러하다). 다만, 보험자가 입증책임을 진다고 약정한 경우 이는 유효하다(판례·통설). 판례 및 통설은 인과관계의 부존재를 좁게(엄격하게) 해석한다. 즉, 인과관계를 '조금이라도 엿볼 수 있는 여지가 있으면' 인과관계의 존재를 인정하는데, 이는 상당인과관계보다는 훨씬 넓은 개념으로 이해된다(즉, 인과관계의 존재를 넓게 인정한다).

### (3) 사기와 착오의 경합적용 문제 [4-57]

고지의무 위반은 민법상 사기 또는 착오의 요건도 충족시키는 경우가 있다. 즉, 고지의무의 대상인 중요사항이 불고지 또는 부실고지된 경우, 이러한 불고지 또는 부실고지에 기초하여 보험자가 보험계약 체결을 승낙하는 의사표시를 하게 되면, 이것이 민법상 사기에 의한 의사표시(민110)[1-36] 또는 착오에 의한 의사표시(민109)[1-35]에 해당하는 경우가 있을 수 있다. 판례는 사기, 착오 모두에서 경합적용설의 입장을 취한다. 학설은 상법단독적용설, 경합적용설, 절충설(사기·착오 구분설)이 대립하는데, 절충설이 다수설이다. 절충설에 따르면 사기의 경우는 고의로 기망행위를 한 보험계약자의 이익을 보호할 필요가 없으므로 경합적용을 인정하고, 착오의 경우는 그러한 행위가 없으므로 보험계약자의 이익을 보호할 필요가 있어서 상법만 적용되어야 한다고 본다(만약 착오의 경우 민법의 규정을 적용하게 되면, 단기의 제척기간이나 인과관계 부존재의 항변을 규정한 상법 651조 및 655조의 존재의의가 사라지고 사문화되는 결과가 생긴다).

# 제 4 관 보험자의 의무

## Ⅰ. 보험증권 교부의무

### 1. 보험증권의 의의 [4-58]

보험증권은 보험자가 보험목적, 보험사고, 보험금액, 보험료 등 상법이 정하는 보험계약의 내용에 관한 사항을 기재하고 기명날인(또는 서명)한 문서이다(상666 등). 보험계약은 불요식의 낙성계약이기 때문에 보험증권은 보험계약의 성립요건이 아니다(판례·통설)[4-21]. 보험증권은 보험계약의 성립·내용을 증명하는 것이 일차적 기능이다.

### 2. 보험증권의 교부 [4-59]

보험자는 보험계약이 성립한 경우 지체 없이 보험증권을 작성하여 보험계약자에게 교부해야 한다(상640①본). 다만, 보험계약자가 보험료의 전부 또는 '최초의 보험료'[4-47]를 지급하지 않으면 그렇지 않다(상640①단). 기존의 보험계약을 연장하거나 변경한 경우에 보험자는 이미 교부된 보험증권에 그 사실을 기재함으로써 보험증권의 교부에 갈음할 수 있다(상640②). 보험증권을 멸실하거나 현저하게 훼손한 때에 보험계약자는 보험자에 대해 증권의 재교부를 청구할 수 있고, 그 증권작성의 비용은 보험계약자 부담으로 한다(상642).

### 3. 이의약관 [4-60]

보험계약자는 교부받은 보험증권의 내용이 체결한 보험계약의 내용과 다르면 이의를 제기할 수 있다. 이의제기기간에 대해 약정하는 것이 가능하다. 즉, 보험계약의 당사자는 보험증권의 교부가 있은 날로부터 일정한 기간 내에 증권내용의 정부(正否)에 관한 이의를 제기할 수 있음을 약정할 수 있고, 다만 이 기간은 1개월 이하로 할 수 없다(상641)(이러한 약정을 이의약관이라고 한다). 그 기간이 지나면 보험증권의 기재내용이 확정적 효력을 갖고, 다만 명백한 오기 또는 착오는 그 기간이 지나도 이의를 제기할 수 있다(통설).

### 4. 보험증권의 법적 성질 [4-61]

① 요식증권: 보험증권은 일정한 사항을 기재하고 기명날인(또는 서명)한 요식증권이다(상666 등). 다만, 법정사항의 일부가 기재되지 않아도 보험증권의 효력에 영향이 없다(완화된 요식증권성)(통설). ② 증거증권: 보험증권은 보험계약의 성립·내용을 증명하기 위한 증거증권이다(판례·통설). 다만, 이는 사실상 추정력만 갖는다(판례·통설)(사실상 추정은 추정된 사실이 진실인지에 의심을 품게 하는 정도의 간접사실의 입증을 통해 번복할 수 있다). 보험증권의 내용과 보험약관의 내용이 다른 경우는, 보험계약자에게 유리한 쪽이 보험계약의 내용으로 된다는 입장과 진정한 보험계약의 내용이 무엇인지를 해석해서 정해야 한다는 입장(보험증권, 보험약관, 보험청약서, 계약체결의 경위, 계약체결을 전후한 구체적인 제반 사정을 토대로 진정한 보험계약의 내용을 밝히자는 입장이다)이 대립한다. ③ 유가증권: 유가증권은 권리와 증권이 결합된 것으로 권리의 발생·행사·이전에 증권의 작성·교부가 필요하다[1-101]. 보험증권은 원칙적으로 유가증권이 아니다(통설). 주된 이유는 보험증권의 배서·교부만으로 보험증권상

권리가 이전된다고 보기 어렵기 때문이다. 즉, 손해보험의 경우 보험증권상 권리가 유효하게 이전되려면 피보험이익도 함께 이전되어야 하고(보험금청구권자인 피보험자가 피보험이익을 갖고 있어야 하기 때문이다[4-135]), 인보험의 경우 보험증권상 권리가 유효하게 이전되려면 피보험자의 동의가 요구되는 경우가 있다[4-179]. 예외적으로, 화물상환증[3-112]과 운송물보험증권, 선하증권과 적하보험증권, 또는 창고증권[3-141]과 창고보험증권이 지시식[3-113] 또는 무기명식으로 발행되어 있는 경우는 보험증권의 유가증권성이 인정된다(통설). 이 경우는 가령 화물상환증과 운송물보험증권의 배서·교부에 의해서 피보험이익과 보험금청구권이 신속하고 간편하게 이전될 수 있기 때문이다.

## Ⅱ. 보험금지급의무

### 1. 요건

#### (1) 보험사고의 발생

#### 1) 보험사고의 특징

##### ㈎ 불확정성[4-62]

**가) 의의** 보험사고는 불확정성의 요건을 갖추어야 한다[4-3]. 즉, 보험계약을 체결할 때에 보험사고가 이미 발생했거나 발생할 수 없는 경우는 보험계약이 무효인 것이 원칙이다(상644본). 다만, 예외적으로 보험자, 보험계약자, 피보험자가 보험사고의 기발생 또는 발생불능을 알지 못한 경우는 유효로 한다(상644단). 상법 644조는 강행규정이다(판례·통설). 보험사고의 불확정성은 보험의 본질적 요소이기 때문이다. 한편, 보험사고의 발생이 필연적으로 예견되는 사건이 보험계약을 체결할 때에 이미 발생한 경우 보험사고의 기발생으로 볼 것인가? 판례는 이러한 사건은 고지의무에 따른 고지대상일 뿐이고 보험계약을 체결할 때 보험사고가 기발생한 것으로 보지 않는다(불확정성은 보험계약의 효력과 관련되므로 제한해서 해석하려는 것이다).

**나) 소급보험과의 관계** ① 보험자와 보험계약자는 약정을 통해서 보험기간의 시작시점(보험자의 책임개시시점)을 보험계약의 성립시점보다 당기는 것이 가능하다(가령 2020. 1. 2.에 보험계약을 체결하면서 보험기간의 시작시점을 2019.10.1.로 해도 무방하다).

이와 같이 보험기간의 시작시점이 보험계약의 성립시점 이전인 경우를 소급보험이라고 한다(상643). 이 경우 보험계약의 성립 시에 이미 발생한 보험사고도 보험기간 내의 것이라면 보험자가 보상책임을 지게 된다(소급보험의 연혁은 근대 해상보험에서 찾을 수 있다. 17-18세기 영국의 해상보험은 대개 소급보험이었다고 한다. 당시의 선박소유자는 선박이 출항한 후 도착 예정일에 돌아오지 않으면 보험자를 찾아서 보험계약을 청약하였고, '계약체결 이후에 발생할 해상사고'뿐만 아니라 '출항한 후에 이미 발생한 해상사고'까지 보상하는 내용으로 보험계약이 체결되었다고 한다). 한편, 계약체결 이후의 시점을 보험기간의 시작시기로 정한 보험을 장래보험이라고 부른다. ② 소급보험이 유효하기 위해서는 보험사고의 주관적 불확정성 요건이 충족되어야 한다. 즉, 이미 발생한 보험사고를 보상하는 보험계약은 보험계약의 체결 당시에 당사자 쌍방과 피보험자가 보험사고의 기발생을 알지 못하는 경우에만 유효하다(상644단). 한편, 보험사고의 기발생을 알지 못하더라도 계약의 당사자가 소급보험을 약정하지 않았으면 보험자가 보상책임을 지지 않는다(판례). 왜냐하면 보험사고는 보험기간 중에 발생해야만 보험자가 보험금지급책임을 지고, 소급보험으로 약정하지 않으면 계약체결 이전으로 보험기간이 소급되지 않기 때문이다.

㈏ **특정성**[4-63] 보험사고의 종류 및 범위는 특정되어야 한다(통설). 보험사고가 특정되지 않으면 보험자가 부담하는 보상책임의 범위도 정해질 수 없다.

2) **보험사고의 내용**[4-64] 보험사고의 내용은 당사자가 보험계약의 내용으로 정할 사항이고, 그것이 무엇인지는 계약해석의 문제이다(보험사고의 내용은 보험증권이나 약관에 기재된 내용에 의해 결정되는 것이 보통이지만, 이것이 명확하지 않은 경우 당사자가 보험계약을 체결하게 된 경위와 과정, 동일한 종류의 보험계약에 관한 보험자의 실무처리 관행 등 여러 사정을 참작하여 결정한다)(판례).

3) **보험사고와 손해**[4-65] 손해보험에서는 손해가 발생해야 보험자가 보상책임을 진다. 보험사고와 그로 인한 손해는 별개의 개념이다. 보험사고가 발생했을 때에 반드시 손해가 생기는 것은 아니고, 또한 손해가 생기는 경우도 그 시점이 보험사고의 발생시점과 반드시 동일한 것도 아니다. 보험사고가 보험기간 중에 발생하기만 하면, 그로 인한 손해가 보험기간 이후에 발생하더라도, 보험자가 보상책임을 지는 것이 원칙이다(통설).

(2) 보험기간 중에 발생 [4-66]

① 보험기간은 보험자가 보상책임을 지기 위해서 보험사고가 발생해야만 하는 기간이다(상643 등)[4-18]. 보험기간은 이와 같이 보험자가 보상책임을 지려면 보험사고가 발생해야 하는 기간이지 보험사고가 발생한 후 보험금청구를 해야 하는 기간은 아니다. 보험금청구권은 보험사고의 발생으로 인해서 구체화되면, 시효[4-83]로 소멸하기 전에는 그 행사시점에 제약이 없다. ② 보험기간은 보험계약기간(보험계약이 성립하는 시점부터 종료하는 시점까지의 기간)과 반드시 일치하는 것은 아니다. 첫째, 소급보험[4-62]인 경우 보험계약이 성립하기 이전의 어떤 시점을 보험기간의 시작시점으로 보험계약의 당사자가 정하게 되므로, 보험기간과 보험계약기간이 다르다. 둘째, 승낙 전 보험보호[4-48]인 경우 보험계약의 성립 이전에 보험계약의 청약과 함께 보험료를 지급하면 그때부터 법률의 규정에 의해서 보험보호가 시작되므로, 보험기간과 보험계약기간이 다르다.

(3) 보험료의 지급 [4-67]

다른 약정이 없는 한 보험자는 '최초의 보험료'[4-47]를 지급받은 때부터 보상책임이 개시된다(상656). 다른 약정은 보험기간이 개시된 이후에 보험료를 지급하기로(이른바 외상으로) 당사자가 약정한 경우를 의미한다(통설).

(4) 면책사유의 부존재

1) 의의[4-68] ① 개념: 보험사고가 발생해도 면책사유에 해당되지 않아야 보험자가 보상책임을 부담한다. 면책사유란 보험자가 보상책임을 지기로 한 보험사고가 발생했는데 일정한 원인(또는 사유)으로 보험자가 면책되는 경우에 그 원인(또는 그 사유)을 가리킨다. 면책사유는 대수의 법칙을 적용하기 어려운 비정상적 위험에 대처하거나 보험계약자의 도덕적 위험을 방지하는 등의 목적을 띠는 것이 보통이다(통설). ② 담보배제사유와의 구분: 담보배제사유는 보험자가 보험계약에서 인수하지 않은 위험을 가리킨다(가령 26세 이상인 자가 자동차를 사용하는 경우에만 보험자가 보상책임을 진다는 약정은 담보배제사유이다). 담보배제사유는 보험자가 인수하지 않은 위험이므로 상법 보험편이 적용되지 않고 따라서 불이익변경금지에 관한 상법 663조 본문이 적용되지 않는다(판례)(보험자가 인수하지 않은 위험에 대해서는 보험계약자 보호를 위한 후견적 개입이 불필요하다고 보는 것이다). 따라서 어떤 담보

배제사유가 상법 보험편을 가계보험의 보험계약자 측에 불이익하게 변경하는 내용으로 약정된 것인지를 문제 삼지 않는다(즉, 가령 26세 이상인 자가 자동차를 사용하는 경우에만 보험자가 보상책임을 진다는 약정이 상법 보험편을 보험계약자에게 불이익하게 변경한 것이라는 이유에서 무효로 되는 일은 생기지 않는다). 이와 달리 면책사유는 보험자가 인수한 위험이므로 상법 보험편이 적용되고 따라서 불이익변경금지에 관한 상법 663조 본문이 적용된다(판례)(보험자가 인수한 위험에 대해서는 보험계약자 보호를 위한 후견적 개입이 필요하다고 보는 것이다). 상법 663조 본문과 관련되는 것은 약정면책사유이다. 즉, 약정면책사유는 보험자가 인수한 위험에 대해서 일정한 경우 예외적으로 보험자가 면책된다고 약정한 사유인데, 이에 대해서는 상법 보험편을 가계보험의 보험계약자 측에 불이익하게 변경하는 내용으로 약정된 것인지를 문제 삼는다. 이 점에서 담보배제사유와 면책사유는 큰 차이가 있다. 다만, 담보배제사유와 면책사유를 어떻게 구분할 것인지는 까다로운 문제이다[4-76]. ③ 종류: 면책사유에는 상법이 정하고 있는 법정면책사유와 당사자가 정한 약정면책사유가 있다. 약정면책사유는 중요한 사항인 것이 보통이므로 약관규제법 3조 및 상법 638조의 3이 요구하는 설명의무[2-7, 4-44]의 대상인 것이 원칙이다(판례·통설). 다만, 상법상 법정면책사유를 반복·부연하여 기술한 약정면책사유는 설명의무의 대상이 아니다(판례·통설)(법정면책사유는 설명의무의 대상이 아니기 때문이다)[2-7]. 이하 2)와 3)에서 법정면책사유를 살펴보고 4)에서 약정면책사유를 살펴보자.

### 2) 인위적 보험사고

㈎ 의의[4-69] ① 개념: 보험계약자, 피보험자 또는 보험수익자의 고의 또는 중과실로 인하여 보험사고가 생긴 때에는 보험자가 보상책임을 면한다(상659①). 이렇게 보험계약자 등의 고의 또는 중과실이 원인이 되어 발생한 보험사고(고의사고 또는 중과실사고)를 인위적 보험사고라고 한다. 인보험의 경우는 인위적 보험사고의 범위를 축소하여, 고의사고인 경우에만 보험자가 면책된다(상732의2,739,739의3)(인보험의 경우는 보험사고를 당한 피보험자 또는 그 유가족을 보호하자는 취지이다). ② 취지: 인위적 사고는 보험계약의 선의성(신의성실의 원칙)에 반하고 이 경우에도 보험금이 지급되면 보험계약이 부당한 목적에 이용될 수 있기 때문에 보험자가 면책된다(판례). ③ 과실사고의 제외: 과실사고는 인위적 사고에 포함되지 않는다. 즉, 과실사고(과실로 인해 발생한 보험사고)는 보험자가 보상책임을 지고, 이 경우

과실상계[1-84]가 적용되지 않는 것이 원칙이다(통설). 과실사고를 보험사고에서 배제하면 복잡한 현대인의 생활에서 불측의 사고에 대비하려는 보험의 유용성은 희석되므로 과실사고는 보상하는 것이 원칙이다(헌법재판소결정). 따라서 과실사고에 대해 면책된다는 약정은 불이익변경금지의 원칙(상663본)을 위반하는 것으로서 무효이다. 다만, 기업보험의 경우 과실사고에 대해 면책되고 불가항력에 의한 보험사고만 보상하기로 약정하는 것은 유효하다[이 경우는 사적 자치를 허용한다(상663단). 기업보험에 있어서 과실사고를 보상하면 손해액이 너무 커져서 보험자가 인수를 하지 못하거나 또는 보험료가 지나치게 높아져서 보험의 효용이 적은 경우에 과실사고를 제외하고 불가항력에 의한 사고만 보상하기로 약정하는 사례가 있다].

㈏ 고의사고[4-70]

가) 의의　고의사고란 고의로 초래한 보험사고를 말한다. 고의는 자신의 행위에 의하여 일정한 결과가 발생하리라는 것을 알면서도 이를 행하는 심리 상태를 말한다(판례·통설). 보험금 취득을 의욕했어야 하는 것은 아니다. 확정적 고의(결과가 발생한다는 것을 인식하는 것)는 물론이고 미필적 고의(결과가 발생할 수 있다는 것을 인식하는 것)도 포함된다(판례·통설).

나) 고의의 존부　고의사고만 보험자가 면책되는 인보험에서 특히 고의의 존부(存否)(존재 여부)가 문제된다(손해보험에서 보험약관이 고의사고만 보험자가 면책된다고 정한 경우 이는 유효한데 이 경우 고의의 존부가 문제된다). 고의사고에서 고의의 존부를 민법상 불법행위에서 고의의 존부와 동일하게 취급하지는 않는다(불법행위는 위법행위를 저지른 가해자가 피해자에게 손해의 공평분담 차원에서 지는 책임의 문제이고, 고의사고는 신의칙 또는 보험제도의 보호를 위해서 보험자를 면책시키는 문제이다). 고의면책은 고의사고임에도 보험금을 받는 것이 보험자에 대한 신의칙에 반하고 보험제도가 남용될 우려가 있기 때문이라는 소극적 이유에서 인정되는 예외적인 것이다. 판례는 이 점을 고려해서 고의면책에서 고의를 민법상 불법행위에서 고의보다 다소 좁게 인정하는 경향이 있다.

다) 강행규정의 문제　고의면책은 강행규정이므로 이 경우에도 보상한다고 규정한 경우 원칙상 이는 무효이다(통설). 다만, 다음과 같은 예외가 있다. ① 보증보험: 보증보험은 보험계약자(채무자)가 피보험자(채권자)에게 계약상의 채무불이행 또는 법령상의 의무불이행으로 인해 손해를 입힌 경우 이를 보상하는 손해

보험이다(상726의5)[4-174]. 보험계약자(채무자)에 의한 고의사고에 대해서도 보험자가 피보험자(채권자)에게 보상책임을 지되 보험계약자에게 구상한다는 약정은 유효하다(판례·통설)(이 경우 보험계약자에게 구상권을 행사하므로 보험제도가 남용될 우려가 크지 않기 때문이다). ② 자동차보험: 자동차대인배상보험I[4-173]에서 피보험자에 의한 고의사고인 경우에도 보험자가 피해자에게 보상책임을 지되 피보험자에게 구상한다는 약정은 유효하다(판례·통설)(이 경우 피보험자에게 구상권을 행사하므로 보험제도가 남용될 우려가 크지 않기 때문이다). ③ 자살: 사망보험에서 피보험자의 자살은 고의사고이므로 원칙상 보험자가 면책된다(다만, 피보험자가 정신질환 등으로 인해 '자유로운 의사결정을 할 수 없는 상태'에서 사망에 이른 경우는 자살에 포함시키지 않고 보험자에게 보상책임을 지운다[4-73])(판례·통설). 예외적으로, 보험자의 책임이 개시되는 시점부터 일정기간(가령 2년)이 경과한 후의 자살에 대해서는 보험자가 보상책임을 진다는 약정은 유효하다(판례·통설)(그 기간이 경과한 후는 보험금을 목적으로 자살할 가능성이 상대적으로 낮고, 이 경우 보험수익자를 보호하고 유족의 생활보장을 도모하기 위해서이다).

㈐ 중과실사고[4-71]

가) 의의 중과실사고란 중과실로 초래된 보험사고이다. 중과실은 자신의 행위에 의해 일정한 결과가 발생하리라는 것을 현저한 주의태만으로 알지 못하고 이를 행하는 심리상태이다(고의에 준하는 것으로서 현저히 주의가 결여된 상태이다)(판례·통설). 중과실은 신의칙 위반이나 보험제도 남용의 우려가 고의에 비해서 다소 낮다. 이러한 이유에서 중과실사고에 대한 보험자의 면책여부는 입법정책의 문제이다. 상법은 보험자면책을 손해보험에서는 인정하고 인보험에서는 인정하지 않는다[4-69].

나) 강행규정의 문제 손해보험의 보험약관이 중과실사고는 제외하고 고의사고만을 면책사유로 정했다면 이는 유효하다(판례·통설). 이는 중과실사고가 신의칙 위반이나 보험제도 남용의 우려가 상대적으로 낮기 때문이다. 따라서 중과실사고에 대해 보험자가 면책된다는 부분에 관한 한 상법 659조는 강행규정이라고 볼 수 없다.

㈑ 인과관계[4-72] 고의사고 또는 중과실사고는 보험사고가 고의 또는 중과실로 '인해' 발생한 것이므로 인과관계도 요구된다. 판례는 고의사고 또는 중과실사고가 면책사유라는 점을 고려하여 인과관계의 인정에 엄격한(소극적인) 경

향이 있다(보험료를 대가로 받고 보상책임을 부담하는 보험자가 면책되는 사유는 예외적인 것이므로 엄격하게 제한하여 해석하자는 것이다). 즉, 판례는 인보험에서 고의사고가 되기 위해서는 고의가 보험사고의 발생에 '유일하거나 결정적인 원인'이어야 한다고 본다.

(마) **책임능력**[4-73] 정신질환 등으로 인해 '자유로운 의사결정을 할 수 없는 상태'(책임능력이 없거나 제한된 상태)에서 일으킨 사고는 인위적 사고가 아니므로 보험자가 보상책임을 진다(판례·통설). 이런 사고는 보험자에 대한 신의칙을 위반하고 보험제도가 남용될 우려가 있다고 보기가 어렵기 때문이다. 이 경우 보험자가 보상책임을 진다는 약관조항이 있는지를 묻지 않고 보험자가 보상책임을 진다(판례·통설).

(바) **입증책임**[4-74] 고의·중과실에 대한 입증책임은 면책을 주장하는 보험자에게 있다(판례·통설). 고의와 같은 내심의 의사는 직접적인 증거가 없는 경우 사물의 성질상 고의와 상당한 관련성이 있는 간접사실을 증명하는 방법에 의한다(판례). 자살은 자살의 의사를 밝힌 유서 등 객관적인 물증의 존재, 또는 일반인의 상식에서 자살이 아닐 가능성에 대한 합리적인 의심이 들지 않을 만큼 명백한 주위의 정황사실을 증명해야 한다(판례).

(사) **대표자책임이론**[4-75] 가령 보험계약자와 동거하는 친족이 보험목적인 건물에 방화하면 보험자는 보험금을 노린 보험계약자가 친족과 공모(또는 교사, 방조)하여 한 행위가 아닌지 의심할 수 있다. 대표자책임이론은 보험계약자와 밀접한 생활관계에 있는 친족 또는 피용자가 고의 또는 중과실로 보험사고를 야기한 경우 보험자를 면책시키는 이론이다(보험계약자를 친족 등의 대표자로 보아서 대표자가 인위적 사고에 대해 책임을 진다는 이론이다). 판례와 통설은 대표자책임이론을 인정하지 않는다. 대표자책임이론은 자기책임의 원칙에 맞지 않기 때문이다. 다만, 판례는 그러한 친족 등의 인위적 사고에 대해 보험자가 면책된다는 약관조항이 존재하는 경우 추정적 효력을 인정한다(즉, 보험계약자의 고의 또는 중과실이 개재된 것으로 추정한다).

(아) **담보배제사유**[4-76]

가) 의의 가계보험에서 인위적 사고에 관한 상법규정(상659,732의2,739,739의3)을 보험계약자 측에 불이익하게 변경하는 약정은 효력이 없다(상663본). 하지만 보험자가 위험을 인수하지 않는다는 의미의 담보배제사유[4-68]를 약정한 경우라면 상법 663조 본문은 적용될 여지가 없다. 어떤 약정이 담보배제사유에 해당하

는지는 약관해석의 문제이다. 아래 두 가지 사례를 살펴보자.

나) **무면허·음주운전면책사유** 보험약관이 무면허운전(또는 음주운전)으로 인해 생긴 사고에 대해 보험자가 면책되는 것으로 규정한 경우를 보자. 판례는 손해보험과 인보험에서 엇갈린 판시를 하고 있다(이에 대해 비판론이 제기되고 있다). ① 손해보험: 판례는 책임보험에서 운전자가 무면허운전을 하였을 때에 생긴 사고에 대해 보험자가 보상하지 않는다고 약정한 경우 이를 담보배제사유라고 본다(이 약정은 사고발생 시에 무면허운전 중이었다는 법규위반상황을 중시하여 보험자의 보상대상에서 배제하는 것이고 인위적 사고와는 무관하다는 것이다). ② 인보험: 판례는 상해보험에서 운전자가 무면허운전을 하였을 때에 생긴 사고에 대해 보험자가 보상하지 않는다고 약정한 경우 이를 면책사유라고 본다. 면책사유에 대해서는 상법 663조가 적용된다. 판례는 이 약정이 고의사고에 대해서만 보험자가 면책된다는 상법규정(상732의2,739)을 보험계약자 측에 불이익하게 변경(상663본)한다고 본다(무면허운전이 고의적인 범죄행위이기는 하나 그 고의는 특별한 사정이 없는 한 무면허운전 자체에 관한 것이고 직접적으로 상해에 관한 것이 아니므로 무면허운전으로 인한 사고는 고의사고가 아니라는 입장이다).

다) **정신질환면책사유** 정신질환 등으로 인해 '자유로운 의사결정을 할 수 없는 상태'에서 일으킨 보험사고는 인위적 사고가 아니므로 보험자가 보상책임을 진다(판례·통설)[4-73]. 만약 상해보험약관이 피보험자의 정신질환으로 인한 상해사고를 면책사유라고 규정한 경우 그 효력이 인정되는가? 이는 고의면책에 관한 상법규정(상732의2,739)을 불이익하게 변경하는지가 문제된다(정신질환으로 인한 보험사고는 고의사고가 아님에도 보험자가 면책되는 것은 불이익변경금지의 위반인지가 문제되는 것이다). 판례는 위 약관조항은 담보배제사유이므로 위 상법규정과 무관하고, 따라서 면책사유가 유효하다고 본다.

3) **전쟁 등 기타의 변란**[4-77] 보험사고가 전쟁 등 기타의 변란으로 인해 생긴 경우 당사자 사이에 다른 약정이 없으면 보험자가 면책된다(상660). 전쟁 등 기타의 변란이 원인이 된 보험사고는 그 통계적 예측이 쉽지 않고 사고발생 시 보험자의 인수능력을 초과할 수 있기 때문에 보험자 면책을 원칙으로 한다(통설). 다만, 이는 임의규정이므로 다른 약정이 가능하다. 그리고 전쟁 등 기타의 변란은 면책사유를 구성하는 것이므로 그 의미를 엄격하게 제한해서 해석할 필요가 있다. 따라서 변란이란 내란·폭동·소요와 같이 일상적인 경찰력으로는 통

제할 수 없는 전쟁에 준하는 비상사태라고 해석한다(판례·통설).

4) **약정면책사유**[4-78] ① 의의: 약정면책사유는 계약의 당사자가 정한 면책사유이다. 보험약관은 다수의 약정면책사유를 포함하고 있는 것이 보통이다. ② 개별적용 문제: 피보험자가 둘 이상인 상황에서 면책사유가 특정한 피보험자에게만 해당하는 경우, 보험자가 이 피보험자는 물론이고 다른 피보험자에게도 면책을 주장할 수 있는지, 아니면 면책사유는 피보험자별로 '개별적용'되어야 하는지가 문제된다. 이는 계약해석의 문제로서, 해당 보험계약의 종류, 면책사유의 취지 및 내용 등을 고려하여 결정할 사안이다. 판례와 통설은 개별적용 여부를 정하는 약관규정이 없거나 약관규정 내용이 불명확한 경우에 개별적용되는 것으로 해석해야 한다는 입장이다(면책사유는 그 적용범위를 엄격하게 제한하는 해석이 필요하기 때문이다).

## 2. 효과 [4-79]

① 의의: 보험금지급의 요건이 갖추어지면 보험자는 보험금지급채무를 이행해야 한다. ② 청구권자: 보험금청구권자는 손해보험의 경우 피보험자이고 인보험의 경우 보험수익자이다. ③ 이행방식: 보험금지급은 현금에 한정하지 않고 현물도 무방하다(통설). 용역(서비스)도 보험급여가 될 수 있는지에 대해서는 견해가 대립하는데, 판례는 금전에 대한 대체적 의미의 용역에 한해서 보험급여가 될 수 있다고 본다[4-4]. ④ 이행시기: 보험자는 보험금 지급에 관하여 약정기간이 있는 경우에는 그 기간 내에 지급해야 하고, 약정기간이 없는 경우에는 '보험사고 발생의 통지'(상657)[4-112]를 받은 후 지체 없이 지급할 보험금액을 정하고 정해진 날부터 10일 내에 보험금을 지급해야 한다(상658). 보험금지급기한을 유예하는 보험자와 보험금청구권자 사이의 합의는 유효하다(판례). 이행기가 도래했는데 이행하지 않으면 보험자는 지체책임[1-76]을 지게 된다. ⑤ 이행장소: 보험금의 지급장소에 대해서는 상법에 규정이 없다. 따라서 민법의 지참채무의 원칙(민467②)[1-104]이 적용되어서, 보험자는 채권자인 피보험자(손해보험) 또는 보험수익자(인보험)의 현주소 또는 현영업소(보험금채무가 영업에 관한 것인 경우)에서 지급해야 한다. 다만, 당사자가 달리 정할 수 있다. ⑥ 미지급보험료: 보험자가 보상하는 시점에 미지급보험료가 있으면, 지급기일이 도래하지 않은 때라도, 보상할 금액

에서 공제할 수 있다(상677). 이것은 상법이 인정하는 특수한 상계[1-107]이다.

### 3. 보험금의 사기청구

#### (1) 면책조항 [4-80]

보험사기는 보험의 역기능에 해당한다[4-13]. 보험금의 사기청구는 전형적인 보험사기에 해당한다. 종래에는 보험금의 사기청구에 대처하기 위한 면책조항이 있었다. 지금은 없는 면책조항이지만(이 면책조항의 효과로서 제재적 효과가 지나치다는 지적을 반영한 것이다) 이에 관한 판례는 보험금 사기청구에 관한 주요한 법리라는 점에서 좀 더 살펴보기로 하자. 이 면책조항은 보험금청구에 관한 서류에 고의로 사실과 다른 것을 기재하거나 관련 서류·증거를 위조·변조한 경우 보험자가 면책된다는 면책사유이다(약정면책사유의 일종이다). 가령 실제로 발생한 손해보다 과다하게 청구하기 위해서 이와 같은 사기청구를 하면 이 면책조항에 따라 실제로 발생한 손해도 보험자가 면책된다(보험자의 완전면책은 사기적 과다청구에 대한 일종의 제재적 효과에 해당한다).

#### (2) 효력 [4-81]

① 판례는 위 (1)의 면책조항의 효력을 일관되게 인정한다. 판례는 면책조항의 취지가 보험계약자가 서류를 위조하거나 증거를 조작하는 등 신의성실의 원칙에 반하는 사기적인 방법으로 과다한 보험금을 청구하는 경우에 이에 대한 제재로서 보험금청구권을 상실하도록 하려는 데 있다고 본다(보험계약의 선의성이라는 특성상 허위의 청구 등 신의성실의 원칙에 반하는 행위를 수반한 보험금청구를 허용할 수 없다는 것이다). ② 판례는 위 약관조항이 가계보험에 관한 불이익변경금지의 원칙(상663본)에 반하지 않는다고 본다. ③ 판례는 이 약관조항이 약관의 명시·설명의무의 대상이 아니라고 본다(이 약관조항에 관하여 설명이 있었다고 해서 당해 계약을 체결하지 않았으리라고는 인정되지 않고 거래상 일반인들이 보험자의 설명 없이도 당연히 예상할 수 있던 사항이기 때문이다).

#### (3) 제한해석 [4-82]

판례는 위 (1)의 면책조항을 문리대로 엄격하게 해석하면 보험계약자에게 부당하게 불리할 수 있다고 보아서 합리적으로 제한해서 해석한다. 그 내용은 다음과 같다. ① 기망의 고의: 보험계약자에게 기망의 고의가 없는 경우는 위 면책조항이 적용되지 않는다(보험목적의 가치에 대한 견해 차이 등으로 보험계약자가 보험목적의 가치를 다소 높게 신고한 경우는 기망의 고의가 없다고 본다). ② 수단 사기: 실제로 발생한 손해에 대해 단지 증빙서류 구비의 곤란을 피하기 위해 입증을 허위로 한 경우는 위 면책조항이 적용되지 않는다(이 경우는 손해를 과장해서 청구한 것이 아니다). ③ 금액: 사기로 청구한 부분이 적은 경우 위 면책조항이 적용되지 않는다(청구금액은 1억 6천만 원인데 실제 손해는 1억 5천만 원인 경우 면책되지 않는다. 청구금액은 3억 7천만 원인데 실제 손해는 1억 6천만 원인 경우 면책된다). ④ 수개의 보험목적: 수개의 독립된 물건이 보험목적인 보험계약에서 그중 일부의 보험목적에 대해 과다청구를 한 경우에 다른 보험목적에 대해서는 위 면책조항이 적용되지 않는다(화재보험계약상 담보사항이 건물, 시설, 동산 등 3가지 항목으로 나뉘어 있고 보험금이 그 항목별로 정해져 있으며 보험계약자가 동산에 대해 손해를 허위로 과장한 경우 건물이나 시설에 관한 손해에 대해서는 면책되지 않는다).

### 4. 보험금청구권의 소멸시효

#### (1) 의의 [4-83]

소멸시효는 권리가 행사되지 않는 사실상태가 일정기간(소멸시효기간) 동안 지속되면 권리가 소멸하는 제도이다[1-53]. 보험금청구권의 소멸시효시간은 3년이다(상662). 일반 상사채권의 소멸시효기간인 5년(상64본)보다 단기인 이유는 보험금의 신속한 결제를 통하여 보험자 재산상태의 명료성을 확보할 필요가 있기 때문이다(판례). 보험자의 소멸시효 주장이 신의칙에 반하거나 권리남용에 해당하는 경우에는 소멸시효의 주장을 할 수 없다(판례). 이하에서는 보험금청구권의 소멸시효에 관한 특수한 문제로 기산점과 중단을 살펴보자.

#### (2) 기산점 [4-84]

소멸시효는 권리를 행사할 수 있는 때로부터 진행된다(민166①). 보험금청구권을 행사할 수 있는 시점이 언제인지와 관련하여 판례와 학설이 대립한다.

학설은 보험사고가 발생한 때가 소멸시효의 기산점이라고 보는 입장(보험사고발생시설), 보험계약자가 보험사고가 발생한 것을 안 때가 소멸시효의 기산점이라고 보는 입장(보험사고인식설), 보험금지급의 유예기간이 경과한 다음 날이 보험금청구권의 소멸시효의 기산점이라고 보는 입장(유예기간경과시설)이 대립한다. 유예기간이란 보험금 지급의 약정기간이 있으면 그 기간, 약정기간이 없으면 보험자가 보험사고발생의 통지를 받은 후 지체 없이 지급할 보험금액을 정하고 정해진 날부터 10일(상658)[4-79]을 의미한다. 보험계약자의 입장에서는 유예기간경과시설이 가장 유리하고 다음은 보험사고인식설, 보험사고발생시설의 순서로 유리하다.

판례는 보험사고발생시설을 지지한다(보험사고가 발생하면 그 때부터 보험금청구권을 행사할 수 있다고 보는 것이다). 보험사고발생시설은, 보험사고의 발생을 알지 못하는 것이 권리를 행사하는 데 사실상 장애에 불과하고(사실상 장애는 소멸시효 기산점에서 고려할 특별한 사정이 아니다), 상법 658조의 유예기간은 보험금청구권을 행사할 수 있는 시점이 아니라 보험자의 이행지체가 시작되는 시점이라고 본다. 판례는 보험사고발생시설을 원칙으로 하면서도 다음과 같은 예외적인 경우를 법률적 장애로 인정하고 있다(법률상 장애는 소멸시효 기산점에서 고려할 특별한 사정이다). 첫째, 보험사고가 발생한 것인지의 여부가 객관적으로 분명하지 않아서 보험금청구권자가 과실없이 보험사고의 발생을 알 수 없었던 경우에는 '보험사고의 발생을 알았거나 알 수 있었던 때'로부터 소멸시효가 진행된다(이는 보험계약자의 보호를 위해서 사실상 장애의 범위를 좁힌 것이다). 가령 피보험자의 제3자에 대한 손해배상책임이 성립되면 보험사고가 발생하는 보험에서 그러한 손해배상책임의 성립 여부가 객관적으로 분명하지 않은 경우가 그러한 경우에 해당된다. 둘째, 보험금청구권의 행사에 특별한 절차가 요구되는 경우 그 절차를 거쳐서 보험금청구권을 행사할 수 있는 때로부터 소멸시효가 진행된다. 셋째, 책임보험에서는 피보험자의 제3자에 대한 책임이 변제·승인·화해·재판에 의해 확정(상723①)됨으로써 보험금청구권을 행사할 수 있는 때로부터 소멸시효가 진행된다(피보험자의 제3자에 대한 책임이 변제·승인·화해·재판으로 확정되지 않으면 보험금청구권을 행사할 수 없다고 본 것이다).

### (3) 중단 [4-85]

소멸시효가 진행되는 중에 권리자가 권리를 행사하는 등의 사유가 생기면 소멸시효가 중단된다[1-55]. 나아가 '금융위원회의 설치 등에 관한 법률'에는 보험금청구권의 소멸시효 중단사유에 관한 특칙이 있다. 금융감독원에는 금융관련 분쟁조정을 심의·의결하기 위해 금융분쟁조정위원회가 설치되어 있다(동법51).

보험금청구권자가 이 위원회에 분쟁조정을 신청하면 시효중단의 효력이 있다(동법53의2①본). 보험금청구권자가 보험관련 분쟁이 생기면 상당한 비용과 시간이 소요되는 재판상 청구를 바로 하기보다 위 분쟁조정을 신청하는 사례가 많다는 점 등을 고려한 것이다. 다만, 분쟁조정신청이 취하되거나 각하된 때에는 시효중단의 효력이 없다(동법53의2①단).

## Ⅲ. 보험료 반환의무

### 1. 보험계약의 무효·취소 [4-86]

보험계약이 무효이거나 취소된 경우는 보험계약이 처음부터 효력을 발생하지 않는다[1-45, 46]. 민법상 일반원칙에 의하면 이 경우 보험계약자는 보험료지급의무가 없으므로, 보험자가 지급받은 보험료가 있는 경우 부당이득으로 반환(민741)해야 한다. 하지만 보험계약의 선의성을 고려해서 반환의무에 대한 특칙이 있다. 즉, 보험계약의 전부 또는 일부가 무효인 경우 보험계약자와 피보험자가 선의이며 중과실이 없으면 보험자에게 보험료의 전부 또는 일부의 반환을 청구할 수 있다(보험계약자와 보험수익자가 선의이며 중과실이 없는 때에도 같다)(상648). 이를 반대해석하면 보험계약자 등의 고의·중과실로 인해서 보험계약이 무효가 되면 보험자는 보험료반환책임을 면한다(이는 보험계약자 등이 보험계약의 선의성을 위반한 경우 보험료반환 면에서 불이익을 주려는 취지이다).

### 2. 보험계약의 해지 [4-87]

보험계약이 해지되면 장래를 향해서 효력을 상실한다(민550)[1-89]. 따라서 해지된 이후는 보험계약자에게 보험료지급의무가 없는 것이 원칙이다. 문제는 보험계약자가 해지된 이후의 기간에 대해서도 이미 보험료를 보험자에게 지급한 경우에 해지 후 이를 반환청구할 수 있는가이다. 이는 미경과보험료의 반환문제이다. 상법 649조 3항에 따르면, 보험사고의 발생 전에 보험계약자가 임의로 계약을 해지하면 보험계약자는 당사자 간에 다른 약정이 없는 한 미경과보험료의 반환을 청구할 수 있다.

### 3. 보험료불가분의 원칙 [4-88]

① 의의: 보험료불가분의 원칙은 보험자가 보험계약이 중도에 종료되는 경우에도 그 당시 보험료기간 전부의 보험료를 취득할 수 있고, 그 당시의 보험료기간 중 미경과기간에 대한 보험료를 반환할 의무가 없다는 것이다. 이에 따르면, 보험계약이 해지된 경우 당시 보험료기간 중 미경과기간에 대한 보험료는 반환할 의무가 없고, 다만 차기의 보험료기간에 대한 보험료를 수령한 것이 있다면 이것만 반환하면 된다. ② 보험료기간: 보험료기간이란 보험료를 산정하기 위해서 보험사고의 발생률을 예측하는 최소의 단위기간이다(가령 사망보험의 경우 보험료를 산정하기 위해서는 사망률을 예측해야 하는데, 이는 기존의 사망률통계에 의존하게 되는 것이 보통이고, 사망률통계의 단위기간이 연, 월, 일 중 어느 것인지에 따라 보험료기간이 정해지게 되는 것이다. 보험료기간의 장단은 '보험의 기술'에 달린 문제이다). 즉, 보험료기간 내에서는 보다 세부적으로 보험사고 발생률의 분포를 예측할 수는 없다는 의미이다. ③ 인정여부: 상법상 보험료불가분의 원칙을 인정하는 명문의 규정이 없음을 이유로 부정하는 입장(판례)과 보험의 기술을 중시해서 보험료불가분의 원칙을 인정하는 입장(다수설)이 대립한다.

### 4. 소멸시효 [4-89]

보험계약자의 보험료 반환청구권은 3년간 행사하지 않으면 시효로 소멸한다(상662).

## Ⅳ. 이익배당의무 [4-90]

주로 생명보험의 보험자가 영업이익의 일부나 전부를 보험계약자에게 배당하기로 약관에서 정한 경우가 있다(이를 이익배당의무라고 한다). 이러한 약관에 따라 주식회사인 보험자가 보험계약자에게 지급하는 이익배당금은 예정기초율(이자율, 사망률 등)에 기반한 대수의 법칙에 의해 보험료를 산정할 때 예정기초율을 보수적으로 개산(概算)(어림잡아 산정)한 결과 실제와의 차이에 의해 발생하는 잉여금을 보험계약자에게 정산·환원하는 성격의 것이다(판례). 보험계약자에 대한 이익배당은 보험료를 여유 있게 산정하여 더 받은 후에 남는 것을 정산·환원하는 것이므로 주주에 대한 이익배당과는 다르다. 주주에 대한 이익배당은 주식회사가 영업활동으로 얻은 이익잉여금을 재원으로 주주에게 이익을 분배하는 것이다[6-430].

## 제 5 관 보험계약자 등의 의무

### Ⅰ. 보험료지급의무

#### 1. 의의 [4-91]

보험료지급의무는 보험자의 보험금지급의무에 대한 대가이고, 양 의무의 이런 관계로 인해서 보험계약은 유상·쌍무계약의 성격을 띤다(판례·통설)[4-21].

#### 2. 당사자 [4-92]

① 지급의무자: 보험료지급의무는 보험계약의 당사자인 보험계약자가 부담한다. 타인을 위한 보험계약[4-129]에서도 보험계약자는 주된 지급의무자이다. 다만, 보험계약자가 파산선고를 받거나 보험료의 지급을 지체한 경우 타인(손해보험에서 피보험자, 인보험에서 보험수익자)도 자신의 보험금청구권을 포기하지 아니하는 한 보험료지급의무를 진다(상639③). 이는 보험계약자의 보험료 지급에 문제가 생긴 경우 타인이 보험금청구권자의 지위를 향유하는 한 보충적으로 보험료지급의무를 지게 한 것이다. ② 수령권자: 보험자 또는 그로부터 수령권한을 위임받는 자가 수령권자이다(판례). 모집종사자도 일정한 경우 수령권자가 된다[4-30, 31].

#### 3. 보험료의 금액 [4-93]

(1) 의의

보험료의 금액은 보험자와 보험계약자가 보험계약의 체결 당시에 정할 사항이다. 보험료는 보험증권의 기재사항이다(상666(4)).

(2) 보험료의 변경

보험료가 조정되어야 할 합리적 사정이 있는 경우 감액청구권과 증액청구권이 인정된다. 이는 법이 특별히 인정한 권리로서 형성권이다(통설). ① 초과보험인 경우 보험계약자에게 보험료감액청구권이 인정된다(상669①본③)[4-145]. 보험료의 감액은 장래에 대해서만 효력이 있다(상669①단)(보험료감액청구권이 보험계약자의 일방적 의사표시에 의해서 효과가 생기는 형성권인데 그 행사에 소급효를 부여하는 것은 보험자에게 불측의 손해를 줄 수 있다는 점을 고려한 것이다). ② 당사자가 특별한 위험을 예기하여 보험료의 금액을 정한 경우, 보험기간 중에 그 예기한 위험이 소멸하면 보험계약자는 소멸된 이후의 보험료의 감액을 청구할 수 있다(상647). 특별위험의 소멸에 대한 입증책임은 보험계약자에게 있다(통설). ③ 보험기간 중에 위험이 현저하게 변경 또는 증가된 경우 보험자는 보험료의 증액을 청구할 수 있다(상652,653)[4-107, 108, 111].

4. 지급장소 [4-94]

보험료의 지급장소에 대해 상법 보험편은 특별한 규정을 두고 있지 않으므로 민법의 일반원칙이 적용된다[1-104]. 이에 따르면 지급의무자는 보험자의 현재 영업소에서 보험료를 지급해야 한다(지참채무)(민467②단). 다만, 이는 임의규정이다. 보험료수령권자가 보험계약자를 직접 방문하여 보험료를 수령한 사실이 있는 경우 추심채무[1-104]로 한다는 (묵시적) 합의가 있는 것으로 볼 것인지에 대해, 판례는 보험계약자를 관리하고 편의를 제공하는 목적에서 방문수금이 있었다는 사실만으로는 그러한 합의를 인정하기 어렵다는 입장이다.

5. 지급시기

(1) 의의 [4-95]

보험료를 지급할 시기는 보험자와 보험계약자가 약정에 의해서 정한다. 당사자 사이에 약정이 없으면(따라서 이는 임의규정이다), 보험계약자는 계약을 체결한 이후 지체 없이 보험료의 전부 또는 '1회 보험료'(분할납입방식을 취하는 경우)를 지급해야 한다(상650①). 이러한 보험료를 '최초의 보험료'[4-47]라고 한다. '1회 보험료 이후의 보험료'(분할납입방식을 취한 경우)를 계속보험료라고 부르며, 계속보험료는 당사자가 약정한 시기에 지급해야 한다(상650②).

상법은 보험료가 위험인수에 대한 대가라는 점을 중시하여 보험료지급을 지체했을 때의 효과에 대해서 비교적 엄격한 규정을 두고 있다. 아래에서 이에 대해 살펴본다.

### (2) 최초의 보험료의 지급지체 [4-96]

'최초의 보험료'를 지급하지 않는 경우, 다른 약정이 없는 한(따라서 이는 임의규정이다), 계약의 성립 후에 2월이 경과하면 계약이 해제된 것으로 본다(상650①). 즉, 보험자가 해제의 의사표시를 하지 않아도, 법률의 규정에 의해서 보험계약이 해제된 것으로 의제(간주)되어서, 보험계약이 소급적으로 효력을 상실한다.

### (3) 계속보험료의 지급지체

#### 1) 계약의 효력[4-97]

**(가) 해지권** ① 계속보험료가 지급지체되면 보험자는 상당한 시간을 정하여 보험계약자에게 최고하고 그 기간 내에 지급되지 않으면 보험계약을 해지할 수 있다(상650②). 계속보험료의 부지급은 보험계약의 효력에 영향을 미치는 중대한 사유라고 본 것이다. ② 타인을 위한 보험계약에서 타인이 특정된 경우, 보험계약자가 보험료의 지급을 지체하면, 보험자가 타인에게도 상당한 기간을 정하여 보험료의 지급을 최고한 후가 아니면 계약을 해지하지 못한다(상법 650③). 이는 타인을 보호하기 위한 규정이다.

**(나) 최고** 보험자는 해지를 위해서 먼저 최고(계속보험료의 지급을 촉구하는 의사의 통지)를 해야 한다. 최고의 방법은 서면 또는 구두 등 제한이 없다(통설). 내용증명우편 또는 등기우편으로 발송한 경우는 반송되는 등의 특별한 사정이 없는 한 그 즈음 수취인에게 도달된 것으로 보고, 보통우편으로 발송된 경우는 송달의 효력을 주장하는 측에서 도달사실을 증명해야 한다(판례). 보험료지급의무자가 최고를 수령할 주소의 변경을 통지하지 않았더라도 최고는 면제되지 않는다(판례). 보험료지급의무자가 주소의 변경을 통보하지 않는 한 보험증권에 기재된 주소를 보험자가 보내는 의사표시의 수령장소로 의제한다는 약관조항은 보험자가 과실없이 변경된 주소를 알지 못하는 경우에 한해서 유효하다(판례).

**(다) 해지** 최고 후 상당기간 내에 계속보험료의 지급이 없으면 보험자는

해지의 의사표시를 할 수 있다. 최고와 해지의 의사표시를 각각 해야 하는 불편을 덜기 위해 '해지예고부 최고'(최고할 때 상당한 기간 내에 지급을 이행하지 않으면 해지한다는 표시를 함께 붙인 경우)가 행해지는 경우가 있다. 판례와 통설은 이를 유효하다고 보아서 상당한 기간 내에 지급되지 않으면 해지의 의사를 별도로 표시하지 않아도 계약은 당연히 해지된다고 본다(상법 650조 2항의 취지는 최고를 통해서 지급을 독촉하자는 데 있고 해지예고부 최고도 이 취지를 실현하는 데 문제가 없기 때문이다).

㈑ 실효약관조항 실효약관조항은 상법 650조 2항의 절차를 거치지 않고 보험계약의 효력을 종료시키는 약관조항이다. 이는 계속보험료가 지급지체되는 경우 일정한 기간까지 지급을 유예해 주되 그 기간이 경과하면 최고 및 해지 없이 자동적으로 보험계약의 효력이 종료된다고 정한 약관조항이다. 실효약관조항의 취지는 최고·해지를 생략하여 비용을 절감하는 데 있다. 지급지체에도 불구하고 지급유예기간(최고·해지에 소요되는 기간보다 길게 정해진다) 중에 보험보호가 제공되어 보험계약자에게 유리한 측면도 있다. 하지만 지급유예기간을 감안하더라도 최고·해지를 생략함으로써 인해 상법 650조 2항을 보험계약자에게 불리하게 변경한 것은 아닌지라는 의문이 제기된다. 실효약관조항의 효력에 대해 학설은 유효설과 무효설이 대립한다. 판례는 유효설을 취하다가 1995년 대법원 전원합의체 판결에 의해서 무효설로 변경되었다.

2) 보험자의 책임[4-98] ① 의의: 보험자가 보험계약을 해지하면 장래를 향하여 효력을 잃는다. 따라서 해지 이후에 발생하는 보험사고에 대해 보상책임이 없다. 상법은 해지 이전에 발생한 보험사고에 대해 면책 규정을 두고 있다. 즉, 상법 655조 본문에 의하면, 보험사고가 발생한 후에도 보험자가 계속보험료의 지급지체를 이유로 보험계약을 해지하면 보상책임이 없고 이미 지급한 보험금의 반환을 청구할 수 있다. 이는 보험료지급의무와 보험금지급의무가 대가관계에 있다는 점을 반영한 것으로 보인다. 하지만 이 규정의 타당성에 대해서는 다음과 같이 의문이 제기되고 있다. ② 지급지체 이전: 상법 655조 본문의 문리에 따르면, 계속보험료의 지급지체 이전에 발생한 보험사고에 대해 보험자가 면책되는 것으로 읽힐 수 있다. 하지만 이런 문리해석은 보험계약자에게 과도한 불이익이 될 수 있으므로 보상책임이 있다고 해석한다(판례). ③ 지급지체 이후 해지 이전: 상법 655조 본문의 문리에 따르면, 계속보험료의 지급지체 이후 해

지 이전에 발생한 보험사고에 대해서도 보험자가 면책되는 것으로 읽힌다. 하지만 이 경우도 보험계약자에게 과도한 불이익이 될 수 있으므로 보상책임이 있다고 해석하는 입장이 있다.

### 6. 지급방법 [4-99]

보험료는 현금으로 지급되는 것이 보통이지만 어음 또는 수표로 지급되는 경우도 있다. 어음·수표로 지급하는 경우 보험료 지급시기를 언제로 볼 것인지가 문제된다. 어음·수표는 어음금·수표금의 변제가 거절될 수 있다는 점이 고려되어야 하기 때문이다. 이 경우 당사자 사이에 보험료 지급시기에 관한 약정이 있으면 그에 따른다. 하지만 그러한 약정이 없는 경우가 문제이다. 아래의 ③이 보험계약자에게 가장 유리하고 다음 ②, ①의 순서로 보험계약자에게 유리하다.

① 일반법리설: 이는 어음·수표의 일반법리[5-32]에 따르는 입장으로서 판례가 취하고 있는 것으로 보인다. 이에 따르면 어음·수표가 보험료의 지급에 갈음하여 교부된 경우는 그 교부 시에 보험료가 지급된 것이고, 어음·수표가 보험료의 지급을 위해서 또는 지급담보를 위해서 교부된 경우는 어음금·수표금의 변제 시에 보험료가 지급된다고 본다. ② 해제조건부 대물변제설: 이는 어음·수표의 교부를 보험료지급채무에 대한 대물변제[1-105]로 보는 입장이다. 어음·수표의 변제가 거절되는 것을 해제조건으로 그 교부시점에 보험료지급채무가 소멸되어 보험료가 지급된 것으로 본다. ③ 유예설: 이는 어음·수표를 교부하면 어음금·수표금의 변제 시까지 보험료지급이 유예된다고 보는 입장이다. 즉, 어음금·수표금의 변제 시까지 보험료지급채무는 존속하지만 유예로 인해서 마치 보험료가 지급된 것과 같은 효과가 생기는 것이다.

### 7. 소멸시효 [4-100]

보험자는 보험료청구권을 2년간 행사하지 않으면 시효로 인해서 소멸한다(상662).

## Ⅱ. 위험변경증가에 관한 통지·유지의무

### 1. 의의 [4-101]

상법은 보험계약의 체결 이후에 위험변경증가로 인해서 계약과 위험이 일치하지 않게 된 경우에 대비하여 이 불일치를 조정할 수 있도록 위험변경증가에 관한 통지·유지의무(상652,653)를 두고 있다. 즉, 보험자로서는 보험계약을 체결할 당시의 보험사고 발생가능성을 기준으로 계약의 체결 여부 및 그 조건을 정했던 것인데 그 이후에 위험변경증가가 생기면 보험사고 발생가능성에 변화가 생기므로 계약의 유지 여부 및 그 조건을 조정할 필요성이 생기는 것이다. 고지의무(상651)가 보험계약을 체결할 당시에 위험과 계약의 일치 문제라면[4-49], 위험변경증가에 관한 규정들은 보험계약을 체결한 이후의 위험과 계약의 일치 문제이다. 통지·유지의무는 간접의무이다(통설)(즉, 통지·유지의무는 보험자가 이행을 강제하거나 손해배상을 청구할 수 없는 의무이고, 단지 위반이 있으면 계약의 해지권 등이 인정된다).

### 2. 위험변경증가의 통지의무

#### (1) 의의 [4-102]

보험기간 중에 보험계약자 또는 피보험자가 위험이 현저하게 변경증가된 사실을 안 때에는 지체 없이 보험자에게 통지해야 하고, 이를 해태한 경우 보험자가 위험변경증가를 안 날로부터 1개월 내에 한해서 계약을 해지할 수 있다(상652①). 보험자가 통지를 받은 경우에는 1개월 내에 보험료증액청구권 또는 해지권을 행사할 수 있다(상652②).

#### (2) 요건

1) **당사자**[4-103] 통지의무자는 보험계약자 또는 피보험자이다(상652①). 인보험의 보험수익자는 통지의무자가 아니다. 고지의무에서 고지의 주체에 관한 논의[4-50]는 여기의 통지의 주체에 그대로 적용된다. 통지의 상대방은 보험자, 그리고 그를 위해서 통지수령권을 갖고 있는 대리인이다(통설). 통지수령권이 없는 자에 대한 고지는 보험자에 대한 통지가 되지 않는다(통설). 모집종사자의 통지수령권 문제는 이미 살펴본 바 있다[4-30~33].

2) **현저한 위험변경증가**[4-104]　　① 개념: 현저한 위험변경증가의 사실은 그 변경 또는 증가된 위험이 보험계약의 체결 당시에 존재하고 있었다면 보험자가 보험계약을 체결하지 않았거나 적어도 그 보험료로는 보험을 인수하지 않았을 것으로 인정되는 정도의 것을 말한다(판례·통설). 판례에 나타난 구체적 사례를 보자. 화재보험에서 보험목적인 건물의 구조와 용도에 상당한 변경을 가져오는 증·개축공사가 시행된 경우, 자동차보험에서 보험목적인 자동차의 구조가 현저히 변경된 경우는 현저한 위험변경증가에 해당한다. 보험계약을 체결한 후 다른 종류의 다른 보험계약에 가입한 사실은 현저한 위험변경증가에 해당하지 않는다. ② 일시적 변경증가: 현저한 위험변경증가라도 일시적인 것에 그치는 경우는 상법 652조가 적용되지 않는다(판례·통설). 일시적인 위험변경증가는 인위적 사고의 법리[4-69]에 의해서 처리한다(즉, 일시적 위험변경증가로 인한 사고가 인위적 사고로 평가되면 보험자는 면책된다). ③ 시기: 위험변경증가는 '보험기간 중'에 생겨야 한다(상652). ④ 입증: 위험변경증가 사실의 입증은 그 존재사실을 들어 보험계약의 해지를 주장하는 보험자가 부담한다(판례).

3) **주관적 측면**[4-105]　　① 보험계약자 등이 현저한 위험변경증가를 '안 때'에 통지의무가 발생한다(상652①). 여기선 '안다'는 것은 '위험변경증가의 사실 자체'뿐만 아니라 '그것이 위험변경증가에 해당한다는 점'까지 안다는 의미이다(판례). 이는 고지의무에서 고의 또는 중과실의 인식대상이 '고지하여야 할 사실 자체'뿐만 아니라 '그것이 중요사항에 해당한다는 점'을 포함하는 것[4-54]과 맥락을 같이 하는 것이다. ② 보험자가 위험변경증가의 사실을 알고 있었다면 통지의무는 면제된다(판례·통설).

4) **통지의 시기·방법**[4-106]　　통지는 위험변경증가를 안 때에 지체 없이 이루어져야 한다(상652①). 여기서 지체 없이는 귀책사유 있는 지연이 없다는 것을 의미한다(통설)(귀책사유가 있는 지연만 지체된 것으로 본다는 의미이다). 통지의 방법은 서면 또는 구두 등 제한이 없다(통설). 통지의 방법을 서면으로 제한하는 약관조항은 유효하다는 입장(판례)과 무효라는 입장[상법 652조가 통지방법을 제한하고 있지 않으므로 이에 대한 제한은 불이익변경금지(상663본)에 대한 위반이라고 본다]이 대립한다.

(3) 효과

**1) 통지를 한 경우**[4-107] 위험변경증가에 대한 통지가 이루어지면 보험자는 1개월 내에 보험료증액청구권 또는 해지권을 행사할 수 있다(상652②). 해지권 행사의 효과는 아래 2)와 같다. 현행법은 통지를 한 경우에도 해지권이 인정된다는 점에서 통지를 하지 않은 경우와 효과 면에서 큰 차이가 없다(이에 따라 통지를 한 경우는 효과를 완화해야 한다는 입법론이 제기되고 있다).

**2) 통지를 하지 않은 경우**[4-108] ① 통지의무를 해태하면 보험자는 그 사실을 안 날로부터 1개월 내에 보험계약을 해지할 수 있다(상652①). 만약 해지권을 행사하지 않으면 보험계약의 효력은 그대로 유지된다. 해지권의 법적 성질은 형성권이고, 그 행사기간은 제척기간이다(판례·통설). 상법은 보험료증액청구권에 대해서는 명시하고 있지 않지만, 통지를 한 경우에 인정되는 보험료증액청구권이 통지를 하지 않은 경우에도 당연히 인정된다고 해석한다. ② 통지의무 해태의 사실을 '안 때'라는 것은 단지 통지의무 위반사실에 대한 의심이 드는 정도로는 부족하고, 보험자가 통지의무 위반사실에 대한 객관적인 근거를 확보할 수 있을 정도이어야 한다(판례)(통지의무 위반사실에 대한 입증책임이 보험자에게 있고 이러한 입증이 없으면 해지권을 행사할 수 없기 때문이다). ③ 보험자가 해지권을 행사하게 되면 장래에 향하여 보험계약은 효력을 상실한다(민550). 따라서 해지의 효과는 장래효(비소급효)인 것이 원칙이다. 그런데 다음과 같은 일정한 경우 예외적으로 소급효를 인정한다(판례·통설). 여기서 소급효는 계약의 효력을 소급적으로 상실시킨다는 의미가 아니라, 계약의 효력은 유지시키되 보험자를 면책하는 것을 가리킨다. 즉, 보험사고가 발생한 이후에도 보험계약을 해지한 경우 보험자가 보험금지급책임이 없고 이미 지급한 보험금의 반환을 청구할 수 있다(상655본). 다만, 위험변경증가의 사실이 보험사고의 발생에 영향을 미치지 않았음이 입증된 경우에는 보험자가 보상책임을 진다(상655단).

## 3. 위험유지의무

(1) 의의 [4-109]

보험기간 중에 보험계약자, 피보험자 또는 보험수익자의 고의 또는 중과실로 인해 위험이 현저하게 변경증가된 경우 보험자가 위험변경증가를 안 날부터 1개월 내에 보험료증액청구권 또는 해지권을 행사할 수 있다(상653). 이에 따르면 보험계약자 등은 고의 또는 중과실로 위험변경증가를 시켜서는 안 될 의무를 부담하고 있는데, 이를 위험유지의무라고 부르는 것이 보통이다('위험변경증가 금지의무'라고도 한다).

### (2) 요건 [4-110]

① 당사자: 위험유지의무의 주체는 보험계약자, 피보험자, 보험수익자이다. 통지의무와 달리 보험수익자도 위험유지의무의 주체이다. ② 현저한 위험변경증가: 여기서 현저한 위험변경증가는 상법 652조의 그것[4-104]과 다르지 않다(통설). ③ 주관적 요건: 보험계약자 등의 '고의 또는 중과실'로 인한 현저한 위험변경증가가 있어야 한다.

### (3) 효과 [4-111]

보험자는 위험변경증가를 안 날부터 1개월 내에 보험료증액청구권이나 보험계약의 해지권을 행사할 수 있다. 보험계약의 해지권은 상법 652조의 해지권 논의[4-108]가 거의 그대로 적용된다.

## Ⅲ. 보험사고 발생에 관한 통지의무

### 1. 의의 [4-112]

① 보험계약자, 피보험자 또는 보험수익자는 보험사고의 발생을 안 때에 지체 없이 보험자에게 통지를 발송해야 한다(상657①). 가령 화재보험에서 보험목적인 건물에 화재가 발생하면 보험계약자 측은 이를 지체 없이 통지해야 한다. 보험자는 보험사고가 발생하면 사고의 원인, 손해의 종류와 범위 등에 관한 신속하게 필요한 조사나 조치를 함으로써, 자신의 보상책임 유무를 확인하거나, 손해가 발생·증가되는 것을 막거나, 또는 가해자에 대한 보험자대위권(상682)[4-160]을 확보할 필요가 있다. 이러한 이유에서 보험계약자 등에게 통지의무를 부과한 것이다. ② 이 통지의무는 간접의무[4-49]가 아니라 진정한 의무이다(통설). 즉, 이행을 강제하지는 못하지만 손해배상청구를 할 수는 있고, 그 손해만큼 보험금이

감축된다는 것이다.

### 2. 요건 [4-113]

① 통지의무는 보험계약자, 피보험자, 또는 보험수익자가 부담한다(상657①). 이 중 어느 한 사람이라도 통지하면 의무는 이행된 것으로 본다(통설). 통지의 상대방은 보험자 또는 그로부터 통지수령권한을 위임받은 자이다. 모집종사자의 통지수령권 문제는 이미 살펴본 바 있다[4-30~33]. ② 보험사고가 발생해야 한다. 보험사고 발생의 가능성만으로는 통지의무가 발생하지 않는다. ③ 보험계약자 등이 보험사고의 발생을 '안 때'에만 통지의무를 부담한다(통설). 따라서 보험사고의 발생을 알지 못하는 경우에는 과실 여부를 묻지 않고 통지의무를 부담하지 않는다. ④ 통지방법은 서면 또는 구두 등 제한이 없다(통설). 통지를 '발송'하면 의무는 이행된 것이다(657①).

### 3. 효과 [4-114]

통지의무를 위반함으로써 손해가 증가된 때에 보험자는 증가된 손해에 대한 보상책임이 없다(상657②). 보험사고발생의 통지는 보험금지급채무의 이행기에도 영향을 미친다. 즉, 보험금의 지급시기에 대해 당사자가 약정하지 않은 경우 보험사고발생의 통지가 없으면 보험금지급채무의 이행기가 도래하지 않는다(상658)[4-79].

## Ⅳ. 협조의무 [4-115]

보험자가 보험사고를 조사하는 것과 관련하여 보험계약자, 피보험자, 또는 보험수익자는 협조를 할 의무가 있다(통설). 이러한 의무는 신의칙에 의해 인정된다.

# 제 6 관 보험계약의 변동

## Ⅰ. 보험계약의 종료

### 1. 보험계약의 무효 [4-116]

① 보험계약은 보험사고의 불확정성에 반하는 경우(상644본), 피보험이익이 흠결된 경우(판례·통설), 사기에 의한 초과보험·중복보험인 경우(669④,672③), 인보험에서 피보험자의 서면동의가 흠결된 경우(상731 등), 15세 미만자 등을 피보험자로 하는 사망보험인 경우(상732본)에 해당하면 무효가 된다. ② 보험계약은 사회질서의 위반(민103)으로도 무효가 된다. 판례에 따르면 당초부터 오로지 보험사고를 가장하여 보험금을 취득할 목적으로 생명보험계약을 체결한 경우, 또는 보험금을 부정취득할 목적으로 다수의 보험계약을 체결한 경우는 사회질서에 위반하여 무효이다(이는 부당한 사행심을 조장하고, 합리적인 위험분산을 훼손하며, 다수의 선량한 보험가입자들의 희생을 초래하여 보험제도의 근간을 해친다). 이 경우 보험계약자에게 고의가 있으면 무효이며, 보험수익자가 선의라고 해도 마찬가지이다(판례).

### 2. 보험계약의 취소 [4-117]

보험자가 보험약관의 교부·설명의무를 위반하면 보험계약자는 보험계약을 취소할 수 있다(상638의3).

### 3. 보험계약의 해제 [4-118]

보험계약자가 최초의 보험료를 지급지체하면 보험계약은 해제된 것으로 간주한다(상650①).

### 4. 보험계약의 해지

#### (1) 의의 [4-119]

보험계약을 해지하면 계약은 장래를 향하여 효력을 상실한다. 상법이 규정한 보험계약의 해지사유는 다음과 같다.

(2) 보험계약자에 의한 해지 [4-120]

1) 의의 보험계약자는 보험사고의 발생 전에 언제든지 계약의 전부 또는 일부를 해지할 수 있다(상법 649①본). 이를 보험계약자의 '임의'해지권이라고 한다. 이는 계속계약인 보험계약에서 중도종료를 원하는 보험계약자를 보호하기 위한 것이다. 임의해지를 한 보험계약자는, 당사자 사이에 다른 약정이 없으면, 미경과보험료의 반환을 청구할 수 있다(상649③)[4-87]. 한편, 보험자에게는 임의해지권이 인정되지 않는다.

2) 타인을 위한 보험계약 타인을 위한 보험계약에서는 보험계약자가 타인의 동의를 얻거나 보험증권을 소지하지 않으면 해지하지 못한다(상649①단). 이는 보험금청구권자의 지위에 있는 타인을 임의해지로부터 보호하기 위한 규정이다.

3) 사고발생 후의 보험계약 보험사고의 발생으로 보험자가 보험금을 지급한 때에도 보험금액이 감액되지 않고 보험계약이 유지되는 경우, 보험계약자가 그 사고발생 후에도 보험계약을 해지할 수 있다(상649②).

4) 보험자의 파산선고 채무자회생법 119조 및 335조에 따르면, 보험자가 회생절차개시나 파산선고를 받으면 보험자와 쌍무계약관계에 있는 상대방의 임의해지권 행사가 일정한 경우 제약된다. 상법 654조는 이에 대한 특칙이다. 즉, 보험자가 파산의 선고를 받은 경우에도 보험계약자가 계약을 해지할 수 있다(상654①). 이 경우 해지하지 않더라도 파산선고 후 3월을 경과하면 보험계약은 효력을 잃는다(상654②). 상법 654조가 말하는 파산선고에는 회생절차개시도 포함되는 것으로 해석한다. 상법 654조의 입법취지는 보험자의 채권자보다 보험계약자를 우선해서 보호하자는 것이다.

5) 보험계약자의 채권자 보험계약자의 채권자가 보험계약자의 임의해지권을 자기의 이름으로 행사하여 발생하는 해지환급금청구권으로부터 자신의 채권을 추심할 수 있는가? 판례는 이를 긍정한다. 일반법리에 따르면 계약의 해지권은 계약 당사자의 지위에서 파생하는 것이므로 보험계약자에 대한 채권을 추심하는 채권자가 해지권까지 당연히 취득하는 것은 아니다. 하지만 보험계약자가 보유한 해지환급금청구권이 예금채권처럼 확실한 재산적 가치를 갖는

책임재산인 점을 고려하여 일반법리에 예외를 인정하자는 것이다.

#### (3) 보험자에 의한 해지 [4-121]

보험자는 계속보험료의 지급이 지체된 경우(상650②③), 고지의무가 위반된 경우(상651), 위험변경증가의 경우(상652,653)에 보험계약을 해지할 수 있다.

### 5. 보험기간의 만료 [4-122]

당사자가 약정한 보험기간이 만료되면 그 이후 보험계약은 당연히 실효된다.

### 6. 보험사고의 발생 [4-123]

보험사고가 발생하는 경우 그 이후 보험계약은 실효되는 경우도 있고 그대로 유지되는 경우도 있다. ① 보험사고의 발생으로 인해서 보험목적이 전부멸실(손해보험) 또는 사망(생명보험)하면 보험계약은 당연히 실효된다. ② 보험사고가 발생하였지만 보험목적이 전부멸실 또는 사망에 이르지 않은 경우, 보험계약의 실효 또는 존속 여부는 당사자가 계약으로 정할 문제이다(가령 물건보험에서 보험사고로 인해서 보험목적이 일부 멸실된 경우, 책임보험에서 피보험자가 배상책임을 지게 된 경우, 상해보험에서 피보험자가 상해를 입은 경우 등이 그러하다). 당사자가 보험계약의 존속을 약정하는 경우 보험금액에 관한 사항도 약정하게 된다(계약 당시에 원래 약정한 보험금액이 그대로 유지되는 것으로 정하기도 하고, 보험사고의 발생으로 지급한 보험금을 원래 약정한 보험금액에서 감액한 후 나머지 금액을 보험금액으로 정하기도 한다).

## Ⅱ. 보험계약의 변경 [4-124]

① 합의에 의한 변경: 당사자는 합의에 의해 보험계약의 내용을 변경할 수 있다. 강행법규에 반하지 않는 한 변경 내용에는 제한이 없다. ② 법률에 의한 변경: 법률의 규정에 의해서 보험계약의 내용을 변경할 수 있다. 가령 보험료에 대한 감액·증액청구권이 인정된다[4-93].

## Ⅲ. 보험계약의 부활

### 1. 의의 [4-125]

① 개념: 계속보험료의 지급지체로 인해 해지된 보험계약을 되살리는 것이 보험계약의 부활(reinstatement)이다(상650의2). ② 취지: 보험계약이 계속보험료의 지급지체로 인해 해지되면 이후에 보험계약은 실효된다. 만약 보험계약자가 보험계약이 다시 필요해진 경우에 해지된 보험계약의 계약조건이 그대로 적용되기를 원할 수 있다(가령 사망보험의 경우 가입 시 보험료가 연령에 비례하는 것이 보통이므로 보험계약자는 해지된 보험계약의 가입 시 연령에 따른 보험료가 그대로 적용되는 것을 원할 수 있다). 이것을 가능하게 해주는 것이 보험계약의 부활이다. ③ 법적 성질: 부활은 청약과 승낙에 의해서 성립되는 계약이다(통설). 부활이 계약이라고 할 때, 그 내용이 무엇인지를 보는 시각은 둘로 나뉜다. 특수계약설은 부활계약이 해지된 보험계약을 해지되지 않은 것으로 되살리는 특수한 계약이라는 입장이다(통설). 이는 부활계약을 체결하는 당사자의 의사에 부합한다는 점을 근거로 한다. 신계약설은 부활계약이 해지된 보험계약과 동일한 내용의 새로운 보험계약이라는 입장이다. 판례는 명확하지 않지만 특수계약설을 취하는 것으로 보인다.

### 2. 요건 [4-126]

부활이 성립하기 위해서는 청약(청구)과 승낙이 필요하다. 먼저, ① 계속보험료의 부지급으로 보험계약이 해지되고, ② 해지환급금이 지급되지 않았으며, ③ 일정한 기간 내에 연체보험료에 약정이자를 붙여서 보험자에게 지급하고, ④ 보험계약자가 부활을 청구해야 한다(상650의2). 이러한 청약에 대해 보험자가 승낙하면 부활은 성립된다. 해지환급금의 부지급이 요구되는 이유는 보험계약자가 해지환급금을 지급받으면 보험계약이 완전히 소멸되므로 그 부활을 인정할 필요가 없기 때문이다(통설).

### 3. 상법 638조의2의 준용 [4-127]

부활에 상법 638조의2가 준용된다. 즉, 보험자가 보험계약자로부터 연체보험료에 약정이자를 붙여 부활의 청약을 받은 경우, 낙부통지의무·승낙의제(상638

의2①②)[4-47], 승낙 전 보험보호(상638의2③)[4-48]가 준용된다(특수계약설에 따르면 보험계약이 아닌 부활에 이러한 규정들이 당연히 적용되는 것이 아니므로 준용규정을 둔 것이다). 부활을 청약한 보험계약자를 보호하기 위해서이다.

### 4. 고지의무 [4-128]

보험계약을 부활시킬 때 보험계약자는 고지의무(상651)를 부담하는가? 통설은 긍정한다. 그런데 특수계약설에 의하면 부활은 보험계약이 아니므로 보험계약의 체결에 적용되는 고지의무가 부활 시에 당연히 적용된다고 볼 수는 없다. 하지만 부활에 고지의무가 적용되지 않으면 위험단체의 '역선택 현상'(저위험자는 부활을 회피하고, 고위험자만 부활하는 현상)을 막기 어려우므로 고지의무가 필요하다. 이 점을 고려하여 보험실무상 보험약관에 부활 시의 고지의무를 두는 것이 보통이다.

## 제 7 관　타인을 위한 보험계약

### Ⅰ. 의의 [4-129]

타인을 위한 보험계약은 보험계약자가 아닌 타인이 피보험자(손해보험) 또는 보험수익자(인보험)가 되는 보험계약이다(상639①본). 가령 건물의 임차인이 임대인을 피보험자로 하여 화재보험계약을 체결하면 타인을 위한 보험계약이 된다(건물의 임대인이 임대차계약을 체결하면서 이러한 보험계약의 체결을 임차인에게 요구하는 경우가 있다). 타인을 위한 보험계약이 성립되면 타인은 수익의 의사표시가 없어도 당연히 보험금청구권자로 된다(상639②본). 타인을 위한 보험계약은 민법상 제3자를 위한 보험계약(민539)[1-118]에 해당한다(판례·통설). 다만, 상법은 타인을 위한 보험계약과 관련하여 민법에 대한 특칙을 두고 있으므로 이에 관한 한 상법이 우선하여 적용된다(그 결과 타인을 위한 보험계약은 민법상 '전형적인 제3자를 위한 계약'이기보다는 '제3자를 위한 계약의 특수한 형태'이다).

## Ⅱ. 요건 [4-130]

① 타인을 위한다는 의사표시: 계약 당사자 사이에 타인을 위한다는 의미의 의사표시(합의)가 존재해야 한다. 만약 누구를 위한 것인지가 분명하지 않은 경우 보험약관·계약체결의 경위 등을 고려해서 정해야 한다는 입장(판례)과 자기를 위한 보험계약으로 추정하는 입장(통설)이 대립한다. ② 타인의 특정 여부: 타인의 특정 여부는 타인을 위한 보험계약의 성립요건이 아니다(상639①본). 보험계약의 체결 시에 타인을 특정하는 것이 보통이나, 추후에 특정되어도 무방하다. ③ 타인의 위임 여부: 타인의 위임 여부는 타인을 위한 보험계약의 성립 요건이 아니다(상639①본). 타인의 위임이 없더라도 타인을 위한 보험계약에서 타인은 당연히 보험금청구권자가 된다(상639②본). 타인의 위임이 없는 경우 보험계약자는 이 사실을 보험자에게 알려야 한다(상639①단)[4-50]. ④ 손해보험에서 피보험이익: 타인을 위한 손해보험에서 타인은 피보험이익을 가져야 한다. 즉, 타인을 위한 손해보험에서 타인은 피보험자이고, 손해보험에서 피보험자에게는 피보험이익이 요구되기 때문이다(판례·다수설)[4-135].

## Ⅲ. 효과

### 1. 보험계약자 [4-131]

① 권리: 보험계약자는 보험계약의 당사자로서 보험증권교부청구권(상640) 등 상법상 권리를 갖는데, 이 점은 타인을 위한 보험계약에서도 같다. 하지만 보험금청구권은 보험계약자가 아니라 타인에게 귀속된다(상639②본). ② 의무: 보험계약자는 보험료지급의무(상638) 등 상법상 의무를 지는데, 이 점은 타인을 위한 보험계약에서도 같다. ③ 청구권대위: 보험계약자가 청구권대위(상682②)의 대상인 제3자에 포함되는지 여부가 문제된다. 판례는 포함된다는 입장이고 학설은 포함설과 불포함설이 대립한다[4-161].

### 2. 타인 [4-132]

① 권리: 첫째, 타인은 수익의 의사표시를 하지 않아도 보험금청구권을 취득

한다(상639②본)(이 점에서 민법상 제3자를 위한 계약과 다르다. 즉, 민법상 제3자를 위한 계약에서는 제3자가 채권을 취득하기 위해서 수익의 의사표시가 필요하다[1-118]). 타인은 직접 자기 고유의 권리로서 보험금청구권을 취득하는 것이고, 그 행사 또는 처분에 보험계약자의 동의가 필요하지 않다(판례·통설). 둘째, 타인이 보험금청구권을 행사하는 경우 보험자는 보험계약에 기한 항변으로 타인에게 대항할 수 있다(통설)[가령 보험계약자가 고지의무를 위반한 경우 보험자는 이를 이유로 보험계약을 해지하고 타인에게 면책을 주장할 수 있다(상651,655)]. 이는 타인의 권리가 보험자와 보험계약자 간의 계약에 기초해서 성립된 것이기 때문이다. 셋째, 보험계약자는 일정한 경우 타인의 보험금청구권을 소멸시킬 수 있다. 즉, 보험계약자는 타인의 동의 또는 보험증권의 소지가 있으면 보험사고의 발생 전에 보험계약을 임의로 해지할 수 있고(상649①)[4-120], 인보험에서 보험계약자는 원칙적으로 보험수익자에 대한 변경권을 가진다(상733,739,739조의3)[4-183]. ② 의무: 보험계약자가 1차적으로 보험료지급의무를 부담하지만, 타인도 일정한 경우 보험료지급의무를 진다(상639③)[4-92]. 또한 타인은 보험사고발생의 통지의무(상657) 등 상법이 규정한 각종의 의무를 부담한다.

# 제3절 손해보험

## 제1관 손해보험 총론

### Ⅰ. 총설

#### 1. 의의 [4-133]

손해보험계약은 보험계약자가 약정한 보험료를 지급하고 피보험자의 재산에 불확정한 사고가 발생하여 재산상 손해가 생기면 보험자가 이를 보상하는 계약이다(상638,665). 손해보험의 보험목적은 재산이고(통설) 보상방식은 비정액보상(실제로 발생한 손해만큼 보상)이다[4-9]. 손해보험자가 부담하는 손해의 보상책임은 배상의무자(채무불이행자나 불법행위자)가 부담하는 배상책임(민390,750)과 구분된다(전자는 계약의 효과에 따른 계약책임이고 후자는 법률의 규정에 의한 법정책임이다).

#### 2. 이득금지의 원칙 [4-134]

(1) 의의

이득금지의 원칙은 피보험자가 손해의 전보를 넘어서 이득을 얻을 수 없다는 원칙이다. 이득금지의 원칙은 실손보상의 원칙(principle of indemnity)이라고도 한다. 이득금지의 원칙은 손해보험을 규율하는 지도적 원리이자 강행적 법리이다(통설). 가령 손해보험에서 피보험자에게 피보험이익[4-135]이 요구되는데 이는 이득금지 원칙을 실현하기 위한 요건이다. 이득금지의 원칙은 보험의 도박화 또는 '인위적 사고'[4-69] 등을 방지하기 위한 것이다.

(2) 예외

이득금지 원칙에는 예외가 있다. 가령 기평가보험(상670)[4-143]이 그러하다. 이러한 예외는 이득금지를 관철할 때 생기는 문제점을 보완하는 것이지 이득금지 원칙의 근본을 훼손하는 것은 아니다(이러한 예외는 초과이득의 제공이 주목적이 아니라 보험의 효용을 높이려는 것이 주목적이다).

(3) 보험금청구권 및 여타 청구권의 경합과 이득금지의 원칙

보험사고가 발생한 경우 피보험자가 보험금청구권과 함께 여타 청구권도 갖게 되는 경우가 있다(가령 제3자의 불법행위로 보험목적이 훼손됨으로써 보험자에 대한 보험금청구권과 함께 제3자에 대한 손해배상청구권이 성립된 경우가 그러하다). 이 경우 피보험자는 두 청구권 중에서 자유롭게 선택하여 행사할 수 있다(청구권경합)[1-10]. 하지만 그 중 하나에 의해 손해가 전보되면 다른 청구권의 운명은 어떻게 되는가? ① 손해배상을 받은 경우: 피보험자가 제3자에게 손해배상청구권을 행사하여 손해의 전부를 배상받으면 보험금청구권은 소멸한다(판례·통설)(이것을 행사하여 보험금도 받으면 사고발생의 이전과 비교해 볼 때 피보험자가 초과이득을 얻게 되기 때문이다). ② 보험금을 받은 경우: 피보험자가 보험자에게 보험금청구권을 행사하여 손해의 전부를 보상받으면 그는 제3자에 손해배상청구를 할 수 없다. 왜냐하면 이득금지의 원칙에 반하기 때문이다. 이 경우 손해배상청구권은 소멸하는가? 그러면 제3자를 부당하게 면책하는 결과에 이른다. 이를 막기 위해서 제3자에 대한 손해배상청구권은 소멸하지 않고, 보험자가 손해배상청구권을 취득(상682①)[4-160]하여 행사할 수 있다(판례·통설).

### 3. 피보험이익

(1) 의의 [4-135]

피보험자는 보험목적에 대해 경제적 이익을 갖고 있어야 한다. 여기서 경제적 이익이 피보험이익(insurable interest)이다. 피보험이익은 이득금지의 원칙을 실현하기 위한 요건으로서 강행적 법리이다(통설). 상법은 피보험이익을 '보험계약의

목적'(상668,672)이라고 규정하나, 판례와 통설은 피보험이익이라고 표현하는 것이 보통이다. 상법은 손해보험에 피보험이익을 요구한다(상668). 이와 달리 인보험에는 이것을 요구하는 명문의 규정이 없으며, 따라서 피보험이익이 요구되지 않는다(다수설).

### (2) 유형 [4-136]

**1) 소유이익 등** 피보험이익은 내용을 기준으로 소유이익(물건이나 지식재산을 소유하는 이익), 사용·수익이익(물건이나 지식재산을 사용 또는 수익하는 이익), 담보이익(물건, 지식재산, 타인의 급여를 담보하는 이익), 청구이익(타인의 급여를 청구하는 이익), 책임이익(책임이 발생하지 않을 이익) 등으로 구분할 수 있다.

**2) 적극적·소극적 이익** 이는 보험목적이 적극재산 또는 소극재산인지, 그리고 그것이 감소할지 증가할지에 따른 구분이다. 적극적 이익은 적극재산(물건, 지식재산, 타인의 급여 등)에 대한 이익으로서 그것이 감소하지 않을 이익이다. 소극적 이익은 소극재산(책임 등)에 대한 이익으로서 그것이 증가하지 않을 이익이다.

**3) 법적·사실적 이익** 법적 이익은 피보험자가 보험목적에 대해 일정한 권리의무를 갖는 경우를 가리킨다(가령 피보험자가 보험목적과 관련하여 소유권, 임차권 등을 가진 경우이다). 사실적 이익은 피보험자가 보험목적에 대한 권리의무는 갖고 있지 않지만 경제적 이익을 가진 경우를 가리킨다. 가령 특정한 주식회사의 주주는 회사에 대해 주주권을 갖지만 회사의 재산에 대해 직접 권리의무를 갖지는 않는다. 그래도 주주가 회사의 재산에 대해 경제적 이익을 갖는 것은 분명하다(왜냐하면 회사의 재산상태에 따라 주식의 가치가 영향을 받기 때문이다). 피보험이익이 법적 이익에 한정된다고 보면 주주가 회사의 재산을 보험목적으로 하는 피보험자가 될 수 없지만, 경제적 이익도 포함된다고 보면 피보험자가 될 수 있다. 우리나라 판례와 통설은 사실적 이익도 피보험이익에 포함시키자는 입장이다.

### (3) 피보험이익의 요건 [4-137]

① 금전평가의 가능성: 피보험이익은 경제적 이익(금전으로 평가할 수 있는 이익)이어야 한다(상668). 객관적 평가가 가능해야 경제적 이익이 될 수 있다(도덕적 가치, 신념 등과 같은 감정적 이익, 주관적 이익 등은 객관적 평가가 불가능하므로 경제적 이익이 될 수

없다)(통설). ② 적법성: 피보험이익은 적법한 이익이어야 한다(통설). 가령 아편에 대한 피보험이익은 불법이다(통설). ③ 확정가능성: 피보험이익은 계약체결 시에 확정되어 있거나, 늦어도 사고발생 시까지 확정할 수 있어야 한다(통설). 확정가능성만 있다면, 현재의 이익은 물론이고, 조건부 이익, 장래의 이익도 피보험이익이 되는 데 문제가 없다(통설).

#### (4) 피보험이익 흠결의 효과 [4-138]

피보험이익이 계약체결 시부터 없는 경우 보험계약은 처음부터 당연 무효이다(판례·통설). 피보험이익이 계약체결 시에는 있었지만 보험기간 도중에 소멸한 경우 보험계약은 피보험이익의 소멸 시부터 효력을 상실한다(통설).

### 4. 보험가액

#### (1) 의의 [4-139]

보험가액(상670)은 피보험이익을 금전적으로 산정한 금액이다(통설). 이득금지의 원칙으로 인해서 보험가액을 초과하여 보상이 이루어질 수 없다. 보험가액은 법이 정한 보상한도액인 것이다(통설).

#### (2) 산정기준

**1) 원칙**[4-140] 보험가액은 시점과 장소에 따라서 그 금액이 변동된다. 사고발생 시점의 가액(상671)과 사고발생 장소의 가액(판례·통설)이 기준이다. 그리고 주관적 가치가 아니라 객관적 가치가 기준이다(통설). 이러한 원칙에 대해 다음과 같은 예외가 있다.

**2) 보험가액 불변동주의**[4-141] 보험기간 중에 보험목적이 이동하는 경우 사고발생의 시점·장소가 불분명하거나 입증이 곤란할 수 있다. 이 점을 고려하여 가령 운송보험은 운송물을 발송한 시점·장소(상689①)가 보험가액의 산정기준이다(이러한 보험가액은 전체 보험기간의 보험가액으로 의제되므로 '보험가액 불변동주의'라 부른다).

**3) 신가보험**[4-142] 신가보험은 사고발생 시의 보험목적이 신품이 아닌 중고품 상태이더라도 이를 신품으로 간주하여 보험가액을 신품가액 기준으로 산정하는 보험이다(상676①단). 신가보험을 인정하는 취지는 물건의 멸실·훼손 시에 동급의 중고품보다는 신품을 재조달할 경제적 수요가 있기 때문이다(동급의 중

고품을 구하기 곤란할 수도 있고, 물건의 성질상 중고품을 꺼릴 수도 있다. 기계, 컴퓨터 등이 전형적인 예다).

4) 기평가보험[4-143]  ① 의의: 기평가보험이란 당사자가 사고발생 이전에 보험가액을 미리 약정하는 보험이다. 미리 약정한 협정(약정)보험가액은 사고발생 시의 가액을 현저하게 초과하지 않는 한 보험가액으로 인정된다(상670). 이와 달리 미평가보험이란 사고발생 후에 보험가액을 산정하는 보험이고(상671), 보험실무상으로는 미평가보험이 보편적이다. 사고발생 이후에는 보험목적이 멸실·훼손됨으로 인해서 보험가액의 산정이 곤란한 측면이 있고 이로 인해서 당사자 사이에 분쟁의 소지가 있기 때문에 이에 대비하자는 것이 기평가보험의 취지이다. ② 요건: 보험가액을 약정 또는 합의해야 기평가보험이 성립한다. 보험가액과 보험금액은 다르므로, 보험금액을 보험가액으로 한다고 합의하지 않았으면, 보험금액이 보험가액으로 인정되는 것은 아니다(판례). ③ 효력: 협정보험가액은 사고발생 시의 가액을 현저하게 초과하지 않는 한 보험가액으로 인정된다(상670). 따라서 협정보험가액은 확정적 효력은 없고 추정적 효력만 있으며, 이는 이득금지의 원칙 때문이다(통설). 보험자의 고의 또는 과실로 인해서 현저한 초과가 발생한 경우에도 마찬가지이다(판례). 현저한 초과가 있는지는 거래통념이나 사회통념에 따라 판단한다(협정보험가액은 2,673만 원이었으나 사고 시의 보험가액이 1,000만 원인 경우 현저한 초과가 인정된다)(판례).

### 5. 보험가액과 보험금액의 관계

#### (1) 의의 [4-144]

보험금액은 보험사고의 발생 시에 보험자가 지급해야 할 금액으로 당사자가 약정한 것이다(통설)[4-17]. 보험가액과 보험금액은 금액이 일치하는 경우도 있고 상이한 경우도 있다. 여기서는 보험가액과 보험금액의 관계를 살펴보자.

#### (2) 초과보험 [4-145]

1) 의의  초과보험은 보험금액이 보험가액을 현저히 초과하는 보험이다(상669)(가령 보험금액이 1억 원이고 보험가액은 5천만 원인 경우이다).

2) 사기 없이 체결된 초과보험  초과보험은 계약체결 시에 또는 보험

기간 중에 보험금액이 보험가액을 현저히 초과하면 성립한다(상669①~③). 이 경우 보험자의 보상책임은 이득금지의 원칙상 보험가액을 넘어설 수 없다(통설). 따라서 보험가액을 초과하는 만큼의 보험금액, 그리고 그에 따른 보험료를 하향조정하는 것이 필요하다. 즉, 보험자 또는 보험계약자는 보험료 및 보험금액의 감액을 청구할 수 있다(상669①본). 감액청구권의 법적 성질은 형성권이고, 그 행사에 따라 감액의 효과가 생긴다(통설). 보험료의 감액은 장래에 대해서만 효력이 있다(상669①단).

3) **사기로 체결된 초과보험**　　① 보험계약자의 사기에 의해 체결된 초과보험은 무효이다(상669④본). 사기의 입증책임은 보험자에게 있다(판례·통설). 초과한 부분만이 아니라 계약의 전부가 무효이다(통설). ② 법적 효과가 무효인 것은 그러한 초과보험을 사회질서 위반의 행위(민103)로 다루려는 입법정책이 반영된 것이다[민법상 사기에 의한 의사표시는 취소할 수 있는 것이 원칙이다(민110)]. ③ 보험자는 사기로 체결된 초과보험이라는 사실을 안 때까지의 보험료를 청구할 수 있다(상669④단)(보다 정확하게는 보험자가 그 사실을 안 때까지의 보험료를 이미 지급받았으면 반환하지 않아도 되고, 지급받지 않았다면 그 보험료를 청구할 수 있다고 해석한다). 민법의 일반적 원칙에 따르면 계약이 무효이면 당사자가 상대방에게 채무의 이행을 청구할 수 없는데[1-45], 그럼에도 불구하고 보험료청구권을 인정한 것은 보험계약의 선의성[4-23]을 반영하여 사기의 보험계약자에게 불이익을 주자는 것이다(통설).

### (3) 중복보험 [4-146]

1) **의의**　　중복보험은 동일한 피보험이익과 보험사고에 대해 여러 보험자와 여러 보험계약이 체결되고 그 보험금액의 총액이 보험가액을 초과하는 보험이다(상672①)[가령 갑이 자신이 소유한 건물(보험가액 1억 6천만 원)을 A보험자와 B보험자에게 각각 1억 원의 보험금액으로 화재보험에 가입한 경우이다]. 수개의 계약체결이 동시인지(동시중복보험) 아니면 순차인지(이시 중복보험)는 묻지 않는다(상672①).

2) **사기 없이 체결된 중복보험**　　① 피보험이익과 보험사고 이외에, 보험기간도 동일해야 한다(판례·통설). 보험계약자의 동일성은 필요하지 않다(판례·통설)(중복보험을 통해서 이득을 취득할 가능성은 보험금청구권자인 피보험자를 기준으로 판단하면 되기 때문이다). 모든 면에서 동일할 필요는 없고, 동일한 부분이 있으면 그 부분에 한

해서 중복보험이 된다(판례·통설). ② 중복보험의 경우 보험자의 보상액은 이득금지의 원칙상 보험가액을 넘어설 수 없다(통설). 이를 위해서 각 보험자의 보상책임을 어떻게 분배하고 조정할 것인지가 문제이다. 각 보험자는 보험계약자와의 관계에서 각자의 보험금액의 한도에서 '연대책임'을 지고, 각 보험자 사이에서는 각자의 보험금액의 비율에 따른 '비례책임'을 진다(상672①)[위 사례에서 건물이 멸실된 경우 갑은 손해액 1억 6천만 원을 보상받을 때까지 A에게 1억 원을 한도로, B에게 1억 원을 한도로 책임을 물을 수 있다(연대책임). A가 1억 원의 보험금을 피보험자에게 지급한 경우라면 자신의 부담분인 8천만 원을 넘어서는 2천만 원을 B에게 구상할 수 있다(비례책임)]. ③ 피보험자가 보험자 1인에 대해서 권리를 포기해도 다른 보험자의 권리의무에 영향이 없다(상673). 이는 피보험자가 어떤 보험자와 통모하여 다른 보험자를 해치는 결과를 방지하자는 것이다(통설). 가령 보험가액이 1억 원이면서 보험자 A, B, C, D가 인수한 보험금액이 각각 1억 원인 중복보험이 체결된 경우를 가정하자. 전손(전부손해)이 발생한 후 피보험자가 A에 대해 보험금청구권을 포기해도 보험자 B, C, D의 각 부담부분은 2천 5백만 원(1억 원 × 1/4)이 그대로 유지된다.

3) **사기로 체결된 중복보험** 사기로 체결한 초과보험의 규정(상669④)이 중복보험에 준용된다(상672③).

4) **중복보험 통지의무** 중복보험을 체결한 경우 보험계약자는 각 보험자에 대하여 각 보험계약의 내용을 통지해야 한다(상672②). 통지의무의 취지를 고려하면 '보험금액의 총액이 보험가액을 초과하지 않은 중복보험'(즉, 동일한 피보험이익과 보험사고에 대해 여러 보험자와 여러 보험계약이 체결되기만 하면 여기의 중복보험에 해당한다)에도 통지의무가 적용된다(통설). 통지의무의 취지는 사기로 중복보험이 체결됨을 사전에 방지하고, 보험사고가 발생하면 손해의 조사 또는 책임범위 결정을 보험자들이 공동으로 할 수 있도록 하자는 데 있다(판례). 보험계약자가 고의 또는 과실로 통지의무를 위반하여 보험자가 손해를 입었다면 손해배상책임을 질 수 있다. 보험계약자가 통지를 게을리했다는 이유만으로는 사기로 체결한 중복보험으로 추정되지 않는다(판례).

### (4) 일부보험 [4-147]

1) **의의** 일부보험은 보험금액이 보험가액에 미달하는 보험이다(가령

보험금액은 5천만 원이고 보험가액은 1억 원인 경우이다). 일부보험의 경우는 초과보험과 다르게 피보험자가 보험가액을 넘어서 이득을 취하는 문제는 생기지 않는다. 그래서 사기에 의한 일부보험의 체결 문제도 등장하지 않는다. 이보다는 사고의 발생 후에 보험자 보상책임을 어떻게 정할지가 문제된다.

2) 요건 보험가액의 일부를 보험에 붙인 경우에 일부보험이 성립한다(상674본). 보험가액의 일부를 보험에 붙였다는 것은 보험금액을 보험가액 미만으로 약정한 의미로 해석한다(통설).

3) 효과 보험자는 보험금액의 보험가액에 대한 비율에 따라서 보상책임을 지는 것이 원칙이다(상674본). 이것이 비례책임이다[위 사례에서 5천만 원의 손해가 발생한 경우에 보험자의 보상책임액은 2천 5백만 원(5천만 원 × 1/2)이다]. 당사자 사이에 다르게 약정하면 보험자는 보험금액 내에서 책임진다(상674단). 가령 보험금액을 한도로 손해액 전부에 대해서 보상책임(보험금액 내 전부책임)을 진다고 약정할 수 있다(이에 따르면 위 사례에서 보험자의 보상책임은 5천만 원이다).

## Ⅱ. 손해보험계약의 효과

### 1. 손해보험자의 보상의무

#### (1) 의의 [4-148]

손해보험자는 보험사고로 인하여 생길 재산상의 손해를 보상할 책임이 있다(상665). 이러한 보상책임은 피보험자가 입을 손해의 위험을 적법한 유상계약에 의해서 보험자에게 이전한 계약의 효과로서 인정되는 것이다. 이 점은 보상할 손해의 종류와 범위 등에 영향을 미치게 된다.

#### (2) 손해

1) 의의[4-149] 손해는 보험사고로 인해서 피보험이익에 생긴 불이익이다. 이는 사고발생 전후의 이익 상태의 차이를 가리킨다(차액설)(판례·통설). 보험사고는 보험기간 중에 발생해야 하지만[4-66], 손해는 보험기간 중에 발생한 것은 물론이고 그 기간 이후에 발생한 것도 보상범위에 포함된다(통설).

2) 유형[4-150]

㈎ 재산적 손해와 비재산적 손해 재산적 손해는 재산에 관해 생긴 손해(가령 물건이 훼손되어서 생긴 손해)와 생명·신체에 관해 생긴 손해(가령 상해를 입어서 부담할 치료비)가 있다. 비재산적 손해의 전형은 정신적 손해(가령 정신적 고통)이다. 보험자의 보상책임은 재산상 손해로 제한된다(상665)(비재산적 손해는 보험자의 입장에서 위험측정이 쉽지 않고, 보험계약자 입장에서 보험료가 증가한다는 측면을 고려해서 제외한 것이다. 다만, 당사자가 약정을 통해서 보상범위에 포함시키는 것은 가능하다고 해석한다).

㈏ 적극적 손해와 소극적 손해 적극적 손해는 현존의 이익에 생긴 불이익이다(예를 들면 보험목적인 물건이 화재로 인해서 훼손된 경우이다). 소극적 손해는 미래에 얻을 수 있는 이익(일실(逸失)이익, 상실이익, 희망이익이라고 한다)에 생긴 불이익이다(가령 보험목적인 물건을 판매하여 얻을 수 있는 이익을 물건의 화재로 인해서 상실한 경우이다). 보험자의 보상책임은 원칙적으로 적극적 손해를 보상대상으로 하고, 소극적 손해에 대한 보상은 별도의 약정이 필요하다(상667)(소극적 손해는 보험자의 입장에서 위험측정이 쉽지 않고, 보험계약자 입장에서 보험료의 증가가 불가피하므로 당사자가 보상 여부를 선택할 수 있도록 하자는 것이다).

(3) 보험사고와 손해의 인과관계 [4-151]

보험사고와 손해 사이에는 인과관계가 요구된다(상665). 여기에는 상당한 인과관계가 요구된다(판례·통설).

(4) 손해 발생과 후속사정 [4-152]

보험목적에 보험사고가 원인이 되어 손해가 생긴 경우, 그 후에 보험사고 이외의 원인으로 보험목적이 멸실되어도 보험자는 이미 생긴 손해를 보상해야 한다(상675)(가령 건물의 수해를 보상하는 보험에 가입한 후 건물의 일부 침수로 손해가 발생했고 그 이후 화재로 건물에 전손이 발생한 경우 보험자는 침수 손해를 보상할 책임이 있다).

(5) 면책사유 [4-153]

보험목적의 성질, 하자 또는 자연소모로 인한 손해는 면책된다(상678)(식품의 부패가 보험목적의 성질로 인한 손해의 예다. 감가상각으로 인한 통상의 범위 내에서의 물건가치의 감소는 자연소모로 인한 손해의 예이다). 다수설은 이러한 손해가 필연적인 것이어서 보험사고의 불확정성(상644)에 반하기 때문에 면책된다고 설명한다.

## 2. 손해방지의무

### (1) 의의 [4-154]

보험계약자 또는 피보험자는 보험사고가 발생한 경우 손해의 방지와 경감을 위해서 노력해야 한다(상680①본). 이를 손해방지의무(또는 손해방지경감의무)라고 부른다. 이는 보험사고가 발생한 이후 그로 인한 손해의 방지·경감을 목적으로 하는 것이다. 따라서 이것은 보험사고 자체의 방지 또는 경감을 위한 의무는 아니다(통설). 손해방지의무의 취지는 사회경제적 손실을 막아야 한다는 공익적 측면(만약 보험에 가입되어 있지 않다면 행할 손해방지조치를 단지 보험에 가입되어 있다는 이유로 행하지 않고 방관하게 됨으로써 생길 수 있는 사회경제적 손실을 막아야 한다는 측면), 또는 보험자의 부담이 늘어나는 것을 막아야 한다는 신의성실의 원칙(민2) 등에서 찾는다(통설).

### (2) 요건 [4-155]

① 주체: 손해방지의무의 주체는 보험계약자와 피보험자이다(상680). ② 주관적 요건: 보험계약자 등이 고의 또는 중과실로 손해방지의무를 위반해야 한다(판례·통설)(보험계약자 등에게 그 이상의 주의를 요구하는 것은 지나치다고 보는 것이다). 주관적 요건의 위반에 대한 입증책임은 보험자에게 있다(통설). ③ 보험사고의 발생: 손해방지의무는 보험사고의 발생을 요건으로 하므로, 손해방지의무는 보험사고가 발생하면 개시된다(판례·통설). ④ 의무의 정도: 만약 보험계약자 등이 보험에 가입되어 있지 않다면 '자신의 이익을 위해 행할' 손해방지행위가 의무로서 요구된다(통설)(보험계약자 등에게 선관주의와 같은 객관적 주의를 요구하는 것은 지나치다고 보는 것이다). ⑤ 보험자의 지시: 보험자가 손해방지에 관한 일정한 지시를 하는 경우 보험계약자 등은 이에 협조할 의무가 있다(통설).

### (3) 효과 [4-156]

**1) 손해배상책임** 보험계약자 등이 고의 또는 중과실로 의무를 위반하면 손해배상책임을 진다(판례·통설).

**2) 손해방지비용** ① 보험계약자 등이 손해방지의무를 이행하는 데 필요 또는 유익했던 비용과 보상액이 보험금액을 초과한 경우라도 보험자는 이를 부담한다(상680①단). ② 손해방지행위로 인해 얻는 이익이 원칙적으로 보험자

에게 귀속되므로 보험자로 하여금 손해방지비용을 부담하게 하자는 것이다. 손해방지비용과 보상액이 보험금액을 초과한 경우(가령 손해방지행위가 실패로 돌아가 전손이 발생한 경우에 그러한 초과 현상이 나타날 수 있다)에도 보험자가 이를 부담하도록 한 이유는 손해방지의무의 이행을 촉진·장려하고 그 이행으로 인한 불이익을 보험계약자 등에 전가하지 않기 위해서이다. ③ 손해방지의무의 이행으로 인한 비용이면 직접적이든 간접적이든 묻지 않고 보험자가 부담한다(통설). 손해의 방지·경감의 효과가 나타나야만 보험자가 비용을 부담하는 것은 아니다(통설). ④ 손해방지비용은 원칙적으로 보험사고가 발생한 이후 손해를 방지·경감하는 데 소요된 비용이다. 예외적으로, 보험사고의 발생 여부가 분명하지 않은 상태에서(나중에 보험사고가 발생하지 않은 것으로 판명) 긴급하게 손해의 방지·경감을 위해 소요된 비용도 손해방지비용에 포함된다(판례·통설).

## Ⅲ. 보험자대위

### 1. 보험목적의 대위

#### (1) 의의 [4-157]

보험목적대위는 보험목적의 전부가 멸실된 경우 보험금의 전부를 피보험자에게 지급한 보험자가 보험목적에 대한 피보험자의 권리를 취득하는 것이다(상681본). 이는 잔존물(殘存物)대위라고도 한다. 보험목적대위는 피보험자가 이중이득을 얻는 것을 방지하기 위한 것이다. 손해보험은 이득금지의 원칙에 따라 보험목적대위가 적용된다(상681). 인보험의 보험목적은 사람이므로 보험목적대위는 불가능하다(통설)(피보험자의 생명 또는 신체에 대한 권리를 보험자가 취득한다는 것은 건전한 사회질서 위반이 되므로 허용될 수 없다).

#### (2) 요건 [4-158]

① 보험목적의 전부 멸실: 보험목적의 전부 멸실은 전손(보험목적의 전부에 손해가 생긴 것)을 의미한다(통설). 전손은 피보험자가 해당 보험목적 본래의 경제적 가치(또는 효용)를 상실한 경우를 지칭한다(통설). 가령 자동차가 사고로 인해 수리가 불가능한 정도로 훼손되어 자동차로서 본래의 경제적 가치를 상실했으면 고철

등으로서의 경제적 가치가 남아 있어도 전손으로 간주한다. 합리적인 비용을 사용해도 본래의 경제적 가치를 회복할 수 없으면 전손이고, 회복할 수 있으면 분손이다(통설). ② 보험금의 전부 지급: 보험자가 보험금의 전부를 지급해야 한다(위 사례에서 고철 등의 가액을 상계하지 않고 보험금 전부를 지급해야 한다. 그래야 보험자가 고철 등에 대해 보험목적대위를 할 수 있는 것이다). 보험금의 일부를 지급했다고 해서 그 지급액에 비례하여 보험목적대위가 성립되는 것은 아니다(통설).

(3) 효과 [4-159]

보험자가 남아있는 보험목적에 대한 권리를 취득한다(상681본)(위 사례에서 보험자는 고철 등에 대한 권리를 취득한다). 보험목적에 대한 권리는 법률의 규정에 의해서 피보험자로부터 보험자에게 당연히 이전된다(통설).

## 2. 청구권대위

(1) 의의 [4-160]

청구권대위는, 피보험자의 손해가 제3자의 행위로 인하여 생긴 경우에, 보험금을 지급한 보험자가 지급한 금액의 한도에서 제3자에 대한 피보험자의 권리를 취득하는 것이다(상682①본). 가령 보험목적인 물건을 제3자(가해자)가 과실로 훼손한 경우 피보험자는 보험금청구권과 제3자에 대한 손해배상청구권을 갖는데, 피보험자가 보험자로부터 보험금을 지급받으면 보험자는 청구권대위에 의해 피보험자의 제3자에 대한 손해배상청구권을 취득한다. 청구권대위는 피보험자가 이중이득을 얻는 것을 방지하고 가해자가 부당하게 면책되는 것을 막기 위한 것이다(통설). 손해보험은 이득금지의 원칙에 따라 청구권대위가 적용된다(상682). 인보험은 청구권대위가 적용되지 않는 것이 원칙이나, 상해보험의 경우 당사자(보험자와 보험계약자)의 약정이 있으면 적용이 가능하다(상729). 청구권대위는 이득금지를 실현하기 위한 수단이므로 상해보험에서 당사자 약정에 의한 청구권대위는 비정액 보상방식의 상해보험에 한해서 적용된다고 해석한다(통설)(정액 보상방식과 이득금지는 서로 어울리지 않는다). 상법 729조는 질병보험에 준용된다(상739의3).

(2) 요건 [4-161]

제3자는 청구권대위의 대상이 되는 자이므로, 누가 제3자에 해당하는지는 중요한 문제이다. ① 피보험자: 피보험자는 제3자에 포함되지 않는다(판례·통설)(피보험자에게 청구권대위를 한다면 피보험자의 입장에서 볼 때 보험이 아무런 효용이 없다). ② 피보험자와 생계를 같이하는 가족: 피보험자와 생계를 같이하는 가족은 제3자에 포함되지 않는다(상682②본). 생계를 같이하는 가족 사이에는 가해행위가 있더라도 손해전보를 청구하지 않으므로, 청구권대위를 인정하지 않더라도 실질적으로 피보험자가 초과이득을 얻거나 또는 가해자가 부당하게 면책되는 문제는 생기지 않는다(피보험자와 가해자의 경제적 일체성). 다만, 손해가 가족의 고의로 발생한 경우는 제3자에 포함된다(상682②단). 이는 보험제도의 남용을 방지하기 위해서이다. ③ 보험계약자: 타인을 위한 손해보험계약에서 보험계약자가 가해자인 경우 그가 청구권대위의 대상인 제3자에 포함되는지가 문제된다. 포함설(판례)은 보험보호의 대상이 피보험이익의 주체인 피보험자이므로 보험계약자가 피보험자가 아닌 한 청구권대위에서 벗어날 수 없다는 입장이다. 불포함설은 보험계약자가 청구권대위의 대상에 포함되는 것은 보험계약자의 합리적 기대에 반한다는 입장이다(보험계약을 체결하고 보험료를 지급하는 보험계약자의 합리적 기대는 피보험자에게 손해가 발생한 경우 궁극적으로 보험자가 이를 보상하는 데 있는 것이지 청구권대위를 통해 자신이 종국적 책임자가 되는 데 있지 않다).

### (3) 효과 [4-162]

보험자는 지급한 보험금의 한도 내에서 청구권을 대위취득한다(상682①본). 여기의 취득은 승계취득이다(판례·통설). 피보험자의 청구권은 법률의 규정에 의해서 피보험자로부터 보험자에게 당연히 이전된다(통설). 이전되는 청구권은 보험사고의 발생으로 인해 피보험자가 취득하는 제3자에 대한 청구권이다(판례·통설). 여기에는 손해배상청구권, 구상권, 직접청구권 등이 포함된다(판례·통설). 보험자가 청구권을 취득하는 범위 내에서 피보험자는 청구권을 상실한다(판례). 이 경우 피보험자는 무권리자에 불과하므로 청구권을 행사 또는 처분할 수 없고, 행사나 처분을 해도 효력이 없다(판례·통설).

## Ⅳ. 보험목적의 양도

### 1. 의의 [4-163]

피보험자가 보험목적을 양도하면 양수인이 보험관계(보험계약상의 권리의무)를 승계한 것으로 추정한다(상679①). 양도인의 입장에서는 보험계약이 실효(실효되는 이유는 보험목적이 양도되면 양도인이 피보험이익을 상실하기 때문이다)되므로 보험계약을 유지할 필요가 없고, 양수인의 입장에서는 새롭게 보험계약을 체결하지 않아도 되므로, 승계추정은 양도인과 양수인 모두에게 유리하다고 보아 승계추정 제도를 둔 것이다. 상법 679조는 임의규정이다(통설). 그 이유는 보험목적의 양도 시에 양도인과 사이에 존재하는 통상적인 승계의사를 추정한 것에 불과하기 때문이다.

### 2. 통지의무 [4-164]

보험목적의 양도인 또는 양수인은 보험자에게 지체 없이 양도사실을 통지해야 한다(상679②). 통지의 주체는 양도인 또는 양수인이고, 객체는 보험자이다. 통지의무의 위반 시에는 보험자가 선의로 양도인에게 보험금을 지급해도 양수인이 이의를 제기하지 못하고, 또한 그 위반으로 인해서 보험자가 손해를 입으면 배상해야 한다(통설).

# 제 2 관 손해보험 각론

## Ⅰ. 의의 [4-165]

상법은 각종의 손해보험에 대해 규정하고 있다. 본서의 성격상 이에 대한 자세한 기술은 피하고 개요만 간단히 살펴보기로 한다.

## Ⅱ. 화재보험 [4-166]

화재보험계약은 보험목적에 화재가 발생함으로 인해 피보험자가 입은 재산상 손해를 보험자가 보상할 책임이 있는 손해보험계약이다(상665,683). 화재보험은 화재만을 보험사고로 하는 것이므로, 화재 이외의 원인으로 인한 손해를 보장하는 보험은 화재보험이 아니다. 화재보험은 물건에 대한 손해보험이다(판례·통설).

## Ⅲ. 운송보험 [4-167]

운송보험계약은 육상운송에서 발생하는 운송물에 관한 사고로 인한 손해를 보험자가 보상할 책임이 있는 손해보험계약이다(통설). 운송보험계약의 보험자는 다른 약정이 없으면 운송인이 운송물을 수령한 때로부터 수하인에게 인도할 때까지 생길 손해를 보상할 책임이 있다(상688). 운송인이 화주를 피보험자로 하여 타인을 위한 손해보험계약 형태로 운송보험계약을 체결하는 것이 통상이다.

## Ⅳ. 해상보험 [4-168]

해상보험계약은 해상사업에 관한 사고로 인해 선박, 적하 등에 생긴 손해를 보험자가 보상할 책임이 있는 손해보험계약이다(상693). 해상보험은 다음과 같은 특징을 띤다. ① 기업성: 해상보험은 원칙적으로 해운업자나 무역업자들이 해상위험에 대비하여 체결하는 기업보험으로서 상법상 불이익변경금지의 원칙이 적용되지 않는 것이 원칙이다(상663단). ② 국제성: 해상보험은 주로 국제거래에서 사용되고 실무상 영국의 해상보험약관들이 사용되는 경우가 많다. ③ 국내법의 제한적 적용: 국제적 표준으로 사용되는 보험증권이나 보험약관에는 대부분 영국법 준거조항을 두고 있다. 판례는 영국법 준거조항의 효력을 일관되게 긍정하고 있다.

## Ⅴ. 책임보험

### 1. 의의 [4-169]

책임보험계약은 피보험자가 보험기간 중에 사고로 인해서 제3자에게 배상책임을 지게 되어 생기는 재산상 손해를 보험자가 보상할 책임이 있는 손해보험계약이다(상719). 여기서 피보험자는 가해자, 제3자는 피해자에 해당한다. 가령 자동차의 운행자가 그 운행 중 교통사고를 일으켜 제3자의 신체나 물건에 손해를 가한 결과 그에게 손해배상책임을 지게 되어 자신의 재산상 손해가 발생하는 것에 대비하여 체결하는 것이 책임보험이다. 이것은 피보험자가 보험사고로 인해서 그의 물건에 직접 입은 손해를 보상하는 것이 아니라 그가 제3자에게 배상책임을 지게 되어서 입은 손해를 보상하는 보험이다.

### 2. 피해자보호의 필요성 [4-170]

책임보험의 1차적 보호대상은 피보험자인 가해자이지만, 책임보험의 보험금은 궁극적으로 피해자에게 귀속되어야 한다(통설). 이를 위해서 보험자는 피해자가 배상을 받기 전에 피보험자에게 보험금의 전부 또는 일부를 지급할 수 없다(상724①). 나아가 피보험자에게 배상청구권을 가진 피해자는 보험자에게 직접 보상을 청구할 수 있다(상724②본). 이것이 피해자의 '직접청구권'이다(가령 위 사례에서 교통사고의 피해자는 자동차운행자의 보험자에게 직접 보상을 청구할 수 있다). 이는 피해자보호를 위해서 인정된 것이다.

## Ⅵ. 재보험 [4-171]

재보험계약은 보험자(원보험자)가 보험사고로 인하여 부담할 책임에 대하여 다른 보험자(재보험자)로부터 보상받기로 하는 손해보험계약이다(상661). 이 재보험의 기초가 된 보험을 원보험이라고 한다. 재보험은 보험계약의 일종으로서 원보험과 독립된 책임보험의 일종이다(통설)(재보험자는 원보험자가 보험금지급책임을 지게 되는 경우 그 손해를 보상하기 때문이다). 이에 따라 재보험에는 책임보험에 관한 규정이 준용된다(상726). 재보험은 계약의 당사자가 보험자이므로 불이익변경금지의 원칙이 적용되지 않는다(상663단).

## Ⅶ. 자동차보험

### 1. 의의 [4-172]

자동차보험계약은 피보험자가 자동차를 소유, 사용 또는 관리하는 동안에 발생한 사고로 인하여 생긴 손해를 보험자가 보상할 책임이 있는 보험계약이다(상726의2). '개인용 자동차보험에 적용되는 자동차보험표준약관'(표준약관)을 중심으로 자동차보험의 주요 내용을 살펴보기로 한다.

### 2. 종류 [4-173]

#### (1) 의의

표준약관에 따르면 자동차보험의 종류는 다음과 같이 나뉜다. 그리고 그 종류별로 법적 성격에 차이가 있다. 비록 상법이 자동차보험을 손해보험과 관련해서 규정하고 있지만 표준약관상 자동차보험 중에는 손해보험이 아닌 것도 포함되어 있다.

#### (2) 대인배상보험

이는 피보험자동차의 사고로 타인의 생명이나 신체에 대하여 손해를 입혀서 배상책임을 지게 되는 경우 보험자가 보상하는 '책임보험'이다. 대인배상보험은 자동차손배법에 의해서 가입이 강제되는 대인배상보험Ⅰ(자동차손배법5①)과 가입 여부가 자유로운 대인배상보험Ⅱ로 구분된다. ① 대인배상보험Ⅰ: 이는 피보험자가 피보험자동차의 운행 중에 다른 사람을 죽거나 다치게 하는 사고로 인해서 자동차손배법 3조의 손해배상책임을 짐으로써 입은 손해를 보상하는 보험이다(표준약관3). 대인배상보험Ⅰ의 보험금액은 피해자의 사망·부상·후유장애별로 각각 정해져 있다(가령 사망의 경우 피해자 1인당 보험금액은 1억 5천만 원이고, 그 범위 내에서 손해액을 보상하되 손해액이 2천만 원 미만이면 2천만 원으로 한다)(자동차손배법시행령3①②). ② 대인배상보험Ⅱ: 이는 피보험자가 피보험자동차를 소유·사용·관리하는 중에 다른 사람을 죽게 하거나 다치게 하는 사고로 인하여 법률상 손해배상책임을 짐으로써 입은 손해를 보상하는 보험이다(표준약관6①). 대인배상보험Ⅱ가 보상하는 손해는 대인배상보험Ⅰ에서 보상하는 손해를 초과하는 손해로 한정한다(표준약관6①).

(3) 대물배상보험

이는 피보험자동차의 사고로 타인의 재물에 대하여 손해를 입혀서 그 배상책임을 지게 되는 경우 보험자가 보상하는 '책임보험'이다. 대물배상보험은 일정한 보험금액까지는 가입이 강제되고(자동차손배법5②), 그를 초과하는 보험금액에 대해서는 가입 여부가 자유롭다.

(4) 자기차량손해보험

이는 피보험자동차의 사고로 피보험자동차에 생긴 손해를 보상하는 '물건보험'이다.

(5) 자기신체사고보험

이는 피보험자동차의 사고로 피보험자의 생명이나 신체에 생긴 손해를 보상하는 '인보험'이다(판례·통설).

## Ⅷ. 보증보험 [4-174]

보증보험계약은 보험계약자가 피보험자에게 계약상의 채무불이행 또는 법령상의 의무불이행으로 인해 손해를 입힌 경우 보험자가 보상할 책임이 있는 손해보험계약이다(상726의5). 보증보험은 채무자의 신용위험을 보장하기 위해서 채무자(보험계약자)가 채권자(피보험자)를 위해서 체결하는 타인을 위한 보험계약이다(통설). 판례는 보증보험을 '보험의 형식을 띤 보증'으로 파악한다(형식적으로는 채무자의 채무불이행을 보험사고로 하는 보험계약이나 실질적으로는 보증의 성격을 가지고 보증계약과 같은 효과를 목적으로 한다).

# 제4절 인보험

## 제1관 인보험 총론

### Ⅰ. 인보험의 의의 [4-175]

① 개념: 인보험에서는 피보험자의 생명 또는 신체에 관하여 보험사고가 생기면 보험자가 보험계약이 정하는 보험금액 기타의 급여를 지급할 책임을 진다(상727). ② 보험목적: 피보험자의 생명 또는 신체가 인보험의 보험목적이다. 보험목적이 생명이면 생명보험(보험사고가 사망이면 사망보험이고, 보험사고가 생존이면 생존보험이다)이고 보험목적이 신체이면 상해보험(보험사고가 상해) 또는 질병보험(보험사고가 질병)이 된다. ③ 보상방식: 생명보험은 정액보상이고, 상해보험과 질병보험은 정액보상과 비정액보상이 모두 가능하다[4-9].

### Ⅱ. 인보험의 특징 [4-176]

① 동의주의: 손해보험은 도덕적 위험에 대처하기 위해서 피보험자가 피보험이익을 가질 것이 요구된다[4-135](이를 '이익주의'라고 한다). 인보험에서도 피보험이익을 요구할 것인지에 대해서는 입법례가 나뉜다(영국은 이를 요구하고 독일은 요구하지 않는다). 우리나라는 인보험에서 피보험이익을 요구하는 명문의 규정이 없는데, 판례 및 다수설은 요구되지 않는다고 해석한다. 대신에 도덕적 위험을 막기 위해

서 일정한 경우 피보험자의 동의가 요구된다[4-178](이를 '동의주의'라고 한다). ② 중과실 면책의 금지: 인보험은 사고가 보험계약자·피보험자·보험수익자의 중과실로 인해 발생한 경우에도 보험자가 보험금을 지급해야 한다(상732의2,739,739의3)[4-69]. 이는 중과실사고에 대해서 보험자가 면책되는 손해보험과 다른 점이다. ③ 보험자대위의 원칙적 금지: 인보험에서 보험목적대위는 절대적으로 금지된다[4-156]. 인보험에서 청구권대위는 원칙적으로 금지되고 예외적으로 허용된다(상729,739의3)[4-160]. 이는 보험자대위가 전면적으로 적용되는 손해보험과 다른 점이다.

## 제2관 인보험 각론

### Ⅰ. 생명보험

#### 1. 의의 [4-177]

① 개념: 생명보험이란 피보험자의 생명에 관해 보험사고가 생기면 보험자가 약정한 보험금액을 지급해야 하는 보험계약이다(상730). ② 종류: 첫째, 보험사고에 따른 분류이다. 보험사고가 사망보험은 사망, 생존보험은 생존이다. 생존시에는 생활을 위한 비용이 수반되므로 보험사고로 분류된다. 연금보험은 생존보험에 속한다. 그리고 생사혼합보험은 사망과 생존이 모두 보험사고인 보험이다. 우리나라 생명보험 상품의 주류는 사망보험과 생사혼합보험이고, 순수한 생존보험은 드물다. 둘째, 피보험자의 수에 따른 구분이다. 피보험자가 1인이면 단생보험(개인보험)이고, 복수이면 연생보험이다. 회사 등 특정단체의 구성원이 일괄하여 피보험자가 되면 단체보험이다(상735의3①)[4-184]. ③ 제한: 15세 미만자, 심신상실자 또는 심신박약자의 사망을 보험사고로 한 보험계약은 무효이다(상732본)(이는 15세 미만자 등 의사능력이 부족한 자를 보호하기 위해서이다). 다만, 심신박약자가 보험계약을 체결하거나 단체보험의 피보험자가 될 때에 의사능력이 있는 경우에는 그렇지 않다(상732단)(심신박약자는 의사능력의 부족이 있고 없고가 반복된다는 점을 고려하여 예외를 인정한 것이다).

## 2. 타인의 생명보험

### (1) 의의 [4-178]

① 타인의 생명보험이란 보험계약자와 피보험자가 상이한 생명보험을 가리킨다(보험계약자와 피보험자가 일치되는 경우가 자기의 생명보험이다). 타인의 생명보험의 일종인 타인의 사망보험에서는 타인을 도덕적 위험(가령 보험금을 노리고 타인을 살해할 위험)으로부터 보호해야 할 필요성이 크다. 이에 따라 일정한 경우 타인의 서면동의가 요구된다. ② 피보험자의 서면동의는 절대적 강행규정이다[4-25].

### (2) 서면동의

1) 필요한 경우[4-179] 타인의 서면동의가 요구되는 경우는 다음 ①~③의 세 가지이고, 이들은 모두 타인의 사망보험(타인의 생사혼합보험을 포함)에 적용된다(즉, 순수한 생존보험에는 적용되지 않는다)(통설). 이는 타인의 상해보험, 타인의 질병보험에 준용된다(상739,739의3). ① 계약체결: 보험계약자는 계약체결 시에 피보험자의 서면동의를 얻어야 한다(상731①). ② 보험금청구권 양도: 보험금청구권(보험계약으로 인하여 생긴 권리)을 피보험자가 아닌 자에게 양도하는 경우 피보험자의 서면동의를 얻어야 한다(상731②). ③ 보험수익자의 지정·변경: 보험계약을 체결한 후에 보험계약자가 보험수익자를 지정하거나 변경하는 경우 피보험자의 서면동의를 얻어야 한다(상734②).

2) 서면동의의 내용[4-180] ① 피보험자 동의는 '해당 행위'(보험계약의 체결, 보험금청구권의 양도, 또는 보험수익자의 지정·변경)의 효력을 발생시키는 요건이다(판례·통설). ② 피보험자 동의요건은 강행법규이다(판례·통설)(피보험자 동의의 입법취지가 단지 피보험자의 보호에 그치는 것이 아니라 공서양속의 보호와도 관련되기 때문이다). ③ 서면에 의한 명시적·개별적 동의만 가능하다(판례·통설)(즉, 구두동의 또는 묵시적·포괄적 동의는 효력이 없다). 여기의 서면에는 전자문서도 포함된다(상731①). 서면이 요구되는 이유는 동의에 신중을 기하고, 또한 동의 여부를 둘러싼 분쟁을 예방하기 위해서이다. ④ 타인이 대행자(대리인)를 통해서 동의하는 것은 동의서면의 단순한 작성대행인 경우에만 효력이 인정된다(판례). ⑤ 의사능력이 없는 피보험자의 동의는 무효이다(판례·통설).

3) **서면동의가 흠결된 경우**[4-181] 서면동의가 흠결된 경우 위 2)의 '해당 행위'는 무효이다. 확정적으로 무효라는 입장(확정절 무효설)(판례)과 유동적으로 무효라는 입장(유동적 무효설)(사후동의 또는 추인이 있으면 유효가 된다)이 대립한다. 판례는 모집종사자가 타인의 사망보험계약을 모집할 때 피보험자의 서면동의 요건(상731)에 대해 보험계약자에게 설명하지 않은 경우 모집종사자의 불법행위가 성립하고 보험자는 사용자책임(보험업법102)을 진다고 본다.

### 3. 타인을 위한 생명보험

#### (1) 의의 [4-182]

타인을 위한 생명보험이란 계약의 당사자인 보험계약자와 보험수익자가 다른 생명보험이다. 이는 타인을 위한 보험(상639)[4-129]의 일종이다. 생명보험계약에서 보험계약자는 보험수익자를 지정 또는 변경할 권리를 갖는다(상733①). 생명보험계약에서 보험계약자가 자신이 아닌 타인을 보험수익자로 지정한 경우, 또는 자신을 보험수익자로 지정하였더라도 타인으로 변경한 경우, 타인을 위한 생명보험계약이 된다. 이는 타인을 위한 상해보험, 타인을 위한 질병보험에 준용된다(상739,739의3). 보험수익자의 지정·변경권은 손해보험에서는 인정되지 않는다.

#### (2) 보험수익자 지정·변경권 [4-183]

① 보험수익자의 지정·변경권은 보험계약의 당사자로서 보험료지급의무가 있는 보험계약자만의 것이다. 이 권리는 형성권으로서 일방적 의사표시만으로 효력이 발생하고, 그 행사에 보험자의 동의는 필요하지 않다(통설). ② 보험계약자에게 변경권을 부여한 것은 보험계약자의 입장에서 보험수익자와의 관계(인간관계, 사정변경 등)를 고려해야 하기 때문이다. 따라서 보험계약자가 특별히 유보의 의사표시를 하지 않더라도, 그는 지정·변경권을 유보한 것으로(갖고 있는 것으로) 본다(다수설). 만약 보험계약자가 지정·변경권을 포기하는 의사표시를 한 경우는 유보하지 않은 것으로 본다.

### 4. 단체보험 [4-184]

#### (1) 의의

단체보험은 단체가 구성원의 전부 또는 일부를 포괄하여 피보험자로 하여 체결하는 보험이다(상735의3). 이는 상해보험과 질병보험에 준용된다(상739,739의3).

#### (2) 피보험자의 동의

타인의 사망보험은 타인의 개별적 서면동의가 요구된다[4-179]. 단체보험도 타인의 보험이므로 단체보험 중 사망보험(생사혼합보험을 포함)은 타인의 개별적 서면동의를 받아야 한다. 하지만 단체보험에는 예외가 인정된다. 즉, 단체가 규약으로써 개별적 서면동의의 생략을 정할 수 있다(상735의3①③). 이는 단체규약에 의거한 집단적 동의로써 개별적 서면동의를 대체하자는 것이다(단체보험에서 피보험자별로 개별적 서면동의를 받는 불편을 덜어주자는 취지이다).

### 5. 보험료적립금 반환의무 [4-185]

보험계약이 해지되거나 고지의무 위반 등으로 보험자가 면책되는 경우 보험료적립금(보험자가 보험수익자를 위해 적립한 금액이며, 상법 736조의 표제는 보험적립금이라 표현하고 있다)을 보험계약자에게 반환해야 한다(상736①본). 가령 생존보험(생사혼합보험을 포함)의 지급인 경우 보험자는 생존보험금(피보험자의 생존 시에 지급하는 보험금)의 지급에 대비해 일정한 금액을 적립해 두어야 하는데, 이는 보험료적립금에 해당하며 반환의 대상이다. 보험료적립금 반환의무의 소멸시효기간은 3년이다(상662).

### 6. 약관대출 [4-186]

약관대출은 보험자가 해지환급금의 범위 내에서 보험계약자에게 하는 대출을 가리킨다. 생존보험(생사혼합보험을 포함)인 경우 해지환급금이 상대적으로 많기 때문에 주로 이 경우 약관대출이 이루어진다. 약관대출은 보험자가 장차 지급해야 할 보험금·해지환급금을 미리 지급하는 것이라고 보는 입장(선급설)(판례)과 소비대차[1-128]에 해당한다고 보는 입장(소비대차설)이 대립한다.

## Ⅱ. 상해보험

### 1. 의의 [4-187]

① 상해보험계약은 피보험자의 신체에 상해가 발생한 경우 보험자가 보험금액 및 기타의 급여를 지급할 책임이 있는 계약이다(상736). 이로부터 보험목적은 신체, 보험사고가 상해임을 알 수 있다. 보상방식은 정액형과 비정액형이 모두 가능하다(판례·통설)(상해로 인한 상해사망보험금이나 후유장해보험금은 정액형으로 분류한다. 상해로 인한 치료비 또는 입원비를 지급하는 치료입원보험금은 비정액형으로 분류한다). 보상방식에 관한 한, 정액형 상해보험은 생명보험과 같고, 비정액형 상해보험은 손해보험과 유사하다. ② 상해사망(상해로 인한 사망)이 상해보험인지 사망보험인지에 대해 다툼이 있다. 상해 요소를 강조해서 상해보험으로 보는 입장(판례·다수설)과 사망 요소를 강조해서 사망보험으로 보는 입장이 대립하고 있다.

### 2. 비교 [4-188]

#### (1) 생명보험

보험목적이 사람이라는 점에서 상해보험과 생명보험은 같기 때문에, 상해보험에는 생명보험에 관한 규정이 준용된다(상739). 다만, 차이점도 있다. ① 15세 미만자, 심신상실자, 심신박약자의 사망을 보험사고로 한 보험계약은 무효이나(상732), 상해보험은 732조를 준용하지 않는다(상739). 따라서 이들의 상해를 보험사고로 한 보험계약은 유효하다. ② 생명보험의 경우 청구권대위가 허용되지 않지만, 상해보험의 경우 일정한 경우 허용된다(상법729)[4-160].

#### (2) 질병보험

상해보험과 질병보험은 보험목적이 신체라는 점에서 같지만 보험사고의 면에서 다르다.

#### (3) 손해보험

상해보험은 보험목적이 신체라는 점에서 손해보험(보험목적이 재산)과 다르다. 하지만 상해보험 중에서 비정액형은 보상방식 면에서 손해보험과 유사하다. 비정액보상의 상해보험을 특히 '손해보험형' 상해보험이라고 부른다[4-9]. 이 경우 손해보험에 관한 규정 중에서 비정액형과 관련된 부분이 유추적용(또는 준용)되는지 여부가 문제된다. 가령 판례는 중복보험(상672)에 관해 이를 긍정한다. 학설은 긍정하는 입장(보험의 도박화를 방지하는 것을 중시한다)과 부정하는 입장(인보험에는 이득금지 원칙이 원칙적으로 적용되지 않는다고 본다)이 대립한다

### 3. 보험사고 [4-189]

(1) 상해보험의 보험사고는 상해이다. 상해는 신체에 해를 가하는 '외부로부터의 급격하고 우연한' 사고이다. 즉, 급격성, 우연성, 외래성을 요소로 한다(판례·통설).

(2) 요소

① 급격성: 급격성은 예측이 어렵고 피하기 어려운 순간에 돌발적으로 발생함을 의미한다(통설). 길에서 미끄러져 넘어지거나, 타인으로부터 갑자기 구타를 당하거나, 자동차 사고를 당하는 경우 등은 급격성이 인정되는 예이다(통설). 술을 마시고 잠을 자다가 구토를 하여 기도폐색으로 질식하여 사망하면 급격한 사고이다(판례). ② 우연성: 예측할 수 없는 원인에 의하여 발생하는 것으로서, 고의에 의한 것이 아니고 예견하지 않았는데 우연히 발생하고 통상적인 과정으로는 기대할 수 없는 결과를 가져오면 우연성이 인정된다(판례). 술에 취한 상태에서 출입이 금지된 지하철역 승강장의 선로로 내려가 지하철역을 통과하는 전동열차에 부딪혀 사망하면 우연한 사고이다. ③ 외래성: 상해의 원인이 피보험자의 신체적·체질적 요인 등 내부적 원인 아닌 외부적 원인에 의해서 야기되면 외래성이 인정된다(판례·통설). 외부적 원인으로 생긴 사고이면 상해가 신체의 내부 또는 외부 어디든 발생할 수 있다(통설). 피보험자가 방 안에서 술에 취하여 선풍기를 틀어놓고 잠을 자다가 사망하면 외래적 사고이다(판례)(이 경우 상해사망이 된다).

(3) 입증책임

판례는 사고의 급격성, 우연성, 외래성 및 사고와 신체 손상과의 인과관계에 대한 증명책임은 보험금을 청구하는 자가 부담한다고 본다. 통설도 사고의 급격성, 외래성 및 사고와 신체 손상과의 인과관계에 대한 증명책임은 보험금을 청구하는 자가 부담한다고 보고 있다. 우연성에 대한 입증과 관련해서는 학설이

대립하고 있으며, 판례를 따르는 입장과 반대하는 입장이 있다. 반대하는 입장은 일반적으로 보험자의 면책사유(고의)에 대한 입증책임은 보험자에게 있는데(판례·통설), 우연성에 대한 입증책임을 보험계약자 측이 부담한다면, 결국 면책사유(고의)에 대한 입증책임이 보험자로부터 보험계약자 측으로 전가되기 때문에 부당하다고 본다.

#### 4. 내부적 요인도 보험사고의 원인인 경우 [4-190]

① 의의: 내부적 사정은 상해 당시에 신체에 이미 존재하는 장해나 질병과 같은 기왕증 또는 체질 등을 가리킨다. 상해의 발생에 외래의 사고 이외에 내부적 사정이 공동원인으로 작용하더라도 무방하다. 즉, 외래의 사고와 상해 사이에 상당인과관계가 있다면 이것으로 충분하지 외래의 사고가 상해를 일으킨 유일하거나 결정적인 원인일 것을 요구하지는 않는다(판례·통설). ② 감면 약정: 내부적 사정이 상해의 공동원인인 경우 보험금액을 감면할 수 있다고 약정하는 경우가 흔히 있다. 판례는 이러한 약정은 당사자 사이의 사적 자치 문제로서 유효하다고 본다.

## Ⅲ. 질병보험

#### 1. 의의 [4-191]

질병보험계약이란 피보험자의 질병에 관한 보험사고가 발생한 경우 보험자가 보험금이나 그 밖의 급여를 지급할 책임을 부담하는 계약이다(상739의2). 질병보험은 보험목적이 신체이고, 보험사고가 질병인 인보험의 일종이다. 질병보험의 보상방식은 정액 보상방식과 비정액 보상방식이 모두 허용된다고 해석된다(통설). 가령 질병으로 인한 치료비를 지급하기로 하는 질병보험은 비정액 보상방식을 취한 것이다. 비정액 보상방식의 상해보험을 손해보험형 상해보험으로 분류하는 것처럼[4-188], 비정액 보상방식의 질병보험을 '손해보험형' 질병보험으로 분류할 수 있을 것이다.

## 2. 적용 법규 [4-192]

질병보험은 성질에 반하지 않는 범위에서 생명보험 및 상해보험에 관한 규정을 준용한다(상739의3).

# 5편

# 어음법 · 수표법

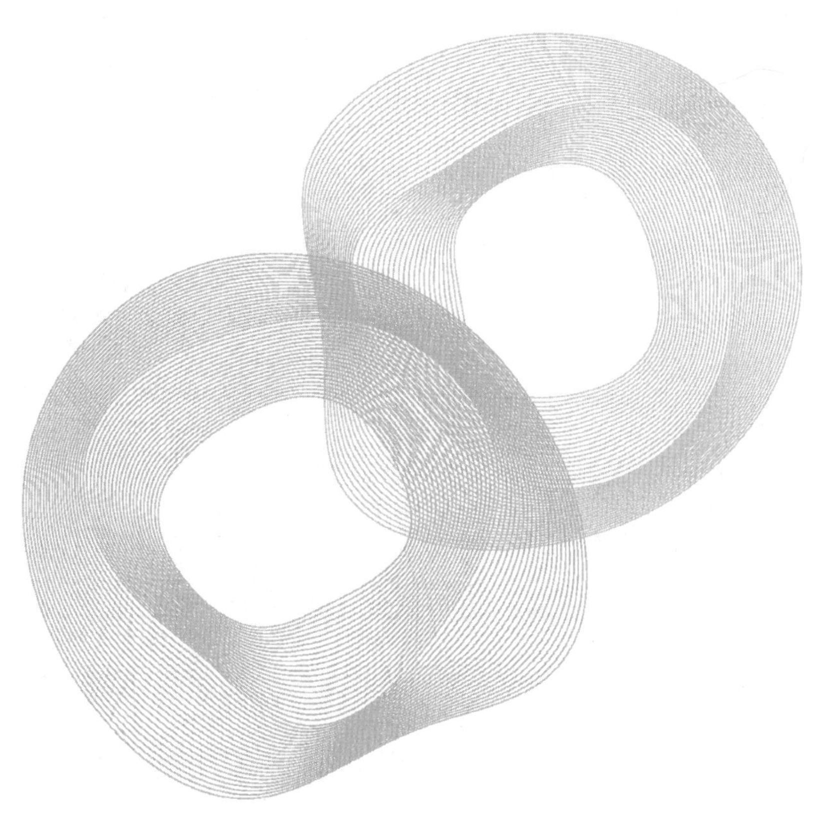

# 제1절 어음법·수표법 총론

## 제1관 어음법·수표법의 의의 [5-1]

어음법과 수표법은 어음과 수표에 관해 각각 규정하는 법률들이다. ① 어음법은 환어음에 관해 규정하고(어1~74), 이 규정의 대부분을 약속어음에 준용하되(어77①) 약속어음에 관한 특칙을 몇 개 규정하고 있다(어75~78). 이로 인해 환어음과 약속어음에 관한 대부분의 규율내용이 동일하다[이하에서는 편의상 준용규정(어77①)의 기재는 생략한다]. 이외에 전자적으로 발행·유통되는 전자어음을 규율하기 위한 특별법으로 '전자어음의 발행 및 유통에 관한 법률'이 있다. ② 수표법은 수표를 환어음과 유사하게 규율하면서 수표의 특수성을 반영한 규정도 두고 있다. 이외에 부정수표의 발행 등을 형사처벌하기 위한 특별법으로 '부정수표 단속법'이 있다.

어음법과 수표법의 특성은 다음과 같다(통설). ① 기술성: 어음·수표는 거래상 발생하는 채권·채무의 지급수단으로서 발행 후에는 제3자에게 (전전)유통되는 것이 보통이다. 어음법과 수표법은 어음·수표의 유통성보호를 위한 방식과 절차와 같은 형식적 측면을 중시한다. 어음법과 수표법은 이러한 형식성으로 인해서 윤리적 색채를 배제하고 무색적인 기술적 성격을 띠는 경우가 많다. ② 강행성: 어음·수표가 발행 후 그 유통과정에서 다수의 이해관계자가 관여될 수 있다. 어음·수표의 유통성보호를 위해서는 이들 사이의 법률관계가 간명해질 필요가 있는데, 이를 위해서는 어음·수표의 법률관계를 획일적·정형적으로 구성·처리하는 것이 바람직하다. 이에 따라 어음법과 수표법은 당사자 사이의 사적 자치를 제한하고 이에 따라 그 규정은 강행성을 띠게 된다.

## 제2관 어음·수표의 의의

### Ⅰ. 어음·수표의 개념

#### 1. 공통 [5-2]

① 유가증권은 재산권을 표창한 증권으로서 권리의 발생·이전·행사의 전부 또는 그 일부를 위해서 증권의 소지를 필요로 한다(통설). 어음·수표, 주권[6-105], 사채권[6-386], 화물상환증[3-112] 등이 유가증권에 속한다. 가령 주권은 주식회사의 사원권(주주의 지위)을 표창한 유가증권이다. ② 어음·수표는 일정한 금액의 지급청구권을 증권에 표창한 유가증권이다. 일정한 금액의 지급청구권은 채권(특정인에게 일정한 급부를 청구할 수 있는 권리)의 일종이다. 쉽게 말하면 어음·수표는 일정한 금액의 지급을 목적으로 발행되는 유가증권이다. 이하에서는 어음·수표별로 그 개념을 살펴보자.

#### 2. 어음 [5-3]

(1) 환어음

① 의의: 환어음이란 발행인이 일정한 금액을 수취인에게 지급할 것을 제3자에게 위탁하는 유가증권(지급위탁증권)이다(어1(2)). 지급을 위탁받은 제3자를 지급인이라고 한다. 지급위탁은 지급인의 의사와 무관하므로 지급인이 어음채무를 부담하는 것은 아니다. 만약 지급인이 어음의 인수(어음금 지급채무를 부담한다는 의사표시)를 하게 되면 인수인으로서 어음채무를 부담하는데 이때 비로소 어음상 주채무자가 된다. 발행인은 지급인이 인수 또는 지급을 하지 않으면 담보책임으로서 상환의무를 진다(어9①). ② 실질관계: 발행인이 수취인에게 환어음을 발행하는 이유는 일반적으로 양자 사이에 대가관계(가령 매매관계)가 있기 때문이다. 발행인이

지급인에게 지급위탁을 하는 이유는 일반적으로 양자 사이의 대가관계(가령 자금공급)가 있기 때문이다. 전자가 '원인관계'이고 후자가 '자금관계'이며, 양자를 묶어서 '실질관계'라고 한다.

(2) 약속어음

① 의의: 약속어음이란 발행인이 수취인에게 일정한 금액을 지급할 것을 약속하는 유가증권(지급약속증권)이다(어78①). 이로 인해 발행인은 어음상 주채무자가 된다. 약속어음의 경우 지급인이 별도로 없으므로 인수제도가 없다. ② 실질관계: 발행인과 수취인 사이에 원인관계가 있는 것이 보통이고, 지급인은 존재하지 않으므로 자금관계는 없다.

### 3. 수표 [5-4]

① 의의: 수표는 지급위탁증권으로서 기본적으로 환어음과 개념이 같다. 다만 수표의 지급인은 반드시 은행이라는 점(수3), 수표에는 인수제도가 없으므로 주채무가 존재하지 않는다는 점(수4), 수표는 만기가 '일람출급'(payable at sight: 발행 후 즉시 지급제시를 할 수 있고, 지급제시하는 즉시 지급의무의 이행기가 도래한다)인 전형적인 지급증권이라는 점(수28①) 등이 다르다. 수표에는 인수제도 대신에 지급보증제도(수55)가 있어서, 지급인이 지급보증을 하면 수표가 지급제시기간 내에 제시된 경우에 한해 수표금을 지급할 의무가 있다(그러나 실제로는 거의 사용되지 않는다). 발행인은 지급인이 지급을 하지 않으면 담보책임으로서 상환의무를 진다(수12). ② 실질관계: 발행인과 수취인 사이에 원인관계가 있는 것이 보통이고, 발행인과 지급인 사이에는 자금관계가 있는 것이 보통이다.

## Ⅱ. 어음·수표의 기능 및 유통성보호

### 1. 기능 [5-5]

① 지급기능: 어음·수표는 무엇보다도 거래 당사자 간 대금의 지급수단이다. 어음·수표는 금전의 현실적 지급에 따르는 위험과 불편을 줄일 수 있는 것이다. 특히 수표는 지급기능에 충실하도록 만기가 일람출급만 가능하다. 다른 지

역으로 송금하여 지급하고자 할 때 특히 환어음이 이용된다(이를 특히 송금기능이라고 한다). ② 신용기능: 어음은 신용기능이 중시되는데, 이는 어음의 만기까지 대금의 지급을 유예하는 효과를 말한다. 어음의 만기는 발행일 이후 즉시 지급제시를 할 수 있고 지급제시 즉시 지급의무의 이행기가 도래하는 일람출급도 가능하지만 이보다는 발행일 이후 후일에 이행기가 도래하는 확정일출급 등이 사용되는 것이 보통이다. 후자의 경우 해당기간(발행일과 후일 사이의 기간)만큼 발행인은 지급을 유예받고 수취인은 지급을 유예해 주는 효과가 생기는 것이다. 수취인이 지급을 유예해 주면서 그 대가로 어음을 받음으로써 외상거래(신용거래)가 가능해지는 것이다. 수표는 지급기능에 충실하도록 만기가 일람출급만 가능하다. ③ 기타: 어음·수표는 이외에도 추심기능, 담보기능이 있다.

### 2. 유통성보호 [5-6]

① 어음·수표는 금전과 같은 유통성이 확보되어야 지급기능 및 신용기능이 발휘될 수 있다. 어음·수표에 금전과 같은 유통성이 없다면 어음·수표는 단순한 차용증거와 별 차이가 없고 결과적으로 어음·수표의 존재의의는 미약할 수밖에 없다. 수취인의 입장에서 보면 교부받은 어음·수표를 대금의 지급수단으로 제3자에게 교부할 수 있거나 또는 어음할인[5-81]을 통해서 현금화할 수 있어야 현실의 금전 대신에 어음·수표를 교부받을 유인이 있는 것이다. 따라서 어음·수표의 활성화를 위해서는 어음·수표의 유통성보호가 필수적이다. ② 어음·수표의 유통성보호를 위해서는 어음·수표의 양도절차가 간이·신속하고 양수인이 안심하고 양도받을 수 있는 제도적 장치가 마련되어 있어야 한다. 유통성보호를 위한 제도적 장치는 아래의 어음·수표의 특성에 잘 반영되어 있다.

## Ⅲ. 어음·수표의 특성

### 1. 의의 [5-7]

어음·수표는 유통성보호를 위해서 다음의 2.와 같은 특성을 갖는다. 그 중에서 (1),(5),(6),(7)은 다른 지시증권에도 나타나는 특성이다. 다만, 요식증권성은 어음·수표에서 보다 엄격하게 요구되고, 지시증권성 중에서 배서의 담보적 효력은 어음·수표에서만 요구되는데, 이들은 어음·수표의 유통성강화에 기여한다. 또한 (2),(3),(4)는 다른 지시증권에서 찾아볼 수 없는 특성인데, 이들은 어음·수표의 유통성강화에 기여한다.

## 2. 내용 [5-8]

### (1) 요식증권성

어음·수표는 일정한 필수적 사항이 기재되어야만 효력을 갖는다(어1,수1). 요식증권성은 어음·수표의 유통과정에서 해당 어음·수표의 효력을 분명하게 알 수 있게 해주므로 관련 분쟁이 예방되고 어음·수표의 유통성이 높아진다. 어음·수표는 필요적 기재사항이 흠결되면 무효라는 점에서 요식성이 엄격하게 요구되는데, 이는 어음·수표상 권리가 증권의 작성에 의해 비로소 발생한다는 설권증권성과 관련된다.

### (2) 설권증권성

어음·수표상 권리는 증권의 작성에 의해 비로소 발생한다(통설). 즉, 어음·수표는 그 권리의 발생에 증권의 작성이 필수적이다. 어음·수표가 설권증권인 것은 무인증권성과 관련된다. 어음·수표관계는 그 실질관계(원인관계·자금관계)로부터 독립되어 있으므로 어음·수표상 권리는 오직 증권의 작성에 의해서 비로소 발생한다고 보자는 것이다.

### (3) 무인증권성

어음·수표는 그 실질관계(원인관계·자금관계)로부터 독립되어 있다(어1(2),수1(2) 등). 가령 어음·수표를 발행하여 수취인에게 교부하게 된 이유인 원인관계(가령 매매관계)의 부존재·무효·취소는 어음·수표의 효력에 아무런 영향이 없다. 무인증권성으로 인해서 어음·수표의 유통과정에서 양수인은 그 실질관계를 조사하지 않아도 어음·수표의 효력에 관해 안심할 수 있으므로 어음·수표의 유통성이 높아진다.

### (4) 문언증권성

어음·수표상 권리는 증권에 기재된 문언이 정한 바에 따라 정해진다(통설). 이로 인해 어음·수표의 양수인은 어음·수표상 문언 이외에 다른 약정의 존재 등을 조사하지 않아도 어음·수표의 내용에 관해 안심할 수 있으므로 어음·수표의 유통성이 높아진다. 어음·수표가 문언증권인 것은 무인증권성과 관련된다. 어음·수표관계는 그 실질관계(원인관계·자금관계)로부터 독립되어 있으므로 어음·수표상 권리는 오직 증권의 문언에 의해 정해진다고 보자는 것이다.

(5) 지시증권성

① 지시증권은 특정인 또는 그가 지시(배서양도)하는 자에게 채무를 변제해야 하는 증권이다. 어음·수표는 지시증권으로 발생할 수 있음은 물론이고, 증권에 권리자가 지정되어 발행된 경우라도 배서를 통해서 양도할 수 있는 법률상 당연한 지시증권이다(어11①,수14②)(증권에 권리자가 지정되어 발행되면 그 증권은 지명증권인 것이 원칙인데, 어음·수표는 이 경우에도 배서에 의해 양도할 수 있다는 의미이다). 나아가 수표는 교부만으로 양도할 수 있는 소지인출급식(소지인에게 지급하라는 방식이다)으로도 발행할 수 있다(수1)(교부만에 의한 양도에 대해서는 [5-79]). ② 배서(원칙상 증권에 배서문구·피배서인을 기재하고 기명날인 또는 서명하여 피배서인에게 교부하는 행위)에 의한 양도는 간이·신속한 권리이전방법이므로 어음·수표의 유통성을 높인다(교부만에 의한 양도는 더 간이·신속한 권리이전방법이다). 배서와 직접 또는 간접으로 관련된 효과인 인적항변의 절단[5-35], 자격수여적 효력[5-85], 선의취득[5-92], 선의지급의 면책력[5-102] 등도 어음·수표의 유통성을 높인다(이들은 다른 지시증권에도 인정된다). 이에 더하여 어음·수표의 배서에는 담보적 효력[5-86]도 인정되는데(이는 다른 지시증권에는 인정되지 않는다), 이것도 어음·수표의 유통성을 높인다.

(6) 제시증권성

어음·수표는 소지인이 만기에 지급을 청구하기 위해서 채무자에게 제시해야만 하는 증권이다. 이와 같이 이행청구에 해당하는 지급제시를 해야 채무자에게 이행지체의 책임이 생기므로, 어음·수표는 추심채무(이는 채권자가 채무자의 영업소 또는 주소에 가서 이행을 받는 채무)이다. 채무자의 입장에서 어음·수표가 유통되면 누가 권리자인지를 알 수 없으므로 어음·수표를 제시하게 하는 것이다. 제시증권성은 채무자의 입장에서 어음·수표가 유통되어도 자신에게 불리하지 않게 해준다는 점에서 유통성보호와 관련된다.

(7) 상환증권성

어음·수표는 소지인이 지급을 받을 때 지급인에게 어음·수표를 교부해야 하고(어39①,수34①), 이와 같이 변제와 증권을 서로 교환해야 한다는 의미에서 어음·수표는 상환증권이다. 만약 지급인이 어음·수표와 상환하지 않고 지급하게 되면 그 이후 어음·수표가 유통되어 이를 선의로 취득한 제3자에 다시 지급해야 하는 이중지급의 위험에 빠지게 된다. 상환증권성은 채무자의 입장에서 어음·수표가 유통되어도 자신에게 불리하지 않게 해준다는 점에서 유통성보호와 관련된다.

## Ⅳ. 어음·수표거래의 기본구조

### 1. 발행 [5-9]

① 의의: 어음·수표상 권리는 발행에 의해 비로소 창설된다. 발행은 어음·수표에 필수적 사항을 기재해야 하는 요식행위이다. 약속어음의 발행인은 주채무자로서 어음금지급채무를 진다. 환어음·수표의 발행인은 주채무자는 아니며 지급인의 지급거절 시에 담보책임을 지는 상환의무자에 해당한다. ② 실질관계: 일반적으로 실질관계는 어음·수표를 발행한 이유이며, 여기에는 원인관계와 자금관계가 있다[전자는 발행인과 수취인 사이의 대가관계(가령 매매관계)이고, 후자는 환어음·수표의 발행인과 지급인 사이의 대가관계(가령 자금공급)이다]. 이러한 실질관계는 발행뿐만 아니라 배서 등 여타의 어음·수표관계에도 마찬가지로 존재한다.

### 2. 인수·지급보증·보증 [5-10]

① 환어음의 지급인이 인수를 하면 주채무자로서 어음금지급채무를 부담한다. ② 수표의 지급인이 지급보증을 하면 수표금지급채무를 부담한다(이 의무는 수표가 지급제시기간 내에 제시된 경우에 한해 유효한 한시적 의무이기 때문에 주채무로 분류하지는 않는다). ③ 어음·수표상 보증을 한 보증인은 피보증인과 동일한 어음·수표상 채무를 부담한다.

### 3. 취득 [5-11]

① 승계취득: 어음·수표상 권리는 양도인이 양수인에게 이전할 수 있으며, 이 경우 양수인은 어음·수표상 권리를 승계취득한다. 이전방법에는 배서, 교부,

또는 지명채권양도방법 등이 있다[5-78, 79]. 이 중에서 배서에 의해 이전하는 경우 배서인은 담보책임으로서 상환의무를 부담한다(이는 어음·수표의 유통성보호를 위한 것이다). ② 원시취득: 어음·수표상의 권리는 선의취득[5-92]에 의한 원시취득도 가능하다. 선의취득은 양도인의 권리가 아니라 새로 완전한 권리를 취득하는 것이며, 따라서 이는 어음·수표상 권리의 이전은 아니다.

### 4. 행사 [5-12]

① 지급청구: 소지인은 어음·수표의 지급을 청구할 수 있다. 이에 따라 환어음·수표의 지급인 또는 약속어음의 발행인이 지급을 하면 어음·수표관계는 소멸된다. ② 상환청구·재상환청구: 지급청구가 지급인 또는 발행인에 의해 거절되면 소지인은 자기의 전자인 상환의무자에게 상환청구를 할 수 있다(가령 약속어음이 발행되어 갑→을→병→정으로 유통된 경우 갑이 지급을 거절하면 정은 을 또는 병에게 상환청구를 할 수 있다). 상환의무자는 담보책임으로서 상환의무를 부담하는 자(환어음·수표의 발행인·배서인·보증인, 약속어음의 배서인·보증인)이다. 상환의무자가 상환의무를 이행하고 어음·수표를 환수한 후 자신의 전자에게 재상환청구를 할 수 있다(위 예에서 병이 상환의무를 이행한 경우 을에게 재상환청구를 할 수 있다). 상환의무(재상환의무 포함)가 이행된 경우에도 어음·수표상 주채무자가 존재하는 경우에는 어음·수표관계가 종료되지 않는다. ③ 어음·수표상 항변: 소지인이 지급청구 또는 상환청구(재상환청구 포함)를 한 경우 채무자가 이를 거절할 수 있는 사유가 어음·수표상 항변이다. 어음·수표상 항변에는 물적항변, 인적항변 등이 있다[5-35~42].

# 제 3 관 어음·수표행위

## Ⅰ. 의의

### 1. 개념 [5-13]

① 어음·수표행위는 기명날인(또는 서명)을 요건으로 하는 요식의 증권적 법률행위이다(통설). 이는 형식적 측면의 개념정의이다. ② 실질적 측면의 개념정의

가 가능한지는 견해가 대립한다. 긍정하는 견해는 어음·수표행위가 어음·수표상 채무를 부담하는 행위라고 본다. 어음·수표상 채무가 발생하는 근거는 행위자가 행한 의사표시의 효과인 경우(가령 약속어음의 발행)와 법률의 규정인 경우(가령 배서)가 있다. 부정하는 견해는 가령 무담보배서[5-87]의 배서인은 채무를 부담하지 않는데 그렇다고 무담보배서를 어음·수표행위에서 제외하는 것은 부적절하므로 위와 같은 실질적 개념정의가 불가능하다고 본다.

### 2. 종류 [5-14]

'기본적' 어음·수표행위로서 발행이 있고, 이에 기초해서 이루어지는 '부속적' 어음·수표행위로서 배서 등이 있다. 구체적으로는 다음과 같다. ① 환어음: 발행, 인수, 배서, 참가인수, 보증이 어음행위이다. ② 약속어음: 발행, 배서, 보증이 어음행위이다. ③ 수표: 발행, 배서, 보증, 지급보증이 수표행위이다.

## Ⅱ. 어음·수표행위의 성립요건

### 1. 형식적 요건 [5-15]

#### (1) 법정기재사항

어음·수표행위의 종류에 따라 법정기재사항은 다르다. 가령 어음·수표의 발행에는 어음·수표요건을 기재해야 하고(어1,75,수1), 보증은 보증문구와 피보증인을 기재한다(어31②,수26②).

#### (2) 기명날인(또는 서명)

① 의의: 어음·수표행위가 성립하기 위해서는 행위자의 기명날인 또는 서명이 있어야 한다(어1,75,수1 등). ② 기명날인: 기명날인은 행위자의 명칭을 기재하고 인장을 찍는 것을 가리키며, 기명과 날인이 모두 있어야지 어느 하나만 있으면 효력이 없다(판례·통설). 행위자의 명칭은 반드시 성명을 기재해야 하는 것은 아니고 상호·통칭·예명도 무방하다(통설). 손도장(무인·지장)은 날인으로 인정되지 않는데(판례·통설), 이는 행위자가 누구인지를 인식할 수 없기 때문이다. ③ 서명: 서명은 자필로 행위자의 명칭을 기재하는 것을 가리킨다. 명칭을 도형화

한 '싸인'(signature)은 행위자가 누구인지 인식할 수 없다면(가령 성명을 흘려써서 누구인지 인식할 수 없는 경우) 서명이 아니다(통설). 서명 옆에 싸인을 부기하는 것은 무방하다. ④ 법인인 경우: 법인의 명칭, 대표자격, 대표기관의 기명날인(또는 서명)이 있어야 한다(가령 A주식회사 대표이사 갑㊞)(판례·통설). ⑤ 대행: 타인이 어음·수표행위자의 기명날인(서명)을 대신하는 것도 가능한데, 이를 대행이라고 한다[5-25].

### 2. 실질적 요건 [5-16]

#### (1) 어음·수표능력

어음·수표행위는 법률행위이므로 의사능력과 행위능력이 필요하다. ① 의사무능력자(의사능력이 없는 자)의 어음·수표행위는 무효이다(통설). 의사무능력의 항변은 모든 소지인(선의·악의를 불문)에게 대항할 수 있는 물적항변이며[5-37], 이는 의사무능력자를 우선적으로 보호하기 위해서이다. ② 민법상 제한능력자(미성년자, 피성년후견인, 피한정후견인)의 법률행위는 취소할 수 있고 이 취소는 선의의 제3자에게도 대항할 수 있는데(민5,10,13), 제한능력자의 어음·수표행위에도 동일한 법리가 적용된다(통설). 제한능력의 항변은 모든 소지인(선의·악의를 불문)에게 대항할 수 있는 물적항변이며[5-37], 이는 제한능력자를 우선적으로 보호하기 위해서이다.

#### (2) 의사표시의 흠결

법률행위인 어음·수표행위에 포함되어 있는 의사표시에 흠결이 생길 수 있다. ① 비진의표시의 무효(민107), 통정허위표시의 무효(민108), 착오·사기·강박의 취소(민109~110)는 어음·수표행위에 그대로 적용된다(통설). 이러한 흠결은 어음·수표의 문면에 나타나지 않으므로 어음·수표의 유통성보호를 위해서 흠결의 당사자에게만 적용되고 이외의 취득자에게는 절단되는 인적항변이다[5-40]. ② 사회질서를 위반한 법률행위의 무효(민103)와 불공정한 법률행위의 무효(민104)는 어음·수표행위에 적용되지 않는다(통설). 어음·수표행위 자체는 무색적 성질을 띤다고 보기 때문이며, 다만 원인행위에 사회질서위반 또는 불공정성의 하자가 있는 경우에는 인적항변이 된다[5-39].

### 3. 어음·수표이론 [5-17]

#### (1) 의의

어음·수표행위가 성립하는 데 어음·수표의 교부도 필요한지의 문제가 '어음·수표이론'이다. 이는 어음·수표의 교부가 흠결된 경우에도 어음·수표행위가 성립하는지의 문제로서 '교부흠결의 이론'이기도 하다. 가령 '갑이 을을 수취인으로 하는 약속어음을 작성하여 보관하던 중에 이를 도난당하여 병에게 유통된 경우에 갑의 발행이 성립된 것으로 볼 것인지'가 문제된다. 어음·수표행위의 성립 여부는 어음·수표행위자의 책임 여부에 직접적으로 영향을 미친다(위 사례에서 갑의 발행이 성립되면 그는 어음상의 책임을 지게 된다).

#### (2) 내용

어음·수표이론에 대한 학설로는 다음이 있다. ① 창조설: 어음·수표행위는 단독행위로서 증권의 작성만으로 성립하고 증권의 교부는 필요하지 않다는 입장이다(위 사례에서 갑의 어음행위는 성립하며 어음상의 책임을 진다). ② 발행설: 어음·수표행위는 단독행위로서 증권의 작성과 함께 행위자의 의사에 기한 증권의 점유이전이 있어야 한다는 입장이다(위 사례에서 갑의 어음행위는 성립하지 않으며 어음상의 책임을 지지 않는다). 상대방의 수령의사·수령능력은 묻지 않는다. ③ 교부계약설: 어음·수표행위는 계약으로서 증권의 작성과 함께 수령의사·수령능력이 있는 상대방에게 행위자의 의사에 의해 증권이 교부되어야 한다는 입장이다(위 사례에서 갑의 어음행위는 성립하지 않으며 어음상의 책임을 지지 않는다). ④ 권리외관설: 기본적으로 교부계약설을 취하면서, 다만 교부계약이 없더라도 행위자가 어음·수표상 채무를 부담하는 외관을 창출한 경우는 선의의 제3자에게 책임을 진다는 입장이다(위 사례에서 갑의 어음행위는 성립하지 않지만 갑이 어음작성을 통해서 어음행위의 외관을 만들었으므로 갑은 병이 선의인 경우 그에게 어음상 책임을 진다).

창조설은 유통성보호에 적극적이고 교부계약설은 행위자보호에 적극적이며 발행설은 절충적이다. 권리외관설은 어음·수표행위의 성립 자체에 관한 이론이라기보다는 유통성보호의 관점에서 보완하는 이론이다. 우리나라에서 창조설은 지지를 받지 못하고, 발행설, 교부계약설, 권리외관설이 대립하고 있다. 판례의 입장은 분명하지 않으나 발행설 또는 교부계약설을 기본으로 하되 권리외관설을 가미하여 유통성보호를 도모하고 있다.

(3) **교부흠결의 항변**

어음·수표의 교부흠결을 이유로 채무자가 어음·수표상의 책임을 면하려는 항변이 교부흠결의 항변이다. 판례는 이러한 하자는 어음·수표의 문면에 나타나지 않으므로 어음·수표의 유통성보호를 위해서 교부흠결의 항변은 흠결의 당사자에게만 적용되고 이외의 취득자에게는 절단되는 인적항변이라는 입장이다 [5-40].

## Ⅲ. 어음·수표행위의 특성

### 1. 문언성 [5-18]

① 의의: 어음·수표행위는 증권에 기재된 문언이 정한 바에 따라 정해진다는 것이 문언성이다. 가령 어음·수표행위의 당사자 사이에서 약정한 것과 다른 내용의 어음·수표금액이 증권이 기재된 경우 어음·수표행위는 후자의 금액으로 성립한다(다만, 전자는 당사자 사이에서 인적항변이 된다[5-39]). 이는 어음·수표의 문언증권성을 어음·수표행위의 측면에서 바라본 것이다. 어음·수표행위의 문언성은 어음·수표의 유통과정에서 양수인이 문언 이외의 약정 등을 조사하지 않아도 어음·수표의 내용에 관해 안심할 수 있으므로 어음·수표의 유통성이 높아진다. ② 근거: 문언성의 근거에 대해 어음법과 수표법은 규정하고 있지 않으나, 문언성은 무인성에 근거한다고 볼 수 있다[5-7].

### 2. 무인성 [5-19]

① 의의: 어음·수표행위가 그 실질관계(원인관계·자금관계)로부터 독립되어 있다는 것이 무인성이다. 즉, 어음·수표행위는 그 성립, 존속, 소멸의 면에서 그 실질관계와 원칙상 독립된 별개의 행위이다. 가령 약속어음을 발행하여 수취인에게 교부하게 된 이유인 원인관계(가령 매매관계)의 부존재·무효·취소는 어음행위의 효력에 아무런 영향이 없다(다만, 원인관계의 하자는 당사자 사이에서 인적항변이 된다

[5-39]). 어음·수표행위의 무인성으로 인해서 어음·수표의 유통과정에서 양수인은 그 실질관계를 조사하지 않아도 어음·수표의 효력에 관해 안심할 수 있으므로 어음·수표의 유통성이 높아진다. 무인성에 관한 보다 자세한 설명은 어음·수표의 실질관계[5-30, 34]에서 살펴보기로 한다. ② 근거: 어음·수표행위에 조건을 붙일 수 없다는 규정(어1(2),수1(2) 등)이 무인성의 근거이다(통설).

### 3. 독립성 [5-20]

#### (1) 의의

어음·수표행위의 행위자는 그 전제가 되는 선행하는 다른 어음·수표행위가 형식적 하자 이외의 실질적 하자로 인해 무효가 되더라도 자신이 한 어음·수표행위의 내용에 따라 책임을 진다. 이것이 어음·수표행위의 독립성(또는 어음·수표채무의 독립성)이다. 가령 갑이 발행한 약속어음을 수취인 을이 보관 중에 도난당하고 이를 취득한 병이 배서를 위조하여 자신이 피배서인이 되도록 하여 이를 정에게 배서양도한 경우에, 을은 위조를 이유로 배서인으로서의 어음상 채무(상환의무)를 면할 수 있지만 병은 배서인으로서의 어음상 채무를 지게 된다(즉, 병은 자신의 배서에 선행하는 배서가 위조로 무효이므로 자신도 배서인으로서의 어음상 채무가 없다고 주장할 수 없다). 어음·수표행위의 독립성으로 인해 어음·수표의 유통과정에서 양수인이 선행하는 어음·수표행위의 유효성을 형식적 측면 이외에는 조사하지 않아도 어음·수표채무의 효력에 관해서 안심할 수 있으므로 어음·수표의 유통성이 높아진다.

#### (2) 근거

어음법과 수표법은 어음·수표행위의 독립성을 명문으로 인정한다(어7,32②,수10,27②). 이러한 독립성은 예외적인 것이다. 일반적으로 연속하는 법률행위에서 선행행위가 무효이면 후행행위도 무효인 것이 원칙이기 때문이다.

#### (3) 적용범위

① 흠결의 종류: 독립성은 선행하는 어음·수표행위에 실질적 하자가 있는 경우는 적용되지만 형식적 하자가 있는 경우에는 적용되지 않는다. 형식적 흠결은 어음·수표의 문면에 나타나서 쉽게 인식이 가능한데 이 경우까지 유통성 차

원에서 양수인을 보호할 필요는 없기 때문이다. 가령 발행인의 기명날인(또는 서명) 등과 같은 어음·수표요건[5-45]을 갖추지 못한 채 발행된 어음·수표는 형식적 흠결이 있는 경우이므로 이러한 어음·수표에 배서를 하더라도 배서인으로서의 책임을 지지 않는다. ② 행위유형: 배서, 보증, 참가인수, 지급보증은 그 전제가 되는 선행하는 어음·수표행위가 있으므로 독립성이 적용된다. 환어음의 인수도 발행을 전제로 하는 어음행위이므로 독립성이 적용된다(통설). 한편, 발행은 그 전제가 되는 선행하는 어음·수표행위가 없으므로 독립성이 적용되지 않는다(통설).

#### (4) 채무부담과 권리취득

어음·수표행위의 독립성은 채무부담의 측면이고 이는 권리취득과는 구분된다. 위의 예에서 병이 어음·수표행위의 독립성에 따라 어음상 채무를 지게 되지만 그렇다고 정이 반드시 병에 대한 어음상 권리를 취득하는 것은 아니다. 위의 예에서 병은 해당 어음에 대한 정당한 권리자가 아니므로 이를 양수한 정이 정당한 권리자가 되기 위해서는 선의취득[5-92]의 요건을 충족해야 한다. 즉, 정은 선의 및 무중과실로 배서에 의해 해당 어음을 취득해야만 병에 대한 어음상의 권리를 행사할 수 있다.

## Ⅳ. 어음·수표행위의 대리

### 1. 의의 [5-21]

어음·수표행위는 법률행위이므로 대리가 가능하다. 어음법과 수표법에는 무권대리인의 책임에 관한 규정만 있으므로 이를 제외한 나머지는 민법 및 상법의 대리에 관한 규정을 성질이 반하지 않는 범위 내에서 어음·수표행위의 대리에 적용한다.

### 2. 대리의 요건 [5-22]

#### (1) 형식적 요건

어음·수표행위의 대리를 위해서는 다음과 같은 형식적 요건이 필요한데, 가령 어음·수표에 '갑의 대리인 을'이라고 기재하고 을이 기명날인(또는 서명)을 해야 한다. ① 대리인의 기명날인(또는 서명): 어음·수표행위에는 기명날인(또는 서명)이 반드시 필요한데, 그 대리에는 어음·수표행위자의 대리인(위 사례에서 을)의 기명날인(또는 서명)이 필요하다. 이 점에서 타인이 어음·수표행위자의 기명날인(또는 서명)을 대신하는 대행[5-25]과 구분된다. ② 본인의 표시: 대리의 효과가 귀속되는 어음·수표행위자(본인)를 표시해야 한다. 민법에 의하면 대리는 본인(위 사례에서 갑)을 표시해야 유효하고(이를 현명주의라고 한다), 다만 본인을 표시하지 않아도 상대방이 대리행위임을 알았거나 알 수 있었을 때에는 유효하다(민115)[1-40]. 하지만 어음·수표행위는 문언성이 요구되므로 어음·수표에 본인이 기재되지 않으면 대리로서 유효하지 않다(통설). 즉, 어음·수표행위의 대리에는 현명주의의 예외가 인정되지 않는다(이를 절대적 현명주의라고 한다). ③ 대리관계의 표시: 대리인이 본인을 위해서 행위한다는 대리관계를 표시해야 한다. 반드시 대리인이라는 표현을 사용해야 하는 것은 아니며 대리관계를 표시할 수 있는 정도의 표현이면 충분하다(통설). 가령 지배인, 지점장과 같은 표현을 사용해도 무방하다.

(2) 실질적 요건

1) 의의 어음·수표행위의 대리가 어음·수표행위자(본인)에게 효력이 발생하려면 대리인에게 대리권이 있어야 한다. 대리권은 본인이 수여한 임의대리권이든 법률의 규정이 수여한 법정대리권이든 무방하다. 만약 대리권이 없다면 해당 어음·수표행위는 무권대리가 된다. 실질적 요건과 관련된 주요 문제는 다음과 같다.

2) 자기계약·쌍방대리 ① 대리인이 본인을 대리하면서 자기 스스로를 그 상대방으로 하여 어음·수표행위를 하는 경우(자기계약), 또는 대리인이 어음·수표행위의 당사자인 쌍방 모두를 대리하는 경우(쌍방대리)에 민법 124조[1-41]에 따라 본인의 허락이 필요하다(통설). 어음·수표행위는 인적항변이 절단되는 등 행위자의 책임이 무거워지므로 민법 124조의 적용을 배제할 이유가 없다. ② 본인 허락의 요건을 위반하는 경우 해당 어음·수표행위의 대리는 무효이고, 다만 악의·중과실(여기서 악의는 그 위반을 아는 것이다)이 없는 제3자에게는 그 무효를 주장할 수 없다(상대적 무효설)(통설). 이러한 선의의 제3자보호는 어음·수표의 유통성보호를 위한 특수한 해석법리이다(민법 124조에는 선의의 제3자보호의 규정이 없다). ③

자기계약·쌍방대리 위반의 항변은 선의의 제3자에게 주장할 수 없는 인적항변이다[5-40].

3) 이사의 자기거래 ① 이사와 회사 사이에 어음·수표행위가 행해지는 경우(자기거래)에 상법 398조[6-292]에 따라 이사회의 승인이 필요하다(통설). 이를 위반하면 해당 어음·수표행위는 무효이고, 다만 악의·중과실(여기서 악의는 그 위반을 아는 것이다)이 없는 제3자에게는 그 무효를 주장할 수 없다(상대적 무효설)(통설). ② 자기거래 위반의 항변은 선의의 제3자에게 주장할 수 없는 인적항변이다[5-40].

### 3. 무권대리 [5-23]

#### (1) 의의

대리권이 없는 어음·수표행위의 대리는 원칙적으로 무권대리가 된다.

#### (2) 본인의 책임과 권리

① 본인의 책임: 어음·수표행위의 무권대리의 본인은 귀책사유가 없는 경우 아무런 어음·수표상 책임을 지지 않는다. 이는 모든 소지인(선의·악의를 불문)에게 주장할 수 있는 물적항변이다[5-37]. 귀책사유가 있는 경우에 지는 책임은 아래 4.의 표현대리에서 다룬다. 본인이 무권대리를 추인하는 경우는 처음부터 유효한 어음·수표행위의 대리가 되므로(민133) 본인이 그에 따른 어음·수표상 책임을 진다. ② 본인의 권리: 본인은 무권대리인이 아래 (3)에 따라 자신의 책임을 이행하여 어음·수표를 환수한 경우 그에게 어음·수표의 반환을 청구할 수 있다(통설). 무권대리인이 어음·수표상 책임을 이행한 경우 본인과 동일한 권리를 갖는다고 해서 귀책사유가 없는 본인보다 우월한 권리를 갖는다고 볼 수 없기 때문이다.

#### (3) 무권대리인의 책임과 권리

① 무권대리인의 책임: 무권대리인은 유권대리라면 본인이 져야 할 어음·수표상 책임을 진다(어8,수11). 무권대리가 어음·수표의 문면에 드러나지 않으므로 취득자는 본인이 어음·수표상 책임을 질 것으로 신뢰하게 되고, 따라서 이 신뢰를 보호하기 위해 무권대리인이 본인과 같은 어음·수표상 책임을 지게 하자

는 것이다. 한편, 무권대리인은 손해배상책임을 지지는 않는다(민법 135조에 따르면 무권대리의 상대방은 무권대리인에게 계약상 책임을 이행하거나 손해배상을 청구할 수 있지만[1-42], 이를 어음·수표행위의 무권대리에 그대로 적용하게 되면 상대방이 손해배상을 청구하는 한편 어음·수표를 타인에게 양도하여 무권대리인에게 불측의 손해를 입히는 경우가 생길 수 있다. 이 점을 고려하여 어음법 8조와 수표법 11조는 손해배상청구에 대해서는 언급하지 않는다). ② 무권대리인의 권리: 무권대리인이 어음·수표상 책임을 이행한 경우 본인과 동일한 권리를 갖는다(어8,수11). 무권대리인이 본인이 져야 할 어음·수표상 책임을 이행하였다는 점을 고려한 것이다.

(4) 월권대리

대리권의 범위를 초과하여 대리한 경우가 월권대리이다(여기서 월권대리는 본인에게 귀책사유가 없는 경우로서 민법 126조가 규정하는 권한을 넘은 표현대리와는 다르다). 가령 지급금액을 1천만 원 이내로 하는 어음발행의 대리권이 수여되었지만 5천만 원을 지급금액으로 어음을 발행한 경우가 그 예이다. 이 경우 '대리권이 있는 금액'(1천만 원)은 본인과 대리인이 병존적으로 책임을 지고 '대리권을 벗어난 금액'(4천만 원)은 대리인이 책임을 진다(판례·통설). 이에 따르면 대리인의 책임이 엄격한데(대리권이 있는 금액도 책임을 지므로), 이는 대리권의 범위가 어음·수표의 문면에 나타나지 않는다는 점을 고려하여 유통성보호를 위해 대리인이 대리권 있는 금액까지 책임을 지게 하자는 것이다.

## 4. 표현대리 [5-24]

(1) 의의

① 개념: 대리권이 없지만 마치 대리권이 있는 듯한 외관이 존재하고 이러한 외관의 존재에 대해 본인에게 귀책사유가 있는 경우 그 어음·수표행위의 대리는 표현대리가 된다. 표현대리는 넓은 의미에서 무권대리의 일종이지만 본인에게 귀책사유가 있다는 점이 다르다. ② 종류: 민법상 표현대리에는 대리권수여 표시에 의한 표현대리(민125), 권한을 넘은 표현대리(민126), 대리권소멸 후의 표현대리(민법129)가 있는데[1-43], 어음·수표행위에도 그대로 적용된다.

(2) 본인의 책임

① 민법을 어음·수표행위의 표현대리에 적용하면, 본인은 외관을 신뢰한 제3자에게 어음·수표상 책임을 지게 된다(민125,126,129). ② 민법의 해석에 따르면 제3자는 표현대리의 직접상대방에 한정된다. 하지만 어음·수표의 유통성을 보호하자면 어음·수표행위의 표현대리에서는 제3자의 범위를 확장할 필요가 있다. 이에 따라 통설은 제3자를 표현대리의 직접상대방에 한정하지 않고 그 이후의 제3취득자까지도 포함하자는 입장이다(즉, 선의의 제3취득자도 직접 표현대리를 주장할 수 있다). 한편, 판례는 제3자를 직접상대방으로 한정하되 직접상대방에게 표현대리의 요건이 충족되는 경우 그 이후의 제3취득자도 이를 원용할 수 있다는 입장이다(이는 제3취득자를 간접적으로 보호하는 것이다).

(3) 표현대리인의 책임

어음·수표행위의 표현대리의 상대방은 표현대리인에게 무권대리인의 책임(어8,수11)을 물을 수도 있다(판례·통설). 이는 민법의 통설(표현대리의 경우 본인이 책임을 지지만 표현대리인은 민법 135조가 규정하는 무권대리인의 책임을 지지 않는다)과는 다른 입장이다. 이는 어음·수표의 유통성보호라는 차원에서 표현대리의 상대방을 두텁게 보호하자는 것으로 이해할 수 있다.

## 5. 어음·수표행위의 대행 [5-25]

(1) 의의

어음·수표행위의 대행은 타인이 행위자의 기명날인(또는 서명)을 대신하는 것이다. 대리는 행위자의 대리인이 자신의 기명날인(또는 서명)을 하되 대리관계를 밝히는 것이라는 점에서, 대행과 협의의 대리는 구분된다. 다만, 본인의 수권을 받아서 하는 대행은 이른바 '서명대리'라고도 하며, 본인에게 '법률효과가 귀속된다'는 점에서 대리의 일종으로 볼 수 있다(판례·통설).

(2) 효력

① 대행권한이 있는 경우: 대행권한을 수여받아 기명날인을 대행하는 것은 유효하고(판례·통설), 서명의 대행도 마찬가지이다(통설). 대행권한이 있는 어음·수표행위의 대행이 이루어지면 기명날인자(또는 서명자)의 어음·수표행위로서 효력

이 인정된다. ② 대행권한이 없는 경우: 무권대행(대행권한이 없이 하는 대행)은 위조에 해당하며, 이에 대해서는 아래 V.에서 보는 위조의 법리가 적용된다. 표현대행(무권대행으로서 위조이지만 마치 대행권한이 있는 듯한 외관이 존재하고 이에 대해 피위조자에게 귀책사유가 있는 경우)에는 위 4.의 표현대리의 법리가 유추적용된다(판례·통설).

## V. 어음·수표의 위조와 변조

### 1. 위조와 변조의 의의 [5-26]

#### (1) 구분

어음·수표의 위조와 변조는 어음·수표의 위작이라는 점에서 같지만 위작의 대상이 다르다. 즉, 위조는 어음·수표행위의 주체를 위작하는 것이고, 변조는 어음·수표행위의 내용을 위작하는 것이다.

#### (2) 위조

① 위조는 권한 없는 타인이 어음·수표행위자의 기명날인(또는 서명)을 하여 마치 행위자가 어음·수표행위를 한 것처럼 보이게 하는 것이다. ② 타인이 어음·수표행위자의 기명날인(또는 서명)을 대신하는 것이 대행인데, 위조는 무권대행(권한 없이 행한 대행)에 해당한다[5-25]. 이와 달리 무권대리는 권한 없이 행한 대리(어음·수표행위자의 대리인이 자신의 기명날인 또는 서명을 하고 대리관계를 표시)라는 점에서 위조와 다르다.

#### (3) 변조

① 변조는 권한 없는 자가 어음·수표상에 존재하는 기명날인(또는 서명) 이외의 기재사항을 변경하는 것을 가리킨다. ② 기재사항에는 필요적 기재사항[5-43] 및 유익적 기재사항[5-43]이 포함되고, 무익적 기재사항[5-43]은 포함되지 않는다(어차피 무익적 기재사항은 아무런 효력이 없기 때문이다). ③ 변경은 말소·훼손[5-113]의 방법으로 이루어지며, 여기에는 기존의 문언을 삭제하거나 새로운 문언을 추가하는 행위 등이 포함된다. ④ 어음·수표상 존재하는 기명날인(또는 서명)을 변경하는 경우는 변경 전의 진정한 기명날인자(또는 서명자)에게는 변조에 해당하고, 변경 후의 부진정한 기명날인자(또는 서명자)에게는 위조에 해당한다. 가령 어음·수

표상 기명날인(또는 서명)된 갑이 을로 변조된 경우 갑은 변조 전 기명날인자(또는 서명자)의 책임 법리가 적용되고, 을은 피위조자의 책임 법리가 적용된다.

### 2. 위조의 효과 [5-27]

#### (1) 피위조자의 책임

어음·수표의 피위조자는 누구에 대해서도 어음·수표상 책임을 지지 않는 것이 원칙이다(판례·통설). 피위조자는 어음·수표의 문면에 어음·수표행위를 한 바 없고 타인에게 대행권한을 부여하지 않았기 때문이다. 위조의 항변은 물적항변으로서 모든 소지인(선의·악의를 불문)에게 대항할 수 있다[5-37].

다만, 다음의 경우는 예외이다. ① 추인: 위조와 무권대리는 방식의 차이(위조는 대행의 방식, 무권대리는 대리의 방식)가 있을 뿐이고 실질적인 차이가 없으므로 무권대리의 규정(민133)을 유추적용하여 피위조자가 추인할 수 있다(다수설). 피위조자가 위조를 추인하면 어음·수표상의 책임을 진다. ② 표현대행: 표현대행(위조이지만 마치 대행권한이 있는 듯한 외관이 존재하고 이에 대해 피위조자에게 귀책사유가 있는 경우)에는 표현대리의 법리가 유추적용된다(판례·통설)[5-25]. 이 경우 피위조자가 어음·수표상의 책임을 진다. ③ 사용자책임: 피용자가 사용자의 업무집행과 관련하여 어음·수표를 위조한 경우(가령 임직원이 대표이사의 인장을 권한 없이 날인한 경우) 사용자는 피용자의 불법행위에 대한 사용자책임(민756)[1-156]을 지게 된다. 이 경우 사용자는 어음·수표상 책임이 아니라 불법행위에 관한 사용자책임을 지는 것이다.

#### (2) 위조자의 책임

어음·수표의 위조자가 어음·수표상 책임을 지는지는 견해가 갈린다. 위조자의 기명날인(또는 서명)이 어음·수표의 문면에 없는데 어음·수표상 책임을 지는 것은 문언성에 반한다는 입장이 있다. 이와 달리 위조는 무권대리와 방식만 다를 뿐이고 실질적인 차이가 없으므로 무권대리의 규정(어8,수11)을 유추적용하여 위조자의 책임을 인정하는 입장(다수설), 위조자가 채무부담의 의사를 갖고 있는 것으로 보아서 위조자의 책임을 인정하는 입장이 있다.

#### (3) 위조된 어음·수표의 효력

위조된 어음·수표에 배서 등과 같은 어음·수표행위를 한 자는 어음·수표행위의 독립성(어7,32②,수10,27②)[5-20]에 따라 어음·수표상 책임을 진다(가령 약속어음의 발행이 위조되어 갑→을→병→정으로 유통된 경우 배서인인 을과 병은 어음·수표행위의 독립성에 따라 정에게 담보책임으로서 상환의무를 부담한다). 어음의 위조는 대행권한의 부존재라는 실질적 흠결일 뿐이지 어음·수표의 문언상 확인이 가능한 형식적 흠결이 아니기 때문이다.

(4) 위조의 입증책임

피위조자가 어음·수표상 책임을 면하려면 자신의 기명날인(또는 서명)이 위조된 것이라는 입증을 해야 한다는 견해가 있다. 이는 유통성보호를 중시한 입장이다. 하지만 피위조자가 귀책사유가 없음에도 위조의 입증을 못하여 어음·수표상 책임을 지는 것은 가혹한 측면이 있다. 따라서 입증책임의 일반원칙(권리를 주장하는 자가 권리발생의 요건사실을 입증해야 한다)에 따라 권리를 행사하려는 어음·수표의 소지인이 어음·수표상 기명날인(또는 서명)이 진정한 것임을 입증해야 한다(판례·통설).

3. 변조의 효과 [5-28]

(1) 변조 전후에 기명날인(또는 서명)한 자의 책임

1) 변조 전 ① 변조 전에 기명날인(또는 서명)을 한 자는 자신이 행위한 당시의 원문언에 따른 책임을 진다(어69,수50). 가령 어음·수표금액 500만 원이 1천만 원으로 변조된 경우 변조 전에 배서한 자는 500만 원의 상환의무를 부담한다. 변조의 항변은 물적항변으로서 모든 소지인(선의·악의를 불문)에게 대항할 수 있다[5-37]. ② 변조 전의 원문언에 따른 책임이 변조 후의 문언보다 무거운 경우에도 변조 전의 원문언에 따라 책임을 진다. ③ 변조 중에서 필요적 기재사항의 삭제는 어음·수표요건의 흠결을 가져오고 이로 인해 어음·수표의 효력이 상실된다. 이 경우에도 변조 전의 원문언에 따라 책임을 진다.

2) 변조 후 ① 변조 후에 기명날인(또는 서명)을 한 자는 변조된 문언에 따른 책임을 진다(어69,수50). 가령 어음·수표금액 500만 원이 1천만 원으로 변조된 경우 변조 후에 배서한 자는 1천만 원의 상환의무를 부담한다. 이는 어음·수표행위의 독립성(어7,32②,수10,27②)에 따라 당연한 것이지만 확인적으로 규정된 것

이다. ② 필요적 기재사항(어음·수표요건)이 말소·훼손된 후에 기명날인(또는 서명)한 자는 어음·수표상 책임을 지지 않는다(통설). 왜냐하면 어음·수표요건이 말소·훼손된 경우는 더 이상 유효한 어음·수표라고 보기 어렵기 때문이다.

(2) 변조자의 책임

어음·수표의 변조자가 어음·수표상 책임을 지는지는 견해가 갈린다. 즉, 변조자의 기명날인(또는 서명)이 어음·수표의 문면에 없는데 어음·수표상 책임을 지는 것은 문언성에 반한다는 입장, 그리고 무권대리의 규정(어8,수11)을 유추적용하여 변조자의 책임을 인정하는 입장이 대립한다.

(3) 변조의 입증책임

소지인은 변조된 문언에 따라 권리를 주장하게 되는데 이 경우 입증책임을 누가 지는지가 다투어진다. 변조는 어음·수표행위자의 진정한 기명날인(또는 서명)이 존재하므로 입증책임 문제가 위조[피위조자의 기명날인(또는 서명)은 진정한 것이 아니다]와 조금 다르게 논의되고 있다. 첫째, 변조된 문언에 따른 권리를 주장하는 소지인이 변조 후에 기명날인(또는 서명)이 이루어졌다는 점을 입증해야 한다는 입장이 있다. 이는 입증책임의 일반원칙(권리를 주장하는 자가 권리발생의 요건사실을 입증해야 한다)에 따른 것이다. 둘째, 변조가 어음·수표의 문면상 식별이 가능한지에 따라 입증책임을 나누는 입장이 있다(판례). 즉, 변조가 문면상 명백한 경우 소지인이 변조 후에 기명날인(또는 서명)이 이루어졌다는 점을 입증해야 하고, 변조가 문면상 명백하지 않은 경우 어음·수표행위자가 변조 전에 기명날인(또는 서명)이 이루어진 것을 입증해야 한다. 전자는 정상적이지 않은 어음이므로 권리를 주장하는 자가 입증책임을 지고, 후자는 외견상 정상적인 어음이므로 변조사실을 주장하는 어음행위자가 입증책임을 지는 것이다. 이는 유통성보호를 우선하자는 취지이다.

# 제4관 어음·수표의 실질관계

## Ⅰ. 의의 [5-29]

어음·수표가 교부되는 이유는 실질관계 때문인 것이 보통이다. 실질관계는 어음·수표행위를 한 당사자 사이의 대가관계(가령 매매관계)인 경우도 있고 환어음·수표의 발행인과 지급인 사이의 대가관계(가령 자금공급)인 경우도 있다. 전자가 '원인관계'이고 후자가 '자금관계'이다.

## Ⅱ. 원인관계

### 1. 무인성 [5-30]

#### (1) 원칙

원인관계는 어음·수표 교부의 당사자 사이에서 그 교부의 원인이 되는 법률관계이다. 어음·수표관계는 원인관계로부터 독립적으로 분리되는데, 이는 어음·수표의 유통성보호를 위해서이다. 이를 어음·수표의 무인성이라고 하며, 통설은 어음·수표행위에 조건을 붙일 수 없다는 규정(어1(2),수1(2) 등)에서 그 근거를 찾는다. 어음·수표의 무인성은 어음·수표와 원인채권이 그 발생, 존속, 소멸의 면에서 원칙상 독립된 별개임을 의미한다. 이에 따라 ① 원인관계의 부존재·무효·취소는 어음·수표관계에 아무런 영향이 없고 ② 어음·수표를 양도해도 원인채권이 수반되지 않으며 ③ 어음·수표상 권리를 행사하는 데 원인관계를 입증할 필요가 없다.

#### (2) 예외

하지만 무인성을 지나치게 중시하게 되면 어음·수표가 당사자 간의 원인채무(원인관계상 발생한 채무)의 지급을 처리하기 위한 지급수단이라는 본질이 간과될 수 있다. 이 점을 고려해서 어음·수표의 유통성을 저해하지 않는 범위 내에서 어음·수표관계와 원인관계 사이의 상호영향을 인정하고 있다. 이는 어음·수표의 무인성에 대한 예외라고 볼 수 있으며, 이에 대해 아래 2.와 3.에서 살펴보자.

### 2. 원인관계가 어음·수표관계에 미치는 영향 [5-31]

원인관계가 어음·수표관계에 영향을 미치는 경우는 다음과 같다. ① 어음·수표상 채무자는 원인관계에서 생기는 항변을 소지인에게 인적항변으로 주장할 수 있다(어17,수22)[5-39]. 가령 원인관계의 부존재·무효·취소 등은 인적항변에 해당한다. 인적항변은 항변의 당사자 사이에서만 인정되므로 어음·수표의 유통성을 저해하지 않으면서 당사자 사이의 공평성을 높일 수 있다. ② 어음·수표상 권리를 상실한 일정한 자는 그 상실로 인해 원인관계상 이득을 얻은 어음·수표상 채무자에게 그 이득의 상환청구권을 행사할 수 있다(어79,수63). 이득상환청구권은 어음·수표상 권리가 단기시효 등으로 쉽게 상실되는 반면에 채무자가 실질관계(원인관계·자금관계)에서 받은 대가 또는 자금을 보유하는 불공평한 결과를 해소하기 위한 제도이다[5-119].

### 3. 어음·수표관계가 원인관계에 미치는 영향 [5-32]

#### (1) 의의

어음·수표의 교부는 원인채무의 지급을 처리하기 위한 수단으로 행해지는 것이 보통인데, 어음·수표의 교부와 원인채무의 관계는 ① 원인채무의 지급에 갈음하는 경우 ② 원인채무의 지급을 위한 경우, 또는 ③ 원인채무의 지급을 담보하기 위한 경우로 구분된다.

어음·수표 교부 시의 당사자의 의사가 위 ①~③ 중에서 어느 것에 해당하는지 명확하다면 그에 따르면 된다. 하지만 당사자의 의사가 명확하지 않은 경우, 원칙상 지급 또는 지급담보를 위해서 어음·수표를 교부한 것이고, 예외적으로 자기앞수표 또는 지급보증이 된 수표는 지급에 갈음하여 어음·수표를 교부한 것으로 본다(판례·통설). 자기앞수표 또는 지급보증이 된 수표는 현금에 준하는 것으로 취급되어서 지급에 갈음한다고 보는 것이다. 그리고 지급을 위해서와 지급담보를 위해서의 구분은, 어음의 경우 교부된 어음의 주채무자가 원인관계상 채무자와 동일하지 않은 경우 제3자인 어음상의 주채무자에 의한 지급이 예정되어 있으므로 지급을 위해서 어음을 교부한 것으로 추정한다(판례)(가령 갑이 을에게 발행한 약속어음을 을이 자신의 원인채권자인 병에게 교부했다면 이 교부는 원인채무의 지급을 위한 것으로 추정한다).

### (2) 지급에 갈음한 교부

어음·수표가 원인채무의 지급에 갈음하여 교부된 경우 어음·수표채무가 존속하지만 원인채무는 소멸한다(통설). 원인채무에 설정된 담보 등도 소멸하는 것이 원칙이다(통설).

### (3) 지급 또는 지급담보를 위한 교부

지급 또는 지급담보를 위한 교부는 아래에서 ②와 ③을 제외하면 어음·수표관계가 원인관계에 미치는 영향이 같다. ① 병존: 어음·수표의 교부가 원인채무의 지급 또는 지급담보를 위한 경우 어음·수표채무는 물론이고 원인채무도 존속한다(통설). ② 행사순서: 지급을 위한 교부에서 원인관계의 채권자는 어음·수표로 지급받는다고 예정한 것으로 보아서 어음·수표채권을 먼저 행사해야 하고 이로 변제받을 수 없는 경우에 한하여 비로소 원인채권을 행사할 수 있다(판례·통설). 이와 달리 지급담보를 위한 교부에서는 어음·수표채권과 원인채권의 행사순서는 채권자의 선택에 달려 있다(판례·통설). 이 점이 지급을 위한 교부와 지급담보를 위한 교부의 중요한 차이이다. ③ 변제기 유예: 지급을 위한 교부에서 교부된 어음의 만기가 원인채무의 변제기에 비해 늦은 경우 원인채무의 변제도 그 만기까지 유예하는 묵시적 의사가 있는 것으로 본다(판례·통설)(수표는 일람출급[5-49]이므로 이것이 가능하지 않다). 이는 어음채권을 먼저 행사해야 한다는 점을 고려한 것이다. 지급담보를 위한 교부에서는 어음채권을 먼저 행사해야 하는 것이 아니므로 이러한 변제기의 유예 문제가 생기지 않는다. ④ 어음·수표채권의 만족: 원인관계의 채권자가 어음·수표채권을 행사하여 만족을 얻으면 원인채무는 소멸한다(판례·통설). 원인채무의 지급 또는 지급담보를 위해서 교부된 어음·수표의 지급이 이루어지면 원인채무가 소멸되는 것은 당연하다. ⑤ 원인채권의 만족: 지급 또는 지급담보를 위한 어음·수표의 교부에서 채권자가 원인채권을 행사하여 만족을 얻는다고 해서 어음·수표채무가 소멸하는 것은 아니다. 이는 어음·수표의 무인성 때문이다. 하지만 이 경우 해당 어음·수표가 유통되면 채무자가 그 소지인에게도 지급해야 하는 이중지급의 위험을 부담하게 되므로, 이를 피하기 위해 채권자가 원인채권을 행사하면 채무자는 원인채무의 지급과 동시이행으로 어음·수표의 반환을 청구할 수 있다(판례·통설).

## Ⅲ. 자금관계

### 1. 의의 [5-33]

자금관계는 환어음·수표의 발행인과 지급인 사이에 존재하는 실질관계로서 지급인이 인수 또는 지급을 하는 원인이 되는 법률관계(가령 발행인이 지급인에게 지급자금을 제공)를 가리킨다.

### 2. 무인성 [5-34]

#### (1) 원칙

어음·수표관계는 자금관계와 분리되며, 이는 어음·수표의 유통성보호를 위해서이다. 이를 어음·수표의 무인성이라고 하며, 통설은 어음·수표행위에 조건을 붙일 수 없다는 규정(어1(2),수1(2) 등)에서 그 근거를 찾는다. 이에 따라 ① 자금관계의 부존재·무효·취소는 어음·수표관계에 아무런 영향이 없고 ② 환어음·수표의 지급인이 지급자금을 받았다고 해서 어음·수표상 지급의무가 생기는 것은 아니며 ③ 환어음의 인수인 또는 수표의 지급보증인이 지급자금을 받지 않았다고 해서 지급책임을 면하는 것이 아니고 ④ 환어음·수표의 발행인이 지급인에게 지급자금을 제공했다고 해서 자신의 상환의무를 면하는 것이 아니다.

#### (2) 예외

하지만 무인성을 지나치게 중시하게 되면 어음·수표가 당사자 간의 자금관계에 기초하고 있다는 사실이 간과될 수 있다. 이 점을 고려해서 어음·수표의 유통성을 저해하지 않는 범위 내에서 자금관계가 어음·수표관계에 영향을 미치는 경우가 예외적으로 인정되고 있다. ① 어음·수표상 채무자는 자금관계에서 생기는 항변을 소지인에게 인적항변으로 주장할 수 있다(어17,수22)[5-39]. 가령 자금관계의 부존재·무효·취소 등은 인적항변에 해당한다. 인적항변은 당사자 사이에서만 인정되므로 어음·수표의 유통성을 저해하지 않으면서 당사자 사이의 공평성을 높일 수 있다. ② 어음·수표상 권리를 상실한 일정한 자는 자금관계상 이득을 얻은 어음·수표상 채무자에게 그 이득의 상환청구권을 행사할 수 있다(어79,수63). 이득상환청구권은 어음·수표상 권리가 단기시효 등으로 쉽게 상실되는 반면에 채무자는 실질관계(원인관계·자금관계)에서 받은 대가 또는 자금을 보유하는 불공평한 결과를 해소하기 위한 제도이다[5-119].

## 제 5 관 어음·수표의 항변

### Ⅰ. 항변의 의의 [5-35]

① 개념: 어음·수표항변이란 어음·수표상 채무자가 소지인의 청구를 거절하기 위해서 주장할 수 있는 일체의 사유를 가리킨다. ② 유통성보호와 항변의 관계(인적항변의 절단): 민법의 일반원칙상 채무자가 이의를 보류하지 않고 채권양도를 승낙한 경우를 제외하면 채무자는 양도인에게 대항할 수 있는 모든 사유로써 양수인에게 대항할 수 있다(민451)[1-100]. 하지만 이를 지시증권에도 적용하게 되면, 지시증권이 유통되면서 항변사유가 누적되어서 이행의 불확실성이 증가되고 양수인은 채무자가 양도인에게 어떠한 항변을 갖고 있는지를 조사해야 한다. 이는 지시증권의 유통성을 저해하게 되는데 이를 방지하기 위해서, 지시증권의 배서양도 시에는 인적항변(인적 관계로 인한 항변)이 절단된다(민515). 법률상 당연한 지시증권(어11①,수14②)인 어음·수표에도 당연히 인적항변의 절단이 적용된다(어17,수22). 하지만 물적항변은 절단되지 않는데, 이 경우는 채무자보호가 유통성보호보다 더 중시되는 것이다.

### Ⅱ. 항변의 분류

#### 1. 구분 [5-36]

어음·수표항변에는 물적항변과 인적항변이 있다. 물적항변은 해당 채무자가 모든 소지인에게 대항할 수 있는 항변이고, 인적항변은 항변의 당사자에게만 대항할 수 있는 항변이다. 어음·수표에서 절단되는 항변은 인적항변이다.

## 2. 물적항변 [5-37]

### (1) 개념

물적항변이란 항변이 절단되지 않고 해당 채무자가 모든 소지인(선의·악의를 불문)에게 대항할 수 있는 항변이다.

### (2) 종류

통설은 물적항변을 증권상의 항변과 비증권상의 항변으로 구분한다. ① 증권상의 항변: 증권상의 항변은 어음·수표의 문면으로부터 명백히 알 수 있는 사유이다. 가령 어음·수표요건 흠결의 항변, 만기미도래의 항변, 배서불연속의 항변 등이 그 예이다. ② 비증권상의 항변: 비증권상의 항변은 비록 어음·수표의 문면에는 나타나지 않지만 유통성보호보다는 해당 채무자보호가 중시되는 사유이다. 가령 의사무능력의 항변, 제한능력의 항변, 위조 또는 변조의 항변, 무권대리의 항변 등이 그 예이다.

## 3. 인적항변

### (1) 구분 [5-38]

인적항변은 유통성보호를 위해서 해당 채무자가 항변의 당사자에게만 대항할 수 있고 이외의 경우에는 절단되는 항변이다. 인적항변은 어음법 17조 및 수표법 22조가 적용되는 인적항변과 그렇지 않은 인적항변으로 구분된다.

### (2) 어음법 17조 및 수표법 22조가 적용되는 인적항변 [5-39]

**1) 의의** 어음법 17조 및 수표법 22조가 적용되는 인적항변에는 ① 원인관계의 부존재·무효·취소·해제의 항변 ② 원인관계가 강행규정[사회질서 위반(민103), 불공정한 법률행위(민104) 등]에 위반하여 무효라는 항변 ③ 자금관계상 자금이 제공되지 않았다는 항변 ④ 증권에 기재되지 않았지만 어음·수표의 내용에 관한 당사자 간 약정의 항변 등이 있다.

**2) 요건** 어음법 17조 및 수표법 22조가 적용되는 인적항변의 요건은 다음과 같다.

㈎ **양도 방법**　① 어음법·수표법적 양도방법: 인적항변의 절단은 소지인이 어음법·수표법적 양도방법(배서 또는 교부)에 의해 어음·수표를 취득한 경우에만 인정된다(판례·통설). 지명채권양도방법, 상속 또는 합병 등에 의한 어음·수표의 취득은 유통성보호의 필요가 없어 인적항변이 절단되지 않는다. ② 기한후배서의 제외: 지명채권양도의 효력밖에 없는 기한후배서(어음·수표가 유통성을 상실하고 상환청구단계에 들어간 이후에 행한 배서)[5-89]는 유통성보호의 필요가 없어 인적항변이 절단되지 않는다. ③ 독립된 경제적 이익: 취득자에게 독립된 경제적 이익이 없는 추심위임배서(배서인이 피배서인에게 어음·수표상의 권리를 행사할 대리권을 수여할 목적으로 하는 배서)[5-90] 또는 무상양도는 유통성보호의 필요가 없어 인적항변이 절단되지 않는다.

㈏ **주관적 요건**　소지인이 채무자를 '해할 것을 알고' 어음·수표를 취득한 경우는 인적항변이 절단되지 않는다(어17,수22). '해할 것을 알고'는 '악의'(해의를 강조해서 '해의'라고도 부른다)를 가리키며, 소지인이 악의로 취득한 경우 채무자는 '악의의 항변'(해의를 강조해서 '해의의 항변'이라고도 부른다)을 주장해서 인적항변의 절단을 막을 수 있다.

주관적 요건을 구체적으로 살펴보자. ① 악의: 악의는 취득자가 단지 항변의 존재사실을 인식하는 것이 아니라 자신의 취득으로 항변이 절단되어 채무자를 해한다는 사실을 인식해야 한다는 의미이다(판례·통설). ② 입증: 악의의 항변을 주장하는 채무자가 악의의 존재를 입증해야 한다(다만, 항변의 존재를 인식하면 특별한 사정이 없는 한 악의가 추정되고, 그러한 특별한 사정이 있는 경우로는 가령 취득자가 만기에 항변사유가 소멸할 것이라고 믿을 만한 사정이 있는 경우를 들 수 있다)(판례·통설). ③ 시기: 어음·수표의 취득 시에 악의가 있어야만 악의의 항변을 주장할 수 있다(판례·통설). 인적항변의 절단은 유통성보호를 위한 것이므로 악의의 판단시기는 어음·수표의 취득 시인 것이다. ④ 엄폐물의 법칙: 선의취득은 원시취득으로서 일단 성립되면 그 후의 취득자는 악의가 있더라도 권리를 승계한다(가령 약속어음관계의 당사자가 갑→을→병→정에서 병이 선의취득한 경우 정이 악의라도 병의 정으로의 양도에 영향을 미치지 않는다)[5-93]. 이것이 엄폐물의 법칙이다. 이는 인적항변의 절단에도 마찬가지로 적용된다(판례·통설). 즉, 일단 인적항변이 절단되면 그 후의 취득자는 악의가 있더라도 인적항변이 절단된다(가령 약속어음관계의 당사자가 갑→을→병→정인 경우 병이 선의여서 인적항변이 절단되면 정이 악의더라도 역시 인적항변이 절단된다).

### (3) 어음법 17조 및 수표법 22조가 적용되지 않는 인적항변 [5-40]

어음법 17조 및 수표법 22조가 적용되지 않는 인적항변은 다음과 같다.

1) **교부흠결의 항변** 판례에 의하면 어음·수표의 유통성보호를 위해서 어음·수표의 교부흠결의 항변은 흠결의 당사자에게만 적용되고 취득자에게는 절단되는 인적항변이다[5-17]. 다만, 채무자가 악의·중과실(여기서 악의는 교부흠결의 사실을 아는 것이다)로 어음·수표가 취득된 것임을 입증하면 항변이 절단되지 않는다(판례).

2) **의사표시흠결의 항변** 어음·수표행위의 의사표시흠결[비진의표시의 무효(민107), 통정허위표시의 무효(민108), 착오·사기·강박에 의한 의사표시의 취소(민109~110)][1-32~36]은 어음·수표의 유통성보호를 위해서 흠결의 당사자에게만 적용되는 인적항변이다[5-16]. 다만, 채무자가 악의·중과실(여기서 악의는 의사표시하자의 사실을 아는 것이다)로 어음·수표가 취득된 것임을 입증하면 항변이 절단되지 않는다(통설). 하지만 판례는 이 항변이 어음법 17조 및 수표법 22조에 따른 인적항변이고 채무자가 해의에 의해 어음·수표가 취득된 것임을 입증한 경우에만 항변이 절단되지 않는다고 본다. 판례는 의사표시흠결의 경우 채무자보호를 좀더 중시하는 것이다.

3) **백지보충권 남용의 항변** 백지보충권 남용은 어음·수표의 유통성보호를 위해서 남용의 당사자에게만 적용되는 인적항변이다[5-61]. 다만, 채무자가 악의·중과실(여기서 악의는 백지보충권 남용의 사실을 아는 것이다)로 어음·수표가 취득된 것임을 입증하면 항변이 절단되지 않는다(어10,수13).

4) **민법 124조 또는 상법 398조 위반의 항변** 어음·수표행위를 자기계약 또는 쌍방대리하는 경우 본인의 허락이 필요하고(민124), 이사와 회사 간에 어음·수표행위가 행해지는 경우(자기거래)에 이사회의 승인이 필요하다(상398). 이를 위반한 경우의 항변은 유통성보호를 위해서 위반의 당사자에게만 적용되는 인적항변이다[5-22]. 다만 채무자가 악의·중과실(여기서 악의는 자기계약·쌍방대리 또는 자기거래 위반의 사실을 아는 것이다)로 어음·수표가 취득된 것임을 입증하면 항변이 절단되지 않는다(통설).

### 4. 특수한 항변 [5-41]

#### (1) 융통어음의 항변

① 융통어음의 개념: 융통어음이란 상거래가 아니라 타인의 자금융통을 목적으로 발행된 어음이다. 가령 갑이 을의 자금융통을 목적으로 을을 수취인으로 하는 약속어음을 발행하는 경우 이것이 융통어음이다. 이 경우 을은 어음할인[5-81]을 하여 자금을 조달하거나, 제3자에 대한 원인채무의 지급과 관련하여 이를 사용하는 것이 보통이다. ② 항변의 인정 여부: 융통어음이 유통된 경우 그 발행인은 그 소지인에게 융통어음의 항변으로 대항할 수 있는가? 판례와 통설은 이를 부정한다. 이에 따르면 소지인의 선의·악의를 묻지 않고 융통어음의 항변은 허용되지 않는다. 그 근거로는 이 경우 소지인에게 해의를 인정하기 어렵다는 견해, 또는 발행인이 어음상 채무를 부담하려는 의사가 있었다고 보아야 한다는 견해 등이 제시된다.

#### (2) 제3자의 항변

1) **의의** 제3자의 항변은 주로 어음·수표상의 채무자가 다른 채무자가 갖는 인적항변을 주장하는 문제이다. 인적항변은 그 당사자만 주장할 수 있는 원칙이나(인적항변의 개별성), 이러한 원칙을 관철하는 것이 부당하다고 판단되는 특별한 경우에 예외적으로 제3자의 항변을 허용한다. 이러한 특별한 경우로는 다음이 있다.

2) **전자의 항변** 전자의 항변이란 어음·수표상 채무자가 자기의 전자가 소지인에게 갖는 항변을 원용하여 소지인에게 대항할 수 있는 경우이다. 가령 약속어음관계의 당사자가 갑→을→병인 경우에 병이 갑에게 지급청구를 하자 갑이 지급유예를 요청하고 병이 이를 승낙했는데 그럼에도 불구하고 병이 을에게 상환청구를 한다면 을은 갑의 병에 대한 항변(지급유예의 특약)을 가지고 대항할 수 있다. 판례와 다수설은 이 경우 병의 상환청구는 부당하다고 보아 전자의 항변을 인정한다.

3) **후자의 항변** 후자의 항변이란 어음·수표상 채무자가 자기의 후자가 소지인에게 갖는 항변을 원용하여 소지인에게 대항할 수 있는 경우이다. 가

령 약속어음관계의 당사자가 갑→을→병인 경우 을의 병에 대한 원인채무가 소멸됐음에도 불구하고 병이 어음·수표를 소지하고 있는 있음을 기화로(만약 을이 원인채무를 이행한 경우라면 동시이행으로 병으로부터 어음·수표를 반환받을 수 있지만 가령 원인채무가 무효인 경우는 병이 어음·수표를 소지하고 있는 상태인 것이 보통이다) 병이 갑에게 지급청구를 한다면, 갑은 을의 병에 대한 항변(만약 병이 을에게 상환청구를 하면 을은 원인관계소멸의 인적항변으로 병에게 대항할 수 있다)을 가지고 대항할 수 있다. 판례와 다수설은 이 경우 병의 지급청구는 부당하다고 보아 후자의 항변을 인정한다.

4) **이중무권의 항변** 이중무권의 항변이란 연속하는 3인의 어음·수표관계 당사자의 원인관계가 모두 소멸된 경우 최초채무자가 후자의 항변을 가지고 최후소지인의 지급청구에 대해 대항할 수 있는 경우이다. 가령 약속어음관계의 당사자가 갑→을→병인 경우 갑·을의 원인관계 및 을·병의 원인관계가 소멸됐음에도 불구하고 병이 갑에게 지급청구를 한 경우 갑은 자신의 을에 대한 항변(원인관계소멸에 관한 인적항변)과 을의 병에 대한 항변(원인관계소멸에 관한 항변)을 가지고 대항할 수 있다. 이중무권의 항변은 후자의 항변뿐만 아니라 자신의 항변도 원용한다는 점에서 후자의 항변과 차이가 있다. 판례와 다수설은 이 경우 병의 지급청구는 부당하다고 보아 이중무권의 항변을 인정한다.

# 제 2 절 어음법·수표법 각론

## 제 1 관 어음·수표의 발행

### Ⅰ. 의의

#### 1. 개념 [5-42]

① 형식으로 보면, 어음·수표의 발행은 어음·수표요건을 갖춘 증권을 작성하여 이를 교부하는 행위이다(교부가 발행의 요건인지에 관해서는 어음·수표이론[5-17]에서 논의하였다). 실질로 보면, 환어음·수표의 발행은 발행인이 일정한 금액의 지급을 지급인에게 '위탁'하는 행위이고, 약속어음의 발행은 발행인이 일정한 금액의 지급을 '약속'하는 행위이다. ② 발행은 기본적 어음·수표행위이며, 이에 기초해서 인수, 배서 등의 부속적 어음·수표행위가 이루어진다.

#### 2. 기재사항 [5-43]

발행 시에 어음·수표에 기재되는 사항은 다음과 같은 유형이 있다. ① 필요적 기재사항: 이는 유효한 어음·수표가 되기 위해서는 반드시 기재되어야 하는 사항이며, '어음·수표의 요건'이라고 한다(가령 어음·수표문구). ② 유익적 기재사항: 이는 기재하지 않아도 어음·수표의 효력에는 영향이 없지만 기재하면 기재된 대로 효력이 인정되는 사항이다(가령 지급장소의 기재). ③ 무익적 기재사항: 이는 기재해도 아무런 효력이 없고 어음·수표의 효력에도 영향이 없는 사항이다(가령 수표에 만기의 기재). ④ 유해적 기재사항: 이는 기재하면 어음·수표를 무효로 만드는 사항이다(가령 조건부 지급의 기재).

이하 Ⅱ.에서는 필요적 기재사항(어음·수표요건)을 중심으로 살펴보고, 필요한 범위 내에서 유익적·무익적·유해적 기재사항도 같이 살펴보기로 한다.

### 3. 효력 [5-44]

#### (1) 약속어음

약속어음의 발행은 발행인이 정당한 소지인에게 만기에 지급할 것을 약속하는 의사표시이다(어78①). 이로 인해 발행인은 주채무로서의 지급의무를 부담한다. 이 주채무는 1차적(상환의무에 앞서서 부담한다)이고, 절대적(소지인이 별도의 권리보전 절차를 거치지 않아도 시효로 소멸할 때까지 부담한다)이며, 최종적(발행인이 지급한 경우는 어음상 권리가 소멸한다)인 성격의 의무이다.

#### (2) 환어음

환어음의 발행은 발행인이 지급인으로 하여금 정당한 소지인에게 일정한 금액을 지급할 것을 위탁하는 의사표시이다(어1(2)). 여기서 지급위탁은 이중수권의 의미를 갖는다(이중수권설)(통설). 즉, 지급인은 자신의 명의와 발행인의 계산으로 지급할 권한이 생기고, 수취인은 자신의 명의로 어음금을 수령할 수 있는 권한이 생긴다. 지급인은 인수를 해야만 주채무로서의 지급의무를 부담하며, 이 주채무의 성격은 위 (1)의 약속어음상 주채무와 같다. 발행인은 인수 또는 지급이 거절되는 경우 담보책임으로서 상환의무를 지며(어9①), 이는 의사표시에 의해서가 아니라 유통성보호를 위해 법률의 규정에 의해서 지는 책임이다(통설). 인수담보책임은 발행인의 의사표시로 배제할 수 있지만, 지급담보책임은 배제할 수 없다(어9②).

#### (3) 수표

수표의 발행은 기본적으로 환어음과 구조가 같다. 하지만 수표의 지급인은 반드시 은행이라는 점(수3), 수표에는 인수제도가 없으므로 주채무가 존재하지 않는다는 점(수4), 수표는 만기가 일람출급[5-49]인 전형적인 지급증권이라는 점

(수28①) 등이 다르다. 수표에는 주채무가 없지만 지급보증제도(수55)가 있어서, 지급인이 지급보증을 하면 수표가 지급제시기간 내에 제시된 경우에 한해 수표금을 지급할 의무가 있다(이 의무는 이와 같이 한시적 의무이기 때문에 주채무로 분류하지는 않는다). 발행인은 지급담보책임(수12)을 지며, 이는 유통성보호를 위해 법률의 규정에 의해 지는 책임이다(통설). 인수제도가 없으므로 발행인이 인수담보책임은 지지 않는다.

## Ⅱ. 어음·수표요건

### 1. 의의 [5-45]

① 개념: 어음·수표는 엄격한 요식증권이므로 발행에 일정한 필요적 사항이 기재되어야 한다. 이를 필요적 기재사항이자 어음·수표요건이라고 한다. ② 효력: 어음·수표요건이 흠결되면 원칙상 해당 어음·수표는 효력이 없다(어2본,76본,수2본). 이와 같이 어음·수표요건이 흠결된 어음·수표를 불완전어음·수표라고 한다. 다만, 예외적으로 만기 등 일정한 어음·수표요건은 흠결되어도 법률 규정에 의해 보충되는 경우가 있고(이를 '흠결보충' 또는 '법정보충'이라고 하며 이에 대해서는 아래의 어음·수표요건에서 살펴본다), 또한 보충을 예상하고 일부 어음·수표요건을 기재하지 않은 백지어음·수표[5-55]도 유효하다. ③ 독립성의 배제: 발행에는 어음·수표행위의 독립성이 적용되지 않는다[5-20]. 즉, 발행에 어음·수표요건의 흠결이 있으면 이후에 행해진 배서 등의 후행하는 어음·수표행위도 무효이다(통설).

### 2. 어음·수표문구 [5-46]

어음·수표문구는 어음·수표요건이다. 즉, 증권의 본문 중에 그 증권을 작성할 때 사용하는 국어로 환어음, 약속어음, 또는 수표를 표시하는 문자를 기재해야 한다(어1(1),75(1),수1(1)).

### 3. 일정금액의 지급약속 또는 지급위탁 [5-47]

① 의의: 일정금액의 지급약속은 약속어음요건이고 일정금액의 지급위탁의 문구는 환어음·수표요건이다(어1(2),75(2),수1(2)). ② 금액: 일정한 금액(가령 1천만 원)

의 지급만 가능하다(어1(2),75(2),수1(2)). 금액 이외의 지급(가령 현물지급)은 가능하지 않다. 나아가 금액은 단일해야 한다(통설). 이는 어음·수표의 유통성을 높이기 위해서이다. 가령 '1억 원 및 1천만 원'이라고 기재하면 단일성에 반한다. 원금과 이자의 분리기재(가령 1억 원 및 연 8%의 이자)도 이자 부분은 원칙상 효력이 없다(무익적 기재사항)(어5①,수7). 단일성의 원칙에 반하기 때문이며, 이를 고려해서 이자를 어음·수표금액에 포함시켜야 한다. 다만, 일람출급[5-49] 또는 일람후정기출급[5-49]의 어음은 이자액을 미리 예측할 수 없으므로(지급제시, 즉 일람의 시기가 소지인의 재량이다), 예외적으로 원금과 이자의 분리기재가 가능하다(어5,77②). ③ 무조건: 지급약속 또는 지급위탁은 무조건이어야 한다(어1(2),75(2),수1(2)). 지급에 조건(가령 '임대차계약이 유효한 경우에 지급한다')을 붙이면 이는 어음·수표를 무효로 만든다(유해적 기재사항)(판례·통설). 조건은 어음·수표의 유통성에 반하기 때문이다[1-48].

### 4. 지급인 [5-48]

① 의의: 지급인은 환어음·수표요건이다(어1(3),수1(3)). 약속어음에는 지급인이 없다. 수표의 지급인은 은행이다(수3). 지급인이 허무인(존재하지 않는 사람)으로 기재된 경우에도 어음·수표의 효력이 인정된다(통설). 왜냐하면 지급인은 인수를 하지 않는 이상 어음상 책임이 없기 때문이다. 발행인이 담보책임으로서 상환의무를 부담하므로 이 경우에도 어음·수표의 효력을 인정할 필요가 있는 것이다. ② 기재방식: 지급인의 중첩적(가령 갑 및 을) 또는 순차적(가령 제1지급인 갑, 제2지급인 을) 기재가 허용된다(통설). 순차적 기재는 지급인과 예비지급인으로 본다(어55①)(위 예에서 갑이 지급인, 을이 예비지급인이다). 선택적 기재(가령 갑 또는 을)는 허용되지 않는다(유해적 기재사항)(통설). 이 경우 선택 전에는 어음·수표관계가 불명확해서 유통성에 반하기 때문이다. ③ 자기앞환어음·수표: 환어음·수표의 발행인이 자신을 지급인으로 정한 경우가 자기앞환어음·수표이다(어3②,수6③). 자기앞환어음은 발행인이 두 개 이상의 영업소를 갖고 발행지와 다른 위치에 있는 영업소에서 지급하려는 경우에 사용한다. 자기앞수표는 수표의 지급보증 대신에 사용하는 것으로서 마치 현금처럼 유통되고 있다.

### 5. 만기 [5-49]

#### (1) 의의

① 개념: 만기는 어음요건이다(어1(4),75(3)). 만기는 어음금액이 '지급될 날'(또는 '지급일', '지급기일' 등)로 어음에 기재된 날이다. 한편, 수표는 일람출급이므로 만기가 무익적 기재사항으로서 수표요건이 아니다(수28①). ② 단일·확정·가능: 어음금액을 분할하여 각각 다르게 만기를 정하는 분할출급은 단일성에 반하여 무효이다(어33②). 불확정한 기일(가령 '물건 인도 후')로 만기를 정하는 것은 확정성에 반하여 무효이다(통설). 발행일 이전의 기일을 만기로 정하는 것은 가능성에 반하여 무효이다(판례·통설). 한편, 발행일이 1978. 2. 30.로 기재된 경우 같은 해 2월 말일을 발행일로 보아 유효하다(판례·통설). 이러한 결론이 당사자의 합리적 의사에 합치되고 어음의 유통성을 보호할 수 있기 때문이다. ③ 흠결보충: 만기는 절대적 어음요건이 아니어서, 만기가 기재되지 않은 경우 어음은 무효가 아니라 일람출급으로 간주된다(어2(1)).

#### (2) 종류

다음의 네 가지 만기만 가능하고 나머지의 만기를 기재하면 어음이 무효이다(어33①). ① 확정일출급: 가령 '2020년 3월 3일'이라고 기재하는 것이다. ② 발행일자 후 정기출급: 가령 '발행일자로부터 1개월 후'라고 기재하는 것이다. ③ 일람출급: 가령 '일람 즉시 지급'이라고 기재하는 것이다. 여기서 일람은 지급제시[5-95]를 의미하며(환어음의 인수제시[5-63]는 여기의 일람이 아니다), 지급제시가 되는 날이 만기가 되는 것이다. 즉, 일람출급(payable at sight)인 경우 발행 후 즉시 지급제시를 할 수 있고, 지급제시하는 즉시 지급의무의 이행기가 도래한다. ④ 일람후정기출급: 가령 '일람 후 1개월 후 지급'이라고 기재하는 것이다. 여기서 일람은 만기가 아니므로 지급제시(이는 만기에만 가능하다)는 아니다. 즉, 약속어음에서 일람은 지급제시가 아니라 단순히 만기를 정하기 위해 어음을 제시하는 것을 가리킨다(어78②). 그리고 환어음에서 일람은 인수제시를 가리키고(통설), 인수가 거절된 경우 거절증서 작성일자로부터 일정한 기간이 경과한 날이 만기가 된다(어35①).

## 6. 지급지 [5-50]

### (1) 의의

지급지는 어음·수표요건이다(어1(5),75(4),수1(4)). 지급지는 지급될 지역으로서 지급제시, 인수제시, 지급이행의 장소이다(통설). 가령 서울특별시는 지급지이다. 지급제시 등은 지급지 내에 있는 지급인의 영업소·주소·거소에서 이루어진다(민516). 존재하지 않는 장소를 지급지로 기재하면 어음이 무효로 된다(유해적 기재사항)(통설).

### (2) 제3자방지급(지급장소)

① 개념: 지급장소는 지급지 내에 있는 특정한 장소로서 어음·수표에 기재된 것이며, 흔히 지급인의 영업소·주소·거소 이외의 장소에서 지급제시 등이 이루어지기를 원하는 경우에 사용된다(흔히 'ㅇㅇ은행 ㅇㅇ지점'이라고 기재된다). 이러한 지급방식을 제3자방지급이라고 한다(어4,27,77②,수8). 은행이 제3자방으로 기재된 어음을 특히 '은행도어음'이라고 한다(실무상 대부분의 어음이 은행도어음이다). ② 법적 성격: 제3자방지급은 어음요건은 아니고 유익적 기재사항이다(통설). ③ 요건: 지급장소는 지급지 내의 장소이어야 하고(가령 지급지가 서울특별시이면 지급장소는 서울특별시 내에 있어야 한다), 만약 지급장소가 지급지 이외의 장소로 기재된 경우 지급장소의 기재는 없는 것으로 본다(무익적 기재사항)(판례·통설). ④ 효력: 지급장소가 기재된 경우 지급제시 등이 기재된 지급장소에서 이루어져야 지급제시 등의 효력이 발생한다(통설).

### (3) 흠결보충

만약 지급장소가 기재되어 있으면 이것이 가장 우선하여 지급지를 보충한다(판례·통설). 지급장소의 기재도 없으면 다음과 같은 흠결보충이 이루어진다. 환어음의 경우 지급인의 명칭에 부기한 곳으로 지급지를 보충할 수 있고(어2(2)), 수표도 같지만 나아가 지급인의 명칭에 부기한 곳이 없으면 발행지로 지급지를 보충한다(수2(1)(2)). 약속어음은 지급인이 없으므로 발행지로 지급지를 보충한다(어76(2)).

## 7. 수취인

[5-51]

① 개념: 수취인은 '지급받을 자의 명칭'(가령 '수취인 갑') 또는 '지급받을 자를 지시할 자의 명칭'(가령 '수취인 갑이 지시하는 자')이다(어1(6),75(5)). 전자를 기재한 것을 기명식어음·수표, 후자를 기재한 것을 지시식어음·수표라고 한다. 후자는 배서에 의한 양도를 염두에 둔 것이다. 그런데 어음·수표는 법률상 당연한 지시증권(어11①,수14②)이므로 전자와 같이 기재해도 배서양도하는 데 문제가 없다. ② 법적 성질: 수취인은 어음요건이고(어1(6),75(5)), 수표요건은 아니다(수1). 즉, 수표는 어음과 달리 소지인출급식(소지인에게 지급하는 방식)으로 발행할 수 있다. 수표에 수취인을 기재하면 지시증권이 된다(그 결과 수표에서 수취인은 유익적 기재사항인 것이다). ③ 기재방식: 수취인의 중첩적 기재(가령 갑 및 을), 순차적 기재(가령 제1수취인 갑, 제2수취인 을), 또는 선택적 기재(가령 갑 또는 을)가 허용된다(통설). 이 경우 실제로 어음·수표를 소지한 수취인만 권리를 취득·행사할 수 있으므로 어음·수표관계가 불명확하지 않기 때문이다. ④ 자기지시어음: 환어음의 발행인이 자신을 수취인으로 정한 경우가 자기지시환어음이다(어3①). 이는 약속어음에도 인정된다(통설).

## 8. 발행일

[5-52]

① 의의: 발행일은 어음·수표요건이다(어1(7),75(6),수1(5)). 이는 만기를 정하는 기준(발행일자 후 정기출급인 경우), 지급제시기간을 정하는 기준(일람출급인 경우)(어34①, 수29①), 인수제시기간을 정하는 기준(일람후정기출급인 경우)(어23①)이 되는 역할을 한다. ② 기재방식: 어음·수표에 실제의 발행일을 기재하는 것이 보통이다. 하지만, 실제의 발행일과 문면상 발행일이 일치하지 않아도 어음·수표의 효력에는 영향이 없다. 실제의 발행일과 문면상 발행일이 불일치하는 경우로는 선일자(가령 실제의 발행일은 2020. 3. 3.이고 문면상 발행일이 2020. 4. 3.인 경우), 후일자(가령 실제의 발행일은 2020. 3. 3.이고 문면상 발행일이 2020. 2. 3.인 경우)가 있다. 이 경우 만기 또는 지급제시기간 등을 정하는 경우 문면상 발행일이 기준이 된다(통설). 다만, '선일자수표'인 경우는 문면상 발행일 이전이라도 지급제시 및 지급이 가능하다(수28②). 이는 수표는 일람출급[5-49]인 전형적인 지급증권이라는 점(수28①)을 고려한 규정이다.

### 9. 발행지 [5-53]

① 의의: 발행지는 어음·수표가 발행된 장소이며, 어음·수표에 기재된 문면상 발행지와 실제 발행지가 일치하지 않아도 무방하다(통설). ② 적용범위: 어음법·수표법은 발행지가 어음·수표요건이라고 규정한다(어1(7),75(6),수1(5)). 하지만, 실제로 발행지는 국내에서 발행되고 지급되는 국내어음·수표의 권리의무에는 아무런 영향이 없고, 국외에서 발행되거나 지급되는 국제어음·수표의 준거법을 국제사법에 따라 정하는 기준이 된다. 이 점을 고려하여 판례는 국내어음·수표인 경우 발행지의 기재가 없어도 유효라고 해석한다.

### 10. 발행인의 기명날인(또는 서명) [5-54]

① 의의: 발행인의 기명날인(또는 서명)은 어음·수표요건이다(어1(8),75(7),수1(6)). 이는 모든 어음·수표행위에 공통된 요건이기도 하다. ② 기재방식: 발행인의 순차적 기재(가령 제1수취인 갑, 제2수취인 을) 또는 선택적 기재(가령 갑 또는 을)가 허용되지 않는다(통설). 이 경우는 어음·수표관계가 불명확하기 때문이다. 한편, 중첩적 기재(가령 갑 및 을)는 허용되며, 이를 공동발행이라고 한다. 이 경우 수개의 독립된 어음·수표행위로 인정되고 이들은 합동책임[5-105]을 진다(어47,수43).

## Ⅲ. 백지어음·수표

### 1. 의의 [5-55]

① 개념: 백지어음·수표는 기명날인(또는 서명)을 제외한 나머지 어음·수표요건의 전부 또는 일부를 나중에 타인이 보충하게 할 의사로 의도적으로 공백으로(백지로) 남겨둔 미완성의 어음·수표이다(통설). 백지어음·수표는 미완성이지만 유효하다(통설). ② 기능: 백지어음·수표는 발행 시에 어음·수표금액 등을 확정할 수 없는 경우에 이용된다. ③ 구분: 백지어음·수표는 불완전 어음·수표와 다른데, 후자는 보충의사 없이 어음·수표요건이 흠결된 채 발행된 경우로서 무효인 어음·수표이다. 또한 백지어음·수표는 백지식배서(어13②,수16②)와도 다른데, 백지식배서는 피배서인을 일부러 공백으로 남겨둔 경우로서 배서의 한 방법이다

[5-83]. ④ 법적 성질: 백지어음·수표는 미완성의 어음·수표로서 특수한 유가증권이다(통설). 보충되기 이전에 백지어음·수표인 상태에서는 어음·수표로서의 효력이 인정되지 않으므로 인수 또는 지급의 청구를 할 수 없다.

### 2. 요건 [5-56]

① 어음·수표요건의 흠결: 기명날인(또는 서명)을 제외한 어음·수표요건의 전부 또는 일부가 흠결되어야 한다. 흠결보충의 규정이 있는지 여부와 무관하게, 보충의사하에 의도적으로 공백으로 남겨둔 경우는 백지어음·수표이다. 가령 어음상 만기의 기재가 없는 경우 일람출급어음으로 본다는 규정(어2(1))이 있으나, 보충의사를 갖고 의도적으로 만기를 기재하지 않은 경우는 일람출급어음이 아니라 백지어음이 된다(판례·통설). ② 백지보충권의 존재: 보충권의 존재는 원칙상 발행인의 의사에 따르지만, 어음·수표의 외관상 보충권이 존재한다고 인정되는 경우에는 이에 따른다(절충설)(통설). 판례는 발행인이 보충권 수여가 없었다는 점을 입증하지 않으면 백지어음·수표에 대한 책임을 져야 한다는 입장이다. ③ 기명날인(또는 서명)의 존재: 백지어음·수표가 되기 위해서는 어음·수표행위자의 기명날인(또는 서명)이 있어야 한다.

### 3. 효력 [5-57]

① 권리행사: 백지가 보충되어야만 백지어음·수표상 권리를 행사할 수 있다(판례·통설). 가령 백지가 보충되지 않은 상황에서 지급제시는 적법한 지급제시가 아니다. 다만, 백지가 보충되지 않은 상태에서 지급제시를 해도, 이는 권리 위에 잠자고 있지 않다는 것을 보여준 것이므로, 시효중단의 효력은 생긴다(판례·통설). ② 권리양도: 백지어음·수표는 유통성보호를 위해 배서에 의한 양도도 가능하고, 지명채권 양도방법(민450)에 의한 양도도 가능하다(판례·통설). 배서양도를 한 경우 배서의 효력(선의취득, 인적항변의 절단, 담보적 효력 등)도 인정된다(판례·통설).

### 4. 백지보충권

#### (1) 의의 [5-58]

① 개념: 백지보충권은 흠결된 어음·수표요건을 보충하여 완전한 어음·수

표로 만드는 권능을 말한다(통설). ② 수여약정: 백지보충권은 백지어음·수표의 행위자와 그 상대방 사이의 약정에 의해 수여된다. 이 수여약정에서 백지보충권의 범위도 정해진다. ③ 법적 성질: 소지인의 일방적인 백지보충권의 행사로 어음·수표관계가 변동된다는 점에서 백지보충권은 형성권이다(다수설).

### (2) 행사기간 [5-59]

백지보충권의 행사기간은 백지보충권의 소멸시효의 문제이다. 이는 만기가 백지인지 여부를 기준으로 다음과 같이 구분된다.

**1) 만기가 기재된 경우** 만기가 기재된 백지어음이나 발행일이 기재된 백지수표(수표는 일람출급[5-49]이므로 발행일이 기재되면 만기가 기재된 효과가 생긴다. 즉, 수표는 발행일 이후에 지급제시를 한 날이 만기가 된다)인 경우 백지보충권은 별도로 소멸시효에 걸리지 아니하고, 어음금·수표금 청구권이 시효로 소멸하지 않고 존속하는 한 백지보충권도 행사할 수 있다. 따라서 백지보충권의 행사기간은 청구의 상대방에 따라 다음과 같이 구분된다(판례·통설). ① 주채무자에 대한 권리는 이를 행사할 수 있는 시점인 만기로부터 3년의 소멸시효(어70①)가 적용되므로, 백지보충권이 이 기간 내에 행사되어야 한다. ② 상환의무자(배서인 등)에 대한 권리는 지급제시기간(이는 어음은 만기, 수표는 발행일을 기준으로 하여 정해진다) 내에 지급제시를 해야 보전되므로[5-95, 96], 백지보충권이 이 기간 내에 행사되어야 한다.

**2) 만기가 백지인 경우** 만기가 백지인 어음이나 발행일이 백지인 수표는 백지보충권의 행사기간을 만기 또는 발행일을 기준으로 하여 정할 수 없다. 이로 인해서 백지보충권의 행사기간에 대해서는 다양한 논의가 있는데, 여기서는 판례의 입장만 살펴보자. ① 만기가 백지인 약속어음의 발행인에 대한 권리는 이를 행사할 수 있는 시점(가령 장래의 계속적 물품거래로 발생할 채무의 지급을 위해 만기를 공백으로 한 경우라면 그 물품거래가 종료하여 어음상 권리를 행사하는 것이 가능하게 된 시점을 가리킨다)으로부터 3년의 소멸시효(어70①)가 적용된다고 보아서, 백지보충권이 이 기간 내에 행사되어야 한다. ② 발행일이 백지인 수표의 상환의무자에 대한 권리는 이를 행사할 수 있는 시점으로부터 6개월의 소멸시효(수51①)가 적용된다고 보아서, 백지보충권이 이 기간 내에 행사되어야 한다.

(3) **보충의 효과** [5-60]

① 어음·수표의 완성: 백지보충권의 행사로 백지가 보충된 경우 백지어음·수표는 완전한 어음·수표로 완성되고, 그 소지인은 어음·수표상 권리를 행사할 수 있다. ② 비소급효: 보충의 효과는 보충 시부터 장래를 향해서만 효력을 발생한다(판례·통설). 소급효를 인정하게 되면 백지어음·수표관계가 불안정해지기 때문이다. ③ 어음·수표행위의 성립시기: 백지어음·수표에 배서 등의 어음·수표행위가 행해진 다음에 백지가 보충된 경우 그 어음·수표행위는 보충 시가 아니라 행위 시에 이루어진 것으로 본다(판례·통설). 보충의 목적은 어음·수표상 권리의 행사를 할 수 있게 하는 것이지 어음·수표행위의 요건·효과를 정하는 것은 아니기 때문이다. 따라서 백지어음·수표에 어음·수표행위를 한 행위자의 권리능력, 행위능력 등은 그 어음·수표행위 시를 기준으로 판단한다. 또한 기한후배서[5-89]에 해당하는지는 백지보충 시가 아니라 어음·수표행위 시를 기준으로 판단한다.

(4) **보충권의 남용** [5-61]

1) **의의** 보충권의 남용은 미리 합의된 사항과 다른 내용으로 보충한 경우를 가리킨다(어10,수13). 이는 수여된 보충권의 범위를 벗어나 부당보충이 이루어진 경우이다(가령 1억 원을 상한으로 어음금액을 보충하기로 합의되었음에도 불구하고 2억 원으로 보충한 경우이다).

2) **취득자의 보호(인적항변)** 어음·수표의 문면에는 보충권의 남용이 드러나지 않으므로 거래안전의 보호가 필요하다. 이에 따라 보충권남용의 항변은 남용한 당사자에게만 적용되고 취득자에게는 절단되는 인적항변이다[5-40]. 소지인이 악의 또는 중과실로 취득하지 않는 한 채무자는 보충권남용을 가지고 그에게 대항할 수 없다(어10,수13). 악의 또는 중과실에 대한 입증은 백지어음·수표행위자가 부담한다(통설). 이러한 인적항변의 절단과 관련하여 세 가지를 살펴볼 필요가 있다. ① 소지인의 범위: 인적항변이 절단되는 소지인의 범위에 부당보충된 어음·수표를 취득한 양수인이 포함됨은 물론이다. 나아가 보충권의 범위를 오인하고 백지어음·수표를 취득한 양수인도 포함된다(판례·통설). '양도인에 의해 부당보충된 어음·수표를 양수한 것'과 '양도인에 의해 보충권의 범위가 부

당하게 설명된 어음·수표를 양수하여 이에 따라 보충한 것'은 양도인에 의한 보충권남용이라는 본질이 다르지 않기 때문이다. ② 악의의 의미: 여기서 악의는 보충권남용의 사실을 아는 것이지 해의(해의의 의미에 대해서는 [5-39])까지 요구하는 것은 아니다(판례·통설). ③ 중과실의 기준: 첫째, 부당보충된 어음·수표를 취득하는 경우는 그 외관상 완전한 어음·수표이므로, '조금만 주의를 기울이면 부당보충을 알 수 있는 경우'에만 중과실이 인정된다(판례). 둘째, 보충권의 범위를 설명받고 양수하는 경우는 그 외관상 미완성의 어음·수표이므로, '발행인에게 보충권의 범위에 관하여 조회하지 않은 경우'라면 중과실이 인정된다(판례). 이에 따르면 후자의 경우에 중과실이 좀 더 쉽게 인정됨을 알 수 있다.

3) **부당보충 이후의 어음·수표행위** 부당보충 이후에 어음·수표행위를 한 자는 선의·악의를 묻지 않고 보충된 문언에 따라 책임을 진다(통설)(가령 갑이 발행한 약속어음이 갑→을→병→정으로 양도되었는데 을이 어음금액을 1억 원이 아닌 2억 원으로 부당보충한 경우 배서인인 을과 병은 문언에 따라 각각 2억 원을 기준으로 상환의무를 부담한다). 그는 보충된 문언대로 어음·수표행위를 한 것이기 때문이다.

## 제 2 관 어음·수표의 인수·지급보증

### Ⅰ. 환어음의 인수

#### 1. 인수의 의의 [5-62]

① 개념: 형식으로 보면, 환어음의 인수는 지급인이 환어음의 문면에 기명날인(또는 서명) 등의 인수요건을 갖추어 이를 교부하는 행위이다(교부가 인수의 요건인지에 관해서는 어음·수표이론[5-17]에서 논의하였다). 실질로 보면, 환어음의 인수는 지급인이 스스로 지급책임을 부담한다고 약속하는 행위이다. 지급인이 인수를 할 의무는 없지만 인수를 하게 되면 주채무자가 된다. ② 적용범위: 인수제도는 환어음에만 적용된다. 약속어음에는 지급인이 없으며, 수표는 지급인이 있으나 수표가 신용수단이 되지 않도록 인수가 금지된다(수4). ③ 법적 성질: 인수는 지급인의 단독행위라는 입장과 지급인과 소지인 사이의 계약이라는 입장(다수설)이 대

립한다.

### 2. 인수제시 [5-63]

#### (1) 의의

인수제시는 소지인이 환어음을 제시하여 지급인에게 인수를 청구하는 것이다. 인수제시를 하면 지급인은 인수 또는 인수거절을 하게 되고 이에 따른 효력이 생긴다. 또한 일람후정기출급인 경우 인수제시는 일람의 효력을 갖는다.

#### (2) 당사자

환어음의 소지인 또는 점유자가 지급인에게 인수제시를 할 수 있다(어21). 여기서 소지인은 적법하게 어음상 권리자로 추정되는 자(어16①)이고, 점유자는 단지 어음을 현실로 소지한 자를 가리킨다. 점유자가 인수제시를 하더라도 실제로 어음금을 지급받는 것이 아니고 지급인의 지급의사만 확인하는 것이므로 허용되는 것이다(점유자는 어음금을 지급받기 위한 지급제시는 할 수 없다). 이하에서는 편의상 인수제시자로 소지인만 언급하기로 한다.

#### (3) 인수제시의 자유

인수제시는 소지인의 이익을 위한 것이므로 인수제시는 소지인의 자유인 것이 원칙이다. 다만, 다음과 같은 예외가 있다. ① 일람후정기출급의 어음은 만기를 정하기 위해 발행일로부터 1년 이내에 반드시 인수제시(일람)를 해야 한다(어23①). 이를 위반하면 상환청구권이 상실된다(어53①(1)). ② 발행인 또는 배서인이 인수제시명령(인수제시를 해야 한다는 내용)을 어음에 기재할 수 있다(어22①④). 이를 위반하면 상환청구권이 상실된다(어53). ③ 발행인은 인수제시를 금지(절대적으로 금지하는 것)하거나 제한(일정 시점 이전까지 금지하는 것)할 수 있다(어22②③). 이는 인수거절로 인해 상환청구가 행해지는 것을 원하지 않는 경우(가령 발행인이 아직 지급인에게 지급자금을 제공하지 않은 경우)에 이용된다. 이를 위반하면 상환청구를 할 수 없고, 다만 지급인이 인수한 경우 인수의 효력은 인정된다(통설).

#### (4) 시기

인수제시는 만기의 전날까지 해야 한다(어21). 만기의 날에는 지급제시를 해야 한다.

(5) 유예

지급인은 1차 인수제시일의 다음 날에 2차 인수제시를 할 것을 청구할 수 있다(어24①). 이러한 유예기간은 지급인이 인수 여부를 판단할 수 있는 기간을 주자는 것이다.

### 3. 인수의 요건 [5-64]

(1) 기명날인(서명)

인수를 위해서는 지급인이 기명날인(또는 서명)을 해야 한다. 인수문구(인수한다는 뜻의 문구)는 필요적 기재사항이 아니다. 인수문구를 기재하고 지급인이 기명날인(또는 서명)하는 방식이 정식인수, 인수문구 없이 지급인이 기명날인(또는 서명)하는 방식이 약식인수인데, 두 가지 방식이 모두 허용된다(어25①). 다만, 약식인수는 어음의 앞면에 해야 한다. 뒷면에 하는 기명날인(또는 서명)은 백지식배서(어13②)가 되기 때문이다.

(2) 임의적 기재사항

1) 인수일자 일람후정기출급인 어음, 그리고 일정한 기일을 정해서 인수제시명령이 기재된 어음은 인수를 하면 인수일자를 기재해야 한다(어25②). 만기를 확정하거나 인수제시명령의 준수 여부를 판단하는 데 필요하기 때문이다. 이를 기재하지 않으면 원칙상 상환의무자에 대한 상환청구권을 상실하게 될 뿐이고(어25②), 인수의 효력이 발생하는 데는 영향이 없다(판례·통설).

2) 부단순인수

㈎ 개념 단순하게 인수하지 않고 조건을 붙인 경우 등을 부단순인수라고 한다.

㈏ 유형 부단순인수의 유형은 다음과 같다. ① 일부인수: 지급인이 어음금액의 일부만 인수하는 것도 가능하다(어26①단). 일부인수이더라도 어음관계자에게 이익이 되기 때문이다. 인수되지 않은 나머지 금액은 인수거절이 된다. ② 변경인수: 지급인이 어음의 내용을 변경하여 인수하는 것도 가능하다. 이는 인수인의 의사에 부합하고 소지인에게도 유리하기 때문이다. 이 경우 인수인은 변경된 문언대로 책임을 진다(어26②단). 다만, 지급인을 제외한 나머지 상환의무

자에게 변경인수는 인수거절이 된다(어26②본). ③ 조건부인수: 인수는 조건 없이 이루어져야 한다(어26①). 따라서 조건부인수는 인수거절이 된다. 이 경우 인수인에게 조건부 인수책임이 따르는지는 규정이 없는데, 해석론으로 긍정설(인수인의 의사에 부합하고 소지인에게도 유리하다)과 부정설(어음 외의 사정인 조건에 의해 어음관계가 결정되므로 어음행위의 문언성에 반한다)이 대립한다.

### 4. 인수 또는 인수거절의 효력 [5-65]

① 인수: 지급인이 인수를 하면 어음상의 주채무자가 된다(어28①). ② 인수거절: 지급인이 인수를 거절하면 만기의 지급가능성이 높지 않다. 따라서 인수거절이 있으면 소지인은 바로 상환청구를 할 수 있다. 이를 인수거절로 인한 상환청구 또는 만기 전 상환청구라고 한다.

## Ⅱ. 수표의 지급보증

### 1. 의의 [5-66]

① 개념: 형식으로 보면, 수표의 지급보증은 지급인이 수표의 문면에 기명날인(또는 서명) 등의 지급보증요건을 갖추어 이를 교부하는 행위이다(교부가 지급보증의 요건인지에 관해서는 어음·수표이론[5-17]에서 논의하였다). 실질로 보면, 지급보증은 수표의 지급인이 지급제시기간 내에 수표가 제시된 경우 지급하겠다는 약속을 하는 행위이다. ② 기능: 수표는 신용수단이 아니라 지급수단이므로, 지급인의 인수가 허용되지 않고(수4), 나아가 지급인의 배서 또는 보증도 무효이다(수15③,25②). 이로 인해서 수표는 지급의 불확실성이 높은데, 이를 보완하는 제도가 지급보증이다. ③ 법적 성격: 수표의 지급인은 수표금지급의무가 없다. 하지만 지급인이 수표의 지급보증을 하면 수표금지급의무를 부담한다. 이러한 수표금지급의무는 수표가 지급제시기간 내에 제시된 경우에 한해 유효한 한시적 의무이기 때문에 주채무로 분류하지는 않는다. ④ 보증과 구분: 지급보증은 지급인이 독립적인 1차적 지급의무를 부담하는 것이지만, 보증[5-70]은 다른 수표행위자의 채무부담을 전제로 하는 종속적인 2차적 지급의무를 부담하는 것이다. 지급인이 지급보증은 할 수 있지만 보증은 할 수 없다(수25②).

## 2. 지급보증의 요건 [5-67]

### (1) 지급보증문언 및 기명날인(서명)

수표의 앞면에 지급보증문구(지급보증을 한다는 뜻의 문구)를 기재하고 그 일자를 부기하고 기명날인(또는 서명)을 해야 한다(수53②). 환어음의 인수와 비교해 보면 요건이 비교적 엄격하다. ① 지급보증은 반드시 앞면에 해야 한다. ② 지급보증 문구는 필요적 기재사항이다. 이러한 문구가 없는 약식지급보증은 허용되지 않는다. ③ 지급보증일자는 필요적 기재사항이다. 이는 지급보증이 지급제시기간 내에 이루어졌는지를 확인하기 위해서이다.

### (2) 부단순지급보증

지급보증은 단순해야 한다. 환어음의 인수와 비교해 보면 부단순지급보증의 요건이 비교적 엄격하다. ① 지급보증은 무조건이어야 한다(수54①). ② 지급보증을 하면서 수표의 내용을 변경한 경우 변경하지 않은 것으로 보므로(수54②), 지급보증인은 변경 전 문언에 따라 책임을 진다. 수표금액의 일부에 대해 지급보증을 하면 그 전부에 대해 지급보증을 한 것으로 본다(통설).

## 3. 지급보증의 효력 [5-68]

① 지급보증채무: 지급인이 지급보증을 하면 지급보증채무를 부담한다. 지급보증채무는 1차적(상환의무에 앞서서 부담한다)이고, 조건적(소지인이 보전절차인 지급제시기간 내의 지급제시를 거쳐야 한다)이며, 최종적(지급보증인이 지급한 경우는 수표상 권리는 소멸한다)이다. 지급보증채무는 조건적이라는 점에서 절대적 성격의 주채무[5-44]와 구분된다. 다만, 지급제시를 통한 보전절차를 거치면 이후에 1년의 시효(수58)로 소멸하기 전까지 유효하다는 점에서는 지급보증채무도 절대적인 측면이 있다. ② 보전절차: 전술한 바와 같이 소지인이 지급제시기간 내에 수표를 제시해야 지급보증인이 지급의무를 부담한다(수55①). 수표의 지급제시기간은 발행일로부터 10일이다(수29①).

### 4. 지급보증거절의 효력 [5-69]

지급인이 지급보증을 거절해도 상환청구권이 발생하지 않는다(수39). 수표는 일람출급[5-49]이므로 발행 후 지급제시기간 내에 언제든지 지급제시를 할 수 있고, 이 경우 지급이 거절되면 상환청구권이 발생한다. 이 점을 고려하여 굳이 지급보증거절에 상환청구권의 발생을 인정하지 않은 것이다.

## 제 3 관 어음·수표의 보증

### Ⅰ. 의의 [5-70]

① 개념: 형식으로 보면, 어음·수표의 보증은 보증인이 어음·수표의 문면에 기명날인(또는 서명) 등의 보증요건을 갖추어 이를 교부하는 행위이다(교부가 보증의 요건인지에 관해서는 어음·수표이론[5-17]에서 논의하였다). 실질로 보면, 어음·수표의 보증은 어음·수표행위로 발생한 어음·수표상 채무를 담보하기 위해서 하는 행위이다. ② 기능: 어음·수표의 보증은 어음·수표금의 지급가능성을 높여서 그 유통성을 제고한다. ③ 법적 성질: 어음·수표보증은 보증인의 단독행위이다(판례·통설). ④ 숨은 어음·수표보증과 구분: 보증의 목적으로 어음·수표의 발행·배서·인수 등을 한 경우가 숨은 어음·수표보증이다. 이는 형식은 발행 등이지만 실질은 보증인 것이다. 그렇다고 해도 어음·수표는 문언성이 중시되므로 숨은 어음·수표보증이 어음·수표보증으로 인정되는 것은 아니다. 다만, 당사자 사이에서 발행 등이 아니라 실제로는 보증이라는 인적항변은 가능하다. ⑤ 민사보증과 구분: 어음·수표보증은 어음·수표의 유통성보호를 위해서 민사보증과 차이가 있다. 가령 어음·수표보증은 피보증인의 채무가 방식의 하자 이외의 사유로 인해서 무효·취소가 되어도 유효하게 성립한다(어32②,수27②)(민사보증에서는 이 경우 부종성으로 인해서 보증채무도 무효로 된다).

## Ⅱ. 어음·수표보증의 요건

### 1. 당사자 [5-71]

① 보증인: 어음·수표보증인의 자격에는 제한이 없다. 제3자도 가능하고, 어음·수표상 채무자도 보증할 수 있다(어30②,수25②). 수표는 신용수단이 아니라 지급수단이므로 지급인이 보증인은 될 수 없다(수25②). ② 피보증인: 어음·수표상 채무자가 피보증인이다. 가령 무담보배서인[5-87]은 채무자가 아니므로 피보증인이 될 수 없다.

### 2. 방식 [5-72]

#### (1) 정식보증

보증인이 보증문구(보증한다는 뜻의 문구)와 피보증인을 기재하고 보증인이 기명날인(또는 서명)하는 방식이 정식보증이다(어31②,수26②).

#### (2) 약식보증

① 보증문구 또는 피보증인 없이 보증인이 기명날인(또는 서명)하는 방식이 약식보증이다. 피보증인이 기재되지 않은 경우 발행인을 위해 보증한 것으로 본다(어31④,수26④). ② 단순히 기명날인(또는 서명)만이 있는 경우 보증이 되려면 어음·수표의 앞면에 있어야 한다. 어음 뒷면에 하는 기명날인(또는 서명)은 백지식배서(어13②,수16②)[5-83]이기 때문이다. ③ 지급인 또는 발행인의 기명날인(또는 서명)만 있는 경우 이는 보증이 되지 않는다. 지급인의 기명날인(또는 서명)은 인수가 되고(어25①), 발행인의 기명날인(또는 서명)은 발행이 되기 때문이다(어1(8),75(7),수1(6)).

### 3. 조건부보증 [5-73]

어음·수표보증에 조건을 붙인 경우의 효력에 대해서는 법률이 정하고 있지 않다. 이에 대해 보증의 조건은 유익적 기재사항이라는 입장, 무익적 기재사항이라는 입장, 유해적 기재사항이라는 입장이 대립한다. 판례와 다수설은 보증에 조건이 붙었다고 해도 어음·수표상 채무의 지급가능성을 높여서 유통성보호에 기여한다는 점에서 유익적 기재사항이라고 해석한다.

## Ⅲ. 어음·수표보증의 효력

### 1. 합동책임 [5-74]

보증인은 피보증인과 함께 소지인에게 합동책임[5-105]을 진다(어32①,47①,수27①,43①). 따라서 민사보증과 달리 어음·수표의 보증인은 최고·검색의 항변권(민437)을 갖지 않는다. 즉, 민사보증의 경우 채권자로부터 이행청구를 받은 보증인은 먼저 채무자에게 청구할 것과 그 재산에 집행할 것을 채권자에게 최고·검색의 항변으로 주장할 수 있는데, 어음·수표의 보증인에게는 이러한 항변이 적용되지 않는다. 이는 어음·수표의 유통성보호를 위해서이다.

### 2. 보증채무의 독립성·부종성 [5-75]

(1) 독립성과 부종성은 서로 반대되는 개념이다. 보증채무는 본래 주채무를 담보하기 위한 채무이므로 부종성이 원칙이나, 어음·수표의 유통성보호를 위해서 일정한 경우 독립성도 인정한다.

(2) 독립성

보증인은 어음·수표행위의 독립성에 따라 독립적으로 채무를 부담하는 측면이 있다[5-20]. 즉, 어음·수표보증은 피보증인의 채무가 방식의 하자 이외의 사유로 무효·취소가 되어도 유효하게 성립한다(어32②,수27②).

(3) 부종성

어음·수표보증인은 피보증인과 동일한 책임을 진다(어32①,수27①). 이에 따라 어음·수표보증채무는 보전절차, 이전, 소멸 등이 피보증인의 채무에 종속되는 측면이 있다(판례·통설). ① 보전절차: 주채무는 별도의 보전절차 없이 보증인이 책임을 지지만(본래 주채무는 보전절차가 요구되지 않는다), 상환의무는 보전절차를 거친 경우에만 보증인이 책임을 진다(본래 상환의무는 보전절차가 요구된다[5-106, 107]). ② 이전: 피보증인에 대한 어음·수표상 권리가 양도되면 보증인에 대한 어음·수표상 권리도 이에 수반하여 이전된다(이를 특히 수반성이라고 한다). ③ 소멸: 피보증인의 어음·수표상 채무가 지급·상계·면제·혼동·소멸시효·상환청구권 보전절차의 흠결 등으로 인해 소멸하면 보증인의 책임도 소멸한다.

### 3. 피보증인 항변의 원용 [5-76]

어음·수표의 보증인이 피보증인의 항변을 원용할 수 있는가? 가령 갑이 을에 대한 매매계약상 대금의 지급을 위해 약속어음을 발행하면서 병으로부터 어음보증을 받았는데 매매계약이 취소된 경우를 보자. 판례와 통설에 따르면 이 경우 병은 갑의 을에 대한 인적항변을 원용하여 을에게 보증채무의 이행을 거부할 수 있고, 그 이유는 을이 보증인으로부터 어음금을 지급받을 실질적 관계(을의 갑과의 원인관계)가 소멸했음에도 불구하고 보증인에게 청구하는 것은 신의성실의 원칙에 반하는 권리남용이라는 점에서 찾는다.

### 4. 보증인의 구상권 [5-77]

① 의의: 보증인이 어음채무를 이행하면 피보증채무가 소멸하고, 따라서 보증인은 피보증인 및 그의 전자인 채무자에 대한 어음·수표상의 권리를 취득한다(어32③,수27③). ② 법적 성질: 보증인은 보증채무의 이행으로 법률의 규정에 의해 구상권을 원시취득한다(통설). 따라서, 채무자는 소지인에게 갖는 인적항변으로 보증인에게 대항할 수 없다. 이는 이러한 인적항변에 구애되지 않고 어음·수표보증이 이루어질 수 있게 함으로써 종국적으로 어음·수표의 유통성보호에 기여하는 효과가 생긴다.

# 제4관 어음·수표상 권리의 이전

## Ⅰ. 의의

### 1. 배서의 의의 [5-78]

① 개념: 형식으로 보면, 어음·수표의 배서는 어음·수표의 문면에 기명날인(또는 서명) 등의 배서요건을 갖추어 이를 교부하는 행위이다(교부가 배서의 요건인지에 관해서는 어음·수표이론[5-17]에서 논의하였다). 실질로 보면, 어음·수표의 배서는 원칙적으로 어음·수표상의 권리를 타인에게 양도하는 행위이다. ② 기능: 배서를

통해서 어음·수표는 타인에게 양도되고 피배서인이 이를 취득한다. 배서는 어음·수표(보다 정확하게는 어음·수표상 권리)의 원칙적인 양도방법이다. 배서는 지시증권의 양도방법인데(민508), 어음·수표는 법률상 당연한 지시증권(지시식으로 발행하지 않아도 배서로 양도할 수 있는 증권)(어11①,수14①)이기 때문이다. ③ 법적 성질: 배서의 법적 성질은 어음·수표상의 권리를 양도하는 어음·수표행위이다(채권양도설)(통설). 배서는 단순한 대항요건이 아니라 권리이전의 요건이다. ④ 유통성보호: 배서에는 그 기본적 효과인 권리이전의 효력 이외에도, 추가적으로 인적항변의 절단, 자격수여적 효력, 선의취득, 담보적 효력 등이 인정된다. 이러한 추가적 효력들은 유통성보호를 위한 것이며, 담보적 효력을 제외하면 일반적인 지시증권에서도 인정된다(민508 이하). 담보적 효력은 어음·수표의 유통성 제고를 위해서 특별히 인정된 것이다.

### 2. 기타의 권리이전방법 [5-79]

#### (1) 지명채권 양도방법

어음·수표의 양도는 지명채권의 양도방법(민450)으로도 가능하다(판례·통설). 다만, 양수인이 어음·수표상 권리를 행사하기 위해서는 어음·수표가 필요하므로, 지명채권의 양도방법에 따르는 경우에도 어음·수표의 교부가 요구된다(판례·통설).

#### (2) 교부

① 수표는 소지인출급식(소지인에게 지급하는 방식)으로 발행할 수 있으며(수1), 이러한 수표는 단순히 교부만으로 양도된다. 다만, 배서와 달리 교부만으로는 담보적 효력이 인정되지 않는다는 점이 다르다(기명날인 또는 서명이 없으므로 교부는 어음·수표행위가 아니기 때문이다). ② 어음은 소지인출급식으로 발행할 수 없다(어1(6),75(5)). 다만, 교부만으로도 어음·수표의 양도가 가능한 경우가 있다. 즉, 백지식배서[5-83]의 양수인은 단순히 교부의 방식으로 어음을 양도할 수 있다(어14②(3)). 또한, 소지인출급식배서[5-83]도 백지식배서와 동일한 효력이 인정되므로(어12③) 교부에 의해서 어음을 양도할 수 있다. 그리고 수취인이 백지인 백지어음·수표도 교부에 의해서 양도할 수 있다.

### 3. 배서금지어음·수표 [5-80]

① 어음·수표는 법률상 당연한 지시증권이지만, 그 예외가 배서금지어음·수표이다. 이는 발행인이 배서금지(지시금지)의 뜻을 기재한 어음·수표를 가리킨다(어11②,수14②). 발행인이 배서의 효력(인적항변의 절단, 선의취득 등)이 발생하는 것을 원하지 않는 경우 배서금지어음·수표를 활용할 수 있다. ② 요건: 배서금지의 뜻이 어음·수표에 기재되어야 한다. 발행인과 수취인 사이에 배서금지의 특약만으로는 충분하지 않다(판례·통설). 어음·수표는 법률상 당연한 지시증권이므로, 인쇄된 어음·수표용지의 배서문구를 말소하는 것만으로도 충분하지 않다(판례·통설). 발행인이 인쇄된 어음·수표용지의 배서문구를 그대로 둔 채 배서금지의 뜻을 기재한 경우, 배서문구는 부동문자이지만 배서금지문구는 발행인이 특별히 기재한 것이므로, 배서금지문구가 배서문구에 우선하여 배서금지어음·수표로 인정된다(판례·통설). ③ 효과: 배서금지어음·수표는 기명증권의 일종으로서 '배서성'이 박탈된다. 따라서 언제나 '배서에 의한 양도'가 금지되고 지명채권의 양도방법(민법450)으로만 양도될 수 있다. 이 점에서 배서금지배서와 다르다(이는 배서인이 배서금지의 뜻을 기재하는 것으로 배서성을 박탈하는 것이 아니라 배서를 금지한 배서인의 담보책임만을 제한한다[5-87]).

### 4. 어음할인 [5-81]

① 개념: 어음할인이란 소지인이 상대방에게 만기 전에 어음을 양도하고 일정한 금액(어음금액에서 만기까지의 이자 기타 비용을 공제한 금액)을 제공받는 거래이다(판례·통설). 은행이 할인의 상대방이 되는 경우가 보통이다. ② 법적 성질: 어음할인은 단순한 어음의 배서양도로서 어음을 매매한 것으로 보는 입장(매매설)(통설)과 할인은행이 할인어음에 대한 환매청구권을 갖는다고 약정하는 경우를 고려하면 어음할인은 할인은행과 할인의뢰인 사이의 소비대차(어음은 소비대차의 담보로써 교부)라고 보는 입장(소비대차설)이 대립한다. 판례는 해당 거래의 실질과 당사자 사이의 의사를 고려하여 매매설과 소비대차설 중에서 하나를 선택하는 입장을 취한다. ③ 환매청구권: 할인은행은 어음할인을 하면서 환매청구권의 약정을 하는 것이 보통이다. 이에 따르면 어음상 주채무자의 신용 등이 악화되는 경우 할

인은행이 할인의뢰인에게 할인어음의 환매를 청구할 수 있는 권리를 가리킨다. 환매청구권의 행사는 재매매의 예약 또는 정지조건부 재매매이다(통설).

## Ⅱ. 배서의 방식

### 1. 의의 [5-82]

유효한 배서가 되기 위해서는 배서요건이 충족되어야 한다. 배서요건은 ① 배서문구의 기재 ② 피배서인의 기재, 그리고 ③ 배서인의 기명날인(또는 서명)이다. 일반적으로 어음·수표 뒷면의 인쇄된 배서문구(가령 "앞면에 기재된 금액을 ____에게 지급하여 주십시오")에 피배서인의 공란을 기재하고 기명날인(또는 서명)을 한다. 배서일자도 공란으로 인쇄되어 있는데 이는 배서요건은 아니므로 기재하지 않아도 무방하다. 백지식배서[5-83]를 제외하면 어음·수표의 뒷면이 아니라 앞면에 배서해도 무방하다(통설).

위 배서요건은 필요적 기재사항이지만, 이외에 다른 기재사항도 있다. ① 유익적 기재사항: 이는 배서에 기재하면 효력이 인정되는 사항인데, 가령 무담보문구(어15①,수18①)가 여기에 해당한다. ② 무익적 기재사항: 이는 배서에 기재해도 효력이 없는 사항인데, 가령 배서에 붙인 조건(어12①,수15①)이 여기에 해당한다. ③ 유해적 기재사항: 이는 배서에 기재하면 배서 자체가 무효가 되는 사항인데, 가령 일부배서(어12②,수15②)가 여기에 해당한다.

### 2. 피배서인의 표시방법 [5-83]

#### (1) 기명식배서

피배서인을 기재하고 배서인이 기명날인(또는 서명)하는 것이 기명식배서(정식배서)이다.

#### (2) 백지식배서

1) 의의 ① 개념: 백지식배서(또는 '무기명식배서', '약식배서')는 피배서인을 기재하지 않는 배서이다. 여기에는 일반적인 백지식배서(피배서인이 기재되지 않은 경우)와 간략백지식배서(피배서인과 배서문구의 기재가 없고 배서인의 기명날인·서명만 있는 경

우)로 구분된다(어13②,수16②). ② 기능: 피배서인이 담보책임 없이 어음·수표를 양도하거나 단순히 교부에 의해 이전하고자 하는 경우 백지식배서를 이용한다(구체적으로는 아래 3)에 나타난다).

2) **지급청구** 백지식배서의 소지인은 자신의 이름으로 피배서인을 보충하고 지급청구를 하거나(어14②(1),수17②(1)), 피배서인을 보충하지 않고 지급청구하는 것이 가능하다. 후자와 같이 최후의 배서가 백지인 경우 어음·수표의 점유자는 적법한 소지인으로 추정된다(어16①,수19).

3) **양도** 백지식배서가 된 어음·수표를 양도하는 방법은 다음과 같다(어14②,수17②). 갑의 백지식배서에 의해 어음을 소지한 을이 병에게 배서하는 경우를 예로 보자. ① 소지인이 자기의 이름으로 피배서인을 보충하여 기명식배서 또는 백지식배서로 양도하거나(갑→을, 을→병, 또는 갑→을, 을→␣) ② 타인의 이름으로 피배서인을 보충하여 교부하거나(갑→병. 교부만에 의한 양도이며, 을의 존재는 문면에 없다) ③ 피배서인을 보충하지 않고 기명식배서 또는 백지식배서로 양도하거나[갑→␣, 을→병 또는 갑→␣, 을→␣. 이 경우 피배서인이 보충되지 않아도 배서의 연속이 의제된다(어16①,수19)], 또는 ④ 피배서인을 보충하지 않고 교부만으로 양도(갑→␣, 교부만에 의한 양도이며, 을의 존재는 문면에 없다)하는 방법이 있다.

위 ② 및 ④에서 을은 배서라는 어음행위(이는 기명날인 또는 서명을 요소로 한다)를 하지 않았으므로 담보책임을 지지 않는다.

(3) 소지인출급식배서

① 소지인출급식배서는 피배서인을 '소지인'이라고 기재하는 배서이다. 이러한 배서는 피배서인의 기재가 형식적으로는 있지만 피배서인이 특정되지 않았으므로 실질적으로는 없는 경우이다. 따라서 소지인출급식배서는 백지식배서와 동일한 효력이 있다(어12③,수15④). ② 참고로, 수표의 발행은 소지인출급식으로 할 수 있으나(수1), 어음의 발행은 소지인출급식으로 하지 못한다(어1(6),75(5)).

## Ⅲ. 배서의 효력

### 1. 권리이전적 효력 [5-84]

(1) 의의

① 개념: 권리이전적 효력은 배서에 의해 어음·수표가 양도되는 효력이다(어14①,수17①). 이는 배서의 본질적 효력이다. 통지 또는 승낙의 대항요건이 필요한 지명채권의 양도방법(민법450)에 비해서 배서는 신속·간편한 양도방법이다. ③ 종된 권리: 어음·수표에 부수하는 종된 권리(가령 질권과 같은 담보물권)는 배서에 의해 양도되지 않는다(통설). 배서는 어음·수표상 권리를 양도하는 것이기 때문이다.

(2) 파생효과

배서에 의해 어음·수표상 권리가 이전되는 경우는 인적항변이 절단되는 효과가 생긴다[5-39]. 즉, 채무자는 배서인에 대한 인적 항변을 가지고 선의의 피배서인에게 대항할 수 없다(어17,수22).

### 2. 자격수여적 효력 [5-85]

(1) 의의

1) 의의 ① 개념: 배서가 연속되어 있는 어음·수표를 점유한 자는 적법한 소지인으로 추정된다(어16①,수19). 이를 '자격수여적 효력' 또는 '권리추정력'이라고 한다. 이러한 효력은 정확하게는 개별배서의 효력이 아니라 '배서연속'의 효력이다. ② 입증책임의 전환: 자격수여적 효력으로 인해 소지인은 어음·수표상 권리의 존재를 입증하지 않아도 권리를 행사할 수 있다. 다만, 이는 '추정적' 효력이므로, 채무자가 소지인이 진정한 권리자가 아님을 입증하면 채무를 면할 수 있다.

2) 파생효과 자격수여적 효력으로부터 다음과 같은 효과가 파생된다. ① 면책적 효력: 채무자는 적법한 소지인으로 추정된 자를 신뢰하여 지급한 경우 그가 진정한 권리자가 아니어도 면책된다(어40③,수35)[5-102]. ② 선의취득: 적법한 소지인으로 추정된 자를 신뢰하여 어음·수표를 양수한 자는 그가 진정한

권리자가 아니어도 이를 선의취득한다(어16②,수21)[5-92].

(2) 배서의 연속

1) **의의** ① 개념: 배서의 연속이란 어음·수표의 수취인이 제1배서인이 되고 제1배서의 피배서인이 다시 제2배서인이 되는 식으로 배서가 이어져서 배서가 중단되지 않는 것을 말한다(가령 갑→을, 병→정, 정→무인 경우 을과 병 간의 단절로 인해 배서의 연속이 없다). ② 판단기준: 배서연속은 현재의 소지인에 이르기까지의 전체 배서에 대해 어음·수표의 문면을 기준으로 형식적으로 판단한다. 이는 유통성보호를 위해서이다. 가령 갑→을, 을→병인 경우 피배서인 을과 배서인 을이 실제로 동일인인지는 묻지 않는다(통설). 또한 피배서인 을과 배서인 을이 주요한 부분에서 일치하여 사회통념상 동일인이라고 평가될 정도이면 동일성을 인정한다(판례·통설). ③ 백지식배서: 백지식배서인 경우 피배서인을 보충하지 않아도(가령 갑→_, 을→병 또는 갑→_, 을→_) 배서의 연속이 의제된다(어16①,수19)[5-83]. ④ 말소된 배서: 배서가 말소된 경우 그 말소된 배서는 배서의 연속과 관련해서는 배서의 기재가 없는 것으로 본다(어16①,수19). 따라서 말소된 배서를 제외하고 배서연속을 판단해야 한다. 가령 갑→을, 을→병, 병→정에서 '을→병'이 말소된 경우는 배서의 연속이 없는 것이고, 가령 갑→을, 을→병, 을→정에서 '을→병'이 말소된 경우는 배서의 연속이 있는 것이다.

2) **배서연속의 효과** 배서가 연속되면 자격수여적 효력이 생긴다. 배서가 연속된다고 해서 소지인이 권리자로 의제되는 것은 아니다(유통성보호를 위해서 배서의 연속은 형식적으로 판단하기 때문이다).

3) **배서불연속의 효과** ① 배서가 불연속인 경우에도 자격수여적 효력이 없을 뿐이지 소지인이 무권리자로 의제되는 것은 아니다. 따라서 자신이 진정한 권리자임을 입증하면 권리를 행사할 수 있다. ② 배서가 불연속인 경우에도 배서를 통해서 어음·수표를 양도하는 것이 가능하다. 이 경우 배서에 권리이전적 효력과 담보적 효력은 인정되지만, 배서의 연속이 없으므로 자격수여적 효력은 인정될 수 없다. ③ 배서가 불연속인 경우에도 단절된 배서에 대한 실질적인 권리이전이 입증되면(가령 갑→을, 병→정, 정→무에서 을→병으로의 실질적인 권리이전이 입증된 경우) 배서의 불연속이 치유되어서 배서연속이 회복된다고 볼 수 있

는지는 논란이 있다. 즉, 단절된 배서가 가교되어서 배서연속이 회복된다고 보는 견해(이에 따르면 자격수여적 효력이 인정된다)와 배서의 연속은 문면상 형식적으로 판단하는 것이므로 배서연속이 회복될 수 없다는 견해가 대립한다.

### 3. 담보적 효력 [5-86]

① 개념: 어음·수표의 인수 또는 지급이 거절되는 경우 배서인은 원칙상 직접의 피배서인과 그 후자 전원에게 인수 또는 지급을 담보하는 상환의무를 진다(어15①,수18①). 이것이 배서의 담보적 효력이다. 소지인이 배서인에게 담보책임을 묻는 것을 상환청구라고 한다. 상환청구권을 행사하려면 적법한 지급제시, 지급거절, 거절증서의 작성 또는 면제와 같은 요건을 갖추어야 한다[5-106, 107]. ② 법적 성질: 담보적 효력은 민법상 지시증권의 배서에서는 인정되지 않고 어음·수표의 배서에만 인정되는 것이다. 이는 어음·수표의 유통성보호를 위해서 법이 정책적으로 인정한 효력이다(통설). ③ 예외: 무담보배서와 배서금지배서는 담보적 효력이 제한된다[5-87].

## Ⅳ. 특수한 배서

### 1. 무담보배서와 배서금지배서 [5-87]

① 무담보배서: 이는 배서인이 담보책임을 지지 않는다는 뜻을 기재한 배서이다(어15①,수18①). 무담보배서를 하면 직접의 피배서인을 비롯한 이후의 모든 후자에게 담보책임을 지지 않는다. 담보책임의 제한을 제외하면, 배서의 다른 효력에는 아무런 영향이 없다. ② 배서금지배서: 이는 배서인이 피배서인의 배서를 금지하는 뜻을 기재한 배서이다(어15②,수18②). 배서금지배서를 하면 직접의 피배서인을 제외한 후자 전원에게 담보책임을 지지 않는다. 담보책임의 제한을 제외하면, 배서의 다른 효력에는 아무런 영향이 없다. 배서금지배서는 발행인이 배서금지의 뜻을 기재한 배서금지어음·수표[5-80]와는 다르다. ③ 기능: 배서인이 담보책임으로서 상환의무를 면하고자 하는 경우에 무담보배서 또는 배서금지배서를 이용한다.

## 2. 환배서 [5-88]

### (1) 의의

① 개념: 환배서(역배서)는 어음·수표상 채무자를 피배서인으로 정하는 배서를 가리킨다. 이 경우 채권·채무가 동일인에게 귀속되므로 민법상 일반원칙에 따르면 혼동(민법507)[1-110]에 해당되어 채권·채무가 소멸될 수 있지만, 어음법과 수표법에 의해 환배서가 허용되므로 채권·채무가 소멸되지 않는다(어11③,수14③). ② 기능: 환배서는 기존의 어음·수표를 이용함으로써 새로 발행하는 수고를 덜거나, 또는 환배서를 통해서 자신의 전자의 신용을 이용할 수 있다(환배서의 경우 원칙상 기존 배서인의 담보책임이 그대로 유지된다).

### (2) 효력

환배서는 양도배서로서 효력이 인정된다. 다만, 채권·채무가 동일인에게 귀속되므로 일부 수정이 필요하다. ① 권리이전적 효력: 환배서에 의해 권리이전이 생긴다(통설). 다만, 인적항변의 절단은 인정되지 않는다(가령 약속어음관계자가 갑→을→병→을인 경우 갑은 앞의 을에 대해 인적항변을 뒤의 을에게도 주장할 수 있다). 이는 인적항변의 속인성 때문이다(판례·통설). ② 자격수여적 효력: 환배서에 자격수여적 효력이 인정된다(통설). 그리고 피배서인에 의한 선의취득도 인정된다(통설). ③ 담보적 효력: 환배서에 원칙상 담보적 효력이 인정된다(통설). 다만, 다음과 같은 제한이 따른다. 첫째, 주채무자(환어음의 인수인 또는 약속어음의 발행인)에게 환배서를 한 경우 다른 채무자는 담보책임을 면한다(가령 약속어음관계자가 갑→을→병→갑인 경우 을과 병은 담보책임을 면한다). 주채무자가 다른 채무자에게 상환받더라도 종국적으로 주채무자가 지급책임을 지기 때문이다. 둘째, 배서인에게 환배서를 한 경우 전의 배서와 환배서 사이의 채무자는 담보책임을 면한다(가령 약속어음관계자가 갑→을→병→을인 경우 병은 담보책임을 면한다). 환배서의 피배서인이 그러한 채무자에게 상환받더라도 그로부터 다시 상환청구를 받을 수 있기 때문이다.

### 3. 기한후배서 [5-89]

#### (1) 의의

기한후배서란 어음·수표가 유통성을 상실하고 상환청구단계에 들어간 이후에 행한 배서를 가리킨다. 기한후배서는 배서의 효력 중에서 유통성보호를 위한 부분은 제한을 받게 된다. 유통성을 상실하고 기한후배서로 되는 시점을 어음·수표별로 살펴보자. ① 어음: 어음의 기한후배서는 지급거절증서의 작성 후 또는 지급거절증서의 작성기간 경과 후에 이루어진 배서이다(어20①). 지급거절증서의 작성기간은 지급제시기간으로서 '지급할 날 + 2거래일'(다만, 일람출급어음인 경우는 원칙적으로 발행일로부터 1년 이내)이다(어38①,34①). ② 수표: 수표의 기한후배서는 지급거절증서[또는 이와 같은 효력이 있는 선언. 이는 지급인 또는 어음교환소의 거절선언을 가리키는데, 이 선언이 있으면 상환청구권을 행사할 수 있다(수39(2)(3))]의 작성 후 또는 지급제시기간 경과 후에 이루어진 배서이다(수24①). 지급제시기간은 발행일로부터 10일이다(수29①).

#### (2) 판단기준

① 문면: 기한후배서인지는 원칙상 문면을 통해 형식적으로 판단한다(통설). 가령 실제로 어음의 지급이 거절된 경우에도 지급거절증서를 작성하지 않은 채 지급거절증서 작성기간 내에 배서가 이루어진 경우는 기한후배서가 아니다. ② 배서일자: 예외적으로 배서일자는 실질적으로 판단한다. 즉, 어음·수표에 기재된 배서일자가 아니라 실제로 배서한 일자가 기준이다(판례·통설). 만약 임의로 기재된 배서일자를 기준으로 한다면 기한후배서 제도가 무의미해지기 때문이다(소지인은 원하는 경우 기한후배서를 언제나 피할 수 있기 때문이다). 배서일자가 기재된 경우 그 일자가 진정한 배서일자로 추정되고, 배서일자가 없는 경우 기한 전에 배서가 이루어진 것으로 추정된다(어20②,수24②). ③ 입증책임: 기한후배서에 대한 입증책임은 그 효과를 주장하는 채무자에게 있다(통설).

#### (3) 효력

기한후배서는 지명채권양도의 효력만을 갖는다(어20①,수24①). 다만, 기한후배서도 양도배서의 일종이므로 일부 수정이 필요하다. ① 권리이전적 효력: 기한

후배서도 양도배서의 일종이므로 권리이전적 효력이 있다(판례·통설)[따라서 통지·승낙의 대항요건(민법450)이 필요하지 않다]. 다만, 유통성보호는 필요하지 않으므로 인적항변은 절단되지 않는다(통설). 따라서 채무자는 기한후배서의 배서인에게 대항할 수 있는 인적항변을 가지고 피배서인에게 대항할 수 있다. ② 자격수여적 효력: 기한후배서도 배서양도이므로 배서가 연속되는 한 자격수여적 효력이 인정된다(통설). 하지만, 피배서인의 선의취득은 인정되지 않는다(통설). 왜냐하면 기한후배서는 유통성이 상실된 어음·수표에 이루어진 것이고, 따라서 유통성보호를 위한 선의취득을 인정할 실익이 없기 때문이다. ③ 담보적 효력: 유통성이 상실된 어음·수표이므로 기한후배서에 담보적 효력을 인정할 필요가 없다(통설).

### 4. 추심위임배서 [5-90]

#### (1) 의의

① 개념: 추심위임배서는 배서인이 피배서인에게 어음·수표상의 권리를 행사할 대리권을 수여할 목적으로 하는 배서이다. 어음·수표상 권리는 배서인에게 있으며 피배서인은 배서인의 계산으로 행위하는 대리인에 불과하다(통설은 어음·수표상 권리에 대한 독립한 경제적 이익은 배서인에게 있고 피배서인에게는 없다고 표현한다). ② 종류: 추심위임문구를 기재한 '공연한' 추심위임배서와 그러한 기재가 없는 '숨은' 추심위임배서가 있다.

#### (2) 공연한 추심위임배서

1) 의의 ① 개념: 공연한 추심위임배서는 추심문구('회수하기 위해', '추심하기 위해', '대리를 위해'와 같은 추심위임의 뜻)를 어음·수표에 기재한 추심위임배서이다(어18①,수23①). ② 피배서인: 일반적으로 대리권을 갖는 피배서인을 기재하는 것이 보통이나, 피배서인을 백지로 하는 백지식배서도 가능하다. 백지식배서인 경우 어음·수표를 점유한 자가 적법한 대리인으로 추정된다(어16①,수19).

2) 효력 공연한 추심위임배서는 피배서인에게 대리권을 수여한다. 이 경우 대리인은 어음·수표로부터 생기는 모든 권리를 행사할 수 있다(포괄성·정형성)(어18①본,수23①본). 다만, 소지인은 대리를 위한 배서만을 할 수 있다(어18①단,수23①단).

공연한 추심위임배서도 배서이지만 권리이전이 목적이 아니므로 일반적 양도배서와는 효력 면에서 차이가 있다. ① 권리이전적 효력: 권리이전은 생기지 않으며, 따라서 유통성보호를 위한 인적항변의 절단도 이루어지지 않는다(통설). 배서인은 여전히 권리자이므로 어음·수표를 회수하여 소지하는 경우 추심위임배서를 말소하지 않고도 권리를 행사할 수 있다. 피배서인은 어음·수표를 양도할 수 없고, 다만 추심위임배서는 할 수 있다(어18①단,수23①단). ② 자격수여적 효력: 자격수여적 효력이 인정되는데, 이는 피배서인이 추심을 위한 적법한 대리인으로 추정된다는 의미이다. 따라서 자격수여적 효력에 근거해서 피배서인이 선의취득을 하는 것은 불가능하다(통설). ③ 담보적 효력: 권리가 이전되지 않으므로 유통성보호를 위한 담보적 효력을 인정할 필요가 없다(통설).

(3) 숨은 추심위임배서

1) 의의 ① 개념: 숨은 추심위임배서는 배서의 당사자 사이에서는 실질적으로 추심위임을 목적으로 하면서도 형식적으로는 일반적인 양도배서의 방식을 띤 배서이다. 이는 어음법·수표법에 규정이 없지만 그 효력이 인정된다(판례·통설). ② 법적 성질: 공연한 추심위임배서는 실질이 추심위임의 목적이나 형식은 양도배서이어서 양자에 괴리가 생기므로 그 법적 성질이 문제된다. 신탁적 양도설(통설)에 따르면, 이는 양도배서의 형식을 갖고 있으므로 대외적으로는 어음·수표의 양도로 인정되고, 다만 내부적으로는 추심의 범위 내에서만 권리를 행사할 수 있다. 이와 달리 자격수여설은 실질을 중시하여 공연한 추심위임배서로서의 효력만을 인정한다.

2) 효력 자격수여설은 숨은 추심위임배서에 대해 공연한 추심위임배서와 같은 효력을 인정한다. 여기서는 통설인 신탁적양도설에 따른 효력을 살펴보자. ① 권리이전적 효력: 대외적으로 권리이전이 생긴다(피배서인은 대외적으로 권리자이므로 추심위임배서는 물론이고 양도배서도 할 수 있다). 채무자가 배서인에게 갖는 항변을 피배서인에게도 주장할 수 있는가? 판례와 통설은 긍정한다(가령 약속어음관계자가 갑→을→병이고 을의 병에 대한 배서가 숨은 추심위임배서인 경우 병이 갑에게 지급청구를 하면 갑은 을에 대한 인적항변을 병에게 주장할 수 있다). 왜냐하면 숨은 추심위임배서의 피배서인은 배서인의 계산으로 행위하는 대리인에 불과하기 때문이다. ② 자격수여

적 효력: 대외적으로 권리이전이 있으므로 자격수여적 효력이 인정된다. 권리이전에 따라 피배서인의 선의취득이 가능하다고 볼 수도 있겠지만, 통설은 피배서인이 배서인의 계산으로 행위하는 대리인에 불과하다는 이유로 그가 선의취득하는 것을 인정하지 않는다. ③ 담보적 효력: 내부적으로는 추심위임목적이므로 배서인이 피배서인에게 담보책임을 지지 않고, 다만 그 이후에 양도배서를 받은 피배서인에게는 담보책임을 진다(통설).

### 5. 입질배서 [5-91]

#### (1) 의의

① 입질배서는 어음상의 권리에 입질(질권의 설정)[1-176]을 하기 위한 목적으로 하는 배서이다. 여기에는 입질문구를 기재한 '공연한' 입질배서와 그러한 기재가 없는 '숨은' 입질배서가 있다. ② 유통기간이 단기인 수표에는 입질배서가 인정되지 않는다.

#### (2) 공연한 입질배서

1) 의의 ① 개념: 공연한 입질배서는 입질문구('담보하기 위해', '입질하기 위해'와 같은 입질의 뜻)를 음에 기재한 입질배서이다(어19). ② 피배서인: 일반적으로 질권자인 피배서인을 기재하는 것이 보통이나, 피배서인을 백지로 하는 백지식배서도 가능하다(다만, 입질문구가 없으면 양도배서와 구분할 수 없으므로 입질문구는 있어야 한다).

2) 효력 공연한 입질배서는 양도배서가 아니지만 피배서인이 어음의 질권자이므로 이에 따른 배서의 효력이 인정된다. ① 권리이전적 효력: 권리이전은 생기지 않지만, 피배서인이 질권을 취득한다. 권리이전이 없으므로 피배서인이 다시 양도배서를 할 수는 없고, 양도배서를 하더라도 추심위임배서의 효력만 인정한다(어19①단). 피배서인은 독자적으로 질권을 행사할 수 있는 권리자이므로 인적항변이 절단된다(어19②). ② 자격수여적 효력: 자격수여적 효력이 인정되는데, 이는 피배서인이 적법한 질권자로 추정된다는 의미이다. 그리고 피배서인은 질권을 선의취득할 수 있다(통설). ③ 담보적 효력: 피배서인은 독자적으로 질권을 행사할 수 있는 권리자이므로 공연한 입질배서에 담보적 효력이 인정된다(통설).

### (3) 숨은 입질배서

1) 의의 ① 개념: 숨은 입질배서는 배서의 당사자 사이에서는 실질적으로 입질을 목적으로 하면서도 형식적으로는 일반적인 양도배서의 방식을 띤 배서이다. ② 법적 성질: 숨은 입질배서의 법적 성질에 대한 신탁적양도설(통설)에 따르면, 양도배서의 형식을 갖고 있으므로 대외적으로는 어음의 양도로 인정되고, 다만 내부적으로는 입질의 범위 내에서만 권리를 행사할 수 있다.

2) 효력 숨은 입질배서는 피배서인이 독자적으로 질권을 행사할 수 있는 권리자이므로 그 효력이 숨은 추심위임배서보다 넓게 인정된다. 즉, 양도배서의 형식대로 권리이전적 효력, 자격수여적 효력, 담보적 효력이 인정된다(통설). 입질의 목적은 배서인과 피배서인 사이의 인적항변에 불과하다.

## Ⅴ. 선의취득

### 1. 의의 [5-92]

① 개념: 선의취득이란 배서의 연속이라는 형식적 자격을 신뢰하여 어음·수표를 양수한 자가 어음·수표상의 권리를 취득하는 것을 가리킨다(어16②,수21). ② 법적 성질: 선의취득은 원시취득으로서 취득자는 무권리(또는 양도하자)의 영향이 없는 권리를 취득한다. ③ 근거: 채권 자체는 권리의 공시방법이 없으므로 원칙상 선의취득이 되지 않는다. 하지만 어음·수표는 배서의 연속이라는 권리의 공시방법이 있으므로 선의취득이 된다. 즉, 어음·수표에 대한 선의취득의 근거는 배서의 연속에 따른 자격수여적 효력이다. 배서가 연속된 어음·수표의 최후의 피배서인으로서 이를 점유한 자는 적법한 소지인으로 추정되는데(어16①,수19), 이러한 소지인을 진정한 권리자로 신뢰하여 어음·수표를 양수한 자를 유통성제고의 차원에서 보호하자는 것이 선의취득이다. ④ 비교: 민법 249조에 따른 동산의 선의취득(평온, 공연하게 동산을 양수한 자가 선의이며 과실없이 동산을 점유한 경우 양도인이 정당한 소유자가 아니어도 즉시 동산의 소유권을 취득한다)[1-164]에 비해 어음·수표의 선의취득 요건은 유통성제고를 위해서 완화되어 있다(가령 주관적 요건이 동산은 선의·무과실이나 어음·수표는 선의·무중과실이다).

## 2. 요건 [5-93]

### (1) 어음법적 또는 수표법적 양도방법에 의한 취득

① 선의취득은 유통성보호를 위해서 인정되는 특칙이므로 어음법·수표법이 유통성보호 차원에서 마련한 양도방법에 따라 어음·수표를 취득한 경우에만 선의취득이 인정된다. 이러한 유통방법에는 어음·수표의 배서 또는 교부(최후의 배서가 백지식배서인 어음·수표 또는 소지인출급식으로 발행된 수표)가 있다(통설). ② 배서 또는 교부를 제외한 지명채권 양도방법이나 포괄승계(상속, 합병 등) 등에 의한 어음·수표의 취득에는 선의취득이 인정되지 않는다. ③ 특수한 배서인 기한후배서와 추심위임배서는 선의취득이 인정되지 않는다[5-89, 90].

### (2) 배서의 연속

선의취득이 성립하기 위해서는 소지인에게까지 배서가 연속되어야 한다(어16②,수21). 배서의 연속이 있으면 소지인에게 자격수여적 효력이 인정되고(어16①,수19), 이러한 형식적 자격을 갖춘 소지인을 신뢰하여 양수한 양수인을 보호하자는 것이 선의취득이다.

### (3) 선의취득의 적용범위

1) **무권리** 양도인이 무권리자인 경우는 선의취득이 인정되는 전형적인 경우이다(가령 약속어음관계자가 갑→을→병→정인 경우 을이 분실한 어음을 습득한 병이 허위로 을→병의 배서를 한 후 선의의 정에게 배서를 하면 정이 선의취득을 한다).

2) **양도행위의 하자** ① 문제제기: 양도인이 권리자이지만 양도행위에 하자가 있는 경우에도 선의취득을 인정할 수 있는지가 문제된다(가령 약속어음관계자가 갑→을→병인 경우 을의 무권대리인이 선의의 병에게 배서양도하면 병의 선의취득이 인정되는가? 이 경우 을은 무권리자가 아니고 을→병의 배서양도에 하자가 있는 경우에 해당한다). 양도행위의 하자에는 양도인의 제한능력, 의사표시의 흠결, 대리권·처분권의 흠결, 양도인의 인적 동일성 흠결 등이 포함된다. 민법상 선의취득은 양도인이 무권리자인 경우에만 적용되지만(판례·통설), 어음·수표는 유통성보호의 차원에서 선의취득의 적용범위를 양도행위의 하자까지 포함하는 문제가 논의되고 있다. ② 판례: 무권대리와 관련하여 선의취득을 인정한 바 있다. ③ 학설: 동산의 선의취

득과 마찬가지로 양도인이 무권리자인 경우로 선의취득을 제한하는 입장(무권리자 한정설)이 있다. 이에 의하면 양도행위하자의 상대방보호는 해당 하자에 관한 규정(가령 무권대리의 상대방 보호에 관한 민법 135조)에 따른다(다만, 이에 의한 보호 수준은 선의취득을 적용하는 것에 비해 다소 낮다). 이와 달리, 원칙상 모든 양도행위의 하자에 대해서도 선의취득을 인정하는 입장(무제한설), 대리권·처분권의 흠결, 양도인의 인적 동일성 흠결은 양도인이 무권리자인 경우와 유사하므로 이에 대해서는 선의취득을 인정하는 입장(일부제한설)이 있다.

(4) 선의·무중과실

취득자는 악의 또는 중과실이 없어야 한다(어16②,수21). ① 대상: 직접의 양도인이 무권리자라는 사실 또는 직접의 양도인의 양도행위에 하자가 있다는 사실(무제한설 또는 일부제한설에 따를 경우)에 대해 악의 또는 중과실이 없어야 한다. ② 시기: 악의·중과실은 어음·수표의 취득 시를 기준으로 판단한다. 그 이후에는 악의·중과실이 있어도 무방하다(통설). 특히 선의취득자 이후에 취득자가 악의·중과실이 있어도 무방한 것을 '엄폐물의 법칙'이라고 한다. 즉, 선의취득은 원시취득으로서 그 취득자는 진정한 권리자이므로(무권리 등이 치유된다), 일단 성립되면 그 후의 취득자는 악의가 있더라도 권리를 승계한다(가령 약속어음관계자가 갑→을→병→정에서 병이 선의취득한 경우 정이 악의이더라도 병과 정 간의 양도의 효력에 영향을 미치지 않는다). ③ 입증: 악의 또는 중과실에 대한 입증은 선의취득을 부정하는 자가 해야 한다(통설).

(5) 취득에 관한 경제적 이익

취득자는 취득에 대한 독립적인 경제적 이익을 갖고 있어야 한다(통설). 그렇지 않으면 취득자를 보호할 필요가 없기 때문이다. 추심위임배서에서 피배서인은 독립한 경제적 이익이 없어서(대리인에 불과하기 때문에) 선의취득이 인정되지 않는 경우가 있다[5-90].

3. 효과 [5-94]

(1) 원시취득

선의취득에 따라 취득자가 어음·수표상 권리를 원시취득한다(통설). 이전의 권리자는 이에 따라 권리를 상실한다. 취득자는 무권리 또는 양도행위하자의 영향이 없는 권리를 취득한다. 따라서 선의취득 이후에 권리의 승계취득자는 선의취득의 사실을 알고 있었다고 해도 적법하게 권리를 취득한다.

(2) 어음·수표항변과의 관계

어음·수표항변은 어음·수표행위자가 채무를 부담하는지(또는 이를 거절할 수 있는지)의 문제이고, 선의취득은 권리취득의 문제(진정한 권리자와 양수인 사이에 누가 권리자인지의 문제)이다. 따라서 어음·수표의 선의취득을 통해서 어음·수표상 권리를 선의취득했다고 해서 어음·수표항변이 소멸되는 것은 아니다(가령 약속어음관계자가 갑→을→병→정인 경우 을이 분실한 어음을 습득한 병이 허위로 을→병의 배서를 한 후 선의의 정에게 배서를 하면 정이 선의취득을 하는데, 을은 어음의 분실자로서 위조의 항변[5-27]을 통해서 채무부담을 부인할 수 있고 따라서 정에게 상환의무를 지지 않는다).

## 제5관 어음·수표상 권리의 행사

### Ⅰ. 지급제시

#### 1. 의의 [5-95]

지급제시는 소지인이 지급을 청구하기 위해서 채무자에게 어음·수표를 제시하는 것을 가리킨다. 즉, 지급제시는 지급청구행위이다. 어음·수표는 제시증권으로서 어음·수표상 채무는 추심채무(채권자가 채무자의 영업소 또는 주소로 가서 이행을 받는 채무)에 해당하므로 지급을 받으려면 지급제시가 필요하다[5-8]. 채무자가 어음·수표상 권리자가 누구인지 알지 못하므로 소지인으로 하여금 지급제시를 통해서 그 권리자임을 입증하게 한 것이다.

#### 2. 지급제시의 요건 [5-96]

(1) 당사자

① 제시자: 어음법은 어음의 소지인이 지급제시를 할 수 있는 자라고 명시

하고 있고(어38①), 수표법에는 이러한 규정이 없지만 마찬가지로 해석한다(통설). 소지인은 배서의 연속에 의해 권리가 추정되는 자이거나 배서의 연속이 없는 경우 실질적 권리를 입증한 자이어야 한다[5-85]. 추심위임배서[5-90]를 받거나 추심의 권한을 수여받은 자도 지급제시를 할 수 있다. ② 상대방: 지급제시의 상대방은 지급인·인수인(환어음), 발행인(약속어음), 지급인·지급보증인(수표)이다.

(2) 지급제시기간

지급제시기간은 지급제시가 되어야 하는 기간이다. 어음과 수표로 구분하여 살펴보자.

1) 어음 ① 확정일출급, 발행일자후정기출급 또는 일람후정기출급의 어음은 지급제시기간이 '지급할 날(만기) + 2거래일'이다(어38①). 지급할 날이 휴일이면 그 다음 제1거래일이 지급할 날이 되고, 지급제시기간의 말일이 휴일이면 그 다음 제1거래일로 지급제시기간의 말일이 연장된다(어72). 즉, 휴일 아닌 사흘(3거래일)이 지급제시기간으로 인정된다. ② 일람출급의 어음은 지급제시기간이 발행일로부터 1년이고, 다만 이 기간을 발행인은 단축하거나 연장할 수 있고 배서인은 단축할 수 있다(어34①). 일람출급어음에도 '지급할 날(만기) + 2거래일'을 적용하면 소지인의 임의대로 지급제시기간이 무한히 늘어날 수 있기 때문에(일람출급에서 '지급할 날'은 소지인이 지급제시를 하는 날이어서 소지인이 지급제시를 하지 않는 한 지급할 날은 도래하지 않는다) 발행일로부터 1년을 지급제시기간으로 정한 것이다.

2) 수표 ① 수표는 지급제시기간이 발행일로부터 10일이다(수29①). 수표도 일람출급이므로 지급제시기간을 일람출급어음과 동일한 방식으로 하고, 다만 수표는 지급수단이라는 점을 고려하여 발행일로부터 단기간 내에 지급제시가 이루어지게 한 것이다. ② 여기서 발행일은 실제의 발행일이 아니라 문면에 기재된 발행일을 가리킨다(수29④). 다만, '선일자수표'는 문면상 발행일이 실제 발행일보다 후일인 수표인데, 이 경우 문면상 발행일 이전이라도 지급제시 및 지급이 가능하다(수28②). 이는 수표가 신용수단이 아니라 지급수단이기 때문이다. 한편, 선일자수표를 발행하면서 발행인과 수취인이 문면상 발행일 이전에는 지급제시를 하지 않기로 합의한 경우가 있다. 이러한 특약은 당사자 사이에서는 유효하며, 수취인이 이를 위반한 경우 발행인이 손해배상청구를 할 수 있다(판례·통설).

(3) 지급제시의 장소

① 일반론: 어음·수표채무는 추심채무이므로, 지급제시의 장소는 지급지 내에 있는 지급제시 상대방의 영업소·주소·거소이다(민516). ② 제3자방지급: 어음·수표에 지급장소가 별도로 기재되어 있는 제3자방지급의 어음·수표는 그 지급장소에서 지급제시를 해야 한다[5-50]. 실제로 사용되는 대부분의 어음·수표는 은행이 지급장소(가령 ○○은행○○지점)로 기재되어 있다(이러한 어음을 특히 '은행도어음'이라고 한다). 이에 따라 어음·수표의 제시는 은행 간에 이루어지는 것이 보통이고(소지인이 자신의 거래은행에 어음·수표를 교부하면 그 거래은행이 지급장소인 은행에게 지급제시를 한다), 은행 간의 지급제시를 위한 기관이 어음교환소이다. 어음교환소는 은행들이 어음·수표를 교환해서 집단적으로 결제하는 장소로서 법무부장관이 지정한다(어83,수69). 어음교환소에서의 어음·수표의 제시는 지급제시로서의 효력이 있다(어38②,수31①).

(4) 지급제시의 방법

지급제시는 '완전한' 어음·수표 '자체'를 실제로 제시해야 한다(판례·통설). 즉, 보충되지 않은 백지어음·수표 또는 어음·수표의 등본을 제시하는 것은 적법한 지급제시가 아니므로 지급제시의 효과가 생기지 않는다.

### 3. 지급제시의 효과 [5-97]

① 이행지체의 책임: 어음·수표는 추심채무이므로 이행청구에 해당하는 지급제시를 해야 채무자에게 이행지체의 책임이 생긴다. 만기가 되었음에도 지급제시를 하지 않으면 이행지체가 되지 않고, 지급제시에도 불구하고 지급을 하지 않아야 이행지체가 된다. 지급제시가 없는 경우 채무자는 공탁을 통해서 채무를 면하는 것도 가능하다(어42). ② 권리의 보전: 지급제시를 하면 상환의무자에 대한 상환청구권이 보전된다(어53,수39). 지급제시를 하지 않으면 상환청구권이 소멸되는 것은 물론이다. 일반적으로 지급제시가 권리보전의 요건인 것은 아니다. 그럼에도 불구하고 상환의무는 어음·수표의 유통성보호를 위해 법이 정책적으로 인정한 의무로서 지급책임에 대한 '담보책임'에 불과하다는 점을 고려해서 지급제시를 상환청구권의 보전요건으로 규정한 것이다. 한편, 주채무자에 대한 지급

청구권은 지급제시를 하지 않았다고 해서 소멸되는 것은 아니다. 즉, 지급제시가 이러한 지급청구권에 대한 보전요건은 아니다.

### 4. 지급제시의 면제 [5-98]

지급제시면제의 특약은 당사자 사이에서만 유효하다(통설). 주채무자가 특약의 당사자인 경우는 지급제시가 없더라도 만기 이후에 이행지체의 책임을 지게 된다. 상환의무자가 특약의 당사자인 경우는 지급제시가 없더라도 그에 대한 상환청구권이 보전된다. 나머지 상환의무자에 대해서는 지급제시를 하지 않으면 상환청구권이 소멸한다.

## Ⅱ. 지급

### 1. 의의 [5-99]

① 위 [5-95]에서 기술한 바와 같이 어음·수표상 채무는 추심채무이므로 소지인의 지급제시가 있어야 지급이 이루어진다. 주채무자의 지급은 어음·수표상 채무를 완전히 소멸시킨다. 환어음·수표의 지급인은 채무자는 아니지만 지급권한을 갖고 있으므로 유효한 지급을 할 수 있고, 그 결과 그의 지급으로 어음·수표상 채무가 완전히 소멸한다. ② 상환의무자의 상환의무 이행은 어음·수표상 채무를 완전히 소멸시키는 것은 아니고 상환의무자와 그 후자의 채무만 소멸시킨다(가령 약속어음관계자가 갑→을→병→정→무인 경우 병이 무에게 상환의무를 이행하면 병과 정의 상환의무는 소멸하지만 갑의 주채무 및 을의 상환의무는 소멸하지 않는다). 상환의무에 대해서는 아래 Ⅲ.에서 별도로 다룬다.

### 2. 지급시기 [5-100]

#### (1) 어음

어음의 지급시기에 관한 통설은 다음과 같다. ① 만기의 지급: 지급제시기간 중에 지급하는 것이 만기의 지급이다. 다만, 일람출급어음은 발행 후 지급제시기간 내에 일람(지급제시)한 때에 지급하는 것이 만기의 지급이다. 지급제시기간 내에 지급제시를 받으면 채무자는 즉시 지급해야 한다. 이 경우 선의지급의 면책력[5-102]이 적용된다(어40③). ② 만기 전의 지급: 채무자는 기한의 이익을 포기하고 기한 전에 변제할 수 있는 것이 원칙(민468)이나, 어음은 만기 전에 어음을 유통시킬 경제적 이익이 있으므로 소지인은 만기 전에 지급을 받을 의무가 없다. 소지인이 동의하는 경우 만기 전의 지급이 가능하지만, 이 경우는 지급한 자가 위험을 부담(진정한 권리자에게 다시 지급해야 하는 이중지급의 위험을 부담)하므로(어40②) 선의지급의 면책력이 적용되지 않는다. 한편, 일람출급어음은 발행 후 언제든지 지급제시 및 지급이 가능하므로 만기 전의 지급은 없다. ③ 만기 후의 지급: 주채무자는 만기 후에도 지급책임을 부담하므로 만기의 지급과 효과가 같다. 따라서 선의지급의 면책력이 적용된다. 환어음의 지급인이 만기 후에 지급하는 것은 지급위탁의 취지에 반하므로, 그 지급은 발행인의 계산으로 인정되지 않고 선의지급의 면책력이 적용되지 않는다.

(2) **수표**

수표의 지급시기에 관한 통설은 다음과 같다. ① 만기의 지급: 수표는 일람출급이므로 발행 후 지급제시기간 내에 일람(지급제시)한 때에 지급하는 것이 만기의 지급이다. 지급제시기간 내에 지급제시를 받으면 채무자는 즉시 지급해야 한다. 이 경우 선의지급의 면책력이 적용된다(수35①). ② 만기 전의 지급: 수표는 일람출급으로서 발행 후 언제든지 지급제시 및 지급이 가능하므로 만기 전의 지급은 없다. ③ 만기 후의 지급: 지급위탁의 취소가 없는 한 지급인이 발행인의 계산으로 지급할 수 있다(수32②). 이는 지급제시기간이 단기(발행일로부터 10일 아내)라는 점을 고려한 것이다. 발행인의 계산으로 지급할 수 있는 만큼, 선의지급의 면책력도 인정된다.

(3) **지급의 유예**

1) **의의** 소지인이 동의하는 지급유예는 허용된다(통설). 하지만, 은혜일은 인정하지 않는다(어74,수62). 즉, 만기 이후에 지급인 등에 의한 임의적 지급유예는 인정되지 않는다.

2) **유형** 소지인이 동의하는 지급유예의 유형은 다음과 같다.

㈎ **특약** 채무자와 소지인이 지급유예의 특약을 하는 경우이다. 이는 어음·수표의 문언에는 기재되지 않는 특약으로서 인적항변[5-39]에 불과하다(통설).

(나) **만기변경** 지급유예를 위해 어음의 만기(수표는 만기가 없다)를 변경하는 경우이다. 이는 변조에 해당하는 것으로서 어음관계자 전원이 합의하는 경우 유효하다(통설).

(다) **어음개서** ① 개념: 어음개서는 지급유예를 위해 어음의 만기를 변경한 새로운 어음을 발행하는 것을 가리킨다. 구어음의 회수 여부를 기준으로 나누어 살펴볼 필요가 있다. ② 구어음을 회수하는 경우: 신어음을 발행하면 구어음이 유통되어 채무자가 이중지급의 위험을 질 수 있으므로 구어음을 회수하는 방식이 일반적이다. 이 경우 구어음상 채무는 소멸하나 실질적으로 그와 동일한 채무가 신어음상의 채무로 존속한다(판례). 구어음상 채무에 대한 담보나 민사보증은 신어음상의 채무에도 그대로 존속한다(판례). ③ 구어음을 회수하지 않는 경우: 구어음을 회수하지 않으면 구어음상 채무와 신어음상 채무가 병존한다. 이 경우 소지인은 어느 권리이든 행사할 수 있고, 다만 신어음의 만기 전에 구어음의 지급청구를 하면 지급인 등은 지급유예의 인적항변[5-39]을 주장할 수 있다(통설).

### 3. 지급의 방법 [5-101]

① 통화: 어음·수표상 금액이 '지급지의 통화가 아닌 통화'(외국통화)로 기재된 경우 만기의 가격에 따라 '지급지의 통화'(내국통화)로 지급할 수 있는 것이 원칙이고, 다만 외국통화의 현실지급의 문구가 기재된 경우는 그렇지 않다(어41①③,수36①③). ② 상환증권성: 어음·수표는 상환증권성이 있으므로(어39①,수34①), 어음·수표금의 지급과 어음·수표의 반환은 동시이행의 관계에 있다[5-8]. 만약 어음·수표의 반환 없이 지급하게 되면 이 지급은 인적항변[5-39]에 불과하므로 어음·수표의 취득자에게 항변이 절단된다. ③ 일부지급: 어음·수표금의 일부만 지급하는 것은 유효하고 소지인이 거절하지 못한다(어39②,수34②). 이에 따라 그 일부에 대해서는 상환청구권이 발생하지 않는다(통설). 일부지급을 한 경우 소지인에게 일부지급의 사실을 어음·수표에 적고 영수증을 교부할 것을 청구할 수 있다(어39③,수34③). 이러한 기재가 있으면 일부지급은 물적항변[5-37]이 되고, 이러한 기재가 없으면 일부지급은 인적항변[5-39]에 그친다.

### 4. 선의지급과 조사의무 [5-102]

#### (1) 선의지급의 면책력

① 의의: 만기에 지급하는 자는 사기 또는 중대한 과실이 없으면 그 책임을 면하고, 이 경우 배서의 연속을 조사할 의무가 있으나 배서인의 기명날인(또는 서명)을 조사할 의무는 없다(어40③)(수표법 35조 1항은 같은 내용을 규정하면서 사기 또는 중대한 과실에 대해 언급이 없지만 통설은 어음법과 동일하게 해석한다). 배서가 연속되어 있는 어음·수표를 점유한 자는 적법한 소지인으로 추정되는 효력이 있으며(어16①,수19), 이를 신뢰하여 소지인에게 지급하는 경우 지급인은 면책되는 것이다(즉, 소지인이 진정한 권리자가 아닌 경우 진정한 권리자에게 다시 지급해야 하는 이중지급의 책임을 면한다). ② 취지: 선의지급의 면책력은 채무자의 입장에서 어음·수표가 유통되어도 지급과 관련하여 자신에게 불이익하지 않게 해주므로 유통성제고에 기여한다.

#### (2) 조사 요건

① 형식적 유효성: 선의지급의 면책력이 적용되려면 일정한 형식적 유효성이 조사되어야 한다(통설). 즉, 지급하는 자는 배서가 연속되어 있는지, 어음·수표의 필요적 기재사항이 기재되어 있는지, 자신의 기명날인(또는 서명)이 진실한지 등을 조사해야 한다. ② 실질적 유효성은 조사되지 않아도 선의지급의 면책력이 적용되는 데 문제가 없다(판례·통설). 즉, 소지인이 동일한지(가령 어음·수표를 제시한 자가 최후의 피배서인과 동일인인지 여부), 자신 이외에 다른 어음관계자의 기명날인(또는 서명)이 진실한지 등과 같은 실질적 유효성은 조사대상이 아니다. 다만, 예외적으로 판례는 소지인이 무권리자라고 의심할 만한 특별한 사정이 있는 경우에 이는 조사대상이라고 본다.

#### (3) 사기 또는 중과실

사기는 단순히 소지인이 무권리자임을 아는 것(악의)만으로는 부족하고 이 사실을 용이하게 입증할 방법(소송상 입증방법)이 있음에도 불구하고 고의로 지급하는 경우이고, 중과실은 조금만 주의를 기울이면 그러한 방법을 확보할 수 있음에도 불구하고 이를 게을리 해서 지급한 경우를 가리킨다(통설). 이는 만기에 지급의무를 지는 자가 소지인이 무권리자임을 용이하게 입증할 방법이 없는 한

지급할 수밖에 없다는 점을 근거로 한다.

(4) 적용범위

① 시간적 범위를 보면, 선의지급의 면책력은 원칙상 만기 시 지급에만 적용된다. 이에 관해서는 지급시기[5-100]에서 살펴보았다. ② 위조·변조된 어음·수표를 지급하는 경우도 선의지급의 면책력이 적용되는가? 통설은 이를 부정하면서 선의지급의 면책력은 어음·수표가 진정해야 하고, 다만 소지인이 무권리자인 경우에만 적용된다고 본다.

### 5. 횡선수표 [5-103]

① 개념: 횡선수표는 수표의 앞면에 두 줄의 평행선을 그은 수표이며, 이 경우 지급인이 은행 또는 지급인의 거래처에게만 지급할 수 있다(수37,38). 이는 지급제한의 일종이다. 여기서 거래처는 지급인과 거래관계가 있어서 신원이 쉽게 파악될 수 있는 거래자를 가리킨다. ② 취지: 수표는 일람출급이고 많은 경우에 소지인출급식으로 발행되는데 수표가 분실·절취되면 부정한 소지인이 지급받을 위험이 높다. 횡선수표는 이러한 위험을 방지하기 위한 것이다. ③ 종류: 횡선수표의 종류는 두 가지이다(수37②③). 일반횡선수표는 횡선 내에 아무런 기재를 하지 않거나 은행 또는 이와 같은 뜻의 문구를 기재한 것이다. 특정횡선수표는 횡선 내에 특정한 은행을 기재한 것이다. ④ 효력: 일반횡선수표의 지급인은 은행 또는 지급인의 거래처에게만 지급할 수 있다(수38①). 특정횡선수표의 지급인은 기재된 특정한 은행에게만, 만약 그 은행이 지급인인 경우는 자기의 거래처에게만 지급할 수 있다(수38②). 특정횡선수표가 지급에 있어 보다 엄격한 효력을 갖는다. ⑤ 위반 시의 효력: 횡선수표의 지급제한을 위반하여 생긴 손해는 수표금액의 한도 내에서 그 배상책임이 성립된다(수38⑤).

## Ⅲ. 상환청구

### 1. 의의 [5-104]

① 상환청구: 상환청구는 어음·수표가 지급제시기간 내에 지급이 거절되거

나 그 전이라도 지급가능성이 현저하게 감소한 경우 소지인이 자신의 전자에게 어음·수표금액 및 기타 비용의 지급을 청구하는 것이다. 종래에는 '소구'라는 표현이 사용되었으나 지금은 상환청구라고 한다. ② 상환청구권: 상환청구를 할 수 있는 권리가 상환청구권이며, 이는 지명채권양도의 방법으로 양도할 수 있다(통설). ③ 취지: 어음·수표의 유통성보호를 위해서 정책적으로 채무자에게 담보책임인 상환의무를 지운 것이다.

### 2. 당사자 [5-105]

#### (1) 상환청구권자

최초의 상환청구권자는 어음·수표의 최후의 소지인이다(어43,수39). 상환의무를 이행하고 어음·수표를 환수하여 새로운 소지인이 된 자도 자기의 전자에 대한 상환청구권자가 될 수 있는데, 이를 특히 재상환청구권자라고 한다(어47③,수43③).

#### (2) 상환의무자

**1) 범위** 어음·수표행위자 중에서 주채무자를 제외한 채무자가 상환의무자이다. 즉, ① 환어음은 발행인·배서인·보증인 ② 약속어음은 배서인·보증인, 그리고 ③ 수표는 발행인·배서인·보증인·지급보증인이 상환의무자이다. 배서인 중에서 담보책임을 지지 않는 경우(가령 공연한 추심위임배서의 배서인[5-90])는 상환의무자가 아니다.

**2) 합동책임** 상환의무자는 합동책임을 진다(어47,수43). 합동책임이란 연대책임과 유사하나, 합동책임은 상환의무의 발생원인과 범위가 상환의무자별로 차이가 있고 연대책임은 그렇지 않기 때문에, 전자가 후자보다는 상대적으로 '개별적' 성격의 의무이다. ① 연대채무는 채무자 1인의 이행이 다른 채무자의 채무를 소멸시키지만, 상환의무는 의무자 1인의 이행은 그 자 및 그 후자의 채무만 소멸시킨다(판례·통설). ② 연대채무는 채무를 이행하면 다른 채무자 전원에게 구상권을 갖지만, 상환의무는 의무를 이행하면 자기의 전자 중에 상환의무자가 있는 경우에 한해 그에게만 재상환청구권을 갖는다(통설). ③ 연대채무는 채무자 1인에 대한 청구가 다른 채무자에게도 효력을 갖지만, 상환의무는 의무자 1인에 대한 청구가 다른 의무자에게 효력을 갖지 않는다(통설).

### 3. 상환청구의 요건

#### (1) 실질적 요건 [5-106]

**1) 만기의 상환청구** ① 어음·수표의 지급제시기간 내에 적법한 지급제시를 했는데 지급이 거절되어야 한다. ② 지급거절증서의 작성이 면제된 경우에도 지급제시를 해야 한다. 다만, 인수거절증서가 작성되어 있는 경우(어44①), 불가항력의 경우(어54④,수47④) 등은 지급제시를 하지 않아도 된다. 또한 지급제시의 면제특약을 한 당사자에게는 지급제시를 하지 않아도 된다[5-98]. ③ 지급거절은 지급인의 부재 등으로 지급받을 수 없는 경우도 포함한다.

**2) 만기 전의 상환청구**

**(가) 의의** 수표 및 일람출급어음은 발행 후 언제든지 지급제시 및 지급이 가능하므로 만기 전의 상환청구 문제가 생기지 않는다. 일람출급이 아닌 어음에서는 만기 전의 상환청구 문제가 생긴다. 즉, 만기 시의 지급가능성이 현저하게 감소된다고 판단되는 다음과 같은 경우는 만기 전에도 상환청구권이 인정된다.

**(나) 환어음** 만기 시에 지급가능성이 현저하게 감소되는 사유는 다음과 같다. ① 인수제시기간 내에 적법한 인수제시를 했는데 인수가 거절된 경우이다(어43(1)). 다만, 발행인이 인수제시를 금지한 어음(어22②)은 만기 전의 상환청구권이 인정될 수 없다. ② 지급인 또는 인수인이 파산하거나, 지급이 정지되거나, '강제집행이 주효하지 않는 경우'(다른 채권자가 지급인·인수인의 재산에 실제로 강제집행을 했으나 결국 채권의 만족을 얻지 못한 경우)이다(어43(2)). ③ 인수제시를 금지한 발행인이 파산한 경우이다(어43(3)). 인수제시가 금지된 어음은 발행인의 신용으로 유통되는데, 그의 파산은 만기 시의 지급가능성을 현저히 감소시키기 때문이다.

**3) 약속어음** 약속어음은 만기 전의 상환청구에 관한 규정이 없다. 환어음의 만기 전의 상환청구 사유 중에서 인수인에 관한 부분을 제외하고(약속어음에는 인수제도가 없다) 나머지는 약속어음에 유추적용이 된다고 해석한다(판례·통설).

#### (2) 형식적 요건 [5-107]

**1) 거절증서의 작성** ① 상환청구권이 인정되려면 인수거절증서 또는 지급거절증서가 작성되어야 한다(어44,수39). 실제로 인수 또는 지급의 거절이 있

더라도 거절증서가 작성되지 않으면 상환청구권이 인정되지 않는다. 예외적으로 만기 전의 상환청구사유인 지급인 또는 인수인의 파산은 거절증서의 작성을 파산결정서의 제출로 갈음할 수 있다(어44⑥). ② 인수거절증서 또는 지급거절증서의 작성은 원칙적으로 인수제시기간 또는 지급제시기간 내에 이루어져야 한다(어44②③,수40).

2) **거절증서의 작성면제** ① 개념: 상환의무자가 소지인으로 하여금 인수거절증서 또는 지급거절증서를 작성하지 않고 상환청구를 할 수 있게 하는 것이 거절증서의 작성면제이다. 이 경우 소지인은 거절증서의 작성에 소요되는 시간과 비용을 아낄 수 있게 된다. 면제권자가 어음·수표의 문면에 '무비용상환' 또는 '거절증서 불필요' 또는 이와 같은 뜻의 문구를 기재하고 기명날인(또는 서명)해야 한다(어46①,수42①). ② 면제권자: 발행인·배서인·보증인이 면제권자이다(어46①,수42①). 약속어음의 발행인은 주채무자이므로 여기의 발행인에서 제외한다(다수설). ③ 효력: 소지인은 거절증서를 작성하지 않고도 상환청구권을 행사할 수 있다. 그렇다고 해서 지급제시까지 면제되는 것은 아니므로 소지인이 적법한 제시를 해서 인수 또는 지급이 거절되어야 상환청구를 할 수 있다(어46②,수42②). 다만, 소지인은 지급제시기간 내에 지급제시를 했다고 추정되므로, 상환의무자가 지급제시가 없었다는 점을 입증해야 한다(판례).

3) **불가항력으로 인한 기간연장** 불가항력으로 인수·지급제시 및 거절증서작성이 불가능한 경우 소지인의 보호가 필요하다. ① 불가항력의 사유로 인수·지급제시 및 거절증서작성이 불가능한 경우 그 제시·작성기간이 연장되고 그 사유가 사라지면 지체 없이 인수·지급제시 및 거절증서작성이 이루어져야 한다(어54①③,수47①③). ② 불가항력이 원칙상 만기부터 30일(수표의 경우는 불가항력의 통지로부터 15일)이 지나도 계속되는 경우에는 상환청구권의 보전절차가 면제된다(어54④,수47④). ③ 불가항력의 사유는 피할 수 없는 장애로서 법령에 의한 지급유예 등을 비롯하여 제한적으로만 인정되고, 소지인의 인적 사유(가령 질병)는 포함되지 않는다(어54①⑥,수47①⑤). 해석상 전쟁, 내란, 지진 등은 불가항력의 사유에 포함된다(통설).

## 4. 상환청구의 절차 [5-108]

### (1) 통지의무

① 의의: 상환청구권자는 상환의무자에게 '상환청구의 통지'(또는 인수거절 또는 지급거절의 통지)를 해야 한다(어45,수41). 상환의무자가 의무이행을 준비할 수 있게 하기 위해서이다. 거절증서작성이 면제된 경우에도 통지면제의 특약이 없는 한 통지의무가 면제되지 않는다(어46②,수42②). ② 방식: 최후의 소지인이 그 직전의 자에게 통지하고, 통지를 받은 배서인은 다시 그 직전의 자에게 통지하는 방식을 취한다(순차통지주의). ③ 기간: 통지기간은 소지인의 경우 거절증서작성일(작성면제인 경우는 제시일) 또는 이에 이은 4거래일 이내이고, 배서인인 경우 자신이 통지받은 날 또는 이에 이은 2거래일 이내이다(어45①,수41①). ④ 효과: 통지의무를 위반하면 의무이행 준비를 하지 못한 데에 따른 손해를 배상해야 한다(어45⑥,수41⑥). 상환청구권이 상실되는 것은 아니다.

### (2) 상환의 청구

① 청구의 상대방: 소지인은 상환의무자 1인은 물론이고 전원 또는 수인에게 상환청구를 하는 것이 가능하다(어47②,43②). 상환의무자의 채무부담의 순서는 묻지 않는다(가령 약속어음관계자가 갑→을→병→정인 경우 정이 직접의 배서인 병을 건너뛰고 배서인 을에게 직접 상환청구를 할 수 있다). ② 청구금액: 상환청구권자는 일정한 상환금액(1. 인수 또는 지급되지 않은 어음·수표금액 및 이자의 기재가 있으면 그 이자 2. 연 6%의 만기 이후의 이자, 그리고 3. 거절증서작성비용, 통지비용 및 상환청구권의 보전을 위해 지출한 비용)을 청구할 수 있다(어48①,수44). ③ 역어음의 발행: 상환청구권자가 상환의무자를 지급인으로 하는 어음을 발행하여(이것이 역어음이다) 상환청구를 하는 것도 가능하다(가령 약속어음관계자가 갑→을→병인 경우 병이 을을 지급인으로 하는 환어음을 발생하여 이를 자신의 채권자인 정에게 교부하고 정이 을에게 지급제시를 하여 지급받으면 상환의무가 이행된다). 다만, 역어음의 발행은 만기가 일람출급이어야 하는 등의 요건이 적용된다(어52). ④ 상환의 이행: 상환은 청구금액의 지급 이외에 대물변제[1-105], 상계 등으로도 할 수 있다(통설). 그리고 상환의무자는 지급과 상환하여 어음·수표, 거절증서 등의 교부를 청구할 수 있다(상환증권성)(어50①,수46①). 이는 이중지급의 위험을 피하고

재상환청구를 위해서 필요하기 때문이다.

### 5. 재상환청구 [5-109]

① 의의: 재상환청구는 상환의무자가 상환의무를 이행하고 어음·수표를 환수한 경우 자신의 전자에게 상환청구를 할 수 있는 것을 가리킨다. ② 법적 성질: 배서를 통해서 어음·수표상의 권리가 피배서인에게 확정적으로 이전되는데, 배서인이 상환의무를 이행함으로써 법률의 규정에 의해 어음·수표상의 권리를 재취득한 것이다(권리재취득설)(통설). ③ 요건: 상환의무자는 자신의 상환의무를 이행하고 어음·수표를 환수하여 이를 재상환의무자에게 교부해야 한다(어50①,수46①). ④ 청구금액: 재상환청구권자는 일정한 재상환금액(1. 지급한 총금액 2. 총금액에 대해 연 6%의 지급한 날 이후의 이자, 그리고 3. 지출한 비용)을 청구할 수 있다(어49,수45).

# 제6관 참 가

## Ⅰ. 의의 [5-110]

### 1. 개념

참가는 상환청구의 요건이 충족된 경우 제3자가 어음관계에 개입하여 인수 또는 지급을 하여 상환청구권의 행사를 저지하는 제도이다. 전자가 '참가인수'이고 후자가 '참가지급'이다. 참가는 어음금의 지급을 담보한다는 점에서는 보증과 같지만, 참가는 보증과 달리 사후적 조치라는 점에서 차이가 있다.

### 2. 적용범위

참가는 수표에는 없는 제도이다. 어음법은 환어음에 참가에 관한 규정을 두고, 약속어음에 참가지급을 준용하고 있다(어77①(5)). 통설은 약속어음에도 만기전 상환청구가 허용되므로(어43(2)), 약속어음의 참가인수도 인정된다고 해석한다.

### 3. 참가인 및 피참가인

#### (1) 참가인

① 참가인의 자격에는 제한이 없다. 다만, 환어음의 인수인과 약속어음의 발행인은 참가인이 될 수 없다(어55③단). 주채무자가 참가인이 되는 것은 무의미하기 때문이다. ② 참가인에는 예비지급인과 협의의 참가인이 있다. 전자는 상환청구를 저지하기 위해서 배서인, 환어음의 발행인, 또는 이들을 위한 보증인이 어음에 기재한 예비지급인이고(어55①), 후자는 참가예정이 어음에 기재되어 있지 않지만 참가하게 된 자이다.

#### (2) 피참가인

상환의무를 부담하는 환어음의 발행인, 배서인 또는 이들을 위한 보증인이 피참가인이 될 수 있다(어55②).

### 4. 참가통지

참가를 한 참가인은 피참가인에게 2거래일 내에 참가의 통지를 해야 한다(어55④). 이는 피참가인이 자발적으로 상환의무를 이행할 기회를 주자는 것이다.

## Ⅱ. 참가인수 [5-111]

### 1. 의의

① 개념: 형식으로 보면, 어음의 참가인수는 어음·수표의 문면에 기명날인(또는 서명) 등의 참가인수요건을 갖추어 이를 교부하는 행위이다(교부가 참가인수의 요건인지에 관해서는 어음·수표이론[5-17]에서 논의하였다). 실질로 보면, 어음의 참가인수는 만기 전의 상환청구를 저지하기 위해서 제3자가 어음의 지급을 약속하는 행위이다. ② 법적 성질: 참가인수의 법적 성질은 상환의무의 인수이다(통설). 이는 상환의무를 담보하는 것에 불과하므로, 주채무를 부담하는 환어음의 인수와는 다르다.

### 2. 요건

① 만기 전 상환청구의 요건: 참가인수는 만기 전 상환청구권을 행사할 수 있는 모든 경우에 할 수 있다(어56①). 이러한 의미에서 참가인수는 사후적 담보수단이다. ② 참가인수는 참가인수문구(참가인수를 한다는 뜻의 문구), 피참가인, 참가인의 기명날인(또는 서명)이 있어야 한다(어57). 환어음에서 피참가인의 기재가 없는 경우는 발행인을 위해서 참가인수를 한 것으로 본다(어57).

### 3. 참가인수의 거절

① 소지인은 참가인수를 거절할 수 있다(어56③). 상환가능성이 낮은 자의 참가인수를 거부할 수 있게 하자는 것이다. 하지만 예비지급인이 기재되어 있는 경우 그의 참가를 거절할 수는 없다(소지인이 어음을 취득할 때부터 참가가 예정되어 있기 때문이다). ② 소지인은 예비지급인에게 어음을 제시했으나 그가 참가인수를 거절했음을 거절증서에 의해 입증한 경우에 한해 예비지급인을 기재한 자와 그 후자에게 만기 전의 소구권을 행사할 수 있다(어56②).

### 4. 효력

참가인수인은 피참가인과 동일한 의무를 부담한다(어58①). 이에 따라 소지인이 참가인수를 승낙하면 피참가인과 그 후자는 채무를 면한다(어56③). 피참가인의 전자까지 채무를 면하는 것은 아니다.

## Ⅲ. 참가지급 [5-112]

### 1. 의의

① 개념: 참가지급은 상환청구의 사유가 발생한 경우 이를 저지하기 위해서 제3자가 지급하는 것을 가리킨다. ② 법적 성질: 참가지급의 법적 성질은 어음채무의 변제이다(통설). 이는 피참가인의 후자의 채무만을 소멸시킨다는 점에서, 모든 어음상 채무를 소멸시키는 지급과는 다르다.

### 2. 요건

① 참가지급은 소지인이 만기 또는 만기 전에 상환청구권을 행사할 수 있는 모든 경우에 할 수 있다(어59①). 참가지급은 피참가인이 지급할 전액을 지급해야 한다(어59②). 지급은 지급거절증서를 작성시킬 수 있는 최종일의 다음 날까지 해야 한다(어59③). ② 참가지급은 어음에 피참가인을 표시하고 그 영수를 증명하는 문구를 적어야 한다(어62①). 환어음에서 피참가인의 기재가 없는 경우는 발행인을 위해서 참가지급을 한 것으로 본다(어62①).

### 3. 참가인수의 거절불가

참가지급은 소지인이 거절할 이유가 없으므로 그 거절이 인정되지 않는다. 따라서 참가지급을 거절한 소지인은 피참가인 및 그 후자에 대한 상환청구권을 상실한다(어61).

### 4. 효력

① 참가지급에 의해 피참가인의 후자는 채무를 면한다(어63②). ② 참가지급인은 피참가인 및 그 전자 및 주채무자에게 어음상 권리를 행사할 수 있다(어63①본). 마치 보증채무를 이행한 보증인의 지위와 유사하다. ③ 수인이 참가지급을 원하는 경우 가장 많은 수의 어음채무자의 채무를 면하게 하는 자가 우선한다(어63③). 이에 따르면 환어음에서는 발행인의 참가지급인이 우선하고, 약속어음에서는 수취인의 참가지급인이 우선한다. 본인보다 우선하는 참가지급인이 있음을 알면서도 참가지급을 한 자는 참가지급에 의해 의무를 면할 수 있었던 채무자에 대한 상환청구권을 상실한다(어63③).

# 제7관 복본과 등본

## Ⅰ. 복본 [5-113]

### 1. 의의

① 개념: 복본은 동일한 어음·수표상 권리를 표창하기 위해 발행된 여러 통의 증권이다. 여러 통의 증권은 모두가 정본인 어음·수표이고 주종의 관계는 없다. ② 기능: 복본은 주로 원격지에 있는 지급인에게 교부하여 인수를 받는 동시에 제3자에게 양도배서를 진행하는 경우에 필요하다. 복본은 어음·수표의 도난·분실에 대비하는 기능도 있다. ③ 적용범위: 환어음과 수표에만 적용되고, 약속어음에는 적용되지 않는다. 수표의 경우에도 소지인출급식에는 적용되지 않는데(수48), 여러 통의 소지인출급식수표가 이중으로 유통되는 경우 채무자가 정당한 소지인이 누구인지를 판단하기 어렵기 때문이다.

### 2. 발행

① 발행인이 임의로 복본을 발행할 수 있고(어64①,수48), 환어음인 경우는 어음에 한 통만을 발행한다는 뜻을 기재하지 않았으면 소지인이 자신의 비용으로 복본의 교부를 발행인에게 청구할 수 있다(어64③). ② 복본의 각 통은 내용이 같아야 하고(어64①), 증권의 본문에 번호를 붙여야 하며 번호를 붙이지 않은 경우에 각 통을 별개의 독립한 어음·수표로 본다(어64②,수48).

### 3. 효력

#### (1) 원칙

복본일체의 원칙이 적용된다. 즉, 복본은 각 통이 유효한 어음·수표이지만 모두 동일한 어음·수표상 권리를 표창하는 것이고, 따라서 어음·수표상 권리는 한 개다(통설). 이에 따라 어음의 제시나 상환청구도 한 통으로 한다. 또한 채무자가 복본의 한 통에 지급 또는 상환한 경우 채무를 면한다(어65①본,수49①).

(2) 예외

복본일체의 원칙에 대한 예외로서 복본독립이 적용되는 경우가 있다. ① 만약 환어음의 인수인이 여러 통의 복본에 대해 인수한 경우 지급 시에 모두를 환수하지 않으면 환수되지 않은 복본에 대해 독립된 책임을 면할 수 없다(어65①단). ② 만약 소지인이 고의 또는 과실로 각 통을 각각 다른 사람에게 배서한 경우 그 배서인과 그 후의 배서인은 반환받지 않은 복본에 대해 배서인으로서의 독립된 책임을 면할 수 없다(어65②).

## Ⅱ. 등본 [5-114]

### 1. 의의

① 개념: 등본은 어음의 원본을 복사한 것으로서 어음은 아니다. ② 기능: 등본은 어음의 도난·분실에 대비하자는 것이다. ③ 적용범위: 등본은 어음에만 적용되고(어67①), 수표에는 적용되지 않는다.

### 2. 발행

소지인은 누구든 임의로 등본을 작성할 수 있다(어67①). 등본에는 원본에 기재된 모든 사항을 정확히 다시 기재하고, 끝부분임을 표시하는 문구(가령 '이상은 원본을 등사함')를 기재해야 한다(어67②). 등본에는 원본의 보유자를 기재해야 하는데(어68①), 이는 등본이 배서 또는 보증에 사용된 경우 등본의 정당한 소지인이 원본의 보유자로부터 원본을 교부받을 수 있게 하자는 것이다. 그렇다고 원본보유자의 기재 여부가 등본의 효력에 영향을 미치는 것은 아니다(통설).

### 3. 효력

① 배서·보증: 등본은 원본과 동일한 방법 및 효력하에 배서 또는 보증하는데 사용할 수 있다(어67③). 이 경우 원본이 별도로 배서양도된 경우 선의취득의 대상이 된다. 이를 방지하기 위해서, 등본 작성 전에 행한 최후의 배서 뒤에 '이후의 배서는 등본에 한 것만 효력이 있다'는 뜻을 기재하면, 원본에 한 그 이후

의 배서는 무효로 되고(어68③), 따라서 선의취득이 되지 않는다. ② 인수·지급: 등본은 어음이 아니므로, 등본을 가지고 인수 또는 지급을 청구할 수 없다. 원본 보유자는 등본의 정당한 소지인에게 원본을 교부할 의무가 있으므로(어68①), 만약 원본의 교부가 거절되면, 소지인은 그 거절사실을 거절증서에 의해 증명하여 등본에 배서 또는 보증한 자에게 상환청구를 할 수 있다(어68②).

## 제8관 어음·수표의 소멸시효

### Ⅰ. 의의 [5-115]

일반적으로 권리를 행사할 수 있음에도 불구하고 시효기간 동안 계속하여 행사하지 않으면 이 권리는 시효로 소멸한다. 어음·수표상 권리의 불행사도 마찬가지다. 이하에서 어음·수표상 권리의 소멸시효에 대해 살펴보자.

### Ⅱ. 시효기간 [5-116]

#### 1. 의의

어음·수표상 채무자는 어음·수표의 유통성보호를 위해서 엄격한 책임을 진다(인적항변의 절단, 선의취득, 담보적 효력 등이 적용된다). 이러한 점을 고려하여 시효기간을 일반채권의 10년(민162①), 상사채권의 5년(상64)에 비해 단기로 규정하고 있다. 또한 주채무자에 대한 청구권과 이를 담보하는 상환청구권·재상환청구권에 대한 시효기간을 구분하여 규정하고 있다.

#### 2. 청구권별 시효기간

##### (1) 어음

① 주채무자에 대한 청구권: 환어음의 인수인, 약속어음의 발행인에 대한 청구권은 만기일로부터 3년이 시효기간이다(어70①). ② 상환청구권: 상환청구권은 거절증서작성일 또는 그 작성이 면제된 경우에는 만기일로부터 1년이 시효기

간이다(어70②). ③ 재상환청구권: 재상환청구권은 어음을 환수한 날 또는 제소된 날(상환의무를 이행하지 않아서 소지인으로부터 소송상 청구를 받은 경우)로부터 6개월이 시효기간이다(어70③).

(2) 수표

① 지급보증인에 대한 청구권: 소지인이 지급보증인에게 지급제시기간 내에 지급제시를 하지 않은 경우 지급보증인에 대한 청구권은 소멸한다(수55①). 따라서 지급제시기간 내에 지급제시가 된 경우에 비로소 지급보증인에 대한 청구권에 시효가 적용된다. 지급보증인에 대한 청구권의 소멸시효기간은 지급제시기간의 경과 후로부터 1년이다(수58). 수표는 일람출급[5-49]이므로 지급제시를 한 때가 만기인데 이를 기준으로 시효기간을 기산하면 소지인이 지급제시를 하지 않는 한 시효가 영원히 진행되지 않게 되므로 지급제시기간을 기준으로 시효기간을 기산하는 것이다. ② 상환청구권: 상환청구권은 지급제시기간의 경과 후로부터 6개월이 시효기간이다(수51①). ③ 재상환청구권: 재상환청구권은 수표를 환수한 날 또는 제소된 날로부터 6개월이 시효기간이다(어51②).

(3) 공통사항

보증인에 대한 권리의 시효기간은 피보증권리(주채무자에 대한 청구권, 상환청구권, 또는 재상환청구권)와 같고, 참가인수인에 대한 권리의 시효기간은 피참가인수권리(상환청구권 또는 재상환청구권)와 같다(통설).

## Ⅲ. 시효중단 [5-117]

### 1. 의의

시효의 진행 중에 권리불행사가 중단되는 어떤 사유가 발생하면 시효의 진행이 중단된다. 시효가 중단되면 이미 진행한 시효기간은 효력을 전부 상실하고 그 중단사유가 종료된 때부터 다시 시효기간을 계산한다(민178).

### 2. 사유

① 민법상 시효중단의 사유에는 청구, 압류·가압류·가처분, 또는 승인이 있

으며(민168)[1-55], 이는 어음·수표상 권리에도 적용된다. ② 어음·수표상 권리에는 소송고지도 시효중단의 사유가 된다(어80,수64). 소송고지는 소송당사자 일방이 소송결과에 이해관계가 있는 제3자에게 소송계속을 알리는 것이고(민소84①), 소송고지를 하면 고지받은 자에게 판결의 효과가 미친다(민소86). 배서인이 소지인의 상환청구를 받아 이를 다투다가 소송이 6개월 이상 지속된 후 소지인에게 패소하여 상환의무를 이행했는데 소멸시효로 인해 재상환청구가 곤란해지는 것을 막을 수 있게 하자는 것이다. 이에 따라 재상환의무자에게 소송고지를 하면 시효중단의 효과가 생긴다.

### 3. 효력범위

시효중단은 그 중단사유가 생긴 자에게만 효력이 발생한다(어71,수52). 이는 어음·수표상 채무가 독립적으로 존재하는 것이 원칙이기 때문이라고 설명된다.

## Ⅳ. 시효완성 [5-118]

① 어음·수표상 채무가 독립적으로 존재하는 것이 원칙이므로, 시효완성의 효과도 각 채무자에게 독립적으로 발생한다(통설). 이에 따라 상환청구권 또는 재상환청구권이 시효로 소멸하면 이는 해당 채무자에게만 영향을 미친다(가령 약속어음관계자가 갑→을→병→정인 경우 정의 병에 대한 상환청구권이 시효로 소멸해도 갑에 대한 지급청구권 및 을에 대한 상환청구권은 영향을 받지 않는다). ② 하지만 주채무자에 대한 청구권이 시효로 소멸하면 다른 채무자에게도 영향을 미친다. 즉, 상환청구권 및 재상환청구권은 주채무자에 대한 청구권을 담보하는 목적을 가지므로, 주채무자에 대한 청구권이 소멸하면 이들도 소멸하는 것이다(통설).

# 제9관 이득상환청구권

## Ⅰ. 의의 [5-119]

① 개념: 이득상환청구권은 어음·수표상 권리가 보전절차의 흠결 또는 시효로 소멸한 경우 소지인이 채무자에게 그가 받은 이익의 한도 내에서 이익의 상환을 청구할 수 있는 권리이다(어79,수63). 이는 어음·수표상 권리가 엄격한 보전절차가 요구되고(상환청구권은 권리보전절차가 요구된다[5-106, 107]) 단기소멸기간[5-116]이 적용되므로 소지인이 어음·수표상 권리를 상실하기 쉽지만 반면에 채무자는 실질관계(원인관계·자금관계)에서 받은 대가 또는 자금을 보유하게 되어 불공평한 결과가 생길 수 있다. 이를 시정하기 위한 제도가 이득상환청구권이다. ② 법적 성질: 형평의 관점에서 법률이 특별히 인정한 청구권으로서 민법상 지명채권의 일종이다(판례·통설).

## Ⅱ. 이득상환청구권의 요건 [5-120]

### 1. 당사자

① 권리자: 어음·수표상 권리가 소멸할 당시의 정당한 소지인이 권리자이다(판례·통설). ② 의무자: 실질관계(원인관계·자금관계)에서 이득을 얻고 있는 자가 의무자이다. 주로 발행인 또는 인수인이 의무자가 된다.

### 2. 권리의 존재

어음·수표상 권리가 존재해야 한다. 백지어음·수표는 백지보충이 이루어져서 완전한 어음·수표가 되어야 이득상환청구권을 취득할 수 있다(판례·통설).

### 3. 권리의 소멸

① 어음·수표상 권리가 보전절차의 흠결 또는 소멸시효로 소멸해야 한다(어79,수63). 이 경우 소지인의 귀책사유는 묻지 않는다(통설). ② 수표의 경우 10일의

지급제시기간이 경과해도 지급위탁의 취소가 없는 한 지급인이 발행인의 계산으로 유효하게 지급할 수 있으므로(수32②), 권리의 소멸을 어떻게 볼 것인지가 문제된다. 이에 대해 지급제시기간이 경과하면 수표상 권리는 소멸하고 이득상환청구권이 발생하지만 이후 지급위탁의 취소가 없어서 수표금이 임의로 지급된 경우는 이미 발생한 이득상환청구권이 소멸한다고 해석한다(해제조건설)(판례·통설).

### 4. 구제수단의 부존재

소지인이 이익을 상환받을 다른 구제수단이 존재한다면 굳이 예외적 제도인 이득상환청구권을 인정해 줄 필요는 크지 않다. 그런데 다른 구제수단의 의미에 대해서는 논란이 있다. 즉, ① 다른 구제수단은 어음·수표상 권리를 의미한다는 입장(통설)(이에 따르면 특정한 어음·수표상 채무자에 대한 권리가 소멸되었지만 다른 어음·수표상 채무자에 대한 권리가 남은 경우에는 후자를 행사하면 되므로 굳이 이득상환청구권을 인정할 필요가 없다), ② 어음·수표상 권리뿐만 아니라 민법상 구제수단까지 포함한다는 입장이 대립한다(판례). 판례는 원인관계상 채권의 지급을 확보하기 위해 약속어음이 발행된 경우 모든 어음상 권리가 소멸될 당시에 원인관계상 채권이 존재한 사안에서 다른 구제수단이 존재하므로 이득상환청구권은 성립될 수 없다고 보았다(그 이후에 원인관계상 채권이 시효 등으로 소멸해도 마찬가지로 이득상환청구권은 인정될 수 없다고 본다). 이러한 판례에 따르면 어음·수표가 원인관계상 채권의 지급에 갈음하여 교부되어 처음부터 원인관계상 채권이 소멸되는 등의 예외적인 경우에만 이득상환청구권이 인정된다. 가령 자기앞수표(은행이 자신을 지급인으로 해서 발행한 수표)는 원인관계상 채권의 지급에 갈음하여 교부되는 것으로 추정되므로 수표상 권리가 소멸된 것만으로 다른 구제수단이 존재하지 않는 것으로 추정된다.

### 5. 채무자의 이익

채무자가 이익을 얻어야 한다(어79,수63). ① 이익은 어음·수표상 채무를 면하는 것이 아니라 실질관계에서 채무자가 현실로 받은 이익을 가리킨다(판례·통설). 가령 약속어음의 발행인이 소멸시효로 인해서 면책된 경우 그의 이익은 면책된 어음금액이 아니라 원인관계에서 수취인으로부터 받은 급부(매매대금 등)이다. ② 이익이 현존할 필요는 없다(통설). ③ 자기앞수표의 발행인은 수표금에 상당하는 이익을 보유하고 있는 것으로 추정된다(발행인인 은행은 의뢰인으로부터 자금을 받아 보유하는 것이 보통이기 때문이다).

## Ⅲ. 이득상환청구권의 양도 [5-121]

이득상환청구권은 발생한 후 양도가 가능하다. ① 이득상환청구권은 지명채권의 일종이므로 지명채권의 양도방법에 따라 양도가 가능하다(판례·통설). 따라서 선의취득이 인정되지 않는다. ② 판례는 자기앞수표의 이득상환청구권은 수표의 교부만으로도 양도된다고 보면서, 그 근거는 자기앞수표의 거래관행상 높은 유통성에서 찾는다[수표는 지급제시기간이 경과해도 그 기간이 단기(발행일로부터 10일)라는 점을 고려하여 지급위탁의 취소가 없는 한 지급할 수 있고(수32②), 특히 자기앞수표는 지급제시기간 경과 후에도 지급받을 수 있다는 확신에 의해 현금처럼 유통성이 높다].

## Ⅳ. 이득상환청구권의 행사 [5-122]

① 어음·수표의 소지: 이득상환청구권은 어음·수표상의 권리가 아닌 지명채권에 불과하므로 그 행사를 위해서 어음·수표의 소지가 필요하지 않다(판례·통설). ② 입증책임: 배서가 연속된 어음·수표의 소지인은 어음·수표상 권리에 대한 적법한 권리자로 추정된다(어16①,수19). 하지만 이득상환청구권은 어음·수표상 권리가 아니므로 이러한 추정력이 적용되지 않고, 이득상환청구권을 행사하려는 자는 이득상환청구권의 요건을 입증해야 한다(판례·통설). ③ 항변: 이득상환의무자는 이득상환청구권이 발생하기 전에 소지인에게 대항할 수 있었던 항변사유를 가지고 그 발생 후에도 대항할 수 있다(판례·통설). 이득상환청구권은 지명채권이므로 그 양도 시에 항변이 절단되지 않기 때문이다. ④ 시효: 이득상환청구권은 지명채권으로서 어음·수표상의 권리도 아니고 상행위로 인한 채권도 아니므로, 민법의 일반채권과 같이 10년의 시효기간(민162①) 경과로 소멸한다.

# 제10관 어음·수표의 말소·훼손·상실

## Ⅰ. 어음·수표의 말소·훼손 [5-123]

### 1. 의의

어음·수표의 말소는 기명날인(또는 서명) 또는 기타의 기재사항이 제거된 경우이다. 어음·수표의 훼손은 절단 등의 방법으로 어음·수표의 일부가 물리적으로 훼손된 경우이다.

### 2. 효과

① 말소·훼손의 권한이 없는 자에 의해서 어음·수표가 말소·훼손되면 변조가 된다[5-26]. 따라서 말소·훼손 전에 기명날인(또는 서명)을 한 자는 그 전의 문언에 따라, 말소·훼손 후에 기명날인(또는 서명)한 자는 그 후의 문언에 따라 책임을 진다(어69,수50). ② 말소·훼손의 권한이 있는 자에 의해 어음·수표가 말소·훼손되면 그 말소·훼손된 부분이 없는 채로 효력이 생긴다. 말소·훼손의 권한이 있는 경우로는 어음·수표행위를 하기 위해서 해당 사항을 기재하는 중에 의사를 번복하여 스스로 말소하는 경우, 배서인이 상환의무를 이행하고 자기의 배서 및 자기 이후의 배서를 말소하는 경우(어50②,수46②) 등이 있다.

## Ⅱ. 어음·수표의 상실

### 1. 의의 [5-124]

① 어음·수표의 상실은 어음·수표가 멸실·분실·도난되거나, 말소·훼손이 중대하여 어음·수표의 외관을 갖추지 못한 정도에 이른 경우를 가리킨다. 이 경우에도 어음·수표상 권리는 존재하지만, 어음·수표의 제시·상환증권성으로 인해서 어음·수표상 권리의 행사에 문제가 생기고 또한 분실·도난된 어음·수표는 선의의 제3자에 의해 취득되는 문제도 생긴다. ② 이와 같은 문제에 대처하기 위해서 아래의 공시최고절차와 제권판결 제도가 마련되어 있다. 완전한

어음·수표뿐만 아니라 미완성의 어음·수표인 백지어음·수표의 상실에도 이러한 제도가 적용된다(판례·통설).

### 2. 공시최고절차 [5-125]

① 의의: 어음·수표의 공시최고절차는 자기의 의사에 반하여 증권의 점유를 상실한 경우 일정기간 동안 그 사실을 공지하고 그 증권에 대한 권리를 주장하는 자에게 신고할 것을 최고하고 신고하지 않으면 그 증권을 무효로 하는 절차이다. 이에 대해서는 민사소송법이 규율한다(민소475~481). ② 요건: 공시최고는 자신의 의사에 반하여 증권의 점유를 상실한 경우에 가능하다. 현재의 점유자를 알고 있는 경우에는 그에게 반환청구를 해야지 공시최고를 신청할 수 없고, 사기 또는 강박으로 증권의 점유를 상실한 경우는 자기의 의사에 반하여 상실한 경우로 보지 않는다(판례).

### 3. 제권판결 [5-126]

#### (1) 의의

공시최고기간이 경과할 때까지 권리신고가 없으면 법원은 제권판결을 선고한다(민소485).

#### (2) 효력

① 제권판결 시부터 해당 어음·수표는 무효이다(민소496). 따라서 해당 어음·수표는 더 이상 선의취득의 대상이 되지 못한다. ② 제권판결을 얻은 신청인은 어음·수표 대신에 제권판결을 가지고 어음·수표상 권리를 행사할 수 있다(민소497). 즉, 제권판결은 어음·수표를 소지한 것과 동일한 형식적 지위를 회복시켜 준다(제권판결을 얻은 신청인을 실질적 권리자로 만들어 주는 것은 아니므로 실질적 권리의 존재는 별개의 문제이다)(판례·통설).

#### (3) 선의취득과의 관계

제권판결 이전에 선의취득을 한 자가 있는 경우 제권판결취득자와 선의취득자 중에 누가 우선하여 권리자가 되는가? 제권판결의 취지상 권리신고를 하지 않은 자는 보호될 수 없고 또한 선의취득자가 소지한 어음·수표는 무효로 되어 권리의 양도·행사를 할 수 없다고 보는 제권판결취득자의 우선설(판례), 제권판결은 형식적 지위를 회복시켜 주는 정도로 효력이 제한적이고 또한 모든 선의취득자가 공시최고를 알 수도 없다고 보는 선의취득자의 우선설(다수설)이 대립한다.

# 6편

# 회사법

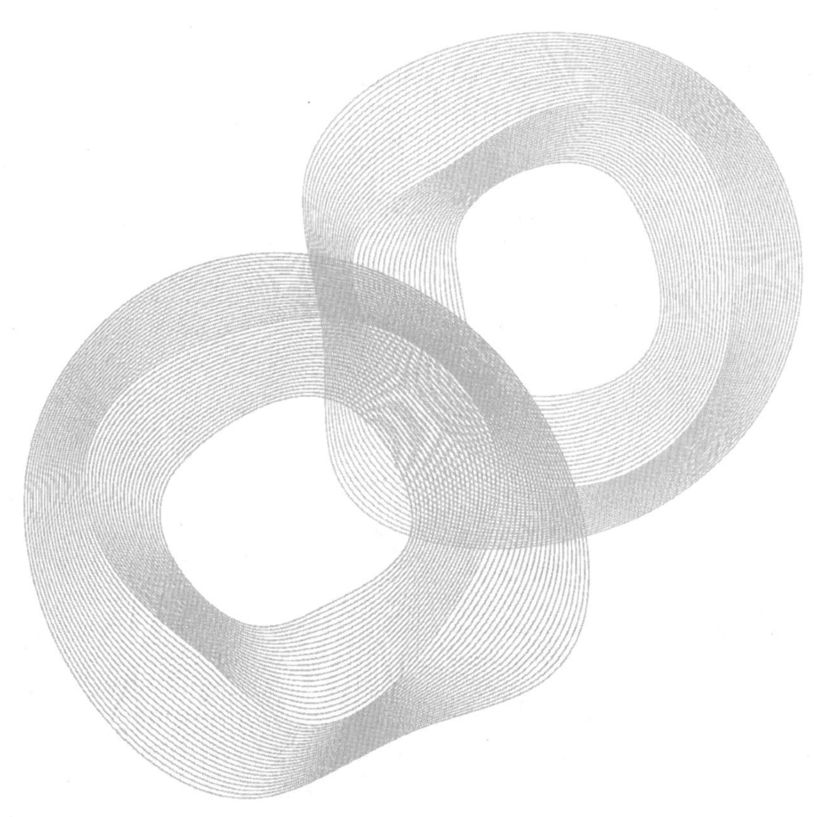

# 제1절 서 설

## 제1관 회사의 의의 [6-1]

회사는 공동기업의 일종이다. 기업은 상인이 인력과 자본을 결합시켜 조직한 경제적 단위체이다. 공동기업은 여러 사람이 투자하여 인력과 자본을 결합시키므로 일반적으로 개인기업보다 큰 규모로 사업을 경영할 수 있다는 장점이 있다. 공동기업의 형태로는 민법상 조합(민703)[1-137], 상법상 익명조합(상78)[3-33] 및 합자조합(상86의2)[3-41] 등이 있으나, 법인격이 부여되는 상법상 회사가 우리나라에서는 많이 활용되고 있다.

상법상 회사는 '상행위나 그 밖의 영리를 목적으로' '상법 제3편(회사)에 따라 설립한 법인'을 가리킨다(상169). 상법상 회사에는 합명회사, 합자회사, 유한책임회사, 주식회사, 유한회사 등 5가지 종류가 있다. 이 중에서 특히 주식회사의 비중이 압도적으로 높다. 객관적으로는 다른 회사 유형이 더 적합해 보이는 경우에도 주식회사 형태를 취하는 경우가 흔하다. 그 이유는 주식회사는 다수인에 의한 소액 출자를 통해서 거대자금의 조달이 용이하고, 유한책임만 부담하는 다수 투자자의 결합체로서 위험 분산이 가능하며, 소유와 경영이 분리되어 전문적 경영이 가능하다는 장점 때문이다.

## 제 2 관 회사법의 의의 [6-2]

회사법은 실질적 의미와 형식적 의미로 구분할 수 있다. ① 실질적 의미의 회사법은 그 명칭을 묻지 않고 실질 면에서 회사기업의 조직과 경영을 규율하는 사법을 가리킨다. 즉, 회사기업의 조직과 경영에 관한 다수 당사자의 이해관계를 사법적으로 조정하는 법을 가리킨다. 이러한 의미의 회사법은 상법 제3편(회사)에 주로 존재하지만, 다른 성문법 등에도 존재한다. 이에 관해서는 아래 회사법의 법원에서 추가로 기술한다. ② 형식적 의미의 회사법은 상법 제3편(회사)을 가리킨다. 외국의 주요 입법례를 보면 회사법이 독립된 법률의 형태로 존재하는 것이 보통인데, 우리는 상법의 일부로 구성되어 있다. 회사법은 조직법으로서의 특성이 있기 때문에 상거래법과는 다른 독자성이 인정되고, 이에 따라 회사법이 독립적인 단행법으로 개편되어야 한다는 견해가 유력하게 대두되고 있다. 연혁 면에서 살펴보면, 상법은 1962년에 제정되었고, 그 이후 제3편(회사)은 수시로 개정되었는데 특히 IMF 금융위기 직후인 1998년, 그리고 그 이후 2011년에 대대적인 개정이 이루어진 바 있다.

## 제 3 관 회사법의 법원 [6-3]

회사법의 존재형식, 즉 회사법의 법원(法源)을 살펴보자. ① 성문법: 회사법의 주된 법원은 성문법이다. 여기에는 일반법과 특별법이 있다. 회사에 관한 일반법은 상법 제3편(회사) 및 상법시행령이다. 그리고 자본시장법, 보험업법, 은행법, 독점규제법, 외부감사법 등이 회사에 관한 특별법이다. 특별법 우선의 원칙에 따라서 특별법이 우선하여 적용되고 일반법이 그 다음에 적용된다. ② 상관습법: 관습법은 관습에 따라서 형성된 법인데, 실제로 회사에 관한 상관습법을 찾아보기는 어렵다. 회사 분야는 성문법의 제정과 개정이 상당히 활발하므로 상관습법이 생기기 전에 성문법으로 흡수되기 때문이다. ③ 자치법규: 회사법 법원에는 자치법규도 있다(통설). 자치법규는 이를 작성한 당사자뿐만 아니라 이후에 참여하는 주주 및 기관도 구속하고 그 변경에 반대한 주주도 구속한다. 이러한 이유에서 '법규'라고 한다. 하지만 제3자에게는 구속력이 없기 때문에 '자치'라고 한다. 자치법규에는 회사의 정관 및 그 위임에 따른 여러 규정들(이사회규칙 등)이 있다. 자치법규 중에 성문법상 강행규정에 위반하는 경우는 무효이다. 이러한 경우를 제외하면 자치법규가 사적 자치의 원칙에 따라서 성문법에 우선하여 적용된다.

위와 같은 법원의 적용순서는 ① 자치법규(성문법상 강행규정에 위반하지 않는 경우) ② 회사 특별법 ③ 상법 제3편(회사) 및 상법시행령 ④ 상관습법 ⑤ 민법의 순이다. 이는 상법 1조(상사에 관하여 본법에 규정이 없으면 상관습법에 의하고 상관습법이 없으면 민법의 규정에 의한다)를 함께 고려한 것이다.

## 제 4 관 회사법의 특성

### Ⅰ. 단체성 [6-4]

#### 1. 이해관계자들

회사법은 회사라는 단체의 조직과 경영을 규율하는 법이어서 단체법의 성격을 띤다. 회사에는 다양한 이해관계자들(stakeholders), 즉 주주, 경영자, 채권자, 종업원, 소비자, 거래처, 지역사회, 국가 등의 이해관계가 복잡하게 얽혀 있다. 이러한 이해관계자들 사이에는 이익충돌이 생기기도 한다. 이 경우 이익조정이 회사법의 주요 역할이다. 즉, 회사법은 회사라는 단체와 이해관계자들 간의 관계, 그리고 이해관계자들 간의 관계를 단체적으로 규율하는 법인 것이다. 단체법에서는 개인법과 달리 다수결 원리, 사원평등의 원칙, 법률관계의 획일적 확정 등이 중시된다.

우리 회사법은 전통적으로 주주를 중심으로 주주 사이, 주주와 경영자 사이, 주주와 채권자 사이의 이익조정 문제에 중점을 두어 왔다. 이와 달리 회사의 사회적 책임을 강조하는 입장에서는 주주, 경영자, 채권자 이외에도 종업원, 소비자, 거래처, 지역사회, 국가 등과의 이익조정도 중시한다. 다만, 우리 회사법은 이에 대해 거의 규정하고 있지 않으며(상법 468조가 근로자의 우선변제권에 관해 규정한다 [6-448]), 노동법, 소비자보호법 등 여타 법률이 이 문제를 다루고 있다. 참고로 독일주식법의 경우는 노동이사의 이사회 참여를 보장하고 있다(독일주식법76②).

### 2. 주주 사이 이익조정

지배주주가 존재하는 회사의 경우 지배주주와 소수주주 사이에 이익이 충돌할 수 있다. 지배주주가 소수주주의 희생하에 경영을 전횡하거나 사적 이익을 도모하는 경우가 그러하다. 회사법은 이러한 이익충돌에 대비하여 소수주주권(상 366 등)을 인정하고 있다.

### 3. 주주와 채권자 사이 이익조정

주주는 회사에 자본을 투하하여 회사로부터 이익배당 등과 같은 경제적 이익을 얻고 주주총회에서 의결권을 행사하는 방법 등으로 회사의 경영에 참여할 수 있는 권리를 갖는다. 주주는 회사가치의 상승을 통한 주식가치(주가)의 상승을 선호하여 회사의 모험적 투자에 적극적인 태도를 갖는 것이 보통이다. 이 경우 주주는 유한책임을 통해서 투자 실패의 위험을 제한할 수 있다. 이와 달리 채권자는 회사에 자본을 투하하여 약정된 원금과 이자를 주주보다 우선적으로 받을 권리를 가질 뿐이므로 모험적 투자에 적극적이지 않은 것이 보통이다. 채권자는 부채비율의 상승 등으로 회사의 재무건전성이 훼손되는 것을 늘 경계한다. 회사법은 모험적 투자로 인한 이익충돌 문제에 대해서는 규정을 두고 있지 않다. 이는 회사법이 규율하기보다는 주주와 채권자 사이의 계약에 맡기는 편이 낫다고 입법자가 판단한 것이다. 이보다는 회사의 재무건전성이 훼손되면 채권자가 약정된 원금과 이자를 제대로 지급받지 못할 위험이 크다는 점을 중시하여 그러한 침해를 예방하거나 구제하기 위한 규정을 두고 있다[회사법은 이와 관련하여 사채(社債) 등에 관한 규정(상469 등), 채권자보호절차에 관한 규정(상232 등)을 두고 있다].

### 4. 주주와 경영자 사이 이익조정

주주가 유한책임을 지는 주식회사에서는 소유와 경영의 분리 현상이 발생한다. 이는 주주가 회사 경영에 필요한 주요한 의사결정에만 관여하고 나머지 의사결정과 집행은 경영자에게 위임하는 것을 의미한다. 회사의 소유와 경영이 분리된 경우 주주와 경영자 사이에 이익이 충돌할 수 있다. 경영자는 전문성에 기초해서 회사를 위해 경영할 것이 요구되지만 기대와 달리 부실 경영을 하거나 사적 이익을 추구하는 경우에 이익충돌이 생긴다. 특히 경영자가 주주 이익의 희생 하에 자신의 이익을 우선함으로써 발생하는 비용을 대리인비용(agency cost)이라고 한다. 회사법은 주주와 경영자 사이의 이익충돌에 대비해서 이사의 선관주의의무(상382②,민681) 및 충실의무(상382의3) 등에 대해 규정하고 있다.

## Ⅱ. 강행성과 임의성 [6-5]

### 1. 의의

회사법 규정은 강행규정인가 임의규정인가?(강행규정과 임의규정의 의미에 대해서는 [1-2, 30]) 우리 회사법은 이에 대해 명시하고 있지 않고, 따라서 해석의 문제이다. 회사법 규정이 강행규정인지 임의규정인지에 따라 정관, 주주총회의 결의, 또는 주주 간 계약(또는 주주와 채권자 계약) 등의 효력이 달라질 수 있다. 가령 상법 331조는 주주의 유한책임을 규정하고 있는데, ① 정관 또는 주주총회의 결의로 주주에게 무한책임을 지우는 것이 허용되는가? ② 어떤 회사의 지배주주가 개별 채권자와 무한책임을 지기로 한 계약은 효력이 인정되는가? 이에 대한 대답은 상법 331조가 강행규정인지 임의규정인지와 관련되어 있다.

### 2. 견해의 대립

회사법 규정이 강행규정인지 임의규정인지의 문제는 회사법의 본질과 연관되어 논의되고 있다. 즉, 회사의 법률관계를 법규범관계로 볼 것인지 아니면 계약관계로 볼 것인지의 문제와 관련이 있다.

회사법을 '회사의 이해관계자들을 단체적으로 규율하기 위한 법규범'이라고 보는 견해(규범적 회사법관)는 회사법 규정이 원칙적으로 강행규정이라고 주장한다. 이 견해는 회사법이란 단체성 및 공공성이라는 특성을 띤다고 보고, 소수주주 등과 같은 약자를 보호하기 위해 법의 후견적 개입을 중시한다. 이에 따르면 사적 자치를 인정할 만한 특별한 사정(또는 이론적 근거)이 없으면 회사법 규정은 원칙상 강행성을 띤다. 이것이 우리나라의 전통적인 판례와 통설의 입장이다.

회사법을 '회사의 이해관계자들이 체결한 개별적 계약들의 결합체'라고 보는 견해(계약적 회사법관)는 회사법이 원칙상 임의규정이라고 주장한다. 이 견해는 기본적으로 회사의 이해관계자들은 대등하며 각자의 구체적 사정을 고려하여 표시한 자율적 의사가 존중되어야 한다고 본다. 회사의 법률관계가 원칙적으로 사적 자치의 대상이지 강행규정의 대상이 아니라는 것이다. 그럼에도 불구하고 회사법이 존재하는 이유는 회사 법률관계의 복잡성으로 인해 다수의 계약이 필요한데 이에 발맞춰 표준적인 계약조항들을 제시하기 위해서이다. 최근에는 계약적 회사법관이 우리나라에도 상당한 영향을 미치고 있다(한편 규범적 회사법관과 계약적 회사법관을 절충해서 회사법에는 임의규정과 강행규정이 혼재되어 있다고 보는 견해도 있다).

전술한 바와 같이 회사법관에 따라 회사법이 기본원칙(default rule)상 강행규정인지, 임의규정인지, 아니면 양자를 절충할 것인지에 차이가 있다. 하지만, 어느 견해를 취하든 원칙상 그렇다는 것이지 예외 없이 강행규정 또는 임의규정으로 획일화되지는 않는다. 회사법 규정별로 구체적·개별적인 배경과 사정을 고려하여 강행규정성 또는 임의규정성을 정하게 된다. 가령 규범적 회사법관에 따르면 상법 331조는 위 1.①과 관련하여 강행규정이지만 1.②와 관련해서는 강행규정이 아니라고 본다.

## 제 5 관 회사의 개념요소

### Ⅰ. 의의 [6-6]

상법상 회사는 '상행위나 그 밖의 영리를 목적'으로 '상법 제3편(회사)에 따라 설립한 법인'을 가리킨다(상169). 여기서 회사의 개념요소로 영리성과 법인성을 확인할 수 있다. 그 외에 사단성도 회사의 개념요소로 논의되고 있다.

## Ⅱ. 영리성

### 1. 의의 [6-7]

상법상 회사는 영리를 목적으로 한다(상169). 이를 회사의 영리성이라고 한다. 영리성이 없는 경우는 상법상 회사가 될 수 없으며, 여기에는 예외가 없다. 보험회사의 일종인 상호회사는 회사라는 명칭을 사용하지만 영리성이 없으므로, 이는 보험업법상 회사이지 상법상 회사는 될 수 없다[상호회사는 상호보험(보험보호를 원하는 자들이 보험단체를 결성하여 상호 간에 보험보호를 주는 보험)을 경영하는 회사이다].

상법상 회사의 영리성은 회사가 이익추구를 목적으로 대외적 사업활동을 하고 그 결과 이익이 생기면 회사의 구성원에게 배분한다는 의미이다(즉, 이익추구와 이익배분이 상법상 회사가 되기 위한 영리성요건이다)(통설). 주식회사에서 이익배분은 평상시는 이익배당(상462), 그리고 청산 시는 잔여재산분배(상538)의 방식으로 이루어진다. 이는 상법상 회사에 적용되는 상법 3편(회사)의 핵심적 규정들이며, 따라서 이익배분이 없는 회사는 상법상 회사라고 분류할 실익이 없는 것이다. 상법상 회사의 영리성은 상인의 영리성과 비교된다. 상인이 되기 위한 영리성은 이익추구만으로 충분하고 이익배분은 요건이 아니다[2-10]. 상인에 적용되는 상법 1편(총칙)과 2편(상행위)의 대부분은 상인의 이익추구에 관한 규정들이고 상인의 이익배분에 관한 규정들은 찾아 볼 수 없다. 따라서 상인의 영리성 요건으로 이익배분을 요구할 실익이 없는 것이다.

영리성이 회사의 특성이라고 해서 비영리 목적이 전면 금지된다고 해석하지는 않는다. 가령 영리사업에 따른 이익의 일부를 공익사업에 기부하는 행위는 회사의 영리성에 아무런 영향을 미치지 않는다. 회사의 공익활동에 대한 사회적 요청이 강해지고 있어서 이러한 공익적 기여는 회사의 장기적 또는 무형적 이익에 기여하는 측면이 있기 때문이다. 다만, 비영리 목적에 대한 제한도 있다. 가령 정치자금에 따른 부정부패를 근절하기 위해서 법인 또는 단체가 정치자금의 기부를 하는 것은 금지되어 있다(정치자금법31①).

### 2. 사회적 책임론 [6-8]

회사가 추구하는 이익은 주주의 이익을 가리킨다는 것이 종래의 통설이다.

이에 따르면 회사의 영리성은 주주이익의 극대화를 의미한다. 이를 '주주우선주의'라고 부른다.

하지만 최근에는 '이해관계자주의'가 부각되고 있다. 이는 주주의 이익만 추구해서는 안 되고 회사의 다른 이해관계자들(stakeholders)(경영자, 채권자, 종업원, 소비자, 거래처, 지역사회, 국가 등)의 이익도 균형있게 추구되어야 한다는 입장이다. 이해관계자주의는 회사의 사회적 책임을 중시한다. 이에 따르면 회사는 단순히 주주를 위한 사업도구에 그치는 것이 아니라 채권자 등 다양한 사람이 이해관계를 가진 공공적 사회적 실체로 자리매김된다. 가령 회사는 주주이익에 매몰되어 내부적으로는 함부로 종업원을 해고하거나 외부적으로는 공해를 야기해서는 안 될 사회적 책임을 지게 된다.

주주우선주의에 따를 때 주주의 이익과 다른 이해관계자들의 이익이 충돌하는 경우 원칙상 주주의 이익을 우선하게 되고, 이해관계자주의에 따를 때 이해관계자들 사이에 이익이 충돌하는 경우 원칙상 사안별로 구체적으로 어느 이익을 우선할지를 정하게 된다. 다만, 이해관계자주의를 따르더라도 주주 이익에 대한 고려 정도에 관해서는 다양한 견해가 있을 수 있다. 즉, 주주 이익과 다른 이해관계자들의 이익을 대등한 관점에서 보는 견해, 가급적 주주 이익을 우선하는 견해 등이 있을 수 있는데, 후자는 주주우선주의와의 차이가 그리 크지 않을 것이다.

## Ⅲ. 법인성

### 1. 의의 [6-9]

회사는 법인이다(상169). 이에 따라 회사를 둘러싼 복잡한 법률관계가 사원이 아니라 회사를 중심으로 간명해진다. 즉, 회사는 그 구성원인 사원과 독립하여 권리의무의 귀속주체가 된다. 회사가 자신의 명의로 소송당사자가 됨은 물론이다. 또한 회사의 재산은 사원이 아니라 회사에게 귀속되므로 사원의 재산과 구분된다. 이에 따라 사원의 채권자는 회사재산에 대해 강제집행을 할 수는 없다(그가 사원재산인 주식에 대해 강제집행을 하는 것은 가능하다). 회사의 채권자도 사원재산에 대해 강제집행을 할 수 없다. 그런데 이러한 법인성은 회사에 따라서는 제한적으로 적용된다. 즉, 합명회사 및 합자회사의 무한책임사원은 회사의 채권자에 대해 직접·연대·무한의 책임을 지므로(상212,269), 회사의 채권자가 사원재산에 대해 강제집행을 할 수 없다는 원칙은 이러한 무한책임사원에 대해 적용될 수 없다. 이러한 점을 고려하여 외국 입법례 중 독일의 합명회사와 합자회사처럼 인적회사에 대해서는 법인격을 부여하지 않는 경우가 있다. 회사에 법인격을 부여할 것인지는 입법정책의 문제임을 알 수 있다.

### 2. 법인격 부인의 법리 [6-10]

#### (1) 의의

법인인 회사는 그를 둘러싼 법률관계의 귀속주체이다. 그런데 회사의 법인격이 형해화(또는 부실화)되거나 남용되는 경우에 그 법인격을 부인하고 그 배후에 있는 실체(배후자)에게 직접 책임을 귀속시키는 법리를 법인격부인론이라고 한다. 배후자는 주로 주주를 가리킨다. 법인격부인론에 관한 구체적 규정은 상법에 없으며, 판례와 통설은 일반규정인 신의성실의 원칙 또는 권리남용의 금지(민2)[1-11, 12]에 기초해서 인정하고 있다. 즉, 회사에게 법인격을 부여한 취지 또는 목적에 반하여 회사가 운영되는 경우 이는 신의칙에 반하거나 권리남용에 해당하는 것이므로 법인격을 부인하자는 것이다.

#### (2) 요건

① 법인격의 형해화(또는 부실화)는 법인격의 유명무실을 가리킨다. 즉, 회사가 외형상으로는 법인의 형식을 갖추고 있으나 실질적으로는 완전히 그 배후자의 개인기업에 불과한 경우가 법인격이 형해화된 경우이다. 가령 특정 주주가 회사를 완전히 지배하고 그의 개인재산과 회사재산이 혼융되는 경우가 그러하다. ② 법인격의 남용은 법인격이 배후자에 대한 법률적용을 회피하거나 배후자의 채무를 면탈하기 위한 수단으로 함부로 이용되는 경우이다. 가령 도산에 처한 회사의 지배주주가 강제집행을 면하기 위해서 이 회사의 사업재산으로 새로 회사를 설립하여 기존과 같은 사업을 영위하는 경우가 그러하다.

#### (3) 효과

① 회사의 법인격이 부인되면 해당 법률관계에서 배후자의 책임이 인정된다

(통설). 즉, 회사와 배후자가 동일한 실체로 취급되어 회사의 채무가 배후자의 채무로 인정되고 이에 따라 배후자에게 직접 책임을 물을 수 있다. 회사의 책임도 인정된다. 즉, 회사의 거래 상대방은 회사는 물론이고 그 배후자에 대해서도 직접 책임을 물을 수 있다. 이는 회사의 거래 상대방을 두텁게 보호하기 위해서이다. ② 법인격부인론은 회사의 법인격을 전면적으로 부인하는 것이 아니라 법인격이 형해화되거나 남용된 특정한 법률관계에 한하여 법인격을 합리적으로 제한하자는 것이다(통설). 법인격 부인의 결과 배후자가 책임을 지게 된다. 배후자는 회사의 채권자에게 직접·연대·무한책임을 지게 된다. 따라서 법인격부인론은 사원이 간접·개별·유한책임을 지는 주식회사, 유한회사 등에 유용하다. ③ 법인격부인론은 물적회사의 근본원칙인 사원의 간접·개별·유한책임을 부인하는 것이므로, 법적 안정성의 관점에서 제한적이고 보충적으로만 인정될 필요가 있다(통설).

## Ⅳ. 사단성

### 1. 의의 [6-11]

회사는 사단이다. 여기서 사단이란 '넓은 의미'에서 '사람의 결합체인 단체'를 말한다. 회사는 그 구성원들의 결합체라는 의미에서 사단인 것이다. 이러한 의미에서 사단은 재산의 결합체인 재단과 구분된다. 한편, '좁은 의미'에서 사단은 '단체 구성원의 개성이 희박하고 단체의 실질이 중시되는 인적 결합체'를 가리킨다. 조합[1-137]도 인적 결합체이지만 그 구성원의 개성이 중시된다는 점에서 좁은 의미의 사단은 아니다. 물적회사는 그 구성원이 단순히 투자자인 경우가 보통이어서 인적 요소가 약하므로 좁은 의미의 사단에 속한다. 이와 달리 인적회사는 그 구성원이 경영에 참여하고 무한책임을 지는 무한책임사원이 있다는 점을 고려하면 구성원의 개성이 중시되는 조합에 가깝다. 즉, 회사는 모두 넓은 의미의 사단에 속하지만 물적회사만 좁은 의미의 사단에 속한다. 현행 상법에는 회사가 사단이라는 명문의 규정이 없다. 2011년에 개정되기 이전의 상법에는 회사가 사단이라는 규정이 있었는데(구상169), 1인 회사의 존재로 인해서 회사의 사단성에 논란이 있었고 그로 인해 해당 규정은 삭제되었다.

## 2. 1인 회사 [6-12]

1인 회사는 사원이 1인만 있는 회사를 말한다. 주주가 다수이더라도 실질적으로 1인이 모두 소유하고 있다면 1인 회사에 해당한다(판례·통설). 1인 회사는 회사의 사단성에 대한 중대한 예외이다. 이것이 2011년에 회사가 사단이라고 한 상법 규정을 삭제한 주된 이유이다.

1인 회사가 인정되는 범위와 필요성을 보자. ① 1인 회사는 사원이 유한책임을 지는 회사에서만 인정된다. 즉, 합명회사 및 합자회사는 설립 시와 존속 시에 2인 이상의 사원이 있어야 한다(상178,227(3),269). 따라서 이러한 인적회사의 경우는 1인 회사가 차단되어 있다. 이와 달리 사원이 유한책임을 지는 주식회사·유한회사·유한책임회사는 그러한 요건이 없다. 즉, 이러한 회사는 사원이 1인이어도 설립하는 데 문제가 없고 설립 후에 사원이 1인이 되어도 문제가 없으므로 1인 회사가 가능하다. ② 1인 회사는 개인기업을 회사의 형식으로 경영하고자 하는 경우, 모회사가 완전자회사를 두고자 하는 경우 등에서 그 필요성이 인정된다. 그런데 1인 회사는 사원이 유한책임을 지는 회사의 유형에서 인정되고 있으므로, 자칫 영업주가 자신의 책임을 유한책임으로 회피하기 위한 합법적 도구로 전락할 우려도 있다. 따라서 1인 회사의 경우는 '법인격부인의 법리'[6-10]가 적용될 가능성이 상대적으로 높을 것이다. 하지만 1인 회사는 상법이 인정하는 합법적 회사이며, 따라서 1인 회사라는 사정만으로 법인격이 부인되지는 않는다.

상법을 1인 회사에 적용할 때는 주의가 필요하다. 즉, 상법 중에서 회사의 구성원이 2인 이상인 경우를 전제한 규정을 1인 회사에 그대로 적용하기는 곤란하다. 가령 주주총회 절차에 관한 규정은 복수의 주주가 존재함을 전제로 각 주주의 이익을 보호하거나 조정하는 데 그 목적이 있다. 이를 위반하면 주주총회 결의취소, 결의부존재확인의 소를 제기할 수 있다(상376,380). 하지만 1인 회사에서는 주주가 1인이므로 그러한 절차를 엄격하게 지키게 할 실익이 적다. 가령 주주총회의 소집통지에 하자가 있더라도 1인 주주가 주주총회에 출석하였다면 그 하자는 치유된다고 해석하는 것이 판례의 입장이다. 또한 실제로 주주총회를 개최한 사실이 없더라도 1인 주주에 의해서 결의가 있었던 것으로 주주총회의사록이 작성되었다면 그러한 내용의 결의가 있었다고 해석하는 것이 판례의 입장이다.

# 제6관 회사의 분류

## Ⅰ. 상법상 회사

### 1. 의의 [6-13]

사원의 책임, 소유와 경영의 분리, 지분 양도 등을 기준으로 상법상 회사는 합자회사, 합명회사, 주식회사, 유한회사, 유한책임회사로 구분된다(이 중에서 우리나라에서 가장 선호되는 형태는 주식회사이다).

가장 중요한 기준은 사원의 책임 형태이다. 이러한 책임 형태로는 유한·무한책임, 간접·직접책임, 개별·연대책임이 있다. ① 유한책임은 사원이 출자액을 한도로 책임을 지는 것이고, 무한책임은 사원이 자신의 개인 재산으로도 책임을 지는 것을 가리킨다. ② 간접책임은 사원이 회사에 대해 출자할 책임을 지되 회사채권자에 대해서는 회사재산으로만 책임을 지는 것이고, 직접책임은 사원이 회사채권자에게 직접 책임을 지는 것을 가리킨다. ③ 개별책임은 각자가 자신의 채무를 이행할 책임이고, 연대책임(민413)은 여러 사람이 동일한 채무에 관해 전부 이행해야 할 책임을 지되 그 중 한 사람이 이행하면 모든 사람의 채무가 소멸하는 책임이다.

### 2. 합명회사 [6-14]

합명회사는 무한책임사원으로 구성되는 회사이다. 합명회사 사원은 직접·연대·무한책임을 진다(상212). 즉, 합명회사 사원은 회사의 채무에 대해 회사 재산으로 완제할 수 없을 때 자신의 재산으로 다른 사원과 연대하여 채권자에게 직접 책임을 진다.

사원이 기업의 위험을 전적으로 부담하므로 합명회사는 소유와 경영이 일치하는 것이 원칙이다. 즉, 합명회사의 사원은 각자가 업무를 집행하고 회사를 대표하는 것이 원칙이다(상200①,207). 사원이 '자기기관'으로서 직접 회사의 기관 역할을 수행하는 것이다.

사원이 기업의 위험을 전적으로 부담하므로 사원의 개성이 중시된다. 따라서 사원이 지분을 양도하려는 경우 다른 사원 전원의 동의가 필요하다(상197).

### 3. 합자회사 [6-15]

합자회사는 무한책임사원과 유한책임사원으로 구성되는 회사이다. 무한책임사원은 직접·연대·무한책임을 진다(상269,212). 유한책임사원도 직접·연대책임을 지나(상269,212), 자신의 출자액을 한도로 유한책임만 진다(상279①).

기업의 위험을 전적으로 부담하는 무한책임사원은 소유와 경영이 일치된다. 즉, 무한책임사원 각자가 업무를 집행하고 회사를 대표하는 것이 원칙이다(상273,269). 이와 달리 유한책임사원은 이러한 행위를 할 수 없고(상278), 다만 투자자로서 회사의 업무에 대한 감시권만을 갖는다(상277).

무한책임사원은 기업의 위험을 전적으로 부담하므로 그가 지분을 양도하려는 경우 모든 사원의 동의가 필요하나(상269,197), 유한책임사원이 지분을 양도하기 위해서는 무한책임사원 전원의 동의를 얻으면 된다(상276). 무한책임사원은 소유와 경영이 일치하고 지분 양도 요건이 엄격하지만, 유한책임사원은 소유와 경영이 분리되고 지분 양도 요건이 덜 엄격함을 알 수 있다.

### 4. 주식회사 [6-16]

주식회사는 간접·개별·유한책임을 지는 사원(주주)으로 구성되는 회사이다. 회사채권자는 주주에게 직접 책임을 물을 수 없고 각 주주는 주식의 인수가액을 한도로 개별적으로 회사에 대해 출자책임을 진다(상331).

주주의 책임이 제한되므로 소유와 경영이 분리되는 것이 원칙이다. 즉, 주주는 주주총회를 통해서 중요한 결의사항에 참여할 뿐이고(상361), 이사회 및 대표이사가 업무를 집행하고 대표이사가 회사를 대표하는 것이 원칙이다(상393,389). 그리고 원칙상 필요기관인 감사(또는 감사위원회)가 업무감사를 한다.

사원이 유한책임을 진다는 점에서 주주의 개성이 중시되지 않으므로, 주주는 주식을 자유롭게 타인에게 양도할 수 있는 것이 원칙이다(상335①본).

### 5. 유한회사 [6-17]

유한회사는 간접·개별·유한책임을 지는 사원으로 구성되는 회사이다. 이

점에서 주식회사와 같다. 다만, 유한회사 사원은 회사의 설립 또는 자본금의 증가 시에 자본에 결손이 생긴 일정한 경우 자신의 출자액을 넘어서 전보할 책임을 진다(상550,593).

주식회사와 마찬가지로 유한회사의 경우에도 소유와 경영이 분리된다. 다만, 유한회사는 사원이 소수인 폐쇄회사를 전제로 하여 그 기관 및 운용이 간소하게 설계되어 있다. 사원은 사원총회를 통해서 경영에 참여하게 되는데, 사원총회의 결의사항에 대해 상법이 정하고 있지 않으므로 자율적으로 이를 정할 수 있다. 이사가 업무를 집행하고 회사를 대표하며(상562,564), 이사회는 없다. 감사는 임의기관이다(상568).

주식회사와 마찬가지로 유한회사의 사원은 지분을 자유롭게 타인에게 양도할 수 있는 것이 원칙이다(상556).

### 6. 유한책임회사 [6-18]

유한책임회사는 간접·개별·유한책임을 지는 사원으로 구성되는 회사이다(상287의4②,287의23②). 이 점에서는 주식회사 및 유한회사와 유사하지만, 내부적으로는 조합[1-137]의 성격이 상당히 강하다. 유한책임회사는 2011년의 상법 개정으로 새로이 도입된 회사 형태이다.

사원의 책임이 제한되지만 소유와 경영의 분리 여부가 자율적이다. 즉, 주식회사 또는 유한회사와 달리 유한책임회사의 경우 정관으로 사원 또는 사원이 아닌 자를 업무집행자로 정한다(상287의12①). 업무집행자가 회사를 대표한다(상287의19). 유한책임회사에서는 사원총회, 이사회, 감사 등과 같은 기관이 존재하지 않으므로, 소규모 폐쇄회사로서 경영의 자치성, 유연성, 간소성이 중시되는 기업에 적합한 회사 형태이다.

사원의 지분은 다른 사원의 동의를 얻어야 양도할 수 있다(상287의8①). 이는 유한책임회사의 조합적 성격을 고려한 것이다. 다만, 업무집행자가 아닌 사원은 업무집행자인 사원 전원의 동의를 얻으면 양도할 수 있다(상287의8②본).

## Ⅱ. 강학상 회사

### 1. 인적회사와 물적회사 [6-19]

① 인적회사: 이는 사원의 개성과 사원 간 신뢰에 기초한 회사이다. 사원이 채권자에게 무한책임을 진다. 사원의 수가 적고 경영에 직접 참여하므로 소유와 경영이 일치한다. 이러한 이유에서 인적회사는 조합[1-137]의 성격이 강하다. ② 물적회사: 이는 사원이 출자한 재산에 기초한 회사이다. 사원의 개성과 사원 간 신뢰는 중시되지 않는다. 사원은 채권자에게 유한책임을 진다. 사원은 단순한 투자자로서 그 수가 많고 경영에 직접 참여하지 않으므로 소유와 경영이 분리된다.

합명회사는 전형적인 인적회사이다. 합자회사는 인적회사의 기본에 물적회사의 요소를 가미한 것이다. 주식회사는 전형적인 물적회사이다. 유한회사는 물적회사의 기본에 인적회사의 요소를 가미한 것이다. 유한책임회사는 물적회사의 요소와 인적회사의 요소를 절충(대외적으로는 물적회사이고 대내적으로 인적회사)한 중간적 회사라고 보거나, 물적회사의 기본에 인적회사 요소를 강하게 가미한 것이라고 보고 있다.

### 2. 폐쇄회사, 공개회사, 상장회사 [6-20]

주식회사는 폐쇄회사와 공개회사로 구분할 수 있다. 폐쇄회사는 주주의 수가 적고, 주식의 양도를 정관으로 제한하며, 회사의 정보가 대외적으로 공시되지 않는 회사를 말한다. 공개회사는 기업공개(다수의 일반 투자자를 대상으로 주식을 공모)로 인해 주주의 수가 많고, 주식의 양도가 자유로우며, 회사의 정보가 대외적으로 공시되는 회사를 말한다. 공개회사는 전형적인 물적회사이지만 폐쇄회사는 그렇다고 단정하기 어려운 측면이 있다. 주식회사법은 기본적으로 전형적인 물적회사를 적용대상으로 삼는다. 따라서 주식회사법을 폐쇄회사에 그대로 적용할지, 아니면 적절한 수정을 가해서 적용할 것인지가 회사법학의 과제이다.

주식회사 중에서 상장회사는 회사의 주식이 증권시장(증권의 매매를 위해서 개설된 시장)에서 거래되는 회사를 가리킨다(상542의2). 자본시장법은 이를 주권상장법인이라고 부른다(자본165의2). 상장회사에 대해서는 지배구조에 관한 특례 규정(상542의2~542의13) 및 자금조달 등에 관한 특례 규정(자본165의2~165의20)이 적용된다.

한편 주식상장과 기업공개는 다르다. 주식상장 없이도(주식이 증권시장에서 거래되지 않아도) 기업공개(다수의 일반 투자자를 대상으로 주식을 공모)를 할 수 있고, 기업공개 없이도 주식상장을 할 수 있다.

### 3. 모회사, 자회사, 지주회사 [6-21]

어떤 회사가 다른 회사의 발행주식총수의 50%를 초과하는 주식을 가진 경우 전자가 모회사이고 후자가 자회사이다(상342의2). 이 경우 자회사가 모회사의 주식을 취득하는 것을 금지한다(상342의2). 나아가 어떤 회사가 다른 회사를 주식 소유 등을 통해 사실상 지배하는 경우 전자를 지배회사라고 하고 후자를 종속회사라고 한다. 상법은 지배회사 및 종속회사에 대해서는 별도의 규정을 두고 있지 않다[이에 대해서는 주로 독점규제법이 규율하고 있다(독점18 등)].

지주회사는 주식의 소유를 통해서 국내회사의 사업내용을 지배하는 것을 주된 사업으로 하는 회사이다(독점2(7)). 주식소유를 통한 지배 이외에 다른 사업을 전혀 하지 않는 경우를 순수지주회사, 다른 사업도 하는 경우는 사업지주회사라고 한다. 주식교환(상360의2)과 주식이전(상360의15)은 지주회사 설립을 지원하기 위한 제도들이다.

### 4. 소규모회사 [6-22]

상법은 소규모회사(자본금이 10억 원 미만인 주식회사)에 대해 몇 가지 조항에서 특칙을 두고 있다. 가령 소규모회사인 경우 이사를 1~2명으로 할 수 있고(상383① 단), 감사를 두지 않을 수 있으며(상409④), 주주 전원의 동의가 있으면 소집절차 없이 주주총회를 개최할 수 있다(상363④).

# 제7관 회사의 능력

## Ⅰ. 권리능력

### 1. 의의 [6-23]

권리능력은 권리·의무의 주체가 되는 능력이다[1-58]. 회사는 법인[1-61]으로서 자연인처럼 권리능력을 갖는다. 다만, 회사의 법인격은 정책적 차원(회사를 둘러싼 복잡한 법률관계를 사원이 아니라 회사를 중심으로 간명하게 처리하기 위함)에서 인정된 것이므로, 회사의 권리능력에는 일정한 제한이 있다.

### 2. 제한

#### (1) 성질에 의한 제한 [6-24]

회사는 관념적 실체이지 자연인이 아니므로 그 성질상 신체 및 생명에 대한 권리·의무의 주체가 될 수 없다. 친족법상 또는 상속법상 권리·의무의 주체도 될 수 없다. 하지만 회사는 법인으로서 재산권, 명예·신용에 관한 인격권, 상호권, 사원권 등의 주체는 될 수 있다. 또한 회사를 수증자로 하는 유증[유언자가 유언에 의하여 재산상의 이익을 무상으로 증여하는 단독행위(민1074 등)]은 허용된다.

상업사용인은 인적 개성이 중시되고 노무를 제공해야 하므로 회사는 지배인 등과 같은 상업사용인[2-14]이 될 수 없다(통설). 회사가 다른 주식회사의 이사 또는 감사가 될 수 있는지에 대해서는 다투어진다. 회사는 자기의 경영자를 통해 다른 주식회사의 이사 또는 감사의 업무를 수행할 수 있으므로 가능하다는 견해와, 이사 또는 감사는 인적 개성이 중시되므로 가능하지 않다는 견해가 대립한다.

#### (2) 법령에 의한 제한 [6-25]

① 회사는 다른 회사의 무한책임사원이 될 수 없다(상173). 회사가 다른 회사의 무한책임사원이 됨으로써 다른 회사의 부실화에 따른 무한책임의 위험을 지는 것을 기업유지 등의 차원에서 금지하는 것이다. 상법 173조의 반대해석상 다른 회사의 유한책임사원이 되는 것은 가능하다. ② 청산 중의 회사는 청산의 목

적범위 내로 권리능력이 제한된다(상245,542① 등). ③ 특별법 중에는 회사의 일정한 행위를 금지하는 경우가 있다. 이 경우 해당 금지규정이 효력규정(이를 위반한 행위는 무효)인 경우는 권리능력이 제한되고, 단지 단속규정(이를 위반한 행위는 유효)에 불과한 경우는 권리능력이 제한되지 않고 해당 회사가 공법적 제재(벌금, 과태료 등)를 받을 뿐이라고 해석하는 것이 판례의 입장이다.

### (3) 목적에 의한 제한 [6-26]

회사의 목적은 정관의 필수적 기재사항이자 필수적 등기사항이다(상289,317 등). 정관에 기재된 목적에 의해서 회사의 권리능력이 제한되는가? 민법상 법인은 정관의 목적 범위 내에서 권리의무의 주체가 되는데(민34)[1-64], 이를 회사에도 유추하여 적용해야 한다는 견해도 있으나, 통설은 이를 부정한다. 통설의 주된 근거는 거래의 신속과 안전이다. 회사의 목적이 정관에 기재되고 등기를 통해서 공시되지만 제3자가 이를 확인하는 것은 거래의 신속성에 반하고 목적범위에 속하는지 여부가 모호한 경우가 흔하므로, 거래의 신속과 안전을 위해 회사의 목적에 의한 권리능력 제한을 반대한다. 통설에 따를 때 회사의 목적은 이사 등과 같은 회사기관의 권한을 내부적으로 제한하는 효과를 갖고, 이사 등이 목적 범위를 위반하면 그에게 손해배상책임을 물을 수 있다.

판례는 회사의 권리능력은 회사의 정관상 목적에 의해서 제한된다고 하면서도 목적의 범위를 폭넓게 해석한다. 즉, 그 목적 범위 내의 행위는 (정관에 명시된 목적 자체에 한정되지 않고) 그 목적을 수행함에 있어서 필요한 '직접 또는 간접의 모든 행위'이고, 이러한 행위인지의 판단은 (행위자의 주관적 의사가 아니라) 행위의 객관적 성질에 따른다고 한다(가령 회사의 목적이 '부동산 임대 및 매매업'인 경우 대표이사가 채무인수 또는 지급약정을 하는 행위는 목적 범위 내에 속한다고 본다. 회사의 목적 범위 외에 속한다고 본 경우는 대표이사가 회사와 직접 또는 간접으로 관련이 없는 보증행위를 한 경우가 유일하다). 판례의 입장은 목적에 의한 제한을 사실상 부정하여 통설과 유사한 결론이라고 이해된다(다만, 판례에 따를 때 회사의 목적과 직접 또는 간접으로 관련된 행위인지의 판단 문제는 비록 드물겠지만 항상 쟁점으로 남는다).

## Ⅱ. 의사능력 및 행위능력 [6-27]

회사는 그의 권리능력 범위 내에서 당연히 의사능력 및 행위능력이 있는 것으로 간주된다. 이와 같이 회사와 같은 법인이 스스로 의사능력[1-21]과 행위능력[1-22, 64]이 있다고 보는 입장을 '법인실재설'이라고 한다.

회사는 자연인과 달리 스스로 물리적 행위를 할 수 없으므로 이를 할 수 있는 대표기관을 통해서 회사에 관한 행위를 한다. 이에 따라 가령 주식회사의 대표이사가 대표행위를 하면 그 행위는 그 주식회사의 행위로 간주된다. 대표행위는 제3자가 아니라 회사의 기관이 행한 것이므로 회사 자신의 행위가 된다. 즉, 행위당사자가 회사이다. 이를 '대표관계'라고 한다. 대표관계는 대리관계와 구분된다. 대리관계에서 대리행위는 본인을 위하여 제3자인 대리인이 하는 것이므로 행위당사자는 대리인이지 본인이 아니다(대리인행위설). 대리에 관한 법률의 규정에 의해서 대리행위의 효과가 본인에게 귀속되는 것이다. 다만, 이와 같이 대표와 대리가 이론상으로는 다르지만 효과 면에서는 실질적으로 유사하므로[1-64], 법인의 대표에 대해서 대리에 관한 규정을 준용한다(민59②).

## Ⅲ. 불법행위능력 [6-28]

회사의 행위능력이 인정되는 것처럼 불법행위능력[1-64]도 인정된다. 즉, 회사의 대표기관이 하는 불법행위는 회사의 불법행위로 간주된다. 이것도 법인실재설에 입각한 것이다.

만약 회사의 대표기관이 그 업무집행으로 인하여 타인에게 손해를 가한 경우 회사는 그 대표기관과 연대하여 배상할 책임이 있다(상210,389③ 등). 이는 회사의 대표기관이 그 업무집행과 관련하여 행한 불법행위는 회사의 불법행위이지만, 피해자를 두텁게 보호하기 위해서 회사와 대표기관의 공동불법행위로 규정한 것이다. 이 규정은 불법행위에 대해서만 적용되고 채무불이행에 대해서는 적용되지 않으므로, 회사가 채무불이행책임을 지는 경우 위 규정을 근거로 대표기관에게 연대책임을 묻지는 못한다.

회사의 대표기관이 업무집행의 범위를 벗어난 불법행위를 범한 경우 회사는 이에 대해 책임을 지지 않고 대표기관이 일반원칙에 따라 불법행위책임(민750)을 진다. 회사의 대표기관이 아닌 사용인이 그 사무집행과 관련하여 제3자에게 불법행위를 한 경우에는 사용인이 불법행위책임을 짐은 물론이고 회사는 사용자책임(민756)[1-156]을 진다.

# 제 2 절 주식회사

## 제 1 관 주식회사의 개념

### Ⅰ. 의의 [6-29]

주식회사의 개념에 대한 상법상 규정은 없다. 대체로 주식회사는 ① 주주의 출자에 의해 일정한 '자본금'을 갖고 ② 자본금은 '주식'으로 균일하게 분할되며 ③ 주주가 인수한 주식가액을 한도로 회사에 대해 '유한책임'을 부담하는 회사라고 정의되고 있다. 즉, 주식회사의 개념요소는 자본금, 주식, 유한책임이다.

### Ⅱ. 자본금

#### 1. 의의 [6-30]

주식회사의 경우 무한책임을 지는 사원이 없으므로 채권자보호를 위해서 채무 변제를 위한 일정한 기금이 필요하다. 상법은 이를 위해서 주주의 출자에 의해 일정한 기금을 적립할 것을 강제한다. 이를 '자본금'이라고 한다. ① 자본금은 주식회사가 실제로 보유한 재산의 금액이 아니라 규범적 차원에서 보유해야 할 재산의 최소금액을 가리킨다. 따라서 자본금은 실제의 순자산(대차대조표상의 자산에서 부채를 공제한 잔액)과는 구분된다. 즉, 자본금은 실제의 순자산이 아니라 규범적 순자산을 가리킨다. 실제의 순자산을 그냥 순자산이라고 부르는 것이 보통이다. ② 최저자본금 제도는 현재 없다. 과거에는 최저자본금을 5천만 원으로 정했지만 2009년에 상법 개정을 통해서 이를 폐지했다.

### 2. 자본금의 산정 [6-31]

자본금의 산정은 액면주식과 무액면주식으로 구분해서 살펴볼 필요가 있다. ① 액면주식이란 1주의 금액이 정관에 정해지고 또한 주권에 표시되는 주식이다(상289①(4),356(4)). 이 경우 자본금은 원칙적으로 발행주식의 액면총액이다(상451①)[6-75]. 즉, '자본금 = 발행주식총수 × 주식액면금액'이다. ② 무액면주식은 1주의 금액이 정해지거나 표시되지 않고 주권에는 주식의 수만 기재되는 주식이다(상329①). 이 경우 자본금은 발행가액의 50% 이상의 금액으로서 원칙적으로 이사회가 정한 금액의 총액이다(상451②)[6-75].

### 3. 수권자본금 제도 [6-32]

자본금에 관한 입법주의로는 수권자본금제도(수권주식주의)와 확정자본금제도(확정주식주의, 총액인수주의)가 있다. ① 수권자본금제도란 회사의 정관에 자본금을 기재하지 않고 회사가 발행할 주식의 총수만을 기재하며, 회사의 설립 시에 그 중 일부 주식의 인수만 있으면 설립이 가능한 제도를 가리킨다. 여기서 회사가 발행할 주식이 발행예정주식 또는 수권주식이다. 수권(授權)주식이란 발행권한이 부여된 주식이라는 의미이다. 회사의 설립 후에 수권주식의 범위 내에서 수시로 신주를 발행할 수 있다. 수권주식의 수를 늘리려는 경우는 정관을 변경해야 한다. 수권자본금 제도는 회사 설립이 용이하고 자본조달의 기동성이 좋으나, 회사의 설립 시에 재산적 기초가 불안정해질 우려가 있다는 단점이 있다. ② 확정자본금제도는 회사의 정관에 자본금을 기재하여 자본금을 확정하며, 회사의 설립 시에 그 전부에 대한 주식의 인수가 있어야 설립이 가능한 제도를 말한다. 자본금을 증가하려는 경우 정관을 변경해야 한다. 확정자본금 제도는 수권자본금 제도와 정반대의 장점과 단점을 갖고 있다.

우리 상법은 수권자본금제도를 취하고 있다. 즉, 회사의 정관에 발행예정주식의 총수와 (설립 시) 발행주식의 총수를 기재해야 하고(상289①(3)(5)), 회사 설립 시에 (설립 시) 발행주식의 전액을 납입하면 설립이 가능하며(상295,305), 회사 설립 후에는 원칙적으로 수권자본의 범위 내에서 이사회의 결의만으로 신주를 발행할 수 있다(상416). 수권주식의 총수도 변경할 수 있지만, 이를 위해서는 정관 변경의 절차(상434)를 거쳐야 한다. 수권주식의 총수에 대한 제한은 없다.

### 4. 자본금에 관한 3원칙

#### (1) 자본금 확정의 원칙 [6-33]

자본금 확정의 원칙은 회사의 정관에 자본금이 기재되고 그 전부에 대한 주식의 인수가 확정되어야 한다는 원칙이다. 이를 통해서 회사의 자본력을 회사채권자에게 알릴 수 있다. 하지만 우리 상법은 수권자본금 제도를 택하고 있기 때문에 이러한 의미의 자본금 확정의 원칙은 채택되어 있지 않다. 수권자본금 제도하에서는 완화된 의미의 자본금 확정의 원칙이 적용된다. 즉, 회사설립 시에 (설립 시) 발행주식의 총수가 정관에 기재되고(상289①(5)), 자본금의 금액을 등기해야 하며(상317②(2)), (설립 시) 발행주식의 전부에 대해 인수가 이루어져야 하므로(상295,305), 회사 설립 시에는 자본금 확정의 원칙이 적용된다. 하지만 설립 이후의 신주발행인 경우 실제로 인수되어 납입된 신주에 대해서만 신주발행의 효력이 생기므로(상423), 회사 설립 후에는 자본금 확정의 원칙이 적용되지 않는다.

#### (2) 자본금 충실의 원칙 [6-34]

자본금 충실의 원칙은 자본금에 해당하는 재산을 실제로 보유하고 있어야 한다는 원칙이다. 실제로 재산을 보유하고 있지 않으면 자본금은 순전히 관념적 수치에 불과하다. 실제로 재산을 보유하고 있어야 회사의 자본력이 확보될 수 있는 것이다.

자본금 충실의 원칙을 위해서 상법은 다양한 규정을 두고 있다. ① 주주의 출자이행과 관련하여, 회사설립 전 또는 신주발행 전에 금전출자의 전액납입 및 현물출자의 전부이행(상295,305,421,425), 주식의 액면미달 발행의 금지 또는 제한(상330,417) 등이 있다. ② 주주에 대한 출자상환과 관련하여, 자기주식의 취득제한(상341 등), 이익배당의 제한(상462) 등이 있다. 자기주식의 취득이나 이익배당은 사실상 출자상환의 성격을 띠며, 이를 제한하는 규정을 둔 것이다.

### (3) 자본금 불변의 원칙 [6-35]

자본금 불변의 원칙은 정해진 자본금은 임의로 변경하지 못하고 변경하려면 엄격한 절차에 따라야 한다는 원칙이다. ① 자본금을 쉽게 감소할 수 있으면 자본금 확정 및 자본금 충실의 원칙이 유명무실해질 수 있기 때문에, 자본금 불변의 원칙이 요구된다. 하지만 자본금 증가의 경우에는 이러한 문제가 없으므로 자본금 불변의 원칙이 적용되지 않는다. 그래서 자본금 불변의 원칙은 '자본금 감소제한의 원칙'이라고도 불린다. ② 자본금 불변의 원칙에 따라서 자본금의 감소 시에는 원칙적으로 주주총회 특별결의(상438)[6-200]와 채권자 보호절차(상439)를 거쳐야 한다. 한편, 자본금의 증가 시에는 원칙적으로 이사회의 결의만으로 가능하다(상416).

## Ⅲ. 주식 [6-36]

'주식'이란 두 가지 의미를 갖는다. ① 주식은 자본금의 구성단위를 의미한다. 주식회사는 주주의 출자에 의해 형성되는 자본금에 기초한 회사인데, 자본금은 주식이라는 균등한 단위로 분할되므로, 주식이 자본금의 구성단위가 되는 것이다. 주주의 지분은 균등한 단위로 세분화된 주식의 형태를 띠므로 지분의 양도가 용이하다. ② 주식은 주주권(사원권), 즉 주주가 회사에 대해서 갖는 권리를 의미한다. 주주권은 주식의 종류 및 수에 따라 그 내용에 차이가 생긴다.

## Ⅳ. 유한책임 [6-37]

주주는 인수한 주식가액을 한도로 회사에 '유한책임'을 부담한다(상331). 이는 정확하게는 주식인수인으로서 회사에 대해 지는 책임이지 회사채권자에 대해 직접 부담하는 채무가 아니다. ① 주주의 유한책임은 정관의 규정이나 주주총회의 결의에 의해서 달리 정할 수 없는 근본원칙이다. 다만, 주주 개인이 스스로 회사의 채무를 부담하여 회사채권자에게 직접 책임을 지는 것은 사적 자치에 따라 가능하다고 해석한다(판례·통설). ② 주주의 유한책임은 경영에는 관심이 적은 다수의 투자자로부터 자금을 모으기에 적합한 책임의 형태이다. 한편으로 이는 자칫 회사의 사업실패로 인한 손실을 부당하게 회사채권자에게 전가하는 결과를 가져올 수도 있다. 이러한 배경하에 법인격부인론이 등장했고, 이에 따르면 회사의 법인격이 형해화되거나 남용되는 경우 주주가 회사의 채무를 부담하여 회사채권자에게 직접 책임을 지는 경우가 있다[6-10].

## 제 2 관 주식회사의 설립

### Ⅰ. 의의

#### 1. 특징 [6-38]

회사의 설립은 누구나 법이 정한 일정한 요건(법정 요건)을 충족하면 가능하다. 이를 준칙(準則)주의라고 한다. 이와 달리 자유설립주의, 허가주의 등도 있지만, 이를 절충한 준칙주의가 오늘날 대부분의 입법례가 취하고 있는 입장이다.

회사의 종류마다 회사설립을 위한 법정 요건에 차이가 있다. 인적회사에서는 무한책임사원이 있기 때문에 회사재산이 형성되지 않아도 정관작성만으로 사원과 출자액을 확정할 수 있다. 무한책임사원이 회사의 기관을 구성하므로 이에 대한 구성도 별도로 필요하지 않다. 따라서 정관작성과 설립등기만으로 간단히 회사설립을 마칠 수 있다. 하지만 주식회사의 경우 주주가 유한책임사원이므로 정관작성과 설립등기 이외에 회사의 재산이 형성되어야 하고, 소유와 경영이 분리되므로 이사·감사와 같은 회사의 기관도 구성되어야 하며, 설립행위의 합법성과 공정성에 대한 조사도 해야 비로소 회사설립을 마칠 수 있다. 이에 따라 주식회사의 설립은 ① 정관의 작성 ② 주주와 자본금의 확정(주식발행사항의 결정, 주식의 인수, 출자의 이행) ③ 기관의 구성 ④ 설립경과의 조사 ⑤ 설립등기의 절차를 거쳐야 한다는 점이 특징이다.

#### 2. 설립유형 [6-39]

주식회사의 설립에는 두 가지 유형이 있는데, 이에 따라 설립절차에 차이가 있다. 발기설립은 설립 시에 발행하는 주식의 총수를 발기인만이 인수하여 회사를 설립하는 방식이다. 모집설립은 설립 시에 발행하는 주식 총수의 일부를 발기인이 인수하고 잔여 주식은 이를 인수할 주주를 별도로 모집하여 회사를 설립하는 방식이다. 모집설립의 경우는 발기인 이외의 사람도 주식의 인수에 참여한다는 점에서 설립절차가 좀 더 복잡해진다. 실무에서는 발기설립이 주종을 이룬다. 회사 설립 초기에 발기인 이외에 일반 주주를 모집하는 것이 용이한 일이 아니고 설립절차가 복잡하기 때문이다. 특히, 종래의 모집설립은 법원이 적극 개입하는 측면이 있어서 설립주체들이 꺼려하는 경향이 있었고, 최근에 이러한 문제점을 개선하기 위해서 법원의 개입을 줄이는 방향으로 상법이 개정되어 왔다.

### 3. 발기인, 발기인조합, 설립 중의 회사

#### (1) 발기인 [6-40]

① 발기인은 실질적으로는 회사설립에 종사하는 자이나, 상법은 이를 형식적으로 파악하여 정관에 기명날인(또는 서명)을 한 자(상289①)가 발기인이다. 따라서 실제로 회사설립에 종사하는지는 발기인인지에 영향을 미치지 않는다. 발기인은 설립에 관한 권한·책임을 가진 자라는 점을 고려하여 (기명날인 등과 같은) 형식에 따라 획일적으로 파악하여 누가 발기인인지를 둘러싼 분쟁의 소지를 없애자는 것이다. 발기인이 아니면서 실제로는 설립에 관여한 자는 유사발기인의 책임을 질 수 있다(상327). ② 발기인은 주식회사 설립에만 존재한다. 다른 회사의 경우는 회사설립의 첫 단계인 정관을 작성하면서 바로 사원이 확정되고(상179(3) 등) 이들이 설립을 담당하게 된다. 하지만 주식회사는 주식의 인수절차를 거쳐야 비로소 사원이 확정되므로 발기인으로 하여금 설립을 담당하게 하는 것이다. ③ 발기인 수에는 제한이 없으며, 1인으로도 충분하다(상288). 발기인 자격에는 제한이 없는 것이 원칙이다. 발기인은 1주 이상의 주식을 인수해야 한다(상293).

#### (2) 발기인조합 [6-41]

2인 이상의 발기인이 회사를 설립하는 경우 이들 사이에는 설립하는 회사의 목적, 인수주식의 수 등에 대해 명시적 또는 묵시적 계약이 존재한다. 이는 조합계약의 일종이며, 이에 기초해서 구성된 것이 발기인조합이다. ① 발기인조합에는 민법상 조합 규정(민703~724)[1-137]이 적용된다. ② 회사의 설립 과정에서 발기인조합은 '설립 중의 회사'와 함께 존재하는데, 양자는 개념상 별개의 존재이다. 발기인조합은 발기인 사이의 내부적인 조합계약관계로서 민법의 규율을 받지만, 설립 중의 회사는 '권리능력 없는 사단'으로서 회사법의 규율을 받는다. 발기인이 회사설립을 위해 하는 행위는 경우에 따라 발기인조합계약의 이행행위에 해당하기도 하고 설립 중 회사의 기관으로서 임무의 이행행위에 해당할 수도 있다. 전자는 개인법적 행위이고 후자는 단체법적 행위로서, 각 행위의 요건 및 효과는 별개이다.

### (3) 설립 중의 회사

**1) 의의**[6-42] 설립 중의 회사는 회사설립에 착수한 이후 설립등기를 하기 이전까지 존재하는 미완성의 회사이다. 통설은 설립 중의 회사는 성립 후 회사의 전신으로서 동일한 단체라고 간주한다(동일성설). 설립 중의 회사는 성문법상 개념이 아니고 이론상 만든 개념이다. 회사의 설립과 관련하여 각종의 권리의무가 발생하는데, 설립등기 이전의 회사는 사단으로서의 실체는 있지만 법인격이 없으므로 원칙적으로 권리의무의 귀속주체가 될 수 없으므로, 이를 귀속시킬 주체로 설립 중의 회사를 창안한 것이다. 즉, 설립 중의 회사는 회사설립 과정에서 권리의무의 귀속주체이다. 만약 설립 중의 회사가 없다면 발기인 또는 발기인조합에게 권리의무가 귀속되었다가 회사성립 후에 이를 회사에 이전시켜야 하는 불편이 따른다. 설립 중의 회사는 성립 후 회사의 전신이므로 전자에게 귀속된 법률관계는 설립등기 시에 후자로 자동적으로 승계된다.

**2) 법적 성질**[6-43] 설립 중 회사의 법적 성질은 '권리능력 없는 사단', 즉 '법인이 아닌 사단'[1-61]이다(판례·통설). 설립 중 회사는 사단으로서의 실체를 갖고 있지만 성립등기 이전이므로 권리능력은 없기 때문이다. 설립 중의 회사는 권리능력 없는 사단으로서 '회사설립이라는 목적 범위 내에서 제한적으로 권리능력이 인정'된다(판례·통설). 그리고 소송당사자능력(민소52), 부동산등기능력(부동산등기법26)도 인정된다.

**3) 설립 중 회사의 법률관계**[6-44]

**(가) 의의** 발기인이 설립 중 회사의 기관으로서 이를 대표한다(통설). 발기

인이 수인인 경우 대표발기인을 선임할 수 있다. 발기인이 자신의 권한 범위 내에서 설립 중 회사의 명의로 행위를 하면 그 행위의 효과는 설립 중 회사에 귀속된다. 설립 중 회사에 대한 권리의무의 귀속은 총유(민275~278)[1-171]의 형태로 이루어진다. 회사의 설립 시에 발생한 권리의무는 설립등기 시에 성립 후 회사에 자동적으로 승계된다. 이를 위해서는 다음과 같은 요건이 필요하다.

(나) 요건 ① 존재: 설립 중 회사가 존재해야 한다. 설립 중 회사의 최소한의 실체가 형성되어 있어야 그 존재를 인정할 수 있다. 이를 위해서는 정관이 작성되고 1주 이상의 주식이 인수되어야 한다(판례·통설). 1주 이상의 주식이 인수되어 사원이 확정되기 시작해야 회사의 최소한의 실체가 형성되어 있다고 할 수 있고, 이와 달리 회사설립 시에 발행하는 주식의 전부가 인수되어야 비로소 설립 중 회사를 인정할 수 있다고 한다면 설립 중 회사의 실익이 적다. ② 명의: 설립 중 회사의 명의로 해야 한다(판례·통설). 가령 '○○주식회사 대표 발기인○○○'라고 표시해야 한다. 이와 달리 만약 발기인 또는 발기인조합의 명의로 행위를 하면 그 행위의 효과는 발기인 또는 발기인조합에게 귀속되고, 이를 성립 후의 회사에게 귀속시키려면 별도의 이전행위가 필요하다. ③ 권한범위: 발기인이 자신의 권한 범위에 속하는 행위를 해야 한다(판례·통설). 발기인의 권한 외의 행위는 설립 중의 회사에 그 효과가 귀속되지 않는다. 발기인의 권한 외의 행위에 대해서 무권대리의 법리(민135)[1-42]를 유추적용할 수 있다. 발기인의 권한 범위에 대해서는 논란이 있다. 회사설립 자체를 목적으로 하는 행위(정관의 작성 등)로 제한하는 입장, 설립을 위한 행위(설립사무소의 임차 등)도 할 수 있다는 입장, 개업준비행위(공장의 임차 등)도 할 수 있다는 입장이 대립하고 있는데, 앞의 두 가지는 회사의 재산적 기초를 중시하는 입장이나, 판례는 거래의 안전을 중시하여 셋째 입장을 지지하고 있다고 볼 수 있다.

## Ⅱ. 설립절차

### 1. 의의 [6-45]

회사의 설립절차는 회사의 실체를 형성하고 법인격을 얻기 위해 설립등기를 하는 절차를 가리킨다. 즉, 주식회사의 설립은 ① 정관의 작성 ② 주주와 자본금의 확정(주식발행사항의 결정, 주식의 인수, 출자의 이행) ③ 기관의 구성 ④ 설립경과의 조사 ⑤ 설립등기의 절차를 거쳐야 한다. 여기에서 ①~④가 회사실체를 형성하는 절차이다.

발기설립이든 모집설립이든 위 절차를 모두 거쳐야 한다는 점에서 같다. 다만, 구체적인 내용 면에서는 차이가 있다. 이러한 차이는 발기설립은 발기인만이 주식인수에 참여하지만, 모집설립은 발기인 이외에 모집주주도 주식인수에 참여한다는 점에서 비롯된다. 주요한 차이는 다음과 같다. ① 주금의 납입을 해태하면 발기설립에서는 채무불이행의 법리가 적용되고(주식인수인으로서 발개인의 개성이 중시된다), 모집설립에는 실권절차가 적용된다(모집주주의 개성이 중시되지 않는다). ② 발기설립에서는 발기인이 회사의 기관(이사 등)을 선임하고, 모집설립에서는 창립총회(발기인과 여타 주식인수인이 참여)가 회사의 기관을 선임한다. ③ 발기설립에서는 법원이 설립경과의 조사에 비교적 적극적으로 관여하고, 모집설립에서는 법원의 관여가 덜한 편이다. 발기설립에서는 발기인만으로 재산형성을 하므로 법원이 그 합법성과 공정성을 확인하기 위해 설립경과의 조사에 비교적 적극 관여하지만, 모집설립의 경우는 발기인 및 다른 주식인수인으로 구성된 창립총회가 주로 설립경과의 조사에 관여한다.

### 2. 정관의 작성

#### (1) 정관의 의의 [6-46]

회사 설립의 첫 단계로서 발기인은 정관을 작성하여 각자 기명날인(또는 서명)을 해야 한다(상289①). 이 점은 발기설립이든 모집설립이든 동일하다.

정관은 실질적 의미로 보면 회사의 조직과 경영을 단체적으로 규율하는 근본규범을 가리키고, 형식적 의미로 보면 그러한 근본규범을 기재한 서면을 가리킨다. 회사설립 시에 작성된 정관을 특히 '원시정관'이라고 부른다(그 이후는 '설립 후 정관'이라고 한다).

정관은 자치법규에 해당한다(통설). 정관은 자치적으로 제정한 '법규'이므로 이를 작성한 당사자뿐만 아니라 이후에 참여하는 주주 및 기관도 구속하고 그 변경에 반대한 주주도 구속한다. 이것이 정관이 갖는 구속력이다. 따라서 정관에 위반한 회사의 행위는 그 효력이 없다. 다만, 정관은 '자치'법규이므로 회사의 외부에 있는 자에게는 그 효력이 미치지 않는다(통설). 한편 정관이 '법규'라고 해도 강행법규에 우선할 수는 없으며, 만약 정관의 내용 중에서 강행법규에 위반하는 사항이 그 효력이 없음은 물론이다.

(2) 정관의 기재사항

1) 의의[6-47] 정관의 기재사항에는 절대적 기재사항, 상대적 기재사항, 임의적 기재사항이 있는데, 그 종류에 따라 정관기재의 효력에 차이가 있다.

2) 절대적 기재사항[6-48] 절대적 기재사항은 정관에 제대로 기재하지 않으면 정관이 효력이 없게 되는 사항을 말한다. 이러한 사항으로는 다음이 있다(상289).

(가) 목적 이는 회사가 수행하려는 사업을 가리킨다. 목적은 사업 내용을 객관적으로 예측할 수 있을 정도의 구체성이 있어야 한다. '상업', '서비스업' 등과 같은 추상적인 목적은 제대로 기재한 것으로 인정되지 않는다.

(나) 상호 이는 회사가 사업상 자신을 표시하기 위해서 사용하는 명칭이다. 주식회사의 상호 중에는 주식회사의 문자를 사용해야 한다(상19). 회사별로 사원의 책임 등이 다르기 때문에, 상호를 통해서 이를 공시하기 위해서이다.

(다) 회사가 '발행할' 주식의 총수 이는 발행예정주식의 총수로서 수권자본금(발행권한이 부여되어 있는 자본금)을 의미한다. 주식 수의 증가는 주주의 이해에 큰 영향을 미친다는 점에서 발행예정주식총수를 정관에 정하게 한 것이다. 정관에 기재된 발행예정주식총수를 초과하는 신주를 발행하려면 정관을 변경해야 한다.

(라) 액면주식을 발행하는 경우 1주의 금액 이는 액면금액을 가리킨다. 1주의 금액은 100원 이상으로 균일해야 하고(상329②③), 원칙적으로 액면금액 이하로 발행하지 못한다(상330).

(마) 회사의 설립 시에 '발행하는' 주식의 총수 이는 회사의 설립 시에 실제로 발행하는 주식의 총수를 가리킨다. 이것이 회사 설립 시의 자본금이자 물적 기초가 된다. 회사 설립 후에 발행하는 주식의 총수는 정관의 절대적 기재사항이 아니다.

(바) 본점의 소재지 이는 회사의 주된 영업소이다. 또한 회사의 주소지가

된다(상171).

**(사) 회사가 공고를 하는 방법** 주주, 채권자 등과 같은 이해관계자들이 사전에 공고방법을 알 수 있게 하자는 것이다. 공고방법에는 서면공고와 전자공고가 있다. 즉, 회사는 관보 또는 시사에 관한 사항을 게재하는 일간신문에 공고해야 하고, 다만 이 대신에 정관으로 정하는 바에 따라 전자적 방법으로 공고하는 것도 가능하다(상289③). 전자적 방법으로 공고하려는 경우에는 회사의 인터넷 홈페이지에 게재하는 방법으로 해야 한다(상령6①).

**(아) 발기인의 성명 · 주민등록번호 및 주소** 발기인이 법인인 경우 그 상호, 법인등록번호, 본점소재지를 기재하면 된다.

3) **상대적 기재사항**[6-49] 상대적 기재사항이란 정관에 기재하지 않아도 정관의 효력에는 영향이 없지만 그 사항을 유효하게 하려면 정관에 기재되어야 하는 사항을 가리킨다. 이러한 사항으로는 변태설립사항(상법290) 등이 있다. 변태설립사항이란 회사의 자본금 충실을 해칠 수 있으므로 정관에 반드시 기재해야만 그 효력이 인정되는 사항을 가리킨다(상290). 다음의 4가지가 변태설립사항이며, 이러한 사항은 그 가치가 과도하게 책정 또는 평가될 우려가 있기 때문에 상대적 기재사항으로 규정된 것이다. 정관에 기재되지 않은 변태설립사항은 무효이다.

**(가) 발기인이 받을 특별이익과 이를 받을 자의 성명** 발기인이 받을 특별이익은 회사설립의 공로에 대한 대가이며, 신주인수권에 대한 우선권, 회사시설의 이용권 등을 말한다. 이는 발기인이 회사설립에 제공한 노무의 대가인 발기인의 보수와는 다르다.

**(나) 현물출자를 하는 자의 성명과 그 목적인 재산의 종류, 수량, 가격과 이에 대하여 부여할 주식의 종류와 수** 현물출자는 금전 이외의 재산으로 하는 출자를 가리킨다. 현물이 금전으로 평가될 때 과도하게 산정될 위험이 있다. 대차대조표상의 자산 항목에 해당하는 것이면 현물출자의 대상이 될 수 있고, 다만 물적회사로서 자본금 충실이 필요한 주식회사의 특성을 고려하면 신용 또는 노무는 출자대상이 아니다(통설).

**(다) 회사성립 후에 양수할 것을 약정한 재산의 종류, 수량, 가격과 그 양도인의 성명** ① 재산인수: 재산인수는 발기인이 회사의 성립을 조건으로 제3자로

부터 일정한 재산을 양수하기로 약정하는 계약을 가리킨다. 재산이 인수되는 과정에서 재산의 평가가 과도하게 산정될 위험이 있다. ② 사후설립과의 구분: 재산인수는 회사성립 전에 행해지는 재산의 거래행위라는 점에서, 회사성립 후에 행해지는 재산의 거래행위인 사후설립과 구분된다. 사후설립은 회사성립 후 2년 내에 일정 재산(성립 전부터 존재하는 재산으로서 영업을 위해 계속하여 사용해야 할 재산)을 자본금의 5% 이상에 해당하는 대가로 취득하는 계약이다(상375). 사후설립이 유효하려면 주주총회의 특별결의가 필요한데(상375,374), 이는 사후설립을 통해서 재산인수에 관한 규제를 회피하려는 것을 방지하기 위한 것이다. 재산인수와 사후설립은 거래행위로서 그 당사자는 회사의 채권자가 되지만, 현물출자는 현물에 의한 출자행위로서 그 당사자는 회사의 주주가 된다는 점에서 차이가 있다.

**㈑ 회사가 부담할 설립비용과 발기인이 받을 보수액** 이는 과도하게 책정될 위험이 있기 때문에 상대적 기재사항으로 규정된 것이다. 설립비용에는 설립 전에 소요되는 인쇄비, 광고비, 임차료 등이 있다. 설립 후 개업에 소요되는 비용은 여기에 포함되지 않는다(통설). 발기인이 받을 보수액은 발기인이 회사설립에 제공한 노무의 대가이다.

**4) 임의적 기재사항**[6-50] 임의적 기재사항은 정관에 기재하지 않아도 정관의 효력에는 영향이 없고 또한 그 사항을 실현하지 못하는 것도 아니지만, 기재하게 되면 정관이 갖는 구속력이 부여되는 사항을 가리킨다. 강행법규에 반하지 않는 한 회사의 조직과 경영에 관한 사항은 임의적 기재사항이 될 수 있다. 가령 정기주주총회의 소집시기는 임의적 기재사항이다.

### 3. 주식발행사항의 결정 [6-51]

정관에는 회사설립 시에 발행하는 주식의 총수와 액면주식을 발행하는 경우 1주의 금액을 반드시 기재해야 한다. 이외에 다른 주식발행사항도 결정해야 한다. 즉, 회사설립 시에 발행하는 주식에 관한 사항(1. 주식의 종류와 수 2. 액면주식의 경우에 액면 이상의 주식을 발행할 때에는 그 수와 금액 3. 무액면주식을 발행하는 경우에는 주식의 발행가액과 주식의 발행가액 중 자본금으로 계상하는 금액)은 정관으로 달리 정하지 않으면 발기인 전원의 동의로 정한다(상291). 신주발행 시 주식발행사항은 이사회의 다수결로 결정하지만(상416,391①), 회사설립 시 주식발행사항은 각 발기인의 의사를 중시하여 원칙상 발기인 전원의 동의를 요구하는 것이다. 발기인 전원의 동의를 얻지 못하면 회사설립의 무효사유가 된다(통설). 발기인 전원의 동의를 요구하는 위 사항 이외의 여타 주식발행사항(주식의 청약기간 등)은 발기인의 다수결로 정할 수 있다.

### 4. 주식의 인수

#### (1) 발기설립 [6-52]

각 발기인은 서면에 의해 주식을 인수해야 한다(상293).

#### (2) 모집설립 [6-53]

각 발기인은 서면에 의해 주식을 인수해야 한다(상293). 발기인이 인수하지 않은 부분에 대해서는 주주를 모집해야 한다(상301). 발기인이 아닌 주식인수인을 '모집주주'라고 한다. 모집주주의 수 또는 모집주식의 수에는 제한이 없다. 모집방법도 공모이든 사모이든 제한이 없다.

모집주주의 주식인수의 청약은 요식행위로서 주식청약서에 의해야 한다(상302①). 주식청약서는 발기인으로 작성한 것으로서 정관, 변태설립사항, 주식발행사항 등 회사에 관한 중요정보 및 주식인수에 관한 사항이 포함되어 있다(상302②). 이는 외부인인 모집주주로 하여금 회사설립에 관한 충분한 정보를 취득하고 이에 기초하여 주식인수의 청약을 하게 하자는 것이다. 주식청약서에 의하지 않은 주식인수의 청약은 효력이 없다.

모집주주의 주식인수의 청약은 의사표시의 일종이며, 따라서 민법상 의사표시의 흠결에 관한 규정[1-32~36]이 적용된다. 다만, 주식인수는 다수의 이해관계자가 관여한다는 점을 고려하여 단체법적으로 획일적으로 처리하기 위해서 일반적인 의사표시의 흠결 규정의 일부를 적용하지 않는다. ① 민법 107조 1항 단서는 주식인수의 청약에는 적용하지 않는다(상302③). 즉, 청약의 의사표시는 주식인수인이 스스로 진의가 아님을 알고 한 경우에도 그 효력이 있고, 발기인이 주식인수인의 청약이 진의가 아님을 알았거나 알 수 있었을 경우에도 그 효력이 있다. ② 회사성립 후에는 주식인수인이 주식청약서의 요건의 흠결을 이유로 하여 그 인수의 무효를 주장하거나 사기, 강박 또는 착오를 이유로 하여 그 인수를 취소할 수 없다(상320①). 주식인수인이 창립총회에 출석하여 그 권리를 행사한 경우에는 회사성립 전에도 마찬가지이다(상320②).

모집주주의 주식인수의 청약이 있으면 발기인이 주식의 배정을 한다. 주식의 배정은 주식인수의 청약에 대한 승낙에 해당한다. 주식의 배정은 주식청약서 등에 정해진 방법이 있으면 이에 따른다. 이러한 정함이 없으면 발기인이 자유롭게 배정할 수 있다(배정자유의 원칙). 청약자의 납입자력 등을 고려하여 발기인이 임의로 배정할 수 있게 하자는 것이다. 주식인수의 청약자는 배정받은 주식의 수에 따라서 인수가액을 납입해야 한다(상303). 주식의 배정은 설립 중의 회사에 대한 입사계약이다(판례·통설). 주식인수의 청약자는 주식배정을 받으면 주식인수인이 된다.

### 5. 출자의 이행

#### (1) 발기설립 [6-54]

① 발기인이 회사설립 시 발행하는 주식의 총수를 인수한 때에는 지체 없이 각 주식에 대하여 그 인수가액의 전액을 납입해야 한다(상295①). 이를 '전액납입주의'라고 한다. ② 발기인이 납입하지 않은 경우 그에게 이행을 강제하거나 회사가 불성립한다. 주식인수인으로서 발기인의 개성이 중시되기 때문이다. ③ 납입금보관자와 납입금보관증명 제도를 통해서 납입의 확실성을 기한다. 즉, 발기인은 납입을 맡을 은행 기타 금융기관과 납입장소를 지정해야 한다(상295①). 납입금을 보관한 은행이나 그 밖의 금융기관은 발기인 또는 이사의 청구를 받으면 그 보관금액에 관하여 증명서를 발급해야 하고 증명한 보관금액에 대하여는 회사에 책임을 진다(상318①②).

현물출자를 하는 발기인은 납입기일에 지체 없이 출자의 목적인 재산을 인도하고 권리의 설정 또는 이전이 필요한 경우 관련 서류를 교부해야 한다(상295②).

#### (2) 모집설립 [6-55]

회사설립 시 발행하는 주식의 총수가 인수된 때에는 발기인은 지체 없이 주식인수인에 대해 각 주식에 대한 인수가액의 전액을 납입시켜야 한다(상305①). 발기인도 자신의 인수가액의 전액을 납입해야 함은 물론이다. 발기설립에서와 같이 전액납입주의, 그리고 납입금보관자와 납입금보관증명 제도가 적용된다(305①②,318①②).

주식인수인이 납입하지 않은 경우에는 실권절차가 적용된다. 모집주주의 개성이 중시되지 않는다는 점을 고려한 것이다. 즉, 주식인수인이 납입하지 않은 경우 발기인은 일정한 기일을 정하여 그 기일 내에 납입을 하지 아니하면 그 권리를 잃는다는 뜻을 기일의 2주간 전에 주식인수인에게 통지하고, 이 통지를 받은 주식인수인이 그 기일 내에 납입이행을 하지 않으면 그 권리를 상실하며, 이 경우 발기인은 다시 그 주식에 대한 주주를 모집할 수 있다(상307①②). 주식인수인의 납입 미이행으로 인해서 손해가 생긴 경우 그에게 손해배상을 청구할 수 있다(상307③).

현물출자를 하는 주식인수인은 납입기일에 지체 없이 출자의 목적인 재산을 인도하고 권리의 설정 또는 이전이 필요한 경우 관련 서류를 교부해야 한다(상305①,295②).

#### (3) 가장납입의 문제 [6-56]

**1) 의의** 가장납입은 주식인수인이 외관상으로는 주식대금을 납입한 것으로 가장했으나 실질적으로는 납입하지 않은 경우를 가리킨다. 이는 회사의 설립 시뿐만 아니라 설립 후의 신주발행에서도 발생할 수 있다. 가장납입은 회사의 재무적 기초를 훼손하는 것이므로 엄격하게 규제할 필요가 있다. 가장납입은 발기설립이든 모집설립이든 어디서나 문제될 수 있으며, 다음의 2가지 유형을 살펴보자.

**2) 통모가장납입** 이는 납입금보관자(금융기관)와 통모하여 주식대금의 납입이 없음에도 불구하고 납입금보관자가 납입금보관증명을 발급하는 경우이다. 이에 대비해서 납입금보관자로 하여금 증명한 보관금액에 관해 회사에 책임을 지게 한다(상318①②). 발기인은 공동불법행위로 인해서 회사가 입은 손해를 연대하여 배상할 책임(상322①)을 진다. 통모가장납입은 금융기관의 입장에서 명성위험(reputation risk)이 너무 커서 실제로 발생하기 어렵다.

**3) 위장납입** 이는 발기인이 제3자로부터 차입하여 주식대금을 납입하고, 회사가 성립하면 이를 인출하여 제3자에게 차입금을 상환하는 경우이다.

통설은 위장납입이 자본금 충실의 원칙을 실현하기 위한 전액납입주의(상295,305)에 대한 탈법행위이기 때문에 무효라는 입장이다. 이와 달리 판례는 이러한 경우도 납입이 이루어졌으므로 일단 유효하고(이는 단체법적 질서의 안정을 도모하자는 취지이다) 따라서 주식인수인의 납입의무는 소멸되지만, 회사가 주주에게 납입금의 상환을 청구할 수 있고, 발기인은 공동불법행위로 인해서 회사가 입은 손해를 연대하여 배상할 책임(상322①)이 있다는 입장이다. 한편, 발기인은 상법상 납입가장죄(상628) 등의 형사책임을 질 수 있다(가장납입에 따른 민사적 효과와 형사적 효과가 다르게 나타난다).

### 6. 기관의 구성

#### (1) 발기설립 [6-57]

발기인은 출자가 이행되면 의결권의 과반수로 이사와 감사(또는 감사위원)를 선임한다(상296①,415의2⑦). 발기인의 의결권은 그 인수주식의 1주에 대해 1개로 한다(상296②). 의결권의 과반수로 정하는 이유는 이사와 감사의 선임은 (설립주체가 아니라) 출자자로서의 권한행사에 해당한다고 보기 때문이다. 여기서 발기인은 모집설립에서 창립총회와 같은 역할을 수행하는 것이다.

#### (2) 모집설립 [6-58]

출자가 이행되면 발기인은 지체 없이 창립총회를 소집해야 한다(상308①). 창립총회는 이사와 감사를 선임해야 한다(상312).

발기인을 포함한 주식인수인으로 구성된 창립총회는 출자자로 구성된 의결기관이며, 회사성립 후의 주주총회와 같은 것이다. 이에 따라 주주총회에 관한 대부분의 절차 규정을 준용한다(상308②). 다만, 창립총회의 결의는 '출석한 주식인수인의 의결권의 3분의 2 이상'이고 '인수된 주식의 총수의 과반수'에 해당하는 다수로 해야 한다(상309). 이는 창립총회의 결의에 보다 신중을 기하자는 취지에서 주주총회의 보통결의(상368)[6-199] 또는 특별결의(상434)[6-200]에 비해 결의요건을 가중한 것이다.

## 7. 설립경과에 대한 조사·보고

### (1) 발기설립 [6-59]

**1) 의의** 이사와 감사는 취임 후 지체 없이 회사의 설립에 관한 모든 사항이 법령 또는 정관에 위반하는지를 조사해서 발기인에게 보고해야 한다(상298①).

**2) 변태설립사항** 변태설립사항에 대한 조사는 별도의 엄격한 절차가 마련되어 있다. 즉, 정관에 변태설립사항이 있는 경우 이를 조사하기 위해 '이사'는 검사인의 선임을 법원에 청구해야 한다(상298④). 검사인은 변태설립사항과 현물출자의 이행을 조사하여 법원에 보고해야 한다(상299①). 검사인의 조사보고서에 사실과 다른 사항이 있는 경우 발기인은 이에 대한 설명서를 법원에 제출할 수 있다(상299④).

다만, 절차를 간소화하는 제도가 마련되어 있다. ① 면제: 일정한 경우(현물출자 또는 재산인수의 총액이 자본금의 5분의 1을 초과하지 않고 5천만 원을 초과하지 않는 경우 등)에는 조사 자체를 면제한다(상299②,상령7). ② 대체: 검사인의 선임·조사·보고에 갈음하여 공증인이 조사해서 법원에 보고하게 하거나(발기인의 특별이익, 설립비용, 발기인보수의 경우), 또는 공인된 감정인이 감정해서 법원에 보고하게 할 수 있다(현물출자, 재산인수의 경우)(상299의2).

'법원'은 부당한 변태설립사항을 변경할 권한을 가진다. 즉, 법원은 검사인 또는 공증인의 조사보고서 또는 감정인의 감정결과와 발기인의 설명서를 심사하여 변태설립사항이 부당하다고 인정한 때에는 이를 변경하여 각 발기인에게 통고할 수 있다(상300①).

### (2) 모집설립 [6-60]

**1) 의의** 발기인은 회사의 창립에 관한 사항(주식인수와 납입에 관한 사항 등)을 서면에 의해 창립총회에 보고해야 한다(상311). 이사와 감사는 취임 후 지체 없이 회사의 설립에 관한 모든 사항이 법령 또는 정관에 위반하는지를 조사해서 창립총회에 보고해야 한다(상313).

**2) 변태설립사항** 변태설립사항에 대한 조사는 별도의 엄격한 절차가

마련되어 있고 발기설립과 유사하지만 일정한 차이가 있다. 즉, 정관에 변태설립사항이 있는 경우 이를 조사하기 위해 '발기인'은 검사인의 선임을 법원에 청구해야 한다(상310①). 검사인의 보고서는 창립총회에 제출되어야 한다(상299①). 변태설립사항의 조사 절차의 간소화와 관련하여, 발기설립에서의 대체 제도(상299의2)가 모집설립에 준용된다(상310③,299의2). 하지만, 발기설립에서의 면제 제도(상299②, 상령7)는 모집설립에 준용이 없다. '사원총회'는 부당한 변태설립사항을 변경할 권한을 가진다. 즉, 창립총회는 변태설립사항이 부당하다고 인정한 때에는 이를 변경할 수 있다(상314①).

### 8. 설립등기 [6-61]

위 2.~7.까지의 절차를 거치면 회사의 실체가 형성된다. 이후 회사의 설립을 완성하는 마지막 절차가 설립등기이다. 이는 발기설립이든 모집설립이든 동일하다. 설립등기는 기한 및 내용에 대한 제한이 있다. 즉, 설립경과에 대한 조사가 종료된 후 2주간 내에 자본금 등 일정한 사항에 대해 설립등기를 해야 한다(상317).

설립등기의 목적은 회사설립에 관한 법률관계의 명확성을 위해서 자본금 등 일정한 사항을 공시하게 하고 그 때부터 회사가 성립된 것으로 하는 데 있다. 이에 따라서 설립등기의 기본적 효력은 회사의 법인격을 창설하는 효력이 있다(창설적 효력). 즉, 이때부터 회사가 성립된다(상172). 따라서 출자자는 이때부터 주주가 된다. 이외에도 몇 가지 부수적 효력이 있다. 가령, 설립등기 후에 주식인수인은 주식청약서 요건의 흠결을 이유로 인수의 무효를 주장하거나 사기, 강박 또는 착오를 이유로 인수를 취소하지 못한다(상320①)[6-53].

## Ⅲ. 설립에 관한 책임

### 1. 발기인의 책임

#### (1) 회사가 성립한 경우

1) **인수·납입담보책임**[6-62] 회사설립 시에 발행한 주식으로서 ① 회사성립 후에 인수되지 않은 주식이 있거나 ② 주식인수의 청약이 취소된 때[사기, 강박 또는 착오를 이유로는 취소할 수 없으나((상320①) 미성년자(민5) 등 다른 이유로는 취소할

수 있다]에는, 발기인이 공동으로 인수한 것으로 본다(상321①). 이것이 '인수담보책임'이다. 이 경우 발기인 전원이 주식인수인으로 의제되고, 인수된 주식에 대해서는 공동인수인으로서 공유관계가 성립된다. 이에 따라 발기인 전원은 인수된 주식에 대해 연대하여 납입할 책임이 있다(상333①).

회사설립 시에 발행한 주식으로서 회사성립 후에 아직 납입이 완료되지 않은 주식이 있으면 발기인은 연대하여 납입해야 한다(상321②). 이것이 '납입담보책임'이다. 이 경우 발기인이 납입한다고 해서 주주가 되는 것은 아니다. 발기인은 납입담보책임만 지는 것이지 주식인수인으로 의제되는 것은 아닌 것이다. 다만, 납입한 발기인은 해당 주식인수인에 대해 구상권을 행사할 수 있다(민481).

인수·납입담보책임의 취지는 회사존속과 자본금 충실에 있다. 즉, 회사설립 시 발행하는 주식 전부에 대한 인수와 납입이 이루어져야 회사가 성립될 수 있으나 인수·납입의 흠결에도 불구하고 설립등기가 이루어진 경우에는, 회사의 설립 및 존속에 대한 이해관계자의 신뢰를 보호하고 자본금 충실을 기하기 위해서 발기인에게 인수·납입담보책임을 지운 것이다.

인수·납입담보책임은 그 취지를 고려할 때 발기인의 과실 여부를 묻지 않는 무과실책임이다(통설). 자본금 충실을 기해야 한다는 점에서 이 책임은 총주주의 동의로도 면제할 수 없다(통설). 다만, 이 책임은 인수·납입의 흠결이 경미한 경우로 제한되고, 그러한 흠결이 중대한 경우는 회사설립이 무효라고 해석한다(통설).

2) **손해배상책임**[6-63] 발기인이 회사설립에 관해 임무를 해태한 경우 회사에 대해 연대하여 손해배상책임을 진다(상322①). 가령 아직 납입이 완료되지 않은 주식이 있음을 알면서도 회사를 성립시킨 경우가 그러하다. 이 책임은 발기인이 설립 중 회사의 기관으로서 회사에 지는 과실책임이다. 따라서 과실 있는 발기인만 지는 책임이다. 이 책임은 총주주의 동의로 면제할 수 있다(상324,400①).

발기인이 악의 또는 중과실로 인하여 임무를 해태한 경우 제3자에 대해서도 연대하여 손해배상책임을 진다(상322②). 발기인은 설립 중 회사의 기관으로서 회사에 임무해태의 책임을 지고 제3자에게는 직접적으로 그러한 책임을 지지 않는다. 하지만 제3자를 두텁게 보호하기 위해서 제3자에 대한 직접책임을 지운 것이고, 이 점을 고려하여 주관적 요건을 고의·중과실로 한정하였다.

### (2) 회사가 불성립한 경우 [6-64]

회사의 불성립이란 회사설립에 착수했지만 설립등기에 이르지 못한 경우를 가리킨다. 회사가 성립하지 못한 경우 발기인은 설립행위에 대해 연대하여 책임을 진다(상326①). 이때 회사의 설립에 관하여 지급한 비용은 발기인이 부담한다(상326②). 발기인은 주식인수인이 납입한 금액을 그에게 반환해야 하고, 설립비용 등 설립을 위해 지출한 모든 비용을 부담하는 것이다. 이는 발기인이 설립 중 회사의 기관으로서 주식인수인, 채권자 등에게 지는 무과실책임이다.

설립등기를 마친 이후에 회사가 설립무효가 된 경우는 여기서 말하는 회사의 불성립이 아니다. 회사설립무효의 판결이 확정되어도 소급효가 없다는 점을 고려하여, 회사설립무효는 회사가 성립된 경우에 포함시켜서 다룬다. 즉, 회사설립무효 시에 발기인은 위 (1)에서 살펴본 회사성립 시의 책임(상321,322)을 진다.

## 2. 이사·감사·검사인·공증인·감정인의 책임 [6-65]

이사 또는 감사는 설립절차에 대한 조사·보고의무를 부담하는데, 그 임무를 해태하면 회사 또는 제3자에 대하여 손해배상책임을 지고, 이 경우 발기인도 책임[6-63]을 질 때에는 그 이사, 감사와 발기인은 연대하여 손해배상책임을 진다(상323). 이사 또는 감사의 손해배상책임은 회사에게는 과실책임이고, 제3자에게는 중과실책임이라고 해석한다(통설).

검사인이 악의 또는 중과실로 인하여 임무를 해태하면 회사 또는 제3자에 대해 손해배상책임을 진다(상325). 검사인은 법원이 선임한 자로서 회사와는 계약관계가 없지만 상법이 정책적으로 인정한 책임이다.

공증인 또는 감정인의 책임에 대해서는 상법상 규정이 없다. 하지만 설립 중 회사와 위임관계에 있으므로 (마찬가지로 회사와 위임관계에 있는) 이사·감사의 책임(상323)을 유추적용하여 그에 따른 책임을 진다(통설).

## 3. 유사발기인의 책임 [6-66]

주식청약서 기타 주식모집에 관한 서면에 '성명'과 '회사의 설립에 찬조하는 뜻'을 기재할 것을 승낙한 자는 발기인과 동일한 책임이 있다(상327). 유사발기인은 발기인은 아니지만 이와 유사한 외관을 가진 자를 가리킨다. 즉, 발기인은 정관을 작성하여 기명날인(또는 서명)한 자인데(상289①), 주식모집에 관한 서면에 성명과 회사설립의 찬조의사를 기재한 자도 발기인은 아니지만 이와 유사하게 발기인의 책임을 지우려는 것이다. 이러한 기재만으로 유사발기인의 책임을 지며, 상대방의 신뢰는 요건이 아니다(통설).

유사발기인은 발기인이 아니어서 회사설립에 관여할 권한과 의무가 없으므로 임무해태의 책임(상315,322)은 물을 수 없고, 회사성립 시에 자본금 충실의 책임(상321) 및 회사의 불성립 시에 설립비용 등에 대한 책임(상326)을 진다(통설).

## Ⅳ. 설립의 하자

### 1. 의의 [6-67]

회사설립의 하자는 회사가 설립등기를 포함한 설립절차를 마쳤으나 그 설립절차에 중대한 하자가 생긴 경우를 가리킨다. 회사설립에 하자가 생긴 경우 회사관계의 단체적 성질과 거래안전을 고려해서 이를 주장하는 방법이 소(訴)로 엄격하게 제한되어 있다.

① 주식회사의 설립에 하자가 있는 경우 이를 다투는 소는 다른 회사에 비해 더 엄격하게 제한되어 있다. 그 이유는 주식회사는 물적회사로서 사원의 개성이 중시되지 않고 회사의 설립·존속에 대한 이해관계자의 신뢰 보호가 중시되기 때문이다. 즉, 주식회사의 경우 회사설립의 무효의 소만 인정되고 설립무효의 원인 면에서도 객관적 하자로 한정하는 등 보다 엄격하게 제한된다. 객관적 하자는 사원 전체와 관련된 하자(가령 정관의 미작성)이고 주관적 하자는 사원 개인과 관련된 하자(가령 주식인수인의 의사무능력)이다. ② 이와 달리 다른 유형의 회사에서는 객관적 하자는 물론이고 주관적 하자까지도 설립무효의 원인으로 인정된다. 즉, 다른 유형의 회사에서는 주관적 하자 중에서 매우 중대한 것(가령 주식인수인의 의사무능력)은 설립무효의 원인이 된다. 그리고 다른 유형의 회사에서는 설립취소의 소도 인정되는데(상184 등), 이는 중대한 주관적 하자를 제외한 나머지 주관적 하자[제한능력자의 설립행위, 착오·사기·강박에 의한 설립행위, 사원이 채권자를 해할 것을 알고 한 설립행위(상185) 등]가 설립취소의 원인으로 된다.

한편 회사설립의 하자는 회사의 '불성립'과 구분된다. 이는 회사의 설립절차가 시작되었으나 설립등기에 이르기 전에 중단된 경우를 가리킨다. 회사의 '부존재'와도 구분된다. 이는 설립등기는 했지만 회사로서의 실체가 전혀 형성되지 않은 경우를 가리킨다. 가령 정관이 작성되지 않고 주식도 인수되지 않은 경우가 그러하다. 회사의 불성립 또는 부존재는 이를 주장하는 데 회사설립의 하자에서와 같은 특별한 제한이 없다.

## 2. 설립무효의 소

### (1) 의의 [6-68]

전술한 것처럼 주식회사의 경우는 설립무효의 소만 인정되고 설립취소의 소는 인정되지 않는다. 주식회사에서 설립무효의 소의 내용은 다음과 같다.

### (2) 주요 절차 [6-69]

① 회사설립의 무효는 주주·이사 또는 감사에 한하여 회사성립의 날로부터 2년 내에 소만으로 주장할 수 있다(상328①). 주주는 투자자로서, 이사 또는 감사는 회사의 기관으로서 제소권자(원고)가 되는 것이다. 제소의 상대방(피고)은 회사이다(통설). 제소기간은 2년으로 단기이며 이는 제척기간이다(통설). 이는 무효주장으로 야기될 법률관계의 불안정을 최소화하기 위해서이다. ② 설립무효의 소는 본점소재지의 지방법원의 관할에 전속한다(상328②,186). ③ 설립무효의 소가 제기된 때에는 회사는 지체 없이 공고해야 한다(상328②,187). 이해관계자가 이를 알게 하자는 취지이다. ④ 수개의 소가 제기된 경우에 법원은 병합심리해야 한다(상328②,188). 상이한 판결이 선고되는 것을 방지하자는 취지이다. ⑤ 설립무효의 소가 그 심리 중에 원인이 된 하자가 보완되고 회사의 현황과 제반사정을 참작하여 설립을 무효로 하는 것이 부적당하다고 인정한 때에는 법원은 청구를 기각할 수 있다(상328②,189). 회사의 설립·존속에 대한 이해관계자의 신뢰를 보호하기 위해서이다. ⑥ 설립무효의 판결이 확정된 때에는 본점과 지점의 소재지에서 등기해야 한다(상328②,192).

### (3) 무효원인 [6-70]

설립절차의 '중대한' '객관적' 하자가 설립무효의 원인이다(통설). 가령 정관이 작성되지 않거나 정관의 절대적 기재사항이 흠결된 경우, 주식의 인수 또는 납입에 현저한 부족이 생긴 경우 등이 이에 해당한다. 이를 구체적으로 보자. ① 주관적 하자는 설립무효의 원인이 되지 않는다. 만약 다른 유형의 회사라면 주식인수인의 의사무능력과 같은 주관적 하자는 설립무효의 원인으로 인정될 수 있다. 하지만 주식회사에서는 주식인수인의 의사무능력이 설립무효의 원인으로 인정되지 않는다. 주식회사는 물적회사로서 사원의 개성이 중시되지 않고 회사의 설립·존속에 대한 이해관계자의 신뢰 보호가 중시되므로, 주식인수인의 의사무능력에 대해서는 발기인의 인수·납입담보책임(상321①②)으로 대처한다. ② 경미한 하자는 설립무효의 원인으로 인정되지 않는다. 이 경우 회사설립의 무효라는 효과는 지나친 것으로서 회사설립 법률관계의 안정성을 크게 해칠 수 있기 때문이다. 사실 경미한 하자는 설립취소의 원인도 되지 않는다(다른 유형의 회사는 설립취소의 소가 인정되고 있다). 이 경우 회사설립의 취소라는 효과도 지나치기 때문이다. 요컨대 경미한 하자는 회사설립의 하자에 포함시키지 않는다.

(4) **판결의 효력** [6-71]

판결의 효력은 원고가 승소한 경우와 패소한 경우로 구분할 수 있다.

1) **원고의 승소** 원고가 승소하면 판결은 대세효와 비소급효가 있다. ① 설립무효의 판결은 제3자에게도 효력이 있다(대세효)(상328②,190본). 이는 판결이 소송당사자에게만 미친다는 대인효의 원칙(민소218①)에 대한 예외이다. 이는 회사설립과 관련된 다수 이해관계자의 법률관계를 획일적으로 처리하기 위한 것이다. ② 판결확정 전에 생긴 회사, 사원 및 제3자 간의 권리의무에 영향을 미치지 않는다(비소급효)(상328②,190단). 즉, 판결은 소급하지 않고 장래를 향해서만 효력이 발생한다. 이는 무효의 일반적 효과(무효인 법률행위는 성립한 당초부터 그 효력이 발생하지 않는다)에 대한 예외이다. 이는 회사와 관련하여 이미 성립한 사실관계에 대한 거래의 안전을 보호하려는 취지이다. ③ 비소급효로 인해서 회사의 성립 시부터 설립무효의 판결이 확정될 때까지 회사가 존속하게 되고, 이러한 회사를 '사실상의 회사'라고 한다. 이는 해산[6-508]의 경우에 준하여 청산해야 한다(상328②,193①). 이때 법원은 사원 기타의 이해관계인의 청구[6-520]에 의하여 청산인을 선임할 수 있다(상328②,193②).

2) **원고의 패소** 원고가 패소하면 일정한 책임을 진다. 즉, 원고가 패소한 경우에 악의 또는 중과실이 있으면 회사에 연대하여 손해배상책임을 진다(상328②,191). 이는 '소송의 남용'(남소)을 방지하자는 취지이다.

# 제 3 관 주식과 주주

## 제 1 항 주 식

### Ⅰ. 주식의 의의

#### 1. 개념 [6-72]

주식은 주식회사의 주주가 회사에 대해 갖는 지분인데, 이는 두 가지 의미를 갖는다. 하나는 '자본금의 구성단위'이고, 다른 하나는 '주주권'이다.

(1) **자본금의 구성단위**

주식은 자본금의 구성단위이다. 주식이 자본금을 구성하는 방식은 액면주식과 무액면주식에 따라 다르다[6-75].

(2) **주주권**

주식은 주주권을 의미한다. 주주권은 주주(사원)로서의 지위이고, 이러한 주주권을 표창한 유가증권이 주권이다. 주주권에는 회사의 지배 또는 경영에 참여하는 권리인 공익권(의결권, 소의 제기권 등)과 경제적 이익에 관한 권리인 자익권(이익배당청구권, 잔여재산분배청구권 등)으로 구분된다.

#### 2. 주식의 불가분성 [6-73]

주식은 자본금의 (최저)구성단위이고 그 단위 미만으로는 세분할 수 없다. 이를 '주식의 불가분성' 또는 주식불가분의 원칙이라고 한다.

주식의 불가분성을 자본의 구성단위와 관련시켜 보면, 액면주식의 경우 100원 미만으로 세분할 수 없다. 액면주식 1주의 최저 액면금액은 100원(상329③)이기 때문이다.

주식의 불가분성을 주주권과 관련시켜 보자. ① 1주를 세분한 '1주 미만의 주식'(단주)은 허용되지 않는다. 이 경우 누가 주주권을 갖는지를 정할 수 없기 때문이다. 신주발행 등과 관련하여 단주가 발생할 수 있는데(가령 구주 5주에 대해 신주 1주를 발행하는 경우 구주 1주만 가지고 있으면 0.2주의 단주 발생), 상법은 이에 대한 처리 방안을 두고 있다(상341의2(3) 등). ② 주주권을 세분하여 일부를 타인에게 양도하는 것도 허용되지 않는다. 가령 공익권만 제3자에게 양도하는 것은 허용되지 않는다. 이 경우 자익권이 없는 제3자가 공익권을 그 취지대로 행사할지 의문이기 때문이다.

### 3. 주식의 공유 [6-74]

주식을 수인이 소유하는 것이 주식의 공유이다. 가령 1주에 대해 소유자가 여럿인 경우를 가리킨다. 상법은 주식의 공유를 허용하면서 다음 규정을 두고 있다. ① 수인이 주식을 공동으로 인수하는 경우 연대하여 납입할 책임을 진다(상333①). 이러한 연대책임의 부과를 통해서 납입이행의 가능성을 높일 수 있다. ② 주식의 공유자는 주주권을 행사할 자 1인을 정해야 한다(상333②). 수인의 공유자가 주주권을 행사함으로써 생길 수 있는 혼란을 방지하기 위한 것이다. ③ 주주권을 행사할 자가 없는 때(정해지지 않은 경우)에 공유자에 대한 통지나 최고는 그 (공유자 중) 1인에 대하여 하면 된다(상333①). 수인의 공유자에게 통지 등을 해야 하는 회사의 부담을 덜기 위한 것이다. 주주권을 행사할 자가 정해진 경우라면 그에게 통지 등을 해야 함은 물론이다.

## Ⅱ. 주식의 분류

### 1. 액면주식과 무액면주식

#### (1) 의의 [6-75]

액면주식과 무액면주식은 1주의 금액이 정해져서 표시되는지에 따른 구분이다.

**1) 액면주식** ① 액면주식이란 1주의 금액이 정관에 정해지고 또한 주

권에 표시되는 주식이다(상289①(4),356(4)). 이 경우 자본금은 원칙적으로 발행주식의 액면총액이다(상451①). 즉, '자본금 = 발행주식총수 × 주식액면금액'이다. 가령 회사가 액면금액 500원인 주식 1만 주를 발행하면서 발행가액을 2,000원으로 정한 경우, 납입된 2천만 원 중에서 발행주식의 액면총액인 5백만 원이 자본금이고, 액면을 초과한 1천 5백만 원은 자본준비금[6-424]으로 계상한다. 액면주식의 금액은 균일해야 하며, 1주의 금액은 100원 이상으로 해야 한다(상329②③). ② 회사설립 시에는 자본금 충실의 원칙에 따라 액면금액에 미달하는 금액에 의한 주식발행(액면미달발행)이 금지되고, 회사의 성립 후에는 자본조달의 필요에 따라 엄격한 요건을 충족하면 액면미달발행이 제한적으로 허용된다(상330,417). 액면금액이 주식의 실제가치나 발행가액과 관련이 없다는 단점이 부각되면서, 2011년에는 무액면주식도 도입되었다.

**2) 무액면주식** ① 무액면주식은 1주의 금액이 정해지거나 표시되지 않고 주권에는 주식의 수만 기재되는 주식이다(상329①). 가령 주권에 '100주권'이라고 표시된다. 이를 통해서 주주는 발행주식총수에서 차지하는 자신의 지분 비율을 알 수 있게 된다. 이 경우 자본금으로 계상되는 금액은 발행가액의 50% 이상으로서 원칙적으로 이사회가 정한 금액의 총액이고, 발행가액 중에서 자본금으로 계상하지 않은 금액은 자본준비금[6-424]으로 계상한다(상451②). 무액면주식에서 회사의 자본금도 발행주식총수에 의해서 구성되므로, 주식은 자본금의 구성단위가 된다. ② 무액면주식은 그 성질상 액면미달발행의 금지 또는 제한이 적용될 수 없다.

### (2) 선택 및 전환 [6-76]

회사는 액면주식과 무액면주식 중에 선택해야 한다. 즉, 회사는 정관으로 액면주식과 무액면주식 중에서 선택할 수 있으며(상291(2)(3)), 양자를 모두 발행하는 것은 금지된다(상329①단). 양자는 그 내용이 다른데도 불구하고 공존하면 혼란과 복잡을 야기할 수 있기 때문이다.

액면주식과 무액면주식 간 전환은 가능하다. 즉, 회사는 정관에 따라 액면주식을 무액면주식으로 전환하거나 반대로 무액면주식을 액면주식으로 전환할 수 있다(상329④). 액면주식과 무액면주식이 공존할 수 없으므로, 일부만의 전환은 허용되지 않는다. 자본금의 총액은 전환에 의해 변경될 수 없다(상451③). 액면주식과 무액면주식의 전환에는 정관변경(상289①(4)), 신주권의 교부(상329⑤,442①)가 수반된다.

### 2. 기명주식과 무기명주식 [6-77]

기명주식과 무기명주식은 주권과 주주명부에 주주의 이름이 기재되는지에 따른 구분이다. ① 기명주식은 주주의 이름이 주권과 주주명부에 기재되는 주식이다. 주주에 대한 회사의 통지 또는 최고는 주주명부에 기재된 주소 또는 그가 회사에 통지한 주소로 하면 된다(상353①). ② 무기명주식은 주주의 이름이 주권과 주주명부에 기재되지 않는 주식이다. 이 주식의 소유자는 주권의 점유자이다. 무기명주식은 주권의 교부만으로 주식을 양도할 수 있다는 장점이 있는데, 1984년부터 기명주식도 주권의 교부만으로 주식 양도가 가능해져서 무기명주식의 장점이 희석되었다. 오히려 무기명주식의 경우 회사로서는 누가 주주인지를 알 수 없으므로 실제로는 그 발행 사례를 찾기 어려웠다. 이에 따라 무기명주식은 2014년 상법 개정으로 폐지되었고, 현재는 기명주식으로 일원화되어 있다.

## Ⅲ. 종류주식

### 1. 의의

#### (1) 개념 [6-78]

주주는 회사와의 관계에서 그가 보유한 주식의 수에 따라 평등한 대우(비례적 평등)를 받는다. 이것이 주주평등의 원칙이다. 종류주식은 주식의 수와 무관하게 주식의 내용 면에서 차등이 있는 주식이므로, 주주평등의 원칙에 대한 예외이다.

상법상 종류주식은 이익의 배당, 잔여재산의 분배, 주주총회에서의 의결권의 행사, 상환, 그리고 전환 등에 관하여 내용이 다른 종류의 주식을 가리킨다(상344①). 이에 따라 ① 이익배당, 잔여재산분배에 관한 종류주식(상344의2) ② 의결권의 배제·제한에 관한 종류주식(상344의3) ③ 주식의 상환에 관한 종류주식(상환주식)(상345) ④ 주식의 전환에 관한 종류주식(전환주식)(상346)이 인정되고 있다. 종류주식은 주주평등의 원칙에 대한 예외이므로 이와 같이 법이 정한 경우에만 인정된다(종류주식의 법정주의).

회사가 종류주식을 발행하는 때에는 정관에 다른 정함이 없는 경우에도 주식의 종류에 따라 ① 신주의 인수, ② 주식의 병합·분할·소각 또는 ③ 회사의 합병·분할로 인한 신주의 배정에 관하여 특수하게 정할 수 있다(상344③). 정관에 따라 이미 발행된 종류주식에 대해서는 정관에 정함이 없더라도 신주인수 등으로 인한 주식 배정에 차등을 둘 수 있다는 의미이다. 다만, 이 경우 어느 종류의 주주에게 손해를 미치게 될 경우에는 그 종류주주총회의 결의가 요구된다(상436).

### (2) 취지 [6-79]

상법이 인정하는 종류주식은 자본조달의 요청에 부응하는 측면이 강하다. 한편 외국의 입법례 중에는 '차등의결권'주식(1개의 주식마다 1개의 의결권이 있는 것이 아니라 주식마다 차등적인 수의 의결권을 부여) 등도 종류주식으로 인정하는 경우가 있으나, 이것이 경영권 방어의 수단으로 악용될 수 있다는 점에서 우리나라에는 도입되어 있지 않다.

### (3) 절차 [6-80]

종류주식의 발행에는 절차가 필요하다. 종류주식은 주주평등의 원칙에 대한 예외이므로 정관사항, 공시사항, 결의사항으로 규제해서 그 발행을 엄격하게 통제하려는 취지이다. ① 정관: 종류주식의 발행은 정관으로 각 종류주식의 내용과 수를 정해야 한다(상344②). 종류주식의 수는 종류주식별 발행예정주식총수를 말한다. ② 공시: 종류주식의 발행은 등기사항(상317②(3))이고, 주식청약서(상420), 신주인수권증서(상420의2②(3)), 주주명부(상352①(2)), 주권(상356(6))의 기재사항이다. ③ 결의: 종류주식의 발행 결정은 회사설립 시에는 원칙적으로 발기인 전원의 동의가 필요하고(상291(1)), 회사성립 후에는 원칙적으로 이사회 결의가 필요하다(상416(1)).

### (4) 종류주주총회 [6-81]

종류주식이 발행된 경우 종류주주의 보호를 위한 제도도 있다. 즉, 종류주주에게 손해를 미치게 되는 사안에 대해서는 '종류주주만으로 구성된 주주총회'(종류주주총회)의 결의가 추가적으로 요구된다. 가령 회사가 종류주식을 발행한 경우에 정관을 변경함으로써 어느 종류주식의 주주에게 손해를 미치게 될 때에는 주주총회의 결의 외에 그 종류주식의 주주총회(종류주주총회)의 결의가 있어야 한다(상435①). 결의방식은 특별결의이다. 즉, 종류주주총회의 결의는 출석주주 의결권의 3분의 2 이상이고 그 종류의 발행주식총수의 3분의 1 이상이어야 한다(상435②). 이러한 특별결의로써 종류주주총회의 찬성을 얻지 못하면 해당 안건은 부결된다. 요컨대 종류주주는 종류주주총회를 통해서 자신에게 손해를 미치게 되는 사안에 대해 거부권을 행사할 수 있다. 종류주주총회를 통한 거부권 행사는 예외적인 제도로서 상법이 정한 사항에 대해서만 인정된다. 한편, 주주총회에 관한 규정은 의결권 없는 종류주식에 관한 것을 제외하고 종류주주총회에 준용한다(상435③).

## 2. 이익배당 또는 잔여재산분배에 관한 종류주식

### (1) 의의 [6-82]

회사는 이익배당 또는 잔여재산분배에 관한 종류주식을 발행할 수 있다. 즉, 회사가 '이익의 배당에 관하여 내용이 다른 종류주식'을 발행하는 경우에는 정관에 그 종류주식의 주주에게 교부하는 배당재산의 종류, 배당재산의 가액의 결정방법, 이익을 배당하는 조건 등 이익배당에 관한 내용을 정해야 한다(상344의2①). 여기서 배당재산의 종류는 금전, 주식 또는 현물 등을 가리킨다. 또한 회사가 '잔여재산의 분배에 관하여 내용이 다른 종류주식'을 발행하는 경우에는 정관에 잔여재산의 종류, 잔여재산의 가액의 결정방법, 그 밖에 잔여재산분배에 관한 내용을 정해야 한다(상344의2②).

### (2) 내용 [6-83]

이익배당 또는 잔여재산분배에 관한 종류주식은 우선주·보통주·후배주로 구분할 수 있다. 전통적으로 이는 배당 또는 분배의 '순서'에 우선적 지위가 있는지에 따른 구분(가령 보통주에 앞선 순서로 배당을 받는 우선주)이다. 나아가 현행법은 이익배당 또는 잔여재산분배의 '내용'이 다른 종류주식을 발행할 수 있다고 명시하고 있으므로, 배당 또는 분배의 '내용'에서 우선적 지위가 있는지에 따른 구분(가령 보통주에 비해 배당을 1% 더 주는 우선주)도 가능하다고 해석된다. 한편 잔여재산분배는 회사의 청산 시에만 의미를 가지므로 그에 관한 종류주식의 발행은 실제로 찾아보기 어렵다.

**1) 보통주(식)** 이는 이익배당(또는 잔여재산분배)의 지위 면에서 표준 또

는 기준이 되는 주식이다. 이렇게 표준이 되는 주식도 종류주식에 포함되는지에 대해서는 해석상 논란이 있다.

2) **우선주(식)** 이는 이익배당(또는 잔여재산분배)에서 보통주보다 우선적 지위에 있는 주식이다. 배당(또는 분배)의 순서에서 우선적 지위를 부여하는 것이 전통적인 방식이다. 배당률에서 우선적 지위를 부여하는 방식도 가능하다(가령 우선주는 보통주의 배당금에 00을 추가해서 지급한다). 이하에서는 전통적 구분기준인 배당의 순서를 기준으로 우선주를 살펴보자. ① 우선주는 이익배당금 또는 이익배당률 등 이익을 배당하는 조건(우선배당조건)을 정관에 정하게 된다. 배당가능이익(상462 ①)의 범위 내에서 우선주가 우선배당조건에 따른 배당을 먼저 받고 보통주는 잔여이익에 대해 배당을 받는다. ② 만약 어느 연도에 배당가능이익이 많이 발생한 경우라면 보통주의 배당이 우선배당보다 많은 경우도 생길 수 있다(가령 보통주의 배당률이 정관이 정한 우선주의 이익배당률을 초과하는 경우). 이러한 상황에 대비해서 보통주와 함께 잔여이익의 배당에 참가할 수 있는 우선주(참가적 우선주)가 있고, 이와 달리 잔여이익은 보통주에만 배당하는 우선주(비참가적 우선주)가 있다. ③ 만약 어느 연도에 배당가능이익이 적게 발생한 경우라면 우선주가 우선배당조건에 못 미치는 배당을 받는 경우가 생길 수 있다. 이러한 상황에 대비해서 그 부족분을 다음 연도의 배당가능이익에서 추가로 받을 수 있는 우선주(누적적 우선주)가 있고, 그렇지 않은 우선주(비누적적 우선주)가 있다.

3) **후배주(식)** 이는 이익배당(또는 잔여재산분배)에서 보통주보다 열후적 지위에 있는 주식이다.

4) **혼합주(식)** 이는 권리의 종류별로 우선적 지위와 열후적 지위가 혼합되어 있는 주식이다. 가령 이익배당에서는 우선적 지위가 부여되고 잔여재산분배에서는 열후적 지위가 부여된 경우가 그러하다.

### 3. 의결권의 배제·제한에 관한 종류주식

#### (1) 의의 [6-84]

회사는 의결권의 배제·제한에 관한 종류주식을 발행할 수 있다. 즉, 회사가 의결권이 없는 종류주식이나 의결권이 제한되는 종류주식을 발행하는 경우에는 정관에 의결권을 행사할 수 없는 사항과, 만약 의결권행사 또는 부활의 조건을 정한 경우에는 그 조건 등을 정해야 한다(상344의3①). 우선주이든 보통주이든 구애받지 않고 이러한 종류주식을 발행할 수 있다.

의결권배제·제한의 종류주식은 주주평등의 원칙(1주 1의결권)에 대한 예외이다. 이러한 종류주식에 관한 한 의결권은 주주권의 필수적 요소가 아니다.

(2) 내용 [6-85]

먼저 유형을 보자. ① '의결권이 없는 종류주식'과 '의결권이 제한되는 종류주식'의 두 가지가 의결권배제·제한의 종류주식 유형으로 상법에 의해 명시되어 있다. 의결권배제종류주식은 모든 안건에 대해 의결권이 없는 종류주식이고, 의결권제한종류주식은 특정 안건(가령 이사 선임)에 대해 의결권이 없는 종류주식이다. 정관에 의결권을 행사할 수 없는 사항을 기재해야 하는데(상344의3①), 전자는 그러한 뜻을 기재하고, 후자는 의결권이 제한되는 의제를 구체적으로 기재해야 한다. ② 상법이 명시하지 않은 유형은 의결권 배제·제한의 종류주식으로 인정되지 않는 것이 원칙이다(통설). 가령 차등의결권주식(주식마다 차등적으로 의결권을 부여. 가령 어떤 주식에는 5개의 의결권을 부여하고 어떤 주식에는 1개의 의결권만 부여), 부분의결권주식[가령 1주식에 1개에 못 미치는 의결권(0.1개)이 부여된 경우]은 허용되지 않는다고 해석한다. 종류주식법정주의에 입각해서 종류주식의 유형도 엄격하게 해석하자는 것이다.

의결권배제·제한의 종류주식은 의결권을 전제로 한 권리도 없는데, 가령 주주총회의 소집통지를 받을 권리가 없다(상363⑦). 하지만 의결권과 무관한 여타의 주주권(가령 대표소송 제기권)에는 영향을 미치지 않는다(통설).

의결권배제·제한의 종류주식에 의결권이 인정되는 예외적인 경우도 있다. ① 정관으로 의결권행사 또는 부활의 조건을 정한 경우에 의결권이 인정된다(상344의3①). 의결권행사의 조건은 특정한 안건에 한해 의결권을 다시 행사할 수 있게 하는 것(의결권이 배제 또는 제한되어 있지만 가령 특정한 조건이 충족되면 해당 안건에 대해 의결권을 행사)이고, 부활의 조건은 의결권을 전면적으로 회복하여 다시 행사할 수 있게 하는 것이다. ② 의결권배제·제한의 종류주식도 의결권을 행사할 수 있다고 법정한 경우가 있다. 가령 이사 또는 감사의 책임면제에는 '총주주'의 동의가 필요하다(상400①,415). 총주주에는 의결권배제·제한의 종류주식의 주주도 포함된다. 이 경우는 주주의 재산권에 관한 사안이므로 의결권 유무와 무관하게 총주주의 동의가 요구된다.

의결권배제·제한의 종류주식의 총수는 발행주식총수의 25%를 초과하지 못한다(상344의3②). 이 제한을 둔 취지는 의결권을 가진 소수주주가 회사를 지배하는 현상을 막기 위해서이다. 만약 그 제한을 초과한 경우 회사는 지체 없이 초과하지 않도록 필요한 조치(가령 초과한 종류주식의 소각조치)를 해야 한다(상344의3②). 이에 따르면 초과발행의 경우 해당 종류주식은 유효하되, 회사가 그러한 필요조치의무를 진다(통설).

### 4. 상환주식

#### (1) 의의 [6-86]

상환주식은 주식의 발행 시부터 배당가능이익으로 '상환'하여 '소각'이 예정되어 있는 종류주식이다. 상환주식은 일시적인 자본조달의 요청에 부응하는 데 그 취지가 있고, 이후에 배당가능이익으로 상환되어 소각되면 종래의 지분구조(주주 간 지분의 분포 상황)가 회복된다.

상환주식은 경제적 실질이 사채와 유사하지만, 주식의 형태일 뿐만 아니라 배당가능이익이 있어야 소각될 수 있다는 점에서 사채와 차이가 있다.

#### (2) 내용 [6-87]

상환주식은 상환주식 및 전환주식을 제외한 종류주식에 한해서 발행할 수 있다(상345⑤). 즉, 이익배당·잔여재산분배에 관한 종류주식(상344의2), 의결권의 배제·제한에 관한 종류주식(상344의3)에 한하여 발행할 수 있다.

상환주식의 종류에는 회사상환주식과 주주상환주식이 있다. 전자는 회사가 상환을 결정할 수 있는 있는 권리(상환권)를 갖고(상345①), 후자는 주주가 상환을 청구할 수 있는 권리(상환청구권)를 갖는다(상345③). 주주가 상환을 청구하면 회사는 배당가능이익의 범위 내에서 이를 이행해야 할 의무(상환의무)를 진다. 회사는 회사상환주식과 주주상환주식 중에서 상황에 따라 선택하여 발행할 수 있다. 전자는 회사가 상환을 주도할 수 있고, 후자는 자본조달이 보다 수월하다는 점이 장점이다.

상환주식에 관한 기타의 주요내용은 다음과 같다. ① 정관: 상환에 관한 사항들은 정관에 정해야 한다. 회사상환주식인 경우 상환가액, 상환기간, 상환방법과 상환할 주식의 수, 주주상환주식인 경우 주주가 회사에 상환을 청구할 수 있다는 뜻, 상환가액, 상환청구기간, 상환방법을 정해야 한다(상345①③). 상환가액은 상환의 대가로 회사가 주주에게 지급하는 금액을 가리킨다. 상환에 관한 사항들은 자본금 충실에 영향을 미치므로 정관사항으로 정하는 것이다. ② 상환절차: 상환주식은 발행 시부터 상환이 예정되어 있어서 상환 시에 자본금감소절차(상438)[6-375]를 거치지 않는다. 정관에 다른 규정이 없으면 상환은 회사의 일반적 업무집행의 하나로서 이사회 결의(상393①)로 한다. ③ 배당가능이익: 상환은 배당가능이익(상462)으로만 가능하다. 이 점은 회사상환주식의 경우 명시되어 있다(상345①). 주주상환주식에는 이러한 명시가 없지만 자본금 충실의 원칙에 따라 동일하게 해석한다(통설). 상환은 자본감소절차 없이 행해지므로 자본금에는 변동이 없는데, 배당가능이익이 없음에도 불구하고 상환하면 자본금 충실의 원칙에 반하게 되는 것이다. 따라서 주주가 상환청구권을 행사했으나 배당가능이익이 없거나 부족해서 이에 응하지 않은 경우 회사가 상환의무를 위반한 것으로 되지 않는다. ④ 현물교부: 회사는 상환의 대가로 현물을 교부할 수도 있다. 즉, 회사는 상환에 따른 주식취득의 대가로 현금 외에 유가증권(다른 종류주식은 제외)이나 그 밖의 자산을 교부할 수 있으나, 다만 그 자산의 장부가액이 배당가능이익을 초과할 수 없다(상345④). 상환은 배당가능이익의 범위 내에서 해야 한다는 원칙을 준수하기 위한 것이다. 상환의 대가로 다른 종류주식을 교부하면 이는 상환주식이 실질적으로 전환주식으로 되는 것이므로 제외하는 것이다. ⑤ 주식소각: 회사는 상환을 하게 되면 해당 주주로부터 주식을 취득하게 되고 이후에 이를 소각한다. 상환에 따른 주식의 소각은 자본금감소에 따른 주식의 소각(상343①본)[6-153]과 다르다. 후자는 자본금감소의 절차(상438)에 따라야 하고, 소각해야 할 주식만큼을 모든 주주별 지분에 비례해서 평등하게 소각한다. ⑥ 자본금: 상환에 따른 주식소각이 이루어지면 액면주식의 경우 발행주식의 액면총액과 자본금이 일치하지 않게 된다. 상환은 자본금감소절차 없이 행해지므로 자본금에는 변동이 없지만 상환에 따라 해당 주식이 소각되기 때문이다.

## 5. 전환주식

### (1) 의의 [6-88]

전환주식은 다른 종류주식으로 전환할 수 있는 권한이 인정되어 있는 종류주식이다. 전환주식은 주주모집이 용이(자본조달이 용이)하다는 장점이 있다.

액면주식과 무액면주식 간 전환권, 주식과 사채 간 전환권, 주식과 현물 간 전환권 등은 다른 종류주식으로의 전환권이 아니므로, 이 경우는 전환주식이 될 수 없다.

### (2) 내용 [6-89]

전환주식에서 전환대상은 다른 종류주식이다. 이에 따라 이익배당·잔여재산분배의 종류주식(상344의2), 의결권배제·제한의 종류주식(상344의3), 상환의 종류주식(상345)과 같은 다른 종류주식으로의 전환권이 인정된다(상346①). 보통주가 이익배당·잔여재산분배의 종류주식에 포함되는지에 논란이 있는데, 포함되지 않는다고 해석하는 입장에서도 전환주식에 관한 한 보통주로의 전환권이 인정된다고 보는 것이 일반적이다. 이를 반영하여 현재 실무상 의결권 없는 우선주를 보통주로 전환하는 전환주식이 많다.

전환주식의 종류에는 회사전환주식과 주주전환주식이 있다. 전자는 회사가 전환을 결정할 수 있는 권리를 갖고(상346②), 후자는 주주가 전환을 청구할 수 있는 권리(전환청구권)를 갖는다(상346①). 회사는 회사전환주식과 주주전환주식 중에서 상황에 따라 선택하여 발행할 수 있다. 전자는 회사가 전환을 주도할 수 있고, 후자는 자본조달이 보다 수월하다는 장점이 있다.

전환주식에 관한 기타의 주요내용은 다음과 같다. ① 정관: 전환에 관한 사항들은 정관에 정해야 한다. 회사전환주식인 경우 전환의 사유, 전환의 조건, 전환의 기간, 전환으로 인하여 발행할 주식의 수와 내용, 주주전환주식인 경우 전환의 조건, 전환의 청구기간, 전환으로 인하여 발행할 주식의 수와 내용을 정해야 한다(상346①②). 전환에 관한 사항들은 자본금 충실에 영향을 미치므로 정관사항으로 정하는 것이다. ② 전환절차: 회사전환주식의 경우 전환사유가 발생하면 회사의 전환결정으로 전환절차가 개시되고, 전환주식의 주주 및 주주명부에 적힌 권리자에게 2주 이상의 일정한 기간 내에 일정사항(그 주권을 회사에 제출해야 한다는 뜻 등)을 통지해야 한다(상346③). 주주전환주식의 경우 전환을 청구하는 자는 청구서 2통에 주권을 첨부하여 회사에 제출해야 한다(상349①). ③ 전환의 효과: 회사전환주식의 경우 주권제출기간이 끝난 때에 전환의 효과가 발생하고, 주주전환주식인 경우 전환을 청구하면 그 청구한 때에 전환의 효과가 발생한다(상350①). 전환의 효과가 발생하면 전환 전의 주식은 소멸하고(전환 전의 주권도 실효되고), 원칙상 주주는 전환된 신주식을 가지고 바로 주주권을 행사할 수 있다. 전환주식이 전환되면 신주식이 발행되므로, 회사는 종류주식별 발행예정주식총수 중에서 전환으로 발행할 주식의 수는 전환청구기간 또는 전환의 기간 내에는 그 발행을 보류해야 한다(그렇지 않으면 발행예정주식총수를 초과하게 되기 때문이다)(상346④). ④ 발행가액: 전환으로 인하여 신주식을 발행하는 경우에는 전환 전 주식의 발행가액을 신주식의 발행가액으로 한다(상348). 이는 전환 전 주식의 발행가액총액이 신주식의 발행가액총액과 같아야 한다는 의미이다(통설). 이는 액면주식에서 액면미달발행의 금지와 관련시켜 전환조건(전환 전 주식과 신주식의 비율)을 통제하는 효과를 갖는다. 가령 전환 전 발행가액총액이 1백만 원(우선주 100주, 액면금액 5,000원, 발행가액 10,000원)인 경우 전환 후 발행가액총액도 1백만 원이어야 하고, 액면미달의 발행은 원칙적으로 금지되어서 발행가액은 5,000원 이상이어야 하므로 전환조건은 1:1(신주식의 발행가액이 10,000원인 경우)~1:2(신주식의 발행가액이 5,000원인 경우) 사이에서 정해진다. ⑤ 자본금: 액면주식인 경우 전환 전후에 자본금에 변동이 생길 수 있다. 즉, 전환조건이 1:1이 아닌 경우라면 전환으로 인해서 자본금에 변화가 생긴다. 전환조건이 1:1보다 크면(가령 1:1.3) 발행주식총수가 증가하여 자본금이 증가하고, 역으로 전환조건이 1:1보다 작으면(가령 1:0.8)(즉 전환 전 주식의 발행가액이 액면금액과 같으나 신주식의 발행가액이 액면금액보다 높으면 전환조건이 1:1보다 작게 된다) 발행주식총수가 감소하여 자본금이 감소한다[자본금 감소의 경우는 원칙적으로 채권자보호절차(상439)를 거쳐야 한다]. ⑥ 질권의 물상대위: 주식이 전환되는 경우 전환 전 주식에 대한 질권은 전환 후 주식에 그대로 존속한다(상339).

## 제2항 주 주

### Ⅰ. 주주의 의의 [6-90]

주주는 주식회사의 사원(社員)이다. 주주는 주식회사의 주식을 취득함으로써 그 사원이 된다. 주주는 간접·개별·유한책임을 진다. 즉, 주주는 주식의 인수가액을 한도로 개별적으로 회사에 대해 책임을 진다(상331). 이와 같이 주식회사에는 주주의 책임이 제한되므로 소유와 경영이 분리되는 것이 원칙이다. 그리고 주주의 개성이 중시되지 않으므로 주주는 주식을 자유롭게 타인에게 양도할 수 있는 것이 원칙이다(상335①본).

### Ⅱ. 주주평등의 원칙 [6-91]

#### 1. 의의

'주주평등의 원칙'은 회사와 주주 간의 법률관계에서 모든 주주는 각자가 보유한 주식의 수에 비례해서 평등하게 취급되어야 한다는 원칙이다. 주식 수에 따른 비례적 평등이라는 관점에서 '주식평등의 원칙'이라고도 한다. 여기에는 주식의 종류별 평등도 포함된다. 같은 종류의 주식 간은 평등해야 하고, 다른 종류의 주식 간은 차등이 가능하다. 비례적 평등과 종류별 평등은 결국 출자액에 따른 평등을 가리킨다.

#### 2. 근거

유한책임을 지는 주주는 출자액에 따라 평등하게 취급되어야 공정하다. 이 점이 주주평등 원칙의 이론적 근거로 제시되고 있다. 그리고 1주마다 1개인 의결권(상369①), 주식 수에 따른 이익배당(상464①), 주식 수에 따른 잔여재산배분(상538), 종류주주총회(상435) 등이 주주평등 원칙의 성문법적 근거이다. 주주평등의 원칙은 회사법의 기본원칙으로서 강행규정에 속한다(판례·통설).

### 3. 내용

주주평등의 원칙은 회사와 주주 간에 적용된다. 이와 달리 주주 간, 또는 주주와 제3자 간에는 적용되지 않는다. 즉, 주주평등의 원칙은 주주가 회사와의 법률관계에서 그가 가진 주식의 수에 따라 평등한 취급을 받아야 함을 의미한다. 가령 회사가 일부 주주에게만 우월한 권리나 이익을 부여하기로 하는 약정은 특별한 사정이 없는 한 주주평등의 원칙에 반하므로 무효이다(판례·통설).

관련 사례를 보자. ① 회사가 직원들을 유상증자에 참여시키면서 퇴직 시에 출자 손실금을 전액 보전해 주기로 약정한 경우, 이는 회사가 주주에 대하여 투하자본의 회수를 절대적으로 보장하는 셈이 되고 다른 주주들에게 인정되지 않는 우월한 권리를 부여하는 것이므로 주주평등의 원칙에 위반되어 무효이다(판례). ② '주주'가 일정 비율을 초과하여 소유하는 주식은 감사의 선임 시에 그 의결권이 제한되고(상409②), '최대주주와 그 특수관계인 등'이 일정 비율을 초과하여 소유하는 상장회사의 주식은 감사의 선임·해임 시에 그 의결권이 제한되는데(상542의12④,⑦), 나아가 '최대주주가 아닌 주주와 그 특수관계인 등'이 일정 비율을 초과하여 소유하는 주식에 관해 감사의 선임·해임 시에 그 의결권을 제한하는 정관 규정이나 주주총회결의 등은 주주평등의 원칙에 위반하여 무효이다(판례).

### 4. 예외

주주평등의 원칙은 법률에 의해서 그 적용이 배제되거나 완화될 수 있다. 종류주식(상344)의 서로 다른 취급(다만 동일한 종류주식은 같게 취급)이 가능한 것과, 특정 주주가 보유하는 발행주식총수의 3%를 초과하는 주식은 감사의 선임 시에 그 의결권이 제한되는 것(상409②)이 그 예에 해당한다.

## Ⅲ. 주주의 권리

### 1. 의의 [6-92]

주주의 권리는 주주가 회사에 대해 갖는 권리이다. 이는 기본적으로 두 가지로 구분할 수 있다. ① 포괄적이고 추상적인 권리로서 주주의 권리이다. 이를 특히 '주주권'이라고 부른다. 이는 주주의 지위를 전제로 한 권리이기 때문에 주식과 분리되어 양도되거나 담보목적이 될 수 없다. 가령 추상적 이익배당청구권을 분리하여 이를 양도하거나 담보목적으로 삼을 수 없다. 이를 '주식의 불가분성'이라고 한다. ② 독립적이고 구체적인 권리로서 주주의 권리이다. 가령 추상적인 이익배당청구권은 이익배당에 관한 주주총회의 승인을 거치면서 구체적인 이익배당청구권으로 바뀌는데, 후자는 독립적이고 구체적인 권리에 해당한다. 이렇게 구체화된 이익배당청구권은 주주의 지위와 독립되어 독자적으로 양도되거나 담보목적으로 될 수 있다. 이외에도 주주의 권리는 다음과 같이 구분할 수 있다.

### 2. 종류

#### (1) 자익권과 공익권 [6-93]

자익권(自益權)과 공익권(共益權)은 권리행사의 목적에 따른 구분이다. ① 자익권은 주주가 회사로부터 경제적 이익을 받을 목적으로 행사하는 권리이다. 이익배당청구권(상462), 잔여재산분배청구권(상538), 신주인수권(상418) 등이 그 예이다. ② 공익권은 회사의 지배 또는 경영에 참여할 목적으로 행사하는 권리이다. 주주총회의 소집요구권(상366), 의결권(상369), 설립무효의 소 제기권(상328) 등이 그 예이다.

#### (2) 단독주주권과 소수주주권 [6-94]

단독주주권과 소수주주권은 권리행사의 요건에 따른 구분이다.

**1) 단독주주권** 단독주주권은 1주를 가진 주주도 단독으로 행사할 수 있는 권리이다. 자익권은 모두 여기에 속한다. 공익권 중에서 의결권(상369), 설립무효의 소 제기권(상328) 등이 여기에 속한다.

**2) 소수주주권**

**㈎ 일반** 소수주주권은 일정한 비율의 주식을 보유해야 행사할 수 있는 권리이다. 주식보유의 비율을 요건으로 한 것은 주주권 행사의 남용을 방지하기 위해서이다. 주식보유의 비율요건은 1인의 주주가 아니라 수인의 주주가 합산하

여 충족해도 무방하다(통설). 공익권 중에서 주로 경영 감시를 위한 권리가 소수주주권에 속한다. 요구되는 주식보유 요건은 발행주식총수의 1% 이상인 경우[가령 대표소송제기권(상403)], 3% 이상인 경우[가령 주주총회 소집청구권(상366)], 10% 이상인 경우[해산판결청구권(상520)]로 구분할 수 있다.

(나) **상장회사** 상장회사에 관해서는 특칙(상542의6,542의7)이 있다. ① 상장회사는 규모가 크고 지분이 널리 분산되어 있다는 점을 고려하여 보유주식의 비율요건을 낮추되, 다만 원칙상 6개월 이상 보유할 것을 요구한다[예외적으로, 집중투표에 관한 소수주주권에는 이 기간 요건을 두지 않는다(상542의7)]. 6개월 보유요건은 단지 소수주주권을 행사할 목적으로 주식을 취득하는 현상을 막기 위해서이다. 가령 일반적으로 주주총회 소집청구권은 3% 이상의 보유가 요구되지만(상366), 상장회사에서는 6개월 전부터 계속하여 1.5% 이상의 보유가 요구된다(상542의6①). ② 회사가 부당하게 명의개서를 거부하는 등 특별한 사정이 없는 한 주주명부상 주주를 기준으로 비율을 산정한다(판례). ③ 상장회사에 요구되는 주식보유의 비율요건(또는 6개월 보유요건)을 정관으로 소수주주에게 유리하게 완화할 수 있다(상542의6⑧,542의7③). 그리고 주식의 보유는 주식의 소유, 주주권 행사를 위임받은 것, 2명 이상 주주의 주주권을 공동으로 행사하는 것을 의미한다(상542의6⑨). ④ 상장회사에는 상장회사의 특칙은 물론이고 일반규정에 따른 소수주주권도 적용되는가?(가령 상장회사의 소수주주가 상법 366조에 따라 주주총회 소집청구를 하는 것이 가능한가?). 주로 6개월 보유요건을 충족하지 못한 경우에 문제된다. '상장회사에 관한 특칙을 우선하여 적용한다'(상542의2)는 문언을 중시하는 입장은 일반규정의 적용을 부정하는 반면(배타적적용설), 상장회사 특칙의 취지는 소수주주권 행사를 용이하게 하기 위해 비율요건을 완화하되 남용방지를 위해 기간요건을 추가한 것이지 일반규정에 따른 비율요건을 충족한 경우에 소수주주권 행사를 배척하기 위한 것이 아니라고 보는 입장은 이를 긍정한다(선택적 · 중첩적적용설). 2020년에 개정된 상법은 후자를 받아들여서, 상장회사의 주주가 특칙과 일반규정의 각 요건에 따라 소수주주권을 선택적·중첩적으로 행사할 수 있도록 하였다(상542의6⑩).

### (3) 고유권과 비고유권 [6-95]

고유권과 비고유권은 배제 · 제한이 가능한지에 따른 구분이다. 고유권은 정관이나 주주총회의 결의로도 배제하거나 제한할 수 없는 주주의 권리이고, 비고유권은 정관이나 주주총회의 결의로 배제하거나 제한할 수 있는 주주의 권리이다. 그런데 통설은 현행 상법상 주주의 권리는 모두 강행법규로 되어 있고, 따라서 법률에서 정해진 사유를 제외하면 정관이나 주주총회의 결의로도 이를 배제하거나 제한할 수 없다고 본다. 이에 따르면 모든 주주의 권리는 고유권에 해당하므로 고유권과 비고유권의 구분실익은 별로 없다.

### 3. 주주의 정보취득권

#### (1) 의의 [6-96]

주주가 주주권을 행사하기 위해서는 회사의 조직과 경영에 대한 정보의 취득이 필수적이고, 이에 대한 권리를 가져야 한다. 주주의 '정보취득권'에는 다음이 있다.

#### (2) 주주명부 등의 열람·등사청구권 [6-97]

주주와 채권자는 ① 정관 ② 주주총회의사록 ③ 주주명부 ④ 사채원부에 대해 영업시간 내에 언제든지 열람·등사를 청구할 수 있다(상396). 이는 단독주주권이다. 상법 396조는 청구목적의 정당성에 대해서는 언급하고 있지 않지만, 판례는 회사가 청구목적이 정당하지 않다고 판단하는 경우 이를 입증하여 청구를 거부할 수 있다고 해석한다.

그리고 주주는 영업시간 내에 이사회의사록의 열람·등사를 청구할 수 있다(상391의3③). 회사는 이 청구에 대해 이유를 붙여 거절할 수 있고, 이 경우 주주는 법원의 허가를 얻어 이사회의사록을 열람·등사할 수 있다(상391의3④). 이는 단독주주권이다.

#### (3) 재무제표 등의 열람·교부청구권 [6-98]

주주와 채권자는 영업시간 내에 언제든지 ① 재무제표[1. 대차대조표 2. 손익계산서 3. 그 밖에 회사의 재무상태와 경영성과를 표시하는 것으로서 대통령령으로 정하는 서류와 그 부속명세서(상447①)] ② 영업보고서(상447의2) ③ 감사보고서(상447의4)를 열람할 수 있고, 회사가 정한 비용을 지급하고 그 서류의 등본이나 초본의 교부를 청구할 수 있다(상448②). 재무제표 등의 열람·교부청구권은 단독주주권이다.

### (4) 회계장부의 열람·등사청구권 [6-99]

발행주식총수의 3%(상장회사는 유형별로 0.1% 또는 0.05%) 이상의 주주는 이유를 붙인 서면으로 회계장부(서류 포함)의 열람·등사를 청구할 수 있고, 회사는 이 청구가 부당함을 증명하지 않으면 이를 거부하지 못한다(상466,542의6④). 이는 소수주주권이다. 회계장부는 재무제표를 작성하기 위한 기초자료에 해당한다. 재무제표 등에 대한 열람·교부청구권도 있지만, 재무제표 등에는 개략적 회계정보만 포함되어 있으므로, 보다 구체적인 회계정보를 알고자 하는 주주를 위해서 회계장부의 열람·등사권을 인정한 것이다. 다만, 구체적인 회계정보의 중요성에 비추어 그 열람·등사청구권은 소수주주권이다. 회계장부의 열람·등사청구권에 대해서는 회계 부분[6-446]에서 자세히 살펴보기로 한다.

## Ⅳ. 주주의 의무와 책임

### 1. 출자의무 [6-100]

주주는 주식인수인으로서 인수가액의 전부에 대한 납입의무가 있다(상295,303,305). 이러한 출자의무는 정확하게는 주식인수인의 의무이다. 주주는 이를 제외하고는 원칙적으로 책임이 없다(유한책임).

출자는 인수가액의 전부를 금전으로 납입하는 것이 원칙이다. 이와 관련하여 살펴볼 사항은 다음과 같다. ① 신주발행 시에 상계에 의한 출자가 허용된다. 즉, 신주의 인수인은 회사가 동의한 경우 납입채무와 회사에 대한 채권을 상계할 수 있다(상421②). 이는 실질적으로 회사의 동의하에 채권자가 채권을 출자전환하는 것을 허용한다는 의미이다. 회사의 입장에서는 이를 채무조정의 수단으로 활용하는 셈이다. 다만, 회사설립 시에 상계에 의한 납입은 자본금 충실의 원칙을 고려하여 허용되지 않는다. ② 대물변제(민466)를 통한 출자는 허용되지 않는다. 이러한 납입은 사실상 현물출자가 되고, 현물출자는 변태설립사항(상290(2))[6-49]의 방식으로만 가능하기 때문이다. ③ 노무나 신용에 의한 출자도 허용되지 않는다. 주식회사는 물적 기초에 입각한 물적회사이기 때문이다.

### 2. 지배주주의 충실의무 [6-101]

지배주주는 회사의 경영과 조직에 대한 영향력이 지배적(또는 절대적)인 주주를 가리킨다. 50% 이상의 지분(우호세력의 지분을 포함)을 소유한 주주는 지배주주가 될 가능성이 극히 높은데, 이 경우 다수결 원리에 따르면 지배주주가 소유한 지분 이상의 절대적인 영향력을 발휘할 가능성이 높고 이로 인해서 소수주주의 이익이 침해될 가능성이 있다. 이 점을 고려하여 이사가 충실의무를 부담하는 것처럼 지배주주도 충실의무를 부담한다고 해석하는 것이 통설이다. 이에 따르면 지배주주가 충실의무를 위반하면 그 책임을 지게 되고, 이 경우 책임은 이사의 책임을 유추적용하게 된다.

## V. 주주의 확정

### 1. 가설인의 명의이거나 타인의 승낙이 없는 경우 [6-102]

가설인의 명의로 주식을 인수하거나 타인의 승낙 없이 그 명의로 주식을 인수한 자는 주식인수인으로서의 책임이 있다(상332①). 이 경우 명의자(가설인 또는 타인)가 아니라 출자자가 주주인 것이 원칙이다(판례·통설). 가설인은 현실로는 존재하지 않으므로 당연히 주주가 될 수 없고, 타인은 주식인수를 승낙한 바가 없기 때문이다.

### 2. 타인의 승낙을 얻은 경우 [6-103]

타인의 승낙을 얻어 그 명의로 주식을 인수한 자는 그 타인과 연대하여 납입할 책임이 있다(상332②). 이 경우 누가 주주로서 주주권을 행사할 수 있는가? 출자자(주식인수인)라는 입장과 명의자(타인)라는 입장이 대립하는데, 전자는 실제의 출자자를 보호하자는 것이고(실질설), 후자는 회사가 실제의 출자자를 조사하는 것이 곤란하므로 외관에 따라 획일적으로 정하자는 것이다(형식설). 판례는 실질설을 취해오다가, 최근(2017년 전원합의체판결)에 형식설로 입장을 변경했다[회사에 대한 관계에서는 원칙적으로 주주명부상 주주(명의자인 타인)만이 주주로서 의결권 등 주주권을 적법하게 행사할 수 있다].

## Ⅵ. 주주지위의 상실 [6-104]

① 주식회사에는 임의적인 퇴사제도가 없고 특정한 법정 사유가 발생해야 주주지위가 상실된다. 즉, 주주권은 주주의 사망, 주식의 양도, 주식의 소각, 단주의 처리, 회사의 해산과 같은 법정 사유에 의해서 상실된다. ② 당사자 사이의 주주권 포기의 계약 또는 주주의 주주권 포기의 의사표시만으로는 주주권이 상실되지 않는다(판례·통설). 다만, 주주가 스스로 권리를 행사하지 않는 것은 가능하다. 만약 주주가 공익권을 행사하지 않는다는 계약을 다른 주주와 체결한 경우 그 효력이 인정되는가? 당사자 간에는 효력이 인정되어(채권적 효력) 그 주주가 공익권을 행사하면 계약위반이 되지만, 그렇다고 그 공익권 행사의 회사법적 효력이 부인되는 것은 아니다(즉, 공익권 행사의 효력이 인정된다)(판례). ③ 주식회사의 경우 퇴사사유로 '제명'제도가 마련되어 있지 않다. 합명회사 등과 같은 인적회사는 인적 신뢰를 중시하기 때문에 제명제도가 마련되어 있다(상218(6) 등). 다만, 폐쇄회사 형태의 주식회사에서도 주식양도를 제한하는 등 인적회사처럼 운영되는 경우가 있다. 이 경우 특정한 소수 주주를 제명하는 것이 가능한가? 이 경우에도 물적회사로서 주식회사의 본질(자본금의 결합)이 훼손되어서는 안 되므로 가능하지 않다고 해석한다(판례·통설).

# 제3항 주권과 주주명부

## Ⅰ. 주권

### 1. 의의 [6-105]

주권은 주식(주주권)을 표창하는 유가증권이다. 주권을 통해서 주주라는 사실을 용이하게 증명할 수 있다. 또한 주권을 통해서 주식을 용이하게 유통할 수 있다. 즉, 주권의 교부만으로 주식을 양도할 수 있다(상336①).

주권은 유가증권으로서 다음과 같은 특징을 갖는다(통설). ① 주권은 주식의 이전에만 그 소지가 필요하다(불완전증권). ② 주권은 발행 이전에 이미 발생해 있는 주식을 표창한다(비설권증권). ③ 주권의 문언이 아니라 실질에 따라 주식의 내용이 정해진다(비문언증권). ④ 주권은 기재사항이 법정되어 있다(요식증권). 다만, 엄격한 요식증권은 아니다(통설). 즉, 대표이사의 기명날인 또는 서명과 같은 본질적인 사항이 아니면 기재사항이 일부 흠결되어도 주권의 효력에 영향이 없다. ⑤ 주권은 그 원인관계에 따라 영향을 받는다(요인증권). 가령 주식이 무효이면 주권도 무효이다.

주권에는 다음과 같은 종류가 있다. ① 기명주권은 주권에 주주의 성명이 기재된 주권이고, 무기명주권은 그러한 기재가 없는 주권이다. 무기명주권은 2014년 상법 개정을 통해서 폐지되었다. ② 액면주권은 1주의 금액이 주권에 기재된 주권이고, 무액면주권은 그러한 기재가 없는 주권이다. 회사는 정관으로 정하는 바에 따라 이 중에서 선택하여 발행할 수 있다(상329). ③ 단일주권은 1매의 주권이 1개의 주식을 표창하고, 병합주권은 1매의 주권이 수개의 주식을 표창한다. 가령 '오십주권'은 병합주권으로서 1매의 주권이 50개의 주식을 표창한다.

### 2. 주권의 발행의무, 효력발생시기

#### (1) 발행의무 [6-106]

주권의 발행은 회사가 주권의 기재사항이 기재된 서면을 작성하여 이를 주주에게 교부하는 것을 말한다. ① 회사는 성립 후 또는 신주의 납입기일 후 지체 없이 주권을 발행해야 한다(주권발행의무)(상355①). 이를 위반하면 과태료가 부과된다(상635①(19)). 주권발행의무를 둔 이유는 주식의 양도에 주권이 필요(상336①)하기 때문이다. 대표이사는 주권의 작성 시에 법정기재사항을 기재해야 한다(상356. 1. 회사의 상호 2. 회사의 성립 연월일 3. 회사가 발행할 주식의 총수 4. 액면주식을 발행하는 경우 1주의 금액 5. 회사성립 후 발행된 주식의 그 발행 연월일 6. 종류주식이 있는 경우 그 주식의 종류와 내용 6의2. 주식양도에 관해 이사회 승인을 얻도록 정한 때에는 그 규정). ② 만약 회사가 발행의무를 위반한 경우 주식의 양도는 가능한가? 주권발행 전에 한 주식의 양도는 회사에 효력이 없다(상335③본). 그러나 회사성립 후 또는 신주의 납입기일 후 6개월이 경과한 때에는 그렇지 않다(상335③단). 주권발행 전 주식양도의 제한은 후술한다[6-135]. ③ 주권은 회사의 성립 후 또는 신주의 납입기일 후가 아니면 발행하지 못하고(상355②), 이에 위반하여 발행한 주권은 무효이다(상355③). 이는 권리주(주식을 취득할 수 있는 권리)의 양도를 금지하려는 것이다. 권리주의 양도금지는 후술한다[6-134].

(2) 효력발생시기 [6-107]

주권의 효력발생시기는 언제인가? 이에 대해서는 회사가 주권을 작성한 때(작성시설), 주권을 작성하여 '누군가'에게(주주 이외의 자에게라도) 교부한 때(발행시설), 또는 주권을 작성하여 '주주'에게 교부한 때(교부시설)로 견해가 나뉜다. 판례와 다수설은 교부시설을 취한다. 이에 따르면 주권이 작성되어 진정한 주주가 아닌 제3자에게 교부된 때에는 주권의 효력이 생기지 않는다. 이 경우에는 선의취득, 압류 등이 불가능하다. 교부시설은 주주가 자신의 귀책사유 없이 주주권을 상실하지 않도록 하자는 것으로서 거래의 안전보호보다는 주주보호를 더 중시한다.

3. 주권불소지 제도 [6-108]

주주는 주주명부에 명의개서가 되어 있으면 주권 없이도 회사에 대해 주주권을 행사할 수 있다. 오히려 주권은 선의취득의 대상이 되므로 주권의 소지로 인해서 주주권을 상실할 위험이 있다. 즉, 주주가 소지한 주권을 상실하고 이를 제3자가 선의취득하게 되면[주식은 주권의 교부에 의해 양도되고 주권의 점유자는 적법한 소지인으로 추정되므로(상336), 상실된 주권의 점유자로부터 선의의 제3자가 주권을 양도받은 경우 제3자가 선의취득을 하게 된다], 그 주주는 주주권을 상실하게 된다.

주권불소지 제도는 위와 같은 주주권상실의 위험을 막고자 하는 취지이고, 그 내용은 다음과 같다. ① 주주는 정관이 달리 정하지 않는 한 주권불소지의 뜻을 회사에 신고할 수 있다(상358의2①). 이는 주권발행 전후를 불문하고 가능하다. 그러한 신고가 있으면 주권이 발행되지 않은 경우 회사는 주권을 발행할 수 없다(상358의2②). 이를 위반하여 회사가 주권을 발행해도 그 효력이 없으며, 따라서 이에 대한 선의취득 문제도 생기지 않는다(통설). 이미 발행된 주권이 있는 때에는 주권불소지의 신고 시에 이를 회사에 제출해야 한다(상358의2③). ② 주권불소지의 뜻을 신고한 후에도 주주는 언제든지 회사에 주권의 발행 또는 반환을 청구할 수 있다(상358의2④). 주식을 양도하거나 입질(질권의 설정)하기 위해서는 주권이 필요(상336①,338①)하기 때문이다.

### 4. 주권의 점유와 상실

#### (1) 주권의 점유 [6-109]

주권의 점유자를 적법한 소지인으로 추정한다(상336②). 이것이 주권의 '자격수여적 효력'이다. 이를 신뢰하고 주권의 점유자로부터 주식을 선의취득한 자는 주주권을 갖는다(상359)[6-113]. 한편 주권의 점유자가 적법한 소지인으로 추정된다고 해서 바로 회사에 대해 주주권을 행사할 수는 없다. 이 경우 회사에 대해 주주명부상 명의개서를 청구할 수 있을 뿐이고, 명의개서가 되어야 회사에 대해 주주권을 행사할 수 있다.

#### (2) 주권의 상실 [6-110]

주주는 주주명부에 명의개서가 되어 있으면 주권이 상실되어도 회사에 주주권을 행사하는 데 문제가 없다. 하지만 주권이 상실된 경우 주권의 무효화 또는 재발행이 필요할 수 있다. ① 주권의 무효화는 선의취득을 막기 위해서 필요하다. 선의의 제3자가 상실된 주권에 대해 선의취득(상359)을 하면 진정한 주주는 주주권을 상실할 수 있다. 이를 방지하기 위해서 주주는 공시최고의 절차(민소475~481)[5-125] 및 제권판결의 절차(민소482~497)[5-126]에 따라 상실된 주권을 무효로 만들 수 있다(상360①). 이러한 절차를 거친 후 제권판결에서 해당 주권의 무효가 선고된다(민소496). 따라서 제권판결 시부터 해당 주권은 더 이상 선의취득의 대상이 되지 못한다. ② 주권의 재발행은 주식의 양도를 위해서 필요하다. 주식을 양도하거나 입질(질권의 설정)하려면 주권의 교부가 필요하므로(상336①,338①), 주식을 양도하거나 입질하려는 경우 상실된 주권의 재발행을 받아야 한다. 주권을 상실한 주주는 위 제권판결을 얻지 않으면 회사에 대하여 주권의 재발행을 청구하지 못한다(상360②).

### 5. 전자등록 제도

#### (1) 의의 [6-111]

최근 정보통신기술의 발달을 반영하여 주권을 발행하는 대신에 주식을 전자등록하는 제도가 도입되어 있다(주식의 무권화 현상). 전자등록은 주권의 발행에 갈음하는 것이다. ① 회사는 주권을 발행하는 대신 정관으로 정하는 바에 따라 전자등록기관(유가증권 등의 전자등록업무를 취급하는 기관)의 전자등록부에 주식을 등록할 수 있다(상356의2①). 거래소에 상장된 주식은 반드시 전자등록해야 한다(전증25①(1)). 주식을 전자등록한 경우는 주권을 발행하지 못한다. 전자등록 제도는 주권의 발행 및 관리에 소요되는 비용을 절감하고 주권의 상실에 따른 선의취득 위험을 제거하는 효과가 있다. ② 전자등록 제도는 사채 등의 유가증권에도 도입되어 있다(상478③ 등). 전자등록의 절차·방법 및 효과 등에 필요한 사항은 따로 법률로 정한다(상356의2④). 이것이 전자증권법이다(2016. 3.에 제정되어 2019. 9.부터 시행). 전자등록기관이 되려면 전자등록업의 허가를 받아야 한다(전증5).

### (2) 전자등록의 효력 [6-112]

전자등록의 효력을 살펴보자. ① 전자등록부에 등록된 주식을 양도하거나 입질하려는 경우 이를 전자등록부에 등록하면 효력이 발생한다(상356의2②). 주권이 발행된 경우 주식의 양도나 입질에는 주권의 교부가 필요하지만(상336①,338①), 주식을 전자등록한 경우에는 전자등록부에 양도나 입질에 대해 등록하면 그 효력이 생기는 것이다. 전자증권법에 따르면 전자등록부를 전자등록계좌부라고 부르는데(전증2(3)), 주식의 양도는 이 계좌부에 계좌간 대체의 전자등록을 해야 그 효력이 발생하고 주식의 입질은 이 계좌부에 질권 설정의 전자등록을 해야 그 효력이 발생한다(전증35②③). ② 전자등록부에 주식을 등록한 자는 그 등록주식에 대한 적법한 권리자로 추정되며(자격수여적 효력), 전자등록부를 선의로(그리고 중과실 없이) 신뢰하고 전자등록부의 등록에 따라 권리를 취득한 자는 그 권리를 적법하게 취득한다(상356의2③). 이는 주권이 발행된 경우 주권의 점유자를 적법한 소지인으로 추정하고(상336②), 주권의 선의취득을 인정하는 것(상359)과 같은 맥락이다. ③ 전자등록에 명의개서의 효력이 부여되지는 않는다. 즉, 전자등록부와 주주명부는 별개이다(전증37⑥). 전자등록은 주주명부가 아니라 주권에 갈음하는 제도이다. 따라서 전자등록부에 주식양도를 등록하면 주식양도의 효력이 생기지만 명의개서의 효과까지 생기지는 않는다. 전자등록부에 등록된 주주가 주주권을 행사하려면 주주명부상 명의개서를 거쳐야 한다.

## 6. 주권의 선의취득 [6-113]

### (1) 의의

주권의 선의취득이란 주권의 양도인이 무권리자(주권의 절취자 등)이더라도 양수인이 선의로 취득한 경우에는 양수인의 권리를 인정하는 제도를 가리킨다. 이로 인해서 원래의 권리자는 주주권을 상실하게 된다. 선의취득은 거래의 안전을 보호하기 위해서 마련된 제도이다. 주권의 선의취득에는 수표법 21조의 규정 [5-92]을 준용하고(상359), 이에 따라 주권의 선의취득을 위해서는 다음의 요건이 충족되어야 한다.

### (2) 요건

① 주권의 유효: 주권의 선의취득이 성립하려면 주권이 유효해야 한다. 주권이 무효인 경우(위조된 주권 등)에는 선의취득이 성립할 수 없다. ② 양도인의 무권리: 주권의 양도인이 무권리자이어야 한다. 양도인이 절취한 주권을 양도하거나, 양도인이 분실된 주권을 습득하여 양도한 경우, 무권대리인이 주권을 양도한 경우 등이 이에 해당한다(판례·다수설). ③ 주권의 양도방법에 의한 취득: 양수인이 주권의 양도방법(주식양도의 합의 및 주권의 교부)에 의해서 이를 취득해야 한다. 이러한 주권의 양도방법에 따른 거래안전을 보호하려는 것이 선의취득 제도이다. 주권의 점유자는 적법한 소지인으로 추정되고(상336②), 이를 신뢰하고 주권의 점유자와 양도합의를 하여 주권을 교부받은 양수인을 보호하려는 것이 선의취득 제도인 것이다. 따라서 지명채권의 양도방법(민450), 또는 상속·합병 등과 같은 포괄승계에 의해서 주권을 취득한 경우에는 선의취득이 적용되지 않는다. ④ 양수인의 선의: 양수인은 악의 또는 중과실이 없어야 한다. 주권의 선의취득은 주권의 점유(소지)라는 권리외관을 신뢰하여 거래한 사람을 보호하는 제도이기 때문이다. 악의는 종전 소지인이 무권리자라는 사정을 알고 취득한 것을 말한다. 중과실은 거래에 필요한 주의의무를 현저히 결여한 것으로서, 통상적 거래기준에 비추어 양도인의 무권리를 의심할 만한 사정이 있음에도 필요한 조사 없이 주권을 양수한 경우에 중과실에 해당한다(판례·통설). 악의 또는 중과실은 주권의 취득 시기를 기준으로 결정한다(판례·통설). 따라서 취득 후에 무권리자임을 알게

된 경우에는 선의취득에 영향이 없다.

## Ⅱ. 주주명부

### 1. 의의 [6-114]

주주명부는 주주·주권에 관한 사항을 분명하게 하려고 상법에 따라 작성되는 장부이다(상352). 즉, 주주명부는 다수의 주주·주권과 관련된 법률관계를 정하기 위한 기준이 되는 장부이다. 특히 당사자 간의 합의와 주권의 교부만으로 주식이 양도되므로(상336①) 회사로서는 누가 주주권을 행사할 수 있는지를 획일적으로 확정할 필요가 있는데, 이를 위한 제도가 주주명부, 그리고 명의개서이다.

① 주주명부에는 주주·주권에 관한 일정한 법정사항(각 주주의 성명과 주소, 각 주주가 가진 주식의 종류와 수, 주권을 발행한 경우 주권번호 등)이 기재되어야 한다(상352). ② 이사는 주주명부를 회사의 본점에 비치해야 하고, 명의개서대리인을 둔 때에는 주주명부 또는 그 복본을 명의개서대리인의 영업소에 비치할 수 있다(상396①). 주주와 채권자는 영업시간 내에 언제든지 주주명부 또는 그 복본의 열람 또는 등사를 청구할 수 있다(상396②).

### 2. 명의개서

#### (1) 의의 [6-115]

주주가 변경되었을 때 새로운 취득자의 성명과 주소를 주주명부에 기재하는 것을 명의개서라고 한다. 주식회사에는 주주가 계속 변동되는 경우가 흔하므로 이 경우 주주를 둘러싼 법률관계를 간명하게 처리하기 위해서 명의개서 제도가 필요하다. 주주의 변경에는 주식의 양도뿐만 아니라 상속이나 합병 등 포괄승계에 의한 경우도 포함되는데(통설), 여기서는 주권 발행 후 주식양도를 중심으로 설명한다.

#### (2) 요건 [6-116]

명의개서는 주식의 양수인이 단독으로 회사에 청구할 수 있고 양도인의 협조가 필요하지 않다(판례·통설). 주식 양수인은 명의개서를 할 것인지 아니면 명의개서 없이 주식을 타인에게 처분할 것인지 등에 관하여 자유로이 결정할 권리가 있으므로, 주식 양도인은 원칙상 회사에 양수인 명의로 명의개서를 해줄 것을 청구할 권리가 없다(판례).

주식의 양수인이 명의개서를 청구할 때는 주권을 제시해야 한다(판례·통설). 주식의 양도에는 주권의 교부가 필요하므로(상336①) 명의개서의 청구 시에 이를 제시해서 주식의 양도가 있었음을 입증하라는 의미이다. 주권의 점유자는 적법한 소지인으로 추정되므로(상336②)(자격수여적 효력), 주권을 제시한 양수인이 자신이 적법한 소지인이라는 사실까지 입증할 필요는 없다. 따라서 정관을 통해서 주권의 제시에 추가하여 인감증명서 등 다른 서류의 제출까지 요구하는 것은 주권점유의 자격수여적 효력을 부인하는 것이므로 무효이다(판례).

명의개서의 청구를 받은 회사는 주권의 제시 등 청구자의 형식적 자격만 심사하면 되고 실질적 자격까지 심사를 할 의무는 없다(통설). 회사가 청구자의 형식적 자격을 심사함에 있어서 악의 또는 중과실이 없는 한 설령 그가 실질적 자격이 없는 자인 경우에도 책임을 지지 않는다(통설). 주주가 계속 변동되는 상황에서 명의개서가 간명하고 신속하게 처리될 수 있게 하기 위해서이다.

### (3) 명의개서대리인 [6-117]

명의개서대리인은 회사를 위해서 명의개서의 대행을 업무로 하는 자를 가리킨다. 회사는 정관이 정하는 바에 의하여 명의개서대리인을 둘 수 있다(상법337②). 명의개서대리인은 전자등록기관 또는 전국적인 점포망을 갖춘 은행이어야 하고 금융위원회에 등록해야 한다(자본365①②). 이사는 주주명부를 회사의 본점에 비치해야 하고, 명의개서대리인을 둔 때에는 주주명부 또는 그 복본을 명의개서대리인의 영업소에 비치할 수 있다(상396①). 명의개서대리인이 주식 취득자의 성명과 주소를 주주명부의 복본에 기재하면 명의개서가 있는 것으로 본다(상법337②).

### (4) 명의개서 미필주주 [6-118]

'명의개서 미필주주'는 주식을 적법하게 이전받았으나 아직 주주명부에 명의개서를 마치지 않은 실질적인 주주를 가리킨다. 명의개서 미필주주는 주주로서 주주권을 행사하는 데 제한을 받는다. 명의개서 미필주주의 주식을 특히 '실기주'(失期株)라고 한다. 명의개서 미필주주에 대해서는 주주명부 불기재의 효력과 관련하여 살펴보기로 한다.

### 3. 주주명부 기재·불기재의 효력

#### (1) 의의 [6-119]

주주명부에 주주로 기재되거나 기재되지 않는 경우(다시 말하면 명의개서가 되거나 되지 않은 경우)에는 다음과 같은 효력이 생긴다. 이는 주주명부의 효력 문제이자 명의개서의 효력 문제이기도 하다. '대항력'은 주주로 기재되지 않은 경우에 부여되는 불이익과 관련되고, '추정력'과 '면책력'은 주주로 기재된 경우에 부여되는 이익과 관련된다. 판례는 주주가 계속 변동되는 상황하의 법률관계를 획일적이고 간명하게 처리하는 방향으로 주주명부 기재·불기재의 효력을 해석한다.

#### (2) 대항력 [6-120]

주식의 이전은 취득자가 주주명부에 명의개서를 하기 전에는 회사에 대항하지 못한다(상337①). 여기서 대항하지 못한다는 것은 회사에 자신이 주주임을 주장할 수 없다는 의미로 해석한다. 이것이 주주명부의 대항력이다. 이는 '명의개서 미필주주'에 대한 효력이자 그에게 주어지는 불이익이다. 주식양도의 경우를 보면, 양도합의와 주권의 교부만으로 주식양도가 성립하고 효력이 생기지만(성립·효력요건), 명의개서 미필주주는 명의개서를 하기 전에는 '회사에 자신이 주주임을 주장할 수 없다'(대항요건). 이는 회사에 주주임을 주장할 수 있는 근거를 주주명부상 주주라는 형식적 자격에서 찾고, 이를 통해서 주주가 계속 변동되는 상황하의 법률관계를 획일적이고 간명하게 처리하자는 것이다.

주주명부의 대항력이 '명의개서 미필주주'를 구속함은 상법 337조 1항의 문언상 분명하다. 나아가 이것이 회사에도 구속력이 있다고 해석할 수 있는가? 이는 주주명부의 대항력이 명의개서 미필주주만 구속하는지 아니면 회사도 구속하는지의 문제이다. 이에 대해 회사가 스스로 명의개서 미필주주를 주주로 인정하는 것은 가능하다는 입장(편면적 구속설)과 회사도 그가 주주임을 인정해서는 안 된다는 입장(쌍면적 구속설)이 대립한다. 현재의 판례는 후자의 입장이다. 판례에 따르면 명의개서청구가 부당하게 지연되거나 거절된 경우 등 특별한 사정이 있는 경우를 제외하고, 회사도 실제 주식의 소유관계를 판단하여 명의개서 미필주주로 하여금 주주권을 행사하도록 하는 것은 허용되지 않는다. 편면적 구속설에 따르면 회사가 주주명부상 주주와 명의개서 미필주주 사이에서 누구에게 주주권을 인정할 것인지에 대해 선택권을 갖게 된다. 쌍면적 구속설의 입장은 회사가 누구에게 주주권을 인정할 것인지를 주주명부상 주주라는 형식적 자격을 기준으로 획일적으로 판단하여 법률관계의 간명화를 도모하자는 것이다. 쌍면적 구속설에 따르면 명의개서 이전에는 원칙상 명의개서 미필주주가 아니라 주주명부상 주주가 회사에 자신이 주주임을 주장할 수 있다.

### (3) 추정력(자격수여적 효력) [6-121]

주주명부상 주주는 적법한 주주로 추정된다(판례·통설). 이것이 주주명부의 추정력 또는 자격수여적 효력이다. 이는 '주주명부상 주주'가 '회사에 자신이 주주임을 주장할 수 있다'는 것이자 주주명부상 주주에게 주어지는 이익을 가리킨다. 즉, 주주명부상 주주는 자신의 적법한 취득원인을 증명하지 않아도 적법한 주주로 추정되어서 주주권을 행사할 수 있다.

다만, 주주명부의 추정력은 주주명부상 주주가 적법한 주주가 아니라는 반대증거에 의해서 번복될 수 있다(판례·통설). 즉, 주주명부는 권리를 창설하는 효력(창설력)이 있는 것이 아니므로 주식의 적법한 소지인이 아닌 자가 어떤 경위로 명의개서를 했다고 해서 진정한 주주가 되는 것은 아니다(가령 주권을 절취한 후 명의개서). 주주명부의 효력은 추정력이지 확정력이 아닌 것이다.

한편 주주명부의 추정력과 주권점유의 추정력은 다른 것이다. 주권의 점유자는 적법한 소지인으로 추정되는데(상336②), 이에 기해서 회사에 주주명부상 명의개서를 청구할 수 있을 뿐이다(통설).

### (4) 면책력 [6-122]

주주에 대한 회사의 통지 또는 최고는 주주명부에 기재한 주소 또는 그 자로부터 회사에 통지한 주소로 하면 된다(상353①). 이 경우 주주명부상의 주소가 실제의 주소와 다르더라도 회사는 면책된다.

주주명부의 면책력은 회사의 통지 또는 최고에 그치지 않는다. 즉, 회사는 주주명부상 주주에게 주주권을 인정하면 되고, 나중에 그가 실질적인 주주가 아닌 것으로 밝혀져도 면책된다고 해석한다(판례·통설). 이것이 주주명부의 면책적 효력이다. 이는 '주주명부상 주주'에게 '회사가 행한 행위의 효력' 문제이자 회사가 주주명부상 주주에게 주주권을 인정한 경우 주어지는 이익(면책)을 가리킨다.

나아가 판례는 회사가 주주명부상 주주가 더 이상 실질적인 주주가 아니라는 점을 '알고 있더라도' (명의개서 미필주주가 아니라) 주주명부상 주주에게 주주권을 인정해야 면책된다고 해석한다. 이는 주식의 이전 시 회사에 주주권을 행사할 수 있는 자를 주주명부상 주주라는 형식적 자격을 기준으로 획일적으로 판단하여 법률관계의 간명화를 도모한 것이다. 이는 주주명부의 대항력이 회사도 구속해서 회사가 '명의개서 미필주주'로 하여금 주주권을 행사하게 해서는 안 된다고 해석한 판례(쌍면적 구속설)와 그 맥락이 같다. 다만, 회사가 주주명부상 주주가 위법하게 명의개서(가령 주권을 절취한 후 명의개서)를 했다는 사실을 알고 있으면서도 그에게 주주권을 인정한 경우에는 면책될 수 없다고 해석된다(통설).

### 4. 주주명부의 폐쇄 또는 기준일

#### (1) 의의 [6-123]

주주(또는 질권자)가 계속 변동되는 상황하에서 회사로서는 주주권(또는 질권)을 행사할 자를 일정한 시점을 기준으로 특정할 필요가 있다. '주주명부의 폐쇄' 또는 '기준일'은 이를 위한 제도이다.

#### (2) 주주명부의 폐쇄 [6-124]

주주명부의 폐쇄는 회사가 주주권을 행사할 자를 정하기 위해 일정한 기간(폐쇄기간)을 정하여 주주명부의 기재변경을 정지할 수 있는 제도를 말한다(상354①)(가령 2021. 3. 6.에 주주총회를 개최하면서 '2021. 1. 1. ~ 2021. 3. 6. 동안 주주명부를 폐쇄한다'). 폐쇄기간은 3개월을 초과하지 못한다(상354②). 이를 초과하게 되면 주식양도(또는 입질)를 사실상 너무 오래 제한하는 결과를 초래하기 때문이다. 회사가 폐쇄기간을 정한 때에는 그 기간의 2주간 전에 공고해야 하고, 다만 정관으로 그 기간을 지정한 때에는 공고하지 않아도 된다(상354④). 폐쇄기간 전에 명의개서를 원하는 실질적인 주주를 보호하기 위해 공고하게 한 것이다.

주주명부 폐쇄의 효과를 보자. ① 폐쇄기간 중에는 주주명부의 기재변경이 정지되므로 명의개서를 할 수 없다. 따라서 주주명부상 주주가 주주로 확정되는 효과가 생긴다(확정적 효력). 주주의 변동과 무관한 경미한 사항(주소의 변경 등)은 기재변경이 허용된다고 해석한다(통설). 폐쇄기간 중에 전환주식의 전환청구 등은 명문으로 허용된다(상350② 등). ② 폐쇄 제도는 회사의 편의를 위한 것이므로, 폐쇄기간 중에 회사가 임의로 명의개서를 한 경우 이는 유효하다(다만, 이 경우 명의개서의 효력은 폐쇄기간 경과 후에 발생한다)(다수설).

### (3) 기준일 [6-125]

기준일은 회사가 일정한 날(기준일)의 주주명부상 주주를 주주권을 행사할 자로 볼 수 있는 제도를 말한다(상354①)(가령 2021. 3. 6.에 주주총회를 개최하면서 '2020 사업연도의 이익배당은 2020. 12. 31. 현재의 주주에게 지급한다'). 기준일은 주주권을 행사할 날에 앞선 3개월 이내의 날로 정해야 한다. 이 기간은 3개월을 초과하지 못한다(상354②). 이를 초과하게 되면 주식양도(또는 입질)를 사실상 너무 오래 제한하는 결과를 초래하기 때문이다. 회사가 기준일을 정한 때에는 그 기준일의 2주간 전에 공고해야 하고, 다만 정관으로 그 날을 지정한 때에는 공고하지 않아도 된다(상354④). 기준일 전에 명의개서를 원하는 실질적인 주주를 보호하기 위해 공고하게 한 것이다. 기준일에서는 주주명부의 폐쇄에서와 달리 주주명부의 기재변경이 정지되지 않는다. 이렇게 기준일 이후에도 주주명부의 기재변경이 허용되지만 기준일 이후에 열린 주주총회에서 주주권을 행사하는 자는 기준일의 주주명부상 주주인 것이다. 따라서 전술한 바와 같이 이는 사실상 주식양도(또는 입질)를 제한하는 결과를 가져온다.

## 5. 전자주주명부 [6-126]

최근 정보통신기술의 발달을 반영하여 주식의 전자등록이 도입된 것(상356의2①)[6-111]에 발맞추어 주주명부의 전자문서화가 도입되었다. 즉, 회사는 정관이 정하는 바에 따라 전자문서로 주주명부(전자주주명부)를 작성할 수 있다(상352의2①). 전자주주명부에는 주주명부의 기재사항 이외에 전자우편주소를 추가로 적어야 한다(상352의2②). 전자주주명부는 전자문서의 형태를 띤다는 점 이외에는 일반적 주주명부와 요건 및 효과 면에서 차이가 없다.

이사는 주주명부의 비치의무가 있는데(상396①), 회사가 전자주주명부를 작성하는 경우 회사의 본점 또는 명의개서대리인의 영업소에서 전자주주명부의 내용을 서면으로 인쇄할 수 있으면 주주명부를 비치한 것으로 본다(상령11①).

### 6. 예탁결제와 실질주주명부 [6-127]

주식의 전자등록제도[6-111]가 도입되기 이전에는 상장회사에 대해 예탁결제와 실질주주명부 제도가 있었다. 즉, 상장주식은 금융투자업자(증권회사)를 통해서 위탁매매되는 것이 일반적이고, 이 경우 주권을 한국예탁결제원에 예탁하여 두고(한국예탁결제원이 주권불소지 신고를 한 경우는 주권이 없이), 예탁결제의 방식으로 주식이 거래된다[결제장부에 대체기재를 하면 이는 주권교부와 동일한 효력이 있다(자본311②)]. 즉, 주식양도를 목적으로 결제장부상 대체기재를 하면 주권의 교부가 있었던 것으로 간주된다. 이는 금융투자업자를 통해 신속하고 빈번하게 대량으로 거래되는 상장주식의 특성상 실제로 주권의 교부를 요구하는 것은 불편하기 때문에 마련된 제도이다.

실제로 주권이 교부되지 않는다는 특성을 고려해서 주주명부 이외에 '실질주주명부'를 별도로 둔다. ① 주식을 발행한 회사가 작성한 주주명부에는 형식적으로 한국예탁결제원이 주주(형식주주)로 기재된다(자본314②). ② 위탁매매를 행한 금융투자업자는 자신이 알고 있는 주식의 양수인(실질주주)에 대한 정보를 일정한 요건하에 한국예탁결제원에 제공하고 한국예탁결제원은 이 정보를 주식을 발행한 회사 또는 그 명의개서대리인에게 통보하며(자본315③), 통보를 받은 그 회사 또는 명의개서대리인은 이에 기초해서 실질주주명부를 작성해서 작성·비치해야 한다(자본316①). 한국예탁결제원으로부터 실질주주에 관해 통보받아 작성한 주주명부가 실질주주명부이다. 실질주주명부에의 기재는 주주명부에의 기재와 같은 효력을 가진다(자본316②). 따라서 주식의 양수인이 주권의 제시를 통한 주주명부상 명의개서를 해야 주주권을 행사할 수 있다는 원칙이 예탁결제의 방식으로 주식을 거래한 경우에는 적용되지 않는다.

주주권은 형식주주와 실질주주에게 일정하게 나뉜다. 형식주주인 한국예탁결제원은 주주명부·주권과 관련된 권리인 주권불소지의 신고, 주주명부의 기재, 그리고 주권에 관한 주주로서의 권리를 행사할 수 있다(자본315②). 실질주주는 나머지 주주로서의 권리(의결권 등과 같은 공익권, 이익배당청구권 등과 같은 자익권)를 행사할 수 있다. 이 경우 실질주주가 직접 권리를 행사할 수 있지만, 실질주주의 신청에 따라 한국예탁결제원으로 하여금 권리를 행사하게 하는 것도 가능하다(자본314①). 현재는 모든 상장회사에 대해 주식의 전자등록제도가 도입되어 주권이 발행되지 않으므로 이상과 같은 예탁결제와 실질주주명부 제도는 더 이상 이용되지 않는다.

## 제4항 주식의 양도

### Ⅰ. 의의

#### 1. 양도자유의 원칙 [6-128]

주식은 자유롭게 양도할 수 있는 것이 원칙이다(상335①). 물적회사인 주식회사는 사원(주주)의 인적 개성이 중시되지 않는 것이 원칙이고, 따라서 주주는 주식양도를 통해서 출자금을 회수하게 된다. 이와 같이 주식회사에서 주식양도의 자유는 주주의 근원적 권익에 해당한다. 다만, 후술하는 바와 같이 이 원칙은 필요에 따라 제한될 수 있다.

#### 2. 주식양도의 요건 [6-129]

(1) 의의

주식의 양도에는 당사자 간 '양도의 합의', 그리고 '주권의 교부'(상336①)가 요구된다. 이는 주식양도의 효력요건이다. 주식양도의 효력요건은 대항요건과 별개이다[6-120].

(2) 주권교부

주식의 양도 시에 요구되는 주권의 교부는 공시제도(주권점유) 및 선의취득과 관련된다. 즉, 주권의 점유자는 적법한 소지인으로 추정되고(상336②), 이를 신뢰하여 거래한 양수인은 주식을 선의취득할 수 있다(상359). 이를 통해서 주식양도 시에 거래의 안전이 보호될 수 있다.

주식양도 시에 요구되는 주권교부에 관해 다음의 특칙이 있다. ① 회사성립 후 또는 신주의 납입기일 후 6월이 경과한 때에도 주권이 발행되지 않으면, 예외적으로 주권교부 없이도 주식을 양도할 수 있다(상335③). ② 전자등록된 주식의 양도는 주권의 교부 대신에 전자등록부에 등록하면 효력이 있다(상356의2②). ②에 대해서는 기술했고[6-111, 112, 127], ①에 대해서는 후술한다[6-135].

주식양도를 제외한 여타의 주식이전에는 주권의 교부가 요구되지 않는 것이 원칙이다. ① 상속 등과 같은 포괄승계는 주권의 교부가 효력요건이 아니다(가령 상속의 요건인 피상속인이 사망하면 피상속인의 모든 권리와 의무가 포괄하여 상속인에게 승계된다. 주식은 상속의 대상이 될 수 있고 주권의 교부와 무관하게 상속인에게 이전된다). ② 주식양도계약의 해제는 주권의 교부가 효력요건이 아니다[해제권자가 주식양도계약을 해제하는 의사표시를 하면 주권의 교부와 무관하게 양도인에게 주식이 이전(회복)된다(판례·통설)]. ①과 ②는 거래안전의 보호와 무관하기 때문에(가령 상속인은 피상속인이 권리자라고 신뢰하여 상속받은 것이 아니므로) 권리이전에 주권의 교부를 요구하지 않는다. 이 경우에 이전된 주식을 행사하거나 양도하기 위해서 주권이 필요한 것은 별개의 문제이다.

### 3. 주식양도의 효과 [6-130]

주식을 양도하면 양도인은 주주의 지위를 상실하고 양수인이 주주의 지위를 취득한다. 양도에 의해서 주주권이 이전되지만, 양도 이전에 이미 구체화된 주주권(가령 양도 이전에 주주총회결의에 의해 이미 발생한 이익배당금지급청구권)은 달리 약정하지 않는 한 이전되지 않는다(판례·통설).

## Ⅱ. 주식양도의 제한

### 1. 의의 [6-131]

주식양도의 제한은 주주권에 대한 중대한 제한이므로 원칙상 법률이 정한 경우에만 허용된다. 여기서는 ① 정관에 의한 양도 제한 ② 주주 간 주식양도의 제한 ③ 권리주 양도의 제한 ④ 주권발행 전 주식양도 제한 ⑤ 자기주식의 취득 제한 ⑥ 주식의 상호소유 제한 등의 순서로 주식양도의 제한을 살펴보자.

## 2. 정관에 의한 양도 제한 [6-132]

### (1) 의의

폐쇄회사와 같이 인적 개성을 중시하여 조합적으로 운영되는 주식회사도 있다. 이 경우 예외적으로 주식양도의 제한을 허용할 필요가 있다. 이에 따라 회사는 정관으로 정하는 바에 따라 주식의 양도에 이사회의 승인을 받게 할 수 있다(상335①단). 정관에 의한 제한은 절대적 성격의 것이 아니다. 즉, 이사회의 승인을 얻으면 양도할 수 있고, 승인을 얻지 못해도 양도상대방지정청구권 등을 통해서 출자금 회수의 길이 열려있다. 그리고 정관에 의한 양도제한에 관한 상법 규정은 가급적 엄격하게 해석해서 주식양도의 자유를 살릴 수 있어야 한다(통설). 주식회사에서 주식양도의 자유는 주주의 근원적 권익에 해당하기 때문이다.

### (2) 제한의 요건

정관에 의한 양도제한에는 다음과 같은 요건이 필요하다. ① '정관'에 양도제한에 관한 규정이 있어야 한다. 원시정관이든 설립 후 정관이든 묻지 않는다. ② 주식양도에 '이사회의 승인'을 받도록 하는 방식으로 제한해야 한다. 이사회 승인 이외에 다른 승인(가령 보다 엄격한 주주총회의 승인 등)을 요구하는 정관조항은 무효이다. 다만, 소규모회사(자본금이 10억 원 미만의 회사)에서 이사회가 없는 경우에는 이사회 대신에 주주총회의 승인을 거치게 할 수 있다(상383①④). 또한 일정 기간 동안 양도를 제한하거나 주주 전원의 동의를 요구하는 정관조항도 무효이다(판례·통설). 이사회의 승인은 양도인 또는 양수인이 서면으로 청구할 수 있다(상335의2,335의7). 양수인은 주식을 취득한 후에 청구할 수 있다(상335의7). 회사는 청구 후 1개월 이내에 이사회 승인 여부를 서면으로 통지해야 하고 이를 위반하면 승인이 있는 것으로 간주한다(상335의2②③,335의7②). ③ 주식양도의 제한은 주주의 보호를 위해서 '공시'해야 한다. 즉, 주식양도의 제한은 등기해야 하고(상317②(3의2)), 주식청약서 및 주권에도 기재해야 한다(상302②(5의2),356(6의2)).

### (3) 승인거부 시 주주의 권리

회사가 승인을 거부한 경우에도 주주가 출자금을 회수할 수 있는 대안이 마련되어 있어야 한다. 이에 따라 회사가 승인거부를 통지한 경우에 '양도상대방지정청구권' 또는 '주식매수청구권'이 마련되어 있다. 주주는 이 중에서 선택하여 행사할 수 있다(통설).

1) **양도상대방지정청구권** 주주는 승인거부 통지를 받은 날로부터 20일 내에 회사에 양도상대방을 지정할 것을 청구할 수 있다(상335의2④). 이에 따라 이사회는 양도상대방을 지정하고, 그 청구가 있은 날부터 2주 내에 주주 및 지정된 상대방에게 서면으로 이를 통지(지정통지)해야 하며, 이 통지를 하지 않으면 주식양도에 대해 이사회의 승인이 있는 것으로 본다(상335의3①②).

지정통지 이후의 절차를 보자. ① 양도상대방으로 지정된 자(지정매수인)는 지정통지를 받은 날부터 10일 이내에 지정청구를 한 주주에 대하여 서면으로 그 주식을 자기에게 매도할 것을 청구할 수 있다(상335의4①). 매도청구권은 형성권이므로 매도청구를 하면 매매계약이 성립된다(통설). 이때 주식의 매도가액은 주주와 매도청구한 지정매수인 간의 협의로 결정하고, 청구를 받은 날부터 30일 이내에 협의가 되지 않으면 법원이 공정한 가액으로 결정한다(상335의5). ② 만약 지정매수인이 위 기간 내에 매도청구를 하지 않으면 주식양도에 대해 이사회의 승인이 있는 것으로 의제된다(상335의4②).

2) **주식매수청구권** 주주는 양도상대방지정청구권과 선택적으로 승인거부 통지를 받은 날로부터 20일 내에 회사에 그 주식의 매수를 청구할 수 있다(상335의2④). 이 청구를 받으면 해당 회사는 위 매수청구기간이 종료하는 날부터 2개월 이내에 그 주식을 매수해야 하고, 주식의 매수가액은 주주와 회사 간의 협의에 의하여 결정하며, 매수청구기간이 종료하는 날부터 30일 이내에 협의가 되지 않으면 회사 또는 주식매수를 청구한 주주는 법원에 매수가액의 결정을 청구할 수 있고, 법원은 공정한 가액으로 산정해야 한다(상335의6,374의2②~⑤).

#### (4) 승인 없는 양도의 효력

이사회의 승인 없는 주식양도는 회사에 효력이 없다(상335②). 회사에 주식양도의 효력이 없으므로, 당연히 당사자는 이를 회사에 대해 주장할 수 없다. 나아가 회사도 임의로 양수인을 주주로 승인할 수 없다(통설). 다만, 총주주의 동의가 있으면 승인이 없는 주식양도도 유효하다(통설). 정관에 의한 양도제한의 취지가 주식양도에 여타 주주의 의사를 고려하자는 것이기 때문이다.

이사회의 승인 없는 주식양도도 당사자 간에는 채권적 효력이 있다. 이러한 주식양도에 당사자 간 효력을 부인할 정도의 위법성이 있다고 보기 어렵고 회사에 효력이 없는 것으로서 그 제한취지를 달성할 수 있기 때문이다.

### 3. 주주 간 주식양도의 제한 [6-133]

주주 사이에 양도제한을 약정한 경우에 이를 회사에는 주장할 수 없다고 해석한다(통설). 주식양도의 제한은 주주권에 대한 중대한 제한이므로 법률이 정한 경우에만 가능하다고 해석해야 하는데, 주주 간 주식양도의 제한에 대해서는 그러한 정함이 없기 때문이다.

주주 간 주식양도의 제한약정이 당사자 간에 채권적 효력은 있는가? 판례는 출자금의 회수가능성이 전면적으로 부인되는 약정과 그렇지 않은 약정으로 구분한다. 즉, 전자(가령 회사설립 후 5년 동안 주식양도를 금지하는 주주 간 약정)는 주주 간에도 무효이고, 후자는 유효라고 보는 것이 판례의 입장이다.

### 4. 권리주 양도의 제한 [6-134]

권리주는 회사성립 전 또는 신주발행 전에 '주식 인수로 인한 권리'(주식인수인의 지위)를 가리킨다. 이러한 권리주의 양도는 회사에 효력이 없다(상319). 권리주 양도를 제한하는 취지는 단기차익을 겨냥한 투기행위의 만연, 회사설립 또는 신주발행 절차의 혼잡을 막자는 데 있다. 회사에 권리주 양도의 효력이 없으므로, 당사자가 이를 회사에 주장할 수 없다. 나아가 회사도 임의로 양수인을 주식인수인이라고 승인할 수 없고, 양도인을 상대로 주식발행절차를 진행해야 한다(판례·통설).

권리주의 양도는 당사자 간에는 채권적 효력이 있다. 권리주 양도에 당사자 간 효력을 부인할 정도의 위법성이 있다고 보기 어렵고 회사에 효력이 없는 것으로서 그 제한취지를 달성할 수 있기 때문이다. 따라서 회사설립 또는 신주발행 이후에 양수인은 양도인에게 주식의 이전을 청구할 수 있다.

### 5. 주권발행 전 주식양도의 제한 [6-135]

#### (1) 의의

회사는 성립 후 또는 신주의 납입기일 후 지체 없이 주권을 발행해야 하고(상355①), 이를 위반하면 과태료가 부과된다(상635①(19)). 주식양도에는 주권교부가 필요하므로(336①) 주권이 발행되지 않으면 주식을 양도할 수 없는 것이 원칙이다(주식양도에 주권교부를 요구하는 이유는 공시제도(주권점유)와 선의취득을 통해서 거래의 안전을 보호하자는 것이다). 그렇다고 주권이 발행되지 않아 주식양도를 못하면 주주는 출자금을 회수할 수 없다. 이 점을 고려하여 일정 기간이 경과해도 주권발행이 없으면 주권교부 없이도 주식을 양도할 수 있는 길을 열어 놓았다.

#### (2) 6월 경과 전 양도

회사성립 후 또는 신주의 납입기일 후 6월이 경과하기 전의 주권발행 전 주식양도는 회사에 효력이 없다(상335③본). 회사도 임의로 양도의 효력을 인정할 수 없으며, 따라서 양수인이 회사에 주권의 발행을 청구할 수 없으며 회사가 이에 응해서 양수인에게 주권을 발행해도 주권으로서 효력이 없다(판례·통설). 다만, 주권발행 전에 주식양도가 이루어진 후 6개월이 경과하면 그 하자는 치유된다고 해석한다(판례·통설). 회사성립 후 또는 신주의 납입기일 후 6개월이 경과하면 주권 없이도 주식양도가 가능하다는 점(상335③단)을 고려한 해석이다.

주권발행 전 주식양도는 당사자 간에는 채권적 효력이 있다. 주권발행 전 주식양도에 당사자 간 효력을 부인할 정도의 위법성이 있다고 보기 어렵고 회사에 효력이 없는 것으로서 그 제한취지를 달성할 수 있기 때문이다. 따라서 회사가 향후 양도인에게 주권을 발행하면 양수인은 양도인에게 주권의 교부를 청구할 수 있다(판례·통설).

#### (3) 6월 경과 후 양도

회사성립 후 또는 신주의 납입기일 후 6개월이 경과하면 주권발행 전의 주식양도는 회사에 대해서 효력이 있다(상335③단). 이러한 때에도 주식양도의 금지를 지속하는 것은 주주권을 지나치게 제한하는 것이기 때문이다.

주권발행 전 주식양도의 요건 등을 살펴보자. ① 당사자의 합의만으로 주식이 양도된다. ② 회사에 대항하기 위해서는 명의개서가 필요하다(상337①). 명의개서의 청구를 위해서는, 지명채권의 양도방법(민450①)에 따라 양도인의 통지 또는 회사의 승낙을 갖추거나, 양수인이 양도계약서 등을 통해서 양도사실을 입증하면 된다(판례). ③ 양도인이 주식을 이중으로 양도한 경우에는 원칙상 확정일자 있는 양도인의 통지 또는 회사의 승낙(민450②)을 기준으로 권리의 귀속을 정한다(판례). 이중양수인 간의 우열은 확정일자 있는 양도통지·승낙의 도달일의 선후에 의한다(판례).

## 6. 자기주식의 취득제한

### (1) 의의 [6-136]

자기주식의 취득이란 회사가 자기가 발행한 주식을 스스로 취득하는 것을 말한다. 자기주식의 취득도 주식양도의 일종이지만 매수인이 그 발행회사라는 점에 특색이 있다.

2011년 상법이 개정되기 이전에는 자기주식의 취득이 사실상 출자금의 환급에 해당한다는 등의 이유로 엄격한 제한을 받았다. 가령 자본금으로 자기주식을 취득하면 이는 해당 주주에게 출자금을 환급한 셈이 되고, 따라서 자본금 충실의 원칙에 반하여 채권자의 이익을 해칠 수 있다. 하지만 자본금이 아니라 배당가능이익으로 자기주식을 취득하는 경우에는 그 실질이 이익배당과 다르지 않다는 논거를 받아들여 2011년 상법 개정을 통해서 자기주식의 취득제한을 크게 완화하였다. 사실 배당가능이익을 재원으로 하는 자기주식취득은 2011년 이전에도 상장회사에는 허용되어 있었다(당시 자본165의2). 이하에서는 배당가능이익으로 하는 자기주식취득과 이와 무관한 자기주식취득을 구분해서 살펴보자.

### (2) 배당가능이익을 재원으로 하는 자기주식취득 [6-137]

1) 의의　　배당가능이익은 주주에게 환급이 허용되므로 자기주식취득의 방법으로 주주에게 환급되어도 채권자의 이익을 해친다고 보기 어렵다. 이러한 이유에서 배당가능이익을 재원으로 하여 자기의 명의(권리의무의 귀속)와 계산(자금출연과 손익귀속)으로 하는 자기주식취득은 허용하되, 원칙상 주주총회의 사전결의에 따라(취득절차) 배당가능이익 범위 내에서(취득재원) 주주평등의 원칙에 따

라야만(취득방법) 한다(상341).

2) **취득절차** 회사는 자기주식취득에 관한 주요사항을 미리 수권받아야 한다. 즉, 회사는 미리 주주총회의 결의로 주요사항(1. 취득할 수 있는 주식의 종류 및 수 2. 취득가액의 총액 한도 3. 1년을 초과하지 않는 범위에서 자기주식을 취득할 수 있는 기간)을 결정해야 한다(상341②본). 다만, 이사회의 결의로 이익배당을 할 수 있다고 정관으로 정한 경우 이사회의 결의로써 대신할 수 있다(상341②단). 상장회사는 특칙이 있다. 즉, 상장회사는 이러한 정관 규정이 없더라도 이사회의 결의로써 위 주요사항을 결정할 수 있다(자본165의3③).

3) **취득재원** 취득재원은 배당가능이익 범위 내이어야 한다(상341①). 이익배당은 결산 후에 배당가능이익을 확정한 다음에 이루어지지만, 자기주식취득은 그 이전에도 배당가능이익을 미리 추산하여 실행할 수 있도록 허용되어 있다. 따라서 자기주식취득의 재원이 확정된 배당가능이익을 초과하는 경우도 발생할 수 있다. 이런 상황이 우려되는 경우는 자기주식취득이 금지된다. 즉, 회사는 해당 영업연도의 결산기에 배당가능이익이 부족할 우려가 있는 경우에는 자기주식을 취득할 수 없다(상341③). 그럼에도 불구하고 회사가 자기주식을 취득한 경우 이사는 회사에 연대하여 부족한 금액을 배상할 책임이 있고, 다만 이사가 그런 우려가 없다고 판단하는 때에 주의를 게을리하지 않았음을 증명한 경우에는 책임이 없다(상341③). 이사의 경영판단에 맡기되, 무과실에 대한 입증책임을 이사에게 부과하여 책임을 무겁게 한 것이다.

4) **취득방법** 자기주식취득은 주주평등의 원칙에 따라야 한다. 가령 특정 주주의 주식만 취득하는 것은 허용되지 않는다. 주주평등의 원칙상 다른 종류주식 간의 차별은 가능하므로, 특정한 종류주식으로 한정해서 자기주식취득을 하는 것은 허용된다(통설).

주주평등 원칙의 실현을 위해서 다음의 방법으로 모든 주주에게 주식양도의 평등한 기회를 제공해야 한다. ① 상장회사: 거래소에서 취득하는 방법 또는 공개매수에 의한 방법(자본133)에 의해 취득하는 것이 가능하다(상341①(1)(2),상령9①(2)). ② 비상장회사: 상환주식을 제외하고, 회사가 모든 주주에게 자기주식 취득의 통지 또는 공고를 하여 주식을 취득하는 방법이 가능하다(상341①(2),상령9①(1)). 상환주식을 제외한 이유는 상환주식도 배당가능이익으로 상환하지만 스스로의 상환방법(상345)에 따르도록 해야 하기 때문이다.

### (3) 배당가능이익과 무관한 자기주식취득 [6-138]

**1) 특정한 목적의 자기주식취득** 회사는 회사의 합병 등 법률이 정한 '특정한 목적'을 위해서 자기주식을 취득할 수 있다(상341의2). 여기서 특정한 목적은 예시적인 것이 아니라 한정적인 것이며, 그 이외의 목적을 위한 자기주식취득은 특정목적을 위한 자기주식취득으로 인정되지 않는다(판례·통설). 특정한 목적의 자기주식취득에는 취득재원, 취득방법 등에 대한 제한이 없다. 이 경우는 배당가능이익으로 취득한 자기주식과 달리 결과적으로 자본금 충실의 원칙을 해할 소지가 있음에도 불구하고 특정한 목적의 달성을 위해서 자기주식취득이 불가피하다고 특별히 인정된 것이기 때문이다.

자기주식취득이 허용되는 '특정한 목적'은 다음의 네 가지이다(상341의2). ① 회사의 합병 또는 다른 회사의 영업전부의 양수로 인한 경우: 이 경우 자기주식만을 제외하여 합병 또는 양수하는 것은 번잡하다는 점을 고려한 것이다. ② 회사의 권리를 실행하기 위한 경우: 회사가 권리를 실행하기 위해 강제집행, 담보권의 실행 등을 하는 경우를 말한다. 다만, 채무자에게 회사의 주식 이외에 다른 재산이 없을 것이 요건이다(판례·통설). ③ 단주의 처리를 위하여 필요한 경우: 신주발행 등의 경우에 '1주 미만의 주식'(단주)이 생길 수 있는데 단주를 허용할 수 없으므로(주식의 불가분성), 회사가 자기주식으로 취득하고 그 대가를 주주에게 지급하게 된다. ④ 주주가 주식매수청구권을 행사한 경우: 가령 정관에 의한 주식양도제한에서 이사회가 주식양도에 대한 승인을 거부한 경우 해당 주주가 주식매수청구권을 행사하면 회사는 이에 응해야 하는데(상335의2④), 회사가 이를 매수하면 자기주식을 취득하게 된다.

**2) 해석상 자기주식취득이 허용되는 경우** 회사가 자기주식을 취득해도 자본금 충실의 원칙을 해칠 우려가 없는 경우에는 허용된다고 해석한다. 가령 무상으로 자기주식을 취득하는 경우가 그러하다(통설).

### (4) 자기주식의 지위 [6-139]

회사는 적법하게 취득한 자기주식의 주주권을 행사할 수 있는가? 주식은 당연히 의결권이 있지만 회사가 가진 자기주식은 의결권이 없다(상369②). 자기주식인 동안은 의결권이 휴지되는 것이다. 지배주주에 의해 의결권이 남용될 소지가 있기 때문이다(즉, 회사가 자기주식의 의결권을 행사할 때 지배주주가 자신의 영향력을 이용하여 자신에게 유리한 방향으로 의결권행사를 유도할 위험이 있기 때문이다). 나머지 주주권의 행사는 해석에 맡겨져 있다. 소수주주권 등과 같은 공익권은 그 성질상 인정될 수 없다(통설). 이익배당청구권 등과 같은 자익권도 원칙적으로 인정될 수 없다(통설). 가령 회사가 자기주식으로 이익배당을 받으면 이는 다시 회사에 귀속되므로 사실상 이익배당으로서 의미가 없기 때문이다.

### (5) 자기주식의 처분 [6-140]

회사는 적법하게 취득한 자기주식을 처분할 의무가 없다. 자기주식을 처분할지 보유할지 여부가 회사의 임의적 결정에 달려 있다. 다만, 특정한 목적으로 취득한 자기주식이더라도 그대로 보유하는 것은 자본금 충실의 원칙을 해할 여지가 있으므로 이에 대한 처분의무를 규정해야 한다는 입법론이 제기되고 있다.

회사가 보유하는 자기주식을 처분하는 경우 관련사항(1. 처분할 주식의 종류와 수 2. 처분할 주식의 처분가액과 납입기일 3. 주식을 처분할 상대방 및 처분방법) 중에서 정관에 규정이 없는 것은 이사회가 결정한다(상342). 그런데 자기주식의 처분기준에 대해서는 상법상 규정이 없다. 만약 회사가 특정 주주 또는 제3자에게만 자기주식을 대량으로 저가매도하면 이는 주주평등의 원칙에 반할 수 있고 심지어 지배권이 변동되는 경우도 발생할 수 있다. 이런 이유 때문에, 자기주식의 처분에 신주발행의 법리[주주는 원칙상 그가 가진 주식 수에 비례해서 신주를 배정받을 권리가 있고, 주주 이외의 자에게 배정하기 위해서는 경영상 목적이 있어야 한다(상418①②)]를 유추적용하자는 입장(다수설)과 이사의 의무로 대처하자는 입장 등이 해석상 대립한다. 자기주식의 처분도 자금조달이라는 속성이 있고 회사의 지배구조에도 영향을 미칠 수 있다는 측면에서 신주발행과 유사한 것이 사실이다.

### (6) 위법한 자기주식취득 [6-141]

자기주식취득의 요건 및 절차(상341,341의2)에 위반한 경우 그 취득행위는 자본금 충실의 원칙에 반한다. 학설은 그러한 행위는 자본금 충실의 원칙에 반하므로 절대적으로 무효라는 입장(절대적 무효설)과 그러한 행위는 원칙적으로 무효이지만 거래의 안전을 보호하기 위해서 선의의 상대방(회사에 자기주식을 양도한 주주)

은 보호해야 한다는 입장(상대적 무효설)이 대립한다. 판례는 절대적 무효설을 지지한다.

(7) 기타

1) 자기주식의 질취[6-142] 회사는 발행주식총수의 5%를 초과하여 자기의 주식을 질권의 목적으로 받지 못한다(상341의3본). 다만, 일정한 경우(1. 회사의 합병 또는 다른 회사의 영업전부의 양수로 인한 경우 2. 회사의 권리를 실행함에 있어 그 목적을 달성하기 위해 필요한 경우)에는 그 한도를 초과하여 질권의 목적으로 할 수 있다(상341의3단).

2) 자기주식의 소각[6-143] 주식은 자본금 감소에 관한 규정에 따라서만 소각할 수 있다(상343①본). 다만, 이사회의 결의에 의하여 회사가 보유하는 자기주식을 소각하는 경우에는 그렇지 않다(상343①단). 이에 대해서는 주식의 소각에서 자세히 살펴본다[6-152].

## 7. 주식의 상호소유 제한

(1) 의의 [6-144]

주식의 상호소유는 두 회사가 서로 상대방의 주식(상호주)을 소유하는 현상을 가리킨다. 주식의 상호소유(상호주소유)에는 이와 같은 직접적 상호소유도 있지만, 순환형 상호소유(A회사가 B회사 주식을 소유하고 B회사가 C회사의 주식을 소유하며 C회사가 A회사의 주식을 소유) 등과 같은 간접적 상호소유도 있다. 상법은 직접적 상호소유에 대해서 규정하고 있고(상342의2 등), 독점규제법이 간접적 상호소유에 대해 규정하고 있다(독점9 등). 아래에서 주식의 상호소유는 전자를 가리킨다.

주식의 상호소유는 자본금의 공동화(마땅히 있어야 할 것이 없어짐) 현상을 가져온다. 알기 쉽게 설명하자면 가령 A회사(자본금 1억 원)가 B회사(자본금 1억 원)의 주식을 100%를 소유하고 B회사가 A회사의 주식을 100% 소유하면 실제로 출자된 금액(1억 원)은 두 회사의 자본금 합계(2억 원)의 절반에 불과하여 자본금이 공동화된다. 그리고 주식의 상호소유는 지배주주의 의결권이 그의 출자금을 초과(지배구조의 왜곡)하는 현상을 가져온다. 가령 A회사가 B회사를 지배하고 있는 경우 A회사의 지배주주는 자신이 소유한 주식의 의결권은 물론이고 사실상 상호주(B회사가 가진 A회사의 주식)의 의결권까지도 행사하는 경우가 생길 수 있는 것이다.

위와 같은 이론적 근거에서 상법은 상호주소유에 대해 규제한다. 이에 따르면 모자회사 간에는 원칙상 상호주소유가 금지되고, 모자회사가 아닌 회사 간에는 상호주소유가 가능하지만 의결권이 제한된다. 양자를 구분하여 살펴보자.

### (2) 모자회사 간의 상호주소유 [6-145]

모자회사 간에는 원칙상 상호주소유를 금지한다.

**1) 요건** 어떤 회사가 다른 회사의 발행주식총수의 50%를 초과하는 주식을 가진 경우, 전자가 모회사이고 후자가 자회사이다(상342의2①). 이외에도 ① 모회사 및 자회사가 합하여 '다른 회사'의 발행주식총수의 50%를 초과하는 주식을 가진 경우, 또는 ② 자회사가 '다른 회사'의 발행주식총수의 50%를 초과하는 주식을 가진 경우, '다른 회사'도 역시 자회사로 간주된다(상342의2③). 자회사가 소유한 다른 회사는 일반적으로는 '손회사'라고 하지만, 여기서는 자회사로 취급된다(이를 '의제자회사'라고도 한다). 즉, 상법에서는 자회사의 개념이 확장되어 있음을 알 수 있다.

모회사와 자회사를 합하여 '모자회사'라고 한다. 위 상법 규정에 따르면, 모자회사는 실질적인 지배기준이 아니라 형식적 소유기준(발행주식총수의 50%를 초과하는 소유)으로 정해짐을 알 수 있다.

**2) 효과** 원칙상 자회사는 모회사의 주식을 취득할 수 없다(상342의2①). 자회사가 자기의 계산(자금출연과 손익귀속)으로 취득하는 이상 명의(권리의무의 귀속)는 묻지 않는다(통설). 이를 위반한 경우 자본금 충실의 원칙 등에 반하므로 상대방(주식의 양도인)의 선의 여부를 묻지 않고 자회사에 의한 모회사 주식의 취득행위는 절대적으로 무효이다(통설).

예외적으로 자회사는 모회사의 주식을 취득할 수 있는 경우가 있다(상342의2①(1)(2)). 즉, ① 주식의 포괄적 교환 또는 이전[6-488], 회사의 합병[6-450] 또는 다른 회사의 영업전부의 양수로 인한 때, 또는 ② 회사의 권리를 실행함에 있어 그 목적을 달성하기 위하여 필요한 때에 가능하다. 이 경우는 모회사 주식의 취득이 불가피하다고 본 것이다. 다만, 이 경우 자회사는 그 주식을 취득한 날로부터 6개월 이내에 모회사의 주식을 처분해야 한다(상342의2②). 또한, 이 경우 자회사가 가진 모회사 주식은 의결권이 없다(상369③). 또한 삼각합병(상523(4),523의2),

삼각분할합병(상530의6①(4),④)에서 각각 소멸회사와 분할회사의 주주에게 제공하는 대가가 각각 존속회사의 모회사주식, 분할승계회사의 모회사주식인 경우 그 대가제공을 위해서 모회사 주식을 취득할 수 있다[6-457, 473]. 나아가 소수주주권 등과 같은 공익권은 그 성질상 인정될 수 없고, 상호주소유로 인한 자본금의 공동화 현상 등을 고려하면 이익배당청구권 등과 같은 자익권도 원칙적으로 인정될 수 없다(통설).

### (3) 모자회사가 아닌 회사 간의 상호주소유 [6-146]

모자회사가 아닌 회사 간에는 상호주소유가 가능하지만 의결권이 제한된다.

**1) 요건** 여기서 '모자회사가 아닌 회사 간'이란 ① 회사, ② 모회사 및 자회사, 또는 ③ 자회사가 '다른 회사'의 발행주식총수의 10%를 초과하는 주식을 가지고 있는 경우를 가리킨다(상369③).

**2) 효과** 의결권이 제한된다. 즉, '다른 회사'가 가지고 있는 '회사' 또는 '모회사'의 주식은 의결권이 없다(상369③). 이러한 효과를 요건과 연결하여 순서대로 살펴보자. ① 회사(B)가 다른 회사(C)의 발행주식총수의 10%를 초과하는 주식을 가지면 다른 회사(C)가 가지고 있는 회사(B) 또는 (회사(B)의) 모회사(A)의 주식은 의결권이 없다. ② 모회사(A)와 자회사(B)가 다른 회사(C)의 발행주식총수의 10%를 초과하는 주식을 가지면 다른 회사(C)가 가지고 있는 모회사(A)의 주식은 의결권이 없다. 다른 회사(C)가 가지고 있는 자회사(B) 주식의 의결권에 대해서는 규정이 없다. ③ 자회사(B)가 다른 회사(C)의 발행주식총수의 10%를 초과하는 주식을 가지면 다른 회사(C)가 가지고 있는 자회사(B) 또는 (자회사(B)의) 모회사(A)의 주식은 의결권이 없다. 이 경우는 자회사(B)를 '회사'라고 해석하면 되고, 따라서 이 경우는 위 ①과 효과가 같다(통설).

'회사', '모회사' 및 '자회사'가 가지고 있는 '다른 회사'의 의결권은 그대로 유지된다(의결권의 일방제한). 하지만 '다른 회사'가 가지고 있는 '회사', '모회사' 및 '자회사'의 주식이 발행주식총수의 10%를 초과하면 이 경우도 상법 369조 3항이 적용되므로, '회사', '모회사' 및 '자회사'가 가지고 있는 '다른 회사'의 주식도 의결권이 없게 된다(의결권의 상호제한)(판례·통설).

의결권만 제한될 뿐이고 여타의 주주권은 그대로 유지된다(통설).

### (4) 주식취득의 통지의무 [6-147]

회사가 다른 회사의 발행주식총수의 10%를 초과하여 취득한 때에는 그 다른 회사에 대하여 지체 없이 이를 통지해야 한다(상342의3). 이를 주식취득의 통지의무라고 한다.

주식취득의 통지의무는 상호주소유 시에 성립하는 의무는 아니다. 회사(A)가 다른 회사(B)의 발행주식총수의 10%를 초과하여 취득하는 것만으로 발생하는 의무이다. 그럼에도 불구하고 상호주소유와 함께 다루는 이유는 상호주소유와 밀접한 관련이 있기 때문이다. 즉, 이 경우 다른 회사(B)가 회사(A)의 주식을 취득하게 되면 상호주소유에 대한 규제(의결권제한 등)가 적용되므로 회사(A)의 주식취득사실을 다른 회사(B)가 알게 하자는 것이 통지의무의 취지이다. 또한 판례는 회사(A)의 주식취득으로 인하여 경영권의 안정을 위협받게 된 다른 회사(B)도 회사(A)의 발행주식총수의 10%를 취득함으로써 회사(A)가 다른 회사(B)에 대한 의결권을 행사할 수 없도록 하는 방어조치를 취할 기회를 주기 위해서 회사(A)의 주식취득사실을 다른 회사(B)가 알게 하자는 것이 통지의무의 취지라고 이해한다.

주식취득의 통지의무를 위반한 경우 그 위반한 주식은 의결권이 없다고 해석한다(통설).

## 제 5 항 주식의 담보

### Ⅰ. 담보설정의 자유와 제한 [6-148]

주식은 경제적 가치가 있고 양도성이 있으므로 원칙상 담보설정의 대상이 될 수 있다. 주식담보의 종류에는 입질(질권의 설정)과 양도담보가 있다.

다만, 담보설정의 자유는 다음과 같은 경우에 제한된다. ① 주식의 인수로 인한 권리(권리주)의 양도는 회사에 대하여 효력이 없으므로(상319), 권리주의 입질 또는 양도담보도 회사에 대해서는 효력이 없다(통설). ② 주권발행 전에 한 주식의 양도는 회사에 대하여 효력이 없으므로(상335③본), 주권발행 전에 한 주식의 입질 또는 양도담보도 회사에 대하여 효력이 없다(통설). 그러나 회사성립 후 또는 신주의 납입기일 후 6개월이 경과한 때에는 주권발행 전에 한 주식의 양도가 회사에 대해서 효력이 있으므로(상335③단), 이 경우에는 주식의 입질 또는 양도담보도 회사에 대하여 효력이 있다(판례·통설). ③ 회사는 발행주식총수의 5%를 초과하여 자기주식을 질권의 목적으로 받지 못한다(상341의3본). 다만, 일정한 경우(1. 회사의 합병 또는 다른 회사의 영업전부의 양수로 인한 경우 2. 회사의 권리를 실행함에 있어 그 목적을 달성하기 위해 필요한 경우)에는 그 한도를 초과하여 질권의 목적으로 할 수 있다(상341의3단).

## Ⅱ. 주식의 입질

### 1. 입질방법 [6-149]

입질(질권의 설정)의 방법에는 약식질과 등록질이 있다. 전자는 입질이 공시되지 않고 후자는 공시된다는 점에서 차이가 있는데, 후자는 질권설정자의 신용에 영향을 줄 수 있으므로 전자가 주로 이용된다. ① 약식질: '질권설정의 합의'와 '주권의 교부'로 성립한다(상338①). 약식질권자가 질권으로 제3자에 대항하려면 계속하여 주권을 점유해야 한다(상338②). 여기의 제3자에는 회사도 포함된다(통설). ② 등록질: 등록질은 질권설정의 합의 및 주권의 교부 이외에 '질권자의 성명과 주소를 주주명부에 기재'하고 '질권자의 성명을 주권'에 기재해야 한다(상340①). 이와 같이 주주명부와 주권에의 기재가 규정되어 있지만, '주주명부의 기재'(등록)가 있으면 회사에 등록질의 효력을 주장하는 데 문제가 없으므로, 주권에는 기재하지 않아도 등록질의 성립 및 효력에 영향이 없다고 해석한다(통설). 등록질권자도 질권으로 제3자에게 대항하려면 계속하여 주권을 점유해야 한다(상338②).

### 2. 질권의 효력 [6-150]

질권자는 민법에 따라 질물(주식)에 대해 유치권, 우선변제권, 물상대위권 등을 갖는다(민355,335,329,342)[1-176]. 이외에 상법은 몇 가지 특칙을 두고 있다. ① 물상대위(담보의 목적물이 멸실·훼손되더라도 그것의 교환가치를 대표하는 것이 존재하는 경우 그

위에 담보물권이 존속하는 것[1-176])에 관한 특칙이다. 즉, 주식의 소각, 병합, 분할 또는 전환이 있는 때 이로 인하여 종전의 주주가 받을 금전이나 주식에 질권의 효력이 미친다(상339). 이는 질물인 주식이 다양하게 변형될 수 있다는 특성을 반영한 것이다. 나아가 주주가 주식매수청구권의 행사로 받는 매수대금 등에 대해서도 질권의 효력이 미친다고 해석한다(통설). ② 자익권에 관한 특칙이다. 즉, 등록질인 경우 회사로부터의 이익배당, 주식배당, 잔여재산의 분배에 대해서도 질권의 효력이 미친다(상340①,462의2⑥). 약식질에 대해서는 규정이 없지만, 잔여재산분배청구권은 해산 시의 주식의 변형물에 불과하므로 당연히 질권의 효력이 미치고(통설), 나머지 자익권에 대해서 질권의 효력이 미치는지에 대해서는 해석상 논란이 있다. ③ 공익권에 대해서는 질권의 효력이 미치지 않는다(통설). 공익권은 주주인 질권설정자가 행사한다.

## Ⅲ. 주식의 양도담보 [6-151]

주식의 양도담보(담보목적물을 양도하는 형식의 담보제도)도 가능하다. 주식의 양도담보는 채무자(주주)가 채무를 담보하기 위해서 주식을 채권자에게 이전하고 그 채무를 이행한 경우에는 주식을 다시 반환받는 것을 말한다. 주식의 양도담보에는 약식양도담보와 등록양도담보로 구분된다. 전자는 설정합의와 주권교부가 필요하고, 후자는 그 이외에 주주명부상 명의개서(양도담보권자를 주식양수인으로 하는 명의개서)까지 필요하다. 약식양도담보는 약식질과의 구분이 어렵다. 양도담보권자는 질권자와 마찬가지로 유치권, 우선변제권, 물상대위권 등을 갖는다(통설). 등록양도담보권자는 주주로서 자익권과 공익권을 행사할 수 있으나, 약식양도담보권자는 자익권과 공익권에 대해 전술한 약식질권자와 그 지위가 유사하다(판례·통설).

## 제 6 항 주식의 소각·병합·분할

### Ⅰ. 주식의 소각

#### 1. 의의 [6-152]

주식의 소각은 회사의 존속 중에 특정한 주식을 소멸시키는 회사의 행위를 말한다. 주식이 소각되면 해당 주주는 주주로서의 지위를 상실한다. 주식의 소각은 주로 자본금감소를 위해서 이루어진다.

주식의 소각은 특정한 주식을 소멸시키는 것이므로 회사의 해산으로 인해 주식 전부를 소멸시키는 것과 다르다. 또한 주식의 소각은 주식 자체를 소멸시키는 것이므로 주권만 무효화시키는 제권판결(민소487~497)[5-126]과 다르다.

주식의 소각에는 강제소각·임의소각, 유상소각·무상소각이 있다. 강제소각은 회사가 일방적 결정으로 하는 소각으로서 상법상 주식소각(상343)이 이에 해당하고, 임의소각은 회사가 주주와 합의해서 하는 주식소각이다. 유상소각은 주주에게 회사재산이 환급되는 주식소각이고, 무상소각은 주주에게 회사재산이 환급되지 않는 주식소각이다.

#### 2. 종류 [6-153]

(1) 자본금감소를 위한 주식소각

주식은 자본금감소에 관한 규정에 따라서 소각할 수 있다(상343①본). 자본금감소의 방법에는 여러 가지가 있는데(액면금액의 감소, 발행주식총수의 감소 등), 주식소각은 발행주식총수를 감소시키는 방법 중 하나이다(다른 하나는 주식병합이다). 자본금감소는 자본금의 금액을 감소시키는 것이고, 여기에는 주주총회결의, 채권자보호절차(결손보전목적의 무상감자인 경우는 요구되지 않음) 등이 요구된다(상438,439 등). 자본금감소 및 이에 따른 주식소각에 관해서는 자본금감소에서 보다 자세히 기술한다[6-372].

주식을 소각하면 주권을 폐기한다. 이를 위해 회사는 1개월 이상의 기간을 정하여 주식소각의 뜻과 그 기간 내에 주권을 회사에 제출할 것을 공고하고 주주명부에 기재된 주주와 질권자(입질된 경우 질권자가 주권을 점유하고 있으므로)에게 각별로 그 통지를 해야 한다(상343②,440).

(2) 자기주식의 소각

회사는 이사회의 결의로써 자기주식을 소각할 수 있다(상343①단). 이는 자본금감소에 관한 규정에 따르는 것이 아니므로 주주총회결의, 채권자보호절차 등이 필요하지 않다. 이사회결의로써 소각이 가능한 경우에 '배당가능이익으로 취득한 자기주식'(상341①)과 '특정목적으로 취득한 자기주식'(상341의2) 모두가 포함된다는 입장, 전자만 포함된다는 입장 등이 대립하고 있다. 전자만 포함된다는 입장은 배당가능이익으로 취득한 자기주식만이 자본금감소에 관한 규정에 따르지 않는 것이 정당화될 수 있다고 해석하고 있다.

(3) 상환주식의 소각

회사는 상환주식의 상환을 하게 되면(상345) 해당 주주로부터 주식을 취득하게 되고 이후에 이를 소각한다[6-87].

3. 효력 [6-154]

① 자본금감소에 따른 주식소각은 위 주권의 제출기간(상343②,440)이 만료되면 그 효력이 발생한다(상343②,441본). 다만, 자본금감소에 요구되는 채권자보호절차(상439②본,232)가 종료되지 않는 한 주식소각의 효력이 발생하지 않는다(상343②,441단). 채권자보호를 위해서이다. ② 주식소각에 따라 회사의 발행주식총수는 감소한다. 자본금감소를 위한 주식소각인 경우 자본금도 감소한다. 자본금감소와 무관한 주식소각인 경우 자본금은 그대로 유지되고, 그 결과 액면주식에서는 발행주식의 액면총액과 자본금이 일치하지 않게 된다(전자보다 후자의 금액이 커진다). ③ 자본금감소를 위한 주식소각의 하자는 감자무효사유(상445)가 된다. 그리고 자본금감소와 무관한 주식소각의 하자도 감자무효사유(상445)를 유추적용한다(통설).

## Ⅱ. 주식의 병합

### 1. 의의 [6-155]

주식의 병합이란 수개의 주식을 합쳐서 그보다 적은 수의 주식으로 만들어 발행주식총수를 감소시키는 회사의 행위(가령 10주를 1주로 만드는 것)를 가리킨다. 발행주식총수가 감소되면서 모든 주주의 주식수가 비례적으로 감소한다. 주식병합은 주로 자본금감소를 위해 이용된다(회사가 보유한 실제의 순자산에 비해 자본금이 큰 경우에 이용된다).

① 주식의 병합은 주식 전체를 대상으로 한다. 이 점에서 특정 주식을 대상으로 하는 주식의 소각과 다르다. 주식의 병합으로 회사의 발행주식총수는 감소하지만 회사재산이 감소하는 것은 아니다. 즉, 회사재산을 환급하지 않으면서 발행주식총수만 축소하는 것이다(가령 회사가 보유한 실제의 순자산보다 자본금이 큰 경우 양자를 맞추려면 회사재산을 환급할 수 없다). 이 점에서 회사재산이 감소하는 경우도 존재하는 주식의 소각과 다르다. ② 주식의 병합은 위에서 본 것처럼 자본금이 감소되는 경우도 있고, 자본금이 감소되지 않는 경우(가령 액면주식인 경우 주식병합으로 인해 감소되는 발행주식총수에 비례해서 주식의 액면금액을 증가시키는 경우)도 있는데, 주로 전자가 이용된다. 여기서는 전자를 살펴본다.

### 2. 방법 [6-156]

#### (1) 일반적 주식병합

주식은 자본금감소에 관한 규정에 따라서 병합할 수 있다. 자본금감소의 방법에는 여러 가지가 있는데(액면금액의 감소, 발행주식총수의 감소 등), 주식병합은 발행주식총수를 감소시키는 방법 중 하나이다(다른 하나는 주식소각이다). 자본금감소는 자본금의 금액을 감소시키는 것이고, 여기에는 주주총회결의, 채권자보호절차(결손보전목적의 무상감자인 경우는 요구되지 않음) 등이 요구된다(상438,439 등). 자본금감소 및 이에 따른 주식병합에 관해서는 자본금감소에서 보다 자세히 기술한다[6-372~375].

주식을 병합하면 주권교환(주권제출 및 신주권교부)이 필요하다. 이를 위해 회사는 1개월 이상의 기간을 정하여 주식병합의 뜻과 그 기간 내에 주권을 회사에 제출할 것을 공고하고 주주명부에 기재된 주주와 질권자(입질된 경우 질권자가 주권을 점유하고 있으므로)에게 각별로 그 통지를 해야 하며(상440), 주권을 제출할 수 없는 주주에게는 신주권의 교부절차가 별도로 마련되어 있다(상442).

주식을 병합하면 1주 미만의 주식(단주)이 발생할 수 있다. 가령 10주를 1주로 병합하면 5주를 가진 주주에게 0.5주의 단주가 발생한다. 이 경우 회사는 단주를 경매, 거래소에서 매각, 또는 법원허가를 받아 경매 외의 방법으로 매각하여 그 대금을 종전의 주주에게 지급한다(상443).

#### (2) 회사합병 등에 따른 주식병합

회사합병 등에서 주식병합이 행해질 수 있다. 가령 회사합병의 경우 합병비율이 1:1이 아닌 경우 합병비율에 따라 주식이 병합되고, 이 경우 주식병합 규정(상440~443)이 준용된다(상530③).

### 3. 효력 [6-157]

① 주식병합은 위 주권의 제출기간(상440)이 만료되면 그 효력이 발생한다(상441본). 다만, 자본금감소(상439②본,232), 회사합병(상527의5) 등에서 요구되는 채권자보호절차가 종료하지 않는 한 주식병합의 효력이 발생하지 않는다(상441단,530③). 채권자보호를 위해서이다. ② 주식병합에 따라 회사의 발행주식총수는 감소한다. 자본금감소를 위한 주식병합인 경우 자본금도 감소한다. 자본금이 감소되지 않는 주식병합인 경우 자본금은 그대로 유지되고, 그 결과 액면주식에서는 발행주식의 액면총액과 자본금이 일치하지 않게 된다(전자보다 후자의 금액이 커진다). ③ 병합 전후의 주식은 동일성을 유지하며, 병합 전 주식에 대한 권리는 병합 후 주식에 그대로 존속한다(판례·통설). 병합 전 주식에 대한 질권은 병합 후 주식에 그대로 존속한다(상339). ④ 자본금감소를 위한 주식병합의 하자는 감자무효사유(상445)가 된다. 자본금감소와 무관한 주식병합의 하자는 감자무효사유(상445)를 유추적용한다(판례·통설). 한편 회사합병 등에서 주식병합이 행해진 경우 주식병합의 하자는 합병무효사유(상529) 등이 된다.

## Ⅲ. 주식의 분할

### 1. 의의 [6-158]

주식의 분할이란 하나의 주식을 여러 개의 주식으로 나누어서 발행주식총수를 증가시키는 회사의 행위(가령 1주를 신주 10주로 나누는 것)를 가리킨다. 발행주식총수가 늘어나면서 모든 주주의 주식수가 비례적으로 증가한다. 주가가 지나치게 높은 경우 유통의 편의를 위해서 주식분할을 하는 경우가 많다.

주식분할의 의미는 액면주식과 무액면주식으로 구분할 필요가 있다. ① 액면주식의 분할: 발행주식총수가 증가함에도 자본금이 유지되려면 액면금액이 감소해야 하므로, 액면주식의 분할에는 액면분할(1주의 액면금액을 감소)이 수반된다. 가령 액면금액 5,000원을 500원으로 감소하면서 종래 1주를 신주 10주로 분할한다. 다만, 분할 후의 액면금액이 100원 미만이어서는 안 된다(상329의2②,329③). ② 무액면주식의 분할: 액면분할의 문제는 없다. 발행주식총수가 증가해도 자본금이 그대로 유지되므로 1주의 자본금에 대한 비율이 감소할 뿐이다.

주식의 분할은 주식 전체를 대상으로 한다. 이 점에서 주식의 병합과 같다. 주식의 분할로 회사의 발행주식총수는 증가하지만 자본금이나 회사재산이 변화하지 않는다. 이 점에서 회사재산은 변하지 않지만 자본금이 감소하거나 증가하는 경우가 있는 주식의 병합과는 다르다.

### 2. 방법 [6-159]

#### (1) 일반적 주식분할

주식분할을 위해서는 주주총회결의가 요구된다(상329의2①). 자본금감소가 없으므로 채권자보호절차는 거치지 않는다. 액면주식을 분할하려는 경우는 액면분할(1주의 액면금액을 감소)을 해야 하고, 1주의 액면금액을 감소하려면 정관이 변경되어야 한다(상289①(4)). 분할 후 발행주식총수가 정관상 발행예정주식총수를 초과하는 경우에도 정관이 변경되어야 한다(상289①(3)).

주식의 분할에는 주권교환(주권제출 및 신주권교부)이 필요하다. 이를 위해 회사는 1개월 이상의 기간을 정하여 주식분할의 뜻과 그 기간 내에 주권을 회사에 제출할 것을 공고하고 주주명부에 기재된 주주와 질권자(입질된 경우 질권자가 주권을 점유하고 있으므로)에 대하여 각별로 그 통지를 해야 하며(상329의2③,440), 주권을 제출할 수 없는 주주에게는 신주권의 교부절차가 별도로 마련되어 있다(상329의2③,442). 다만, 이러한 주권교환은 액면주식의 분할에만 필요하다고 해석한다(통설). 액면주식인 경우 주권에 액면금액을 감소해서 기재해야 하지만, 무액면주식에는 액면금액이 없으므로 주권교환 없이 추가로 신주를 발행하면 되기 때문이다.

주식을 분할하면 1주 미만의 주식(단주)이 발생할 수 있다. 가령 1주를 5주로 분할하면 단주가 생기지 않지만 1주를 5.5주로 분할하면 분할 전 1주를 소유한 주주에게는 분할 후 0.5주의 단주가 생긴다. 이 경우 회사는 단주를 경매, 거래소에서 매각, 또는 법원허가를 받아 경매 외의 방법으로 매각하여 그 대금을 종전 주주에게 지급한다(상329의2③,443).

(2) 회사합병 등에 따른 주식분할

회사합병 등에서 주식분할이 행해질 수 있다. 가령 회사합병의 경우 합병비율이 1:1이 아닌 경우 합병비율에 따라 주식이 분할되고, 이 경우 주식병합 규정(상440~443)이 준용된다(상530③).

### 3. 효력 [6-160]

① 주식분할은 위 주권의 제출기간(상329의2③,440)이 만료되면 그 효력이 발생한다(상329의2③,441본). 다만, 회사합병(상527의5) 등과 같이 채권자보호절차가 요구되는 경우는 이 절차가 종료하지 않는 한 주식분할의 효력이 발생하지 않는다(상530③,441단 등). 채권자보호를 위해서이다. ② 주식분할에 따라 회사의 발행주식총수는 증가한다. 회사의 자본금에는 변화가 없다. 액면주식인 경우 발행주식총수의 증가에 상응하게 액면금액이 감소하므로 발행주식의 액면총액과 자본금이 일치한다. ③ 분할 전후의 주식은 동일성을 유지하며, 분할 전 주식에 대한 권리는 분할 후 주식에 그대로 존속한다(통설). 분할 전 주식에 대한 질권은 분할 후 주식에 그대로 존속한다(상339). ④ 회사합병 등에서 주식병합이 행해진 경우 주식병합의 하자는 합병무효사유(상529) 등이 된다.

## 제7항 주식매수선택권

### Ⅰ. 의의 [6-161]

주식매수선택권(stock option)이란 회사에 일정하게 기여할 수 있는 이사 등이 일정한 행사가액으로 회사주식의 인수 등을 할 수 있는 권리를 말한다(상340의2① 본). 여기서는 편의상 주식매수선택권을 '선택권'이라고 하고, 선택권을 부여받은(또는 부여받을) 자를 '선택권자'라고 하자. 비상장회사의 선택권은 상법 340조의2~340조의5가 적용되고, 상장회사의 선택권은 상법 542조의3, 상법시행령 30조가 적용된다.

선택권을 부여할 때에 행사가액이 미리 정해지므로 향후 회사 주가가 상승하면 선택권자가 이득을 볼 수 있다. 따라서 동기부여 차원에서 선택권을 제공받은 이사 등은 회사의 주가(기업가치)를 높이는 방향으로 업무수행을 할 가능성이 높다는 점이 선택권 제도의 이론적 근거이다.

### Ⅱ. 요건 [6-162]

선택권은 부여받는 자에게는 이익이지만, 역으로 주주의 입장에서는 불이익이기 때문에 요건이 엄격하다.

#### 1. 당사자

선택권의 부여주체는 회사이고, 부여의 상대방은 회사에 기여할 수 있는 일정한 자(회사의 설립·경영 및 기술혁신 등에 기여하거나 기여할 수 있는 회사의 이사, 집행임원, 감사 또는 피용자)이다(상340의2①본). 상장회사인 경우에는 부여의 상대방이 확대된다. 즉, 상장회사는 '대통령령으로 정하는 관계 회사'의 이사, 집행임원, 감사 또는 피용자에게도 선택권을 부여할 수 있고(상542의3①본), '대통령령으로 정하는 관계 회사'는 일정한 외국법인 등을 가리킨다(상령30①).

선택권이 남용되는 것을 막기 위해 회사에 지배력이 있는 일정한 자(의결권 없는 주식을 제외한 발행주식총수의 100분의 10 이상의 주식을 가진 주주 등)는 부여의 상대방에서 제외한다(상340의2②). 상장회사인 경우는 제외되는 상대방이 더 확대된다(상542의3①단,상령30②).

선택권은 제3자에게 양도될 수 없다(상340의4②본). 선택권은 기업가치를 높이게 하려는 동기부여의 차원에서 업무수행을 하는 이사 등에게 부여되는 것이기 때문이다. 다만, 선택권을 행사할 수 있는 자가 사망한 경우에는 그 상속인이 행사할 수 있다(상340의4②단).

## 2. 부여절차

### (1) 정관

선택권을 부여하려면 정관에 일정한 사항(1. 일정한 경우 선택권을 부여할 수 있다는 뜻 2. 선택권 행사로 발행하거나 양도할 주식의 종류와 수 3. 선택권자의 자격요건 4. 선택권의 행사기간 5. 일정한 경우 이사회결의로 선택권 부여를 취소할 수 있다는 뜻)을 기재해야 한다(상340의2①,340의3①).

상장회사는 일정한 경우(1. 선택권자가 본인의 의사에 따라 사임·사직한 경우 2. 선택권자가 고의 또는 과실로 회사에 중대한 손해를 입힌 경우 3. 해당 회사의 파산 등으로 선택권 행사에 응할 수 없는 경우 4. 그 밖에 선택권자와 체결한 선택권부여계약에서 정한 취소사유가 발생한 경우) 정관에서 정하는 바에 따라 이사회결의로써 선택권 부여를 취소할 수 있다(상령30⑥).

### (2) 주주총회

**1) 결의사항** 주주총회는 선택권을 구체적으로 부여할 때 '일정한 사항'(1. 선택권자의 성명 2. 선택권의 부여방법 3. 선택권의 행사가액과 그 조정에 관한 사항 4. 선택권의 행사기간 5 선택권자 각각에 대해 선택권의 행사로 발행하거나 양도할 주식의 종류와 수)에 대한 특별결의가 필요하다(상340의3②). 상장회사는 정관으로 정하는 바에 따라 자본금이 3천억 원 이상인 경우 발행주식총수의 1%(자본금이 3천억 원 미만인 경우는 발행주식총수의 3%)까지 이사회가 위 '일정한 사항'을 결의할 수 있고, 이 경우 선택권을 부여한 후 처음으로 소집되는 주주총회의 승인을 받아야 한다(상542의3③,상령30④).

위 '일정한 사항' 중에서 선택권의 행사가액, 부여방법, 행사기간은 다음과 같은 제한을 고려하여 결의되어야 한다.

2) **행사가액** 선택권의 행사가액이 부당하게 저가로 부여되는 것을 방지할 필요가 있다(부당한 저가부여는 자본금충실에 반하고 임직원에게 부당한 이득을 제공하는 결과가 된다). 이를 위해 선택권의 행사가액은 '부여일'을 기준으로 주식의 실질가액(시장가액)이 되도록 정해야 한다(또한 신주발행 시에는 자본금 충실의 원칙상 권면액 이상이라는 요건도 추가된다). 즉, 선택권의 행사가액은 다음 각 호의 가액 이상이어야 한다(상340의2④).

1. 신주를 발행하는 경우 선택권의 부여일을 기준으로 한 주식의 실질가액과 주식의 권면액 중 높은 금액. 다만, 무액면주식을 발행한 경우에는 자본으로 계상되는 금액 중 1주에 해당하는 금액을 권면액으로 본다.
2. 자기주식을 양도하는 경우 선택권의 부여일을 기준으로 한 주식의 실질가액

행사가액은 조정될 수 있다(상340의3②(3)). 가령 신주발행이 있으면 주식의 실질가액이 변동될 수 있으므로 이 경우 행사가액이 조정될 필요가 있다.

3) **부여방법** 선택권의 부여방법에는 다음과 같이 세 가지가 있다(상340의2①). ① 신주교부방식: 회사가 행사가액을 기준으로 신주를 발행하여 선택권자에게 교부한다. ② 자기주식교부방식: 회사가 보유하는 자기주식을 행사가액을 기준으로 선택권자에게 양도한다. ③ 차액정산방식: 주식을 발행하거나 양도하는 대신에 회사가 선택권의 '행사일'을 기준으로 한 실질가액과 행사가액의 차액을 정산해서 금전으로 지급하거나 그 차액에 상당하는 자기의 주식을 양도한다.

위와 같은 부여방법에 따라 발행할 신주 또는 양도할 자기주식은 발행주식총수의 10%(상장회사는 15%)를 초과할 수 없다(상340의2③,542의3②,상령30③). 선택권으로 인한 지나친 발행·양도를 방지하기 위해서이다.

4) **행사기간** 상법은 선택권을 언제부터 행사할 수 있는지(행사시기)에 대해 규정한다. 즉, 선택권은 주주총회의 결의일부터 2년 이상 재임·재직해야 행사할 수 있다(상340의4①). 회사에 기여하기 위해서 필요한 최소한의 재임·재직기간을 설정한 것이다. 상장회사인 경우는 원칙상 주주총회 또는 이사회의 결의일부터 2년 이상 재임·재직해야 선택권을 행사할 수 있고(542의3④), 다만 사망

또는 그 밖에 본인의 책임이 아닌 사유로 퇴임·퇴직한 경우(정년에 따른 퇴임·퇴직은 본인의 책임이 아닌 사유에서 제외)에는 2년 미만 재임·재직해도 선택권을 행사할 수 있다(상령30⑤). 판례는 상장회사에 인정되는 2년 미만의 예외를 비상장회사에 (유추)적용할 수 없다고 해석한다.

선택권을 언제까지 행사할 수 있는지(행사기한)는 규정이 없으므로 주주총회가 임의로 정할 수 있다(판례). 다만, 상장회사에서 선택권의 행사기한을 퇴임·퇴직일로 정하는 경우 본인의 책임이 아닌 사유로 퇴임·퇴직했을 때에는 그 날부터 3개월 이상의 행사기간을 추가로 부여해야 한다(상령30⑦).

(3) 부여계약 체결 및 공시

① 주주총회결의만으로 선택권이 부여되는 것은 아니고 이를 부여하는 계약이 회사와 선택권자 사이에 체결되어야 한다. 즉, 회사는 주주총회결의에 따라서 선택권자와 부여계약을 체결하고 상당한 기간 내에 선택권부여계약서를 작성해야 한다(상340의3③). 판례는 체결된 부여계약이 주주총회의 결의내용과 차이가 있더라도 주주총회의 결의내용을 본질적으로 훼손하지 않는 한 유효하다고 본다. ② 회사는 이 계약서를 선택권의 행사기간이 종료할 때까지 본점에 비치하고 주주로 하여금 영업시간 내에 열람할 수 있도록 해야 한다(상340의3④). 선택권은 주주의 입장에서 일종의 불이익이므로 공시하게 한 것이다.

## Ⅲ. 행사 [6-163]

선택권을 행사하려는 자는 청구서 2통을 회사에 제출해야 한다(상340의5,516의9①). 선택권은 형성권이므로 회사의 승낙을 요하지 않고 행사만으로 효력이 생긴다(통설). 그렇다고 행사만으로 주주가 되는 것은 아니다. ① 신주교부방식: 신주발행에 관한 규정이 준용되어(상340의5), 선택권자는 행사가액을 신주대금으로 납입하면 주주가 된다(상516의10). ② 자기주식교부방식: 선택권자가 회사에게 행사가액을 주식대금으로 지급하고 주권을 교부받아 주주가 된다[여기서 자기주식의 교부는 주식의 양도에 해당하고, 주식의 양도에는 주권의 교부가 필요하다(상336①)]. ③ 차액정산방식: 회사가 선택권자에게 실질가액과 행사가액의 차액을 정산해서 현금을 지급하는 경우는 선택권자가 주주가 되는 일이 없고, 그 차액만큼 자기주식을 교부하는 경우는 선택권자가 자기주식을 교부받아 주주가 된다.

## 제 8 항 지배주주에 의한 소수주식의 전부취득

### Ⅰ. 의의 [6-164]

발행주식총수의 대부분을 보유한 지배주주가 나머지 소수주주의 주식을 전부취득하기 위해서 주식을 강제로 매수할 수 있고(지배주주의 강제매수), 역으로 소수주주가 자신의 주식 전부를 지배주주에게 강제로 매도할 수 있다(소수주주의 강제매도)(상360의24,360의25). 강제매수를 통해서 지배주주는 소수주주에 대한 주주관리비용, 소수주주권 행사 등에 대한 부담을 덜어낼 수 있고, 강제매도를 통해서 소수주주는 경영상 영향력이 미미한 상황하에서 퇴사하고 투자금을 환급받을 수 있게 된다.

### Ⅱ. 지배주주의 매도청구권

#### 1. 의의 [6-165]

회사의 발행주식총수의 95% 이상을 자기의 계산으로 보유하고 있는 주주(지배주주)는 회사의 경영상 목적을 달성하기 위하여 필요한 경우에 회사의 다른 주주(소수주주)에게 그가 보유하는 주식의 매도를 청구할 수 있다(상360의24①). 지배주주가 매도청구권을 행사해서 소수주주로부터 주식을 '강제매수'하는 것이다.

#### 2. 요건 [6-166]

##### (1) 행사 주체

회사의 발행주식총수의 95% 이상을 자기의 계산으로 보유하고 있는 주주(지배주주)가 매도청구권을 행사할 수 있다(상360의24①). ① 보유주식의 수를 산정할 때 지배주주가 자기의 계산(자금출연과 손익귀속의 주체)으로 보유하는 주식이면 충분하고 누구의 명의인지는 묻지 않는다. 타인의 명의이더라도 자기의 계산이면 자기가 '지배력'을 갖는다고 볼 수 있기 때문이다. ② 보유주식의 수를 산정할 때 모회사와 자회사가 보유한 주식을 합산한다(상360의24②본). 가령 어떤 회사(A)의 주식을 모자회사 관계의 다른 회사들[모회사(B)와 자회사(C)]이 각각 50%, 45%를 보유하고 있는 경우 이를 합산하면 다른 회사들[모회사(B)와 자회사(C)]은 행사주체 요건(95%)을 충족한다. ③ 보유주식의 수를 산정할 때 회사가 아닌 (개인)주주가 발행주식총수의 50%를 초과하는 주식을 가진 회사가 보유하는 주식도 그 주주가 보유하는 주식과 합산한다(상360의24②단). 가령 어떤 회사(A)의 주식을 어떤 개인(갑)이 50%를 보유하고 또한 그 개인(갑)이 발행주식총수의 50%를 초과하는 주식을 가진 다른 회사(B)가 45%를 보유하는 경우 이를 합산하면 어떤 개인(갑)과 다른 회사(B)는 행사주체 요건(95%)을 충족한다. ④ 발행주식총수를 산정할 때 자기주식이 제외된다는 명문의 규정이 없다. 판례는 제외규정이 없다는 이유에서 분모인 발행주식총수와 분자인 지배주주의 지분에 자기주식을 포함시킨다.

(2) 경영상 목적

매도청구권을 행사하기 위해서는 '경영상 목적'이 있어야 한다(상360의24①). 단순히 '소수주주의 축출'은 여기의 경영상 목적에 부합한다고 보기 어렵다(통설).

(3) 주주총회의 승인

매도청구권을 행사하기 위해서는 미리 주주총회의 승인을 받아야 한다(상360의24③). 주주총회의 소집을 통지할 때에는 일정한 사항(1. 지배주주의 주식 보유현황 2. 매도청구의 목적 3. 매매가액의 산정근거와 적정성에 관한 공인된 감정인의 평가 4. 매매가액의 지급보증)을 기재해야 하고, 지배주주는 주주총회에서 그 내용을 설명해야 한다(상360의24④). 통지사항에 매매가액의 산정이 포함되어 있는데, 매매가액은 이 단계에서 결정되는 것이 아니므로 그 산정기준을 제시하는 것으로 충분하다.

(4) 매도청구권의 행사

이상의 (1)~(3)의 요건을 갖춘 지배주주가 매도청구를 하면 매도청구의 효과가 발생한다. ① 매도청구권의 행사 이전에 소수주주를 보호하기 위해서 먼저 공고와 통지를 해야 한다. 즉, 지배주주는 매도청구의 날 1개월 전까지 일정한 사실(1. 소수주주는 매매가액의 수령과 동시에 주권을 지배주주에게 교부해야 한다는 뜻 2. 교부하지 않으면 매매가액을 수령하거나 지배주주가 매매가액을 공탁한 날에 주권은 무효가 된다는 뜻)을 공고하고, 주주명부에 적힌 주주와 질권자에게 따로 그 통지를 하여야 한다(상360의24⑤). ② 매도청구는 소수주주 전원에게 해야 하고, 지배주주가 매도청구 시에 제시하는 매매조건은 주주평등의 원칙에 따라 소수주주의 전원에 대해 동일해야 한다(통설).

### 3. 효과 [6-167]

#### (1) 매매계약의 체결

지배주주가 적법하게 매도청구권을 행사하면 매매계약이 체결된다. 즉, 매도청구권의 법적 성질은 형성권이며, 그 행사 시에 주식의 매매계약이 체결된다(통설). 매도청구를 받은 소수주주는 매도청구를 받은 날부터 2개월 내에 지배주주에게 그 주식을 매도해야 하는데(상360의24⑥), 이는 매매계약의 이행기(매도청구 시부터 2개월 내)를 규정한 것이라고 해석한다(통설). 이 시기가 지난 후에도 지배주주가 소수주주에게 매매대금을 지급하지 않으면 지배주주는 이행지체의 책임을 지게 된다. 지배주주가 매매가액을 소수주주에게 지급한 때에 주식은 이전된 것으로 본다(상360의26①). 매매가액을 지급할 소수주주를 알 수 없거나 소수주주가 수령을 거부할 경우에는 지배주주는 그 가액을 공탁할 수 있고, 이 경우 주식은 공탁한 날에 지배주주에게 이전된 것으로 본다(상360의26②).

#### (2) 매매가액의 결정

매매가액은 매도청구를 받은 소수주주와 매도를 청구한 지배주주 간의 협의로 결정한다(상360의24⑦). 매도청구를 받은 날부터 30일 내에 매매가액에 대한 협의가 안되면 소수주주 또는 지배주주는 법원에 매매가액의 결정을 청구할 수 있다(상360의24⑧). 법원이 매매가액을 결정하는 경우 회사의 재산상태와 그 밖의 사정을 고려하여 공정한 가액으로 산정해야 한다(상360의24⑨). 지배주주가 제시하는 매매조건은 주주평등의 원칙에 따라 소수주주의 전원에 대해 동일해야 하지만, 매매조건의 제시 이후에 협의과정에서는 소수주주별로 매매가액이 다르게 결정될 수 있고, 협의가 되지 않아서 법원이 가액결정을 하는 경우 이에 따를 것인지는 소주주주를 포함한 당사자가 정할 문제이므로, 이에 따라 소수주주별로 매매가액이 달리 정해지는 것은 허용된다(통설).

## Ⅲ. 소수주주의 매수청구권 [6-168]

발행주식총수의 95% 이상을 자기의 계산으로 보유하고 있는 주주(지배주주)가 있는 회사의 소수주주는 지배주주에게 언제든지 자신이 보유한 주식의 매수를 청구할 수 있다(상360의25①). ① 매수청구권은 각 소수주주가 개별적으로 선택하여 행사할 수 있으므로 일부 소수주주만 행사해도 무방하고, 주주총회 승인을 얻을 필요도 없으며, 매도청구권과 달리 경영상의 목적도 요건이 아니다. 이 점에서 매도청구권과 다르다. ② 매수청구권도 형성권이므로 그 행사 시에 주식의 매매계약이 체결된다(통설). 매수청구를 받은 지배주주는 매수를 청구한 날을 기준으로 2개월 내에 매수를 청구한 소수주주로부터 그 주식을 매수해야 하는데(상360의25②), 이는 매매계약의 이행기(매수청구 시부터 2개월 내)를 규정한 것이라고 해석한다(통설). ③ 매매가격의 결정, 주식의 이전은 매도청구권의 경우와 내용이 동일하다(상360의25③~⑤,360의26①②).

# 제 4 관 주식회사의 기관

## 제 1 항 의 의 [6-169]

회사는 법인으로서 스스로 권리능력을 갖지만 자연인이 아니므로 실제로 의사를 결정하고 행위를 할 수는 없다. 따라서 회사의 기관을 두어서 실제로 의사를 결정하고 행위를 하게 하여 이를 회사의 행위로 간주할 필요가 있다. 회사의 사원이 당연히 회사의 기관으로 되는 인적회사(사원과 기관의 일치)와 달리 물적회사인 주식회사에서는 사원과 기관이 별개이다(사원과 기관의 분리). 이러한 이유에서 주식회사의 기관을 제3자기관(또는 타인기관)이라고 부른다(인적 회사의 기관은 자기기관이라고 한다).

주식회사의 기관은 의사결정기관, 집행기관, 감사기관으로 구분된다. 의사결정기관은 주주총회와 이사회이다. 집행기관을 보면, 상법은 이사회도 업무의 집행기관이라고 규정하고 있지만(상393①), 회의체인 이사회가 실제로 업무집행을 할 수 없으므로 현실적으로 대표이사(또는 대표집행임원)만이 집행기관이라고 할 수 있다. 감사기관을 보면, 원칙상 업무집행의 감독기관으로 감사 제도(상409)가 있고, 이사회에게는 감독권한이 부여되어 있다(상393②).

주식회사의 기관은 회사규모에 따라 차등이 있다. ① 소규모회사(자본금이 10억 원 미만인 회사): 주주총회의 소집절차가 간소화되고(상363③~⑥), 이사회와 대표이사를 두지 않고 1~2명의 이사만을 선임해서 업무집행을 하게 할 수 있으며(상383①④~⑥), 감사기관을 두지 않을 수 있다(상409④). ② 상장회사: 원칙상 이사 수의 4분의 1 이상을 사외이사로 하고, 특히 자산총액이 2조 원 이상인 경우 사외이사가 3명 이상이면서 이사 수의 과반수가 되어야 하고(상542의8①,상령34②), 자산총액이 1천억 원 이상인 경우 원칙상 상장회사특례규정상 감사위원회 또는 상근감사 중 하나는 설치해야 하며(상542의10,상령36①), 자산총액 2조 원 이상인 상장회사는 감사위원회만 둘 수 있다(상542의11①).

## 제2항 주주총회

### Ⅰ. 의의 [6-170]

주주총회는 주주로 구성되고 회사의 기본적 사항에 대해 의사결정을 하는 주식회사의 필요적 상설기관이다(통설). ① 주주총회는 주주로 구성된다. 의결권 없는 주주에게는 원칙적으로 주주총회 안건에 반대주주의 주식매수청구권[6-203]이 인정되는 사항이 포함된 경우라면 소집통지를 해야 하고 그 이외의 경우에는 주주총회 소집통지를 하지 않을 수 있지만(상363⑦), 의결권 없는 주주도 주주총회에 참석해서 의견을 진술할 수 있다(통설). ② 주주총회는 회사의 기본적 사항에 대해 의사결정[이사의 선임·해임(상382① 등), 정관변경(상433①) 등]을 하므로 최고의 의사결정기관이다. 다만, 주주총회는 상법 또는 정관이 정하는 사항에 한해서 결의할 수 있다(상361). ③ 주주총회는 반드시 존재해야 하는 필요적 상설기관이다.

주주총회는 최고의사결정기관으로서 그 중요성이 큼에도 불구하고 주주총회의 형해화(또는 부실화) 현상이 문제점으로 지적되어 왔다. 이러한 현상은 일부의 지배주주가 다수결을 통해서 주주총회를 실질적으로 지배함으로써 나머지 주주는 주주총회에 대한 영향력이 미미하거나, 또는 일반 주주들이 경제적 권익(주가, 이익배당 등)에 대한 관심과 달리 회사경영에 관심이 적은 경우에 나타난다.

## Ⅱ. 주주총회의 권한 [6-171]

### 1. 의의

주주총회는 상법 또는 정관이 정하는 사항에 한해서 결의할 수 있다(상361). 이외의 사항에 대해서 결의한 경우 이는 무효인 결의이다(판례·통설). 이와 같이 주주총회라고 해서 회사에 관한 모든 사항을 결정할 수 있는 만능의 기관은 아니다. 역으로 상법 또는 정관이 정하고 있는 주주총회의 권한은 주주총회의 고유권한이다. 따라서 주주총회의 결의로써도 자신의 권한을 이사회에 위임할 수 없지만, 기본적인 사항을 정하고 세부적인 사항을 이사회에 위임하는 것은 가능하다(통설).

### 2. 상법상 권한

상법상 주주총회 권한의 일부를 살펴보면, ① 회사의 구조변화: 영업양도(상374), 정관변경(상433), 자본금감소(상438), 합병(상522) 등 ② 회사의 기관구성: 이사의 선임·해임(상382① 등), 감사의 선임·해임(상409① 등) 등 ③ 회사의 재무감독: 재무제표의 승인(상449①), 이익배당의 결정(상462①) 등이 있다.

### 3. 정관상 권한

정관을 통해서 주주총회의 권한을 확대할 수 있다. 이는 상법 361조가 명문으로 허용하고 있다. 뿐만 아니라 상법상 개별 규정에서 정관이 따로 정할 수 있다고 한 경우도 있다(가령 상368①: 주주총회의 결의는 상법 또는 '정관에 다른 정함이 있는 경우'를 제외하면 출석한 주주의 의결권의 과반수와 발행주식총수의 4분의 1 이상의 수로써 하여야 한다).

문제는 이사회 권한으로 열거된 사항[가령 이사의 자기거래는 이사회의 승인이 필요(상398)]을 정관을 통해서 주주총회의 권한으로 변경할 수 있는지 여부이다. 주주총회가 최고의사결정기관이라는 점을 강조하고 권한분배의 자율성이 인정되어야 한다는 입장에서는 주식회사의 본질 또는 강행규정에 위반되지 않는 한 이것이 긍정되어야 한다고 본다(통설). 이와 달리 주식회사의 소유(주주총회)와 경영(이사회)의 분리라는 상법의 이념을 존중하는 입장은 이것이 부정되어야 한다고 본다.

## Ⅲ. 주주총회의 개최

### 1. 주주총회의 소집

#### (1) 의의 [6-172]

상법은 주주총회의 소집에 대해 규정하고 있다. 상법이 규정한 사항을 제외한 나머지 주주총회 소집에 관한 사항은 이사회가 결정한다(상362).

#### (2) 소집권자 [6-173]

주주총회의 소집권한은 원칙적으로 이사회에 있다(상362). 이것은 강행규정으로서 정관으로도 주주총회의 권한으로 정할 수 없다(통설). 이사회가 소집에 관한 사항을 정하면 대표이사가 이를 집행한다.

소수주주도 주주총회의 소집권한이 있다. 주주총회를 소집할 필요가 있으나 이사회가 소집하지 않는 경우에 소수주주를 보호하기 위한 구제수단이다. ① 소수주주는 이사회에 주주총회를 소집하도록 '청구'할 수 있고, 이사회가 지체 없이 주주총회 소집절차를 밟지 않으면 소수주주는 법원의 허가를 얻어 '직접' 주주총회를 소집할 수 있다(상366①②). 이에 따라 소집된 주주총회는 회사의 업무와 재산상태를 조사하게 하기 위하여 검사인을 선임할 수 있다(상366③). 주주가 '직접' 주주총회를 소집한 경우 주주총회의 의장은 법원이 이해관계인의 청구나 직권으로 선임할 수 있다(상366②). 이 경우는 특히 주주총회 의사진행의 공정성을 확보할 필요가 크기 때문이다. 일반적인 경우 주주총회의 의장은 정관에서 정함이 없는 때에는 주주총회에서 선임한다(상366의2①). ② 소수주주는 발행주식총수의 3% 이상의 주식을 가진 자를 가리키고(상366①), 상장회사인 경우는 '6개월 전부터 계속하여 발행주식총수의 1.5% 이상인 주식을 보유한 자'를 가리킨다(상542의6①).

감사 또는 감사위원회는 소수주주와 마찬가지의 방법(먼저 이사회에 청구하고 응하지 않으면 직접 소집)으로 주주총회의 소집권한이 있다(상412의3,415의2⑦,366②). 감사제도의 실효성을 확보하기 위해서이다.

법원은 주주총회 소집명령권을 갖는다. 즉, 회사의 업무집행에 부정행위가 있는 등의 일정한 요건하에 대표이사에게 주주총회의 소집을 명령할 수 있다(상467③).

### (3) 소집시기와 소집장소 [6-174]

소집시기를 기준으로 정기총회와 임시총회가 있다. 정기총회와 임시총회는 소집시기만 다를 뿐이고 권한 또는 절차에 차이가 없다. ① 회사는 매년 1회 일정한 시기에 정기총회를 소집해야 하고, 연 2회 이상의 결산기를 정한 경우는 매기에 정기총회를 소집해야 한다(상365①②). 정기총회의 주요안건으로는 재무제표의 승인 등이 있다. 임시총회는 필요한 경우에 수시로 소집된다(상365③).

소집지는 정관에 다른 정함이 없으면 본점소재지 또는 이에 인접한 지이다(상364). '이에 인접한 지'는 최소행정구역이어야 한다(통설). 가령 본점소재지가 서울이면 과천시, 성남시 등이 이에 인접한 지에 해당한다. 소집장소는 소집지 내에 특정한 회의장소를 가리키며, 이는 원칙상 이사회가 결정한다(상362). 통지된 소집장소에서 주주총회를 개최할 수 없는 부득이한 사정이 발생한 경우 주주들이 변경된 장소로 모일 수 있도록 적절한 통지 등의 조치를 취하는 경우 소집절차를 다시 거치지 않아도 소집장소가 적법하게 변경된 것으로 본다(판례).

### (4) 소집의 통지·공고 [6-175]

**1) 의의** 회사는 주주총회 소집을 통지해야 한다(통지의무). ① 기간과 방법에 제한이 있다. 즉, 주주총회일의 '2주 전'에 각 주주에게 '서면'으로 통지를 발송하거나 각 주주의 동의를 받아 '전자문서'로 통지를 발송해야 한다(상363①본). ② 통지서에는 '회의의 목적사항'(의제)을 적어야 한다(상363②). '재무제표 승인의 건' 정도로 기재하면 되고, 구체적인 내용은 기재하지 않아도 된다(통설). 다만, 자본금감소 등과 같이 특별한 경우는 그 주요내용(의안)까지 기재해야 한다

(상438③ 등). 주주총회에서 결의할 수 있는 사항은 이러한 통지사항으로 한정된다(통설). 통지되지 않은 사항을 결의하면 효력이 없다. ③ 일정한 경우 통지의무가 면제된다. 즉, 의결권 없는 주주[다만, 회의의 목적사항에 영업양도 등에 대한 반대주주의 주식매수청구권이 포함된 경우는 통지해야 함(상363⑦)], 또는 명의개서 미필주주(판례·통설)는 의결권을 행사할 수 없으므로 통지하지 않아도 된다. 또한 주주명부상 주주의 주소에 3년간 통지가 계속 도달하지 않은 경우 해당 주주(상363①단)에 대해서는 통지를 계속하는 것이 무의미하므로 통지의무가 면제된다.

2) **소규모회사** 소규모회사(자본금이 10억 원 미만인 회사)는 다음과 같은 특칙이 적용된다. ① 통지기간이 주주총회일의 '2주일 전'이 아니라 '10일 전'으로 단축된다(상363③). ② 소집절차를 생략할 수 있다. 즉, 주주 전원의 동의가 있으면 소집절차 없이 주주총회를 개최할 수 있다(상363④). ③ 서면결의가 가능하다. 즉, 주주 전원의 동의가 있으면 실제로 주주총회를 개최하지 않고 '서면에 의한 결의'(서면결의)로써 주주총회에 갈음할 수 있다. 즉, 결의의 목적사항에 대하여 주주 전원이 서면으로 동의를 한 때에는 서면결의가 있는 것으로 본다(상363④). 서면결의는 주주총회의 결의와 같은 효력이 있으므로(상363⑤), 서면결의에 대하여도 주주총회에 관한 규정을 준용한다(상363⑥). 서면결의는 서면투표(실제로 주주총회는 개최되지만 출석하지 않고 서면으로 의결권만 행사하는 제도)(상368의3)와 다르다.

3) **상장회사** ① 상장회사는 소수주주가 많은데 일일이 소집통지를 하면 비용과 시간이 과다할 수 있어서 일정한 경우 소집공고로 소집통지를 대신할 수 있다. 즉, 정관으로 정하는 바에 따라 소수주주(의결권 있는 발행주식총수의 1% 이하의 주주)에게 주주총회일의 2주 전에 일정사항(주주총회를 소집하는 뜻과 '회의의 목적사항')을 둘 이상의 일간신문에 각각 2회 이상 공고하거나 전자적 방법(금융감독원 또는 한국거래소가 운용하는 전자공시시스템)으로 공고함으로써 소집통지를 갈음할 수 있다(상542의4①,상령31①②). '회의의 목적사항'은 '의제'를 가리킨다. ② 일정한 내용(사외이사 등의 활동내역과 보수에 관한 사항, 사업개요 등)을 통지·공고사항에 포함해야 한다(상542의4③본,상령31④). 다만, 상장회사가 그러한 내용을 인터넷 홈페이지에 게재하고 일정한 장소(1. 상장회사의 본점 및 지점 2. 명의개서대행회사 3. 금융위원회 4. 거래소)에 갖추어 두어 일반인이 열람할 수 있도록 하는 경우에는 그렇지 않다(상542의4③단, 상령31⑤). 또한 이사·감사의 선임이 회의의 목적사항인 경우에는 일정한 사항(후

보자의 성명, 후보자와 최대주주와의 관계 등)을 통지·공고사항에 포함해야 한다(상542의4②,상령31③).

### (5) 소집의 속행·연기·철회·변경 [6-176]

주주총회에서 회의의 속행 또는 연기의 결의를 할 수 있다(상372①). 속행은 회의가 성립되어 의사가 시작되었지만 종결되지 않아 다음 회의일에 의사를 계속하는 것이고, 연기는 회의가 성립되었지만 의사가 시작되지 않아 다음 회의일에 의사를 시작하는 것이다(통설). 속행 또는 연기는 이미 성립된 회의가 연속되는 것으로 볼 수 있으므로(판례·통설), 주주총회 소집절차(상363)를 다시 거치지 않는다(상372②).

주주총회 소집의 철회 또는 변경은 회의가 성립되기 전에 철회하거나 회의일 등을 변경하는 것을 말한다. 판례는 소집을 철회 또는 변경하기 위해서는 소집의 경우에 준하여 소집에서와 같은 방법으로 통지할 것을 요구한다.

### (6) 소집절차의 하자 [6-177]

**1) 결의의 취소 또는 부존재** 소집절차에 하자(소집에 관한 이사회 결의가 없거나 소집통지가 없는 등)가 있음에도 불구하고 주주총회 결의가 이루어진 경우는 결의취소사유(상376) 또는 결의부존재확인사유(상380)가 된다. 소집절차에 '법령 또는 정관에 위반하거나 현저하게 불공정한 하자'가 있으면 결의취소사유가 되고, 소집절차에 '주주총회 결의가 존재한다고 볼 수 없을 정도의 중대한 하자'가 있으면 결의부존재확인사유가 된다.

**2) 하자의 치유** 주주총회의 소집절차는 주주에게 회의참석의 기회를 주자는 것인데, 소집절차에 하자가 있더라도 모든 주주의 동의 또는 참석이 있으면 그 하자가 치유될 수 있다. ① 주주 전원의 동의로 소집절차를 생략하는 것이 가능하다(통설). 소규모회사(자본금이 10억 원 미만인 회사)에는 이 점이 명문화되어 있다(상363④). ② 소집절차에 하자가 있지만 주주총회 개최에 동의하여 주주 전원이 참석하고 결의한 경우 그 결의는 유효한 것으로 본다(판례·통설). 나아가 판례는 실제로 주주총회를 개최하지 않았더라도 주주 전원의 위임을 받아 주주총회의사록이 작성된 경우 그 결의는 유효한 것으로 본다. 다만, 판례는 주주 전원이 아닌 발행주식총수의 98%를 보유한 지배주주가 참석한 사실만으로는 소집

절차의 하자가 치유되지 않는다고 본다.

### 2. 주주총회 의제와 의안

#### (1) 의의 [6-178]

주주총회 의제는 회의의 목적사항을 말하고, 의안은 의제의 구체적인 내용을 말한다. 가령 이사의 선임은 의제이고 이사 후보자의 성명 등은 의안이다. 상법은 의제를 회의의 목적사항(상363②)이라고 하고, 의안은 '의안의 요령'(상433②) 또는 '의안의 주요내용'(상438③ 등)이라고 한다.

의제와 의안의 차이는 다음과 같다. ① 의제는 주주총회 소집 시에 필수적 통지사항이지만(상363②), 원칙적으로 의안은 통지사항이 아니다. 다만, 예외적으로 주주가 제안한 의안은 필수적 통지사항에 포함된다[6-179]. ② 의제는 주주총회의 결의범위를 구속하지만, 의안은 원칙상 그러한 효력이 없다. 즉, 통지된 의제 이외에는 주주총회가 결의할 수 없고(통설), 의제를 변경하려면 소집에 준하는 절차를 다시 거쳐야 한다(판례). 하지만 의안은 당해 주주총회에서 새로이 제안하거나 변경하는 것이 가능하다(통설). 가령 정관의 변경(의제)과 관련하여 정관변경의 내용(의안)이 통지된 경우 해당 주주총회에서 이미 통지된 의안을 수정하거나 새로운 의안을 제안하는 것이 가능하다. 다만, 의안도 주주총회를 구속하는 예외가 있다. 즉, 상장회사가 주주총회에서 이사 또는 감사를 선임할 때는 '통지하거나 공고한 후보자'(의안) 중에서만 선임해야 한다(상542의5).

#### (2) 주주제안권 [6-179]

1) 의의 주주총회의 의제와 의안은 이사회가 주주총회의 소집결의를 하면서 정하는 것이 원칙이다. 예외적으로 소수주주도 주주총회의 의제와 의안을 제안할 수 있는데, 이것이 주주제안권이다(상363의2).

2) 내용

㈎ 제안권자 의결권 없는 주식을 제외한 발행주식총수의 3%의 주식을 가진 주주가 제안권자이다(상363의2). 상장회사는 6개월 전부터 계속하여 의결권 없는 주식을 제외한 발행주식총수의 1%(자본금이 1천억 원 이상인 경우는 0.5%) 이상의 주식을 보유한 자가 제안권자이다(상542의6②,상령32).

**(나) 제안대상** 의제제안이든 의안제안이든 모두 가능하다(상363의2①②). 의제는 주주총회 소집 시에 필수적 통지사항이지만(상363②), 원칙적으로 의안은 통지사항이 아니다. 하지만 주주는 자신이 제안한 의안이 통지사항에 포함되도록 청구할 수 있으므로(상363의2②), 이 경우에는 예외적으로 의안도 통지사항에 포함된다[가령 이사의 선임 건(의제)과 관련하여 주주가 그 후보자를 김○○(의안)로 제안한 경우 이 의안은 통지사항에 포함되어야 한다]. 의제는 주주총회의 결의범위를 구속하므로 주주의 입장에서는 의제제안이 특히 중요하다. 의안은 당해 주주총회에서 새로이 제안하거나 변경하는 것이 가능하므로 의안제안은 상대적으로 덜 중요할 수 있다. 하지만 의안제안은 전술한 바와 같이 통지사항에 포함된다는 점에서 그 의의가 인정된다.

**(다) 제안절차** 주주는 주주총회일(정기총회의 경우 직전 연도의 정기총회일에 해당하는 그 해의 해당일)의 6주 전에 서면 또는 전자문서로 의제 또는 의안을 제안할 수 있다(상363의2①②). 이사는 주주제안이 있으면 이사회에 보고하고, 이사회는 원칙상 이를 주주총회의 의제 또는 의안으로 해야 한다(상363의2③). 이 경우 제안자의 청구가 있으면 주주총회에서 그 내용을 설명할 기회를 주어야 한다(상363의2③).

**(라) 제안거부** 일정한 경우 회사는 정당하게 제안을 거부할 수 있다. 즉, 이사회는 주주제안의 내용이 법령 또는 정관을 위반하는 경우와 그 밖에 '대통령령으로 정하는 경우'에는 주주제안을 거부할 수 있다(상363의2③). 가령 주주가 법령 또는 정관에 비추어 볼 때 주주총회의 의결사항(상361)이 아닌 것을 제안하면 이사회는 이를 거부할 수 있다. '대통령령으로 정하는 경우'는 주주제안의 내용이 다음의 어느 하나에 해당하는 경우이다(상령12: 1. 주주총회에서 의결권의 10% 미만의 찬성밖에 얻지 못하여 부결된 내용과 같은 내용의 의안을 부결된 날부터 3년 내에 다시 제안하는 경우 2. 주주 개인의 고충에 관한 사항인 경우 3. 주주가 권리를 행사하기 위하여 일정 비율을 초과하는 주식을 보유해야 하는 소수주주권에 관한 사항인 경우 4. 상장회사인 경우 임기 중에 있는 임원의 해임에 관한 사항 5. 회사가 실현할 수 없는 사항 또는 제안 이유가 명백히 거짓이거나 특정인의 명예를 훼손하는 사항인 경우). 이 중에서 상장회사에서 임원해임에 관한 사항이 거부사유에 포함된 것은 상장회사의 경영권을 보호한다는 취지이다.

**(마) 부당거부** 적법한 주주제안이 있었음에도 불구하고 거부된 채 개최된 주주총회에서 행해진 결의의 효력이 문제된다. ① 의안제안이 부당하게 거부된

경우(가령 이사선임과 관련하여 그 후보자를 의안으로 제안했으나 채택되지 않은 경우)는 소집절차 및 결의방법에 하자가 있는 경우로서 결의취소사유(상376)가 된다(통설). ② 의제제안이 부당하게 거부된 경우(가령 이사선임을 의제로 제안했으나 채택되지 않은 경우)라면 이에 대한 결의 자체가 없으므로 결의취소사유라고 볼 수 없다(통설). 그렇다고 해서 적법하게 채택된 다른 의제(가령 감사선임)에 대한 결의까지 결의취소사유로 문제삼는 것은 과도하며, 따라서 이 경우는 이사에게 부당거부에 대한 손해배상청구만 할 수 있다고 해석한다(통설).

## Ⅳ. 주주의 의결권

### 1. 의의 [6-180]

주주는 주주총회에 출석하여 결의에 참가할 수 있는 권리(의결권)를 갖는다. 의결권은 주주의 공익권 중에서 고유권에 해당하는 가장 중요한 권리이므로 법률에 규정이 없는 한 정관으로도 이를 제한할 수 없다. 의결권을 포기한다는 내용의 주주 간 약정이 있더라도 의결권이 포기된 것으로 볼 수 없다(판례·통설).

### 2. 의결권의 원칙과 예외

#### (1) 1주 1의결권의 원칙 [6-181]

1주마다 1개의 의결권이 부여된다(상369①). 이것이 '1주 1의결권의 원칙'이다. 현행법은 특정한 1개 주식에 여러 개의 의결권이 부여되는 '복수의결권주식'을 허용하고 있지 않다. 이러한 의미에서 1주 1의결권 원칙은 정관으로도 달리 정할 수 없는 강행규정이다(판례·통설).

#### (2) 1주 1의결권의 예외

1) 의의[6-182] 1주 1의결권 원칙은 절대적인 것이 아니라 법률에 의해서 정책상 제한될 수 있는 상대적인 것으로 이해되고 있다. 이것이 의결권의 제한 문제이며, 여기의 '제한'은 좁은 의미의 제한은 물론이고 배제까지 포괄하는 넓은 의미로 사용한다.

상법에 따라 의결권이 제한되는 경우로서 이미 살펴본 것으로는 ① 의결권의 배제·제한에 관한 종류주식[6-84] ② 자기주식[6-136] ③ 상호보유주식[6-144]이 있다. 이들은 주주총회에서 제안되는 의제의 종류 또는 내용과 무관하게 항상 의결권이 없다. 이외에도 다음과 같은 경우에 의결권이 제한된다.

2) **특별이해관계인**[6-183] 주주총회의 결의에 특별한 이해관계가 있는 자는 의결권을 행사하지 못한다(상368③). 특별이해관계가 있는 자가 회사의 이익과 무관하게 사익을 추구하여 의결권을 남용하는 것을 예방하자는 취지이다. 특별이해관계가 있는 해당 의제에 관해서만 의결권이 제한된다. 특별이해관계인이 의결권 제한을 위반하여 의결권을 행사하면 결의방법상 하자가 있으므로 결의취소사유(상376)가 된다.

특별이해관계인과 관련된 주요 쟁점은 다음과 같다. ① 특별이해관계: 이는 특정한 주주가 해당 의제에 관해 주주의 입장(회사의 지배에 관한 이해관계)에서 벗어나서 개인의 입장에서 가지는 경제적 이해관계이다(개인법설)(판례·통설). 해당 의제에 관해 개인의 입장이 개입된 경우에는 주주의 입장과 개인의 입장이 충돌하게 되고, 주주가 후자를 우선하면 회사의 이익이 침해될 수 있다. 가령 주주총회가 재무제표를 승인한 후 2년 내에 해당 재무제표와 관련하여 이사·감사의 책임을 추궁하는 의제를 다루는 경우 그 이사·감사인 주주는 이 의제에 대해 특별이해관계를 갖는다(판례). 주주총회에서 이사의 책임을 면제하는 결의 시에 그 이사인 주주, 영업양도의 결의에서 그 양수인인 주주 등도 특별이해관계를 갖는다(통설). 이 경우 해당 주주는 개인의 입장을 우선할 가능성이 높다. ② 적용범위: 특별이해관계가 있는 주주가 직접 의결권을 행사할 수 없음은 물론이고 그 대리인도 행사할 수 없다. 대리인이 주주의 개인적 이해관계에 따라 의결권을 행사할 수 있기 때문이다. 또한, 주주는 특별이해관계가 없고 대리인만 특별이해관계가 있는 경우에도 이 대리인이 의결권을 행사할 수 없다(통설). 대리인이 본인의 의사에 따르지 않고 자신의 특별이해관계에 따라 의결권을 행사해도 유효하기 때문이다.

3) **감사(또는 감사위원)의 선임·해임**[6-184] 주주총회에서 감사의 선임 시에, 의결권 없는 주식을 제외한 발행주식총수의 3%(정관으로 이보다 낮은 비율을 정할 수 있음)를 초과하는 주식을 가진 주주는 그 초과주식의 의결권을 행사하지 못한다(상409②). 상장회사의 특칙도 있다. 즉, 상장회사의 주주총회에서 감사위원

(또는 감사위원)의 선임·해임 시에 의결권을 제한한다(상542의12④,⑦). 감사(또는 감사위원)의 독립성을 높이자는 취지이다. 이에 관해서는 감사제도에서 좀 더 자세히 살펴본다[6-326, 333].

4) **집중투표의 배제**[6-185] 상장회사가 정관으로 집중투표를 배제하거나 그 배제된 정관을 변경하려는 경우, 의결권 없는 주식을 제외한 발행주식총수의 3%(정관으로 이보다 낮은 비율을 정할 수 있음)를 초과하는 주식을 가진 주주는 그 초과주식의 의결권을 행사하지 못한다(상542의7③). 이에 관해서는 이사의 집중투표제에서 좀 더 자세히 살펴본다[6-229].

5) **특별법상 의결권 제한**[6-186] 특별법이 의결권을 제한하는 경우가 있다. 가령 ① 누구도 은행의 의결권 있는 발행주식총수의 10%(지방은행은 15%)를 초과하는 주식을 보유할 수 없고(은행법15①), ② 비금융주력자(이른바 '산업자본')는 은행의 의결권 있는 발행주식총수의 4%(지방은행은 15%)를 초과하는 주식을 보유할 수 없는데(은행법16의2①)(이를 '금산분리' 또는 '은산분리'라고 한다), 이를 위반한 경우 그 초과주식에 대해서는 의결권을 행사할 수 없다(은행법16①). 위 ①은 특정 주주가 은행을 지배하는 것을 막기 위해서이고, 위 ②는 특정 주주가 '산업자본'인 경우 보다 엄격하게 제한하려는 것이다.

### 3. 의결권의 행사

#### (1) 의결권행사의 자유 [6-187]

주주는 자신의 의결권을 자유롭게 행사할 수 있다(의결권행사의 자유). 이를 침해하는 경우 결의방법이 현저히 불공정한 경우에 해당하여 결의취소사유(상376)가 될 수 있다. 판례는 사실상 주주 2인으로 구성된 회사의 일방 주주가 다른 주주의 회의장 입장을 부당하게 방해하고 의사진행 및 결의방식에서 개최시각보다 늦게 입장하게 된 다른 주주의 의결권행사를 최대한 보장하지 않은 경우 결의방법이 현저히 불공정하다고 본다.

#### (2) 의결권행사의 방법

1) **의의**[6-188] 의결권행사의 방법과 관련해서 ① 의결권의 불통일행사 ② 의결권의 대리행사 ③ 서면투표·전자투표를 살펴보자. 이 중에서 ②와 ③

은 주주가 보다 적극적으로 의결권을 행사할 수 있도록 의결권행사에 편의를 제공하는 제도들이다.

2) **의결권의 불통일행사**[6-189] 의결권의 불통일행사는 2개 이상의 의결권을 가진 주주가 이를 통일하지 않고 행사하는 것을 가리킨다(상368의2①). 가령 10주를 가진 주주가 7주는 찬성, 3주는 반대로 투표하는 경우이다.

불통일행사의 실익이 나타나는 경우는 주주(형식주주)가 타인(실질주주)을 위해서 주식을 가지고 있거나 이에 준하는 경우이다. 가령 수인이 주식을 공유하는 경우 공유자는 주주권을 행사할 1인을 정해야 하는데(상333②), 그 1인이 의결권을 행사하는 경우 불통일행사의 실익이 있다.

불통일행사의 요건을 보자. ① 통지의무: 불통일행사를 위해서, 주주는 주주총회일의 3일 전에 회사에 서면 또는 전자문서로 그 뜻과 이유를 통지해야 한다(상368의2①). ② 회사의 비거부: 주주가 주식의 신탁을 인수했거나 기타 '타인을 위하여 주식을 가지고 있는 경우' 이외에는 회사는 주주의 의결권의 불통일행사를 거부할 수 있다(상368의2②). 이는 주주가 타인을 위해 주식을 가지고 있는 경우가 아니면 불통일행사의 실익이 없기 때문이다. 이렇게 회사의 거부가 없어야 불통일행사를 할 수 있다. 거부는 회사의 권리일 뿐이고 거부의무를 부담하는 것은 아니다.

불통일행사의 효과를 보면, 불통일행사를 한 의결권은 모두 유효하다. 찬성과 반대를 상계하고 나머지만 유효인 것은 아니다. 불통일행사는 의제 또는 의안별로 선택하여 할 수 있다. 형식주주가 실질주주와의 관계에서 불통일행사를 해야 할 의무를 지고 있으나 실제로는 이를 이행하지 않은 경우, 의무위반은 양자의 내부관계의 문제일 뿐이고, 의결권행사의 효력에는 영향이 없다고 해석한다(통설).

3) **의결권의 대리행사**[6-190] 주주는 대리인으로 하여금 의결권을 행사하게 할 수 있다(상368②). 대리행사는 주주가 직접 의결권을 행사하지 않고 자신의 대리인으로 하여금 행사하게 하는 제도로서, 의결권행사에 편의를 제공하자는 취지이다. 다만, 의결권의 대리행사로 인해서 주주총회의 개최가 부당하게 저해되거나 회사의 이익이 부당하게 침해될 염려가 있는 등의 특별한 사정이 있으면 회사는 대리행사를 거절할 수 있다(판례).

의결권 대리행사에 관한 주요 쟁점을 살펴보자. ① 정관으로 대리인 자격을 주주로 한정하는 경우가 있다. 이는 주주총회가 주주 이외의 제3자에 의해 교란되는 것을 방지하여 회사 이익을 보호하자는 취지의 합리적인 제한이어서 무효가 아니다(판례·통설). 다만, 주주가 단체인 경우(국가, 지방공공단체 또는 주식회사 등인 경우) 정관에 대리인의 자격을 주주로 제한하였는데 그 대표자가 소속 직원에게 의결권을 대리행사하게 하는 경우 특별한 사정이 없는 한 대표자의 의사가 반영되지 않은 채 주주총회가 교란되는 등의 위험은 없으므로 정관 위반이 아니다(판례·통설). ② 대리권의 범위 면에서 보면, 대리권은 개별 의제별로 부여할 수 있고, 주주총회별로 부여할 수도 있다. 수회의 주주총회를 묶어서 포괄위임을 하는 것도 가능하다(통설). 판례는 7년간의 대리권 수여를 유효하다고 본다. ③ 대리의 방법을 보면, 대리인은 대리권을 증명하는 서면(위임장)을 주주총회에 제출해야 한다(상368②). 대리권의 존재에 관한 분쟁을 예방하기 위해서 증명방법을 서면으로 정형화한 것이다. 위임장은 원본이어야 하고 특별한 사정이 없는 한 사본은 효력이 없다(판례·통설). ④ 상장회사에서 대리행사의 권유는 규제를 받는다. 상장회사에서 의결권의 대리행사 권유(이른바 '위임장권유')는 10명 이상의 상대방에게 자신 또는 제3자에게 의결권의 대리행사를 위임하라고 권유하는 행위 등을 말한다(자본152②,자본령161). 자본시장법은 주주가 이러한 권유에 응할지를 판단할 수 있도록 권유자로 하여금 충분한 정보를 제공하게 하는 것을 포함하여 권유방식 등에 대해 규제하고 있다(자본152~158).

#### 4) 서면투표·전자투표

**㈎ 의의[6-191]** 서면투표는 서면에 의해 의결권을 행사하는 것이고, 전자투표는 인터넷을 통해서 의결권을 행사하는 것이다. 양자는 의결권의 행사방법이 서면인지 인터넷인지에 따른 차이가 있지만, 주주(또는 그 대리인)가 주주총회에 직접 출석하지 않고도 의결권을 행사할 수 있게 하는 제도로서 의결권행사에 편의를 준다는 점에서 같다.

회사가 서면투표와 전자투표를 모두 채택하고 있는 경우 동일한 주식에 관해서는 둘 중 하나만 선택해야 한다(상368의4④). 이는 의결권이 이중으로 행사되는 것을 막기 위해서이다.

서면투표이든 전자투표이든 주주총회 자체는 실제로 개최되어야 한다. 이

점에서 실제로 주주총회를 개최하지 않고 서면에 의한 결의로써 주주총회에 갈음하는 '서면결의제도'(자본금이 10억 원 미만인 소규모회사에 도입[6-175])와는 다르다.

㈏ **서면투표**[6-192] 주주는 정관이 정한 바에 따라 주주총회에 출석하지 않고 '서면에 의해 의결권을 행사'(서면투표)할 수 있다(상368의3①). ① 서면투표를 위해서는 정관에 서면투표에 대한 정함이 있어야 한다. ② 회사가 서면투표를 실시하려면 사전적 정보제공의무를 진다. 즉, 회사는 주주총회의 소집통지서에 서면투표에 필요한 서면과 참고자료를 첨부해야 한다(상368의3②). ③ 서면투표의 효력은 직접 주주총회에 출석하여 의결권을 행사한 것과 같다.

㈐ **전자투표**[6-193] 회사는 이사회의 결의로써 주주가 주주총회에 출석하지 않고 '전자적 방법으로 의결권을 행사'(전자투표)할 수 있음을 정할 수 있다(상368의4①). ① 전자투표를 위해서는 이사회의 결의로써 전자투표에 대한 정함이 있어야 한다. 서면투표가 정관에 정함이 있어야 하는 것과 비교된다. ② 회사가 전자투표를 실시하려면 사전적 정보제공의무를 진다. 즉, 회사는 주주총회의 소집통지를 할 때에 전자투표가 가능함을 통지해야 한다(상368의4②). 이때 전자투표에 필요한 사항[1. 전자투표를 할 인터넷 주소 2. 전자투표를 할 기간(전자투표의 종료일은 주주총회 전날까지로 하여야 한다) 3. 그 밖에 주주의 전자투표에 필요한 기술적인 사항]을 포함해야 한다(상령13②). 회사는 전자투표에 필요한 양식과 참고자료를 주주에게 전자적 방법으로 제공해야 한다(상368의4③). ③ 전자투표는 투표방법이 제한된다. 공인전자서명(전자서명법2⑶)을 통하여 주주 확인 및 전자투표를 해야 한다(상령13①). 전자투표를 한 주주는 해당 주식에 관해 의결권행사를 철회하거나 변경하지 못한다(상령13③). ④ 전자투표의 효력은 주주가 직접 주주총회에 출석하여 의결권을 행사한 것과 같다. ⑤ 전자투표 실시 후 누설금지의무 등이 있다. 즉, 회사는 전자투표 관리기관을 지정·위탁할 수 있는데, 이 기관 및 담당자는 주주총회에서 개표 전에 전자투표의 결과를 누설하거나 직무상 목적 외로 사용할 수 없다(상령13④⑤). 비치·보존의무도 있다. 즉, 회사는 의결권행사에 관한 전자적 기록을 주주총회가 끝난 날부터 3개월간 본점에 갖추어 두어 열람하게 하고 주주총회가 끝난 날부터 5년간 보존해야 한다(상368의4⑤).

### 4. 의결권행사에 관한 이익공여의 금지 [6-194]

#### (1) 의의

회사는 누구에게든지 주주의 권리행사와 관련하여 재산상의 이익을 공여할 수 없다(상467의2①). 의결권행사가 왜곡되는 것을 예방하기 위해서이다. 이익공여와 관련해서 주로 문제되는 주주의 권리행사는 의결권의 행사이다.

#### (2) 금지의 요건

① 당사자를 보자. 이익공여의 주체는 회사이다. 상대방('누구에게든지')은 주주는 물론이고 그 대리인을 포함하여 의결권행사에 영향을 미칠 만한 사람이면 누구든지 포함한다. ② 회사의 계산(자금출연과 손익귀속)으로 제공되는 것이면 누구의 명의이든 묻지 않는다. ③ 사회통념상 허용되는 범위를 벗어나는 경제적 이익을 제공해야 위법성이 인정된다(판례·통설). 판례는 각 주주에게 20만 원 상당의 상품교환권과 골프장예약권을 제공한 것은 사회통념상 허용범위를 넘은 것으로 본다. ④ 이익공여는 주주권행사와 관련되어야 한다. 이익공여와의 관련성이 문제되는 주주권은 의결권을 포함하여 이익배당청구권, 잔여재산분배청구권, 신주인수권 등이다(판례·통설). 이러한 주주권행사와 '관련해서' 이익공여가 이루어져야 위법하다. 이러한 관련성에 대한 입증이 현실적으로 곤란한 점을 고려하여 입증책임이 전환되어 있다. 즉, 회사가 특정한 주주에게 무상으로 재산상 이익을 공여한 경우 주주의 권리행사와 관련성이 있는 것으로 추정한다(회사가 특정한 주주에게 유상으로 공여한 경우 회사가 얻은 이익이 공여한 이익에 비하여 현저하게 적은 때에도 같다)(상467의2②).

#### (3) 위반의 효과

위반의 효과는 민사적 측면과 형사적 측면이 있다. 의결권행사와 관련하여 이익을 공여하면 주주총회결의취소의 사유가 된다(판례). 회사가 금지의무를 위반하여 재산상 이익을 공여하면 이를 받은 자는 회사에 반환해야 하고(회사는 부당이득반환의 청구를 할 수 있고), 이 경우 회사에 그 대가를 지급한 것이 있으면 그 반환을 받을 수 있다(상467의2②). 이는 부당이득반환에 대한 특칙이다. 즉, 일반적으로 위법한 이익공여는 불법원인급여(민746: 불법의 원인으로 재산을 공여하면 반환을 청구하지 못한다) 또는 비채변제(민742: 채무가 없음을 알고도 변제하면 그 반환을 청구하지 못한다)에 해당되어 부당이득반환의 청구가 허용되지 않지만[1-150], 이는 주주의 이익에 반할 수 있으므로 정책적으로 청구를 허용하는 특칙을 둔 것이다. 회사가 반환청구를 하지 않는 경우에 대비해서 주주가 대표소송(상403~406)[6-313]의 방법으로 반환청구를 할 수 있다(상467의2④). 또한 위반 시에 이익공여의 죄로 형사책임도 따른다(상634의2).

## 5. 주주총회의 의사진행 및 의사록 [6-195]

주주총회의 의사진행은 의장이 수행한다. ① 주주총회의 의장은 주주총회의 질서를 유지하고 의사를 정리한다(상366의2②). 이에 따라 주주총회의 의장은 질서유지권도 갖는다. 즉, 고의로 의사진행을 방해하기 위한 발언·행동을 하는 등 현저히 질서를 문란하게 하는 자에게 그 발언의 정지 또는 퇴장을 명할 수 있다(상366의2③). ② 의장의 의사진행이 편파적이거나 불공정해서는 안 된다. 이를 위반한 경우 결의취소사유(상376)가 될 수 있다. ③ 의장의 위와 같은 막중한 역할과 권한을 고려하면 누가 의장이 되는지는 중요한 문제이다. 주주총회의 의장은 원칙상 정관에서 정함이 없는 때에는 주주총회에서 선임한다(상366의2①). 대표이사가 의장을 맡는 것이 보통이다. 예외적으로, 소수주주가 법원의 허가를 얻어 '직접' 주주총회를 소집한 경우(상366②)는 법원이 이해관계인의 청구나 직권으로 의장을 선임할 수 있다(상366②). 이 경우는 특히 주주총회 의사진행의 공정성을 확보할 필요가 크기 때문이다.

주주총회의 의사에는 의사록을 작성해야 한다(상373①). 의사록에는 의사의 경과요령과 그 결과를 기재하고 의장과 출석한 이사가 기명날인 또는 서명해야 한다(상373②).

## 6. 주주총회의 결의

### (1) 의의 [6-196]

주주총회에서 결의는 주주총회의 (단체적) 의사표시를 가리킨다. 한편 의결은 주주의 (개별적) 의사표시를 가리킨다. 주주의 의결이 다수에 이르면(다수결) 주주총회의 결의가 성립된다.

(2) 결의방법 [6-197]

주주가 찬성 또는 반대의 방법으로 의결하는 것이 보통이다. 찬성 또는 반대를 표현하는 방법(기명·무기명, 서면·구두·거수·기립 등)에는 특별한 제한이 없다. 주주총회 토의과정에서 주주들의 찬성·반대가 있었다고 해도 가부의 의결이 없었으면 주주총회 결의로 인정되지 않는다(판례).

(3) 결의요건

1) 의의[6-198] 주주총회의 결의는 다수결 원칙이 요구된다. 이것이 결의요건이다. 결의요건은 다수결의 엄격함을 기준으로 보통결의, 특별결의, 특수결의로 구분된다. 보통결의가 기준점이고 특별결의, 특수결의의 순서로 보다 엄격해진다.

결의요건의 요소에는 의사정족수(또는 출석정족수)와 의결정족수가 있다. 과거의 상법은 결의요건으로 둘 다 요구했다. 즉, 발행주식총수의 일정 수 이상의 주식을 가진 주주가 출석해야 주주총회가 성립(의사정족수)하고, 출석한 주주의 의결권 중 일정 수 이상이 찬성(의결정족수)해야 가결이 가능했다. 하지만 주주총회 출석에 무관심한 주주가 많아서 주주총회 출석률이 저조하자 1995년 상법 개정으로 의사정족수는 삭제했다. 그 대신에 '발행주식총수의 일정 수 이상의 찬성'이라는 요소를 신설해서 원칙적으로 의결정족수를 이원화하였다. 즉, 원칙상 '출석한 주주의 의결권 중 일정 수 이상' 및 '발행주식총수의 일정 수 이상'으로 결의요건을 변경했다. 그럼에도 불구하고 회사가 정관으로 의사정족수를 요구하는 것은 사적 자치의 원칙에 따라 허용된다(판례).

2) 보통결의[6-199] 보통결의 요건은 ① '출석한 주주의 의결권의 과반수'와 ② '발행주식총수의 4분의 1 이상의 수'이다(상368①). ①과 관련하여, 가부동수는 과반수에 미치지 못하는 것으로 본다. 특별결의사항 및 특수결의사항을 제외한 나머지 주주총회 결의사항이 보통결의사항에 속한다. 보통결의 요건은 정관으로 달리 정할 수 있다(상368①). 이에 따라 보통결의 요건을 가중하는 것은 허용된다(통설). 반대로 보통결의 요건을 완화하는 것은 논란이 있다. 위 ①은 다수결의 원칙상 완화할 수 없고(통설), 위 ②는 단체적 의사결정의 원칙상 허용될 수 있는 최소한의 요건이므로 완화할 수 없다고 해석하는 것이 다수설이다.

### 3) 특별결의[6-200]

**(가) 내용** 특별결의 요건은 '출석한 주주의 의결권의 3분의 2 이상의 수'와 '발행주식총수의 3분의 1 이상의 수'이다(상434). 정관으로 달리 정할 수 있다는 규정은 없지만 다른 정함이 허용된다는 것이 통설이다. 특별결의사항의 중요성에 비추어 볼 때, 정관으로 특별결의 요건을 완화하는 것은 허용되지 않고 가중하는 것은 허용된다(통설).

특별결의사항에는 영업양도·양수·임대 등(상374), 사후설립(상375), 이사·감사의 해임(상385①,415), 정관변경(상433), 자본금감소(상438), 합병(상522) 등이 있다. 이는 회사구조 또는 주주이해의 중대한 변화와 관련되는 사항들이다.

**(나) 영업양도·양수·임대 등** 특별결의사항 중에서 영업양도·양수·임대 등을 여기서 살펴보자.

① 영업의 전부 또는 중요한 일부의 양도는 특별결의사항이다(상374①(1)). 여기의 영업양도는 '일정한 영업목적을 위하여 조직되고 유기적 일체로 기능하는 재산의 전부 또는 중요한 일부를 총체적으로 양도'[2-52]하는 것이고, 단순한 영업용 재산의 양도는 이것에 해당하지 않는다(판례·통설). 영업의 '중요한 일부의 양도'에 해당하는지는 일부영업의 자산, 매출액, 수익 등이 전체영업에서 차지하는 비중, 일부영업의 양도가 장차 회사의 영업규모, 수익성 등에 미치는 영향 등을 종합적으로 고려하여 판단한다(판례). 그리고 회사존속에 기초가 되는 중요재산을 처분함으로써 실질적으로 영업양도 또는 영업폐지와 같은 결과를 가져오는 경우에는 (상374①(1)를 유추적용하여) 주주총회의 특별결의가 필요하다(판례·통설). 판례상 이러한 예로는 광산회사가 광업권을 양도한 경우, 택시운송회사가 운수사업면허를 양도한 경우가 있다.

② '영업 전부의 임대' 또는 '경영위임', '타인과 영업의 손익 전부를 같이 하는 계약', 그 밖에 이에 준하는 계약의 체결·변경 또는 해약은 특별결의사항이다(상374①(2)). 영업임대는 임차인이 임차료를 지급하고 자신의 명의와 계산으로 영업을 수행하는 것이다. 경영위임은 수임인이 보수를 받고 위임회사의 명의와 계산으로 영업을 수행하는 것이다. 손익공통계약(타인과 영업의 손익 전부를 같이 하는 계약)은 경제적 공동관계를 설정한 수개 기업이 자신들의 손익 전부를 약정된 비율에 분배하는 계약이다.

③ 회사의 영업에 중대한 영향을 미치는 다른 회사의 영업 전부 또는 일부의 양수는 특별결의사항이다(상374①(3)).

④ 위 ①~③에는 예외가 있다. 즉, 위 ①~③의 어느 하나에 해당하는 행위를 하는 회사의 '총주주의 동의'가 있거나 '발행주식총수의 100분의 90 이상을 해당 행위의 상대방이 소유'하고 있는 경우 주주총회의 승인은 이사회의 승인으로 갈음할 수 있다(상374의3①). 이러한 경우를 '간이영업양도·양수·임대 등'이라고 부르며, 이 경우 주주총회의 승인이 별 의미가 없으므로(당연히 승인될 것이므로) 주주총회 개최를 위한 시간적, 업무적 부담을 덜기 위해 이사회 승인으로 대체하는 것이다. 절차적으로는, 이사회의 승인으로 대체하는 경우 그 뜻을 공고하거나 주주에게 통지해야 하고, 다만 총주주의 동의가 있는 경우에는 그렇지 않다(상374의3②).

4) **특수결의**[6-201] 특수결의가 결의요건으로 가장 엄격하다. ① 발기인·이사·감사의 책임면제(상324,400①,415), 유한회사로의 조직변경(상604①) 등은 주주 전부의 동의가 필요하다. ② 창립총회의 결의는 '출석한 주식인수인의 의결권의 3분의 2 이상'이며 '인수된 주식의 총수의 과반수'에 해당하는 다수가 필요하다(상309). 그리고 이러한 창립총회의 결의요건은 신설합병, 분할, 분할합병 등으로 설립되는 회사의 창립총회에 준용된다(상527③,530의11①).

5) **결의요건의 계산**[6-202] 결의요건을 계산할 때 다음을 고려해야 한다. ① 의결권이 없는 주식은 발행주식총수에 산입하지 않는다(상371①). 의결권의 배제·제한에 관한 종류주식(상344의3①), 자기주식(상369②), 상호주(상369③) 등이 그러하다. ② 의결권을 행사할 수 없는 주식은 출석한 주주의 수에 산입하지 않는다(상371②). 특별이해관계인이 보유하는 주식(상368③), 감사(또는 감사위원)의 선임 시에 3%를 초과하는 주식(상409②,542의12④,⑦) 등이 의결권은 있지만 특별한 사정에 한해 이를 행사할 수 없는 경우이다. 그런데 상법 371조를 반대해석하면 의결권을 행사할 수 없는 주식은 발행주식총수에 산입하게 된다. 하지만 이는 부당한 결과에 이른다(즉, 의결권을 행사할 수 없는 주식이 발행주식총수에서 차지하는 비중이 큰 경우에는 '발행주식총수의 4분의 1(또는 3분의 1 등) 이상의 수'라는 요건을 충족하는 것이 불가능해진다). 이에 따라 통설은 의결권을 행사할 수 없는 주식도 발행주식총수에 산입하지 않는다고 해석한다. 판례도 감사 선임 시에 3%를 초과하는 주식을 발행주

식총수에 산입하지 않는다고 판시한 바 있다.

## Ⅴ. 반대주주의 주식매수청구권

### 1. 의의 [6-203]

반대주주의 주식매수청구권은 주주총회에서 주주의 이해관계에 중대한 영향을 미치는 사항(영업양도 등)이 결의된 경우, 그 결의에 반대하는 주주가 회사에 자신의 주식을 매수해 줄 것을 청구할 수 있는 권리이다. 이를 통해서 소수주주가 출자를 환급받을 수 있는 길을 열어준 것이다. ① 적용범위: 주식매수청구권은 주주의 이해관계에 중대한 영향을 미치는 법정 사항에 대해서만 예외적으로 적용된다(통설). 이러한 법정 사항으로는 영업양도·영업양수 등(상374의2①), 합병(상522의3), 분할합병(상530의11②), 주식교환(상360의5), 주식이전(상360의22) 등이 있고, 이는 회사의 구조변화와 관련된다. 이외에 정관변경, 분할, 자본금감소 등에서는 인정되지 않는다. ② 법적 성질: 주식매수청구권의 법적 성질은 형성권이다. 이에 따라 반대주주가 매수청구를 하면 회사의 승낙과 무관하게 매매계약이 체결되고 이에 따라 회사는 매수의무를 진다(판례·통설). ③ 기능: 주식매수청구권은 탈퇴권의 부여를 통해서 소수주주를 보호하는 기능을 수행하고, 다수주주가 회사의 구조변화를 무리하게 추진하는 것을 억제하는 기능도 수행한다.

### 2. 청구권자 [6-204]

주식매수청구권을 행사할 수 있는 자는 다음과 같다. ① 반대주주가 주식매수청구권을 갖는다. 반대주주는 주주총회 전에 회사에 서면으로 결의에 반대하는 의사를 통지(반대통지)한 주주이다(상374② 등). 반대통지를 한 이상 해당 주주총회에 출석해서 반대투표를 하지 않아도 반대주주라고 볼 수 있고, 반대통지를 하고도 해당 주주총회에 출석해서 찬성투표를 한 경우는 반대주주라고 볼 수 없다(통설). 한편, 주주총회결의를 거치지 않는 간이합병(상522의3②), 간이분할합병(상530의11②), 간이주식교환(상360의5②)의 경우에는 회사에 서면으로 간이합병 등에 대한 반대의사를 통지한 주주가 반대주주이다. ② 의결권이 배제·제한되는 종류주식을 보유한 주주도 주식매수청구권을 갖는다(상374② 등). 이러한 주주에게도 출자금 환급의 기회를 줄 필요가 있기 때문이다. ③ 상장회사에 대해서는 특칙이 있다. 즉, 반대의사를 통지한 주주가 공시규정(자본391)에 따라 이사회결의 사실이 공시되기 전에 취득했음을 증명한 주식과, 이사회결의 사실이 공시된 이후에 취득했으나 대통령령으로 정하는 경우(이사회결의 사실이 공시된 날의 다음 영업일까지 해당 주식에 관한 매매계약이 체결된 경우 등을 말한다)에 해당함을 증명한 주식만 주식매수청구권이 인정된다(자본165의5①,자본령176의7②). 합병 등의 사실을 알고 단기차익을 목적으로 주식을 취득한 주주는 보호할 필요가 없다는 취지이다.

### 3. 요건 및 절차 [6-205]

매수청구의 요건 및 절차는 다음과 같다. ① 명시사항: 회사는 주주총회의 소집통지·공고에 주식매수청구권의 내용 및 행사방법을 명시해야 한다(상374②,자본165의5⑤ 등). 주주총회 소집통지·공고의 대상이 아닌 무의결권주식, 그리고 주주총회를 거치지 않는 간이합병·간이분할합병·간이주식교환의 경우에도 주식매수청구권의 내용 및 행사방법을 명시해서 통지·공고를 해야 한다(상363⑦단,527의2②). 이러한 명시를 하지 않은 경우 해당 주주는 반대통지를 하지 않아도 주식매수청구권을 행사할 수 있다(판례). ② 반대통지: 반대주주는 주주총회 전에 회사에 서면으로 결의에 반대하는 의사를 통지(반대통지)해야 한다(상374의2① 등). 회사로 하여금 매수청구의 규모를 예측할 수 있게 하자는 취지이다. ③ 매수청구: 반대통지를 한 주주는 매수청구기간(주주총회 결의일로부터 '20일 내')에 서면으로 주식매수청구를 해야 한다(상374의2① 등). 주주총회가 생략되는 간이합병 등의 경우는 매수청구기간의 기산점이 다르다[즉, 회사가 주식매수청구권의 내용 및 행사방법을 명시해서 통지·공고한 날로부터 2주가 경과한 시점이 20일의 기산점이 된다(상522의3② 등)]. ④ 일부청구: 반대주주가 자신이 가진 주식의 일부만 매수청구를 해도 무방하다(통설).

### 4. 효과 [6-206]

매수청구의 효과를 보자. ① 매수의무: 반대주주가 매수청구를 하면 회사의 승낙과 무관하게 회사는 매수의무를 진다(판례·통설). 이에 따라, 회사가 매수청구를 받으면 위 매수청구기간이 종료하는 날부터 2개월(상장회사는 1개월) 내에 주식을 매수해야 한다(상374의2②,자본165의5② 등). 이 매수기간은 매매대금 지급의무의 이행기이고, 이 기한이 도래하면 회사가 이행지체의 책임을 지며, 매수가액이 결정되지 않은 경우에도 마찬가지이다(판례). 이 경우 상사법정이율의 이자를 지급해야 하므로 책임을 면하기 위해서는 공탁을 해야 한다. ② 주식의 이전: 매매대금의 지급이 있으면 해당 주식은 회사로 이전되며(다수설), 이는 자기주식의 취득에 해당한다(상341의2(4))[6-138]. ③ 매수가격의 결정: 주식의 매수가액은 주주와 회사 간의 협의로 정한다(상374의2③). 매수청구기간의 종료일부터 30일 내에 협의가 안 되면 회사 또는 주주는 법원에 매수가액의 결정을 청구할 수 있고(상374의2④), 법원은 회사의 재산상태 그 밖의 사정을 참작하여 공정한 가액으로 산정해야 한다(상374의2⑤).

## Ⅵ. 종류주주총회

### 1. 의의 [6-207]

종류주주총회는 회사가 종류주식을 발행한 경우 그 종류의 주주만으로 구성된 주주총회를 가리킨다. 종류주식이 발행된 경우 종류별로 주주의 이해관계가 다를 수 있는데, 주주총회결의(또는 이사회결의)로 손해를 볼 수 있는 종류주주를 보호하기 위한 제도가 종류주주총회이다(판례는 가령 주식회사가 보통주 이외의 수종의 주식을 발행하고 있는 경우에 보통주를 가진 다수의 주주들이 일방적으로 어느 종류의 주식을 가진 소수주주들에게 손해를 미치는 내용으로 정관을 변경하려는 경우에 그 종류의 주식을 가진 소수주주들이 부당한 불이익을 받게 되는 결과를 방지하기 위한 것에서 그 취지를 찾는다).

### 2. 법적 성질 [6-208]

① 종류주주총회는 주주총회(또는 이사회)가 결의한 의제에 거부권을 행사할 수 있다(가령 종류주주에게 불리한 내용으로 정관변경을 하는 주주총회결의가 이루어진 경우 종류주주총회는 이에 대한 거부권을 행사하여 정관변경을 무산시킬 수 있다). ② 종류주주총회는 주주총회(상361)가 아니며 회사의 기관도 아니다(통설).

### 3. 결의필요사항 [6-209]

종류주주총회의 결의가 필요한 사항은 다음과 같다. ① 정관을 변경함으로써 어느 종류주식의 주주에게 손해를 미치게 될 때 ② 주식의 종류에 따라 특수하게 정하는 경우[정관에 다른 정함이 없는 경우에도 회사합병 등의 경우에 신주배정에 관해 특수하게 정할 수 있다(상344③)], 또는 ③ 회사의 분할 또는 분할합병, 주식교환, 주식이전 및 회사의 합병 등으로 인해서 '어느 종류의 주주에게 손해를 미치게 될 경우'에는 그 종류주주총회의 결의가 요구된다(상436).

'어느 종류의 주주에게 손해를 미치게 될 경우'는, 어느 종류주주에게 직접적으로 불이익한 경우는 물론이고, 외견상 형식적으로 평등해도 실질적으로는 불이익한 경우도 포함되며, 나아가 어느 종류주주의 지위가 정관변경에 따라 유리한 면이 있으면서 불이익한 면을 수반하는 경우도 이에 해당된다(판례).

### 4. 결의요건 및 결의하자 [6-210]

① 주주총회에 관한 규정은 '의결권 없는 종류의 주식에 관한 것을 제외하고' 종류주주총회에 준용한다(상435①). 주주총회에서 의결권 없는 주주도 종류주주총회에서는 의결권을 행사할 수 있다(이러한 이유에서 의결권 없는 종류주식에 관한 주주총회 규정은 종류주주총회에 준용하지 않는 것이다). 이러한 주식도 정관변경 등으로 인해 손해를 입을 수 있기 때문이다. ② 종류주주총회의 결의는 출석주주의 의결권의 3분의 2 이상의 수와 그 종류의 발행주식총수의 3분의 1 이상의 수로써 해야 한다(상435②). 손해를 입게 되는 종류의 주주 전원의 동의가 있어야 하는 것은 아니다. ③ 종류주주총회의 결의에 하자가 있는 경우 주주총회에 관한 규정을 준용하여 결의취소의 소(상376) 등에 의해 다룬다(통설).

### 5. 종류주주총회의 흠결 [6-211]

종류주주총회의 결의가 필요하지만 이를 거치지 않은 경우 주주총회결의의 효력이 문제된다. ① 주주총회결의는 부동적으로 무효(무효가 확정된 것도 취소할 수 있는 것도 아닌 상태)이고 이후에 종류주주총회결의의 유무에 따라 주주총회결의가 유효 또는 무효로 확정된다는 입장(부동적 무효설) ② 주주총회결의가 효력을 발생하기 위한 절차에 하자가 있는 것이므로 주주총회의 결의취소사유(상376)가 된다는 입장(취소사유설) ③ 주주총회결의 자체에는 하자가 없고 주주총회가 결의한 의제의 효력이 발생하기 위한 특별요건인 종류주주총회결의가 아직 충족되지 않은 것(가령 정관변경이 주주총회의 의제인 경우 종류주주총회결의가 없으면 그 정관변경의 효력이 발생하지 않는 것)이라는 입장(특별요건설)이 대립하고 있다. 판례는 특별요건설을 지지하고 있고, 다수설은 부동적 무효설을 지지한다.

## Ⅶ. 주주총회결의의 하자

### 1. 의의 [6-212]

주주총회결의는 단체적 법률행위로서 다수의 이해관계자가 관련되어 있고 그 이후에 그 결의에 기반한 여러 법률관계가 형성되고 축적된다. 따라서 주주총회결의에 내용 또는 절차에 하자가 있는 경우 일반적인 무효 또는 취소의 법리로 처리하면 법률관계의 불안정을 피하기 어렵다. 법률관계의 불안정을 최소화하기 위해 상법은 주주총회결의 하자를 일정하게 유형화하고 유형별로 '소'(결의취소의 소, 결의무효확인의 소, 결의부존재확인의 소, 부당결의취소·변경의 소)로만 다툴 수 있게 하였다. 이는 무효 또는 취소의 일반법리와는 다른 것이다(일반법리에 따르면 무효원인이 있으면 소를 통해서 다투지 않아도 당연히 무효이고, 취소원인이 있으면 소를 통해서 다투지 않아도 취소권자의 취소로 소급하여 그 효력을 상실한다).

### 2. 소의 사유

#### (1) 결의취소의 소 [6-213]

결의취소의 사유는 상대적으로 경미한 '절차하자'(주주총회의 소집절차 또는 결의방법이 법령 또는 정관에 위반하거나 현저하게 불공정한 경우) 및 '내용하자'(결의내용이 정관에 위반한 경우)이다(상376). ① 절차하자에는 소집절차하자(소집을 위한 이사회결의가 없거나 그 결의가 무효인 경우, 일부 주주에게 소집통지를 하지 않은 경우, 구두로 소집통지를 한 경우 등) 및 결의방법하자(의결권을 행사할 수 없는 주주가 의결권을 행사한 경우, 결의정족수에 미달했으나 가결된 경우, 의결권행사에 회사가 재산상 이익공여를 한 경우, 반대투표가 예상되는 주주를 부당하게 회의장에서 퇴장시킨 경우 등)가 있다. ② 내용하자는 정관위반(정관이 정한 회사목적을 위반한 경우 등)이다. 정관위반은 법령위반보다 하자가 경미하다고 보아서 취소사유로 분류한 것이다.

(2) 결의무효확인의 소 [6-214]

결의무효확인의 사유는 '내용하자'이며, 이는 법령위반[가령 주주총회 권한(상361)이 아닌 사항의 결의, 배당가능이익(상462)을 초과하는 배당결의 등]을 가리킨다(상380).

(3) 결의부존재확인의 소 [6-215]

결의부존재확인의 사유는 '절차하자'(주주총회의 소집절차 또는 결의방법에 결의가 존재한다고 볼 수 없을 정도의 중대한 하자)이다(상380). 여기에는 중대한 소집절차하자(대부분의 주주에게 소집통지를 하지 않은 경우 등) 및 중대한 결의방법하자(실제로 주주총회가 개최되지 않았음에도 허위로 의사록을 작성한 경우 등)가 있다.

(4) 부당결의취소·변경의 소 [6-216]

부당결의취소·변경의 사유는 결의가 '특별이해관계의 주주'[특정한 주주총회결의에 특별이해관계가 있어서 의결권을 행사할 수 없었던 주주(상368③)][6-183]에게 '현저하게 부당'하고 그가 '의결권을 행사하였더라면 그 결의를 저지'할 수 있었을 경우이다(상381).

3. 소의 성질 [6-217]

결의취소의 소와 부당결의취소·변경의 소는 '형성의 소'[법률관계의 형성(또는 창설·변동)을 구하는 소]이다(통설). 주주총회결의의 취소는 소의 제기로만 가능하고, 결의취소판결에 대세효(모든 이해관계인에게 결의취소의 효력이 발생)가 있다는 점이 주요근거이다.

결의무효·부존재확인의 소는 논란이 있다. 확인의 소(법률관계 존부의 확인을 구하는 소)라는 입장(판례)과 형성의 소라는 입장이 대립한다. 전자(확인소송설)에 따르면 결의무효·부존재확인의 소는 결의의 무효·부존재를 형성하는 것이 아니라 확인하는 것에 불과하므로 다른 소에서 결의의 무효·부존재를 공격방어방법으로 주장하는 것이 가능하다. 후자(형성소송설)에 따르면 다른 소송에서 결의의 무효·부존재를 공격방어방법으로 주장하기 위해서는 먼저 결의무효·부존재확인의 소를 제기해서 결의무효·부존재를 형성해야 한다. 전자는 상법 380조가 결의취소의 소와는 달리 제소권자 및 제소기간에 제한을 두고 있지 않을 뿐만 아니라 '확인'의 소라고 명시하고 있다는 점이 주요근거이다. 후자는 결의무효·부존재재확인판결에 대세효가 있다는 점이 주요근거이다.

### 4. 소의 당사자 [6-218]

#### (1) 원고

① 결의취소의 소는 주주·이사·감사가 원고이다(상376①). 결의취소에 관한 이해관계가 중대한 자로 원고를 제한한 것이다. ② 부당결의취소·변경의 소는 그 성질상 '특별이해관계의 주주'가 원고이다(상368③). ③ 결의무효·부존재확인의 소는 '소의 이익이 있는 자'는 누구든지 원고가 된다(상380). 하자의 중대성에 비추어 원고의 범위를 확장한 것이다. 주주·이사·감사는 물론이고 채권자 등도 원고가 될 수 있다.

#### (2) 피고

회사가 피고이다(판례·통설). 대세효가 있음을 고려해야 하기 때문이다. 대표이사가 회사를 대표해서 소송을 수행하는 것이 원칙이다. 다만, 원고가 이사인 경우는 감사가 그 소에 관해 회사를 대표한다(상394①)[6-329].

### 5. 제소기간과 소송절차

#### (1) 제소기간 [6-219]

① 결의취소의 소와 부당결의취소·변경의 소는 결의의 날로부터 2개월 이내에 제소해야 한다(상376,381). 이는 제소기간의 제한이다. 하자가 덜 중대하다는 점을 고려하여 법률관계의 불안정성을 최소화하기 위한 단기의 제척기간을 둔 것이다. ② 결의무효·부존재확인의 소는 제소기간의 제한이 없다.

#### (2) 소송절차 [6-220]

소송절차는 모든 소가 원칙상 동일하다(상376~378,380,381). 결의취소의 소를 중심으로 살펴보자. ① 결의취소의 소는 본점소재지의 지방법원의 관할에 전속한다(상376②,186). ② 결의취소의 소가 제기된 때에는 회사는 지체 없이 공고해야 한다(상376②,187). 이해관계자가 이를 알게 하자는 취지이다. ③ 수개의 소가 제기된 경우에 법원은 병합심리해야 한다(상376②,188). 상이한 판결이 선고되는 것을 방지하자는 취지이다. ④ 회사가 결의취소의 소를 제기한 주주의 악의를 소명하여 청구한 경우 법원은 주주에게 상당한 담보를 제공할 것을 명할 수 있다(상377). 주주의 '소송 남용'(남소)을 방지하기 위해서이다.

예외적으로 재량기각은 결의취소의 소에만 적용된다. 그 취지는 상대적으로 덜 중대한 하자에 대해서만 재량기각을 적용하자는 것이다(판례·통설). 이에 따라 결의취소의 소가 제기된 경우 결의내용, 회사의 현황과 제반사정을 참작하여 취소가 부적당하다고 인정한 경우 법원은 그 청구를 기각할 수 있다(상379). 법원의 직권에 의한 재량기각도 가능하다(판례). '법원의 심리 중에 하자의 보완'은 재량기각의 요건이 아닌데[회사설립하자에 대한 재량기각에는 이 점이 요건이다(상189)], 주주총회결의는 그 성질상 사후에 하자가 보완되기 어렵다는 점을 감안한 것이다.

### 6. 판결의 효력 [6-221]

판결의 효력은 모든 소가 동일하다(상376②,380,381). 판결의 효력은 원고가 승소한 경우와 패소한 경우로 구분할 수 있다. 이하에서는 결의취소의 소를 중심으로 살펴보자.

**1) 원고의 승소** 원고가 승소하면 판결은 대세효와 소급효가 있다. ① 결의취소의 판결은 제3자에게도 효력이 있다(대세효)(상376②,190본). 이는 판결이 소송당사자에게만 미친다는 대인효의 원칙(민소218①)에 대한 예외이다. 이는 주주총회결의와 관련된 다수 이해관계자의 법률관계를 획일적으로 처리하기 위한 것이다. ② 판결확정 전에 생긴 회사, 사원 및 제3자 간의 권리의무에 영향을 미친다(소급효)(비소급효를 규정한 상법 190단을 준용하지 않는다). 즉, 판결은 소급하여 처음부터(주주총회결의일부터) 효력이 발생한다. 이는 취소의 일반적 효과(취소한 법률행위는 성립한 당초부터 그 효력이 발생하지 않는다)에 따른 것이다. 가령 주주총회결의로 선임된 이사들에 의해서 대표이사가 선임된 경우 그 대표이사가 (그 주주총회결의를 취소하는) 확정판결 전에 한 법률행위는 무효이다(판례). 이 경우 선의의 제3자는 표현대표이사(상395), 부실등기의 효력(상39) 등에 의해 보호(거래안전의 보호)된다.

**2) 원고의 패소** 원고가 패소하면 일정한 책임을 진다. 즉, 원고가 패소한 경우에 악의 또는 중과실이 있으면 회사에 연대하여 손해배상책임을 진다(상376②,191). 이는 '소송의 남용'(남소)을 방지하자는 취지이다.

# 제 3 항 이사·이사회·대표이사

## Ⅰ. 이사

### 1. 의의

#### (1) 개념 [6-222]

상법상 이사는 이사회의 구성원으로서 회사의 업무집행에 관한 의사결정에 참여하고 다른 이사의 직무집행에 관한 감독에 참여할 권한을 가지는 자이다(통설)(이하에서는 상법 382조가 규정하는 상법상 이사를 그냥 '이사'라고 부른다). 이사는 주주총회에서 선임되어야 한다(상382①). 또한 상업등기부에 이사로 등기되어야 한다(상317②(8)). 이런 이유에서 이사를 흔히 '등기이사'라고 부른다. 이른바 '비등기이사'(회사 내에서 상무이사, 전무이사 등의 명칭을 사용하여 업무집행을 하는데, 주주총회에서 선임되지 않고 상업등기부에 등기되지 않은 자이다)는 이사가 아니다[다만, 비등기이사는 표현이사(상401의2①(3))에 해당되어 이사에 준하는 책임을 질 수 있다].

#### (2) 회사와 법률관계 [6-223]

이사는 회사와 위임관계[1-135]에 있다(상382②). 이에 따라 이사는 수임인으로서 회사에 '선량한 관리자의 주의'(선관주의)로써 업무집행을 할 의무가 있다(민681). 만약 이사가 이사회의 구성원으로서 의사결정 또는 감독에 참여할 권한에 더하여, 대표이사의 지휘를 받으면서 일정한 회사업무까지 담당하는 경우 후자에 관한 한 근로자로서 회사와 고용관계에 있게 된다(판례·통설). 이 경우 이사는 회사에 이중적 지위(수임인·피용자)에 있게 된다.

#### (3) 이사의 종류 [6-224]

이사의 종류에는 사내이사, 사외이사, 비상근이사(그 밖에 회사의 상무에 종사하지 않는 이사)가 있다(상317②(8)). ① 사내이사는 회사의 상무(일상적 업무)에 종사한다는 점에서 사외이사 및 비상근이사와 다르다. ② 사외이사는 회사의 상무에 종사하지 않는다는 점(상382③)에서 비상근이사와 같지만, 사외이사는 이사로서 독립성이 중시되기 때문에 일정한 결격사유의 적용을 받는다는 점(상382③각호)에서 비상근이사와 다르다. ③ 비상근이사의 예를 보자. 가령 어떤 회사의 상무에 종사하는 이사가 다른 계열회사의 상무에 종사하지 않으면서 이사를 겸직하는 경우 후자가 비상근이사에 해당한다(비상근이사는 사외이사와 달리 독립성이 중시되지 않음은 물론이다).

## 2. 이사의 권한 [6-225]

이사는 이사회의 구성원으로서 행사할 수 있는 권한이 있다. 이사회의 권한에는 업무집행에 관한 의사결정권과 이사의 직무집행에 관한 감독권이 있다[6-243, 244]. 다만, 소규모회사(자본금이 10억 원 미만인 회사)는 이사를 1~2명으로 할 수 있고(상383①단), 이사를 1~2명만 둔 경우는 이사의 수가 적어서 이사회를 구성할 수 없으므로 그 대안이 필요한데, 경우에 따라서 이사가 이사회 또는 대표이사의 역할을 담당하기도 한다[6-242, 256].

이사가 단독으로 행사할 수 있는 권한도 있다. 즉, 이사회소집권(상390①), 소제기권(상328 등), 검사인선임청구권(상298④) 등이 그러하다.

## 3. 선임·종임

### (1) 선임

**1) 선임기관**[6-226] 이사는 주주총회에서 선임한다(상382①). 이는 강행규정이며, 정관으로 제3자에게 선임을 위임해도 효력이 없다(통설). 다만, 회사설립 시는 주주총회가 구성되기 전이므로 다르다. 즉, 발기설립 시는 발기인이 이사를 선임하고(상296①)[6-57], 모집설립 시는 창립총회에서 이사를 선임한다(상312)[6-58].

**2) 이사후보추천**[6-227] 비상장회사에서 이사후보는 주주총회를 소집하는 이사회에서 정해진다. 주주는 주주제안권(상363의2)을 행사하여 자신이 추천하는 이사후보를 의안으로 제안할 수 있고, 이 경우 제안된 이사후보에 관한 사항은 주주총회 소집 시의 통지사항에 포함된다(상363의2②). 주주제안권을 행사하지 않더라도 주주가 주주총회 회의장에서 이사후보를 추천하는 것은 가능하다(이사후보에 관한 사항은 의안인데, 주주총회 회의장에서 이미 통지된 의안을 수정하거나 새로운 의안을 제안하는 것이 가능하기 때문이다[6-178, 179]).

상장회사는 특칙이 있다. ① 주주총회를 소집통지·공고하는 경우 이사후보에 관한 사항(성명 등)을 포함해야 하고(상542의4②,상령31③), 주주총회는 통지·공고한 후보 중에서만 이사를 선임해야 한다(상542의5). 따라서 주주가 이사후보를 추천하려면 주주제안권을 행사해야만 하고, 주주총회회의장에서 이사후보를 추천하는 것은 허용되지 않는다. ② 자산총액이 2조 원 이상인 상장회사는 사외이사후보를 추천하기 위해 '사외이사후보추천위원회'(사추위)를 설치해야 하고, 사추위는 사외이사가 총위원의 과반수가 되도록 구성해야 한다(상542의8④,상령34②). 이는 사외이사의 독립성을 높이기 위해서이다. 또한 주주총회는 사추위의 추천을 받은 자 중에서 사외이사를 선임해야 하고, 사추위는 사외이사 후보를 추천할 때 주주제안권에 따라 주주가 주주총회일의 6주 전에 추천한 사외이사 후보를 포함시켜야 한다(상542의8⑤,상령34②).

3) 투표방식

**(가) 단순투표제**[6-228] 단순투표제는 선임할 이사별로 주주가 자신의 주식 수만큼 의결권을 행사(찬성 또는 반대의 투표)하는 방식이다. 이에 따르면 선임할 이사별로 각각 주주총회의 결의를 한다(선임할 이사 수만큼 주주총회결의가 이루어진다). 단순투표를 실시한 경우 주주총회결의별로 결의요건[주주총회의 결의는 상법 또는 정관에 다른 정함이 있는 경우를 제외하면 출석한 주주의 의결권의 과반수와 발행주식총수의 4분의 1 이상의 수로써 해야 한다(상368①)]을 충족한 후보가 이사로 선임된다.

집중투표제가 선택되지 않는 한, 회사는 단순투표제에 따라 이사를 선임한다. 단순투표제하에서는 50%를 초과하는 주식을 가진 주주가 각 이사별 선임결의마다 의결권을 행사하여 모든 이사를 자신이 선호하는 후보로 선임할 수 있다.

**(나) 집중투표제**[6-229] 집중투표제는 2인 이상의 이사를 선임할 때 주주가 1주마다 선임할 이사의 수와 동일한 수의 의결권을 가지며, 그 의결권을 이사후보 1인 또는 수인에게 집중하여 투표하는 방식이다(상382의2③)(가령 이사를 3인 선임하는데 후보가 갑, 을, 병 및 정인 경우, 10주를 가진 주주는 30개의 의결권을 집중하여 갑에게만 투표할 수 있다). 이에 따르면 선임할 이사 수와 무관하게 하나의 주주총회결의를 한다. 집중투표를 실시한 경우 투표의 최다수를 얻은 후보부터 순차적으로 이사에 선임된다(상382의2④)(가령 이사를 3인 선임하는데 후보가 갑, 을, 병 및 정인 경우 이 중에서 투표의 최다수를 얻은 3인이 이사로 선임된다).

집중투표제하에서는 50%를 초과하는 주주도 모든 이사를 그가 선호하는 후보로 선임할 수 없는 경우가 있다. 따라서 이는 이사 선임 시에 지배주주를 견제하는 장치이다. 집중투표제하에서도 주주가 1주마다 선임할 이사의 수와 동일한 수의 의결권을 가지므로 1주 1의결권 원칙의 예외가 아니며, 다만 의결권의 행사방법이 특수한 것이다(통설).

집중투표를 위해서는 다음의 요건이 필요하다. ① 정관: 정관에 집중투표를 배제하는 규정이 없어야 한다(상382의2①). 이와 관련하여 상장회사의 특칙이 있다. 즉, 자산총액이 2조 원 이상인 상장회사가 정관으로 집중투표를 배제하거나 그 배제된 정관을 변경하려는 경우 의결권 없는 주식을 제외한 발행주식총수의 3%(정관에서 이보다 낮은 비율을 정하는 것이 가능하다)를 초과하는 주주는 초과주식의 의결권을 행사하지 못한다(상542의7③,상령33). 또한 자산총액이 2조 원 이상인 상장회사가 집중투표배제를 위한 정관변경을 주주총회 의안으로 상정하려는 경우 그 밖의 사항의 정관변경에 관한 의안과는 별도로 상정하여 의결해야 한다(상542의7④,상령33). ② 청구: 소수주주의 청구가 있어야 한다. 즉, 2인 이상의 이사선임을 목적으로 하는 주주총회소집이 있으면 소수주주[의결권없는 주식을 제외한 발행주식총수의 3%(자산총액이 2조 원 이상인 경우는 1%) 이상인 주주]는 회사에 집중투표의 방법으로 선임할 것을 청구할 수 있다(상382의2①,542의7②,상령33). 이 청구는 주주총회일의 7일(상장회사인 경우는 6주) 전까지 서면 또는 전자문서로 해야 한다(상382의2②,542의7①). ③ 공시: 주주가 집중투표를 청구한 경우 이를 주주총회가 종결될 때까지 본점에 비치하고 주주가 영업시간 내에 열람할 수 있게 해야 하며(상382의2⑥), 주주총회 의장은 의결에 앞서 그러한 청구가 있다는 취지를 알려야 한다(상382의2⑤).

4) **임용계약**[6-230] 주식회사의 이사가 되기 위해서는 주주총회의 선임결의, 그리고 선임된 자의 동의(또는 승낙)가 필요하다. 이외에 회사의 대표이사와 선임된 자 사이에 임용계약도 필요한지가 문제된다. 구별실익은 회사의 대표이사가 이사로 선임된 자에게 임용계약의 청약을 미루는 경우에 나타난다. 필요설은 이사의 지위란 개인법적 지위로서 계약의 일반원칙에 따라 회사의 대표이사와 이사 사이에 청약과 승낙에 의한 임용계약이 필요하다고 하고, 불요설(판례)은 이사의 지위는 단체법적 지위로서 그 선임은 주주총회의 전속적 권한이므로 주주총회의 선임결의 자체가 임용계약의 청약에 해당한다고 본다.

5) 이사의 수 · 임기 · 자격

㈎ 이사의 수[6-231] ① 이사는 3인 이상이어야 한다(상383①본). 이사들로 회의체인 이사회를 구성하고 그 결의 시에 가부동수를 피하기 위해서이다. ② 소규모회사(자본금이 10억 원 미만인 회사)는 이사를 1~2명으로 할 수 있다(상383①단). 이는 정관에 정함이 없어도 가능하다. 이사를 1~2명만 둔 경우는 이사의 수가 적어서 이사회를 구성할 수 없다(그 대안에 대해서는 [6-242]). ③ 상장회사는 사외이사에 관한 특칙이 있다. 원칙상 이사 수의 4분의 1 이상을 사외이사로 하고, 특히 자산총액이 2조 원 이상인 경우 사외이사가 3명 이상이면서 이사 수의 과반수가 되어야 한다(상542의8①,상령34②).

㈏ 이사의 임기[6-232] 이사의 임기를 정할지는 재량사항이다. 이사의 임기를 정하는 경우 3년을 초과하지 못한다(상383②)[임기를 정하지 않은 경우 그 임기를 3년으로 본다는 의미는 아니다(판례)]. 다만, 임기는 정관으로 그 임기 중의 최종의 결산기에 관한 정기주주총회의 종결에 이르기까지 연장할 수 있다(상383③)(이에 따라 3년을 초과할 수도 있다). 연임에 의해서 합쳐서 3년 이상 이사의 직에 근무하는 것은 무방하다(통설).

㈐ 이사의 자격[6-233] 이사자격은 원칙상 제한이 없다. 예외적으로 다음과 같은 자격제한이 있다. ① 주주: 사적 자치에 따라 주주만이 이사가 될 수 있다고 정관이 정할 수 있다. 정관으로 '이사가 가질 주식'(자격주)의 수를 정한 경우에 다른 규정이 없으면 이사는 그 수의 주권을 감사에게 공탁해야 한다(상387). ② 제한능력자: 미성년자 등을 포함한 제한능력자[1-23~25]도 이사가 될 수 있다(통설). ③ 법인: 법인이 이사가 될 수 있는지는 다투어진다. 법인은 그 대표자를 통해 이사의 업무를 수행할 수 있으므로 가능하다는 견해와 이사는 인적 개성이 중시되므로 가능하지 않다는 견해(다수설)가 대립한다. ④ 사외이사: 사외이사는 독립성이 중시되므로 자격이 제한된다. 즉, 일정한 자(회사의 상무에 종사하는 이사, 최대주주가 자연인인 경우 본인 및 그 배우자 등)는 사외이사가 될 수 없고(선임요건) 사외이사직을 유지할 수 없다(유지요건)(상382③). 상장회사의 특칙이 있다. 즉, 상장회사는 상법 382조 3항에 추가하여 일정한 자(제한능력자 등)는 사외이사가 될 수 없고 사외이사직을 유지할 수 없다(상542의8②,상령34③~⑤).

(2) 종임

1) **일반적 종임사유**[6-234] ① 임기만료는 전형적인 종임사유이다. ② 이사는 회사와 위임관계에 있으므로(상382②) 민법상 위임의 종료사유에 의해 종임된다. 따라서 이사의 사임, 사망, 파산, 성년후견개시의 심판 등에 의해 이사의 임기가 종료된다(민689,690). 다만, 이사가 부득이한 사유 없이 회사의 불리한 시기에 사임한 경우에는 그 손해를 배상해야 한다(민689②).

2) **해임결의**[6-235] 이사는 언제든지 주주총회의 특별결의로 해임될 수 있다(상385①본). 선임 시보다 해임 시에 결의요건이 강화된 것이다. 다만, 이사의 임기를 정한 경우에 정당한 이유 없이 임기만료 전에 해임하면 이사는 회사에 해임으로 인한 손해배상을 청구할 수 있다(상385①단). 손해배상에 관한 쟁점을 살펴보자. ① 이사의 임기를 정하지 않은 경우에 회사가 손해배상책임이 없다(판례). ② 손해는 남은 임기에 받을 수 있었던 보수를 가리킨다(통설). 임기 만료 전에 해임된 이사가 다른 회사에 취임하여 보수를 받았다면 그 보수는 중간수입으로서 손해배상액에서 공제한다(판례). ③ 정당한 이유는 객관적으로 판단되어야 하고, 이는 직무상 부정행위 또는 법령·정관의 위반에 그치지 않지만, 주주와 이사 사이에 불화 등 주관적 신뢰관계의 상실만으로는 정당한 이유가 되지 않는다(판례·통설). 정당한 이유의 부재에 대한 입증책임은 손해배상을 청구하는 이사가 부담한다(판례·통설).

3) **소수주주의 해임청구**[6-236] 소수주주(발행주식총수의 3% 이상 보유)는 이사가 직무상 부정행위 또는 법령·정관에 위반한 중대한 사실이 있음에도 불구하고 주주총회에서 해임이 부결된 때에는 그 결의일로부터 1월 내에 이사의 해임을 법원에 청구할 수 있다(상385②). ① 소수주주에 대한 상장회사의 특칙이 있다. 즉, 상장회사인 경우 6개월 전부터 계속하여 발행주식총수의 0.5%(자본금이 1천 억원 이상인 상장회사는 0.25%) 이상을 보유한 주주가 소수주주이다(상542의6③,상령32). ② 직무상 부정행위 또는 법령·정관에 위반한 중대한 사실이 있어야 하므로, 단순한 임무해태만으로는 해임청구를 할 수 없다(통설). 부정행위 등은 이사로 재임하는 동안 존재하면 충분하다(판례). ③ 주주총회에서의 해임부결이 요건이므로 해임청구에 앞서 주주총회에 이사해임이 의제로 상정되어야 한다. 소수

주주는 주주제안권(상363의2)을 행사해서 이사해임을 의제로 상정할 수 있지만, 상장회사의 경우 회사가 이사해임에 관한 주주제안을 거부할 수 있다(상령12(4))[6-179].

4) **결원 시 조치**[6-237] 이사의 종임으로 결원이 생긴 경우 업무수행의 중단을 막기 위한 상법상 조치는 다음과 같다. ① 임기연장: 이사의 임기는 정관으로 그 임기 중의 최종의 결산기에 관한 정기주주총회의 종결에 이르기까지 연장할 수 있다(상383③). ② 퇴임이사: 법률 또는 정관에 정한 이사의 수에 부족한 경우 퇴임이사(임기의 만료 또는 사임으로 퇴임한 이사)는 새로 선임된 이사가 취임할 때까지 이사의 권리의무가 있다(상386①). ③ 임시이사: 법률 또는 정관에 정한 이사의 수에 부족한 경우 필요하다고 인정할 때에는 법원은 이사, 감사 기타의 이해관계인의 청구에 의해 임시이사(일시적으로 이사의 직무를 수행할 자)를 선임할 수 있다(상386②). 임시이사의 선임을 청구하기 위해서는, 이사의 퇴임사유는 묻지 않지만(임기만료이든 다른 사유이든), 퇴임한 이사로 하여금 이사의 직무수행을 하게 하는 것이 불가능하거나 부적당해야 한다(판례). 퇴임이사가 우선적 제도이고, 임시이사는 보완적 제도임을 알 수 있다.

위 ①~③에 따른 이사는 그 권한과 책임이 본래의 이사와 동일하다(통설). 이 점에서 원칙상 회사의 상무에 속하는 행위만 수행하는 직무대행자(상408①)와 다르다.

5) **직무집행정지 및 직무대행자선임의 가처분**[6-238] 이사의 지위를 다투는 소가 제기되어 아직 판결이 확정되지 않은 경우에 그 이사의 직무집행이 계속되면 회사에 손해가 발생할 수도 있다. 이를 방지하기 위한 잠정적 보전처분이 직무집행정지 및 직무대행자선임의 가처분이다. 즉, 결의취소·무효확인의 소(이사선임에 관한 주주총회결의의 무효확인 또는 취소의 소) 또는 이사해임의 소가 제기된 경우 법원은 당사자의 신청에 의하여 가처분으로써 이사의 직무집행을 정지할 수 있고 또는 직무대행자를 선임할 수 있다(상407①).

가처분의 주요 요건 및 절차를 보자. ① 가처분은 '임시의 지위를 정하는 가처분'이다. 이는 확정판결 전까지 해당 이사가 업무수행을 계속함으로써 회사에 끼칠 현저한 손해를 피하거나 급박한 위험을 막기 위하여, 또는 그 밖의 필요한 이유가 있을 경우에만 인정된다(민집300). ② 급박한 사정이 있으면 본안소송의 제기 전에도 가처분을 할 수 있다(상407①). 급박한 사정은 본안소송까지 기다릴 여유가 없는 경우를 말한다(통설). ③ 법원은 당사자의 신청에 의하여 가처분을 변경 또는 취소할 수 있다(상407②).

가처분이 명령되면 이사의 직무집행이 정지되고, 직무대행자가 권한을 행사한다. 회사는 본점과 지점의 소재지에서 가처분의 사실을 등기해야 한다(상407③). ① 직무집행이 정지된 이사가 한 행위는 절대적으로 무효(선의의 제3자에게도 무효)이고, 이후에 가처분이 취소되더라도 소급하여 유효로 되는 것은 아니다(판례). ② 가처분은 잠정적 보전처분이므로 직무대행자는 '회사의 상무'에 속하는 행위만 하는 것이 원칙이고, 다만 가처분명령에 다른 정함이 있거나 법원의 허가를 얻은 경우는 그 이외의 행위도 할 수 있다(상408①). 회사의 상무는 회사경영에 중요한 영향을 미치지 않는 통상의 업무를 가리킨다(판례). 가령 상대방의 청구를 인락(법정에 출석하여 원고의 청구를 인정하는 행위)하거나 항소를 취하하는 행위는 회사의 상무에 속하지 않는다(판례). 직무대행자가 권한을 넘어서 회사의 상무가 아닌 행위를 한 경우 회사는 선의의 제3자에게 책임을 진다(상408②). 거래안전을 보호하기 위해서이다.

### 4. 이사의 보수

#### (1) 의의

[6-239]

이사의 보수는 원칙상 이사의 업무수행의 대가이다. 위임관계는 무상이 원칙이지만(민686①)[1-135], 회사의 이사에게는 보수를 지급하는 것이 보통이다. 명목상 이사(실제로 업무수행을 하지 않는 이사)도 이사로서 의무와 책임을 부담하므로 아래의 보수요건을 갖춘 경우 보수청구권을 갖는다(판례).

#### (2) 요건

[6-240]

보수지급을 위한 요건을 보자. ① 이사의 보수는 정관에 그 액을 정하지 않으면 주주총회결의로 정한다(상388). 이사의 보수에 대한 사익 도모의 폐해(이사회 또는 대표이사가 이사의 보수를 정하면 과다하게 책정될 위험이 있다)를 방지함으로써 회사, 주주, 채권자의 이익을 보호하기 위해서이다. ② 정관 또는 주주총회결의로써 명시적으로 보수지급을 정하지 않으면 보수청구권은 인정되지 않는다(판례). ③ 주주총회결의로 이사 보수를 정하는 경우에 이사인 주주는 그 결의에 특별이해관계(상368③,391③)[6-183]가 있으므로 의결권을 행사하지 못한다. ④ 정관 또는 주주총회결의로 전체 이사에 대한 보수총액(또는 그 상한)만을 정하고, 그 범위 내에서 이사별로 구체적인 보수액을 정하는 것을 이사회(또는 대표이사)에게 위임하는 것은 허용된다(통설).

이사의 보수에 해당하는지가 다투어지는 경우가 있다. ① 임금: 이사는 이사회의 구성원이자 수임인으로서 회사와 위임관계에 있지만, 나아가 대표이사의 지휘를 받으면서 일정한 업무까지 담당하는 경우 이 범위에서 근로자로서 회사와 고용관계에 있다(판례·통설). 후자에 따른 업무수행의 대가는 근로기준법상 임금의 성질을 갖는다(판례·통설). 이렇게 이사의 보수와 임금은 개념상 구분되므로, 이론적으로만 보면 이러한 임금은 반드시 정관 또는 주주총회결의로 정해야 할 사항은 아니다. 하지만 상법 388조를 피하는 탈법행위(실질적으로 보수에 해당하는 금액을 정관 또는 주주총회결의 요건을 피하기 위해 임금으로 분류하는 행위)를 조장할 수 있으므로 임금도 보수에 포함시켜야 한다는 주장이 제기되고 있다. ② 퇴직위로금·퇴직금·해임배상금: 회사가 퇴임하는 이사에게 퇴직위로금을 지급하는 경우 이는 업무수행의 대가로서 이사의 보수에 포함되므로 상법 388조를 적용한다(판례). 퇴임하는 이사가 회사와 고용관계에 있는 경우 이에 관한 한 근로기준법상 퇴직금을 받게 되는데, 이에 대해 상법 388조가 적용되는지는 위 임금에 관한 논의가 그대로 유효하다. 회사가 이사를 해임한 경우 지급하는 해직배상금(상385① 단)[6-235]은 손해배상금의 성격을 가지므로 이론적으로는 보수라고 볼 수 없다. 하지만 과도한 해직배상금을 통제할 필요성이 있어서 이를 보수로 분류하여 상법 388조를 적용한다(판례).

### (3) 보수의 적정성 [6-241]

이사의 업무수행과 보수 사이에는 합리적 비례관계가 유지되어야 하고, 이를 벗어나서 현저히 균형성을 잃을 정도로 과다하면 안 된다(보수의 적정성)(판례·통설). 정관 또는 주주총회결의 요건을 충족했다고 해도 과다한 보수는 통제될 필요가 있다. 경영권 상실 등으로 퇴직을 앞둔 이사가 합리적 수준을 현저히 벗어나는 과다한 보수지급기준을 마련하고 지위를 이용한 영향력 행사로 소수주주의 반대에도 주주총회결의가 성립되도록 한 경우 이는 위법행위로서 무효이다(판례).

## Ⅱ. 이사회

### 1. 의의 [6-242]

이사회는 이사 전원으로 구성되고 회사의 업무집행에 관한 의사결정 및 이사의 직무집행을 감독하는 주식회사의 필요적 상설기관이다(통설). ① 이사회는 이사 전원으로 구성된다. 즉, 사내이사, 사외이사, 비상근이사(상317②(8)) 전원이 이사회를 구성한다. ② 이사회는 회사의 업무집행에 관한 의사결정을 한다. 이사회는 회의체이므로 업무집행의 의사결정만 하고, 그 구체적인 업무집행은 대표이사가 수행한다(통설). ③ 이사회는 반드시 존재해야 하는 필요적 상설기관이다.

소규모회사(자본금이 10억 원 미만인 회사)는 이사를 1~2명으로 할 수 있다(상383① 단). 이사를 1~2명만 둔 경우는 이사의 수가 적어서 이사회를 구성할 수 없으므로(통설), 그 대안이 필요하다. 즉, 이 경우 ① 이사회결의를 주주총회결의로 대체하거나[상383④. 가령 정관이 정하는 바에 따라 주식양도에 이사회의 승인을 받아야 하는 경우(상335①단) 소규모회사에서는 이를 주주총회 승인결의로 대체한다] ② 이사회에 관한 규정을 적용 배제하거나[상383⑤. 가령 이사회의 소집 및 결의방법에 관한 규정(상390,391)은 소규모회사에 적용하지 않는다] ③ 이사(또는 정관에 따라 대표이사를 둔 경우는 그 대표이사)가 이사회의 역할을 대신하여 담당한다[상383⑥. 가령 감사는 이사회에 임시주주총회의 소집을 청구할 수 있는데(상412의3①), 소규모회사에서는 (대표)이사에게 소집을 청구하면 된다].

### 2. 이사회의 권한

#### (1) 업무집행에 관한 의사결정권 [6-243]

이사회의 권한은 다음과 같다. ① 중요자산의 처분·양도, 대규모 재산의 차입, 지배인의 선임·해임, 지점의 설치·이전·폐지 등 회사의 업무집행은 이사회의 권한이다(상393①). 법문에는 '업무집행'이라고 규정하고 있지만 보다 정확하게는 '업무집행에 관한 의사결정'이다(구체적인 업무집행 자체는 대표이사가 수행한다). 중요자산의 처분인지는 당해 재산의 가액, 회사의 규모 등에 비추어 대표이사의 결정에 맡기는 것이 타당한지에 따라 판단해야 하고, 중요자산의 처분은 이사회규정상 이사회 부의사항으로 정해져 있지 않더라도 반드시 이사회의 결의를 거쳐야 한다(판례). ② 주주총회의 소집(상362), 주식양도제한에 있어서 양도의 승인(상335①단), 사채의 발행(상469) 등도 이사회의 권한이다. ③ 대표이사의 선임(상389), 신주발행(상416) 등은 원칙상 이사회의 권한이다(다만, 정관에서 주주총회의 권한으로 정할 수 있다). ④ 재무제표의 승인(상449의2), 자기주식취득(상341②) 등은 (원칙상 주주총회의 권한이지만) 정관에서 이사회의 권한으로 정할 수 있다. ⑤ 위 ①~④에 본 바와 같이 상법 또는 정관에 의해서 이사회의 권한으로 열거된 것 이외에 나머지 업무집행에 관한 의사결정도 주주총회의 권한으로 열거된 것을 제외하면 이사회의 권한이라고 해석된다(판례·통설). 여기에는 '중요한' 업무집행에 관한 의사결정은 물론이고 '일상적인' 업무집행에 관한 의사결정도 포함된다(판례·통설). 다만, 일상적인 업무집행에 대한 의사결정권은 이사회가 자신의 권한이라고 명시적으로 유보한(남겨둔) 것을 제외하면 대표이사에게 묵시적으로 위임한 것으로 간주한다(판례·통설).

이사회와 주주총회 간 권한의 위임에 대해서는 주주총회 부분에서 설명한 바 있다[6-171]. 여기서는 이사회와 대표이사 간 권한의 위임을 살펴보면, 상법 또는 정관에서 이사회의 권한으로 열거한 사항은 대표이사에게 위임할 수 없다(판례·통설). 업무집행의 의사결정에 관하여 주주총회의 권한으로 열거된 것을 제외한 나머지 전부는 이사회의 권한이라고 해석되는데, 그럼에도 불구하고 상법 또는 정관에서 이사회의 권한으로 열거한 사항은 이를 대표이사에게 위임할 수 없음을 밝힌 것이라고 해석한다.

### (2) 직무집행에 관한 감독권 [6-244]

이사회는 이사의 직무집행을 감독한다(상393②). 이사 중에서 대표이사의 직무집행이 주된 감독대상이다. 이사회의 이사에 대한 감독권은 우월적 지위에서 행하는 적법성감사 및 타당성감사에 속한다[이 점에서 수평적 지위에서 적법성감사를 수행하는 감사(또는 감사위원회)의 감사권과 다르다](통설). 이사회의 감독권은 그 성질상 대표이사에게 위임할 수 없다.

이사회감독의 실효성을 높이기 위해서 이사회에 정보취득권(또는 정보접근권)을 부여한다. 즉, 이사는 대표이사로 하여금 다른 이사 또는 피용자의 업무에 관해 이사회에 보고할 것을 요구할 수 있다(상393③). 이사는 3월에 1회 이상 업무집행의 상황을 이사회에 보고해야 한다(상393④). 보고대상에는 기업비밀도 포함된다(통설). 다만, 보고된 기업비밀은 이사의 비밀유지의무에 의해서 누설이 금지된다[이사는 재임 중뿐만 아니라 퇴임 후에도 직무상 알게 된 회사의 영업상 비밀을 누설해서는 안 된다(상382의4)].

### 3. 이사회의 운영

#### (1) 소집

1) **소집권자**[6-245] 이사회는 각 이사가 소집한다(상390①본). 다만, 이사회의 결의로 소집할 이사를 정한 때에는 그렇지 않다(상390①단). 이 경우 소집권자로 지정되지 않은 다른 이사는 소집권자인 이사에게 이사회소집을 요구할 수 있고 소집권자인 이사가 정당한 이유 없이 이사회소집을 거절하는 경우 다른 이사가 이사회를 소집할 수 있다(상390②). 감사는 일정한 경우 이사회의 소집청구권(또는 소집권)을 갖고(상412의4)[6-328], 집행임원도 같다(상408의7)[6-321].

2) **소집절차**[6-246] 이사회 소집절차는 주주총회 소집절차에 비해 간소하고 엄격성이 덜하다. 그 내용을 살펴보자. ① 이사회를 소집함에는 회일을 정하고 그 1주간(이 기간은 정관으로 단축할 수 있다) 전에 각 이사 및 감사에게 통지를 발송해야 한다(상390③). 감사에게는 이사회에서 의견진술권[감사는 이사회에 출석하여 의견을 진술할 수 있다(상391의2①)] 및 보고의무[감사는 이사가 법령 또는 정관에 위반한 행위를 하거나 그 행위를 할 염려가 있다고 인정한 때에는 이사회에 보고해야 한다(상391의2②)]가 있기 때문에 감사도 통지대상인 것이다. 이사는 이사회에 출석의무가 있으므로, 소집시 회의의 목적사항(의제)을 통지하지 않아도 무방한 것이 원칙이다(판례·통설). ② 이사회는 이사 및 감사 전원의 동의가 있는 때에는 위 ①의 소집절차 없이 언제든지 회의할 수 있다(상390④). ③ 이사는 3개월에 1회 이상 업무의 집행상황을 이사회에 보고해야 하므로(상393④), 적어도 3개월에 1회는 이사회가 개최되어야 한다. ④ 이사회의 연기·속행은 주주총회의 그것[6-176]과 같다(상392).

(2) 결의

1) **결의요건**[6-247] 이사회의 결의는 '이사 과반수의 출석'(의사정족수)과 '출석이사의 과반수'(의결정족수)로 해야 한다(상391①본). ① 이사가 절반만 참석하거나 투표가 가부동수인 경우에는 의사정족수 또는 의결정족수에 미달이다(판례). 가부동수인 경우 이사회의장 또는 대표이사에게 결정권을 부여하는 정관 조항은 무효이다(통설)(결정권자에게 복수의결권을 인정하는 셈이기 때문이다). ② 의사정족수 또는 의결정족수의 비율은 정관으로 보다 강화할 수(높게 정할 수) 있지만(상391①단), 완화하는 것은 허용되지 않는다(판례). ③ 이사는 1인당 1개의 의결권을 가지고, 직무집행이 정지된 이사(상407①)[6-238]는 의결권을 행사할 수 없다. ④ 결의요건의 충족 여부는 결의 당시를 기준으로 판단한다(판례). ⑤ 결의요건이 가중되는 경우도 있다. 즉, 회사기회이용의 승인(상397의2①), 자기거래의 승인(상398), 감사위원의 해임(상415의2③) 등은 '이사 총수의 3분의 2 이상의 찬성'을 요구한다.

2) **의결권의 제한**[6-248] 주주총회결의에 특별한 이해관계를 가진 주주는 의결권이 제한되는데[6-183], 이것이 이사회에 준용된다. 즉, 이사회결의에 특별한 이해관계를 가진 이사는 의결권을 행사하지 못한다(상391③,368③). ① 특별이해관계는 개인적 이해관계(이사 개인의 입장에서 갖는 경제적 이해관계)를 의미한다(통설). 회사와 자기거래(상398)를 하려는 이사는 특별이해관계를 가진 이사이다(판례). 하지만 대표이사를 선임 또는 해임하는 결의에서 그 대상이 되는 이사는 특별이해관계인이 아니다(판례)(이는 개인적 이해관계가 아니라 회사지배의 이해관계이기 때문이다). ② 행사할 수 없는 의결권 수는 출석한 주주의 의결권 수(의결정족수)에 산입하지 않는다(상391③,371②). 이에 따라 특별이해관계를 가진 이사는 의결정족수에 산입되지 않지만 의사정족수에는 산입된다(판례). 가령 3명(갑·을·병)의 이사가 있는 회사에서 갑이 특별이해관계인에 해당하는 이사회결의에 갑과 을이 출석(이사 2/3의 출석)하고 을이 찬성[출석이사(1/1)의 전원찬성)]면 가결된다.

3) **결의방법**[6-249] 이사의 결의방법은 다음과 같은 제약이 따른다. ① 이사회는 토론과정이 중요하므로 이사가 직접 이사회에 출석해야 한다. 다만, 통신수단을 이용한 원격회의는 허용된다[정관에서 달리 정하는 경우를 제외하고 이사의 전부 또는 일부가 직접 회의에 출석하지 않고 '모든 이사'가 '음성을 동시에 송수신하는 원격통신수단'에 의

하여 결의에 참가하는 것을 허용할 수 있고, 이 경우 당해 이사는 이사회에 직접 출석한 것으로 본다(상391②)]. 모든 이사가 음성을 송수신할 수 있으면 전화로 충분하고 화상이 꼭 필요한 것은 아니다. ② 이사회는 토론과정에서 이사의 인적 개성이 중시되므로 의결권의 대리행사는 허용되지 않는다(판례·통설). ③ 서면결의(실제로 회의를 열지 않고 서면만으로 결의)는 허용되지 않는다(통설). ④ 투표는 각 이사의 찬성 또는 반대가 명확히 표시되어야 한다(통설). 반대한 이사와 반대이유가 이사회의사록에 기재되어야 하고(상391의3②), 이는 이사회결의로 인하여 법령 등에 위반한 경우 결의에 찬성한 이사는 책임을 지기(상399②) 때문이다.

### (3) 의사록 [6-250]

이사회는 의사록 작성의무가 있고, 의사록에는 이사회 의사의 안건, 경과요령, 그 결과, 반대하는 자와 그 반대이유를 기재하고 출석한 이사 및 감사가 기명날인(또는 서명)해야 한다(상391의3①②).

주주의 정보취득권의 일환으로 이사회의사록의 열람·등사청구권이 인정된다. 즉, 주주는 영업시간 내에 이사회의사록의 열람 또는 등사를 청구할 수 있다(상391의3③). 회사는 이유를 붙여 이 청구를 거절할 수 있고, 이 경우 주주는 법원의 허가를 얻어서 열람·등사할 수 있다(상391의3④). 이는 단독주주권이다.

## 4. 이사회결의의 하자 [6-251]

이사회결의의 하자에 대해서는 상법상 규정이 없다(주주총회결의의 하자가 소로만 다툴 수 있고 취소·무효확인·부존재확인의 소 등으로 유형화되어 있는 것[6-212]과 차이가 있다). 따라서 이사회결의의 하자는 민법상 일반법리에 따라 처리된다. 즉, ① 절차적 하자이든 내용적 하자이든 하자 있는 이사회결의는 원칙상 무효이고 ② 소를 통하지 않고도 무효를 주장할 수 있는 등 무효의 주장방법에 제한이 없으며 ③ 결의무효확인의 판결은 기판력의 일반원칙에 따라 대세적 효력이 없다(판례·통설).

하자 있는 이사회결의에 기초하여 다른 기관(주로 대표이사)이 후속행위를 하는 것이 보통이다. ① 그 후속행위의 효력을 다투는 별도의 방법이 있는 경우에는 이에 의해 후속행위의 효력을 다투어야 하고, 또한 이사회결의의 하자도 그 방법으로 다투어야 한다(통설). 즉, 이 경우 (이사회결의는 후속행위를 위한 사전절차에 불과하고 후속행위는 그 특수성을 감안하여 하자에 대한 별도의 구제절차가 마련되어 있으므로) 이사회결의의 하자는 후속행위에 통합되어 후속행위 자체의 효력 문제로 다루어진다[가령 하자 있는 이사회결의에 의해 주주총회가 소집된 경우에 이는 주주총회결의의 절차적 하자로서 주주총회결의의 취소의 소(상376)로 다투어질 뿐 이사회결의의 무효를 독립하여 주장하지 못한다]. ② 그 후속행위의 효력을 다투는 별도의 방법이 없는 경우에는 민법상 일반법리에 따른다. 즉, 하자 있는 이사회결의에 기초한 후속행위가 회사의 내부적 행위(가령 지배인의 선임)이면 이것도 절대적으로 무효이다(통설). 하지만 그 후속행위가 회사의 대외적 행위(가령 중요재산의 처분)이면 거래안전의 보호를 위해 상대방이 과실 없이 선의이면 유효이고 그렇지 않으면 무효이다(판례·통설).

### 5. 이사회 내 위원회

#### (1) 의의 [6-252]

이사회는 정관이 정한 바에 따라 '위원회'(이사회 내 위원회)를 설치할 수 있다(상393의2①). 위원회는 이사회의 효율성(전문성·신속성 등), 독립성 등을 높이기 위한 제도이다. 위원회는 이사회의 권한을 위임받아 이사회의 기능을 수행한다. 특히 감사위원회를 둔 경우 이 위원회는 감사를 대체한다(상415의2①단).

위원회의 설치여부는 정관이 정한다(정관 자치). 다만, 자산총액 2조 원 이상의 상장회사는 사외이사후보추천위원회, 감사위원회를 반드시 두어야 한다(상542의8④,542의11①,상령34②,37①).

#### (2) 구성 [6-253]

위원회의 구성을 보자. ① 위원회는 2인 이상의 이사로 구성한다(상393의2③). 이사회가 3인으로도 구성될 수 있으므로 위원회는 그보다 적은 2인 이상이라고 규정한 것이다. 다만, 감사위원회는 3명 이상의 이사로 구성하고, 사외이사가 위원의 3분의 2 이상이어야 한다(상415의2②). 이는 감사위원회의 독립성을 강화하기 위해서이다. ② 이사를 퇴임하면 당연히 위원에서도 퇴임한다. ③ 위원의 퇴임(임기만료 또는 사임)으로 인해 법률 또는 정관에 정한 수에 부족한 경우 퇴임한 위원은 새로운 위원이 취임할 때까지 위원의 권리의무가 있다(상393의2⑤,386①). ④ 이외에 위원의 선임과 해임에 관한 사항은 이사회가 정한다.

### (3) 권한 및 운영 [6-254]

이사회는 일정한 사항(1. 주주총회의 승인을 요하는 사항의 제안 2. 대표이사의 선임 및 해임 3. 위원회의 설치와 그 위원의 선임 및 해임 4. 정관에서 정하는 사항)을 제외하고 그 권한을 위원회에 위임할 수 있다(상393의2②). 위임범위가 광범위하다는 것을 알 수 있다.

위원회의 운영(소집, 결의방법, 의사록, 연기·속행 등)은 이사회에 준하여 처리한다(상393의2⑤).

### (4) 결의의 효력 [6-255]

이사회가 위임한 사항에 대한 위원회결의는 별도의 승인절차 없이 이사회결의와 동일한 효력이 있다(통설). 다만, 수정(또는 변경)결의가 가능하다. 즉, 위원회는 결의된 사항을 각 이사에게 통지해야 하고, 통지받은 각 이사는 이사회의 소집을 요구할 수 있으며, 이사회는 위원회가 결의한 사항을 다시 결의할 수 있다(상393의2④). 수정결의가 있는 경우 위원회결의는 효력을 상실한다. 하지만, 감사위원회의 결의는 수정결의를 할 수 없다(상415의2⑥). 감사위원회의 독립성을 확보하기 위해서이다.

## Ⅲ. 대표이사

### 1. 의의 [6-256]

대표이사는 대내적으로 회사의 업무집행을 하고(업무집행권) 대외적으로 회사를 대표하는(대표권) 주식회사의 필요적 상설기관이다(통설). 회사는 추상적 존재이므로 직접 업무집행 또는 거래행위를 할 수 없다. 이에 따라 대표이사가 직접 회사의 업무를 집행하며(이사회는 회의체 기관이므로 직접 회사의 업무집행을 하는 것이 부적당하다), 대표의 방식으로 제3자와 거래행위를 한다(이에 따라 거래행위로 인한 권리의무가 회사에 귀속된다).

소규모회사(자본금이 10억 원 미만인 회사)는 대표이사 없이 이사가 그 역할을 수행하는 경우도 있다[6-257]. 집행임원제도가 채택된 경우는 대표이사를 둘 수 없고, 대신에 대표집행임원이 그 역할을 수행한다(상408의5).

## 2. 선임 및 종임

### (1) 선임 [6-257]

회사는 이사회(정관이 정하는 경우는 주주총회)의 결의로 '회사를 대표할 이사'(대표이사)를 선정해야 한다(상389①). 따라서 대표이사는 이사이어야 하고, 이외에는 별다른 자격제한이 없다. 대표이사의 수도 제한이 없고, 이사 전원을 대표이사로 선임해도 무방하다(통설).

소규모회사(자본금이 10억 원 미만인 회사)는 이사를 1~2인으로 할 수 있는데(상383①단), 이 경우 각 이사가 회사를 대표하고(이 경우 대표이사 없이 각 이사가 그 역할을 수행한다), 다만 정관에서 대표이사를 정하는 것도 가능하다(상383⑥).

### (2) 종임

1) 일반적 종임사유[6-258] ① 임기만료는 전형적인 종임사유이다. ② 대표이사는 회사와 위임관계[1-135]에 있으므로, 민법상 위임의 종료사유에 의해 종임된다(통설). 따라서 대표이사의 사임, 사망, 파산, 성년후견개시의 심판 등에 의해 대표이사의 임기가 종료된다(민689,690). 대표이사가 부득이한 사유 없이 회사의 불리한 시기에 사임한 경우에는 그 손해를 배상해야 한다(민689②). 사임의 의사표시는 권한대행자에게 한다(판례). ③ 대표이사는 이사자격을 전제로 하므로 이사직을 상실하면 대표이사직도 상실한다(가령 주주총회결의로 이사가 해임된 경우 그의 대표이사직도 종임된다). 반대로 대표이사직을 상실해도 이사직은 그대로 유지된다(가령 대표이사의 임기는 만료되었지만 이사의 임기가 남아 있는 경우가 그러하다. 다만, 대표이사의 사망과 같이 대표이사직은 물론이고 이사직의 상실사유에도 해당하는 경우에 그렇지 않음은 물론이다).

2) 해임[6-259] 회사는 정당한 사유를 불문하고 언제든지 대표이사를 해임할 수 있다(민689①)(대표이사를 이사회가 선임한 경우는 이사회결의로써, 주주총회가 선임한 경우는 주주총회결의로써 해임한다). 문제는 이사해임 시 손해배상청구권(상385①단)이 대표이사에 유추적용되는지 여부이다(즉, 대표이사의 임기를 정한 경우에 정당한 이유 없이 그 임기만료 전에 해임한 경우 대표이사가 회사에 해임으로 인한 손해배상을 청구할 수 있는지의 문제이다). 유추적용을 긍정하는 입장이 다수설이나, 판례는 부정한다. 판례는 위 손해배상청구권의 본질이 보수청구권을 보장하는 것이 아니라 '주주의 이익'(주주의

회사에 대한 지배권확보)과 '이사의 이익'(경영자 지위의 안정)을 조화시키기 위한 것이므로 대표이사에는 적용할 수 없다고 해석한다(이에 따르더라도 대표이사가 해임되면서 이사직도 해임되는 경우라면 이사의 지위에서 위 손해배상청구권을 행사할 수 있음은 물론이다).

3) **결원 시 조치**[6-260] 대표이사의 종임으로 결원이 생긴 경우 업무수행의 중단을 막기 위해 퇴임이사(상386①)[6-237] 및 임시이사(상386②)[6-237]를 준용한다(상389③).

### 3. 업무집행권 [6-261]

대표이사는 대내적으로 회사의 업무를 집행할 권한(업무집행권)이 있다. 대표이사는 주주총회 또는 이사회가 업무집행에 관한 의사결정을 하면 이를 집행할 권한을 갖는다. 상법이 대표이사의 업무집행권으로 명시하고 있는 사항도 있다. 주권에 관한 기명날인 또는 서명(상356)이 그러하다[상법이 이사의 업무집행권으로 명시하고 있지만 대표이사의 업무집행권이라고 해석되는 경우도 있는데, 정관 등의 비치의무(상396①), 재무제표의 작성(상447) 등이 그러하다(통설)].

대표이사는 업무집행에 관한 의사결정권도 일부 갖는다. ① 주주총회 또는 이사회가 업무수행에 관한 의사결정을 하면 그 '세부사항'에 관한 의사결정은 대표이사에게 위임된 것으로 본다(통설). ② 이사회는 '중요한' 업무집행에 관한 의사결정권을 갖는데, 이 중에서 상법 또는 정관에 열거된 것[가령 주주총회 소집권(상362)]을 제외하면, 이를 대표이사에게 위임할 수 있다(통설). ③ 이사회는 '일상적인' 업무집행에 관한 의사결정권도 갖는데, 이 중에서 이사회가 자신의 권한이라고 명시적으로 유보한(남겨둔) 것을 제외하면, 이를 대표이사에게 묵시적으로 위임한 것으로 간주한다(판례·통설). 일상업무는 회사의 관리업무로서 관례적 기준에 의해 처리할 수 있는 업무이며 이는 구체적·개별적으로 판단해야 하는데(통설), 가령 거래가격이 십수억 원에 이르는 건물을 무상으로 증여하는 약정은 일상적인 업무집행에 속한다고 볼 수 없다(판례).

### 4. 대표권

#### (1) 의의 [6-262]

대표이사는 회사의 영업에 관한 재판상 또는 재판 외의 모든 행위를 대표할 권한(대표권)을 가지고, 대표권의 제한은 선의의 제3자에게 대항하지 못한다(상389③,209). 이러한 대표권의 특성을 포괄성·정형성이라고 하고, 회사의 영업에 속하는지는 행위의 객관적 성질에 의해서 판단한다(통설).

(2) 대표권의 제한

1) 의의[6-263] 대표이사의 대표권은 제한할 수 있다. 대표이사가 대표권 제한을 위반하여 행위하면 '전단적' 대표행위가 된다. 대표권제한은 선의의 제3자에게 대항하지 못하고(상389③,209), 이는 거래안전을 보호하자는 취지이다. 원칙상 선의의 제3자는 대표이사와 직접적으로 거래한 상대방이고, 악의에 대한 입증책임은 회사에게 있다(판례). 이하에서는 대표권제한의 유형과 전단적 대표행위의 효력을 살펴보자.

2) 소송 관련[6-264] 이사와 회사 간의 소송에서 대표이사는 대표권이 없고, 감사(또는 감사위원)가 대표권을 갖는다(상394①,415의2⑦). 감사위원과 회사 간의 소송에서는 법원이 회사의 대표자를 선임한다(상384②). 이는 이익충돌을 막고 공정하게 소송을 수행하기 위해서이다. 따라서 이익충돌의 우려가 없는 경우(가령 이미 퇴임한 이사를 상대로 그의 재직 중의 발생한 사유 때문에 소송을 수행하는 경우)에는 대표이사가 회사를 대표할 수 있다(판례).

대표이사가 소송 관련 대표권제한을 위반하고 행한 소송행위는 전단적 대표행위로서 무효이다(판례·통설). 소송행위 자체는 거래행위가 아니므로 거래안전보호가 문제되지 않는다.

3) 결의 관련

㈎ 주주총회결의[6-255] 대표권의 행사를 위해 주주총회결의를 먼저 거쳐야 하는 경우가 있다. 이는 상법이 요구하는 경우도 있고[가령 영업양도(상374①)], 또는 내부규정(정관)이 요구하는 경우도 있다[가령 정관에 대표이사의 선임을 주주총회의 권한으로 정한 경우(상389)].

전단적 대표행위의 효력을 보자. ① 법률상 요구되는 경우 전단적 대표행위는 무효이다(판례·통설). 이 경우 결의요건은 내부적 제한이 아니고 회사이익을 중시해야 하기 때문이다. 다만, 주주총회결의가 없었지만 마치 있었던 것과 같은 외관 현출에 회사가 관련된 경우 이를 믿고 거래한 제3자에게는 무효를 주장할 수 없다(판례). ② 내부규정이 요구하는 경우 전단적 대표행위는 무효이지만, 이를 선의의 제3자에게는 대항할 수 없다(상대적 무효)(통설). 이 경우 결의요건은 내부적 제한에 불과하고 거래안전을 중시해야 하기 때문이다. 제3자의 선의에 중과실이 없어야 한다(통설).

(나) 이사회결의[6-266] 대표권의 행사를 위해 이사회결의를 먼저 거쳐야 하는 경우가 있다. 이는 상법이 요구하는 경우도 있고[가령 주주총회소집(상362)], 또는 내부규정(정관 또는 이사회규정 등)이 요구하는 경우도 있다.

내부규정으로 이사회결의가 요구되는 경우 전단적 대표행위는 무효이지만, 이를 선의의 제3자에게는 대항할 수 없다(통설). 이 경우 결의요건은 내부적 제한이고 거래안전을 중시해야 하기 때문이다. 제3자의 선의에 중과실이 없어야 한다(통설).

법률상 이사회결의가 요구되는 경우 전단적 대표행위의 효력은 유형별로 다양하다. 이 경우는 외부적 제한인데, 거래안전 등을 고려하여 그 효력을 판단한다. ① 거래안전이 중시되지 않는 경우[가령 준비금의 자본금전입으로 인해 현주주에게 무상으로 신주를 발행하는 경우(상461)] 전단적 대표행위는 무효이다(통설). ② 거래안전이 매우 중시되는 경우[가령 사채발행(상469). 사채권은 유가증권으로서 유통성보호가 매우 중시된다] 전단적 대표행위는 (선의·악의를 묻지 않고) 유효이다(통설). ③ 거래안전이 중시되고 효력이 모든 이해관계자에게 획일적으로 확정되어야 하는 경우[가령 신주발행(상416)] 전단적 대표행위는 (선의·악의를 묻지 않고) 유효이다(판례·통설). ④ 회사이익과 거래안전을 절충할 필요가 있는 경우[가령 중요자산의 처분 등(상393①)] 전단적 대표행위는 무효이지만, 이를 선의의 제3자에게는 대항할 수 없다(판례·통설). 제3자는 선의에 과실이 없어야 한다는 입장(판례)과 선의에 중과실이 없어야 한다는 입장(통설)이 대립하고 있다.

### (3) 대표권의 남용 [6-267]

대표이사가 회사가 아니라 '자신 또는 제3자의 이익을 위해'(주관적 의도) 대표권을 행사하는 경우가 있다. 이 경우를 '대표권의 남용'이라고 한다. 가령 대표이사가 자신의 채무변제를 위해 회사 명의로 어음을 발행하는 경우가 대표적이다(판례). 대표행위가 객관적으로 대표권의 범위에 속한다면, 원칙적으로 그 대표행위는 유효이다(대표이사의 주관적 의도는 묻지 않는다). 다만, 대표권의 남용이 인정되는 경우 그 대표행위는 무효이다(판례·통설). 어떤 경우에 대표권남용을 인정할 것인지에 대해서는 논란이 있다. 즉, ① 심리유보설(비진의표시설): 대표행위의 상대방이 주관적 의도(진의)를 알았거나 과실로 알지 못한 경우는 무효(민107①단)라는 입장(판례) ② 권리남용설: 대표행위의 상대방이 주관적 의도를 알았거나 중과실로 알지 못한 경우는 권리남용(민2②)에 해당되어 무효라는 입장(다수설)이 대립한다. 양자의 차이는 상대방의 선의에 과실이 있는 경우에 나타난다.

### 5. 공동대표이사

#### (1) 의의 [6-268]

대표이사는 단독대표가 원칙이고 이는 수인의 대표이사를 둔 경우도 같다(각자대표의 원칙). 이와 달리 수인의 대표이사로 하여금 공동으로 회사를 대표하게 정할 수 있다(상389②). 이것이 공동대표이사 제도이다. 이는 대표권 제한이 아니라 대표권 '행사방식'에 대한 제한이며, 단독대표로 인한 대표권 남용을 방지하자는 취지에서 인정된다.

#### (2) 선정 [6-269]

대표이사가 수인인 경우 각자대표가 원칙이므로, 공동대표이사로 정하려면 대표이사를 선임할 때 공동대표이사로 선임한다는 결의도 같이 있어야 한다.

#### (3) 적용범위 [6-270]

공동대표는 능동대표에 적용된다. 즉, 공동대표이사는 거래의 상대방에게 의사표시를 하는 대표행위(능동대표)를 할 때 공동으로 해야 한다. 이는 상대방의 선의, 악의를 묻지 않고 마찬가지이다.

공동대표가 적용되지 않는 경우는 다음과 같다. ① 수동대표: 공동대표이사가 거래의 상대방으로부터 의사표시를 받는 대표행위(수동대표)를 할 때는 상대방은 공동대표이사 중 1인에게 의사표시를 하면 된다(상389③,208②). 수동대표의 경우는 대표권남용의 우려가 적기 때문이다. ② 불법행위: 공동대표이사 1인이 업무집행으로 인해 타인에게 손해를 가한 경우 회사의 불법행위로 된다. 대표권남용보다 피해자보호가 더 중시되기 때문이다. 이 경우 회사는 그 대표이사와 연대하여 배상할 책임이 있다(상389③,210).

(4) 대표권의 위임 [6-271]

공동대표이사 중의 1인이 다른 공동대표이사에게 대표권을 위임할 수 있는가? ① 포괄적 위임: 포괄적 위임은 실질적으로 단독대표를 가능하게 하므로 허용되지 않는다(판례·통설). ② 개별적 위임: 개별 사안별로 거래를 특정하여 위임하는 것은 가능하다(통설). 다만, 공동대표이사 사이에 거래 내용에 관한 의사합치가 있어야 하고 그 의사표시만 위임할 수 있다는 입장(다수설)과 거래 내용에 대해서도 위임할 수 있다는 입장이 대립한다.

(5) 단독대표행위 [6-272]

1) **효력** 공동대표이사 중 1인이 단독으로 대표행위(단독대표행위)를 하면 이는 무효이고, 이는 상대방의 선의 여부에 따라 달라지지 않는다(통설). 다만, 이는 무권대리에 준하여 추인(민130)[1-42]할 수 있다. 즉, 다른 공동대표이사 전원이 추인하면 단독대표행위의 하자가 치유되어 유효하다(판례·통설).

2) **선의의 제3자 보호** 단독대표행위가 이루어졌으나 추인이 없는 경우 선의의 제3자는 보호되는가? 이는 공동대표이사를 등기했는지[공동대표이사는 등기사항이다(상317②⑽)]에 따라 구분해서 살펴볼 필요가 있다.

상업등기사항은 등기하지 않으면 선의의 제3자에게 대항하지 못한다(상37①). 이에 따르면 공동대표이사는 등기하지 않으면 선의의 제3자에게 대항하지 못한다[회사는 단독대표행위를 이유로 선의의 제3자에게 그 무효를 주장할 수 없다]. 다만, 선의에 중과실이 없을 것이 요구된다(다수설).

상업등기사항은 등기하면 선의의 제3자에게도 대항할 수 있다(상업등기의 대항력)(상37①의 반대해석). 이에 따르면 공동대표이사는 등기한 경우 선의의 제3자에게도 대항할 수 있다[따라서 회사는 단독대표행위를 이유로 선의의 제3자에게도 그 무효를 주장할 수 있다]. 하지만 이를 인정하게 되면 상대방은 거래 시마다 상업등기사항을 확인해야 한다. 그리하여 판례는 이를 확인하지 않은 선의의 제3자를 보호한다(제3자가 거래 시마다 상업등기부를 열람해서 공동대표권을 확인하는 것은 거래의 반복성·신속성 등에 맞지 않으므로). 이를 위해 판례는 단독대표행위에 표현대표이사(상395)를 유추적용해서 회사의 책임을 인정한다. 즉, 공동대표이사가 대표권이 있다고 인정될 만한 표현적 명칭(회장, 사장 등)을 사용하여 단독대표행위를 하거나 또는 대표이사라는 명칭을 사용하여 단독대표행위를 한 경우 표현대표이사를 유추적용한다(판례는 회사가 공동대표이사에게 단순한 대표이사라는 명칭을 사용하여 법률행위를 하는 것을 용인 내지 방임한 경우에 상법 395조에 의한 표현책임을 면할 수 없다고 판시한 바 있다). 이와 같이 공동대표이사가 등기된 경우에도 표현대표이사가 유추적용되어 선의의 제3자가 보호되기 때문에, 대표권남용을 방지한다는 공동대표이사의 취지가 크게 퇴색되어버렸다는 비판이 제기되고 있다.

### 6. 표현대표이사

#### (1) 의의 [6-273]

1) **개념** 회사의 대표권은 대표이사에게 있지만, 대표권이 있을 것으로 인정되는 명칭(사장, 부사장, 전무, 상무 등)을 사용한 이사의 행위에 대해 그가 대표권이 없더라도 회사가 선의의 제3자에게 그 책임을 진다(상395). 그러한 '표현적 명칭'을 사용한 이사가 표현대표이사이고, 회사의 책임은 외관법리에 따른 책임(상대방의 오인을 유발할 외관을 야기한 경우 이를 신뢰한 자에 대한 책임)[1-4]이다.

2) **적용범위** 표현대표이사는 외관법리이므로 이에 적합하지 않은 경우는 적용될 수 없다. ① 불법행위에 적용되지 않는다(통설). 불법행위는 외관의 신뢰 때문에 발생한 것이 아니기 때문이다(외관의 신뢰가 없었다면 불법행위가 발생하지 않았을 것이라는 주장도 가능하지만 이는 불법행위가 발생한 하나의 '조건'에 불과하다). 이 경우 피해자는 표현대표이사에게 불법행위책임(민750), 회사에 사용자책임(민756)[1-156]을 물을 수 있다. ② 소송행위에도 적용되지 않는다(통설). 소송행위는 거래안전보다는 실체적 진실이 중시되기 때문이다.

3) **관련 제도** 표현대표이사는 다른 제도와 관련되어 있다. ① 표현대리: 표현대표이사는 민법상 표현대리(민125 등)[1-43]의 특칙이다(통설). 표현대표이사와 표현대리는 배척관계가 아니라 병존관계이고(통설), 다만 표현대리는 과실 없는 선의의 제3자만 보호된다는 점에서 그 보호범위가 표현대표이사에 비해 좁다. ② 상업등기: 표현대표이사[표현대표이사인 경우 회사는 선의의 제3자에게 대항할 수 없다(상395)]와 상업등기[상업등기를 하면 선의의 제3자에게 대항할 수 있다(상37①)] 사이의 관계는 일응 모순되어 보인다. 이에 대해 이차원설(판례)은 양자가 요건 및 보호법

익이 다르므로(상업등기는 등기를 한 자를 보호하고 표현대표이사는 외관을 신뢰한 제3자를 보호하므로) 모순이 아니며 양자는 각 요건에 맞게 적용하면 된다는 입장이고, 예외규정설(다수설)은 표현대표이사에 관한 규정은 상업등기에 대해 예외적으로 인정되는 규정(제3자가 거래 시마다 상업등기부를 열람해서 대표권을 확인하는 것은 거래의 반복성·신속성 등에 맞지 않으므로)이라는 입장이다.

(2) 요건 [6-274]

1) 외관의 존재 대표권이 있을 것으로 인정되는 외관이 존재해야 한다(외관의 존재). ① 대표권이 있을 것으로 인정되는 '표현적 명칭'(사장, 부사장, 전무, 상무 등)이 사용되어야 한다(상395). 사장 등과 같은 명칭 이외에 회장, 부회장, 이사장 등도 표현적 명칭에 포함된다(통설). 경리담당이사는 대표권의 존재를 암시하지 않으므로 포함되지 않는다(판례). 대규모회사에서 전무, 상무는 대표권이 없는 것이 보통이므로 이를 신뢰한 제3자는 원칙상 중과실이 인정된다(판례). ② (상법 395조는 표현적 명칭을 사용한 자가 이사일 것을 요구하지만) 표현적 명칭을 사용한 자가 실제로 이사일 것이 요구되지 않는다(판례·통설). 표현적 명칭의 사용만으로도 제3자가 신뢰할 만한 외관이 존재한다고 볼 수 있기 때문이다. ③ 표현대표행위가 대표이사의 권한 내의 행위이어야 한다(판례·통설). 전단적 대표행위(또는 대표권의 남용)가 표현대표행위에 수반된 경우(가령 이사회결의가 필요한 대표행위를 표현대표이사가 이사회결의 없이 한 경우) 선의의 제3자가 보호되려면 표현대표이사에서 제3자 보호의 요건은 물론이고 전단적 대표행위에서 제3자 보호의 요건을 모두 충족해야 한다.

2) 회사의 귀책사유 회사에게 외관책임을 지우려면 외관의 존재에 대해 귀책사유가 있어야 한다. ① 회사가 표현적 명칭의 사용을 '명시적으로 허락'하거나(이사회결의 등으로 명시적 승인) 또는 '묵시적으로 허락'한 경우(표현적 명칭의 사용을 알면서도 동조, 방치, 묵인한 경우 등)에 외관책임을 지게 된다(판례·통설). 허락의 주체는 회사이다[회사의 허락이 있다고 하려면 진정한 대표이사, 이사 전원, 또는 적어도 이사회결의에 요구되는 이사의 수가 허락한 것이어야 한다(판례)]. ② 행위자가 임의로 표현적 명칭을 사용한 경우, 회사가 이를 과실로 알지 못했다면 외관책임을 지지 않는다(판례·통설)(반대로 중과실로 알지 못한 경우는 외관책임을 진다).

3) **제3자의 신뢰** 제3자가 외관을 신뢰했어야 한다. 즉, 제3자는 표현대표이사가 대표권이 없다는 사실에 선의이어야 한다. ① 제3자는 직접의 거래상대방에 한정하지 않고 표현적 명칭을 신뢰한 모든 제3자를 포함한다(판례·통설). ② 제3자는 선의에 중과실이 없어야 한다(판례·통설). 대규모회사에서 전무 또는 상무가 대표권을 가졌다고 신뢰한 제3자는 원칙상 중과실이 인정된다(판례). ③ 제3자의 악의·중과실에 대한 입증책임은 회사에 있다(판례·통설).

### (3) 효과 [6-275]

표현대표이사의 행위는 마치 대표이사의 행위처럼 취급된다. 회사가 선의의 제3자에게 그 '책임을 진다'(상395)는 것은, 표현대표행위가 유효한 대표행위가 되고, 그에 따른 권리의무가 회사에게 귀속된다는 의미이다(판례·통설).

### (4) 표현대표이사의 유추적용 [6-276]

표현대표이사가 유추적용되는 경우는 다음과 같다. ① 대표이사의 선임이 무효이거나 취소된 경우 그가 이미 행한 대표행위는 무효인 것이 원칙이다. 하지만 거래안전의 보호를 위해서 표현대표이사를 유추적용하여 선의의 제3자를 보호한다(판례·통설). ② 공동대표이사가 단독대표행위를 한 경우 표현대표이사를 유추적용한다(판례)[6-272]. ③ 표현대표이사가 자신의 명의가 아니라 대표이사의 명의로 대표행위를 한 경우 표현대표이사를 유추적용한다(판례·다수설). 표현대표이사의 표현적 명칭에는 대표권을 대행할 권리(대행권)도 포함되어 있다고 오인될 수 있으므로 거래안전의 보호를 위해 회사책임을 인정하자는 것이다. 다만, 이 경우는 대표권이 아니라 대행권을 무단으로 행사한 경우로서 표현대표행위와 성질이 다르므로 민법상 표현대리를 적용해야 한다는 입장도 있다. 그 차이는 제3자가 선의에 과실이 있는 경우에 나타난다(표현대표이사에 의하면 보호되지만, 표현대리에 의하면 보호되지 않는다)[1-43].

## 7. 대표이사의 불법행위책임 [6-277]

만약 대표이사가 그 업무집행으로 인하여 타인에게 손해를 가한 경우 회사는 그 대표이사와 연대하여 배상할 책임이 있다(상210,389③ 등). 대표이사가 그 업무집행과 관련하여 행한 불법행위는 회사의 불법행위이지만, 피해자를 두텁게 보호하기 위해서 회사와 대표이사의 공동불법행위로 규정한 것이다. 만약 대표이사가 직무집행의 범위를 벗어나서 불법행위를 범한 경우라면 회사는 이에 대해 책임을 지지 않고 대표이사가 일반원칙에 따라 불법행위책임(민750)을 진다.

## Ⅳ. 이사의 의무

### 1. 선관의무와 충실의무

#### (1) 의의 [6-278]

상법에 따르면 이사는 일반적·추상적 의무인 선관의무(또는 선관주의의무)와 충실의무를 부담한다. 이는 이사의 의무에 관한 대원칙이다. 이사의 비밀유지의무(상382의4), 경업·겸직금지의무(상397) 등은 선관의무와 충실의무가 구체화된 것으로서 그 예시에 해당한다. 이사가 부담하는 선관의무와 충실의무의 상대방은 회사이다(판례·통설).

선관의무와 충실의무를 각각 살펴보자. ① 선관의무: 이사는 회사에 '선량한 관리자의 주의'(선관주의)로써 직무를 수행해야 한다(상382②,민681). 가령 이사의 비밀유지의무(상382의4)가 선관의무의 일종이다. 모든 이사는 선관의무를 부담하고 이를 위반하면 손해배상책임(상399 등)을 진다. ② 충실의무: 이사는 법령과 정관의 규정에 따라 회사를 위하여 직무를 충실하게 수행해야 한다(상382의3). 충실의무는 이사가 직무를 수행하면서 회사이익이 아니라 자기 또는 제3자의 이익을 추구해서는 안 된다는 의미이다. 가령 경업금지의무(상397)는 충실의무의 일종이다. 모든 이사는 충실의무를 부담하고 이를 위반하면 손해배상책임(상399 등)을 진다.

#### (2) 선관의무와 충실의무의 관계 [6-279]

선관의무와 충실의무의 관계에 관해서는 논란이 있다. ① 동질설(다수설): 양자는 본질이 같으며, 충실의무는 선관의무를 예시 또는 강조한 것에 불과하다고 보는 입장이다. 선관의무는 위임자의 이익을 위해서 위임사무를 처리해야 하는 의무이므로 당연히 이사가 직무를 수행하면서 자신 또는 제3자의 이익을 추구해서는 안 된다고 보는 것이다(넓은 의미의 선관주의에 충실의무가 포함된다는 것이다). ② 이

질설: 양자는 본질이 다르며, 선관의무로부터 충실의무가 도출될 수 없다고 보는 입장이다. 선관의무는 이사가 회사를 위해서 직무를 집행할 때 주의를 다하라는 측면에서 요구되는 의무이고, 충실의무는 이사가 자신의 직위를 이용해서 자기 또는 제3자의 이익을 추구하지 말라는 측면에서 요구되는 의무라고 보는 것이다.

### (3) 경영판단의 원칙 [6-280]

**1) 의의** 선관의무는 일반적·추상적 의무이어서 그 위반의 기준이 명확하지 않다. 경영판단의 원칙은 그 기준과 관련하여 제시된 법리로서 판례와 통설이 지지하고 있다. 이사는 업무집행에 관한 의사결정(또는 경영판단) 시에 선관주의를 다해야 한다. 경영판단의 원칙에 따르면, 이사의 의사결정이 사후적으로 잘못된 것으로 판명되더라도 사전적으로(의사결정 시에) 합리적인 것이었다면 그에게 선관의무 위반의 책임을 물을 수 없다. 의사결정의 결과가 불확실한 것임에도 불구하고 이사에게 사후적인 결과책임을 묻는다면 선관의무는 이사에게 가혹한 의무일 수 있기 때문이다. 이를 피하기 위해서 경영판단의 원칙이 도입되었다. 그렇다고 해서 경영판단을 이유로 선관의무 위반에 따른 책임이 과실책임(상399①)에서 중과실책임으로 완화되지는 않는다(판례·통설).

**2) 내용** 경영판단의 원칙의 구체적인 내용은 다음과 같다. ① 실체법적 측면: 충분한 정보를 기초로 합리적으로 내린 의사결정이라면 사후적 관점에서 선관의무 위반의 책임을 물을 수 없다(판례·통설)(판례에 따르면, 합리적으로 이용가능한 범위 내에서 필요한 정보를 충분히 수집·조사하고 검토하는 절차를 거친 다음, 이를 근거로 회사의 최대이익에 부합한다고 합리적으로 신뢰하고 신의성실에 따라 경영상의 판단을 내렸고, 그 내용이 현저히 불합리하지 않은 것으로서 통상의 이사를 기준으로 할 때 합리적으로 선택할 수 있는 범위 안에 있는 것이라면, 그 이사의 행위는 허용되는 경영판단의 재량범위 내에 있다). 이러한 의사결정이 아니라면 선관의무 위반의 책임을 진다(판례에 따르면, 이사가 회사의 경영상 부담에도 불구하고 관계회사의 부도 등을 방지하는 것이 회사의 신인도를 유지하고 회사의 영업에 이익이 될 것이라는 일반적·추상적인 기대하에 일방적으로 '관계회사에 자금을 지원'하게 하여 회사에 손해를 입게 한 경우, 이는 신의성실에 따라 경영상의 판단을 내린 것이 아니므로 허용되는 경영판단의 재량범위 내에 있지 않다). ② 소송법적 측면: 이사의 의사결정은 충분한 정보에 기초해서 합

리적으로 내려졌다는 추정을 받는다(판례·통설). 따라서 선관의무 위반을 주장하는 원고가 입증을 통해서 이 추정을 번복해야 한다.

3) **예외** 경영판단의 원칙은 다음에 적용되지 않는다. ① 법령위반은 경영판단의 원칙이 적용되지 않는다(판례·통설). 법령위반은 행위 당시에 피할 수 있었던 사항이기 때문이다. 가령 뇌물공여, 분식회계는 법령위반행위로서 경영판단의 원칙이 적용되지 않는다(판례). ② 이사가 주주총회 또는 이사회 결의에 성실히 따랐다는 사실만으로는 경영판단의 원칙이 적용되지 않는다(판례·통설). 이사가 이러한 결의에 따라야 할 의무는 회사의 이익이 되는 범위 내에서만 인정되기 때문이다.

### 2. 보고의무 [6-281]

이사는 보고의무를 부담한다. 이는 선관의무의 일종이고, 이를 위반하면 손해배상책임(상399 등)을 진다. ① 이사는 3개월에 1회 이상 업무집행에 관해 이사회에 보고해야 한다(상393④). 이는 대표이사뿐만 아니라 모든 이사에게 적용되는 의무이다(통설). ② 감사(또는 감사위원회)는 언제든지 이사에게 영업에 관한 보고를 요구할 수 있는데, 이사는 이에 따라야 한다(상412②,415의2⑦). ③ 이사는 회사에 현저하게 손해를 미칠 염려가 있는 사실을 발견한 경우 즉시 감사(또는 감사위원회)에게 보고해야 한다(상412의2,415의2⑦). 손해를 미칠 염려가 있는 사실을 발견한 모든 이사가 지는 보고의무이다. 손해의 회복가능성이 있더라도 보고의무가 인정된다(통설)[이 점에서 회복할 수 없는 손해를 요건으로 하는 유지청구권(상402)[6-310]과 다르다].

### 3. 기업비밀유지의무 [6-282]

이사는 재임 중뿐만 아니라 퇴임 후에도 직무상 알게 된 회사의 영업상 비밀을 누설해서는 안 된다(상382의4). 이 규정은 기업비밀유지의무가 재임 중은 물론이고 퇴임 후에도 미친다는 점을 명시하고 있다. 이는 선관의무의 일종이며, 이를 위반하면 손해배상책임(상399 등)을 진다.

## 4. 감시의무

### (1) 의의 [6-283]

이사는 다른 이사의 업무집행을 감시할 의무가 있다(판례·통설). 이사의 감시의무는 이사회의 감독기능(상393②)을 활성화하는 데 기여한다. 이는 선관의무의 일종이며, 이를 위반하면 손해배상책임(상399 등)을 진다.

### (2) 내용 [6-284]

이사의 종류별로 감시의무를 살펴보자. ① 모든 업무를 관장하는 대표이사가 모든 이사의 업무집행에 대해 감시의무가 있음은 당연하다(통설). ② 사내이사(업무당담이사)는 업무분장에 따라 집행업무가 제한되어 있지만 모든 이사의 업무집행에 대해 감시의무가 있다(판례·통설). 평이사(업무집행이사가 아닌 비상근이사 또는 사외이사를 가리킨다)는 업무집행을 하지 않지만 역시 모든 이사의 업무집행에 대해 감시의무가 있다(판례·통설). 사내이사 및 평이사의 감시의무를 축소하지 않은 이유는 감시의무의 실효성을 높이기 위해서이다. 구체적으로 보면, 이사는 대표이사나 다른 업무담당이사의 업무집행이 '위법하다고 의심할 만한 사유'가 있음에도 방치한 경우 감시의무 위반의 책임을 진다(판례). 대규모회사에서 이사가 합리적인 정보·보고시스템과 내부통제시스템을 구축하여 작동시키려는 노력을 전혀 하지 않거나 구축된 시스템을 이용한 감시를 의도적으로 외면한 경우 다른 이사의 업무집행을 구체적으로 알지 못하였다는 이유만으로 책임을 면할 수는 없다(판례). 다만, 집행업무를 전혀 담당하지 않는 평이사가 사내이사와 같은 주의의무를 부담하는 것이 바람직한지는 향후의 검토과제이다(이러한 맥락에서 일정한 업무분장하에 회사의 일상적인 업무를 집행하는 업무집행이사는 회사의 업무집행을 전혀 담당하지 않는 평이사에 비해 보다 높은 주의의무를 부담한다고 본 판례가 있다).

### (3) 내부통제시스템 [6-285]

1) 의의　　판례는 대규모회사에서 내부통제시스템을 구축하고 이를 통해 업무집행을 감시하는 것을 이사의 감시의무의 일종으로 파악한다. 내부통제에는 회계, 준법 등 다양한 내용이 포함될 수 있다.

2) 준법통제기준 및 준법지원인　　상법은 내부통제시스템으로서 준법

통제기준 및 준법지원인에 대해 규정하고 있다. ① 자산총액 5천억 원 이상인 상장회사는 '준법통제기준'(법령을 준수하고 회사경영을 적정하게 하기 위해 임직원이 직무를 수행할 때 따라야 할 준법통제에 관한 기준 및 절차)을 마련해야 한다(상542의13①,상령39,40). ② 준법통제기준의 준수업무를 담당할 '준법지원인'(법률적 지식과 경험을 갖추고 상근이어야 한다. 임기는 3년이고 이를 단축할 수 없다)을 1명 이상 두어야 한다(상542의13②⑤⑥⑪,상령41). 준법지원인의 임면은 이사회결의를 거쳐야 한다(상542의13④). 준법지원인은 준법통제기준의 준수여부를 점검하여 이사회에 보고하고, 선관주의로써 직무를 수행하며, 재임 중뿐만 아니라 퇴임 후에도 직무상 알게 된 회사의 영업상 비밀을 누설해서는 안 된다(상542의13③⑦⑧). ③ 준법지원인은 공정한 업무수행을 위해서 '독립성'의 확보가 필요하다. 즉, 회사는 준법지원인이 직무를 '독립적으로' 수행할 수 있게 하고, 그 임직원은 준법지원인이 직무수행상 자료나 정보의 제출을 요구하면 성실하게 응해야 하며, 회사는 준법지원인이었던 사람에게 직무수행과 관련된 사유로 부당한 인사상의 불이익을 주면 안 된다(상542의13⑨⑩). 또한 준법지원인은 자신의 업무수행에 영향을 줄 수 있는 영업 관련 업무를 담당해서는 안 된다(상령42). 이 경우 '자기감시'로 인한 이익상충 문제가 생겨서 독립성이 훼손될 수 있기 때문이다. ④ 금융회사는 '내부통제기준' 및 '준법감시인'을 두어야 하는데(금융회사의 지배구조에 관한 법률 24,25), 이 경우 준법통제기준과 준법지원인은 두지 않는다(상령39단). 서로 명칭이 다르지만 기능 및 역할이 같기 때문이다.

### 5. 경업·겸직금지의무

#### (1) 의의 [6-286]

이사는 경업금지의무와 겸직금지의무(경업·겸직금지의무)를 부담한다(상397). 회사의 중요한 의사결정에 참여하는 이사가 경업 또는 겸직을 하면 이익상충(자신의 지위를 이용하여 회사이익의 희생하에 자신 또는 제3자의 이익을 추구)으로 인해 충실의무를 위반할 수 있고, 이를 방지하기 위해서 부작위의무로서 경업·겸직금지의무를 둔 것이다.

(2) 요건 [6-287]

**1) 경업 또는 겸직** 경업은 이사가 자기 또는 제3자의 계산(자금출연과 손익귀속)으로 회사의 영업부류에 속한 거래를 하는 것이다(상397①). 겸직은 이사가 동종영업을 목적으로 하는 다른 회사의 무한책임사원이나 이사가 되는 것이다(상397①). ① 경업·겸직의 주체는 이사이다. 이 점에서 이사 이외에 주요주주 등으로 주체가 확대되어 있는 자기거래 금지의무(상398)와 다르다. 다만, 주요주주 등도 경업·겸직으로 회사에 손해를 끼친 경우, 그가 업무집행지시자 등(상401의2①)에 해당한다면 이사처럼 손해배상책임(상399)을 진다. ② 경업이 영업적 거래[2-10, 3-4]로 제한되는지 아니면 일시적 거래도 포함되는지가 문제된다. 경업과 유사한 측면이 있는 회사기회유용(상397의2)에 일시적인 거래가 포함된다는 점에서, 경업은 영업으로 하는 것이라고 제한하는 견해가 있다. ③ 경제적 효과(계산)가 기준이므로 누구의 명의로 경업·겸직하는지는 묻지 않는다. ④ 경업·겸직으로 인해 회사이익이 희생될 여지(이익상충의 여지)가 있어야 한다(판례). ⑤ 이사가 자연인상인[2-13]으로 경업하거나 또는 다른 회사에 소속되어 경업하거나 모두 금지된다. 후자는 이사가 다른 경업관계 회사의 이사, 대표이사 또는 지배주주 등이 되어 의사결정과 업무집행에 관여할 수 있는 경우를 가리킨다(판례)(다른 경업관계 회사의 이사 또는 대표이사가 되는 것은 아래 겸직에도 해당될 수 있다).

**2) 이사회의 승인** 이사회의 승인이 있으면 경업·겸직을 할 수 있다(상397①). 이사회가 경업·겸직에 따른 득실을 판단해서 그 승인 여부를 결정한다. ① 이사회의 승인은 일반적 결의요건[이사 과반수의 출석과 출석이사의 과반수(상391①)]으로 해야 한다. 승인을 구하는 이사는 이사회결의에 특별한 이해관계가 있는 자에 해당하므로 그 결의에 참여할 수 없다(상391③,368③). ② 소규모회사(자본금이 10억 원 미만인 회사)로서 이사가 1~2명인 경우(이사회를 구성할 수 없다)는 주주총회가 승인기관이다(상383④). ③ 승인은 이사회에서 해당 경업 또는 겸직의 중요사실을 밝히고 받아야 한다(판례·통설). ④ 이사회의 승인은 경업·겸직에 대한 절차적 합법성을 부여하는 효과가 있고, 다만 경업·겸직으로 인해 회사에 손해를 끼치는 경우 이사가 손해배상책임(상399)을 지는 것은 별개의 문제이다(다수설)(이사회의 승인이 경업·겸직으로 인해 회사에 손해를 끼쳐도 좋다는 책임면제의 목적이 있는 것은 아니다).

⑤ 이사회가 사후승인(추인)을 통해서 이사의 손해배상책임을 면제하려는 것은 허용되지 않는다(다수설)[이사의 손해배상책임 면제에는 주주 전원의 동의가 필요하기 때문이다(상400①)].

### (3) 효과 [6-288]

경업·겸직금지를 위반해도 해당 거래나 겸직의 사법상 효과는 언제나 유효이다(통설). 그 상대방의 선의·악의도 묻지 않는다(통설). 회사와 이사 사이의 충실의무와 이사와 제3자 사이의 경업·겸직은 별개의 법률관계이고, 전자의 하자가 후자의 효력에 영향을 미칠 수 없기 때문이다.

경업·겸직금지를 위반한 이사와 회사의 법률관계는 다음과 같다. ① 해당 이사의 행위는 법령위반이므로 정당한 해임사유가 되고, 손해가 있으면 손해배상책임(상399)도 진다. ② 회사는 경업금지위반에 대해 개입권을 행사할 수 있다. 즉, 회사는 이사회의 결의를 거쳐서, '이사가 해당 거래를 자기의 계산으로 한 것이면 회사의 계산으로 한 것으로 볼 수 있고', '제3자의 계산으로 한 것이면 그 이사에게 이로 인한 이득의 양도를 청구할 수 있다'(상397②)(이는 상업사용인의 경업금지위반의 효과와 내용이 같다. 이에 대해서는 [2-27]). 개입권은 거래가 있은 날로부터 1년을 경과하면 소멸한다(상397③). 개입권은 형성권이다(통설). 회사는 이 행사를 통해서 경업금지를 위반한 거래의 경제적 효과를 자신에 귀속시킬 수 있다(해당 거래의 명의까지 변경하는 것은 아니다).

## 6. 회사기회유용 금지의무

### (1) 의의 [6-289]

이사는 '회사의 사업기회'(회사기회)를 자기 또는 제3자의 이익을 위해 이용할 수 없다(상397의2①). 이사가 회사기회를 이용(유용)하면 이익상충(자신의 지위를 이용하여 회사이익의 희생하에 자기 또는 제3자의 이익을 추구)으로 인해서 충실의무를 위반할 수 있기 때문이다. 회사의 사업기회는 회사의 재산이며 이사가 이를 유용하면 회사재산의 횡령과 그 실질이 같은 것으로 본다(통설).

### (2) 요건 [6-290]

1) 주체 회사기회유용 금지의무의 주체는 이사이다. 이 점에서 이사

이외에 주요주주 등으로 주체가 확대되어 있는 자기거래 금지의무(상398)와 다르다. 다만, 주요주주 등도 사업기회유용으로 회사에 손해를 끼친 경우, 그가 업무집행지시자 등(상401의2①)에 해당한다면 이사처럼 손해배상책임(상399)을 진다.

**2) 사업기회** 상법이 규정하는 사업기회는 다음의 두 가지이다. ① 직무를 수행하는 과정에서 알게 되거나 회사의 정보를 이용한 사업기회(상397의2①(1)): 이러한 사업기회는 회사비용으로 만들어진 회사재산이라는 의미이다. 이 사업기회는 회사의 영업부류에 속하는지를 묻지 않는다(통설). ② 회사가 수행하고 있거나 수행할 사업과 밀접한 관계가 있는 사업기회(상397의2①(2)): 이는 회사의 영업부류에 속하는 사업기회이다. 이러한 의미의 사업기회유용은 전술한 경업과 겹치는 측면이 있는데, 양자를 어떻게 구분할 것인지가 과제이다.

**3) 회사의 이익가능성** 사업기회는 현재 또는 장래에 회사의 이익이 될 수 있어야 한다(상397의2①). 회사기회유용은 이익충돌의 여지가 있어야 금지되므로, 사업기회의 성질상 회사에 불이익을 초래할 위험이 없는 경우는 그 이용이 금지되지 않는다. 여기서 이익은 널리 영리추구의 대상이 된다는 의미이다(다수설).

**4) 이용행위** 자기 또는 제3자의 이익을 위하여 이용하는 행위가 있어야 한다(상397의2①). 회사기회유용은 반드시 영업으로 하는 것은 아니며 일시적 거래도 포함된다(통설).

**5) 이사회의 승인** 이사회의 승인이 있으면 회사기회를 이용할 수 있다(상397의2①). 이사회가 사업기회 이용에 따른 득실을 판단해서 그 승인 여부를 결정한다. ① 이사회의 승인은 강화된 결의요건(이사 3분의 2 이상의 수)으로 해야 한다(상397의2①). 2/3는 전체 이사가 기준이다(통설). 승인을 구하는 이사는 이사회결의에 특별한 이해관계가 있는 자에 해당하므로 그 결의에 참여할 수 없다(상391③,368③). 다만, 이 경우 전체 이사의 2/3를 산정할 때 특별이해관계인인 이사를 제외하고 나머지 모든 이사를 기준으로 삼아야 한다(다수설)(이렇게 하지 않으면 특별이해관계인인 이사가 일정 수 이상인 경우 이사회 승인이 원천적으로 불가능하기 때문이다). ② 소규모회사(자본금이 10억 원 미만인 회사)로서 이사가 1~2명인 경우(이사회를 구성할 수 없다)는 주주총회가 승인기관이다(상383④). ③ 승인은 이사회에서 회사기회이용의 중요사실을 밝히고 받아야 한다(다수설). ④ 이사회의 승인은 회사기회이용에 대

한 절차적 합법성을 부여하는 효과가 있고, 다만 회사기회이용으로 인해 회사에 손해를 끼치는 경우 이사가 손해배상책임(상399)을 지는 것은 별개의 문제이다(다수설)(이사회의 승인이 회사기회이용으로 인해 회사에 손해를 끼쳐도 좋다는 책임면제의 목적이 있는 것은 아니다). ⑤ 이사회가 사후승인(추인)을 통해서 이사의 손해배상책임을 면제하려는 것은 허용되지 않는다(다수설)[이사의 손해배상책임 면제에는 주주 전원의 동의가 필요하기 때문이다(상400①)].

(3) 효과 [6-291]

회사기회유용금지를 위반해도 해당 거래의 사법상 효과는 언제나 유효이다(통설). 그 상대방의 선의·악의도 묻지 않는다(통설). 회사와 이사 사이의 충실의무와 이사와 제3자 사이의 회사기회유용은 별개의 법률관계이고, 전자의 하자가 후자의 효력에 영향을 미칠 수 없기 때문이다.

회사기회유용금지를 위반한 이사와 회사의 법률관계는 다음과 같다. ① 해당 이사는 법령위반이므로 정당한 해임사유가 되고, 손해가 있으면 손해배상책임(상399)도 진다. 다만, 손해의 추정에 관한 특칙이 있다. 즉, 이사 또는 제3자가 얻은 이익을 손해로 추정한다(상397의2②). 회사에 생긴 손해는 일실이익(손해배상청구의 발생사실이 없었다면 얻을 수 있었다고 판단되는 이익)이어서 증명하기 곤란하므로 추정규정을 둔 것이다. ② 경업금지 위반과 달리 개입권 제도는 적용되지 않는다.

한편 이사회의 승인을 받은 경우도 회사에 손해가 발생한 경우 해당 이사 및 승인한 이사가 연대하여 손해배상책임이 있다(상397의2②). 이 경우에도 이사 또는 제3자가 얻은 이익을 손해로 추정한다(상397의2②).

## 7. 자기거래 금지의무

(1) 의의 [6-292]

'이사 등'과 회사 사이의 거래가 자기거래이다(가령 이사가 자기의 계산으로 회사와 물건을 매매하면 이는 자기거래이다). '이사 등'은 자기거래를 하지 않을 의무를 부담하는데(상398), 이는 이사 등이 회사와 자기거래를 하면 이익상충(자신의 지위를 이용하여 회사이익의 희생하에 자기 또는 제3자의 이익을 추구)으로 인해서 충실의무를 위반할 수 있기 때문이다.

(2) 요건 [6-293]

1) 자기거래

㈎ 주체 금지되는 자기거래의 주체는 '이사 등'이다(의무의 주체가 이사 이외의 자까지로 확장되어 있음을 알 수 있다). 이사와 회사 사이의 자기거래뿐만 아니라, 계열회사 간 자기거래, 지배주주와 회사 간 자기거래 등도 금지된다.

구체적으로 보면, ① '이사'가 금지주체에 해당된다(상398(1)). 퇴임이사(상386①), 임시이사(상386②), 직무대행자(상407)는 이사이므로 여기에 포함된다. 상법 386조 1항이 규정하는 퇴임이사[6-237]를 제외한 나머지 이미 퇴임한 이사가 여기에 포함되지 않음은 물론이다(판례). 업무집행지시자 등(상401의2①)도 이사가 아니므로 여기에 포함되지 않는다. ② '주요주주'가 금지주체에 해당된다(상398(1)). 이는 누구의 명의이든지 자기의 계산으로 의결권 없는 주식을 제외한 발행주식총수의 10% 이상의 주식을 소유하거나, 또는 이사·집행임원·감사의 선임과 해임 등 회사의 주요 경영사항에 대하여 사실상의 영향력을 행사하는 주주를 가리킨다(상542의8②(6)). 업무집행지시자 등(상401의2①)은 주요주주(또는 아래의 특수관계인)에 해당할 가능성이 높다. ③ '이사 또는 주요주주의 특수관계인'이 금지주체에 해당된다. 이는 이사 또는 주요주주의 배우자 및 직계존비속(상398(2)), 이사 또는 주요주주의 배우자의 직계존비속(상398(3)), 상법 398조 1호~3호까지의 자(1. 이사 및 주요주주 2. 이사 또는 주요주주의 배우자 및 직계존비속 3. 이사 또는 주요주주의 배우자의 직계존비속)가 단독 또는 공동으로 의결권 있는 발행주식총수의 50% 이상을 가진 회사 및 그 자회사(상398(4)), 상법 398조 1호~3호까지의 자가 4호의 회사와 합하여 의결권 있는 발행주식총수의 50% 이상을 가진 회사(상398(5))를 가리킨다.

㈏ 대상 금지되는 자기거래의 대상은 이사 등이 '자기 또는 제3자의 계산'(자금출연과 손익귀속)으로 '회사와 하는 거래'이다. ① 거래의 종류에는 원칙적으로 제한이 없다. 거래를 영업으로 하지 않아도 무방하며, 1회의 거래로도 충분하다. ② 경제적 효과(계산)가 기준이므로 누구의 명의인지는 묻지 않는다. ③ 이사 등이 충실의무를 부담하는 회사와의 거래이어야 한다(즉, 이사 등이 '이사 등의 관계에 있는 회사'와 하는 거래이어야 한다). 판례는 모회사의 이사가 자회사와 한 거래는 그러

한 관계가 아니라고 보았다(설령 모회사가 자회사의 주식 전부를 소유하고 있더라도 모회사와 자회사는 상법상 별개의 법인격을 가진 회사이고, 그 거래로 인한 불이익이 있더라도 자회사에게 돌아갈 뿐 모회사는 간접적인 영향을 받는 데 그치므로, 자회사와의 거래를 곧바로 모회사와의 거래와 동일하게 볼 수는 없다). ④ 자기거래는 이익충돌의 여지가 있어야 금지되므로, 거래의 성질상 회사에 불이익을 초래할 위험이 없는 경우는 금지되지 않는다(판례·통설). 가령 이사 또는 회사의 채무이행, 이사의 회사에 대한 무상증여 등이 그러하다(판례). ⑤ 직접거래(가령 회사가 이사 등의 재산을 매수)는 물론이고, 간접거래(가령 회사가 제3자와의 계약으로 이사 등의 채무를 인수)도 포함한다(판례·통설). 간접거래는 형식적으로는 이사 등과 회사 간의 거래가 아니라 회사와 제3자 간의 거래이지만, 실질적으로는 이사 등과 회사 사이에 이익상충이 생길 수 있으므로 금지된다. ⑥ 자본거래(신주발행, 사채발행 등)도 원칙상 금지대상에 포함한다(판례·통설). 가령 이사 등이 제3자배정의 방식으로 신주를 인수하는 것은 자기거래로서 금지된다(판례·통설).

2) **이사회의 승인** 이사회의 승인이 있으면 자기거래의 금지의무는 면제된다(상398). 이사회가 자기거래에 따른 득실을 판단해서 그 승인 여부를 결정한다. ① 이사회의 승인은 강화된 결의요건(이사 3분의 2 이상의 수)으로 해야 한다(상398). 2/3는 전체 이사가 기준이다(통설). 승인을 구하는 이사는 이사회결의에 특별한 이해관계가 있는 자에 해당하므로 그 결의에 참여할 수 없다(상391③,368③). 다만, 이 경우 전체 이사의 2/3를 산정할 때 특별이해관계인인 이사를 제외하고 나머지 모든 이사를 기준으로 삼아야 한다(다수설)(왜냐하면 이렇게 하지 않으면 특별이해관계인인 이사가 일정 수 이상인 경우 이사회 승인이 원천적으로 불가능하기 때문이다). ② 소규모회사(자본금이 10억 원 미만인 회사)로서 이사가 1~2명인 경우(이사회를 구성할 수 없다)는 주주총회가 승인기관이다(상383④). ③ 판례는 자기거래의 승인은 정관으로 주주총회의 결의사항으로 정하거나, 정관에 정함이 없어도 주주 전원의 동의로써 할 수 있다고 해석한다. ④ 이사회의 승인은 자기거래에 대한 절차적 합법성을 부여하는 효과가 있고, 다만 자기거래로 인해 회사에 손해를 끼치는 경우 이사가 손해배상책임(상399)을 지는 것은 별개의 문제이다(다수설)(이사회의 승인이 자기거래로 인해 회사에 손해를 끼쳐도 좋다는 책임면제의 목적이 있는 것은 아니다). ⑤ 승인은 '미리' 이사회에서 해당 거래의 중요사실을 밝히고 받아야 한다(상398). 따라서 사후

승인(추인)은 허용되지 않는다.

3) **거래의 공정성** 자기거래의 내용과 절차는 공정해야 한다(상398). 자기거래에 대한 이사회의 승인을 얻었더라도, 만약 자기거래의 내용과 절차가 공정하지 않음에도 불구하고 얻은 승인은 형식적인 승인에 불과하므로 이는 무효라고 해석한다(다수설)(자기거래에 대한 승인이 없는 것으로 된다).

### (3) 효과 [6-294]

자기거래위반의 사법적 효과는 상대적 무효이다(판례·통설)(경업·겸직 또는 회사기회유용과 달리 자기거래에서는 회사가 해당 자기거래의 당사자이므로 무효의 효과를 부여하는 데 문제가 없다). 즉, 회사와 거래상대방 사이에서 해당 거래는 무효이고, 다만 회사와 제3자 사이에서는 회사가 제3자의 악의(이사회의 승인이 없음을 아는 것) 또는 중과실을 입증하지 못하면 유효이다. 선의의 제3자 보호는 거래안전을 위한 것이다. 제3자는 가령 이사가 자기거래로 취득한 물건을 매도한 경우 그 매수인을 말한다. 무효의 주장은 회사의 이익을 위한 것이므로 회사만이 할 수 있고 거래상대방 또는 제3자는 하지 못한다(판례·통설).

자기거래금지를 위반한 이사 등과 회사의 법률관계는 다음과 같다. 즉, 해당 이사는 법령을 위반한 것이므로 정당한 해임사유가 되고, 손해가 있으면 손해배상책임(상399)도 진다. 주요주주 등은 업무집행지시자 등(상401의2①)에 해당하는 경우 이사처럼 손해배상책임(상399)을 진다.

### (4) 상장회사 특칙 [6-295]

상장회사의 주요주주 등에 적용되는 특칙이 두 가지 있다. 이는 상장회사의 경우 자기거래로 인한 이익상충의 위험이 더 크기 때문이다.

1) **신용공여** 신용공여는 절대적으로 금지된다(이사회 승인과 무관하게 금지된다). 상장회사는 일정한 자[1. 주요주주 및 그의 특수관계인 2. 이사{업무집행지시자 등(상401의2①)을 포함} 및 집행임원, 또는 3. 감사]를 상대방으로 하거나 그를 위해서 신용공여를 해서는 안 된다(상542의9①). 여기서 신용공여는 ① 금전 등 경제적 가치가 있는 재산의 대여 ② 채무이행의 보증 ③ 자금지원적 성격의 증권 매입 ④ 그 밖에 거래상의 신용위험이 따르는 직접적·간접적 거래로서 대통령령으로 정하는 거래를 말한다(상542의9①,상령35①). 다만, 복리후생 등을 위한 신용공여는 예외적

으로 허용된다(상542의9②).

2) **일정한 대규모거래에서 이사회승인** 즉, 자산총액 2조 원 이상인 상장회사는 일정한 자(최대주주 및 그의 특수관계인, 또는 그 상장회사의 특수관계인으로서 대통령령으로 정하는 자)를 상대방으로 하거나 그를 위해서 '일정한 규모 이상'의 거래(신용거래는 제외)를 하려면 이사회의 승인을 받아야 한다(상542의9③,상령35④). 여기서 '일정한 규모 이상'의 거래는 ① 단일 거래규모가 일정 규모[회사가 검사대상(금융위원회의 설치 등에 관한 법률 38)이면 자산총액의 1%, 검사대상이 아니면 자산총액 또는 매출총액의 1%] 이상인 거래, 또는 ② 해당 사업연도 중에 특정인과의 해당 거래를 포함한 거래총액이 일정 규모(회사가 검사대상이면 자산총액의 5%, 검사대상이 아니면 자산총액 또는 매출총액의 5%) 이상인 거래를 가리킨다(상542의9③,상령35⑥⑦). 다만, 해당 상장회사가 경영하는 일상적 거래(1. 약관에 따라 정형화된 거래로서 대통령령으로 정하는 거래, 또는 2. 이사회에서 승인한 거래총액의 범위 안에서 이행하는 거래)는 이사회승인을 받지 않고 할 수 있다(상542의9⑤).

## Ⅴ. 이사의 책임

### 1. 의의 [6-296]

이사는 회사와의 위임관계에 따른 선관의무(상382②,민681) 또는 충실의무(상382의3)를 위반하면 그에 따른 손해배상책임을 진다. 상법은 이에 관한 특칙을 마련하고 있다[이사는 자본금충실책임(상428)도 부담하는데 이에 관해서는 신주발행에서 다룬다]. 이사의 책임은 회사에 대한 책임(상399), 제3자에 대한 책임(상401)으로 구분하여 살펴볼 수 있다. 또한 이사는 아니지만 이사와 같은 책임을 지는 업무집행지시자 등의 책임도 살펴보자.

### 2. 회사에 대한 책임

#### (1) 의의 [6-297]

이사는 일정한 경우 회사에 손해배상책임을 진다. 즉, 이사가 고의 또는 과실로 법령 또는 정관에 위반한 행위를 하거나 임무를 게을리 한 경우 회사에 연대하여 손해배상책임이 있다(상399①). 이 경우 이사는 업무상배임죄(형356) 또는 특별배임죄(상622)의 요건(이사가 업무상 임무를 위배하여 본인 또는 제3자가 재산상 이익을 취득하고 회사에 손해를 가한 경우)을 충족할 수 있다.

판례와 다수설은 이사의 회사에 대한 손해배상책임(상399①)의 법적 성질을 이사와 회사 간의 위임계약의 불이행에 따른 채무불이행책임이라고 본다. 채무불이행책임은 민법이 일반적으로 규율하고 있는데(민387 등), 상법 399조는 이사책임의 특수성을 고려하여 둔 특칙이라고 이해한다. 이에 따르면 이사의 회사에 대한 불법행위로 인한 손해배상책임(민750)은 별개의 책임으로서, 이 책임에 채무불이행책임에 관한 상법 399조가 적용될 여지는 없다. 이사의 행위가 불법행위의 요건만 충족시키는 경우는 불법행위책임만 물을 수 있고, 이사의 행위가 상법 399조와 불법행위의 요건을 모두 충족하면 양자는 병존적 청구권경합의 관계[1-10]에 있다(청구권경합설)(판례·다수설).

(2) 요건 [6-298]

1) 책임의 원인 고의 또는 과실로 법령 또는 정관에 위반한 행위를 하거나 '임무를 게을리한 것'(임무해태)이 책임의 원인이다(상399①). 고의 또는 과실은 주관적 요건이고, 법령·정관위반 또는 임무해태는 객관적 요건이다. 이를 나누어서 살펴보자.

㈎ 법령 또는 정관의 위반 ① 고의 또는 과실로 법령 또는 정관에 위반한 행위를 해야 한다. 법령 또는 정관의 위반도 임무해태의 일종이지만 그 중함을 고려하여 별도로 규정한 것이다. 이사가 주주총회결의 없이 영업양도(상374①(1))를 하거나, 이사회승인 없이 자기거래(상398)를 하거나, 회사자금으로 뇌물공여(형법133)를 한 경우 등은 전형적인 법령위반이다. ② 법령위반에 대해서는 경영판단의 원칙[6-280]이 적용되지 않는다(판례·통설). ③ 원고(이사의 책임을 주장하는 자)가 법령·정관위반의 사실을 입증해야 한다. 이사는 책임을 면하려면 무과실을 입증해야 한다(통설). 법령 또는 정관은 그 성질상 이사가 그 내용을 알고 있다고 추정하는 것이 합리적이기 때문이다.

㈏ 임무해태 ① 고의 또는 과실로 임무를 게을리(임무해태)해야 한다. 임무해태는 이사가 선관의무(상382②,민681) 또는 충실의무(상382의3)를 위반한 것이다. 임무해태의 책임은 단순한 결과책임이 아니다[가령 대표이사의 직무수행상 의무는 회사

이익을 위해 선관의무를 다할 의무이지 대출금 중 미회수금 손해가 발생했다는 결과만으로 곧바로 의무불이행사실을 추정할 수는 없다(판례)]. 가령 이사가 합리적인 경영판단 없이 관계회사에 대한 자금지원을 이사회에서 결의한 경우, 이사가 이사회에 참석하지 않고 이사회의 결의를 사후승인하는 등으로 실질적으로 이사임무를 전혀 수행하지 않은 경우, 이사가 합리적인 정보·보고시스템과 내부통제시스템을 구축하여 작동시키려는 노력을 전혀 하지 않은 경우 등이 위법한 임무해태이다(판례). ② 임무해태에는 경영판단의 원칙[6-280]이 적용된다(판례·통설). ③ 원고가 임무해태의 사실을 입증해야 한다(판례·통설). 원고는 이사의 과실도 입증해야 한다(판례·통설). 이사의 의사결정은 경영판단의 원칙에 따라 '합리성의 추정'(충분한 정보에 기초해서 합리적으로 내려졌다는 추정)을 받으므로(판례·통설), 원고가 이사의 과실을 입증해서 이 추정을 번복해야 하는 것이다.

2) **회사의 손해** 회사에 손해가 발생해야 손해배상책임이 인정된다. 법령·정관의 위반 또는 임무해태와 상당인과관계가 있는 손해에 대해서만 배상책임이 인정된다(판례·통설). 가령 부실대출이 실행된 후 여러 번 변제기한이 연장된 끝에 대출금을 회수하지 못한 손해는, 최초에 부실대출을 결의한 이사만 배상책임을 지는 것이 원칙이다[변제기한 연장에만 찬성한 이사는 당시에는 대출금을 모두 회수할 수 있었으나 기한연장으로 채무자의 자금사정이 악화되어 회수할 수 없게 된 경우가 아닌 한 손해배상책임을 지지 않는다(판례)].

### (3) 효과 [6-299]

1) **책임의 발생** 법령·정관의 위반 또는 임무해태를 한 이사는 손해배상책임을 진다. ① 여러 이사가 법령·정관의 위반 또는 임무해태를 한 경우 이들은 연대책임을 진다(상399①). ② 법령·정관의 위반 또는 임무해태가 이사회 결의에 의한 것이면 그 결의에 찬성한 이사도 연대책임을 진다(상399②). 가령 이사회가 위법하게 사채발행을 결의한 경우 이에 찬성한 이사는 모두 연대책임을 진다. 찬성한 이사가 다수여서 자신이 반대했어도 어차피 이사회결의가 이루어졌을 것이라는 이유의 면책주장은 허용되지 않는다(판례). 이사회결의에 참가한 이사로서 이의를 한 기재가 의사록에 없는 자는 그 결의에 찬성한 것으로 추정한다(상399③). 이는 입증책임의 전환으로서 이사는 책임을 면하려면 찬성하지 않

은 사실을 입증해야 한다는 의미이다.

2) 책임의 면제 또는 제한[6-300]

(가) 책임의 면제　이사의 책임은 주주 전원의 동의로 면제할 수 있다(상400①). ① 총주주에 의결권 없는 주주도 포함된다(통설). ② 절대 다수의 주주가 동의해도 총주주가 아니면 면책시킬 수 없다(판례)(따라서 소규모 폐쇄회사가 아니면 면책은 사실상 어렵다). ③ 총주주 동의는 일정한 형식을 요구하지 않는다. 주주총회결의 방식을 취하지 않고 주주별로 동의해도 되고, 묵시적 동의도 가능하다(판례·통설). ④ 상법 400조에 따른 면책은 불법행위책임까지 면제하는 것은 아니다(판례). 따라서 이사의 행위로 인해 불법행위책임도 성립된 경우 이를 면제하려면 일반적 채무면제절차(민506)에 따라야 하고(판례), 여기에는 원칙상 이사회결의(상393①)가 요구된다는 입장과 주주총회결의가 요구된다는 입장이 대립한다. ⑤ 총주주 동의의 원칙에 예외가 있다. 즉, 정기주주총회에서 재무제표 등을 승인한 후 2년 이내에 다른 결의가 없으면 이사의 부정행위가 아닌 한 회사는 그 책임을 해제한 것으로 간주한다(상450). 이 경우 주주총회의 보통결의로 이사를 면책시킨다는 점에서 예외가 되는 것이다.

(나) 책임의 감경　이사의 손해배상책임금은 거액인 경우가 많아서 이사가 위험이 따르는 모험적 의사결정에 소극적 태도를 가질 수 있다. 이사의 이런 위험부담을 덜어주자는 취지에서 책임을 일정한 금액으로 감경하려는 시도가 있었다. 즉, 판례는 이사책임제한의 법리(이사의 임무위반의 경위 및 태양, 평소 회사에 대한 공헌도, 임무위반으로 인한 당해 이사의 이득 유무 등 제반 사정을 참작하여 손해분담의 공평이라는 손해배상제도의 이념에 비추어 그 손해배상액을 감경할 수 있다)를 발전시켜 왔다. 하지만 이는 법적 근거가 약하다는 비판을 받아왔고, 이를 감안하여 2011년에 상법 개정을 통해서 이사의 책임을 감경하는 규정을 신설했다.

상법에 따르면, 회사는 정관으로 정하는 바에 따라 이사의 책임을 책임원인 행위를 한 날 이전 최근 1년간의 보수액(상여금과 주식매수선택권의 행사로 인한 이익 등을 포함)의 6배(사외이사의 경우는 3배)를 초과하는 금액에 대해 면제할 수 있다(상400②본). ① 정관에 책임감경에 대한 근거가 있어야 한다. ② 책임감경의 '절차'에 대해서는 규정이 없어서 논란이 있다. 즉, 이사회결의로 충분하다는 입장, 주주총회 보통결의가 필요하다는 입장, 주주총회 특별결의가 필요하다는 입장 등이 대립한다. ③ 주식매수선택권은 그 실질이 성과급이므로 보수액에 포함된 것이고, 주식매수선택권을 행사한 경우의 이익액만 포함되므로 주식매수선택권에 대한 평가이익은 포함되지 않는다(통설).

다만, 다음은 책임감경이 적용되지 않는다. ① 이사가 고의·중과실로 손해를 발생시킨 경우 감경이 적용되지 않는다(상400②단). 이는 책임원인이 중대해서 이사의 부담을 덜어줄 일이 아니기 때문이다. ② 이사가 경업·겸직금지(상397), 회사기회유용금지(상397의2) 또는 자기거래금지(상398)를 위반한 경우 감경이 적용되지 않는다(상400②본). 이는 사익추구행위로서 책임감경의 취지에 맞지 않기 때문이다.

3) **소멸시효**[6-301] 이사의 회사에 대한 손해배상책임은 채무불이행책임으로서 일반채권과 같이 10년[1-54]의 시효기간의 경과로 소멸한다(판례·다수설).

### 3. 제3자에 대한 책임

#### (1) 의의 [6-302]

이사는 일정한 경우 제3자에게 손해배상책임을 진다. 즉, 이사가 고의 또는 중과실로 임무를 게을리 한 경우 제3자에게 연대하여 손해배상책임이 있다(상401①).

판례와 통설은 이사의 제3자에 대한 손해배상책임의 법적 성질을 상법이 인정한 특별한 책임이라고 한다(법정책임설). 이에 따르면 이사는 회사에 임무를 부담할 뿐이므로 제3자에게 임무해태로 인한 손해배상책임을 지지 않는 것이 원칙이나, 경제사회상 중요한 지위에 있는 주식회사의 활동이 그 기관인 이사의 직무집행에 의존하는 것을 고려하여 제3자를 보호하자는 것이 법정책임을 둔 취지이다. 법정책임설에 의하면 제3자에 대한 불법행위로 인한 손해배상책임(민750)은 이와는 별개의 책임으로서 불법행위책임에 상법 401조가 적용될 여지는 없다. 이사의 행위가 불법행위의 요건만 충족시키는 경우는 불법행위책임만 물을 수 있고, 이사의 행위가 상법 401조와 불법행위의 요건을 모두 충족하면 양자는 병존적 청구권경합의 관계[1-10]에 있다(청구권경합설)(판례·다수설).

#### (2) 요건 [6-303]

1) **책임의 원인** 고의 또는 중과실로 임무를 해태한 것이 책임의 원인

이다(상401①). 고의 또는 중과실은 주관적 요건이고, 임무해태는 객관적 요건이다. ① 임무해태는 이사가 선관의무(상382②,민681) 또는 충실의무(상382의3)를 위반한 것이다. 여기에는 법령·정관의 위반도 포함된다(통설). 제3자에 대한 단순한 채무불이행은 위법한 임무해태에 해당하지 않는다[(예를 들면 회사의 경영상태로 보아 채무이행이 불가능함을 예견할 수 있었는데 이를 감추고 계약을 체결하여 급부를 받았으나 이행불능이 된 경우와 같이) 위법한 사정이 있어야 하고 통상의 거래행위로 인해 부담하는 채무를 이행할 능력이 있었음에도 단순히 이행지체가 된 사실만으로 위법한 임무해태라고 할 수 없다(판례)]. 제3자에 대한 임무해태가 인정된 경우로는 이사의 방임행위(대표이사가 임직원의 부정행위를 심히 간과함으로써 제3자가 손해를 입은 경우) 또는 기망행위(대표이사가 기망행위로 대출을 받음으로써 제3자가 손해를 입은 경우) 등이 있다(판례). ② 임무해태에 대해서는 경영판단의 원칙[6-280]이 적용된다(판례·통설). ③ 이사의 고의 또는 중과실은 회사의 임무에 관해 요구된다(판례·통설). ④ 원고가 임무해태의 사실, 이사의 중과실을 입증해야 한다(판례·통설). 이사의 의사결정은 경영판단의 원칙에 따라 '합리성의 추정'(충분한 정보에 기초해서 합리적으로 내려졌다는 추정)을 받으므로(판례·통설), 원고가 이사의 중과실을 입증해서 이 추정을 번복해야 하는 것이다.

**2) 제3자의 손해** 제3자에게 손해가 발생해야 손해배상책임이 인정된다. 임무해태와 상당인과관계가 있는 손해에 대해서만 배상책임이 인정된다(판례·통설). ① 제3자는 회사채권자 또는 주주 기타 이해관계자이다. 손해는 직접손해는 물론이고 간접손해도 포함된다(판례·통설). 직접손해는 제3자에게 직접적으로 생긴 손해(가령 이사가 기망행위로 허위의 물건을 제3자에게 매도한 경우)이고, 간접손해는 회사에 손해가 생겨서 결과적으로 제3자가 입은 손해(가령 주주가 이미 주식을 소유한 상태에서 이사의 임무해태로 인해 회사재산이 감소한 결과 채권자가 변제받지 못한 경우)를 말한다. ② 다만, 제3자가 주주인 경우 직접손해(가령 이사가 회사재산의 악화를 부실공시하고 이를 모른 주식매수인이 주식을 취득했다가 그 후 회사재산의 악화가 공표되어 주가가 하락한 경우)가 포함되는 것은 물론이나(판례·통설), 간접손해(가령 이사의 임무해태로 인해 회사재산이 감소하고 그로 인해 주가가 하락한 경우)도 포함되는지는 다툼이 있다. 주주의 간접손해가 상법 401조에 의해 구제되지 않으면 다른 구제수단이 제한적이라는 이유[주주는 대표소송(상403)을 제기해서 회사의 손해를 회복해야 하는데 이는 소수주주권 등 요건이 까다로워서 용이한 구제수단은 아니다]에서 긍정하는 입장(포함설)(통설)과 이를 긍정하

면 채권자에 우선해서 주주에게 회사재산이 환급된다는 이유에서 반대하는 입장(제외설)이 대립한다. 판례는 제외설을 지지한다.

(3) 효과 [6-304]

1) 책임의 발생 임무해태를 한 이사는 손해배상책임을 진다. ① 여러 이사가 임무해태를 한 경우 이들은 연대책임을 진다(상401①). ② 임무해태가 이사회결의에 의한 것이면 그 결의에 찬성한 이사도 연대책임을 진다(상401②,399②). 이사회결의에 참가한 이사로서 이의를 한 기재가 의사록에 없는 자는 그 결의에 찬성한 것으로 추정한다(상401②,399③). 이는 입증책임의 전환으로서 이사는 책임을 면하려면 찬성하지 않은 사실을 입증해야 한다는 의미이다.

2) 소멸시효 이사의 제3자에 대한 손해배상책임은 법정책임으로서 일반채권과 같이 10년[1-54]의 시효기간의 경과로 소멸한다(판례·통설).

### 4. 업무집행지시자 등의 책임

(1) 의의 [6-305]

우리나라는 특히 지배주주가 이사의 직위를 갖지 않고 업무집행에 관여하여 그 과정에서 회사 또는 제3자에게 손해를 끼치는 경우가 종종 있다. 이에 대처하여 상법은 '유사이사'(이사는 아니지만 마치 이사와 같은 지위에서 업무집행에 관여하는 자)에게 이사로서의 책임을 지운다. 즉, '업무집행지시자·무권대행자·표현이사'(업무집행지시자 등)는 이사는 아니지만 이사의 회사에 대한 책임(상399), 이사의 제3자에 대한 책임(상401), 대표소송(상403) 등의 적용에 있어서 이사로 간주된다(상401의2①).

(2) 요건

1) 주체[6-306]

㈎ 업무집행지시자 업무집행지시자는 회사에 대한 자신의 영향력을 이용하여 이사에게 업무집행을 지시한 자이다(상401의2①(1)). ① 업무집행지시자는 회사에 대한 영향력을 가진 자로서 자연인에 한정하지 않고 지배적 지분을 가진 회사도 포함된다(판례·통설). ② 지시행위는 이사에게 구속력을 발휘할 정도로 영향력을 행사하는 것을 의미한다(통설). ③ 지시의 상대방은 이사로 규정되어 있지

만, 부장이나 과장 등 상업사용인에 대한 지시도 포함한다(통설). 업무집행지시자가 지시의 상대방이 이사이기 때문에 책임을 지는 것이 아니라 이사와 같은 영향력으로 업무집행을 지시했기 때문에 책임을 지는 것이다.

㈏ **무권대행자** 　무권대행자는 이사의 이름으로 직접 업무를 집행한 자이다(상401의2①(2)). 무권대행자는 이사에 대한 자신의 영향력을 전제로 이사의 명의로 업무집행을 하는 자이다(판례·통설). 실질적인 업무집행자는 명의상 이사(명목상 이사)가 아니라 무권대행자라고 본 것이다.

㈐ **표현이사** 　표현이사는 이사가 아니면서 명예회장·회장·사장·부사장·전무·상무·이사 기타 회사의 업무를 집행할 권한이 있는 것으로 인정될 만한 명칭을 사용하여 회사의 업무를 집행한 자이다(상401의2①(3)). ① 표현이사는 회사에 대한 자신의 영향력을 전제로 하지 않는다(판례·통설). 명예회장 등의 직명 자체에 영향력이 드러나 있기 때문이다. ② 표현이사는 그 명칭사용에 책임을 지우는 것이므로, 그가 이사와 동등한 권한이 있을 것을 요구하지 않는다(통설). ③ 표현이사는 이사의 외관을 신뢰한 자를 보호하는 제도가 아니라 명예회장 등의 직명을 사용하여 회사업무를 집행한 자에게 개인적인 책임을 묻는 제도이다. 따라서 명칭 사용에 대한 회사의 귀책사유, 제3자의 신뢰 등을 묻지 않는다. 이와 달리 표현대표이사(상395)는 대표이사의 외관을 신뢰한 자를 보호하기 위해 회사의 책임을 인정(표현대표행위의 효력을 인정)하기 위한 제도[6-273]라는 점에서 표현이사와 근본적 차이가 있다.

2) **상법 399조, 401조, 403조의 요건**[6-307] 　업무집행지시자 등이라고 해서 무조건 책임을 지는 것은 아니다. 이사의 회사에 대한 책임(상399), 이사의 제3자에 대한 책임(상401), 대표소송(상403)에 필요한 요건이 각각 충족되어야 한다(상401의2①). 즉, 책임의 원인(주관적 요건 및 객관적 요건), 손해(회사의 손해 또는 제3자의 손해)의 발생 등의 요건이 충족되어야 하고, 이 경우 업무집행지시자 등을 이사로 간주하게 되는 것이다.

### (3) 효과 [6-308]

업무집행지시자 등은 그가 지시하거나 집행한 업무에 관하여 회사 또는 제3자에게 이사로서의 책임을 진다(상401의2①). ① 업무집행지시자는 자기가 지시한 업무, 무권대행자 또는 표현이사는 자신이 집행한 업무에 대해 책임을 진다. ② 회사 또는 제3자에게 손해를 배상할 책임이 있는 이사는 업무집행지시자 등과 연대하여 그 책임을 진다(상401의2②). 즉, 업무집행지시자의 경우 지시를 받아 업무를 집행한 이사가 손해배상책임을 지거나, 무권대행자의 경우 명의상 이사가 손해배상책임을 지는 경우, 이들은 업무집행지시자 등과 연대하여 책임을 진다. ③ 업무집행지시자 등이 지는 책임의 면제·경감에 대해서는 상법상 규정이 없다. 규정이 없는 것은 책임면제·경감을 배제하자는 취지이므로 가능하지 않다는 입장과 이사의 면제·경감에 관한 상법 400조를 유추적용하자는 입장이 대립하고 있다.

## Ⅵ. 이사에 대한 주주의 직접감독

### 1. 의의 [6-309]

주주는 주주총회에서 의결권을 행사할 뿐 회사의 업무집행에 관하여 직접 관여하지 않는 것이 원칙이다. 이는 주식회사에서 소유와 경영의 분리 때문이다. 이에 따라 회사의 기관(이사회, 감사 등)이 이사의 업무집행이 적절한지를 사전적으로 통제하고, 만약 이사가 하자 있는 업무집행을 하면 회사는 사후적으로 이사에게 책임추궁을 할 수 있다. 하지만 이사의 회사 내의 인적관계(동료 임원의 비호 등)로 인해서 이러한 사전통제나 책임추궁이 원활하게 이루어지지 않는 경우도 있다. 상법은 이런 경우에 대비해서 사전적 조치로서 유지청구권과 사후적 조치로서 대표소송을 두고 있다. 이는 주주의 이사에 대한 견제장치이자 직접감독수단이다.

### 2. 유지청구권

#### (1) 의의 [6-310]

소수주주는 일정한 요건이 충족되면 이사의 업무집행을 유지(留止)할 것을 청구할 수 있다(상402). 여기서 유지는 '중지'를 의미한다. 유지청구권은 주주의 이사에 대한 직접감독으로서 이사의 하자 있는 업무집행을 예방하기 위한 사전적 조치이다.

유지청구권의 법적 성질은 공익권이자 소수주주권이다. 이에 대해서는 법적 성질이 같은 대표소송과 관련해서 후술한다.

### (2) 요건 [6-311]

1) **청구권자**　　유지청구권자는 다음과 같다. ① 감사(또는 감사위원회)가 유지청구권자인데(상402,415의2⑦), 그는 유지청구권의 요건이 충족되면 유지청구를 해야 할 직무상 의무가 있고 이를 위반하면 임무해태가 된다(통설). ② 발행주식총수의 1% 이상을 보유한 소수주주도 유지청구권자이다(상402). 주주에 의한 청구남용을 방지하기 위해서 소수주주권으로 규정되어 있다. 상장회사인 경우 지분요건이 완화된다. 즉, 상장회사는 6개월 전부터 계속하여 발행주식총수의 0.05%(자본금이 1천억 원 이상인 경우는 0.025%) 이상이다(상542의6⑤,상령32). 소수주주권자에 관한 일반적인 사항은 [6-94]에 기술하였다.

2) **청구대상**　　유지청구의 대상은 다음과 같은 이사의 행위이다. ① 이사가 법령 또는 정관에 위반한 행위를 해야 한다(상402). 여기에는 임무해태도 포함된다(통설). 이사의 고의 또는 과실과 같은 주관적 요건은 묻지 않는다(통설). 이는 책임을 묻는 것이 아니라 행위 자체를 중지시키는 목적이기 때문이다. ② 이사의 행위로 인해 회사에 회복할 수 없는 손해가 생길 염려가 있어야 한다(상402). 회복이 법률적으로 불가능한 경우에 한정하지 않고, 회복을 위한 비용 또는 절차 등에 비추어 회복이 곤란하거나 상당한 시일이 필요한 경우도 포함된다(통설).

3) **청구방법**　　유지청구권의 행사는 반드시 소에 의할 필요는 없고 이사에 대한 의사표시로도 할 수 있다(통설). 의사표시에 의한 청구에 응하지 않을 경우 이사를 피고로 하여 유지청구의 소를 제기할 수 있다(이를 본안으로 하고 가처분으로서 행위금지를 구할 수 있다). 유지청구의 소는 회사이익을 위한 것이므로 판결의 효력이 회사에 미치며, 넓게 보면 대표소송의 일종이므로 대표소송의 절차에 관한 규정(상403~406)을 유추적용한다(통설).

### (3) 효과 [6-312]

유지청구의 방법에 따라 효과를 구분할 수 있다. ① 유지청구를 소로써 하는 경우 판결에 따라 그 효과가 정해진다. 유지청구의 소는 가처분(민집300)을 활용하지 않으면 실효성이 낮다. 판결 전에 청구대상인 행위가 종료되어서 소의 이익이 소멸할 가능성이 높기 때문이다. ② 유지청구를 의사표시로써 하는 경우 해당 이사는 정당한 유지청구라면 이에 응할 의무가 있다. 이에 따라 이사는 정당한 유지청구인지를 판단할 선관의무가 있다. 이를 위반하여 행위하면 해당 이사는 손해배상책임(상399 등)을 진다. 다만, 이사가 이를 위반하여 행위하였다고 해서 청구대상인 행위의 사법상 효력에 영향을 미치지는 않는다(다수설)[가령 이사가 회사기회유용금지(상397의2)를 위반해도 해당 거래의 사법상 효과는 언제나 유효한데, 회사기회유용을 유지하라는 주주의 정당한 청구를 이사가 위반했다고 해서 해당 거래가 무효로 되는 것은 아니라는 의미이다]. 그 이유는 유지청구가 해당 행위의 위법성을 '추정'하는 것이 아님에도 불구하고 사법상 효력에 영향을 미친다면 거래안전을 해칠 수 있기 때문이다.

### 3. 대표소송

#### (1) 의의 [6-313]

대표소송이란 소수주주가 회사이익을 위해서 이사의 회사에 대한 책임을 추궁하는 제도이다(상403). 이는 이사에 대한 책임추궁이 이사의 회사 내의 인적관계(동료 임원의 비호 등)로 인해서 방치되는 경우가 있다는 점을 고려한 것이다. 대표소송은 주주의 이사에 대한 직접감독으로서 이사의 하자 있는 업무집행으로 인한 손해를 추궁하는 사후적 조치이다.

대표소송권의 법적 성질을 보자. ① 공익권: 제소하는 주주 개인이 아니라 회사의 이익을 위한 것이라는 점에서 대표소송권은 공익권의 일종이다(통설). 나아가 형식적으로는 주주가 회사이익을 위해 스스로 원고가 되어 소송을 수행하나, 실질적으로는 주주가 회사의 대표기관으로서 회사의 권리를 주장하는 것이므로 회사가 실질적인 당사자이다(통설). 그 결과 판결의 효과는 회사에 직접 귀속된다. 다른 주주들은 그 반사적 효과를 누린다. ② 소수주주권: 소수주주만이 제소할 수 있다는 점에서 소수주주권이다.

#### (2) 요건 [6-314]

##### 1) 당사자

㈎ **원고**　원고인 제소권자는 소수주주(소수주주에 관한 일반적인 사항은 [6-94]에 기술하였다)이다. ① 발행주식총수의 1% 이상을 보유한 소수주주가 제소권자이다

(상403①). 주주에 의한 소송남용(남소)를 방지하기 위해서 소수주주권으로 규정되어 있다. 상장회사인 경우 지분요건이 완화된다. 즉, 상장회사는 6개월 전부터 계속하여 발행주식총수의 0.01% 이상이다(상542의6⑥). ② 제소 당시 1%를 충족했으나 제소 후에 1% 미만으로 감소한 경우에도 제소의 효력에는 영향이 없다(상403⑤). 소주주주가 제소 후에 주식양도를 할 수 없다면 소의 효용이 크게 감소하기 때문이다. 상장회사의 경우(제소 당시 0.01%를 충족했으나 제소 후에 0.01% 미만으로 감소한 경우)도 마찬가지이다. 하지만 원고가 주식을 전혀 보유하지 않게 된 경우는 제소의 효력에 영향을 미친다(상403⑤)(즉, 원고적격의 상실을 이유로 소를 각하한다). 원고가 자신의 의사에 의해 자발적으로 주주의 지위를 상실했는지는 묻지 않는다(판례). 자본금감소, 주식교환에 의해 주식을 전부 상실한 주주는 원고적격을 상실한다(판례). 다만, 이 경우 회사가 공동소송참가를 한 경우는 소송이 유지된다(판례·통설). 수인의 주주가 공동으로 제소했으나 일부 원고가 주식을 전혀 보유하지 않게 된 경우 그 원고만 당사자적격을 상실한다(판례). ③ 회사에 파산이 선고된 경우 파산관재인이 당사자적격을 가지므로(회생359) 주주는 제소권자가 아니다.

**㈏ 피고** 대표소송의 피고는 회사에 책임이 있는 이사 또는 이사였던 자이다. 업무집행관여자 등(상401의2), 집행임원(상408의9)도 대표소송의 피고가 된다.

**2) 이사의 책임**

**㈎ 책임의 범위** 대표소송은 회사에 대한 이사의 책임을 추궁하는 소송이다(상403①). ① 제3자 또는 주주 자신에 대한 이사의 책임은 대표소송의 대상에 포함되지 않는다. ② 이사의 책임은 이사가 회사에 부담하는 모든 채무를 가리킨다(통설). 즉, 이사의 손해배상책임(상399), 자본금충실책임(상428)에 한정하지 않고, 가령 이사와 회사 사이에 매매, 대출 등이 이루어진 경우 그 관련 채무도 포함한다(후자도 이사의 책임추궁이 방치될 가능성이 상당하기 때문이다). ③ 이사 재임 중의 책임은 물론이고 퇴임 후에 생긴 책임도 포함된다(통설)(후자도 이사의 책임추궁이 방치될 가능성이 상당하기 때문이다).

**㈏ 주주의 소제기 청구** ① 주주가 회사에 이사의 책임을 추궁할 소의 제기를 청구해야(그 이유를 기재한 서면에 의해) 한다(상403①②). 여기서 회사는 감사(또는 감사위원회)를 가리킨다(상394①,415의2⑦)[6-329, 336]. 이사에 대한 책임추궁은 회사

의 권리이고 회사가 이를 게을리 했을 때 대표소송의 제기가 정당화되는 구조이다. ② 회사가 청구를 받은 날 이후 30일 내에 소를 제기하지 않으면 주주는 즉시 회사를 위해 소를 제기할 수 있다(상403③). 이 기간의 경과로 인해 회사에 회복할 수 없는 손해가 생길 염려가 있는 경우(가령 이사가 자신의 책임재산을 처분하려는 경우) 주주는 즉시 소를 제기할 수 있다(상403④).

### (3) 절차 [6-315]

대표소송의 절차를 보자. ① 관할: 대표소송은 회사의 본점소재지의 지방법원 관할에 전속한다(상403⑦,186). ② 소송참가: 회사는 대표소송에 참가할 수 있다(상404①). 이는 주주인 원고에 참가하는 것을 가리킨다. 이는 회사이익이 침해되는 것(원고가 제대로 소송수행을 못하거나 원고와 이사가 공모하는 경우 등)을 막기 위해서이다. 회사의 소송참가기회를 보장하기 위해, 원고는 소제기 후 지체 없이 회사에 소송의 고지를 해야 한다(상404②). 회사의 대표소송참가는 공동소송참가(민소83)에 해당한다(판례·통설). 한편 주주의 대표소송참가 문제는, 소송지연의 우려를 이유로 부정하는 견해와 대표소송의 판결은 다른 주주에게도 사실상 영향을 미친다는 이유로 긍정하는 견해가 대립한다. ③ 담보제공의무: 이사가 대표소송을 제기한 주주의 악의(이사를 해할 것을 알면서 소를 제기)를 소명하여 청구하는 경우 법원은 주주에게 상당한 담보를 제공할 것을 명할 수 있다(상403⑦,176③④). 담보제공은 패소한 주주가 대표소송의 수행에서 이사가 입은 손해를 배상할 것을 담보하기 위해서이다. 이는 주주의 소송남용(남소)을 억제하기 위한 것이다. ④ 소의 취하 등: 회사가 주주의 소제기청구에 따라 소를 제기하거나 주주가 소를 제기한 경우 당사자는 법원의 허가 없이는 소의 취하, 청구의 포기·인락·화해를 할 수 없다(상403⑥). 이를 금하는 이유로는, 대표소송의 실질적인 당사자는 주주가 아니라 회사라는 점(통설), 나아가 회사가 소를 제기한 경우는 감사(이사와 회사 사이의 소에 대한 대표권을 감사가 갖는다(상394①)[6-329])와 이사가 공모하고, 주주가 소를 제기한 경우는 주주와 이사가 공모하여 이사에 유리한 방향으로 소의 취하 등을 행할 우려가 있다는 점이 제시되고 있다. ⑤ 재심: 주주와 이사가 공모하여 회사의 권리를 사해할 목적으로써 판결을 하게 한 경우(가령 고의로 원고가 패소한 경우) 회사 또는 다른 주주는 확정판결에 재심의 소를 제기할 수 있다(상406①). 여기서 다른 주주는 소수주주가 아니라 단순히 주주이어도 무방하다(통설). 원고가 단지 불성실한 것은 재심사유가 되지 못한다(통설).

### (4) 효과 [6-316]

① 판결의 효력은 당연히 회사에 직접 미친다. 대표소송의 실질적 당사자가 회사이기 때문이다. ② 원고승소: 승소한 주주는 회사에 소송비용 및 그 밖에 소송으로 인하여 지출한 비용 중 상당한 금액의 지급을 청구할 수 있다(상405①). 이는 회사가 직접 소송을 제기했다면 지출했을 모든 유형의 비용이라고 해석한다(다수설). 가령 민사소송법에 따르면 패소한 이사가 부담해야 하는 소송비용에는 원고가 지급한 변호사비용 중에서 대법원규칙(변호사보수의 소송비용산입에 관한 규칙)이 정하는 것만 포함되나, 상법 405조 1항에 따른 소송비용은 원고가 실제로 지급한 변호사비용에서 법원이 상당하다고 인정하는 금액이라고 해석한다(다수설). 원고승소인 경우 승소로 인한 이익이 회사에게 귀속되기 때문이다. 이 경우 소송비용을 지급한 회사는 이사 또는 감사에게 구상권이 있다(상405①). ③ 원고패소: 패소한 주주는 악의가 아니면 회사에 손해를 배상할 책임이 없다(상405②). 일반적으로 고의 또는 과실로 부당제소를 하면 불법행위가 될 수 있지만(판례), 이로 인한 대표소송의 위축을 막기 위해 책임을 경감한 것이다. 여기서 악의는 회사를 해할 것을 알면서 부적절하게 소송을 수행하는 것(승산 없는 소송을 제기하거나 부실하게 소송을 수행하는 것)을 말한다(통설).

## 4. 다중대표소송 [6-316-1]

① 의의: 2020년 상법 개정을 통해서 다중대표소송의 일종인 이중대표소송이 도입되었다. 이는 모회사의 주주가 자회사를 위해서 제기하는 대표소송이다(손자회사를 위해서 대표소송을 제기하는 것은 삼중대표소송이고, 나아가 사중 또는 오중대표소송 등이 존재할 수 있는데, 이와 같이 지배관계가 다중적인 대표소송을 다중대표소송이라고 한다). 다중대표소송의 실익은 해당 회사의 주주 중에 대표소송을 제기할 만한 자가 없는 경우에 주로 나타난다. 2020년 상법 개정 이전에는 상법 403조가 규정하는 대표소송을 제기할 수 있는 주주에 모회사의 주주도 포함되는지가 해석상 다투어졌으나, 판례는 모회사의 주주는 주주가 아니라 주주의 주주에 불과하다는 이유를

들어 부정하였다. 이에 따라 입법을 통해서 이중대표소송 도입의 요청을 수용하였다. ② 요건: 모회사 발생주식총수의 100분의 1 이상에 해당하는 주식을 가진 주주는 자회사에 대해 자회사 이사의 책임을 추궁할 소의 제기를 청구할 수 있다(상406의2①). 위 주주는 자회사가 청구를 받은 날부터 30일 내에 소를 제기하지 않으면 즉시 자회사를 위해서 소를 제기할 수 있다(상406의2①). 다중대표소송은 지배관계가 다중적이라는 점을 제외하면 대표소송과 그 성질이 같기 때문에 대표소송과 같거나 유사한 규정이 적용된다(상406의2③).

## Ⅶ. 집행임원

### 1. 의의

[6-317]

상법상 이사회는 업무집행기능과 감독기능을 담당한다(다만, 이사회는 회의체기관이므로 업무를 직접 집행하지는 않고 그에 관한 의사결정을 한다). 최근에는 이사회의 감독기능이 중시되면서 업무집행기능(여기서 업무집행기능은 업무집행 그 자체뿐만 아니라 그에 관한 의사결정까지 포함하는 개념이다)과 감독기능의 분리 필요성이 대두되고 있다. 이러한 수요에 부응하기 위한 제도가 집행임원이다. 집행임원을 둔 경우 대표이사를 둘 수 없는데(상408의2①), 집행임원이 대표이사를 갈음하는 기구임을 알 수 있다.

집행임원제도는 다음과 같은 특징을 갖는다. ① 집행임원에게 업무집행권이 부여된다(상408의4). 대표이사 체계하에서도 업무집행권을 가진 대표이사의 위임에 따라 사내이사 및 비등기이사(회사 내에서 상무이사, 전무이사 등의 명칭을 사용하여 업무집행을 하는데, 주주총회에서 선임되지 않고 상업등기부에 등기되지 않은 자이다)가 업무집행을 하지만 이들은 대표이사의 참모조직에 불과하다. 집행임원은 이사회의 위임에 따라 독자적으로 업무집행권을 갖는 회사법적 기관이다. 이를 고려하여 집행임원은 이사회결의로 선임·해임하는 등 비등기이사와는 법적 지위 등에서 큰 차이가 있다. ② 집행임원은 이사는 아니지만 이사처럼 취급된다. 즉, 집행임원의 선임·자격·임기·보수·겸직·직무대행·종임, 의무·책임·감사 등의 면에서 이사와 매우 유사하다. 집행임원은 업무집행의 권한 면에서 사내이사 또는 비등기이사와 매우 유사하다. 비등기이사는 업무집행 면에서 사내이사와 유사한 역할을 수행하는데, 그의 권한과 책임 등을 상법에 명확하게 반영하기 위해서 집행임원제도를 도입한 것이다. 즉, 집행임원제도는 비등기이사를 회사기관으로 격상하여 제도화하고 이사와 유사한 취급을 하는 것이다. ③ 다만, 상법에 입법된 집행임원제도는 그 취지가 충분히 반영되지 않은 것으로 평가된다. 집행임원제도의 내용을 보면 대표이사제도와 별 차이가 없다는 것이다. 특히 대표이사 체계하에서도 비등기이사는 대부분 표현이사(상401의2①(3))에 해당되어 이사와 같은 책임을 지고 있다는 점에서 더욱 그러하다. 실무상 집행임원제도를 채택한 회사는 드물다.

### 2. 집행임원설치회사

#### (1) 설치절차 [6-318]

회사는 집행임원을 둘 수 있는데(상408의2①), 이에 따라 집행임원을 둔 회사를 집행임원설치회사라고 한다. 집행임원제도를 채택할지는 회사가 선택할 수 있음(설치의 임의성)을 알 수 있다. 집행임원은 이사회가 선임하므로(상408의2③(1)), 집행임원설치회사로의 전환은 이사회가 결정하는 셈이다. 다만, 이를 위해서는 정관변경의 절차를 거쳐야 하는 것이 보통이다[정관에 대표이사에 관한 규정이 포함되는 것이 보통이고, 집행임원을 두는 경우 대표이사를 둘 수 없기(상408의2①) 때문이다]. 집행임원제도를 채택한 회사라도 비등기이사를 일부 두고 활용하는 것은 무방하다. 이하에서는 집행임원설치회사에 대해 설명하는 경우 단순히 '회사'라고 약칭하기로 한다.

#### (2) 이사회 [6-319]

이사회는 집행임원과 관련하여 다음 ①~⑥의 권한을 갖는데(상408의2③), 이는 주로 집행임원에 대한 권한의 위임 및 감독과 관련된다. ① 집행임원과 대표집행임원의 선임·해임. ② 집행임원의 업무집행 감독. ③ 집행임원과 회사의 소송에서 회사를 대표할 자의 선임: 이사와 회사의 소송에서는 감사(감사위원회)가 회사를 대표하게 되어 있으나(상394①,415의2⑦), 집행임원과 회사의 소송에서는 그 대표를 이사회가 선임할 수 있다(상408의6③(3)). ④ 집행임원에게 업무집행에 관한 의사결정의 위임(상법에서 이사회의 권한사항으로 정한 경우는 제외): 이에 따라 집행임원이 업무집행에 관한 의사결정권을 위임받는다. 위임이 제한되는 상법상 이사회의 권한사항은 중요자산의 처분(상393①), 신주발행의 결정(상416) 등이 있다. ⑤

집행임원이 여러 명인 경우 집행임원의 직무 분담 및 지휘·명령관계, 그 밖에 집행임원의 상호관계에 관한 사항의 결정. ⑥ 정관에 규정이 없거나 주주총회의 승인이 없는 경우 집행임원의 보수 결정.

집행임원을 둔 회사는 이사회의 회의를 주관하기 위해 이사회의 의장을 두어야 하고, 이 경우 이사회 의장은 정관의 규정이 없으면 이사회결의로 선임한다(상408의2④).

### 3. 집행임원

#### (1) 집행임원의 선임·종임 등 [6-320]

① 선임: 집행임원은 이사회가 선임한다(상408의2③(1)). ② 수: 집행임원의 수에는 제한이 없으므로 1명을 두더라도 무방하다. 여러 명을 두더라도 이들이 회의체를 구성해야 하는 것은 아니고 각자 독립하여 권한을 행사한다. ③ 자격: 집행임원의 자격에 대해서는 상법상 특별한 제한이 없다. ④ 겸직: 집행임원은 이사를 겸직할 수 있다(통설). 다만, 겸직하는 경우 업무집행기능과 감독기능의 분리라는 집행임원제도의 취지와는 거리가 있다. 집행임원이 감사(감사위원)를 겸직하는 문제는 후술한다[6-326, 333]. ⑤ 임기: 집행임원의 임기는 정관에 다른 규정이 없으면 2년을 초과하지 못한다(상408의3①)[이사의 임기는 3년을 초과할 수 없다(상383②)]. 이사회가 자신이 선임한 집행임원의 책임을 물을 수 있도록 이사보다 임기가 짧다. 임기는 정관에 그 임기 중의 최종 결산기에 관한 정기주주총회가 종결한 후 가장 먼저 소집하는 이사회의 종결 시까지로 정할 수 있다(상408의3②). ⑥ 보수: 집행임원의 보수는 정관 또는 주주총회결의로 정할 수 있고, 그렇지 않으면 이사회결의로 정할 수 있다(상408의2③(6)). ⑦ 직무대행 등: 이사의 직무집행정지·직무대행자선임(상407), 직무대행자의 권한(상408)은 집행임원에 준용한다(상408의9). ⑧ 종임: 집행임원은 회사와 위임관계에 있으므로(상408의2②), 이사와 종임사유가 같다. 다만, 집행임원의 해임과 관련하여 상법 385조 1항(이사를 그 임기 전에 정당한 이유 없이 해임하면 이사는 회사에 해임으로 인한 손해배상을 청구할 수 있다)은 준용되지 않는다.

(2) 집행임원의 권한 [6-321]

집행임원은 다음 ①~②의 권한을 갖는다(상408의4). ① 회사의 업무집행: 집행임원이 여러 명인 경우 이사회가 정한 집행임원별 직무분담 및 지휘·명령관계(상408의2③(5))에 따라 업무집행을 한다. ② 정관이나 이사회결의에 의해 위임받은 업무집행에 관한 의사결정: 상법에서 이사회의 권한사항으로 정한 경우는 여기의 위임에서 제외된다는 점(상408의2③(4))은 전술하였다.

집행임원은 업무집행을 위해 필요한 경우 이사회의 소집청구권(또는 소집권)도 갖는다. 즉, 집행임원은 필요하면 회의의 목적사항과 소집이유를 적은 서면을 이사(소집권자가 있는 경우에는 소집권자를 말한다)에게 제출하여 이사회 소집을 청구할 수 있다(상408의7①). 이러한 청구에도 불구하고 이사가 지체 없이 이사회의 소집절차를 밟지 않으면 소집을 청구한 집행임원은 법원의 허가를 받아 이사회를 소집할 수 있고, 이 경우 이사회 의장은 법원이 이해관계자의 청구에 의해 또는 직권으로 선임할 수 있다(상408의7②).

(3) 집행임원의 의무·책임·감사 [6-322]

1) 의무 집행임원의 의무는 이사의 그것과 거의 같다. ① 집행임원과 회사는 위임관계에 있다(상408의2②). 따라서 집행임원은 이사와 같게 선관의무(민681)를 부담한다. ② 집행임원은 여타 의무를 이사와 같게 부담한다. 즉, 이사의 충실의무(상382의3), 비밀유지의무(상382의4), 정관 등의 비치·공시의무(상396), 경업·겸직금지(상397), 회사기회유용금지(상397조의2), 자기거래금지(상398), 감사에 대한 보고의무(상412의2)를 집행임원에 준용한다(상408의9). ③ 집행임원은 3개월에 1회 이상 업무의 집행상황을 이사회에 보고해야 한다(상408의6①). 이 점도 이사와 같다. 집행임원은 이사회의 요구가 있으면 언제든지 이사회에 출석하여 요구한 사항을 보고해야 한다(상408의6②). 이 점은 집행임원의 독자적 규정이며, 집행임원이 이사회의 구성원이 아닌 점을 고려한 것이다.

2) 책임 집행임원의 책임은 이사의 그것과 거의 같다. ① 이사의 책임감면(상400), 업무집행지시자 등의 책임(상401의2), 유지청구권(상402), 대표소송(상403~406) 등을 집행임원에 준용한다(상408의9). ② 다만, 이사의 회사에 대한 책임 및 제3자에 대한 책임(상399,401)을 준용하지 않고 집행임원의 책임을 독자적으로

규정하고 있으나(상408의8), 그 내용은 이사의 책임과 유사하다. 차이가 나는 부분은, 이사의 임무해태가 이사회의 결의에 의한 것이면 그 결의에 찬성한 이사도 연대하여 손해배상책임이 있지만(상399②,401②) 집행임원에 대해서는 이러한 규정이 없다는 점이다. 그 이유는 집행임원은 회의체를 구성하지 않고 각자가 업무집행을 하기 때문이다.

3) **감사** 감사는 집행임원의 직무집행을 감사한다(상408의9,412①). 감사는 언제든지 집행임원에 대하여 영업에 관한 보고를 요구하거나 회사의 업무와 재산상태를 조사할 수 있다(상408의9,412②).

### 4. 대표집행임원 [6-323]

① 집행임원을 설치한 회사는 대표이사를 둘 수 없고(상408의2①) 그 대신에 대표집행임원을 둔다. 2명 이상의 집행임원이 선임된 경우 이사회결의로 회사를 대표할 대표집행임원을 선임해야 한다(상408의5①본). 다만, 집행임원이 1명인 경우 그 집행임원이 대표집행임원이 된다(상408의5①단). 대표집행임원에 대한 해임도 이사회가 한다(상408의2③(1)). ② 이사는 대표집행임원으로 하여금 다른 집행임원 또는 피용자의 업무에 관해 이사회에 보고할 것을 요구할 수 있다(상408의6③). 이는 이사회의 감독기능을 위해 필요하다. ③ 대표집행임원에 관해서 상법에 다른 규정이 없으면 주식회사의 대표이사에 관한 규정을 준용한다(상408의5②). 표현대표이사(상395)도 대표집행임원에 준용된다(상408의5③).

## 제 4 항 감사제도

### Ⅰ. 의의 [6-324]

회사의 감사제도는 다음과 같이 구분된다. 이하에서는 다른 부분과의 중복을 피하기 위해서 감사(감사위원회), 외부감사인, 검사인에 대해 살펴보기로 한다.

### 1. 업무감사·회계감사

업무감사는 회사의 업무집행의 적법성과 타당성을 감사하는 것이고, 회계감사는 회사의 회계가 공정·타당한 회계원칙에 따라 표시되었는지를 감사하는 것이다(회계감사는 넓은 의미의 적법성 업무감사에 해당된다).

### 2. 내부감사·외부감사

내부감사는 회사의 내부기관이 수행하는 감사이고, 외부감사는 회사의 외부기관이 수행하는 감사이다. ① 내부감사: 이사회(상393②,447 등) 및 감사(감사위원회)(412①,447의4,415의2⑦ 등)가 주로 업무·회계감사를 담당한다. 주주총회는 이사의 선임·해임(상382,385), 재무제표의 승인(상449①) 등을 통해서 업무·회계감사를 수행한다. 단독주주 또는 소수주주도 대표소송(상403), 회계장부의 열람(상466) 등을 통해서 업무·회계감사를 수행한다. 준법지원인은 내부통제시스템으로서 준법통제기준의 준수여부를 점검하는 내부적 감사기관이다[6-285]. 검사인은 회사의 설립절차 등 일정한 사항을 조사하기 위한 임시적 감사기관이다. ② 외부감사: 외부감사법에 따르면 일정한 주식회사는 외부감사인의 회계감사를 받아야 한다[6-338].

## Ⅱ. 감사

### 1. 의의 [6-325]

① 감사는 회사의 업무·회계감사를 주된 임무로 하는 주식회사의 필요적 상설기관이다. 다만, 소규모회사(자본금이 10억 원 미만인 회사)는 감사가 임의기관으로서 그 설치 여부를 회사가 정한다(상409④)(소유와 경영의 분리 없이 출자자가 직접 경영하는 소규모회사라면 독립적 감사기관을 둘 실익이 적다). 이를 제외하면 회사는 감사이든 이에 갈음하는 감사위원회이든 반드시 두어야 한다. ② 감사는 이사회로부터 독립되어 대등한 위치에 있는 기관이다. 이는 감사가 업무집행으로부터 독립되어 있어야 함을 의미한다. ③ 감사는 상근이어야 할 필요는 없다. 하지만 자산총액이 1천억 원 이상인 상장회사는 주주총회결의에 의해 상근감사(회사에 상근하면서

감사업무를 수행하는 감사)를 1명 이상 두어야 한다(상542의10①본,상령36①). 다만, 다음은 예외적으로 상근감사를 두지 않는다. 즉, 자산총액이 2조 원 이상인 상장회사(부동산투자회사 등 일부 회사는 제외)는 반드시 감사위원회를 설치해야 하므로(상542의11①, 상령37①) 그 예외이고, 또한 자산총액이 1천억 원 이상이고 2조 원 미만인 상장회사가 상법 542조의11~12의 요건을 충족하는 감사위원회를 설치하면 그 예외가 된다(상542의10①단).

### 2. 감사의 선임·종임 등 [6-326]

#### (1) 선임

감사는 주주총회의 보통결의로 선임한다(상409①). 감사는 집중투표(상382의2)의 대상이 아니다. ① 감사의 선임 시에 의결권 제한이 있다. 즉, 의결권 없는 주식을 제외한 발행주식총수의 3%(정관으로 더 낮은 비율을 정할 수 있고, 정관에서 더 낮게 정한 경우에는 그 낮은 비율로 한다)를 초과하는 주주는 그 초과주식의 의결권을 행사할 수 없다(상409②). 회사가 상법 368조의4 1항에 따라 전자적 방법으로 의결권을 행사할 수 있도록 한 경우는 상법 368조 1항에도 불구하고 출석한 주주의 의결권의 과반수로써 감사의 선임을 의결할 수 있다(상409③)(이는 전자적 방법으로 의결권을 행사하는 경우는 발행주식총수 4분의 1 이상이라는 추가 요건의 적용을 배제한 것이다). 상장회사는 최대주주에 대해 의결권 제한이 더 엄격해진다. 즉, 최대주주의 경우는 그 자신과 그 특수관계인 등과 합산하여 의결권 있는 발행주식총수의 3%(정관으로 이보다 낮은 비율을 정할 수 있음)를 초과하는 주식의 의결권을 제한하고, 일반주주의 경우는 그 특수관계인 등과 합산하지 않고 의결권 있는 발행주식총수의 3%를 초과하는 주식의 의결권이 제한된다(상542의12④⑦). 이 의결권 제한은 감사가 공정한 업무수행을 위해 지배주주로부터 독립성을 확보할 필요가 있기 때문이다. 이 의결권 제한은 감사의 선임 자체에 적용되고, 이외의 사항(가령 선임할 감사의 수)에는 적용되지 않는다(판례). ② 감사가 되기 위해서는 위와 같은 주주총회의 선임결의, 그리고 선임된 자의 동의(또는 승낙)가 필요하다. 이외에 회사의 대표이사와 선임된 자 사이에 임용계약도 필요한지가 문제되는데, 감사의 지위는 단체법적 지위로서 그 선임은 주주총회의 전속적 권한이므로 주주총회의 선임결의 자체가 임용계약의 청약에 해당한다(판례)(이사의 임용계약에 대해서는 [6-230]).

(2) 수

감사는 1명만 두는 것이 보통이지만, 그 수에 제한이 있는 것은 아니다. 여러 명을 두더라도 이들이 회의체를 구성해야 하는 것은 아니고 각자 독립하여 권한을 행사한다.

(3) 자격

감사의 자격에 대해서는 상법상 특별한 제한이 없다. 다만, 일정한 사유(제한능력자, 또는 경영에 사실상의 영향력을 행사하는 주요주주 등)에 해당하는 자는 자산총액이 1천억 원 이상인 상장회사의 상근감사가 될 수 없고(선임요건) 상근감사직을 유지할 수 없다(유지요건)(상542의10②,상령36). 이는 상장회사 상근감사로서의 책임성, 독립성 등을 확보하기 위해서이다.

(4) 겸직

감사는 회사 및 자회사의 이사 또는 지배인 기타의 사용인의 직무를 겸직하지 못한다(상411). 자기가 집행한 업무를 스스로 감사하는 것(자기감사)은 이해상충의 문제가 있기 때문이다. 위 겸직금지를 위반하는 선임행위는 선임 당시의 현직을 사임하는 것을 조건으로 하여 효력을 갖는다(가령 감사를 이사로 선임하는 행위는 감사를 사임하는 것을 조건으로 효력이 생긴다)(판례). 상법 411조는 집행임원에 대해 규정하고 있지 않으나 이는 입법의 불비로서, 감사는 집행임원도 겸직할 수 없다고 해석한다(통설). 집행임원은 이사에 준한다고 보아야 하기 때문이다. 상법 411조의 반대해석상 모자회사의 감사를 겸직하는 것, 모회사의 이사 등이 자회사의 감사를 겸직하는 것은 허용된다.

(5) 임기

감사의 임기는 취임 후 '3년 내의 최종의 결산기'에 관한 정기주주총회의 종결 시까지로 한다(상410).

(6) 보수

감사의 보수는 정관에 그 액을 정하지 않은 경우 주주총회결의로 정한다(상415,388). 이는 이사의 보수[6-239]를 준용한 것이다. 감사의 보수에 대한 사익 도모의 폐해(이사회 또는 대표이사가 감사의 보수를 정하면 과다하게 책정될 위험이 있다)를 방지함으로써 회사, 주주, 채권자의 이익을 보호하기 위해서이다.

(7) 직무대행 등

이사의 직무집행정지·직무대행자선임(상407)은 감사에 준용한다(상415).

(8) 종임

감사는 회사와 위임관계에 있으므로(상415,382②), 이사와 종임사유가 같다. 다만, 감사는 주주총회에서 감사의 해임에 관해 의견을 진술할 수 있다(상409의2). 이는 감사의 독립성을 위해서이다. 그리고, 위 (1)에서 살펴본 상장회사에서 감사선임 시의 의결권 제한은 감사해임 시에도 마찬가지로 적용된다(상542의12④⑦). 이와 달리 감사선임 시의 의결권 제한에 관한 일반규정인 상법 409조 2항 및 3항은 감사해임 시에 그 적용이 없다(일관성이 결여된다는 비판이 따르고 있다).

3. 감사의 권한

(1) 업무감사권 [6-327]

감사는 이사의 직무집행을 감사한다(상412①). 이를 감사의 업무감사권이라고 한다. ① 업무감사권에는 회계감사권이 포함된다(통설). 회계감사권이 명시된 경우로는 감사가 재무제표에 대한 '감사보고서'를 이사에게 제출해야 할 의무(상447의4)가 있다. ② 업무감사권에는 적법성감사(법령 또는 정관의 위반 여부)가 포함된다(통설). 나아가 타당성감사(합목적성, 효율성 등)도 포함되는지는 논란이 있다. 타당성감사가 일반적으로 포함된다는 견해, 현저히 부당한 업무집행에 대한 타당성감사는 포함된다는 견해, 타당성감사는 명문으로 인정하는 경우만 가능하다는 견해(다수설)가 대립한다. 감사의 타당성감사를 명문으로 인정하는 경우로는 후술하는 주주총회에 제출될 의안·서류 관련 타당성감사(상413)[6-330, 419], 재무제표·영업보고서 관련 타당성감사(상447의4②(5)(8))[6-330]가 있다. 다수설은 명문으로 인정한 경우 이외에 감사가 타당성감사를 하면 감사의 경영판단과 이사의 경영판단의 충돌이 불가피하고 이는 기관 간 권한분배의 원칙에 반한다(이사의 경영판단은 경영판단을 주된 업무로 하는 이사회가 감독하는 것이 권한분배의 원칙에 부합한다)고 보는 것이다.

(2) 업무감사 관련 권한 [6-328]

감사가 자회사를 실효성 있게 감사할 수 있도록 상법은 감사에게 관련된 권한을 다음과 같이 부여하고 있다.

1) **회사에 대한 보고요구 · 조사권** 감사는 언제든지 이사에게 영업에 관한 보고를 요구하거나 회사의 업무와 재산상태를 조사할 수 있다(상412②). 역으로 이사는 회사에 현저하게 손해를 미칠 염려가 있는 사실을 발견한 경우 즉시 감사에게 보고해야 한다(상412의2)[6-281].

2) **자회사에 대한 보고요구 · 조사권** 모회사의 감사는 직무수행을 위해 필요한 경우 자회사에 영업의 보고를 요구할 수 있고, 만약 자회사가 지체 없이 보고하지 않거나 또는 보고내용을 확인할 필요가 있으면 자회사의 업무와 재산상태를 조사할 수 있다(상412의5①②). 자회사는 정당한 이유가 없는 한 보고요구 또는 조사를 거부하지 못한다(상412의5③). 이러한 보고요구 · 조사권은 모회사의 감사를 위해서 필요한 범위(모회사와 자회사는 별개의 회사이나 경제적으로는 연계되어 있어서 모회사의 감사를 위해서 자회사의 감사가 필요한 경우가 많다) 내에서만 인정되며, 따라서 이는 모회사에 대한 감사권일 뿐 자회사에 대한 감사권은 아니다(통설).

3) **전문가의 조력** 감사는 회사의 비용으로 전문가(법률, 회계, 세무 등의 전문가)의 도움을 구할 수 있다(상412③).

4) **이사회 출석 · 진술권** 감사는 이사회에 출석하여 의견을 진술할 수 있다(상391의2①). 이를 위해서 이사회 소집통지는 감사에게도 발송해야 하고(상390③), 이러한 통지절차 없이 이사회를 개최하려면 감사의 동의도 필요하다(상390④). 이사회에 출석한 감사는 이사회 의사록에 기명날인(또는 서명)을 해야 한다(상391의3②).

5) **이사회 · 주주총회 소집청구권** ① 감사의 이사회 출석 · 진술권(상391의2①), 이사회에 대한 보고의무(상391의2②)의 실효성을 높이기 위해서 감사에게 이사회의 소집청구권(또는 소집권)을 부여한다. 즉, 감사는 필요하면 회의의 목적사항과 소집이유를 서면에 적어 이사(소집권자가 있는 경우는 소집권자)에게 제출하여 이사회소집을 청구할 수 있고, 청구 후 지체 없이 소집하지 않으면 감사가 소집할 수 있다(상412의4). ② 감사가 감사 관련 의견진술 등을 할 수 있도록 주주총회의

소집청구권도 부여한다. 즉, 감사는 회의의 목적사항과 소집이유를 기재한 서면을 이사회에 제출하여 임시주주총회의 소집을 청구할 수 있고, 청구 후 지체 없이 소집절차를 밟지 않으면 감사가 법원의 허가를 받아 '직접' 소집할 수 있으며, 이 경우 주주총회의 의장은 법원이 이해관계인의 청구나 직권으로 선임할 수 있다(상412의3,366②). 이 경우는 특히 주주총회 의사진행의 공정성을 확보할 필요가 크기 때문이다. 일반적인 경우 주주총회의 의장은 정관에서 정함이 없는 때에는 주주총회에서 선임한다(상366의2①).

**6) 이사위법행위에 대한 유지청구권** 이사가 법령 또는 정관에 위반한 행위를 하여 회사에 회복할 수 없는 손해가 생길 염려가 있는 경우 감사는 회사를 위해 이사에게 그 행위를 유지할 것을 청구할 수 있다(상402①)[6-310].

**7) 각종 소제기권** 감사는 회사법상 각종의 소를 제기할 권리를 갖는다. 회사설립무효의 소(상328), 주주총회결의취소의 소(상376①), 합병무효의 소(상529①) 등이 그러하다.

### (3) 소송 시 회사대표권 [6-329]

① 이사와 회사 간의 소송(대표소송을 포함)에 대표이사는 대표권이 없고 감사가 대표권을 갖는다(상394①). 이는 대표이사와 이사 사이의 인적관계로 인한 이익충돌을 막고 공정하게 소송을 수행하기 위해서이다. 대표이사가 이를 위반하여 한 소송행위는 무효이다(판례·통설). 이익충돌의 우려가 없다고 판단되는 경우(가령 이미 퇴임한 이사를 상대로 그의 재직 중의 발생한 사유로 소송을 수행하는 경우)는 대표이사가 회사를 대표할 수 있다(판례). ② 감사를 두지 않는 소규모회사인 경우 법원이 회사를 대표할 자를 선임한다(상409⑤). 집행임원을 설치한 회사인 경우 이사회가 집행임원과 회사의 소송에서 회사를 대표할 자를 선임할 권한을 갖는다(상408의2③(3)).

## 4. 감사의 의무·책임

### (1) 의무 [6-330]

감사는 다음과 같은 의무를 부담한다. ① 선관의무: 감사는 회사와 위임관계에 있고 이에 따라 선관의무를 부담한다(상415,382②,민681). 이에 따라 이사처럼 비밀유지의무(상415,382의4)도 부담한다. ② 충실의무: 감사는 이사의 충실의무, 경업·겸직금지, 회사기회유용금지, 자기거래금지(상382의3,397~398)가 준용되지 않는다. 감사는 업무집행을 위한 겸직이 금지되므로(상411) 회사와 이해상충이 없기 때문이다. ③ 이사회에 대한 보고의무: 감사는 이사가 법령 또는 정관에 위반한 행위를 하거나 그 행위를 할 염려가 있다고 인정한 경우 이사회에 보고해야 한다(상391의2②). ④ 주주총회에 대한 의견진술의무: 감사는 이사가 주주총회에 제출할 의안 및 서류를 조사하여 법령 또는 정관에 위반하거나 현저하게 부당한 사항이 있는지에 대해 주주총회에 의견을 진술해야 한다(상413). 여기서 법령 또는 정관의 위반은 적법성감사, '현저하게 부당한 사항'은 타당성감사와 관련된다. ⑤ 감사보고서 제출의무: 감사는 재무제표와 영업보고서에 대한 감사보고서(감사방법의 개요 등에 대해 기재)를 이사에게 제출해야 하고, 감사를 위해 필요한 조사를 할 수 없었던 경우 감사보고서에 그 뜻과 이유를 적어야 한다(상447의4). ⑥ 감사록 작성의무: 감사는 감사의 실시요령과 결과를 기재한 감사록을 작성하고 기명날인(또는 서명)해야 한다(상413의2).

### (2) 책임 [6-331]

감사의 책임은 다음과 같이 이사의 책임과 같으며, 자세한 내용은 이사의 책임[6-296]을 참조하면 된다. ① 감사의 손해배상책임은 이사의 그것(상399,401)과 내용이 같다. 즉, 감사가 임무를 해태하면 회사에 연대하여 손해배상책임이 있다(상414①). 감사가 악의 또는 중과실로 인해 임무를 해태한 경우 제3자에게 연대하여 손해배상책임이 있다(상414②). 감사가 회사 또는 제3자에 손해배상책임이 있는 경우 이사도 그 책임이 있으면 그 감사와 이사는 연대하여 배상책임이 있다(상414③). 상근감사는 물론이고 비상근감사도 동일한 책임을 진다(판례·통설). 중과실로 인한 제3자에 대한 손해배상책임의 판례를 보면, 감사가 자신의 도장을 회사에 맡긴 채 실질적인 감사업무를 수행하지 않음으로써 이사의 분식회계를 방치한 경우 책임이 인정되었고, 결산 관련 감사업무를 실제로 수행했으나 분식회계를 과실로 알지 못한 경우(분식결산이 회사의 다른 임직원들에 의해 조직적으로 교묘하게 이루어진 것이어서 감사가 쉽게 발견할 수 없었던 경우)는 책임이 인정되지 않는다. ② 이사의 책임면제·경감(상400)이 감사에 준용되므로(상415), 감사의 책임도 같은 요건하에서 면제 또는 경감될 수 있다. ③ 이사의 책임에 대한 주주의 대표소송(상403~406,406의2)이 감사의 책임에도 준용되므로(상415), 소수주주는 감사의 책임에 대해 대표소송을 제기할 수 있다.

## Ⅲ. 감사위원회

### 1. 의의 [6-332]

① 회사는 정관에 특별한 규정이 없으면 감사를 두어야 한다. 하지만 회사는 정관에 규정을 둘 경우 감사에 갈음하여 감사위원회를 둘 수 있고, 이 경우 감사를 둘 수 없다(상415의2①). 이와 같이 감사위원회의 설치 여부는 회사가 선택할 수 있다. 다만, 자산총액이 2조 원 이상인 상장회사(부동산투자회사 등 일부 회사는 제외)는 감사위원회를 반드시 설치해야 한다(상542의11①,상령37①). ② 감사위원회는 감사처럼 회사의 업무·회계감사를 주된 임무로 한다. ③ 감사위원회는 감사처럼 이사회로부터 독립되어 대등한 위치에 있는 기관이다. 그런데 감사위원회는 이사회 내 위원회(상393의2)의 일종이므로 그 구성원인 감사위원은 이사이고, 이사는 업무집행에 관한 의사결정을 한다(사내이사는 직접 업무집행하기도 한다). 그렇다면 감사위원이 자신이 관여한 업무집행에 관해 스스로 감사(자기감사)를 하게 되고, 이 점에서 감사위원회의 이사회로부터의 독립성에 대해 의문이 제기될 수 있다. 이를 고려해서 상법은 감사위원회에 일정 수 이상의 사외이사를 두게 하는 등 독립성을 확보하기 위한 몇 가지 특칙을 마련하고 있다.

### 2. 감사위원의 임면 등 [6-333]

#### (1) 임면

상장회사인지 비상장회사인지, 상장회사인 경우에 자산총액 규모에 따라 감사위원 임면에 차이가 있으므로 이를 구분해서 살펴보기로 한다.

먼저, 자산총액이 2조 원 이상으로서 감사위원회를 의무적으로 설치해야 하는 상장회사(상542의11①,상령37①), 및 그리고 자산총액이 1천억 원 이상이고 2조 원 미만이어서 상근감사를 두어야 하나 상근감사 대신에 감사위원회를 설치한 상장회사(상542의10①단,상령36①)를 살펴보자. 앞의 상장회사의 감사위원회에 규정

(상542의12①~④)은 뒤의 상장회사에도 적용되므로(상542의10①단), 이에 관한 한 양자는 차이가 없다. ① 감사위원은 주주총회의 보통결의로 선임해야 하고, 주주총회의 특별결의로 해임할 수 있다(상542의12①,③). 아래와 같이 분리선임된 감사위원은 해임 시 이사와 감사위원의 지위를 모두 상실한다(상542의12③). ② 감사위원은 이사의 지위를 전제하므로, 주주총회에서 이사를 선임한 후 선임된 이사 중에서 감사위원을 선임해야 한다(상542의12②본)(이를 일괄선임이라고 한다). 다만, 감사위원 중 1명(정관에서 2명 이상으로 정할 수 있으며, 정관으로 정한 경우에는 그에 따른 인원으로 한다)은 주주총회 결의로 다른 이사들과 분리하여 감사위원이 되는 이사로 선임하여야 한다(상542의12②단)(이를 분리선임이라고 한다). 분리선임되는 감사위원이 되는 이사는 한 번의 주주총회 결의로 이사와 동시에 감사위원이 되므로, 이사 선임단계부터 아래에서 보는 바와 같은 의결권이 제한된 주주총회 결의를 통해 선임되어서 감사위원의 독립성을 확보할 수 있게 된다(분리선임이 없던 종전에는 감사위원이 될 이사를 선임하는 단계에서 의결권이 제한될 여지가 전혀 없었고, 선임된 이사 중에서 감사위원을 선임할 때에만 의결권이 제한되었다). ③ 감사위원을 선임 또는 해임할 때 의결권 제한이 있다. 이는 감사위원이 공정하게 업무수행을 하기 위해 지배주주로부터의 독립성을 확보할 필요가 있기 때문이다. 첫째, 사외이사가 아닌 감사위원에 대해서는 일반주주의 경우 주주 별로(최대주주의 경우는 그 자신과 그 특수관계인 등과 합산하여) 의결권 있는 발행주식총수의 3%(정관으로 이보다 낮은 비율을 정할 수 있음)를 초과하는 주식의 의결권을 제한하고, 둘째, 사외이사인 감사위원에 대해서는 모든 주주에 대해서 주주 별로(최대주주의 경우에도 그 특수관계인과 합산하지 않고 그 자신만) 의결권 있는 발행주식총수의 3%를 초과하는 주식의 의결권이 제한된다(상542의12④). '사외이사가 아닌 감사위원'과 '사외이사인 감사위원'의 선임 시에 의결권 제한이 서로 다른데, 이는 합리적 근거가 없으며 후자도 전자와 같이 최대주주 중심의 의결권 제한이 적용되도록 상법이 개정되어야 한다는 비판이 제기되고 있다. ④ 회사가 상법 368조의4 1항에 따라 전자적 방법으로 의결권을 행사할 수 있도록 한 경우는 상법 368조 1항에도 불구하고 출석한 주주의 의결권의 과반수로써 감사의 선임을 의결할 수 있다(상542의12⑧)(이는 전자적 방법으로 의결권을 행사하는 경우는 발행주식총수 4분의 1 이상이라는 추가 요건의 적용을 배제한 것이다).

위와 같은 상장회사를 제외한 상장회사, 비상장회사의 경우 감사위원은 이사회결의로 선임 또는 해임할 수 있다(상393의2②). 다만, 이사회결의로 감사위원을 해임하는 경우 이사 총수의 3분의 2 이상의 결의로 해야 한다(상415의2③). 감사위원의 독립성 확보를 위해서 선임 시보다 해임 시의 결의요건을 강화한 것이다.

(2) 수

감사위원회는 이사회 내 위원회로서 일정 수 이상의 위원으로 구성된다. 즉, 감사위원회는 3명 이상의 이사로 구성해야 하고, 다만 사외이사가 위원의 3분의 2 이상이어야 한다(상415의2②). 사외이사가 일정 수 이상인 이유는 감사위원회의 독립성을 확보하기 위해서이다.

(3) 자격

감사위원회는 이사회 내 위원회이므로 감사위원은 이사의 자격[6-233]을 갖추어야 한다(사외이사인 경우는 사외이사의 자격[6-233]을 갖추어야 한다). 나아가 다음과 같은 자격제한이 있는데, 이는 감사위원의 책임성, 독립성 등을 확보하기 위해서이다. ① 자산총액이 2조 원 이상으로서 감사위원회를 의무적으로 두어야 하는 상장회사인 경우, 감사위원 중 1명 이상이 회계 또는 재무 전문가이어야 하고 감사위원회의 대표는 사외이사이어야 하며(상542의11②,상령37②), 사외이사가 아닌 감사위원은 상장회사의 상근감사에게 요구되는 선임요건 및 유지요건[6-326]을 갖추어야 한다(상542의11③). ② 자산총액이 1천억 원 이상이고 2조 원 미만으로서 상근감사를 두어야 하는 상장회사가 상근감사 대신에 감사위원회를 두려면 상법 542조의11의 요건을 충족해야 하므로(상542의10①단), 그 감사위원은 위 ①의 요건을 갖추어야 한다.

(4) 겸직

감사는 회사 및 자회사의 이사 또는 지배인 기타의 사용인의 직무를 겸직하지 못한다(상411). 감사위원에 대해서는 이러한 규정이 없다. 이는 입법의 불비가 아니라 그러한 겸직(감사가 집행임원을 겸직하는 것을 포함)을 허용하기 위한 것이라고 해석한다. 감사위원회는 회의체이므로 모든 감사위원이 업무집행으로부터 독립적이지 않아도 되기 때문이라고 설명되고 있다. 따라서 사내이사도 감사위원이 될 수 있다(상415의2②).

### (5) 임기, 보수, 직무대행 등

감사위원의 임기, 보수, 직무대행 등에 대해서는 별도의 규정이 없다. 따라서 정관 또는 이사회결의 등으로 정할 수 있고, 이러한 정함이 없으면 감사위원은 이사이므로 이사의 임기(상383②③), 보수(상388), 직무대행 등(상407,408)에 따른다.

### (6) 종임

감사위원은 이사이므로 이사와 종임사유가 같다. 감사위원의 해임주체는 위 (1)에서 살펴본 선임주체와 같다. 다만, 이사회결의로 감사위원을 해임하는 경우 이사 총수의 3분의 2 이상의 결의로 해야 한다(상415의2③). 감사위원의 독립성 확보를 위해서 선임 시보다 해임 시의 결의요건을 강화한 것이다. 또한 위 (1)에서 살펴본 상장회사의 '사외이사가 아닌 감사위원' 선임 시의 의결권 제한은 그 해임 시에도 마찬가지로 적용된다(상542의12③). 이것도 감사위원의 독립성을 확보하기 위해서이다. 다만, 위 (1)에서 살펴본 상장회사의 '사외이사인 감사위원' 선임 시의 의결권 제한은 그 해임 시에 적용이 없는데, 이에 대해서는 합리적 근거가 없다는 비판이 제기되고 있다.

## 3. 감사위원회의 운영 [6-334]

① 감사위원회는 이사회 내 위원회이므로 그 운영방법(상393의2④⑤)[6-254]에 따르면 된다. ② 다만, 감사위원회는 그 결의로 위원회를 대표할 자를 선정해야 하고, 이 경우 수인의 위원이 공동으로 위원회를 대표할 것을 정할 수 있다(상415의2④). 이에 따르면 감사위원회는 감사에 관한 의사결정을 하고, 대표위원이 그 결정을 집행하게 된다(통설). 자산총액이 2조 원 이상으로서 감사위원회를 의무적으로 두어야 하는 상장회사의 대표감사위원은 사외이사의 자격을 갖추어야 한다(상542의11②(2),상령37①). ③ 감사위원회는 회사의 비용으로 전문가의 조력을 구할 수 있다(상415의2⑤). ④ 이사회 내 위원회가 결의한 사항을 이사회가 다시 결의할 수 있다는 원칙(상393의2④)이 감사위원회에는 적용되지 않는다(상415의2⑥). 이는 감사위원회의 독립성을 확보하기 위해서이다.

### 4. 감사위원회의 권한 [6-335]

① 감사의 권한이 감사위원회의 권한에 준용되므로(상415의2⑦), 양자는 같다. 따라서 감사위원회는 이사의 직무집행을 감사하는 권한(업무감사권) 및 이에 관련된 권한을 갖는다. 업무감사권에 타당성감사가 포함되는지가 논란이다. 감사와 마찬가지로 적법성감사에 한정된다는 견해, 감사위원은 이사회의 구성원이므로 이사회의 권한인 타당성감사도 포함된다는 견해가 대립한다. ② 이사와 회사 간의 소송 시에 감사가 회사대표권을 갖는데(상394①)[6-329], 이는 감사위원회에도 준용된다(상415의2⑦). 감사위원과 회사 간의 소송 시에는 법원이 회사의 대표자를 선임한다(상384②). 이는 이익충돌을 막고 공정하게 소송을 수행하기 위해서이다.

### 5. 감사위원회의 의무·책임 [6-336]

감사의 의무·책임은 감사위원회의 의무·책임에 준용되므로(상415의2⑦), 양자는 같다. 감사위원회의 책임은 보다 정확하게는 감사위원의 책임을 의미한다.

## Ⅳ. 외부감사인

### 1. 의의 [6-337]

회사의 회계감사는 주로 감사(감사위원회)가 주도하지만 보다 엄정한 회계감사를 위해 외부감사인이라는 제도가 마련되어 있다. 외부감사인은 회사로부터 독립된 외부의 감사기관이다(외감4①).

### 2. 적용범위 [6-338]

외부감사인은 주식회사 이외에 유한회사에도 적용되지만(외감2(1)), 이하에서는 주식회사를 중심으로 살펴본다. 외부감사인이 적용되는 경우는 ① 주권상장법인 ② 해당 사업연도 또는 다음 사업연도 중에 주권상장법인이 되려는 회사, 또는 ③ 직전 사업연도 말의 자산, 부채, 종업원수 또는 매출액 등이 대통령령으로 정하는 기준에 해당하는 회사이다(외감4①).

위 ③의 회사는 다음 중 어느 하나에 해당하는 회사를 가리킨다(외감령5①).

① 자산총액이 500억 원 이상인 회사 ② 매출액이 500억 원 이상인 회사, 또는 ③ 다음 각 목 중에서 2개 이상에 해당하는 회사(가. 자산총액이 120억 원 이상 나. 부채총액이 70억 원 이상 다. 매출액이 100억 원 이상 라. 종업원이 100명 이상)를 가리킨다.

다만, 공기업 또는 준정부기관으로 지정받은 회사 중 주권상장법인이 아닌 회사, 그 밖에 대통령령으로 정하는 회사(해당 사업연도에 최초로 설립등기를 한 회사 등)는 외부감사인의 회계감사를 받지 않을 수 있다(외감4②,외감령5③).

### 3. 외부감사인의 선임 [6-339]

① 외부감사인은 회계법인 또는 감사반이다(외감2(7)). 감사반은 일정한 요건(그 구성원이 회계법인 또는 다른 감사반에 소속되지 않은 3명 이상의 등록된 공인회계사일 것 등)을 갖추어 한국공인회계사회에 등록되어야 한다(외감규칙2①). ② 회사는 매 사업연도 개시일부터 45일 이내(다만, 감사위원회를 설치해야 하는 회사는 매 사업연도 개시일 이전)에 해당 사업연도의 외부감사인을 선임해야 하는 것이 원칙이다(외감10①). ③ 주권상장법인, 대형비상장회사(자산총액이 1천억 원 이상인 비상장회사)(외감2(5),외감령4) 또는 금융회사는 연속하는 3개 사업연도의 외부감사인을 동일인으로 선임해야 한다(외감10③). 이는 외부감사의 연속성, 책임성을 위해서이다.

### 4. 외부감사인의 권한 [6-340]

① 재무제표의 수령권: 회사의 대표이사와 회계담당 임원은 회계처리기준에 따라 해당 회사의 재무제표(지배회사인 경우는 연결재무제표를 포함)를 작성할 책임이 있고, 회사는 해당 사업연도의 재무제표를 작성하여 일정한 기간(가령 재무제표는 정기총회 개최 6주 전) 내에 외부감사인에게 제출해야 한다(외감5③,6①②,7①,외감령8①). 외부감사인은 이를 수령할 권리가 있다. ② 회계장부 등의 열람청구권 등: 외부감사인은 회사 및 관계회사(해당 회사의 주식 또는 지분을 일정 비율 이상 소유하고 있는 등 대통령령으로 정하는 관계에 있는 회사)의 회계 관련 장부·서류를 열람 또는 복사하거나 회계에 관한 자료의 제출을 요구할 수 있으며, 그 직무를 수행하기 위하여 특히 필요하면 회사 및 관계회사의 업무와 재산상태를 조사할 수 있다(외감21①). 연결재무제표를 감사하는 외부감사인은 그 직무의 수행을 위하여 필요하면 회사 또는 관계회사의 외부감사인에게 감사 관련 자료의 제출 등 필요한 협조를 요청할

수 있다(외감21②).

### 5. 외부감사인의 의무 [6-341]

#### (1) 감사실시·감사보고서제출 관련 의무

① 외부감사인은 일반적으로 공정·타당하다고 인정되는 회계감사기준에 따라 감사를 실시해야 한다(외감16①). 회계감사기준은 한국공인회계사회가 대통령령으로 정하는 바에 따라 금융위원회의 사전승인을 받아 정한다(외감16②). 외부감사인은 감사업무의 품질이 보장될 수 있도록 품질관리기준(외부감사인의 업무설계 및 운영에 관한 기준)을 준수해야 한다(외감17①). ② 외부감사인은 감사결과를 기술한 감사보고서[외부감사인이 회사가 회계처리기준에 따라 작성한 재무제표(연결재무제표 포함)를 회계감사기준에 따라 감사하고 그에 따른 감사의견을 표명한 보고서를 말한다]를 작성해야 한다(외감18①,2(8)). 외부감사인은 감사보고서를 일정한 기간(가령 한국채택국제회계기준을 적용하는 회사는 정기주주총회 개최 1주 전) 내에 회사(감사 또는 감사위원회를 포함한다)·증권선물위원회(금융위원회에 소속된 정부기관이다) 및 한국공인회계사회에 제출해야 한다(외감23①본,외감령27①).

#### (2) 비밀준수의무

외부감사인은 그 직무상 알게 된 비밀을 누설하거나 부당한 목적을 위해 이용해서는 안 된다(외감20).

#### (3) 주주총회 등에 대한 보고·통보·진술·답변의무

① 외부감사인은 직무를 수행할 때 이사의 직무수행에 관하여 부정행위 또는 법령이나 정관에 위반되는 중대한 사실을 발견하면 감사 또는 감사위원회에 통보하고 주주총회에 보고해야 한다(외감22①). 이를 위해서 감사 또는 감사위원회는 이사의 직무수행에 관하여 부정행위 또는 법령이나 정관에 위반되는 중대한 사실을 발견하면 외부감사인에게 통보해야 한다(외감22⑥). ② 외부감사인은 회사가 회계처리 등에 관하여 회계처리기준을 위반한 사실을 발견하면 감사 또는 감사위원회에 통보해야 한다(외감22②). 이를 통보받은 감사 또는 감사위원회는 회사의 비용으로 외부전문가를 선임하여 위반사실 등을 조사하도록 하고 그 결과에 따라 대표이사에게 시정 등을 요구해야 한다(외감22③). ③ 외부감사인 또

는 그에 소속된 공인회계사는 주주총회가 요구하면 이에 출석하여 의견을 진술하거나 주주의 질문에 답변해야 한다(외감24).

### 6. 외부감사인의 책임 [6-342]

① 회사에 대한 책임: 외부감사인은 그 임무를 게을리하여 회사에 손해를 입히면 회사에 손해배상책임이 있다(외감31①). ② 제3자에 대한 책임: 외부감사인이 중요한 사항에 관하여 감사보고서에 적지 않거나 거짓으로 적음으로써 이를 믿고 이용한 제3자에게 손해를 발생하게 한 경우 손해배상책임이 있다(외감31②본). ③ 감사반의 연대책임: 위 ① 또는 ②에 해당하는 외부감사인이 감사반인 경우 해당 회사의 감사에 참여한 공인회계사가 연대하여 손해배상책임이 있다(외감31③). ④ 이사 또는 감사의 연대책임: 외부감사인이 회사 또는 제3자에게 손해배상책임이 있는 경우 해당 회사의 이사 또는 감사(또는 감사위원)도 그 책임이 있으면 연대하여 손해배상책임이 있다(외감31④본). 다만, 손해를 배상할 책임이 있는 자가 고의가 없는 경우 법원이 귀책사유에 따라 정하는 비율에 따라 감경된 책임을 부담할 수 있다(외감31④단). 그러나 손해배상청구권자의 소득인정액이 손해배상청구 직전 12개월간 1억 5천만 원 이하인 경우 본래대로 책임지고, 배상능력이 없는 자가 있는 경우 감경된 책임에 일정액을 추가하여 부담할 수 있다(외감31⑤⑥,외감령37①). ⑤ 입증책임: 외부감사인 또는 감사에 참여한 공인회계사가 위 ①~③의 손해배상책임을 면하려면 임무를 게을리하지 않았음을 증명하는 것이 원칙이다(외감31⑦본). 이는 입증책임의 전환이다. ⑥ 책임보장조치: 외부감사인은 위 ①~④의 손해배상책임을 보장하기 위해 손해배상공동기금의 적립 또는 보험가입 등 필요한 조치를 해야 한다(외감31⑧). ⑦ 소멸시효: 위 ①~④의 손해배상책임은 그 청구권자가 해당 사실을 안 날부터 1년 이내 또는 감사보고서를 제출한 날부터 8년 이내에 청구권을 행사하지 않으면 소멸하는 것이 원칙이다(외감31⑨본). 다만, 외부감사인을 선임할 때 계약으로 그 기간을 연장할 수 있다(외감31⑨단).

## Ⅴ. 검사인

### 1. 의의 [6-343]

검사인은 회사의 설립절차 등 일정한 사항을 조사하기 위한 임시적인 내부의 감사기관이다. 검사인의 역할은 감사(감사위원회)와 유사하지만, 검사인은 직무범위가 그 선임사유별로 다르고 임시기관이라는 점에서 감사와 차이가 있다.

검사인의 수 또는 자격에 특별한 제한이 없으며, 다만 검사인은 직무의 성질상 당해 회사의 이사·감사·사용인을 겸직할 수 없다(통설).

### 2. 검사인의 선임·종임 [6-344]

#### (1) 선임

**1) 법원이 선임하는 경우** 법원은 다음의 조사를 위해서 검사인을 선임할 수 있다. 즉, ① 회사설립 시 변태설립사항이 있는 경우 이에 대한 조사(상298④,310①) ② 주주총회(또는 청산 중인 회사의 주주총회)의 소집절차나 결의방법의 적법성에 대한 조사(상367②,542②) ③ 액면미달의 신주발행을 하는 경우 회사의 재산상태 등 필요한 사항의 조사(상417③) ④ 신주발행 시에 현물출자에 관한 조사(상422①), 또는 ⑤ 회사의 업무상 부정행위 또는 법령·정관위반의 중대사실이 의심되는 경우 회사의 업무와 재산상태의 조사(상467①)가 그러하다.

**2) 주주총회가 선임하는 경우** 주주총회는 다음의 조사를 위해서 검사인을 선임할 수 있다. 즉, ① 소수주주의 청구로 소집된 주주총회에서 회사의 업무와 재산상태를 조사하려는 경우(상366③) ② 주주총회(또는 청산 중인 회사의 주주총회)에서 이사가 제출한 서류와 감사의 보고서를 조사하려는 경우(상367①,542②)가 그러하다.

#### (2) 종임

검사인은 임시적 감사기관이므로 임기가 없고, 직무의 종료로 종임되는 것이 원칙이다(통설). 다만, 그 전에도 법원이 선임한 경우는 법원이 해임할 수 있고, 주주총회가 선임한 경우는 주주총회가 해임할 수 있다.

### 3. 검사인의 권한 [6-345]

검사인은 조사권을 가지며, 그 조사범위는 선임사유별로 차이가 있다. 이에 관해서는 위 검사인의 선임에서 살펴보았다.

### 4. 검사인의 책임 [6-346]

① 회사설립 시의 변태설립사항을 조사하기 위해 법원이 검사인을 선임한 경우(상298④,310①)에 그 검사인은 악의 또는 중과실로 인해 임무를 해태하면 회사 또는 제3자에게 손해배상책임이 있다(상325). 회사설립 시의 변태설립사항은 자본금 충실의 원칙과 관련되어 공정한 조사가 필요하다는 점을 고려하여 검사인의 책임을 법정한 것이다. ② 위 ①을 제외하면 검사인의 책임은 해석의 문제이다. 주주총회가 검사인을 선임하는 경우 그는 회사와 위임관계에 있으므로 선관의무(민681)를 부담한다(통설). 검사인이 이를 위반하면 회사에 채무불이행책임을 진다. 검사인이 제3자에게 불법행위(민750)를 범한 경우에 이에 따른 손해배상책임을 진다. 법원이 선임하는 검사인(위 ①을 제외)은 회사와 계약관계가 없으므로 위임관계라고 볼 수 없다. 그럼에도 불구하고 법원이 선임하는 검사인의 기능은 주주총회가 선임하는 검사인과 같으므로 그에 준하여 책임을 진다는 입장과, 위 ①의 법원이 선임하는 검사인에 준하여 책임을 진다는 입장이 있다.

# 제 5 관 자본금의 변동

## 제 1 항 자본금의 증가

### Ⅰ. 의의 [6-347]

자본금은 채권자보호를 위해서 회사가 '보유해야 할 순재산액'의 기준이다. 이는 규범적, 계산적 기준으로서 실제로 회사가 보유하고 있는 자산과는 다르다. 자본금의 증가는 자본금의 금액을 증가하는 것을 가리킨다. 자본금의 증가는

'신주발행'을 통해서 이루어진다.

자본금증가의 방법을 액면주식과 무액면주식으로 구분하여 살펴보자. ① 액면주식: 액면주식에서 자본금은 발행주식의 액면총액(상451①)이므로 자본금증가를 위해서는 액면금액 또는 발행주식총수를 증가해야 한다. ② 무액면주식: 무액면주식에서는 액면금액이 존재하지 않으므로 액면금액의 증가는 가능하지 않다. 따라서 발행주식총수를 증가시킴으로써 자본금의 금액을 증가시켜야 한다. 이 경우 자본금 증가분은 발행가액의 50% 이상의 금액으로서 원칙적으로 이사회가 정한 금액의 총액이다(상451②).

## Ⅱ. 신주발행의 의의

### 1. 개념 [6-348]

신주발행은 회사설립 후에 정관에서 정한 수권자본의 범위 내에서 새로운 주식을 발행하는 것을 가리킨다. 신주발행에 의해 발행주식총수가 증가한다. 신주발행을 통해서 자본금이 증가하는 경우가 대부분이다[예외적으로 주식분할(상329의2), 주식병합(상440) 등으로 인한 신주발행 시에는 자본금이 증가하지 않을 수 있다]. 대부분의 신주발행은 자금조달이 목적이고 이렇게 조달된 자금을 자기자본이라고 한다. 이는 회사가 존속하는 한 주주에게 그 자금을 반환할 필요가 없다는 의미이다. 한편 외부로부터의 자금차입 또는 사채발행으로도 자금을 조달할 수 있는데, 이는 일정 조건하에 반환해야 하는 자금이라는 의미에서 타인자본이라고 한다.

### 2. 종류

#### (1) 통상의 신주발행 [6-349]

1) 의의 통상의 신주발행은 자본조달을 목적으로 하여 상법 416조에 따라 하는 신주발행을 가리킨다. 이 때 신주인수인으로부터 발행가액만큼 납입이 이루어지므로 이에 따라 자금이 유입된다. 이는 자금이 유입되는 자본금의 증가이므로 유상증자라고 하며, 회사 자본조달의 주요수단이 된다. 여기에서는 주로 통상의 신주발행을 살펴보고자 하며, 아래 Ⅲ.의 대부분은 그에 관한 내용이다.

2) **주주보호의 문제** 통상의 신주발행은 자본조달을 위해 필요하지만 주주의 입장에서 보면 지분이 희석되는 현상(지분의 희석화)이 생길 수 있다는 점을 고려해야 한다. 즉, 기존 주주의 지분비율에 따른 신주발행이 이루어지지 않으면 기존 주주의 지분비율이 하락할 수 있고(지배권의 희석화), 낮은 가액으로 발행되는 경우 기존 주주의 지분가치가 하락할 수 있다(부의 희석화). 부의 희석화는 실권주를 막기 위해서 저가발행을 하게 되면 나타난다(현재 시가발행이 강제되어 있지 않다)[6-361]. 상법은 자본조달의 기동성을 살리는 한편 이러한 희석화 현상을 방지하기 위한 주주이익의 보호장치도 마련하고 있다. 즉, 신주발행의 결정은 이사회결의가 원칙(기동성)이되 정관에서 주주총회결의로 정할 수 있고(주주이익), 신주인수권은 주주배정이 원칙이되(주주이익) 정관에서 제3자배정도 정할 수 있으며(기동성), 일정한 경우 저가발행을 제한하고(주주이익), 위법하거나 불공정한 신주발행에 대한 구제수단(주주이익)을 두고 있다.

3) **채권자보호의 문제** 채권자보호를 위한 자본금 충실의 원칙을 고려하여 액면주식인 경우 액면미달의 신주발행을 엄격하게 제한하고 있다.

4) **회사설립 시 주식발행과의 비교** 통상의 신주발행은 회사설립 시 주식발행[6-52~56]과 구분된다. 회사설립은 회사실체인 재산을 최초로 형성하는 과정이므로 자본금 충실의 원칙에 맞추어 주식발행 및 그에 따른 자금유입을 매우 엄격하게 통제한다. 하지만 통상의 신주발행은 그 이후의 과정이므로 자본조달의 기동성을 살려주기 위해 비교적 덜 엄격하다. 가령 통상의 신주발행은 ① 인수 또는 납입이 되지 않은 부분은 미발행으로 처리할 수 있고(납입되지 않은 경우 실권절차를 거치지 않는다)(상423②) ② 현물출자에 관한 규제가 다소 완화되며(상422) ③ 액면미달발행도 예외적으로 허용되고(상417) ④ 이사는 오직 인수담보책임만 부담한다(상428).

### (2) 특수한 신주발행 [6-350]

특수한 신주발행은 통상의 신주발행 이외의 것이다. 이는 특수한 목적에 따라 이루어지고, 그 목적에 맞추어 신주인수권자도 정해지며, 자금의 유입이 없는 경우(가령 아래 ①)와, 자금의 유입이 있는 경우(가령 아래 ③)로 나뉜다. 특수한 신주발행의 종류는 다음과 같다.

① 준비금의 자본전입(상461)은 준비금을 자본으로 전입하는 것이 목적이고 이를 위해 신주가 발행된다(이를 무상증자라고 한다). 주식배당(상462의2)은 이익잉여금을 자본금으로 전입하는 것이 목적이고 이를 위해 신주가 발행된다. ② 전환주식의 전환(상346), 전환사채의 전환(상513)은 그 전환이 주된 목적이고 이를 위해 신주가 발행된다. ③ 신주인수권부사채의 신주인수권 행사(상516의2), 주식매수선택권(신주교부방식)의 행사(상340의2)는 그 행사가 주된 목적이고 이를 위해 신주가 발행된다. ④ 흡수합병(상523), 분할합병(상530의6), 주식의 포괄적 교환(상360의2)은 회사의 구조변경이 목적이고 이를 위해 신주가 발행된다. ⑤ 주식분할(상329의2), 주식병합(상440)은 그 분할 또는 병합이 목적이고 이를 위해 구주를 대체하는 신주가 발행된다.

## Ⅲ. 통상의 신주발행

### 1. 신주인수권

#### (1) 의의

**1) 개념**[6-351] 통상의 신주발행에서는 주주의 신주인수권이 인정된다. 신주인수권이란 회사가 신주를 발행하는 경우 타인에 우선해서 인수할 수 있는 권리를 가리킨다(이는 권리일 뿐이고 의무는 아니다). 원칙상 주주가 그가 가진 주식 수에 비례해서 신주인수권을 갖고(이를 주주배정이라고 한다), 예외적으로 정관이 정하는 바에 따라 주주 이외의 제3자에게 신주를 배정할 수 있다(이를 제3자배정이라고 한다)(상418). 제3자에게 신주를 발행하면 자본조달의 기동성은 있지만, 지분의 희석화를 초래할 수 있음을 고려하여 주주배정을 원칙으로 정한 것이다.

**2) 종류**[6-352] 추상적 신주인수권은 주주가 가진 자익권의 한 요소로서 신주를 인수할 권리(상418①)를 가리킨다. 구체적 신주인수권은 신주배정에 관한 이사회결의에 의해 구체화된 권리로서 신주인수를 청구할 수 있는 권리를 가리키며, 이는 주주(주주배정인 경우) 또는 제3자(제3자배정인 경우)가 갖는다. 추상적 신주인수권과 구체적 신주인수권은 통상의 신주발행과 관련된다.

구체적 신주인수권과 구별해야 하는 개념으로 '워런트'(warrant)가 있다. 이는 회사에 신주발행을 청구할 수 있는 채권적 권리로서 신주인수권을 가리킨다. 구체적 신주인수권은 신주배정에 관한 이사회결의가 있어야 비로소 성립되지만, 워런트는 그러한 과정 없이 그 자체로서 신주발행을 청구할 수 있는 권리이다. 즉, 워런트는 형성권으로서 이를 행사하여 주금납입을 하면 주주가 되고, 이에 회사의 승낙을 필요로 하지 않는다. 현행 상법상 인정되는 워런트로는 주식매수선택권이 신주교부방식으로 부여된 경우[6-162], 신주인수권부사채가 발행된 경우[6-403]가 있고, 그 선택권자 또는 사채권자가 워런트를 갖는다. 이와 관련한 입법론으로는, 자본조달의 기동성을 높이기 위해 워런트의 종류를 확대하자는 입장과 이것이 경영권 방어수단으로 악용될 수 있다는 이유에서 확대에 반대하는 입장이 대립하고 있다.

(2) 추상적 신주인수권

1) 의의[6-353] 추상적 신주인수권은 주주가 주식 수에 비례해서 갖는다(상418①). 주식 수에 비례한다는 의미에서 주주평등의 원칙이 적용된다. 추상적 신주인수권은 주주권의 일부이므로 주식불가분의 원칙에 따라 이를 주식과 분리하여 양도하거나 담보로 제공할 수 없다. 이는 주주에게 귀속될 뿐이고, 주주가 아닌 제3자는 이러한 권리가 없다. 신주발행이 지분의 희석화를 초래할 수 있으므로 주주배정이 원칙으로 채택되었음은 전술하였다.

2) 배제 또는 제한[6-354] 추상적 신주인수권은 법률 또는 정관에 의해서 배제 또는 제한될 수 있는데, 그 내용은 다음과 같다.

㈎ 제3자배정 회사는 정관이 정하는 바에 따라 주주 이외의 제3자에게 신주를 배정(제3자배정)할 수 있다(상418②본). 이는 자본조달의 기동성을 위해서 인정되고, 이 경우 제3자가 우선적으로 신주인수를 할 수 있는 권리를 갖는다(이 경우 제3자가 갖는 신주인수권은 구체적 신주인수권이다). 그 요건을 보자. ① 정관: 정관에 제3자배정의 근거를 마련해야 한다. 다만, 정관 규정만으로 제3자에게 신주인수권이 부여되는 것은 아니고 회사와 제3자가 신주인수권 부여계약을 체결해야 한다(통설). 정관은 부여대상, 주식의 종류와 수 등을 어느 정도 구체적으로 규정하여 예측가능성이 있어야 한다(통설). 정관 규정이 없는 경우 주주총회 특별결의로 제3자배정을 할 수 있는지에 대해서는 학설이 대립한다. ② 경영상 목적: 제3자배정은 신기술의 도입, 재무구조의 개선 등 회사의 경영상 목적을 달성하기 위하

여 필요한 경우에 한한다(상418②단). 자본조달의 기동성을 고려하여 포괄적·추상적인 개념인 경영상 목적을 충족하면 된다고 규정되어 있다. 따라서 회사에 자본조달이 필요한 경우라고 비교적 넓게 해석할 필요가 있다(통설). 다만, 경영권 방어는 여기의 경영상 목적에 포함되지 않는다(판례·통설). ③ 공시: 회사는 일정한 사항(신주의 종류와 수 등)을 납입기일의 2주 전까지 주주에게 통지하거나 공고해야 한다(상418④). 이를 통해서 주주가 미리 제3자배정의 내용을 알 수 있게 하기 위해서이다. 만약 그 내용에 하자가 있는 경우 주주는 그 발행의 유지(중지)를 청구할 수 있다(상424). 다만, 이 공시제도는 상장회사에 특칙(자본165의9)이 있다(금융위원회와 거래소에 대해 별도로 공시한 경우 이 통지 또는 공고는 면제한다). 이 특칙은 아래 일반공모증자에 대해서도 적용된다.

**(나) 일반공모증자** 상장회사는 정관이 정하는 바에 따라 '불특정다수인'을 상대로 일반공모방식의 신주발행(일반공모증자)을 하는 것이 가능하다(자본165의6①(3)④). 이는 주주배정에 대한 예외로서 자본조달의 기동성을 위해 인정된 것이다. 일반공모증자는 주주 이외의 자가 신주인수를 한다는 점에서 제3자배정과 같지만 다음과 같은 차이가 있다. ① 일반공모증자는 '경영상 목적'이 요구되는 제3자배정(상418②단)과 달리 그런 목적이 요구되지 않는다(자본165의6④). 이에 따라 경영권 방어를 위한 일반공모증자가 가능하다고 해석될 수 있다(다수설). ② 일반공모증자는 불특정다수인이 신주인수의 청약을 하고 이에 대해 회사가 배정한다. 제3자배정은 제3자에게 신주인수권을 부여하는 것(이에 따라 제3자가 우선적으로 신주인수를 할 수 있는 권리를 갖는다)이고 일반공모증자는 회사가 청약자에게 신주를 배정한다는 점에서 차이가 있는 것이다. ③ 일반공모증자에 대해서는 발행공시의 규제 등 별도의 규제가 있다(자본119 등).

**(다) 우리사주조합원배정·종류주식** ① 일정한 상장회사는 발행할 신주의 20%를 우리사주조합원에게 우선적으로 배정해야 하는 원칙이 있다(자본165의7). 이는 주주 이외의 자가 신주인수를 한다는 점에서 제3자배정과 같지만, 경영상 목적을 요구하지 않는 등 일정한 차이가 있다. ② 회사가 종류주식을 발행하는 경우 정관에 다른 정함이 없는 경우에도 주식의 종류에 따라 신주배정에 관해 특수하게 정할 수 있다(상344④). 추상적 주식인수권은 주식 수에 비례하여 인정되지만(상418①), 종류주식은 이에 대한 예외일 수 있는 것이다.

㈑ **현물출자와 신주인수권** 신주발행 시에 현물출자를 받는 경우도 주주의 신주인수권이 원래대로 인정되는가? ① 상법의 해석상 이를 부정하는 입장(부정설)이 있다. 이 입장은, 회사가 신주발행을 할 때에 현물출자에 관한 사항(현물출자에 부여할 주식의 종류와 수 등)에 대해 정관에 규정이 없으면 이사회가 결정하는데(상416⑷), 이 문언에 의해서 이사회결의만으로 주주의 신주인수권을 제한할 수 있다고 해석한다. 또한 신주발행의 목적이 특정재산의 출자를 받는 것이라면 주주의 신주인수권을 제한하는 것이 합목적적이라고 한다. ② 이와 달리 현물출자 시에도 주주의 신주인수권이 그대로 인정되어야 한다는 입장(긍정설)도 있다. 이사회결의만으로 제한하는 것은 법률이나 정관만이 주주의 신주인수권을 제한할 수 있다는 원칙(상418②)을 침해한다는 것이다. ③ 판례는 부정설을 지지하나, 학설은 긍정설과 부정설로 대립하고 있다.

3) **실권주**[6-355] 실권주(失權株)는 주주가 신주인수의 청약을 하지 않거나 인수 후에 납입하지 않은 경우 그 해당 주식을 가리킨다(상419③,423②). 주주의 신주인수권은 의무는 아니므로 인수·납입을 주주에게 강제할 수 없다. 실권주는 어떻게 처리할 것인가? ① 실권주는 미발행으로 처리해도 된다(판례·통설). ② 실권주는 이사회결의로 제3자에게 배정해도 된다(판례·다수설). 문제는 당초의 주주배정이 현저한 저가발행이었던 경우 동일한 조건으로 제3자에게 배정한 것이 이사의 임무해태인지이다. 판례는 실권주의 제3자에 대한 배정은 주주가 당초의 주주배정을 포기한 것을 대상으로 하므로 제3자배정의 요건(상418②)도 필요하지 않고 발행조건의 변경(가령 신주가액의 변경)도 필요하지 않다고 본다. 이에 대해 주주가 주주배정을 포기했다고 해도 제3자에 대한 배정에 의해 주주이익이 침해될 수도 있으므로, 제3자에 대한 배정에 있어서 이사의 임무해태는 별개로 따져보는 것이 합리적이라는 비판이 있다. ③ 이러한 비판에 따라 실권주 처분에 새로운 규제가 마련되었다. 즉, 상장회사의 실권주는 그 철회가 원칙이되, 신주가액을 포함하여 일정한 요건을 충족하는 경우에만 예외적으로 제3자에게 실권주를 배정할 수 있다(자본165의6②).

4) **신주인수권의 침해**[6-356] 회사가 주주의 신주인수권을 무시하고 신주를 발행하는 경우 주주에 대한 구제수단에 대해서는 후술한다[6-369, 370].

(3) 구체적 신주인수권

1) 의의[6-357] 구체적 신주인수권은 신주배정에 관한 이사회결의에 의해 구체화된 권리로서 주주 또는 제3자가 신주인수를 청구할 수 있는 권리를 가리킨다. 제3자가 구체적 신주인수권을 갖게 되는 제3자배정에 요구되는 요건은 이미 살펴보았다[6-354]. 구체적 신주인수권은 채권적 권리이며, 이는 주식과 분리하여 양도하거나 담보로 제공할 수 있다. 구체적 신주인수권은 주식이 이전된다고 해서 이에 수반되어 당연히 이전되는 것은 아니다(판례·통설).

2) 양도[6-358]

㈎ 의의 구체적 신주인수권은 타인에게 양도할 수 있다. 신주발행은 지분의 희석화 현상을 초래할 수 있는데, 신주인수권의 양도는 그 손실을 보상받는 기능을 할 수 있다. 즉, 저가로 신주발행이 되는 경우 신주인수권의 양도를 통해서 양수인으로부터 시가와 발행가액 사이의 차액을 보상받을 수 있다.

㈏ 주체 ① 주주배정의 경우 주주가 신주인수권을 양도하는 것이 가능하다(상416(5)). ② 우리사주조합원 등 신주인수권자가 법령으로 미리 정해져 있는 경우에 신주인수권의 양도는 해당 법령에서 정하는 바에 따른다. ③ 제3자배정의 경우 신주인수권은 회사와 제3자 사이의 계약상 권리이므로 양도할 수 있다는 견해와 제3자배정은 회사가 제3자를 신주인수권자로 특정한 경우이므로 양도할 수 없다는 견해가 대립하고 있다.

㈐ 요건 ① 정관 또는 이사회결의[주주총회가 발행사항을 결정한다고 정관으로 정한 경우(상416①단)는 주주총회결의]로 주주가 신주인수권을 양도할 수 있다고 정한 경우 주주의 신주인수권 양도는 회사에 대해 유효하다. ② 만약 그러한 정함이 없는 경우에도 주주의 신주인수권 양도가 회사에 대해 유효한가? 긍정설(판례)은 신주인수권의 양도는 주주의 권리이므로 회사에 대해 유효하고 이 경우 양도방법과 효력은 지명채권의 양도(민450)에 따른다는 입장이고, 부정설(다수설)은 신주인수권증서의 교부(상420의3①)가 없는 양도는 허용되지 않으므로 회사에 대해 유효하지 않다는 입장이다.

3) 신주인수권증서[6-359]

㈎ 의의 신주인수권증서는 주주의 신주인수권을 표창하는 유가증권이

다. 이는 일정한 사항(신주인수권증서라는 뜻의 표시 등)을 기재한 서면으로서 이사가 기명날인(또는 서명)해야 한다(상420의2②). 주주는 이를 통해 신주인수를 청약하거나 신주인수권을 양도한다. 그 구체적인 내용은 다음과 같다.

(나) **발행의 의무·시기** 이사회가 주주배정을 결의하고 정관 또는 이사회결의로 신주인수권을 양도할 수 있다고 정한 경우 회사는 신주인수권증서를 발행해야 한다(상416(5)(6),420의2①). 이에 따르면 정관 또는 이사회결의로 주주청구 시에만 신주인수권증서를 발행한다는 것과 청구기간을 정한 경우 그 기간 내에 주주가 청구하면 신주인수권증서를 발행해야 하고, 이러한 정함이 없는 경우 신주인수 청약기일의 2주 전에 모든 주주에게 신주인수권증서를 발행해야 한다(상420의2①). 상장회사인 경우는 신주인수권증서를 반드시 발행해야 하고(자본165의6③), 이는 주주청구 여부와 무관하다.

(다) **양도** 신주인수권증서의 교부에 의해서만 신주인수권의 양도를 할 수 있다(상420의3①). 따라서 신주인수권증서는 무기명증권이다(배서가 필요 없고 교부만으로 양도된다). 신주인수권증서의 점유에는 권리추정력이 인정되고 그 결과 선의취득이 인정된다(상420의3②,336②,수표21).

(라) **청약** 신주인수권증서에 의해 신주의 청약을 하고(상420의5①), 신주인수권증서를 상실한 자는 후술하는 주식청약서에 의하여 신주의 청약을 할 수 있다(상420의5②). 신주인수권증서는 신주발행 시에 단기간만 이용된다는 점을 고려하여 유가증권의 상실 시에 요구되는 일반적 절차(공시최고를 한 후 제권판결에 따라 해당 증권의 효력을 상실시키고 재발행을 받는 것[6-110])를 거치지 않고 상실된 신주인수권증서에 갈음하여 주식청약서에 의해서 신주청약을 할 수 있게 한 것이다. 따라서 신주인수권증서의 유가증권성은 권리의 행사 측면에서 크게 완화된다.

(마) **전자등록** 회사는 신주인수권증서를 발생하는 대신 정관으로 정하는 바에 따라 전자등록기관의 전자등록부에 신주인수권을 등록할 수 있다(상420의4). 이 경우 주식의 전자등록에 관한 규정(상356의2②~④)[6-111]을 준용한다(상420의4).

## 2. 신주의 발행

### (1) 신주발행의 절차

1) **발행사항의 결정**[6-360] 이사회는 신주발행과 이에 관한 사항(신주의

종류와 수, 발행가액 등)으로서 정관에 규정이 없는 것을 결정한다(상416본). 다만, 상법에 다른 규정이 있거나 정관으로 주주총회에서 이를 결정하기로 정한 경우는 그에 따른다(상416단). 발행사항 중에서 발행가액은 아래에서 별도로 살펴보자.

2) 발행가액[6-361]

㈎ 의의　　발행가액은 신주인수인이 회사에 납입해야 하는 가액이다. 발행가액은 지분의 희석화, 자본금 충실의 원칙과 관련되므로 신주의 발행사항 중에서 핵심적인 것이다. 발행가액의 시가 또는 액면금액과의 관계를 아래에서 살펴보자.

㈏ 저가발행　　발행가액이 시가보다 낮은 저가발행인 경우 지분의 희석화 현상이 생길 수 있다. 현재 시가발행을 강제하는 상법 규정은 없으므로 고가발행 또는 저가발행이 가능하다. 다만, 상장회사인 경우 금융위원회 규정(증권의 발행 및 공시 등에 관한 규정 5-18①)이 저가발행 시에 할인율(일반공모증자는 30% 이내, 제3자 배정은 10% 이내)을 제한하고 있다.

㈐ 액면미달발행　　액면주식은 발행가액과 액면금액이 같은 경우도 있지만, 전자가 후자보다 큰 경우(액면초과발행 또는 할증발행)와 전자가 후자보다 작은 경우(액면미달발행 또는 할인발행)도 있다(무액면주식에서는 이런 현상이 생기지 않는다). 액면미달발행은 주주총회의 특별결의사항(상417①②)이므로 이사회가 결정하지 못한다. 액면미달발행은 자본금 충실의 원칙에 반하므로 엄격하게 제한된다. 그 요건을 보면, ① 회사가 성립한 날로부터 2년이 경과되어야 하고 ② 액면미달발행에 대한 주주총회의 특별결의와 법원의 인가를 얻어야 하며 ③ 최저발행가액에 대한 주주총회의 특별결의를 얻어야 하고(나아가 법원은 회사의 현황과 제반사정을 참작하여 최저발행가액을 변경하여 인가할 수 있고 회사의 재산상태 기타 필요한 사항을 조사하게 하기 위하여 검사인을 선임할 수 있다) ④ 법원의 인가를 얻은 날로부터 1월 내(법원이 이 기간을 연장하여 인가할 수 있다)에 신주발행을 해야 한다(상417). 다만, 상장회사의 액면미달발행에는 법원의 인가가 필요하지 않은 것이 원칙이다(자본165의8).

3) 공고 및 청약최고[6-362]

㈎ 공고　　주주배정인 경우 신주인수권을 가지는 주주를 확정해야 한다. 이를 위해서 회사는 '일정한 날'(배정기준일)을 정하여 그 날에 주주명부에 기재된 주주가 신주인수권을 가진다는 뜻과 신주인수권을 양도할 수 있을 경우에는 그

뜻을 그 날의 2주간 전에 공고해야 한다(상418③본). 그러나 그 날이 주주명부 폐쇄기간 중인 경우 그 기간의 초일의 2주간 전에 공고해야 한다(상418③본). 주주명부를 폐쇄하면 명의개서를 할 수 없다는 점[6-124]을 고려한 것이다.

(나) **청약최고** 주주배정인 경우 위 공고에 따라 '구체적' 신주인수권을 가지는 주주가 확정되면 그에게 청약을 최고해야 한다. 즉, 회사는 신주인수권자로 확정된 주주에게 해당 주식의 종류 및 수와 '일정한 기일'(청약기일)까지 주식인수의 청약을 하지 않으면 권리를 잃는다는 내용 등을 청약기일 2주간 전에 통지해야 한다(상419①②). 청약기일까지 주식인수의 청약을 하지 않으면 그는 신주인수권을 상실한다(상419③).

4) **인수**[6-363] 신주인수권자의 청약과 회사의 배정에 의해 주식인수가 성립된다. 이때 회사설립 시의 주식인수에 관한 규정이 일부 준용된다. ① 청약의 방식: 청약은 주식청약서로 한다(상425,302①). 이는 주식청약에 관한 사항을 기재한 서면으로서 이사가 작성한다(상420). 신주인수권증서를 발행한 경우 이에 의해 청약을 하되, 이를 상실한 경우 주식청약서로 청약을 할 수 있다(상420의5②). ② 청약의 하자: 신주인수는 다수의 이해관계자가 관여한다는 점을 고려하여 단체법적으로 획일적으로 처리하기 위해서 청약에 민법 107조 1항 단서를 적용하지 않는다(상425,302③). 즉, 청약의 의사표시는 신주인수인이 스스로 진의가 아님을 알고 한 경우에도 그 효력이 있고, 회사가 신주인수인의 청약이 진의가 아님을 알았거나 알 수 있었을 경우에도 그 효력이 있다. ③ 회사의 배정: 신주인수권자가 정해져 있는 경우는 그에 따라 배정하고, 일반공모의 경우는 회사가 배정에 재량을 갖는다(통설).

5) **납입**

(가) **납입의무**[6-364] ① 이사는 납입기일에 신주인수인으로 하여금 인수가액의 전액을 납입시켜야 한다(상421①). ② 신주인수인이 납입하지 않으면 실권절차 없이 인수인으로서의 권리를 즉시 상실한다(상423①). 이 점에서 실권절차를 거치는 모집설립 시의 납입의무[6-55]와 비교된다. 모집설립에서 인수가액의 납입에 관한 규정(상303,305②③,306,318)은 여기에 준용된다(상425). 신주인수인이 납입하지 않는다고 해서 이사가 자본금 충실의 책임을 지는 것도 아니다. 따라서 자본금 확정의 원칙은 회사설립 시에만 적용되는 것이고 회사설립 후에는 자본금

확정의 원칙이 적용되지 않는다[6-33].

(나) 상계[6-365] 신주인수인은 회사의 동의가 있으면 납입채무와 주식회사에 대한 채권을 상계할 수 있다(상421①). 이에 따라 회사채권자가 자신의 채권을 출자로 전환시킬 수 있는 것이다.

(다) 현물출자[6-366] 납입은 현물로 이루어질 수도 있다. 하지만 현물이 금전으로 평가될 때 과도하게 산정될 위험이 있으므로, 현물출자에 대한 조사절차가 마련되어 있다(이 점은 회사설립 시에도 같지만 회사설립 시의 조사절차가 보다 엄격하다[6-59, 60]). ① 이사는 현물출자의 조사를 위해 법원에 검사인의 선임을 청구해야 한다(상422①). 판례는 이런 절차를 거치지 않았다는 사실만으로 신주발행이 당연히 무효로 되는 것은 아니라고 본다(판례는 신주발행의 무효원인을 엄격히 제한하고 있다[6-370]). ② 조사절차를 간소화하는 제도도 마련되어 있다. 첫째, 일정한 경우(현물출자의 총액이 자본금의 5분의 1을 초과하지 않고 대통령령으로 정한 금액을 초과하지 않는 경우 등)에는 조사 자체를 '면제'한다(상422②). 이에 따르면 면제사유가 회사설립 시에 비해 확대되어 있다(즉, 변제기가 돌아온 회사에 대한 금전채권을 출자목적으로 하는 경우로서 그 가액이 회사장부에 적혀 있는 가액을 초과하지 않는 경우에도 면제가 가능하다). 둘째, 공인된 감정인의 감정으로 검사인의 조사를 '대체'할 수 있다(상422①). ③ 법원은 부당한 현물출자를 변경할 권한을 가진다. 즉, 법원은 검사인의 조사보고서 또는 감정인의 감정결과를 심사하여 현물출자가 부당하다고 인정한 경우 이를 변경하여 이사와 현물출자자에게 통고할 수 있다(상422③). 이 변경에 불복하는 현물출자자는 주식인수를 취소할 수 있다(상422④). 법원의 통고가 있은 후 2주 내에 주식인수를 취소하지 않으면 통고에 따라 변경된 것으로 본다(상422⑤).

### (2) 신주발행의 효력발생 [6-367]

① 신주인수인은 납입 또는 현물출자의 이행을 한 경우 납입기일의 다음 날로부터 주주의 권리의무가 있다(상423①). 즉, 신주인수인은 '납입기일의 익일'에 주주가 된다. 회사설립 시에는 설립등기 시에 주주가 되는 점[6-61]과 차이가 있다. ② 발행하려는 신주의 일부가 인수 또는 납입이 되지 않아도 나머지 신주발행의 효력에 영향이 없다(회사설립 시의 주식발행[6-52~55]에서는 납입이 이루어지지 않은 일부 주식에 대해 납입기일을 정하여 최고하고, 이후에도 미납입된 부분은 발기인이 납입담보책임을 부

담한다). 즉, 인수 또는 납입되지 않은 부분은 신주발행으로서 효력이 없고, 인수 및 납입된 부분은 신주발행으로서 효력이 있는 것이다. ③ 영업연도 중에 신주발행의 효력이 발생한 경우 신주도 그 날이 속하는 영업연도의 이익배당에 참여한다. 이 경우 일할배당(신주의 효력발생일로부터 결산일까지의 일수만큼 지급하는 이익배당)이 타당하다는 입장과 동액배당(직전 영업연도 말에 신주가 발행된 것으로 보아 다른 주식과 같게 지급하는 이익배당)이 타당하다는 입장이 대립한다. 다만, 정관에 동액배당으로 정할 수 있는데(상423①,350③후), 대부분의 상장회사는 이러한 정관 규정을 두고 있다.

### (3) 신주발행의 등기 [6-368]

**1) 변경등기** 발행주식총수, 주식의 종류와 수, 자본금 등은 등기사항이므로 신주발행을 하면 그에 대한 변경등기를 해야 한다(상317,183). 변경등기는 공시의 효력이 있다. 공시효력 이외에, ① 변경등기는 일정기간 경과 후부터 하자의 치유효과가 있고[변경등기일로부터 1년을 경과한 후부터 신주인수인은 주식청약서 또는 신주인수권증서 요건의 흠결을 이유로 인수무효를 주장하거나 사기, 강박 또는 착오를 이유로 인수를 취소하지 못한다(상427)] ② 변경등기와 관련한 이사의 인수담보책임이 인정된다(상428①).

**2) 이사의 인수담보책임** 이사가 부담하는 자본금 충실의 책임은 제한적이다. 즉, 신주발행으로 인한 변경등기가 있은 후 아직 '인수하지 않은 주식'이 있거나 주식인수의 청약이 취소된 경우 이사가 공동으로 인수한 것으로 본다(상428①). 이를 인수담보책임이라고 한다. ① 인수담보책임은 변경등기가 초래한 외관(발행주식총수, 주식의 종류와 수, 자본금 등의 변경)에 대한 제3자의 신뢰를 보호하기 위한 자본금 충실의 책임이다(이 점에서 회사설립 시의 인수담보책임[6-62]과는 다르다). ② '인수하지 않은 주식'에는 인수했으나 납입하지 않은 주식도 포함된다(통설). 납입하지 않은 주식은 인수의 효력이 없는 것으로 취급되기 때문이다(상423②). ③ 인수담보책임은 회사의 귀책사유 또는 제3자의 선의가 요구되지 않으며, 총주주의 동의로도 면제할 수 없다(통설).

### 3. 위법·불공정한 신주발행

#### (1) 신주발행유지청구권 [6-369]

**1) 의의** 회사가 법령 또는 정관에 위반하거나 현저하게 불공정한 방법으로 신주를 발행하여 주주가 불이익을 받을 염려가 있는 경우, 주주는 회사에 신주발행을 유지할 것을 청구할 수 있다(상424). 이는 위법·불공정한 신주발행으로 인한 '주주'의 불이익을 사전에 구제하기 위한 수단으로서 주주의 자익권에 속한다. 이 점에서 주주의 공익권을 보호하는 위법행위유지청구권[6-310]과 구분된다[위법행위유지청구권(상402)은 이사가 법령 또는 정관에 위반한 행위를 하여 '회사'에 회복할 수 없는 손해가 생길 염려가 있는 경우에 감사 또는 소수주주가 행사할 수 있다].

**2) 요건** 신주발행유지청구권의 요건을 보자. ① 위법·불공정한 신주발행: 가령 주주의 신주인수권(상418①)을 무시한 신주발행은 위법하고, 현물출자의 가액을 과대하게 산정한 신주발행은 현저히 불공정하다고 볼 수 있다. ② 주주 불이익의 염려: 위법·불공정한 신주발행으로 인해서 주주가 '직접' 불이익을 입을 염려가 있어야 한다(통설). 가령 주주의 신주인수권을 무시한 신주발행이 이에 해당할 수 있다. 만약 회사에 손해가 발생하고 이에 따라 주주에게 생기는 손해(간접손해)라면 이는 신주발행유지청구권이 아니라 위법행위유지청구권(상402)의 대상이다. ③ 청구권자: 불이익을 받을 염려가 있는 주주가 청구권자이다. 1주만 보유해도 가능한 단독주주권이다. 주주가 아닌 제3자는 청구권자가 아니다. ④ 청구의 상대방: 청구의 상대방은 회사이다. ⑤ 행사시기: 유지청구는 사전적 구제수단이므로 신주발행의 효력이 발생하기 전(즉, 납입기일 전)까지는 청구해야 한다(통설). ⑤ 행사방법: 소의 방법 또는 소 이외의 방법(의사표시)으로 청구할 수 있다(통설).

**3) 효과** 신주발행유지청구권의 효과를 보자. ① 소에 의한 유지청구: 유지의 판결 또는 가처분이 있음에도 이를 위반하여 행한 신주발행은 무효이다(통설). ② 소 이외의 방법: 유지청구에 응하지 않은 것만으로 신주발행무효의 소를 제기할 수는 없고, 다만 위법·불공정한 신주발행으로 인해 손해가 생긴 경우 주주는 이사에게 손해배상책임(상401)을 물을 수 있다(통설).

### (2) 신주발행무효의 소 [6-370]

1) 의의 신주발행의 무효는 신주발행이 법령이나 정관에 위반하거나 현저하게 불공정하여 그 효력이 없는 것을 가리킨다(통설). ① 신주발행의 무효는 소를 통해서만 주장할 수 있다(상429). ② 신주발행무효의 소는 '형성의 소'[법률관계의 형성(또는 창설·변동)을 구하는 소]이다(통설). 신주발행의 무효는 소의 제기로만 가능하고, 무효판결에 대세효(모든 이해관계인에게 무효의 효력이 발생)가 있다는 점이 주요근거이다.

다른 제도와의 구분을 보자. ① 신주발행의 무효는 신주발행의 부존재와 구분된다. 후자는 그 하자가 극히 중대하여 사실상 신주발행이 존재한다고 볼 수 없는 경우를 가리키며, 이는 신주발행무효와 달리 주장방법, 주장시기 등의 제한을 받지 않는다(판례·통설). ② 신주발행의 무효는 개별적 주식인수의 무효·취소와 구분된다. 전자는 단체적 법률관계인 신주발행 전체의 무효 문제이지만, 후자는 주식인수인과 회사 사이의 인수계약상 개별적 하자(가령 미성년자에 의한 신주인수의 청약)에 따른 인수계약별 무효·취소의 문제이다.

2) 무효원인 상법은 무효원인을 명시하고 있지 않다. 해석상 무효원인은 법령 또는 정관의 중대한 위반이거나 현저하게 불공정한 경우인데, 다만 신주의 유통으로 인한 거래안전의 보호를 위해 그 무효를 엄격하게 제한한다(판례·통설)(무효로 되지 않는 경우는 이사의 손해배상책임으로 구제한다). 판례에 따르면 법령이나 정관의 중대한 위반 또는 현저한 불공정이 있어 그것이 주식회사의 본질이나 회사법의 기본원칙에 반하거나 기존 주주들의 이익과 회사의 경영권에 중대한 영향을 미치는 경우로서 거래의 안전, 주주 기타 이해관계인의 이익 등을 고려해도 도저히 묵과할 수 없는 정도라고 평가되는 경우로 무효가 제한된다.

구체적인 무효원인을 판례를 통해서 살펴보자. ① 제3자배정은 신기술의 도입이나 재무구조의 개선 등 경영상 목적을 달성하기 위해 필요한 경우로 한정되는데(상418②), 이런 사유가 없음에도 경영권 분쟁이 현실화된 상황에서 경영권 방어를 위해 제3자배정을 하는 것은 주주의 신주인수권을 침해하는 것으로서 무효이다. ② 신주발행을 결의한 이사회에 참석한 이사들이 하자 있는 주주총회결의로 선임되었고 그 후 이 주주총회결의가 판결로 취소되고 신주발행금지의 가처분이 있었음에도 위 이사들을 동원해서 이사회를 진행한 측만이 신주를 인수한 경우 이사회결의로 신주발행으로 하도록 한 법령(상416)과 정관을 위반했을 뿐만 아니라 현저하게 불공정하므로 무효이다. ③ 회사의 신주발행은 회사의 업무집행에 준하는 것으로서 대표이사가 그 권한에 따라 신주를 발행한 이상 신주발행은 유효하고, 설령 신주발행에 관한 이사회결의가 없거나 이사회결의에 하자가 있더라도 이사회의 결의는 회사의 내부적 의사결정에 불과하므로 신주발행의 효력에 영향이 없다(이 판결에 반대하여 해당 신주발행이 무효라고 보는 입장도 있다).

3) **소의 제기 및 절차** ① 당사자: 소제기권자는 주주·이사 또는 감사에 한정된다(상429). 주주는 단독주주권이다. 소의 상대방은 회사이다. ② 제소기간: 신주발행일로부터 6월 내에 제소해야 한다(상429). 신주발행에 관련된 법률관계의 안정을 위해서 단기로 되어 있다. 신주발행일은 신주발행의 효력발생일(상423①)을 가리킨다. 판례는 제소를 이 기간 내에 해야 할 뿐만 아니라 무효원인의 주장도 이 기간 내에 해야 한다는 입장이다(이 기간 후에 새로운 무효원인을 주장하는 것은 허용되지 않는다는 의미이다). ③ 준용규정: 회사설립의 하자에 관한 소의 규정[전속관할(상186), 소제기의 공고(상187), 소의 병합심리(상188), 하자의 보완 등과 청구의 기각(상189), 패소원고의 책임(상191), 무효의 등기(상192)], 주주총회결의의 하자에 관한 소의 규정[제소주주의 담보제공의무(상377)]이 여기에 준용된다(상430).

4) **무효판결의 효력** 확정된 무효판결은 다음과 같은 효력이 있다. ① 대세효·비소급효: 무효판결은 제3자에 대해서도 효력이 있다(대세효)(상430,190본). 또한 신주발행은 장래에 대해 그 효력을 잃는다(비소급효)(상431①). 따라서 무효판결 이전에 이루어진 신주의 주주권행사 등은 영향을 받지 않는다. ② 원상회복: 회사는 지체 없이 무효판결의 뜻과 일정한 기간(3월 이상으로 해야 한다) 내에 신주의 주권을 회사에 제출할 것을 공고하고 주주명부에 기재된 주주와 질권자에게 각각 통지해야 한다(상431②). 회사는 신주의 주주에게 납입금액을 반환해야 하고, 이 금액이 판결 시의 회사 재산상태에 비추어 현저하게 부당한 경우 법원은 회사 또는 주주의 청구에 따라 금액의 증감을 명할 수 있다(상432①②). ③ 실효된 신주의 질권자는 반환되는 납입금액에 대해 물상대위[1-176]를 한다(상432③,339,340①②).

### (3) 불공정한 가액으로 인수한 자의 책임 [6-371]

1) 의의 ① 불공정한 가액으로 신주가 발행되면 회사에 손해(자본금 충실의 훼손)가 생기고 주주에게도 손해(지분의 희석화)가 생긴다. 이 경우 이사는 회사 또는 주주에게 손해배상책임(상399,401)을 질 수 있다. 나아가 이사와 통모한 신주인수인(통모인수인)은 공정가액과 발행가액의 차액을 회사에 반환할 의무가 있다(상424의2). ② 통모인수인의 책임은 자본금 충실을 위한 추가출자의무의 성격을 띠며, 주주가 인수가액을 한도로 유한책임을 진다는 원칙(상331)에 대한 예외이다(통설). 회사는 이 책임을 면제 또는 감경할 수 없다(통설). ③ 통모인수인의 책임이 주주배정에도 적용되는지에 대해서는 논란이 있다. 판례와 다수설은 통모인수인의 책임이 주주유한책임에 대한 예외로서 제한적으로 적용되어야 한다는 전제하에 주주배정은 저가발행도 주주에게 손해가 생기지 않으므로 적용되지 않는다고 본다. 이에 반해 저가발행은 자본금 충실을 훼손할 수 있으므로 적용되어야 한다는 입장이 있다.

2) 요건 신주인수인이 책임을 지기 위한 요건을 보자. ① 통모: 신주인수인이 이사와 통모해야 한다(상424의2①). ② 발행가액의 불공정: 발행가액이 현저하게 불공정해야 한다(상424의2①). 이는 공정한 발행가액에 비해 실제의 발행가액이 현저하게 낮은 것을 가리킨다. 공정한 발행가액은 시가를 기준으로 산정한 발행가액이고, 만약 시가가 없다면 회사의 재산상태 등을 고려하여 공정하게 산정한 발행가액을 가리킨다(통설).

3) 효과 통모인수인은 공정한 발행가액과의 차액에 상당하는 금액을 회사에 지급할 의무가 있다(상424의2①). 이 경우 회사가 책임을 추궁해야 하고, 그렇지 않으면 주주가 대표소송(상403~406)을 제기할 수 있다(상424의2②). 통모인수인과 이사는 부진정연대채무[1-97]를 부담한다(통설).

## 제2항 자본금의 감소

### Ⅰ. 의의 [6-372]

자본금은 채권자보호를 위해서 회사가 '보유해야 할 순재산액'의 기준이다. 이는 규범적, 계산적 기준으로서 실제로 회사가 보유하고 있는 자산과는 다르다. 자본금의 감소는 자본금의 금액을 축소하는 것을 가리킨다. 따라서 자본금의 감소는 채권자 보호의 관점, 주주평등 원칙의 관점에서 이해관계가 첨예한 문제이다.

### Ⅱ. 종류 [6-373]

자본금감소에는 두 종류가 있다. ① 실질상 자본금감소(유상감자, 실질감자): 회사재산이 주주에게 환급되는 자본금감소를 가리킨다. 따라서 이는 회사재산에 실질적인 변화를 초래한다. 주로 회사규모에 비해 자본금이 지나치게 많다고 판단되는 경우에 이용된다. ② 명목상 자본금감소(무상감자, 명목감자): 회사재산이 주주에게 환급되지 않는 자본금감소를 가리킨다. 따라서 이는 회사재산에 실질적인 변화가 없다. 주로 결손이 생긴 경우 이를 보전하는 목적에서 이용되고, 결손보전 목적의 무상감자를 특히 '결손보전감자'라고 한다.

### Ⅲ. 방법 [6-374]

자본금감소의 방법을 액면주식과 무액면주식으로 구분하여 살펴보자.

#### 1. 액면주식

액면주식에서 자본금은 발행주식의 액면총액(상451①)이므로 자본금감소를 위해서는 액면금액의 감소 또는 발행주식총수의 감소를 해야 한다. 발행주식총수의 감소방법에는 주식병합(상440~443), 주식소각(상343②)이 있다. 전자는 다수의 주식을 합하여 그보다 적은 수의 주식으로 만드는 것이다[6-155]. 후자는 회사의 존속 중에 특정한 주식을 절대적으로 소멸시키는 것을 가리킨다[6-152].

### 2. 무액면주식

무액면주식에서는 액면금액이 존재하지 않으므로 액면금액의 감소는 가능하지 않다. 무액면주식에서 자본금감소를 하는 방법은 다음 중 하나이다. ① 발행주식총수의 변화 없이 자본금의 금액을 감소하는 방법이다. ② 발행주식총수를 감소하면서 자본금의 금액을 감소하는 방법이다. 무액면주식은 발행주식총수와 자본금의 금액 간에 상관관계가 없기 때문에[6-75], 주식병합 또는 주식소각을 통해서 발행주식총수를 감소한다고 해서 자동적으로 자본금의 감소가 이루어지지는 않으므로, 그에 상응하는 자본금을 감소해야 하는 것이다. 이러한 이유에서 자본금이 감소되지 않는 무액면주식의 소각은 자본금 감소의 절차를 거치는 주식소각(상343본)이 아니라 자기주식의 소각(상343단)에 해당한다고 해석한다(다수설).

## Ⅳ. 자본금감소의 절차 [6-375]

자본금감소는 채권자, 주주의 이해관계에게 미치는 영향이 크므로 그 절차가 엄격하다. 다만, 결손보전 목적의 무상감자(결손보전감자)는 그 절차적 엄격성이 완화된다.

### 1. 주주총회

자본금감소 및 그 감소방법에 대해 주주총회 특별결의가 있어야 한다(상438①,439①). 이는 주주와 밀접한 이해관계가 있기 때문이다(주주 간 불평등 감자, 과도한 감자 등의 방지). 다만, 결손보전감자는 주주총회의 일반결의가 있어야 한다(상438②). 액면금액을 감소하는 경우에 액면금액은 정관의 기재사항(상289①(4))이므로 정관도 변경되어야 한다.

### 2. 채권자보호절차

① 자본금감소는 채권자보호절차가 요구된다. 이는 채권자와 밀접한 이해관계가 있기 때문이다(회사가 '보유해야 할 순재산액'의 기준이 하향되기 때문이다). 하지만 결

손보전감자는 채권자보호절차가 요구되지 않는다(상439②단)(결손 시에는 '보유해야 할 순재산액'의 기준하향이 불가피한 측면이 있기 때문이다). ② 자본금감소에 따른 채권자보호절차를 보자. 회사는 감자에 관한 주주총회결의가 있은 날부터 2주 내에 채권자에게 감자에 이의가 있으면 일정한 기간(1개월 이상) 내에 제출할 것을 공고하고 알고 있는 채권자에게는 따로 이를 최고해야 하며, 채권자가 그 기간 내에 이의를 제출하지 않으면 감자를 승인한 것으로 보며, 회사는 이의를 제출한 채권자에게 변제하거나 상당한 담보제공을 하거나 또는 상당한 재산을 신탁회사에 신탁해야 한다(상439②본,232). 사채권자가 이의를 제기하려면 사채권자집회에서 결의[6-393]가 있어야 하고, 이 경우에 법원은 이해관계인의 청구에 의하여 사채권자를 위하여 이의제기기간을 연장할 수 있다(상439③).

### 3. 주식의 병합·소각

발행주식총수를 감소하는 경우에는 주식병합[6-155] 또는 주식소각[6-152]을 해야 한다.

## Ⅴ. 자본금감소의 효력발생 [6-376]

자본금감소의 효력은 자본금감소의 절차가 완료되면 발생한다. 자본금이 감소되면 변경등기를 해야 하나(상317,183), 이는 감자의 효력발생과는 무관하다(통설).

## Ⅵ. 감자무효의 소 [6-377]

자본금감소의 무효는 주주·이사·감사·청산인·파산관재인 또는 자본금의 감소를 승인하지 않은 채권자만이 자본금감소로 인한 변경등기가 된 날부터 6개월 내에 소만으로 주장할 수 있다(상445). 가령 채권자보호절차, 주주평등의 원칙 등을 위반한 경우에 감자무효사유에 해당한다(통설). 6개월의 단기제소기간을 둔 이유는 감자관련 법적 분쟁을 조기에 종결하자는 것이다.

감자무효의 소에는 회사설립무효의 소(상186~189,190본,191,192,377)를 준용한다(상446). ① 이에 따르면 원고가 승소하면 판결은 대세효가 있다. 즉, 감자무효의 판결은 제3자에 대해서도 효력이 있다(대세효)(상190본). 판결이 소송당사자에게만 미친다는 대인효의 원칙(민소218①)에 대한 예외이다. 이는 자본금감소와 관련된 다수 이해관계자의 법률관계를 획일적으로 처리하기 위한 것이다. ② 한편 원고가 승소하면 판결은 소급효가 있다. 상법 190조 단서(확정판결은 판결확정 전에 생긴 회사와 사원 및 제3자 간의 권리의무에 영향을 미치지 않는다)가 준용되지 않기 때문이다. 즉, 판결의 효력이 소급해서 자본금감소는 처음부터 효력이 없다. 이는 무효인 법률행위는 성립한 당초부터 그 효력이 발생하지 않는다는 무효의 일반적 효과와 같다. 소급효를 부여한 이유는 이미 성립한 사실관계에 기초한 거래의 안전 보호보다는 위법한 자본금감소를 원상회복시키는 것이 우선해야 한다고 보기 때문이다. 한편, 무효원인이 된 하자가 보완되고 회사현황과 제반사정을 참작하여 감자를 무효로 하는 것이 부적당하다고 인정한 때에는 법원은 감자무효의 소를 기각할 수 있다(상446,189). 감자무효의 소를 재량기각하기 위해서는 심리 중에 하자가 보완되어야 하지만, 보완될 수 없는 성질의 것으로서 자본감소결의의 효력에는 아무런 영향을 미치지 않는 것인 경우에는 법원은 하자가 보완되지 않았더라도 청구를 기각할 수 있다(판례).

## 제 6 관 사 채

### Ⅰ. 의의

#### 1. 사채의 개념 [6-378]

사채(社債)는 회사가 불특정다수인으로부터 자금을 조달하기 위해 집단적·대량적으로 채권(債券)을 발행함으로써 부담하는 채무이다. 사채는 회사채라고도 부른다. 사채를 발행한 회사는 사채금액을 상환하고 약정에 따라 이자를 지급할 의무를 진다(무이자도 이론상으로는 가능하지만 대개 이자를 약정하는 것이 일반적이다). 채권은 액면가로 단위화된 유가증권의 일종이며, 채권에 의해서 사채의 유통성이 높아진다.

### 2. 주식과 구분 [6-379]

사채는 주식과 공통점과 차이점이 있다. ① 공통점: 불특정다수인으로부터 장기적 자금조달을 받으려는 목적으로 유통성 확보를 위한 유가증권의 형식을 취하고(채권, 주권), 다수의 투자자의 집단적 의사결정을 위한 제도가 있으며(사채권자집회, 주주총회), 발행절차 면에서도 유사하다. ② 차이점: 사채는 선순위이며 회사이익의 발생 여부와 무관하게 확정이자를 받으나 주식은 후순위로서 배당가능이익이 있는 경우에 이익배당을 받고, 주주는 주주총회를 통해서 회사경영에 참여하나 사채권자는 그렇지 않으며, 그 이외에도 기술적인 면에서 다양한 차이가 있다[가령 주식은 자본금 충실의 원칙상 전액납입이 요구되나(상295,305,421) 사채는 분할납입도 가능하다(상476①)]. ③ 구별의 상대화: 주식과 사채의 요소가 혼합되어 양자의 구별이 상대화되는 경우도 있다. 즉, 의결권 없는 우선주는 사채의 요소가 가미된 것이고(이익배당 등에서 선순위이면서 회사경영에 참여하지 않는다는 의미에서), 신주인수권부사채는 주식의 요소가 가미된 것이다(신주인수권을 행사할 수 있다는 의미에서).

### 3. 사채의 종류 [6-380]

사채의 종류는 다음과 같다. ① 기명사채·무기명사채: 기명사채(기명채권)는 채권에 사채권자의 성명이 기재되어 있고, 무기명사채(무기명채권)는 그러한 기재가 없다. 양자는 양도방법 등에 차이가 있다. 사채권자는 언제든지 양자 사이에 전환(기명사채를 무기명사채로, 무기명사채를 기명사채로 전환)을 회사에 청구할 수 있는 것이 원칙이다(상480본). ② 등록사채·현물사채: 등록사채는 전자증권법에 따라 전자등록기관에 전자등록된 사채이다(주식의 전자등록에 관해서는 [6-111]에서 살펴보았고 사채의 등록도 이와 같다). 거래소에 상장된 사채는 반드시 전자등록해야 한다(전증25①(1)). 사채를 전자등록한 경우는 채권을 발행하지 못한다. 현물사채는 실제로 채권이 발행되는 사채를 가리킨다. ③ 보통사채·특수사채: 보통사채는 일반 사채를 말하고, 특수사채는 특수한 권리가 부여되어 있는 사채를 말한다.

### 4. 사채권자의 보호 [6-381]

사채권자는 주주와 이해관계가 상충될 수 있다. 이러한 경우 주주는 주주총회를 통해서 자신에게 유리한 결정을 할 수 있다. 이때 사채권자도 자신의 이익을 보호할 필요가 있으며, 이를 위한 제도가 사채권자집회, 사채관리회사 등이다.

## Ⅱ. 사채의 발행과 유통

### 1. 사채의 발행

#### (1) 의의 [6-382]

2011년의 상법개정 이전에는 사채총액을 제한하는 등 사채발행에 대한 제한이 있었지만, 위 개정을 통해서 이러한 제한을 폐지했다. 이하에서는 발행방법, 발행절차를 살펴보자. 사채발행은 불특정다수인을 상대로 이루어지므로 상장회사인 경우 자본시장법상 공모에 따르는 것이 보통이다.

#### (2) 발행방법 [6-383]

1) **구분** 상법상 사채발행의 방법은 총액인수와 공모발행으로 구분된다. 자본시장법도 사채발행의 방법에 대해 규정하고 있는데 상법과는 용어 면에서 차이가 있고, 자본시장법상 사채발행에는 모집규제(자본119 등)가 적용된다. 실무상 주로 이용되는 것은 자본시장법상 총액인수, 잔액인수 및 모집주선이다.

2) **총액인수** 상법상 총액인수는 특정인이 발행회사와 계약하여 사채의 총액을 인수하는 방법이다(상475). 발행의 상대방이 특정되어 있으므로 공모발행이 아니며, 따라서 사채청약서를 작성할 필요도 없다. 자본시장법상 총액인수는 증권회사 등이 발행회사의 모집총액을 자신이 매입하여 투자자에게 다시 분매하는 행위를 가리킨다(자본9⑪). 자본시장법상 총액인수는 상법상 아래의 공모발행에 속한다.

3) **공모발행** 상법상 공모발행은 불특정인을 상대로 사채를 모집하는 방법이다. 공모발행은 사채청약서를 작성해야 한다(상474). 상법상 공모발행의 종류는 다음과 같다. ① 직접공모: 발행회사가 직접 불특정인을 상대로 사채를 모집하는 발행방법이다(상474). ② 위탁모집: 발행회사(위탁회사)로부터 사채모집의 위탁을 받은 회사(수탁회사)가 자기의 명의로 사채를 모집하는 발행방법이다(상476②). 수탁회사가 발행회사를 위해서 사채청약서의 작성 등과 같은 모집절차를 수

행하고 모집총액에 미달한 경우 그 잔액에 대한 위험부담은 발행회사가 진다. 증권회사 등이 수탁회사로 되는 것이 보통이다. 위탁모집은 자본시장법상 '모집주선'에 해당한다(자본6③,9⑬). ③ 위탁인수모집: 수탁회사가 위 ②와 같이 위탁모집을 하되 모집총액에 미달한 경우 그 잔액을 인수할 의무를 지는 발행방법이다(상474②⒁). 위탁인수모집은 자본시장법상 '잔액인수'에 해당한다(자본9⑪).

### (3) 발행절차 [6-384]

상법상 사채발행의 절차는 다음과 같다. ① 발행의 결정: 회사는 이사회결의로 사채발행을 결정할 수 있다(상469①). 다만, 정관에 정하는 바에 따라 이사회는 대표이사에게 사채의 금액 및 종류를 정하여 1년 이하의 기간 내에 사채발행의 결정을 위임할 수 있다(상469④). 이러한 위임제도는 자금조달의 기동성을 위한 것이다. 한편, 소규모회사(자본금이 10억 원 미만인 회사)인 경우 이사회결의는 주주총회결의로 대체된다(상383④). ② 수탁계약: 발행회사가 증권회사 등과 같은 수탁회사에게 모집을 위탁하는 경우는 양자 사이에 수탁계약이 필요하다. 수탁회사는 자기의 명의로 위탁회사를 위해서 사채청약서를 작성하고 납입업무를 수행한다(상476②). ③ 사채계약: 발행회사와 사채청약자 사이에 사채계약이 체결된다. 상법상 공모발행인 경우 청약은 사채청약서에 의한다. 즉, 응모자는 발행회사의 사채청약서[이사(수탁회사가 있는 경우 수탁회사)가 일정한 사항(사채 관련 사항 등)을 기재하여 작성] 2통에 인수할 사채의 수와 주소를 기재하고 기명날인(또는 서명)해야 하고(상474①②,476②), 사채발행의 최저가액을 정한 경우 사채청약서에 응모가액도 기재해야 한다(상474③). 수탁회사가 인수하는 경우는 사채청약서에 의하지 않는다. 즉, 상법상 총액인수는 사채청약서에 의하지 않고, 상법상 위탁인수모집 중에서 수탁회사가 인수하는 부분도 사채청약서에 의하지 않는다(상475). ④ 납입: 사채의 모집이 완료한 때에는 이사(수탁회사가 있는 경우 수탁회사)는 지체 없이 사채인수인에게 각 사채의 전액 또는 제1회의 납입을 시켜야 한다(상476).

## 2. 사채의 유통

### (1) 필요성 [6-385]

사채는 불특정다수인으로부터 장기적으로 조달받은 자금이므로 그 유통성을 확보하여 사채권자가 투자금을 회수할 수 있게 해줄 필요가 있다.

(2) 채권 [6-386]

채권(債券)은 액면가(가령 1천만 원)로 단위화된 유가증권의 일종이다. 채권은 일정한 사항(채권번호, 사채금액 등)을 적고 대표이사가 기명날인(또는 서명)해야 한다(상478②). 실무상으로는 채권은 발행되지 않는 것이 일반적이다. 전자증권법에 따라 대부분의 사채가 채권을 발행하는 대신에 전자등록기관의 전자등록계좌부에 등록되어 있기 때문이다(전증2(3)).

(3) 사채원부·전자등록계좌부 [6-387]

① 사채원부: 사채원부는 기명사채와 관련하여 사채 및 사채권자 등에 관한 사항이 기재되어 있는 장부이다(상488). 사채원부의 효력은 주주명부의 효력[6-119]과 같다(상479). 회사는 사채원부(또는 그 복본)를 본점 등에 비치해야 하고, 주주와 회사채권자는 이에 대한 열람 또는 등사를 청구할 수 있다(상396). ② 전자등록계좌부: 전자등록계좌부는 사채에 관한 권리의 발생·변경·소멸에 대한 정보를 전자적 방식으로 편성한 장부를 말한다(전증2(3)). 전자등록계좌부에 등록된 사채인 경우 기명사채이든 무기명사채이든 사채권자 등이 그 권리의 내용을 열람 또는 출력·복사할 수 있다(전증41).

(4) 사채의 양도·입질 [6-388]

1) 무기명사채 무기명사채의 양도나 입질은 무기명채권의 양도 또는 입질(민523,351)에 따라 양도 또는 입질의 합의와 채권의 교부로서 효력이 생긴다(통설).

2) 기명사채 ① 기명사채의 양도는 지명채권 양도방법(민450)에 따르고, 다만 채권의 교부가 있어야 양도의 효력이 생긴다(통설). 기명사채의 양도는 사채원부에 명의개서(사채원부에 취득자의 성명과 주소를 기재)를 하고 그 성명을 채권에 기재하지 않으면 회사 기타의 제3자에게 대항하지 못한다(상479①). 명의개서대리인[6-117]이 취득자의 성명과 주소를 사채원부의 복본에 기재하는 것도 명의개서로 인정한다(상479②,337②). ② 기명사채의 입질은 권리질권(민346,347)에 따라 입질의 합의와 채권의 교부로 성립되며, 다만 질권설정자가 제3채무자인 발행회사에 대해 통지하거나 발행회사가 승낙한 경우 발행회사에 대항할 수 있다(통설).

3) **등록사채** 전자증권법에 따라 전자등록기관의 전자등록계좌부에 등록된 무기명사채 또는 기명사채의 양도나 입질은 전자등록계좌부에 등록해야 회사에 대항할 수 있다. 즉, 사채의 양도는 이 계좌부에 계좌간 대체의 전자등록을 해야 그 효력이 발생하고, 사채의 입질은 이 계좌부에 질권 설정의 전자등록을 해야 그 효력이 발생한다(전증35②③).

## Ⅲ. 사채의 관리와 상환

### 1. 사채관리회사

#### (1) 의의 [6-389]

사채관리회사는 사채권자를 위해서 변제의 수령, 채권의 보전, 그 밖에 사채의 관리에 관한 업무를 수행하는 회사이다(상484①). 사채관리회사는 발행회사와 위임관계에 있지만(상480의2) 사채권자를 위해서 사채관리업무를 수행하는 법정대리인의 일종이다(통설).

2011년의 상법개정 이전에는 수탁회사가 사채관리회사의 역할을 수행했다. 하지만 위탁회사(발행회사)로부터 사채모집의 위임(그리고 이에 따른 보수)을 받은 수탁회사가 사채관리의 업무를 수행하면 위탁회사와 사채권자 사이에서 이익충돌이 일어날 우려가 부각되면서, 위 개정을 통해서 사채관리회사를 새롭게 도입했다.

#### (2) 선임 · 자격 · 종임 [6-390]

1) **선임** 발행회사가 사채관리회사를 선임할 수 있다(상480의2). 다만, 이는 발행회사의 의무는 아니므로 선임하지 않아도 무방하다.

2) **자격** 사채관리업무는 공정성과 전문성 등이 요구되므로 사채관리회사는 일정한 자격을 갖추어야 한다. 즉, 은행, 신탁회사, 그 밖에 대통령령으로 정하는 자(한국예탁결제원 등)가 아니면 사채관리회사가 될 수 없다(상480의3①,상령26). 사채의 인수인 또는 발행회사와 특수한 이해관계가 있는 자로서 대통령령으로 정하는 자(사채관리회사가 발행회사의 최대주주인 경우 등)는 사채관리회사가 될 수 없다(상480의3②③,상령27). 이는 이익충돌을 막기 위해서이다.

3) **종임** ① 사채관리회사가 사채권자를 위해 업무를 수행한다는 점을

고려해서 일단 선임된 사채관리회사의 사임·해임에는 일정한 제한을 두고 있다. 즉, 사채관리회사는 발행회사와 사채권자집회의 동의를 받아 사임할 수 있고, 부득이한 사유가 있어 법원의 허가를 받은 경우도 사임할 수 있다(상481). 사채관리회사가 사무처리에 적임이 아니거나 그 밖에 정당한 사유가 있는 경우 법원은 발행회사 또는 사채권자집회의 청구에 의해 사채관리회사를 해임할 수 있다(상482). ② 사채관리회사가 사임하거나 해임된 경우 발행회사는 사무를 승계할 사채관리회사를 선임해야 하고, 이 경우 발행회사는 지체 없이 사채권자집회를 소집하여 동의를 받아야 한다(상483①). 부득이한 사유가 있는 경우 이해관계인은 사무승계자의 선임을 법원에 청구할 수 있다(상483②).

### (3) 권한 [6-391]

사채관리회사의 권한은 다음과 같다. 이에 대응하는 사채관리회사의 의무, 사채권자의 권한도 함께 살펴본다. 사채관리회사가 둘 이상 있을 경우 그 권한에 속하는 행위는 공동으로 해야 한다(상485①). ① 대리권: 사채관리회사는 사채권자를 위해 사채상환 또는 사채보전을 위해 필요한 재판상 또는 재판 외의 모든 행위를 할 수 있다(상484①). 즉, 사채상환 또는 사채보전에 필요한 포괄적 대리권을 위임하고 있다. 이는 상법이 규정하는 법정대리권의 일종이다(통설). ② 사채권자집회의 결의가 필요한 경우: 사채관리회사가 일정한 행위(1. 사채 전부에 대한 지급유예, 그 채무불이행으로 발생한 책임의 면제 또는 화해, 또는 2. 사채 전부에 관한 소송행위 또는 채무자회생 및 파산에 관한 절차에 속하는 행위. 다만, 사채변제 또는 사채보전을 위한 행위는 제외한다)를 하는 경우 사채권자집회의 결의가 필요하다(상484④본). 이 경우 사채관리회사에 의한 권한남용의 우려가 높기 때문이다. 다만, 발행회사는 위 2호의 행위에 사채권자집회의 결의가 필요하지 않다고 정할 수 있다(상484④단). 이에 따라 사채관리회사가 그러한 결의 없이 위 2호의 행위를 한 경우 지체 없이 공고하고, 알고 있는 사채권자에게 따로 통지해야 한다(상484⑤). 이 공고는 발행회사가 하는 공고와 같은 방법으로 해야 한다(상484⑥). ③ 조사권: 사채관리회사는 위 ① 또는 ②의 행위를 위해 필요하면 법원의 허가를 받아 발행회사의 업무·재산상태를 조사할 수 있다(상484⑦). 가령 사채 전부에 대한 지급유예의 판단을 하자면 그러한 조사가 필요하기 때문이다. ④ 보수·비용청구권: 사채관리회사에 줄 보수와 사무처리필요비용은 발행회사와 계약으로 약정된 경우는 이에 따르고, 약정이 없으면 법원의 허가를 받아 발행회사에 부담하게 할 수 있다(상507①). 이 보수와 비용은 사채를 변제받은 금액에서 사채권자보다 우선해서 변제받을 수 있다(상507②).

#### (4) 의무와 책임 [6-392]

사채관리회사는 사채권자와 직접 수임인의 관계에 있지 않지만 사채권자를 위해서 사채관리업무를 수행하는 일종의 법정대리인으로서 다음의 의무와 책임을 부담한다. ① 사채관리회사는 사채권자를 위해 선량한 관리자의 주의(선관주의)로써 사채관리를 해야 한다(상484의2②). 또한 사채관리회사는 사채권자를 위해 공평하고 성실하게 사채관리를 해야 한다(상484의2①). 이는 사채관리회사가 다수 사채권자를 위해 채권관리를 한다는 점을 고려하여 공평성(형평성)을 강조한 것이다(통설). ② 사채관리회사가 상법이나 사채권자집회결의를 위반한 행위를 한 경우 사채권자에게 연대하여 손해배상책임이 있다(상484의2③).

### 2. 사채권자집회

#### (1) 의의 [6-393]

사채권자집회는 사채권자의 이익에 중대한 영향을 미치는 사항에 관해 사채권자의 집단적 의사를 결정하기 위해 사채권자로 구성된 임시적 회의체기구이다. 이는 회사의 외부에 존재하는 외부기관이다. 사채권자집회는 사채의 종류별로 존재할 뿐 이를 총괄하는 사채권자집회는 없다(통설). 이에 따라 사채권자집회의 소집 또는 결의는 사채의 종류별로 이루어진다(상491② 등). 다만, 상법은 사채의 종류를 정하는 '기준'에 대해 규정하고 있지 않아서 해석상 논란이 있다.

#### (2) 권한 [6-394]

사채권자집회는 상법이 규정한 사항 및 사채권자의 이해관계가 있는 사항에 관해 결의를 할 수 있다(상490). 상법이 규정한 사항으로는 자본금감소의 이의(상439③), 합병의 이의(상530②), 발행회사의 불공정한 행위의 취소를 위한 소제기(상512) 등이 있다.

(3) 소집 [6-395]

사채권자집회의 소집은 다음에 따른다. ① 소집권자: 발행회사 또는 사채관리회사가 소집권자이다(상491①). '소수사채권자'도 소집권자이다. 즉, 소수사채권자[사채의 종류별로 해당 종류의 '미상환 사채총액'(사채총액 중에서 상환받은 금액을 제외한 것)의 10분의 1 이상에 해당하는 사채를 가진 사채권자]는 회의의 목적사항(의제)과 소집이유를 적은 서면 또는 전자문서를 발행회사 또는 사채관리회사에 제출하여 소집을 청구할 수 있고, 이에 응하지 않으면 법원의 허가를 얻어 소집할 수 있다(상491②③). ② 소집절차: 주주총회에 관한 규정(상363①②)을 준용하되, 무기명사채에 대해서는 공고에 관한 특칙이 있다(상491의2).

(4) 결의 [6-396]

사채권자집회의 결의에 관한 주요한 사항은 다음과 같다.

1) 의결권　　각 사채권자는 그가 가진 해당 종류의 '미상환 사채금액'(사채금액 중에서 상환받은 금액을 제외한 것)에 따라 의결권을 가진다(상492①). 무기명사채권자는 회일로부터 1주간 전에 채권을 공탁해야 의결권을 행사할 수 있다(상492②). 주주총회의 의결권행사에 관한 규정이 준용되어서(상510①), 의결권의 대리행사(상368②), 특별이해관계인의 의결권제한(상368③), 자기사채의 의결권제한(상369②), 정족수 및 의결권 수의 계산(상371)이 준용된다.

2) 결의사항 결정의 위임　　사채권자집회는 해당 종류의 '미상환 사채총액'(사채총액 중에서 상환받은 금액을 제외한 것)의 500분의 1 이상을 가진 사채권자 중에서 1명 또는 여러 명의 '대표자'를 선임하여 '결의할 사항의 결정'을 위임할 수 있다(상500①). 대표자가 여러 명인 경우 이 결정은 그 과반수로 한다(상500②). 이는 대표자가 사채권자집회의 결의를 대신한다는 의미가 아니라 사채권자집회에서 결의할 사항을 결정한다는 의미이다. 대표자가 둘 이상인 경우 그 권한은 공동으로 행사해야 한다(상502,485①). 사채권자집회는 언제든지 대표자를 해임하거나 위임한 사항을 변경할 수 있다(상504).

3) 결의의 방법　　사채권자집회의 결의는 주주총회특별결의를 준용해서 '출석'사채권자의 의결권의 3분의 2 이상의 수와 전체 의결권의 3분의 1 이상의 수로써 한다(상495①,434). 다만, 비교적 경미한 사안(상481~483,494. 가령 상481은

사채관리회사의 사임에 대한 사채권자집회의 동의)은 출석사채권자의 의결권의 과반수로 결정할 수 있다(상495②). 주주총회에서처럼 서면투표·전자투표도 가능하다(상495③~⑥).

4) 결의의 인가 사채권자집회의 소집자는 결의일로부터 1주간 내에 결의의 인가를 법원에 청구해야 한다(상496). 다만, 해당 종류의 사채권자 전원이 동의한 결의는 법원의 인가가 필요없다(상498①단). 이와 같이 법원의 인가를 거치므로 사채권자집회결의에 하자가 있는 경우 그 하자를 다투는 별도의 소가 마련되어 있지 않고 인가 시에 처리한다. 즉, 법원은 일정한 사유(1. 사채권자집회의 소집절차 또는 결의방법이 법령이나 사채모집계획서의 기재에 위반 2. 결의가 부당한 방법에 의해 성립 3. 결의가 현저하게 불공정, 또는 4. 결의가 사채권자 일반의 이익에 위반)가 있으면 사채권자집회의 결의를 인가할 수 없다(상497①). 다만, 여기서 1호 또는 2호인 경우는 법원이 결의내용 기타 모든 사정을 참작하여 결의를 인가할 수 있다(상497②).

5) 결의의 효력 사채권자집회의 결의는 법원의 인가 후에 그 효력이 생긴다(상498①본). 사채권자집회의 결의는 그 종류의 사채를 가진 모든 사채권자에게 그 효력이 있다(상498②).

6) 결의의 집행 사채권자집회의 결의는 그 결의로써 따로 '집행자'를 정한 경우는 그 집행자가, 집행자를 정하지 않은 경우는 사채관리회사가, 사채관리회사가 없는 경우는 사채권자집회의 대표자가 집행한다. 집행자 또는 대표자가 사채상환에 관한 결의를 집행하는 경우 사채관리회사의 사채상환에 관한 규정(상484,485②,487②)이 준용된다(상503). 집행자가 둘 이상 있을 경우 그 권한에 속하는 행위는 공동으로 해야 한다(상502,485①). 사채권자집회는 언제든지 집행자를 해임하거나 위임한 사항을 변경할 수 있다(상504). 대표자에 대해서는 위 (2)에서 살펴보았다.

7) 기타 사채권자집회의 연기·속행 및 의사록은 주주총회에 관한 규정(상372,373)이 준용된다(상510①). 사채권자집회의 의사록은 발행회사가 그 본점에 비치해야 하고, 사채관리회사와 사채권자는 영업시간 내에 언제든지 의사록 열람을 청구할 수 있다(상510②③).

(5) 보수·비용 [6-397]

사채권자집회의 대표자 또는 집행자에게 줄 보수와 사무처리필요비용은 발행회사와 계약으로 약정된 경우는 이에 따르고, 이러한 약정이 없는 경우는 법원의 허가를 받아 발행회사에 부담하게 할 수 있다(상507①). 이 보수와 비용은 사채를 변제받은 금액에서 사채권자보다 우선해서 변제받을 수 있다(상507①).

사채권자집회에 관한 비용은 발행회사가 부담한다(상508①). 결의인가의 청구에 관한 비용은 발행회사가 부담하되, 다만 법원은 이해관계인의 신청에 의해 또는 직권으로 그 전부 또는 일부에 관해 따로 부담자를 정할 수 있다(상508②).

3. 사채의 상환 [6-398]

(1) 사채관리회사가 없는 경우

사채관리회사가 없는 경우 사채권자가 직접 발행회사로부터 상환받는다. 사채금액청구권의 소멸시효는 10년이다(상487①). 사채이자청구권의 소멸시효는 5년이다(상487③).

(2) 사채관리회사가 있는 경우

사채관리회사가 있는 경우에도 사채권자가 직접 발행회사로부터 상환받을 수 있는 권리는 있다는 것이 종래의 통설이다. 이하에서는 사채관리회사가 사채권자를 위해서 상환청구권을 대리행사하여 상환받은 경우의 법리를 보자. ① 사채관리회사는 상환을 받으면 지체 없이 공고하고, 알고 있는 사채권자에게 따로 통지해야 한다(상484②). 이 공고는 발행회사가 하는 공고와 같은 방법으로 해야 한다(상484⑥). ② 사채관리회사가 상환을 받으면 사채권자의 발행회사에 대한 상환청구권은 소멸한다(통설). ③ 사채관리회사가 상환을 받으면 사채권자는 이를 자신에게 지급할 것을 사채관리회사에 청구할 수 있다. 이 청구권의 소멸시효는 10년이다(상487②). ④ 사채권자는 채권(債券)이 발행된 경우 이와 상환(相換: 서로 바꾼다는 의미)하여 상환금액지급청구를 하고, 이권(利券)이 발행된 경우 이와 상환하여 이자지급청구를 해야 한다(상484③). 이권은 사채이자의 지급청구권을 표창한 유가증권이다. ⑤ 사채관리회사가 둘 이상 있을 경우 사채관리회사는 사채권자에게 연대하여 지급할 의무가 있다(상485①).

## Ⅳ. 불공정한 행위에 대한 취소의 소 [6-399]

발행회사가 어느 사채권자에게 한 변제, 화해, 그 밖의 행위가 현저하게 불공정한 경우, 사채관리회사는 소만으로 그 행위의 취소를 청구할 수 있다(상511①). 특정한 사채권자에게 유리한 변제 등의 행위는 다른 사채권자에게 불이익이 될 수 있기 때문이다. ① 객관적으로 불공정한 행위의 요건만 입증하면 취소를 청구할 수 있다. 다만, 예외적으로 주관적 요건도 요구된다. 즉, 변제 등을 받은 사채권자가 변제 등의 당시에 다른 사채권자를 해함을 알지 못한 경우는 청구를 할 수 없다(상511③,민406①단). 객관적으로는 불공정하더라도 선의의 사채권자를 보호하기 위해서이다. ② 이 소는 사채관리회사가 취소의 원인인 사실을 안 때부터 6개월, 행위가 있은 때부터 1년 내에 제기해야 한다(상511②). ③ 취소의 효력은 모든 사채권자의 이익을 위해서 발생한다(상511③,민407). ④ 사채권자집회의 결의가 있는 경우 대표자 또는 집행자도 그 행위가 있은 때로부터 1년 내에 이 소를 제기할 수 있다(상512).

## Ⅴ. 특수한 사채

### 1. 전환사채

#### (1) 의의 [6-400]

전환사채는 발행회사의 주식으로 전환할 수 있는 권리가 인정되어 있는 사채이다. 투자자의 입장에서 전환사채는 사채의 안정성을 기본으로 하면서 발행회사의 주식가치가 높아지는 경우 주식으로 전환할 수 있는 장점이 있다. 회사의 입장에서 전환사채는 전환을 통해서 사채상환의 효과를 얻고 비교적 저렴하게 자금조달을 할 수 있다(전환사채의 이율이 상대적으로 낮다)는 장점이 있다. 다만, 전환에 의해 신주가 발행되면 주주이익의 침해가능성(지분의 희석화)이 있기 때문에, 상법은 전환사채의 발행을 신주발행과 유사하게 취급하고 있다.

#### (2) 발행 [6-401]

1) 주주배정과 제3자배정　　주주이익의 보호를 위해 전환사채는 주주

배정이 원칙이다(즉, 주주가 전환사채의 인수권을 갖는다). 이 경우 주주는 가진 주식의 수에 비례해서 전환사채의 배정을 받을 권리가 있다(상513의2①본).

만약 제3자배정을 하려면 일정한 사항(전환사채의 액, 전환의 조건, 전환으로 인하여 발행할 주식의 내용과 전환을 청구할 수 있는 기간)에 관해 정관에 규정이 없으면 주주총회특별결의로 정해야 한다(상513③). 이는 신기술의 도입, 재무구조의 개선 등 회사의 경영상 목적을 달성하기 위해 필요한 경우에만 인정된다(상513③,418②단). 제3자배정과 관련하여 살펴볼 부분은 다음과 같다. ① 정관 또는 주주총회특별결의: 제3자배정을 하려면 정관에 근거를 두거나 주주총회특별결의가 있어야 한다. 정관의 규정은 어느 정도 구체적으로 규정하여 예측가능성이 있어야 한다(통설). 이에 반해 정관에 일응의 기준을 정해 놓고 구체적인 전환의 조건 등은 그 발행 시마다 정관의 범위 내에서 이사회에 위임하는 것은 허용된다는 것이 판례이다. ② 경영상 목적: 경영권 방어는 여기의 경영상 목적에 포함되지 않는다(판례·통설).

2) 발행절차 ① 발행사항의 결정: 회사는 전환사채를 발행할 수 있다(상513①). 이사회는 전환사채의 발행과 이에 관한 사항(전환사채의 총액, 전환의 조건, 전환을 청구할 수 있는 기간 등)으로서 정관에 규정이 없는 것을 결정한다(상513②본). 다만, 정관으로 주주총회에서 이를 결정하기로 정한 경우에는 이에 따른다(상513②단). 정관에서 신주발행을 주주총회에서 결정하기로 정한 경우, 정관에 별도의 규정이 없더라도 전환사채의 발행도 주주총회에서 결정한다(판례). 이는 전환사채의 신주발행 요소를 고려한 것이다. 전환사채의 발행가액총액은 전환으로 발행되는 신주의 발행가액총액과 같아야 한다(상516②,348)(전자가 더 크면 사채권자가 전환으로 손해를 입을 수 있고 후자가 더 크면 자본금 충실에 반할 수 있다). ② 공고 및 청약최고: 주주배정인 경우 전환사채인수권을 가지는 주주를 확정하기 위해 공고한다[신주발행에서 주주에 대한 공고 규정(상418③)[6-362]을 준용한다(상513의2②)]. 이 공고에 따라 전환사채인수권을 가지는 주주가 확정되면 그에게 청약을 최고해야 한다(상513의3①). 청약기일까지 전환사채인수의 청약을 하지 않으면 그는 전환사채인수권을 상실한다(상513의3②,419③). ③ 수권주식과의 관계: 전환사채가 전환되면 신주식이 발행되므로, 회사는 종류주식별 발행예정주식총수 중에서 전환으로 발행할 주식의 수는 전환청구기간 또는 전환의 기간 내에는 그 발행을 보류해야 한다(상516

①,346④)(그렇지 않으면 발행예정주식총수를 초과할 수 있기 때문이다). ④ 등기: 전환사채의 발행은 일반 사채의 발행과 달리 등기해야 한다(상514의2). 이는 신주발행의 요소를 포함하고 있다는 점을 고려한 것이다[신주발행은 등기사항이다(상317)].

3) **불공정한 발행에 대한 구제수단** ① 신주발행의 유지청구권(상424)과 통모인수인의 책임(상424의2)이 전환사채의 발행에 준용된다. 즉, 회사가 법령 또는 정관에 위반하거나 현저하게 불공정한 방법으로 전환사채를 발행하여 주주가 불이익을 받을 염려가 있는 경우, 주주는 회사에 전환사채의 발행을 유지할 것을 청구할 수 있다(상516①,424). 또한, 불공정한 가액으로 전환사채가 발행되면 회사에 손해(자본금 충실의 훼손)가 생기고 주주에게도 손해(지분의 희석화)가 생기므로, 이 경우 이사는 회사 또는 주주에게 손해배상책임(상399,401)을 질 수 있고 이사와 통모한 전환사채인수인(통모인수인)은 공정가액과 발행가액의 차액을 회사에 반환할 의무가 있다(상516①,424의2). ② 판례는 전환사채의 발행에 무효원인이 있는 경우 신주발행 무효의 소에 관한 규정(상429~432)을 유추적용하여 전환사채 발행 무효의 소를 인정한다.

#### (3) 전환 [6-402]

① 전환청구: 사채권자는 전환을 청구할 수 있는 기간(상513②(4)) 내에 일정한 절차에 따라 전환을 청구할 수 있다(상515). 주주명부 폐쇄기간에도 전환을 청구할 수 있으나, 다만 의결권의 행사가 제한된다(상516②,350②). ② 효력발생: 전환청구권은 형성권이므로, 사채권자가 전환을 청구하면 회사의 승낙과 무관하게 그 효력이 발생한다(상516②,350①). 전환의 효력이 발생하면 신주가 발행되므로 이 때 사채권자의 지위를 상실하고 주주의 지위를 취득한다. ③ 등기: 전환이 되면 신주가 발행되므로 이에 대해 등기해야 한다(상317,183).

### 2. 신주인수권부사채

#### (1) 의의 [6-403]

신주인수권부사채는 신주인수권을 행사할 수 있는 사채이다. 이는 워런트(warrant)의 일종이다. 워런트는 회사에 신주발행을 청구할 수 있는 채권적 권리로서 신주인수권을 가리킨다. 즉, 워런트는 형성권으로서 이를 행사하여 주금납입을 하면 주주가 되고, 이것에 회사의 승낙을 필요로 하지 않는다(워런트와 추상적 또는 구체적 신주인수권과의 비교에 대해서는 [6-352]). 전환사채와는 달리 원칙적으로 신주에 대한 납입금을 별도로 지급해야 한다. 신주인수권부사채는 신주인수권의 행사로 인한 주주이익의 침해가능성(지분의 희석화)이 있기 때문에, 상법은 신주인수권부사채의 발행을 신주발행과 유사하게 취급하고 있다.

(2) **종류** [6-404]

신주인수권부사채는 분리형과 비분리형으로 나눌 수 있다. 이는 신주인수권을 사채와 분리하여 양도할 수 있는지에 따른 구분으로서, 분리형은 분리양도가 가능하다. 비분리형 신주인수권부사채의 발행이 원칙이고, 분리형 신주인수권부사채로 발행하려는 경우 이사회의 결의가 필요하다(상516의2②(4)).

(3) **발행** [6-405]

1) **주주배정과 제3자배정** 주주이익의 보호를 위해 신주인수권부사채는 주주배정이 원칙이다(즉, 주주가 신주인수권부사채의 인수권을 갖는다). 이 경우 주주는 가진 주식의 수에 비례해서 신주인수권부사채의 배정을 받을 권리가 있다(상516의11,513의2①본).

만약 제3자배정을 하려면 일정한 사항(신주인수권부사채의 액, 신주인수권의 내용과 신주인수권을 행사할 수 있는 기간)에 관해 정관에 규정이 없으면 주주총회의 특별결의로 정해야 한다(상516의2④). 이는 신기술의 도입, 재무구조의 개선 등 회사의 경영상 목적을 달성하기 위해 필요한 경우에만 인정된다(상516의2④,418②단). 제3자배정에 관한 구체적 사항은 전환사채의 그것[6-401]과 같다.

2) **발행절차** ① 발행사항의 결정: 회사는 신주인수권부사채를 발행할 수 있다(상516의2①). 이사회는 신주인수권부사채의 발행과 이에 관한 사항(신주인수권부사채의 총액, 부여된 신주인수권의 내용, 신주인수권을 행사할 수 있는 기간 등)으로서 정관에 규정이 없는 것을 결정한다(상516의2②본). 다만, 정관으로 주주총회에서 이를 결정하기로 정한 경우에는 이에 따른다(상516의2②단). 각 신주인수권부사채에 부여된 신주인수권의 행사로 인해 발행할 주식의 발행가액총액은 각 신주인수권부사채의 금액을 초과할 수 없다(상516의2③). 이는 신주인수권부사채를 남용하여 주주이익을 해치는 것을 막기 위해 신주의 발행가액총액을 제한한 것이다. ② 공고 및

청약최고: 주주배정인 경우 신주인수권부사채의 인수권을 가지는 주주를 확정하기 위해 공고한다[신주발행에서 주주에 대한 공고 규정(상418③)[6-362]을 준용한다(상516의11,513의2②)]. 이 공고에 따라 신주인수권부사채의 인수권을 가지는 주주가 확정되면 그에게 청약을 최고해야 한다(상516의3①). 청약기일까지 신주인수권부사채의 인수를 청약하지 않으면 그는 신주인수권부사채의 인수권을 상실한다(상516의3②,419③). ③ 등기: 신주인수권부사채의 발행은 일반 사채의 발행과 달리 등기해야 한다(상516의8). 이는 신주발행의 요소를 포함하고 있다는 점을 고려한 것이다[신주발행은 등기사항이다(상317)].

3) **불공정한 발행에 대한 구제수단** 전환사채와 마찬가지로, 신주발행의 유지청구권(상424)과 통모인수인의 책임(상424의2)이 신주인수권부사채의 발행에 준용된다(상516의11,516의①). 또한, 판례는 신주인수권부사채의 발행에 무효원인이 있는 경우 신주발행 무효의 소에 관한 규정(상429~432)을 유추적용하여 신주인수권부사채발행 무효의 소를 인정한다.

### (4) 신주인수권의 양도 [6-406]

1) **구분** 신주인수권부사채가 비분리형인 경우 사채와 분리하여 신주인수권만을 양도할 수 없다. 이 경우는 신주인수권부사채를 양도해야 신주인수권도 양도된다.

신주인수권부사채가 분리형인 경우 사채와 분리하여 신주인수권만을 양도할 수 있다. 이 경우 신주인수권은 신주인수권증권의 교부에 의해서만 양도할 수 있다(상516의6①).

2) **신주인수권증권** 신주인수권증권은 분리형 신주인수권부사채에서 신주인수권을 표창하는 유가증권이다. 이는 일정한 사항(신주인수권증권라는 뜻의 표시 등)을 기재한 서면으로서 이사가 기명날인(또는 서명)해야 한다(상516의5②). 사채권자는 이를 통해 신주인수권을 양도한다. 그 구체적인 내용은 다음과 같다. ① 발행의무: 회사는 신주인수권증권을 반드시 발행해야 한다(상516의5①). ② 양도: 신주인수권증권은 인수권자의 성명이 기재되지 않는 무기명증권이다(상516의5②). 따라서 신주인수권증권의 교부에 의해서만 신주인수권을 양도한다(상516의6①). 신주인수권증권의 점유에는 권리추정력이 인정되고 그 결과 선의취득이 인정된

다(상516의6②,336②,수표21). 신주인수권증권이 상실된 경우 선의취득의 대상이 될 수 있는데, 이를 방지하기 위해 사채권자는 공시최고의 절차(민소475~486)[5-125] 및 제권판결의 절차(민소487~497)[5-126]에 따라 상실된 신주인수권증권을 무효로 만들 수 있다(상516의6②,360①). 신주인수권증권을 상실한 사채권자는 위 제권판결을 얻지 않으면 회사에 신주인수권증권의 재발행을 청구하지 못한다(상516의6②,360②). ③ 청약: 사채권자는 신주인수권을 행사하기 위해 신주청약을 위한 청구서를 회사에 제출할 때 신주인수권증권을 첨부해야 한다(516의9②).

### (5) 신주인수권의 행사 [6-407]

① 행사방법: 신주인수권자는 신주인수권의 행사기간(상516의2②(3)) 내에 신주인수권부사채에 부여된 내용(상516의2②(2))에 따라 신주인수권을 행사할 수 있다. 신주인수권자는 신주청약을 위한 청구서 등을 회사에 제출하여 신주인수권을 행사한다(상516의9①②④). ② 납입: 신주인수권을 행사할 때 신주발행가액의 전액을 납입해야 한다(상516의9①). 정관 또는 이사회결의로 '신주인수권자의 청구에 의해 신주인수권부사채의 상환에 갈음하여 사채발행가액으로 납입이 있는 것으로 본다는 뜻'을 정할 수 있다(상516의2②(5)). 이를 '대용납입'이라고 하며, 그 법적 성질은 주금의 납입채무와 사채의 상환청구권 사이의 상계이다(통설). ③ 신주의 효력발생: 신주인수권을 행사하고 주금을 납입한 때 주주가 된다(상516의10). ④ 등기: 신주가 발행되면 이에 대해 등기해야 한다(상317,183).

## 3. 기타

### (1) 이익참가부사채 [6-408]

사채권자가 이자를 받는 것 이외에 이익배당에도 참가할 수 있는 권리가 부여된 사채이다(상469②(1)). 이는 주식의 요소가 가미된 사채로서, 사채와 주식의 구분이 상대화된 경우이다. ① 주주배정 또는 제3자배정: 이익배당에 참가한다는 점에서 주주이익의 보호를 위해 이익참가부사채는 주주배정이 원칙이다. 이 경우 주주는 가진 주식의 수에 비례해서 이익참가부사채의 배정을 받을 권리가 있다(상령21④본). 만약 제3자배정을 하려면 일정한 사항(이익참가부사채의 가액, 이익배당 참가의 내용)에 관해 정관에 규정이 없으면 주주총회특별결의로 이를 정해야 한다(상516의2④). 즉, 제3자배정을 하려면 정관에 근거를 두거나 주주총회의 특별결의가 있어야 한다. 전술한 전환사채 또는 신주인수권부사채의 제3자배정에 요구되는 요건인 '경영상 목적'은 요구되지 않는다. ② 발행사항의 결정: 이사회는 이익참가부사채의 발행과 이에 관한 사항(이익참가부사채의 총액, 이익배당 참가의 조건 및 내용 등)으로서 정관에 규정이 없는 것을 결정한다(상령21①본). 다만, 정관으로 주주총회에서 결정하기로 정한 경우에는 이에 따른다(상령21①단).

### (2) 교환사채 · 상환사채 [6-409]

교환사채·상환사채는 주식이나 그 밖의 다른 유가증권으로 교환 또는 상환할 수 있는 사채이다(상469②(2)). ① 청구주체: 교환사채는 사채권자가 주식 등으로 교환을 청구할 수 있는 사채이고, 상환사채는 회사가 주식 등으로 상환을 청구할 수 있는 사채이다(상령22①,23①). ② 대상: 교환 또는 상환의 대상은 주식이나 그 밖의 다른 유가증권이다. 여기의 주식에는 발행회사가 보유하는 다른 회사의 주식이나 이미 발행된 자기주식이 포함되나(상령22②,23②), 발행회사의 신주는 포함되지 않는다. 신주가 포함된다면 전환사채와 차이가 없게 되기 때문이다(이 점에서 전환사채 또는 신주인수권부사채와 다르다). ③ 발행사항의 결정: 신주발행의 요소가 없기 때문에 교환사채 또는 상환사채의 발행 및 이에 관한 사항(교환 또는 상환의 조건 등)의 결정은 이사회결의로 정한다(상령22①,23①).

### (3) 파생결합사채 [6-410]

파생결합사채는 유가증권이나 통화 또는 그 밖에 대통령령으로 정하는 자산이나 지표 등의 변동과 연계하여 미리 정해진 방법에 따라 상환 또는 지급금액이 결정되는 사채이다(상469②(3)). 이는 발행회사의 신용위험(지급불능의 위험) 또는 시장금리의 변동에 따른 이자율위험 이외의 위험에 연계된 사채이다. 신주발행의 요소가 없기 때문에 파생결합사채의 발행 및 이에 따른 사항(연계할 유가증권 등)의 결정은 이사회결의로 정한다(상령24①).

# 제 7 관 정관의 변경

## Ⅰ. 의의 [6-411]

정관의 변경이란 정관에 기재된 사항을 변경(추가, 수정, 삭제 등)하는 것을 가리킨다. 회사의 '설립 시에 작성한 정관'(원시정관)은 시간이 경과함에 따라 변경할 필요가 생기며, 이에 따라 정관변경이 이루어지게 된다. ① 범위: 정관변경의 범위에는 제한이 없는 것이 원칙이다. 따라서 정관에 기재된 것이면 원칙적으로 변경이 가능하다. 다만, 주주평등의 원칙 등 강행법규에 위반하는 정관변경은 허용되지 않는다(통설). ② 임의성·강제성: 정관변경은 회사의 필요에 의해 임의적으로 행해지는 경우도 있지만 정관변경이 회사의 의무인 경우도 있다. 가령 액면주식에서 액면금액은 정관의 절대적 기재사항(상289①(4))이므로 액면금액을 변경하려면 반드시 정관을 변경해야 한다.

## Ⅱ. 절차 [6-412]

정관은 회사의 조직과 경영을 단체적으로 규율하는 근본규범이다. 따라서 그 변경에 엄격한 절차가 요구된다. 그 절차는 다음과 같다. ① 주주총회: 정관변경은 주주총회의 특별결의(출석주주 의결권의 3분의 2 이상의 수와 발행주식총수의 3분의 1 이상의 수)에 의한다(상433①,434). 주주총회의 소집통지에는 회의의 목적사항(의제)만 통지하는 것이 일반적이나(상363①②), 정관변경을 위한 주주총회의 소집통지에는 의제(정관변경)와 함께 의안(정관변경의 주요내용)도 기재해야 한다(상433②). 정관변경의 중요성에 비추어 보다 구체적인 정보를 제공하자는 것이다. ② 종류주주총회 [6-81]: 회사가 종류주식을 발행한 경우 정관변경을 하여 어느 종류주식의 주주에게 손해를 미치게 될 때에는 주주총회결의 외에 '그 종류주식의 주주총회'(종류주주총회)의 특별결의(그 종류의 출석주주 의결권의 3분의 2 이상의 수와 그 종류의 발행주식총수의 3분의 1 이상의 수)가 있어야 한다(상435①②). 이는 종류주주를 보호하기 위해서이다. ③ 등기: 정관변경 자체는 등기사항이 아니지만, 등기할 사항이 정관변경으로 인해 변동된 경우는 변경등기를 해야 한다(상317,183).

### Ⅲ. 효력 [6-413]

정관을 변경하는 주주총회결의 시에 정관변경의 효력이 발생한다(판례·통설). ① 등기: 등기가 정관변경의 효력발생요건은 아니다. 다만, 등기할 사항을 등기하지 않으면 선의의 제3자에게 대항하지 못한다(상37①). ② 비소급효: 정관변경에는 소급효가 없다(통설). 소급효를 인정하면 회사법률관계가 불안정해지기 때문이다.

## 제 8 관 회사의 회계

### Ⅰ. 의의 [6-414]

회사의 회계는 회사가 재산상태와 손익을 인식·평가하고 그 손익을 처리하는 일련의 과정을 말한다. 회사의 회계는 주주, 회사채권자 등 회사를 둘러싼 이해관계자에게 미치는 영향이 크므로 그 공정성과 합리성이 확보되어야 한다. 이에 따라 상법은 회사의 회계에 관한 규정을 두고 있다. ① 상법은 회사의 회계처리기준에 대해서 정하고 있다. ② 상법은 재무제표·영업보고서에 관련된 의무, 그리고 손익의 처리방법으로서 준비금적립과 이익배당에 관련된 의무를 회사에 지우고 있다. 이하에서는 회계처리기준, 재무제표·영업보고서, 준비금, 그리고 이익배당의 순서로 구체적으로 살펴보기로 한다.

### Ⅱ. 회계처리기준 [6-415]

회사의 회계에는 그 공정성과 합리성을 위해서 일정한 회계처리기준이 적용된다. 먼저, 회사는 상인이므로 상업장부에 관한 규정(상29~33)의 적용을 받는다. 나아가 상법은 회사의 회계처리기준에 관한 특칙을 두고 있다. 즉, 회사의 회계처리기준은 상법과 대통령령으로 규정한 것을 제외하면 '일반적으로 공정하고 타당한 회계관행'에 따른다(상446의2). 이에 관해서는 [2-44]에서 살펴본 바 있다.

## Ⅲ. 재무제표와 영업보고서

### 1. 의의

#### (1) 재무제표 [6-416]

회사의 재무제표는 다음 ①~③의 서류와 그 부속명세서(세부사항을 기재한 서류)를 가리킨다(상447). 즉, ① 대차대조표: 이는 특정 시점을 기준으로 회사의 재무상태를 자산·부채·자본금으로 구분하여 표시하는 서류이다. 이는 재무상태표라고도 부른다(외감2(2)가). ② 손익계산서: 이는 특정 기간을 기준으로 회사의 경영성과를 수입·비용·순손익으로 구분하여 표시하는 서류이다. ③ 기타 회사의 재무상태와 경영성과를 표시하는 것으로 대통령령이 정하는 서류: 이는 자본변동표(일정 기간을 기준으로 자본의 변동현황을 표시하는 서류) '또는' 이익잉여금 처분계산서(또는 결손금 처리계산서)이다(상령16①본). 후자는 전자의 일부만으로 표시한 서류이다. 외부감사법이 적용되는 회사[6-338]인 경우는 자본변동표 '및' 이익잉여금 처분계산서(또는 결손금 처리계산서), 그리고 현금흐름표(일정 기간을 기준으로 현금의 흐름현황을 표시하는 서류)와 주석이 추가된다(상령16①단).

연결재무제표는 지배·종속관계에 있는 2개 이상의 회사 중에서 지배회사가 작성하는 일정한 재무제표[연결대차대조표, 연결손익계산서(연결포괄손익계산서), 연결자본변동표, 연결현금흐름표, 주석]를 가리킨다(외감2(3),외감령3②). 지배·종속관계에 있는 회사들은 법적으로 독립된 별개의 회사이나 경제적 측면에서는 단일한 실체라고 보아서 그 회사들의 재무제표를 종합하여 표시하는 서류인 것이다. 연결재무제표는 지배회사가 종속회사를 이용하여 분식회계 등의 위법행위를 범하는 것을 막는 등의 효과가 있다. 편의상 이하에서 지배회사의 재무제표에는 특별한 언급이 없는 한 연결재무제표도 포함되는 것으로 한다.

#### (2) 영업보고서 [6-417]

영업보고서는 특정 기간을 기준으로 회사의 상황(영업상태 등)을 기재한 서류이다. 영업보고서에는 회사의 영업에 관한 중요한 사항(영업의 경과·성과, 자회사의 상황, 회사가 대처할 과제, 대주주 현황 등)을 기재해야 한다(상447의2②,상령17). 재무제표는 회사의 현황을 주로 숫자로 표시하나, 영업보고서는 주로 숫자가 아닌 형태로 표시한다는 점에서 차이가 있다.

### 2. 작성·감사·승인 등

#### (1) 작성 및 이사회승인 [6-418]

이사는 결산기마다 재무제표를 작성하여 이사회의 승인을 받아야 한다(상447①). 외부감사의 대상이 되는 회사(외감4)[6-338] 중에서 지배회사(외감2(3))의 이사는 연결재무제표를 작성하여 이사회의 승인을 받아야 한다(상447②),상령16②).

#### (2) 감사 [6-419]

**1) 내부감사** 이사는 정기총회회일의 6주간 전에 재무제표 및 영업보고서를 감사에게 제출해야 한다(상447의3). 감사는 이를 받은 날부터 4주 내에 감사보고서를 이사에게 제출해야 한다(상447의4①). ① 감사를 위해 필요한 조사를 할 수 없었던 경우 감사보고서에 그 뜻과 이유를 적어야 한다(상447의4③). ② 감사보고서에는 다음 각 호의 사항을 적어야 한다(상447의4②). 이 중에서 5호와 8호는 타당성감사와 관련된다.

1. 감사방법의 개요
2. 회계장부에 기재될 사항이 기재되지 않거나 부실기재된 경우 또는 대차대조표나 손익계산서의 기재내용이 회계장부와 맞지 않는 경우에 그 뜻
3. 대차대조표 및 손익계산서가 법령과 정관에 따라 회사의 재무상태와 경영성과를 적정하게 표시하고 있는 경우에 그 뜻
4. 대차대조표 또는 손익계산서가 법령이나 정관을 위반하여 회사의 재무상태와 경영성과를 적정하게 표시하지 않는 경우에 그 뜻과 이유
5. 대차대조표 또는 손익계산서의 작성에 관한 회계방침의 변경이 타당한지 여부와 그 이유
6. 영업보고서가 법령과 정관에 따라 회사의 상황을 적정하게 표시하고 있는지 여부
7. 이익잉여금의 처분 또는 결손금의 처리가 법령 또는 정관에 맞는지 여부
8. 이익잉여금의 처분 또는 결손금의 처리가 회사의 재무상태나 그 밖의 사정에 비추어 현저하게 부당한 경우에 그 뜻

9. 상법 447조의 부속명세서에 기재할 사항이 기재되지 않거나 부실기재된 경우 또는 회계장부·대차대조표·손익계산서나 영업보고서의 기재 내용과 맞지 않게 기재된 경우에 그 뜻
10. 이사의 직무수행에 관하여 부정한 행위 또는 법령이나 정관의 규정을 위반하는 중대한 사실이 있는 경우에 그 사실

2) 외부감사 외부감사법이 적용되는 회사인 경우, 외부감사인은 감사결과를 기술한 감사보고서를 회사에 제출해야 한다[6-341].

(3) 비치·공시 [6-420]

이사는 정기총회회일의 1주간 전부터 재무제표·영업보고서·감사보고서를 본점에 5년간, 그 등본을 지점에 3년간 비치해야 한다(상448①). 주주와 회사채권자는 영업시간 내에 언제든지 이 비치서류를 열람할 수 있고, 회사가 정한 비용을 지급하고 그 서류의 등본이나 초본의 교부를 청구할 수 있다(상448②). 이는 단독주주권이다.

(4) 주주총회승인·보고 [6-421]

① 주주총회승인·보고: 위 (1)~(3)의 절차를 거친 후 이사는 재무제표를 정기주주총회에 제출하여 승인을 요구해야 한다(상449①). 주주총회는 승인, 부결 또는 수정하는 결의를 할 수 있다(통설). 이사는 영업보고서를 정기주주총회에 제출하여 그 내용을 보고해야 한다(상449②). 해당 주주총회는 재무제표·영업보고서·감사보고서를 조사하기 위해서 검사인을 선임할 수 있다(상367①). ② 이사회승인으로 대체: 회사는 정관으로 정하는 바에 따라 주주총회결의 대신에 이사회결의로 재무제표를 승인할 수 있다(상449의2①본). 회계적 전문성이 요구되는 재무제표의 승인이 주주총회에 의해 형식적으로 이루어지는 경우가 많다는 점을 고려한 것이다. 다만, 이사회결의로 대체하려면, 외부감사인의 적정의견(재무제표가 법령·정관에 따라 회사의 재무상태 및 경영성과를 적정하게 표시하고 있다는 외부감사인의 의견)과 감사(또는 감사위원) 전원의 동의가 필요하다(상449의2①단). 이사회가 승인한 경우 이사는 재무제표의 내용을 주주총회에 보고해야 한다(상449의2②). ③ 승인의 효력: 주주총회승인(또는 이사회승인)이 있으면 당해 결산기에 관한 재무제표가 확정되고, 이에 기초해서 이익배당 등이 이루어진다. 주주총회에서 승인을 한 후 2년 내에

다른 결의가 없으면 회사는 이사와 감사(또는 감사위원)의 책임을 해제한 것으로 보고, 다만 이사 또는 감사의 부정행위는 그렇지 않다(상450,415의2⑦)(이사회에서 승인한 경우에는 이 규정의 적용이 없다). 여기서 2년은 제척기간이다(통설). 이러한 책임해제는 이사와 감사(또는 감사위원)의 책임면제와 그 실질이 같은 것인데, 책임면제에 총주주의 동의가 필요하다는 원칙(상400①,415)에 대한 예외에 해당한다. 승인에 따른 책임해제는 재무제표에 기재되었거나 그 기재로부터 알 수 있는 사항에 한정된다(판례). 책임해제의 입증책임은 이사와 감사가 부담한다(판례).

#### (5) 공고 [6-422]

이사는 재무제표에 대한 주주총회(또는 이사회)의 승인을 얻은 경우 지체 없이 대차대조표를 공고해야 한다(상449③).

## Ⅳ. 준비금

### 1. 의의 [6-423]

준비금이란 회사가 순자산액(총자산액－총부채액)에서 자본금을 공제한 금액 중 일부로서 주주에게 배당하지 않고 회사에 적립하는 금액이다. 이는 장래에 생길 수 있는 필요에 대비하자는 것이다. 준비금은 회사채권자 보호라는 측면에서 자본금과 유사한 기능을 하며, 필요 시에 자본금으로 전입된다(상461). 이에 따라 자본금과 준비금을 합쳐서 자기자본이라고 한다.

### 2. 법정준비금

#### (1) 종류 [6-424]

법정준비금에는 이익준비금과 자본준비금이 있다. ① 이익준비금: 이는 영업에서 발생한 이익을 재원으로 적립된 준비금이다. 회사는 자본금의 2분의 1이 될 때까지 결산기마다 이익배당액의 10분의 1 이상을 이익준비금으로 적립해야 하고, 다만 주식배당의 경우는 그렇지 않다(상458). 이익배당은 회사재산의 유출적 성격이 있으므로 이 중 일부에 대해 준비금적립을 의무화한 것이고, 주식배당은 그런 성격이 없으므로 예외로 한 것이다. 자본금의 2분의 1을 초과하여 이익준비금을 적립하는 것도 가능하며, 이 초과분은 임의준비금이 된다(통설). ② 자본준비금: 이는 자본거래에서 발생한 잉여금(상459①,상령18)을 재원으로 적립된 준비금이다. 가령 액면주식에서 액면금액 이상으로 신주를 발행한 경우 그 초과액이 여기에 해당한다. 이와 같은 자본거래상 잉여금은 자본금의 실질을 갖고 있으므로 그 전부가 자본준비금으로 적립되어야 한다(통설).

(2) 사용 [6-425]

1) 결손보전 법정준비금은 자본금의 결손보전에 충당할 수 있다(상460). 여기서 결손은 결산기 말의 순자산액이 자본액과 법정준비금의 합계액보다 적은 경우를 가리킨다. 여기서 처분은 회계상 계정간 이동(준비금계정에서 이익잉여금계정으로)을 의미한다.

2) 자본금전입 자본금전입은 준비금계정의 금액을 차감하고 자본금계정에 가산하는 것이다(이는 준비금계정에서 이익잉여금계정으로 계정간 이동을 의미하고, 이로 인해 자본금이 명목상 증가한다). 법정준비금이 자본금에 비해 커지는 경우에 자본금전입을 활용하는 것이 보통이다. ① 전입결정: 자본금전입의 결정은 이사회결의로 하고, 다만 정관으로 주주총회결의로 하기로 정한 경우는 이에 따른다(상461①). ② 신주배정: 자본금전입을 하여 신주발행이 되는 경우 주금납입이 없다는 의미에서 무상증자라고 한다. 주주이익의 보호를 위해서 신주는 주주에게 가진 주식 수에 따라 배정된다(상461②). 회사는 '일정한 날'(신주배정기준일)을 정하여 그 날에 주주명부상 주주가 신주의 주주가 된다는 뜻을 그 날의 2주간 전에 공고해야 하고, 다만 그 날이 주주명부폐쇄기간 중인 경우는 그 기간의 초일의 2주간 전에 공고해야 한다(상461③). ③ 효력발생시기: 자본금이 전입되고 주주가 신주를 취득하는 효력이 발생하는 시기는 신주배정기준일이다(상461③). 다만, 주주총회결의로 자본금전입을 결정하는 경우는 주주총회결의 시가 효력발생시기이다(상461④). 이는 주주총회의 소집통지 시에 자본금전입이 회의 목적사항(의제)으로서 미리 통지된다는 점을 고려한 것이다. 신주취득이 효력을 발생하면 이사는 지체 없이 신주를 받은 주주와 주주명부상 질권자에게 그 주주가 받은 주식의 종류와 수를 통지해야 한다(상461⑤). ④ 물상대위: 신주에 대해서는 물상대위(상339)[6-150]가 준용된다(상461⑦). ⑤ 이익배당: 신주의 이익배당은 일할배당과 동액

배당이 있다[6-431]. ⑥ 등기: 신주가 발행되면 이에 대해 등기해야 한다(상317,183).

3) 이익배당 법정준비금은 배당재원으로 사용할 수 없다(상462 등). 이는 회사의 장래에 생길 수 있는 필요에 대비하여 적립이 강제되는 준비금이기 때문이다.

(3) 감액 [6-426]

회사는 적립된 법정준비금의 총액이 자본금의 1.5배를 초과하는 경우 주주총회결의에 따라 초과금액의 범위에서 법정준비금을 감액할 수 있다(상461의2). 과다하게 적립된 법정준비금을 배당재원으로 할 수 있도록 하자는 취지이다. ① 결손이 있는 경우는 법정준비금에서 결손금을 차감한 잔액이 자본금의 1.5배를 초과해야 한다(통설). ② 자본금의 감소에는 채권자보호절차를 거치나[6-375](자본금은 채권자보호를 위한 최소한의 자본기준이다), 법정준비금의 감액은 그러한 절차를 거치지 않는다(통설).

### 3. 임의준비금 [6-427]

임의준비금은 정관이나 주주총회결의에 의해 적립하는 준비금이다. 그 적립비율이나 적립한도에 대한 제한이 없다. 임의준비금은 그 적립목적에 맞추어 정관이나 주주총회결의에 의해서 사용한다. 법정준비금과 달리 임의준비금은 배당재원으로 사용할 수 있다(상462 등).

## Ⅴ. 이익배당

### 1. 의의

(1) 이익배당의 필요성 [6-428]

상법상 회사의 영리성은 회사가 이익추구를 목적으로 대외적 사업활동을 하고 그 결과 이익이 생기면 주주에게 분배한다는 의미이다(통설). 이와 같이 영업에서 얻은 이익을 주주에게 배분하는 것이 이익배당이다. 회사의 영리성에 비추어보면 이익배당은 회사의 기본요소이다. 다만 과다한 이익배당은 회사재산의 유출로서 회사의 자본금 충실을 훼손할 수 있으므로 상법은 일정한 제한을 두고 있다(상462 등). 한편 회사의 이익을 주주에게 환급하는 방법에는 이익배당 이외에도 배당가능이익에 의한 자기주식의 취득[6-137]이 있다.

### (2) 이익배당청구권의 성격 [6-429]

이익배당은 회사의 기본요소이고, 이에 상응하여 주주는 이익배당청구권을 갖는다. 이는 주주의 고유한 권리이다. 이익배당청구권은 신주인수권처럼 두 가지로 구분된다. ① 추상적 이익배당청구권: 이는 주주가 가진 자익권의 한 요소로서 이익배당을 청구할 수 있는 권리를 가리킨다. 이는 주주권의 일부이므로 주식불가분의 원칙[6-73]에 따라 이를 주식과 분리하여 양도하거나 담보로 제공할 수 없고 시효의 대상이 되지 않는다. ② 구체적 이익배당청구권: 이는 이익배당에 관한 주주총회결의에 의해 구체화된 권리로서 이익배당을 청구할 수 있는 권리를 가리킨다. 이는 주식과 분리하여 양도하거나 담보로 제공할 수 있다. 또한 이는 시효의 대상이 되며, 시효기간은 5년이다(상464의2②).

## 2. 이익배당

### (1) 요건

**1) 배당가능이익**[6-430] 과다한 이익배당은 자본금 충실에 반하므로 규제된다. 배당가능이익은 과다한 이익배당을 방지하기 위한 요건으로서 배당한도가 된다. 회사는 대차대조표의 순자산액으로부터 다음 공제항목을 공제한 금액을 한도로 하여 이익배당을 할 수 있다(상462①).

1. 자본금
2. 그 결산기까지 적립된 법정준비금(자본준비금과 이익준비금)
3. 그 결산기에 적립해야 할 이익준비금
4. 대통령령으로 정하는 미실현이익

위 4호의 미실현이익은 회계원칙에 따른 자산 및 부채에 대한 평가로 인해 증가한 대차대조표상의 순자산액으로서, 미실현손실과 상계하지 않은 금액을 말한다(상령19①). 이는 회사의 지급능력으로 구체화된 것이 아니므로 공제하는 것이다. 이러한 배당가능이익을 초과하는 배당은 위법배당이 된다.

2) 배당기준[6-431]

㈎ 주식평등의 원칙 이익배당은 주식평등의 원칙에 따라 각 주주가 가진 주식 수에 비례한다(상464본). 그 예외는 다음과 같다. ① 종류주식: 정관에 따라 이익배당에 관한 종류주식을 발행한 경우(상344①)는 다른 주식과 차등하여 이익배당을 할 수 있다(상464단). ② 대주주의 포기: 대주주가 이익배당의 전부 또는 일부를 포기함에 따른 차등배당은 허용된다(판례·통설). 가령 1% 이상을 보유한 주주에게 30%, 1% 미만을 보유한 주주에게 33%의 이익배당을 하기로 하는 주주총회결의에 1% 이상을 보유한 주주가 전원 참석하여 찬성한 경우, 주주가 자신 몫의 일부를 포기하여 소수주주에게 배분하기로 한 것이므로 유효하다(판례). 만약 대주주에게 유리한 차등배당이거나, 차등배당으로 불이익을 받는 주주가 반대하는 경우라면 유효하다고 보기 어려울 것이다.

㈏ 일할배당·동액배당 영업연도의 중간에 발행된 신주에 이익배당을 하는 경우 일할배당(신주의 효력발생일로부터 결산일까지의 일수만큼 지급하는 이익배당)이 타당하다는 입장과 동액배당(직전 영업연도 말에 신주가 발행된 것으로 보아 다른 주식과 같게 지급하는 이익배당)이 타당하다는 입장이 대립한다. 다만, 정관으로 동액배당을 정할 수 있는데(상423①,350③후), 대부분의 상장회사는 이러한 정관 규정을 두고 있다.

(2) 절차 [6-432]

1) 이익배당의 결정 재무제표의 승인과 이익배당의 결의는 별개이고(상449①,462②), 재무제표의 승인이 있어야 이익배당을 결의할 수 있다. ① 이익배당은 주주총회결의로 정하는 것이 원칙이다(상462②본). 이익배당의 결의가 재무제표의 승인과 연계되어 있기 때문이다. 정관이 정하는 바에 따라 이사회결의로 재무제표를 승인하는 경우(상449의2①)는 이사회결의로 이익배당을 정한다(상462②단). ② 이익배당의 결정이 있으면 구체적 이익배당청구권이 발생한다.

2) 지급시기 회사는 주주총회결의 또는 이사회결의를 한 날부터 1개월 내에 이익배당을 지급해야 한다(상464의2①본). 다만, 주주총회 또는 이사회에서 지급시기를 따로 정한 경우는 이에 따른다(상464의2①단). 이익배당청구권의 시효기간은 5년이다(상464의2②).

### (3) 지급방법 [6-433]

이익배당은 금전배당이 원칙이다. 예외적으로 현물배당(금전 이외의 재산으로 하는 이익배당)이 가능하다. 즉, 회사는 정관으로 현물배당을 할 수 있음을 정할 수 있다(상462의4①). 현물배당은 회사가 보유한 자산 또는 자회사주식을 배당하는 것으로서 배당재산의 다양화라는 요구에 부응하자는 것이다. 자기주식을 현물배당할 수 있는지는 논란이 있다. ① 현물배당을 결정한 회사는 주주보호를 위해서 일정한 사항(1. 주주가 배당되는 금전 외의 재산 대신 금전의 지급을 회사에 청구할 수 있도록 한 경우 그 금액 및 청구할 수 있는 기간, 또는 2. 일정 수 미만의 주식을 보유한 주주에게 금전 외의 재산 대신 금전을 지급하기로 한 경우 그 일정 수 및 금액)을 정할 수 있다(상462의4②). ② 신주발행으로 배당하는 것은 주식배당이라고 하며, 이는 아래[6-441]에서 별도로 다룬다.

### (4) 위법배당의 효과 [6-434]

위법배당이란 법령 또는 정관에 위반하여 이루어진 이익배당을 가리킨다. 배당가능이익의 요건을 위반하여 배당한 경우(배당가능이익이 없음에도 이익배당을 하거나 배당가능이익을 초과하는 이익배당을 한 경우 등)가 전형적인 위법배당이고, 이익배당에 관한 주주총회결의에 하자가 있는 경우도 위법배당에 해당한다.

이사가 위법배당에 관련된 경우 손해배상책임(상399,401)을 진다. 그리고 위법한 이익배당의 효력을 보자. ① 배당가능이익 요건의 위반: 이는 중대한 위반으로서 해당 이익배당이 무효이다(통설). 이 경우 배당이익의 반환이 문제된다. 첫째, 회사는 이익배당을 받은 주주에게 그의 선의·악의를 묻지 않고 부당이득반환청구권(민741)을 행사할 수 있다(통설). 위법배당을 승인한 주주총회결의의 하자를 다투는 소를 제기할 필요 없이 위법배당의 반환청구소송에서 주주총회결의의 하자를 선결문제로 다툴 수 있다(통설). 그 근거로는 강행규정 위반이라는 점, 단일 절차에 의한 해결이 바람직하다는 점 등이 제시된다. 둘째, 회사채권자는 이익배당을 받은 주주에게 회사에 반환할 것을 청구할 수 있다(상462③). 이익배당 당시의 회사채권자가 아니어도 청구권자가 된다(통설). 이 경우도 그의 선의·악의를 묻지 않는다(통설). ② 기타의 위법배당: 이 경우에도 해당 이익배당은 무효인 것이 원칙이다(통설). 이 경우 회사는 이익배당을 받은 주주에게 그의 선의·악의를 묻지 않고 부당이득반환청구권(민741)을 행사할 수 있다(통설). 하지만 회사채권자의 반환청구권에 대해서는 규정이 없다.

### 3. 중간배당·분기배당

#### (1) 의의 [6-435]

중간배당은 영업연도 말에 하는 이익배당 이외에 영업연도 중간에 이익을 배당하는 것이다. 즉, 연 1회의 결산기를 정한 회사는 정관으로 정하는 바에 따라 영업연도 중 1회에 한해 이사회결의로 일정한 날을 정하여 그 날의 주주에게 이익을 배당할 수 있다(상462의3①). 상장회사인 경우 분기배당도 가능하다. 이는 영업연도 말에 하는 이익배당 이외에 분기마다 이익을 배당하는 것이다. 즉, 연 1회의 결산기를 정한 상장회사는 정관으로 정하는 바에 따라 분기 말일(영업연도 중 그 영업연도 개시일부터 3월, 6월 및 9월의 말일) 당시의 주주에게 이사회결의로 '금전'으로 이익배당을 할 수 있다(자본165의12①).

중간배당·분기배당은 그 실질이 이익배당이다(통설). 다만, 중간배당·분기배당은 결산기 전에 배당을 하고, 이사회가 결정하며, 주식배당이 허용되지 않고, 배당재원이 직전 결산기의 대차대조표를 기준으로 계산된다는 점이 특색이다.

#### (2) 요건 [6-436]

중간배당·분기배당의 요건은 다음과 같다. ① 결산기: 연 1회의 결산기를 정한 회사이어야 한다. 연 2회의 결산기를 정한 회사는 중간배당·분기배당의 성질상 이를 할 수 없다. ② 정관: 정관에 중간배당·분기배당에 대해 정함이 있어야 한다. ③ 기준일: 중간배당은 연 1회이기만 하면 기준일을 임의로 정할 수 있고, 분기배당은 3월, 6월, 9월의 말일이다. ④ 배당가능이익: 중간배당·분기배당은 직전 결산기의 대차대조표상의 순자산액에서 공제항목(자본금 등)을 공제한 금액을 한도로 한다. 공제항목은 기본적으로 이익배당과 같으면서 미실현이익에 대해서는 언급이 없는데(상462의3②,자본165의12④), 해석상 미실현이익도 공제한다고 해석한다(통설). 당해 연도의 대차대조표가 확정되지 않았기 때문에 직전 결산기를 기준으로 삼는 것이다. 당해 연도의 배당가능이익이 확정되지 않은 상태이므로 당해 결산기에 배당가능이익이 부존재할 우려가 있는 경우에는 중간배당·분기배당을 할 수 없다(상462의3③,자본165의12⑤). ⑤ 지급기준: 중간배당·분기배당은 주주평등의 원칙에 따라 각 주주가 가진 주식 수에 비례하고, 다만 정관에 따라 중간배당·분기배당에 관한 종류주식을 발행한 경우(상344①)는 다른 주식과 차등하여 중간배당·분기배당을 할 수 있다(상462의3⑤,464,자본165의12⑦).

(3) 절차 [6-437]

1) 중간배당·분기배당의 결정 중간배당·분기배당의 결정은 이사회결의로 한다. 이사회결의로 하는 이유는 주주총회에 의한 재무제표의 승인과 연계되어 있지 않기 때문이다. 따라서 이사회결의로 확정되고, 추가로 주주총회의 승인이 필요하지 않다. 분기배당의 경우 3월, 6월, 9월의 말일부터 45일 이내에 이사회결의를 해야 한다(자본165의12②).

2) 지급시기 회사는 중간배당에 대해 이사회결의를 한 날부터 1개월 내에 지급해야 하고, 다만 이사회에서 지급시기를 따로 정한 경우는 이에 따른다(상464의2①). 회사는 분기배당에 대해 이사회결의를 한 날부터 20일 내에 지급해야 하고, 다만 정관에서 지급시기를 따로 정한 경우는 이에 따른다(자본165의12③). 중간배당청구권·분기배당청구권의 시효기간은 5년이다(상464의2②).

(4) 지급방법 [6-438]

중간배당은 금전배당·현물배당이 가능하고(상462의3①이 지급방법을 제한하고 있지 않다), 분기배당은 금전배당이 가능하다(자본165의12①이 '금전'이라고 규정한다). 주식배당은 주주총회결의가 필요하므로(상462의2①), 중간배당·분기배당은 주식배당이 가능하지 않다(통설).

(5) 이익배당 규정의 적용 [6-439]

중간배당·분기배당은 이익배당의 성질을 갖고 있으므로 중간배당·분기배당에 대해서도 이익배당에 관한 상법 규정(상340① 등)을 적용한다(상462의3⑤,자본165의12⑦).

(6) 위법한 중간배당·분기배당 [6-440]

위법한 중간배당·분기배당은 법령 또는 정관에 위반하여 이루어진 중간배당·분기배당을 가리킨다. 위법한 중간배당·분기배당의 법리는 원칙적으로 위법한 이익배당의 법리와 다르지 않다(통설). 이에 따라 회사채권자의 반환청구(상462

③)가 위법한 중간배당·분기배당에 준용되고 있다(상462의3⑥,자본165의12⑧). 다만, 중간배당·분기배당은 이사책임에 관한 특칙이 있다. 즉, 배당가능요건을 위반한 경우(당해 결산기의 대차대조표상 순자산액이 공제항목에 '미달'한 경우) 이사는 회사에 연대하여 그 차액(배당액이 그 차액보다 적을 경우에는 배당액)을 배상할 책임이 있고, 다만 그러한 '미달' 우려가 없다고 판단한 데 이사가 무과실을 입증한 경우는 배상책임이 없다(상462의3④,자본165의12⑥). 이 책임은 과실책임이나, 입증책임의 전환을 통해서 이사의 책임을 무겁게 한 것이다(중간배당·분기배당이 이사회결의만으로 가능하고 결산기 도래 전의 배당이라는 점을 고려한 것이다).

### 4. 주식배당

#### (1) 의의 [6-441]

주식배당은 신주로 지급하는 이익배당이다. 즉, 회사는 주주총회결의에 의해 이익의 배당을 새로이 발행하는 주식으로써 할 수 있다(상462의2①본). 회사의 자기주식으로 지급하는 경우는 현물배당이고 신주로 지급해야 주식배당이 된다. ① 주식배당은 신주를 발행하므로 이익을 자본금의 형태(자본금이 증가된다)로 회사에 유보시키는 효과가 있다. 주금을 납입하지 않고 신주가 발행된다는 의미에서 무상증자에 해당한다. ② 주식배당의 법적 성질에 대해 이익배당설(통설)은 주식배당의 실질이 이익배당이며, 주식배당은 배당가능이익을 재원으로 한다는 점에서 법정준비금을 재원으로 하는 준비금의 자본금전입(상461)과 다르다고 본다.

#### (2) 요건 [6-442]

① 배당가능이익: 주식배당을 하기 위해서는 배당가능이익(상462①)이 존재해야 한다(통설). 이익배당액의 10분의 1 이상을 이익준비금으로 적립하는 요건은 주식배당인 경우라면 적용이 없다(상458단). 주식배당은 회사재산이 유출되는 것이 아니기 때문이다. ② 주주평등의 원칙: 주식배당에 주주평등의 원칙이 적용되어야 한다. 다만, 종류주식과 관련하여 해석상 논란이 있다. 회사가 종류주식을 발행한 경우 각각 그와 같은 종류의 주식으로 배당할 수 있다(상462의2②). 이에 대한 해석론으로, '배당할 수 있다'는 문언에 충실하게 기존의 주식과 같은 종류주식으로 배당도 가능하나 모두 단일한 종류주식 또는 보통주로 배당하는

것도 가능하다는 입장, 이와 달리 주식배당에도 주주평등의 원칙이 준수되어야 하므로 '배당해야 한다'로 해석하여 기존의 주식과 같은 종류주식으로 배당하는 것만 가능하다는 입장이 있다. ③ 주식배당의 제한: 주식배당은 이익배당총액의 2분의 1을 초과할 수 없다(상462의2①단). 주식의 환금성을 고려하여 일정 금액까지 배당을 보장한 것이다. 하지만 상장회사는 해당 주가가 액면금액 이상인 경우라면 이익배당총액의 전부를 주식배당으로 할 수 있다(자본165의13①). 이 경우는 주식의 환금성에 문제가 없기 때문이다. ④ 미발행수권주식의 존재: 주식배당에 의해 신주가 발행되므로 '수권주식총수(발행예정주식총수) 중에 아직 발행되지 않은 주식'(미발행수권주식)이 있어야 한다. 만약 이것이 부족하다면 정관변경을 통해서 수권주식총수[6-32]를 늘려야 한다.

### (3) 절차 [6-443]

주식배당의 결정은 주주총회결의로 한다(상462의2①). 이익배당 또는 중간배당·분기배당과 달리 이사회결의로 주식배당을 하는 것은 가능하지 않다. 주주총회가 주식배당을 결정하면 이를 주주와 질권자에게 통지해야 한다(상462의2⑤).

### (4) 신주발행 [6-444]

주식배당이 결정되면 신주가 발행된다. ① 자본금의 증가: 신주가 발행되면 자본금이 증가한다. ② 발행가액: 주식배당에 따른 신주발행의 가액은 주식의 액면금액으로 한다(상462의2②). 이는 액면주식인 경우 자본금 충실을 위해 액면금액 미달발행을 허용하지 않고, 주주이익의 보호를 위해 액면금액 초과발행을 허용하지 않겠다는 것이다. 주식배당의 발행가액은 액면금액이므로 액면이 없는 무액면주식의 주식배당이 허용되는지에 대해서는 논란이 있다. ③ 종류주식: 종류주식에 대한 신주발행은 위 (2)에서 살펴보았다. ④ 자기주식: 자기주식은 그 성질상 주주권이 행사되지 않고 휴지되므로 주식배당이 인정되지 않는다(통설). ⑤ 효력발생시기: 신주는 주주총회결의 시부터 효력이 발생한다(상462의2④). ⑥ 신주의 이익배당: 주식배당으로 발행된 신주에 대한 이익배당은 일반적 신주의 이익배당[6-431]과 같다(상462의2④,350③후). ⑦ 단주의 처리: 주식배당의 경우에 단주가 있는 경우 환가하여 그 대금을 지급한다(상462의2③,443①)[6-159]. ⑧ 질권의 효력: 주식의 등록질권자가 갖는 권리는 주식배당으로 발행되는 신주에도 미치고, 이 때 등록질권자는 회사에 그 신주에 대한 주권의 교부를 청구할 수 있다(상462의2⑥,340③). ⑨ 등기: 신주가 발행되면 이에 대해 등기해야 한다(상317,183).

#### (5) 위법한 주식배당 [6-445]

위법한 주식배당은 법령 또는 정관에 위반하여 이루어진 주식배당을 가리킨다. 위법한 주식배당의 법리는 원칙적으로 위법한 이익배당의 법리와 다르지 않다(통설). 다만, 주식배당의 경우 신주가 발행되므로 원칙상 신주발행무효의 소에 관한 상법 규정(상429 등)이 유추적용된다(통설). 주식배당의 경우 회사재산이 유출되는 것은 아니므로 회사채권자의 반환청구(상462③)는 위법한 주식배당에 유추적용되지 않는다(통설).

## Ⅵ. 기타 회계와 관련된 제도

### 1. 회계장부의 열람·등사청구권 [6-446]

#### (1) 의의

발행주식총수의 3% 이상 주주는 이유를 붙인 서면으로 회계장부(서류 포함)의 열람·등사를 청구할 수 있고, 회사는 이 청구가 부당함을 증명하지 않으면 이를 거부하지 못한다(상466). 이는 소수주주권이다. 회계장부는 재무제표를 작성하기 위한 기초자료에 해당한다.

재무제표 등에 대한 열람·교부청구권(상448②)도 있지만, 재무제표 등에는 개략적 회계정보만 포함되어 있으므로, 보다 구체적인 회계정보를 알고자 하는 주주를 위해서 회계장부의 열람·등사청구권을 인정한 것이다. 다만, 구체적인 회계정보의 중요성에 비추어 그 열람·등사청구권은 소수주주권이다.

#### (2) 청구권자

청구권자(회계장부의 열람·등사를 청구할 수 있는 자)는 ① 비상장회사인 경우 발행주식총수의 3% 이상을 보유한 주주이고 ② 상장회사인 경우 6개월 전부터 계속하여 발행주식총수의 0.1%(자본금이 1천억 원 이상인 경우는 0.05%) 이상을 보유한 주주이다(상542의6④,상령32). 상장회사는 비율요건에 기간요건이 추가된 것이다. 판례는 재판상 청구인 경우 청구권자 요건(비율요건 및 기간요건)이 소송기간 중에 계속 유지되지 않으면 당사자적격이 상실되고, 이는 주주 의사와 무관한 사유(가령 신주발행)로 청구권자 요건이 미달된 경우라도 마찬가지라고 본다. 또한, 주식매수청구권을 행사한 주주도 회사로부터 매매대금을 지급받기 전이면 여전히 주주이므로 청구권자에 속한다(판례).

(3) 방법 및 대상

① 청구방법: 청구(회계장부의 열람·등사 청구)는 '이유를 붙인 서면'으로 해야 한다(상466①). 이에 기초해서 회사가 거부판단을 할 수 있어야 하므로 그 이유는 구체적이어야 한다(판례). 가령 막연히 회사에 부정이 존재한다는 의심만으로는 이유가 될 수 없다(통설). 청구방법을 갖추지 못한 경우 해당 청구는 효력이 없다(판례·통설). ② 청구대상: 회계의 장부 및 서류가 청구대상이다(상466①). 장부는 재무제표 작성의 기초가 되는 원장·분개장 등이고, 서류는 장부에 기재하기 위한 자료로서 계약서·서류 등을 말한다.

(4) 청구의 거부

회사는 청구가 부당함을 증명하면 이를 거부할 수 있다(상466②). 법문에 따르면 입증책임은 회사가 부담한다. 회사업무의 운영 또는 주주 공동의 이익을 해치거나 주주가 회사의 경쟁자로서 취득한 정보를 경업에 이용할 우려가 있거나, 또는 회사에 지나치게 불리한 시기를 택해 청구하는 경우 등에는 부당성이 인정된다(판례).

## 2. 검사인 선임청구권 [6-447]

(1) 업무와 재산상태의 조사

1) 선임청구권 소수주주는 업무와 재산상태의 조사를 위해서 검사인의 선임을 청구할 수 있다. 즉, 회사의 업무집행에 관해 부정행위 또는 법령이나 정관에 위반한 중대한 사실이 있음을 의심할 사유가 있는 경우 발행주식총수의 3% 이상을 가진 주주는 회사의 업무와 재산상태를 조사하게 하기 위해 법원에 검사인의 선임을 청구할 수 있다(상467①). 상장회사인 경우 6개월 전부터 계속하여 발행주식총수의 1.5% 이상을 가진 주주가 검사인의 선임을 청구할 수 있다(상542의6①).

**2) 선임청구사유** 검사인의 조사행위는 검사인이 회사의 업무집행에 관여하는 예외적인 행위이므로 선임의 청구사유를 엄격하게 해석한다(판례·통설). 즉, 선임의 청구사유를 구체적으로 명확히 적시하여 입증해야 하고, 단순한 의심(가령 결산보고서의 내용이 실제의 재산상태와 일치하는지에 대한 의심)만으로는 부족하다(판례).

**3) 검사인의 보고** 검사인은 조사의 결과를 법원에 보고해야 한다(상467②). 법원은 이 보고에 의해 필요하다고 인정한 때에는 대표이사에게 주주총회의 소집을 명할 수 있고, 이 경우 검사인의 보고서가 주주총회에 제출되어야 한다(상467③). 이사와 감사는 지체 없이 검사인의 보고서가 정확한지를 조사하여 주주총회에 보고해야 한다(상467④).

#### (2) 이사의 서류와 감사의 보고서

주주총회는 이사가 제출한 서류와 감사의 보고서를 조사하게 하기 위하여 검사인을 선임할 수 있다(상367①).

### 3. 사용인의 우선변제권 [6-448]

근로자보호를 위한 우선변제권이 있다. 즉, 신원보증금의 반환을 받을 채권 기타 회사와 사용인 간의 고용관계로 인한 채권이 있는 자는 회사의 총재산에 우선변제를 받을 권리가 있다(상468본). 그러나 질권·저당권이나 '동산·채권 등의 담보에 관한 법률'에 따른 담보권에 우선하지 못한다(상468단).

# 제 9 관 회사의 구조개편

## 제 1 항 서 설 [6-449]

상법은 회사의 법인격이 변동되는 합병 및 분할에 대해 규정하고 있다. 또한 상법은 회사관계를 완전모자회사관계로 개편하는 주식의 포괄적 교환·이전에 대해서 규정하고 있다. 회사의 합병, 분할 및 주식의 포괄적 교환·이전은 회사의 구조개편에 해당한다고 볼 수 있다.

## 제 2 항 회사의 합병

### Ⅰ. 의의 [6-450]

회사의 합병이란 2개 이상의 회사가 청산절차를 거치지 않고 한 회사로 합쳐지면서, 소멸회사(합병으로 소멸되는 회사)의 모든 권리의무가 존속회사(합병으로 존속하는 회사) 또는 신설회사(합병으로 신설되는 회사)로 포괄적으로 승계되는 것을 가리킨다.

존속회사가 소멸회사를 흡수하여 승계하는 경우가 흡수합병이고, 모든 회사가 소멸하고 새로 회사가 설립되어 이를 승계하는 경우 신설합병이다. 실무상 대부분의 합병은 흡수합병이다(회사신설로 인한 절차와 비용의 부담이 주된 이유이다).

합병의 법적 성질에 관한 인격합일설(통설)에 따르면, 회사합병은 2개 이상의 회사가 하나의 회사로 합쳐지는 것으로서, 합병으로 합쳐지는 것은 회사 자체이고 권리의무의 포괄적 승계는 그 결과이다.

### Ⅱ. 합병의 자유와 제한 [6-451]

회사는 원칙상 자유롭게 합병할 수 있다(상174①). 같은 종류의 회사는 물론이고 다른 종류의 회사(가령 주식회사와 합명회사)와도 합병할 수 있는 것이 원칙이다. 다만, 제한이 있다. ① 합병하는 회사의 일방 또는 쌍방이 주식회사, 유한회사 또는 유한책임회사인 경우 존속회사 또는 신설회사는 주식회사, 유한회사 또는 유한책임회사이어야 한다(상174②). 이러한 회사의 사원이 지는 유한책임을 합병 후에도 유지하자는 취지이다. ② 유한회사가 주식회사와 합병하는 경우 존속회사 또는 신설회사가 주식회사로 되려면 법원의 인가를 얻어야 합병의 효력이 있다(상600①). 유한회사에 비해 엄격한 주식회사의 설립절차를 잠탈하기 위해 합병을 이용(먼저 유한회사를 설립한 후에 주식회사와 합병)하는 것을 방지하자는 취지이다.

③ 합병하는 회사의 일방이 사채의 상환을 완료하지 않은 주식회사인 경우 존속회사 또는 신설회사는 유한회사로 하지 못한다(상600②). 유한회사는 사채발행이 허용되지 않기 때문이다. ④ 해산 후의 회사는 존립 중의 회사를 존속회사로 하는 경우에 한해 합병을 할 수 있다(상174③). 해산 후 회사의 목적은 청산으로 제한된다는 점을 고려한 것이다.

## Ⅲ. 합병의 요건

### 1. 합병계약

#### (1) 의의 [6-452]

합병하는 회사는 합병조건 등에 관해 합병계약을 체결하게 한다. 이 경우 일정한 사항을 기재한 합병계약서를 작성해야 한다(상523,524). 합병계약의 내용 중에서 중요한 부분을 아래에서 살펴보자.

#### (2) 자본금 [6-453]

존속회사 또는 신설회사의 자본금은 합병계약서의 기재사항이다(상523(2),524(3)). 존속회사가 '합병으로 인해 소멸회사의 주주에게 지급할 신주'(합병신주)를 발행하려는 경우 이로 인해 자본금이 증가한다. 다만, '합병신주가 발행되지 않는 합병'(무증자합병)도 가능하다(통설). 존속회사가 합병대가로 소멸회사의 주주에게 자기주식을 지급하거나 합병교부금을 지급하는 경우(상523(3)(4)) 등이 그러하다.

#### (3) 합병의 대가

1) 의의[6-454] 합병의 대가는 소멸회사의 주주에게 지급되는 대가를 가리킨다. 합병대가는 합병계약의 핵심적 사항이다. 합병대가는 기본적으로 합병하는 각 회사의 기업가치에 기초한 그들의 협상에 의해 결정된다.

2) 합병대가(합병비율)의 공정성[6-455] 합병대가의 공정성을 둘러싸고 다툼이 많다. 종래 합병대가는 주식으로 지급되는 것이 보통이었기 때문에 합병대가의 공정성은 흔히 합병비율(소멸회사의 1개 주식과 이에 지급되는 존속회사·신설회사의 주식 수의 비율)의 공정성 문제로 논의되어 왔다. 하지만 합병대가가 주식 이외의 방식으로 지급되는 경우에도 합병대가가 공정해야 함은 다르지 않다.

합병대가는 전술한 바와 같이 합병하는 회사가 협상하여 정하는 것이 원칙이나, 상장회사의 경우 합병대가의 기초가 되는 합병가액(이는 합병하는 회사의 기업가치라고 볼 수 있다)의 산정에 관한 특칙이 있다. 이는 합병대가의 공정성 논란을 방지하기 위한 규정이다. 이에 따르면(자본165의4, 자본령176의5①), 상장회사의 경우 최근 1개월간 평균종가, 최근 1주일간 평균종가 및 최근일의 종가를 산술평균하여 합병가액을 산출하고, 다만 30% 범위에서 할인·할증이 가능하다(계열회사 간의 합병에는 10% 범위에서 할인·할증이 가능하다)(상장회사와 합병하는 비상장회사의 합병가액은 자산가치와 수익가치를 가중산술평균한 가액으로 한다). 이 특칙은 합병대가가 주식 이외의 방식으로 지급되는 경우에도 마찬가지로 적용된다. 이 특칙을 따른 경우 허위자료 또는 터무니없는 예상수치에 근거하는 등의 특별한 사정이 없는 한 합병계약이 현저하게 불공정하여 무효로 된다고 볼 수 없다(판례).

3) **합병교부금**[6-456] 합병대가의 지급방식은 제한이 없다. 즉, 합병대가는 존속회사 또는 신설회사의 주식이 아닌 금전 또는 그 밖의 재산으로 지급하는 것이 가능하다(상523(4)). 이를 합병교부금이라고 하고(엄밀히 말하면 금전만 합병교부금이지만 여기서는 편의상 넓은 의미로 사용한다), 이에 의한 합병을 교부금합병이라고 한다. 그 밖의 재산으로는 존속회사 또는 신설회사의 사채 등이 있다. 존속회사는 교부금합병을 통해서 자신의 지분구조(주주 간 지분의 분포 상황)를 그대로 유지할 수 있다.

4) **삼각합병·역삼각합병**[6-457]

㈎ **의의** 합병대가의 지급방식은 제한이 없으므로 합병하는 회사의 모회사 주식으로 지급하는 것도 가능하다. 이것에는 삼각합병과 역삼각합병이 있고, 이로 인해 인수대상회사가 자회사로 된다.

㈏ **삼각합병** ① 의의: 삼각합병은 모회사가 자신의 자회사로 하여금 인수대상회사를 흡수합병하게 하여 그 인수대상회사를 자회사로 만드는 방식의 합병이다. 그 사례를 보면, 모회사가 자기의 주식을 100% 현물출자한 자회사를 설립한 후 이를 존속회사로 하여 인수대상회사를 흡수합병하게 하고 자회사가 보유한 모회사주식을 소멸하는 인수대상회사의 주주에게 지급한다. 이는 법리적으로 보면 자회사와 인수대상회사 간의 합병이지만, 모회사와 자회사가 경제적 동일체라고 이해하면 실질적으로 모회사와 인수대상회사 간의 합병이다. 하지만

법리상 모회사는 합병의 당사자가 아니므로 합병요건(주주총회승인결의 등)의 적용을 피할 수 있다. ② 모회사주식의 취득: 소멸회사의 주주에게 합병대가로 지급하기 위해서 자회사는 모회사의 주식을 취득할 수 있으며(상523의2①), 이는 자회사가 모회사 주식을 취득할 수 없다는 원칙(상342의2)에 대한 예외이다. 합병대가로 지급되지 않고 계속 보유하는 모회사의 주식은 합병의 효력발생일로부터 6개월 내에 처분해야 한다(상523의2②). 합병 후에는 모회사 주식을 계속 보유할 정당성이 상실되기 때문이다.

(다) **역삼각합병** ① 의의: 인수대상회사가 영업 관련 인허가를 보유하는 등의 이유로 인해서 합병 후 존속회사로 유지할 필요가 있는 경우에는 삼각합병을 적용할 수 없다(삼각합병에서는 인수대상회사가 소멸되기 때문이다). 인수대상회사를 존속회사로 유지하는 삼각합병이 역삼각합병이다. 이는 인수대상회사를 자회사로 만든다는 점에서 삼각합병과 같지만, 인수대상회사가 '흡수합병 후 존속회사로 된다'(역합병)는 점에서 다른 것이다. 우리 상법은 역삼각합병을 직접 허용하고 있지 않으나, 먼저 주식의 포괄적 교환을 하고 이어서 흡수합병을 하면 동일한 결과에 이를 수 있다(통설). 즉, 전술한 삼각합병의 사례에서 먼저 자회사와 인수대상회사 사이에 주식의 포괄적 교환[6-494]을 하게 하고[그 결과 후자가 전자의 자회사가 되고(이에 따라 모회사-자회사-인수대상회사의 순서로 모자회사관계가 성립된다), 후자의 주주에게는 전자가 보유하는 모회사의 주식이 교환대가로 지급된다. 이것이 삼각주식교환(상360의3③⑥)이다], 이어서 후자가 전자를 흡수합병한다. 그 결과 인수대상회사가 모회사의 자회사로서 존속하고, 인수대상회사의 주주는 모회사의 주식을 보유한다. 이는 법리적으로 보면 자회사와 인수대상회사의 합병이지만, 모회사와 그 자회사가 된 인수대상회사가 경제적 동일체라고 이해하면 실질적으로 모회사와 인수대상회사의 합병이다. 하지만 법리상 모회사는 합병의 당사자가 아니므로 합병요건(주주총회승인결의 등)의 적용을 피할 수 있음은 삼각합병과 같다. ② 모회사주식의 취득: 삼각합병에서 모회사주식의 취득에 관한 규정(상523의2①)이 역삼각합병에 유추적용된다고 해석한다.

5) **자기주식**[6-458] ① 존속회사가 보유하는 자기주식: 이는 그대로 보유할 수도 있고, 소멸회사의 주주에게 합병대가로 지급할 수도 있다. 자기주식으로 합병대가를 모두 충당할 수 있는 경우에는 신주발행을 하지 않을 수 있다.

② 소멸회사가 보유하는 자기주식: 이는 합병에 의해서 소멸한다. ③ 존속회사가 보유하는 소멸회사주식: 이를 실무상 포합주식이라고 한다. 포합주식에 대한 합병신주를 존속회사에 배정하면 그 실질이 자기주식의 취득이어서 금지된다고 볼 수도 있겠지만, 존속회사의 재산이 합병으로 인해 다른 종류의 재산으로 변화한 것으로 보아서 허용된다고 본다(판례·다수설). ④ 소멸회사가 보유하는 존속회사주식: 이는 합병에 의해 존속회사로 승계되어 자기주식이 되고, 이 경우는 존속회사가 계속해서 보유할 수 있다(상341의2(1)) [6-138].

### 2. 합병결의

#### (1) 일반적 합병 [6-459]

① 주주총회결의: 합병계약은 존속회사와 소멸회사가 각각 주주총회의 특별결의에 의한 승인을 받아야 한다(상522①③). 다만, 간이합병과 소규모합병은 이사회결의에 의한 승인을 받으면 된다. 이러한 승인 요건을 위반한 경우 합병의 무효원인이 된다(통설). ② 종류주주총회결의: 종류주식을 발행한 회사는 합병으로 인해 어느 종류의 주주에게 손해를 미치게 될 경우에 종류주주총회의 결의(상435)도 있어야 한다(상436).

#### (2) 간이합병 [6-460]

간이합병은 흡수합병 중에서 소멸회사의 총주주의 동의가 있거나 존속회사가 소멸회사의 발행주식총수의 90% 이상을 소유하고 있어서 소멸회사의 주주총회의 승인은 이사회의 승인으로 갈음할 수 있는 경우를 가리킨다(상527의2①). 이 경우 소멸회사의 주주총회승인이 확실하다는 점을 고려하여 이사회의 승인으로 간소화한 것이다. 소멸회사는 주주총회승인을 얻지 않고 합병을 한다는 뜻을 공고하거나 주주에게 통지해야 한다(상527의2②본). 합병에 반대하는 주주가 주식매수청구권(상522의3②)을 행사할 수 있게 하기 위해서이다. 다만, 총주주의 동의가 있는 때에는 공고 또는 통지가 필요하지 않다(상527의2②단). 한편 존속회사가 주주총회의 승인을 받아야 함은 물론이다(즉, 존속회사의 입장에서는 합병절차에 차이가 없다).

#### (3) 소규모합병 [6-461]

소규모합병은 흡수합병에서 합병규모가 작은 경우 존속회사의 주주총회승인을 이사회의 승인으로 갈음할 수 있는 경우이다(상527의3①). 소규모합병은 존속회사의 주주에게 미치는 영향이 크지 않다는 점을 고려해서 이사회의 승인으로 간소화한 것이다. 한편, 소멸회사가 주주총회의 승인을 받아야 함은 물론이다(즉, 소멸회사의 입장에서는 합병절차에 차이가 없다).

소규모합병의 요건을 보자. ① 합병의 규모: 합병대가가 존속회사에서 차지하는 비중이 일정 수준 이하이어야 하는데, 이는 합병대가가 주식인지 또는 합병교부금인지에 따라 다르다. 첫째, 존속회사가 합병대가로 지급하는 주식(합병신주와 자기주식)이 존속회사의 발행주식총수의 10% 이하이어야 한다(상527의3①본). 둘째, 존속회사가 합병대가로 지급하는 합병교부금(금전 그 밖의 재산)이 존속회사의 순자산액의 5% 이하이어야 한다(상527의3①단). 판례는 존속회사가 소규모합병을 위해 소멸회사의 주식을 미리 매수하면서 지급한 매매대금은 여기의 합병교부금에서 제외된다고 본다(하지만 그 실질이 합병교부금과 같다는 취지의 비판론이 있다). ② 주주반대의 부존재: 존속회사의 발행주식총수의 20% 이상을 소유한 주주가 회사에 서면으로 소규모합병에 반대하는 의사를 통지한 경우 소규모합병을 할 수 없다(상527의3④). 이를 위해서 존속회사는 합병계약서에 소규모합병을 한다는 뜻을 기재해야 하고, 또한 소규모합병을 한다는 뜻을 공고하거나 주주에게 통지해야 한다(상527의3②③). 소규모합병에 대해 상당 비율의 주주가 반대한다면 이는 주주에게 미치는 영향이 크다는 것을 의미하므로 소규모합병이 허용될 수 없는 것이다.

### 3. 주주 및 채권자 관련 절차 [6-462]

① 사전공시: 이사는 주주총회의 회일의 2주 전부터 합병계약서, 대차대조표·손익계산서 등을 본점에 비치해야 하고, 주주 및 회사채권자는 영업시간 내에 언제든지 이 서류의 열람을 청구하거나 등본·초본의 교부를 청구할 수 있다(상522의2). 이는 회사의 이해관계자(특히 주주 및 회사채권자)가 정보에 기초하여 합병과 관련된 의사결정을 할 수 있도록 하자는 것이다. ② 주식매수청구권: 합병에 반대하는 주주에게는 주식매수청구권이 인정된다(상522의3①). 간이합병인 경우에 소멸회사, 존속회사 각각의 주주에게 주식매수청구권이 인정된다(상522의3②). 하지만, 소규모합병에는 존속회사의 주주에게 주식매수청구권이 인정되지 않는다

(상527의3⑤). 이는 존속회사의 규모에 비해 합병의 비중이 작기 때문에 주주의 이해관계에 미치는 영향이 작다고 본 것이다(하지만 간이합병과 균형이 맞지 않는다는 비판론이 있다). ③ 채권자보호절차: 존속회사와 소멸회사는 각각 채권자보호절차(상232)를 거쳐야 한다(상527의5). 즉, 회사는 합병의 승인결의일로부터 2주 내에 회사채권자에게 합병에 이의가 있으면 일정한 기간(1월 이상이어야 한다) 내에 이의를 제출할 것을 공고하고 알고 있는 채권자에 대하여는 따로 최고해야 하고, 채권자가 위 기간 내에 이의를 제출하지 않으면 합병을 승인한 것으로 보며, 이의를 제출한 채권자에게 변제 또는 상당한 담보를 제공하거나 이를 목적으로 상당한 재산을 신탁회사에 신탁해야 한다. 채권자보호절차는 간이합병 또는 소규모합병에도 마찬가지로 적용된다(상527의5②).

### 4. 총회 및 합병등기 [6-463]

① 총회: 존속회사는 보고총회를 소집하고, 신설회사는 창립총회를 소집해야 한다(상526,527). ② 합병등기: 존속회사는 변경등기(정관 등에 변경이 생기므로), 소멸회사는 해산등기, 신설회사는 설립등기를 해야 한다(상528①). 이 등기는 합병의 효력발생요건으로서 창설적 효과가 있다(상530②,234).

## Ⅳ. 합병의 효과 [6-464]

① 회사의 소멸·신설: 흡수합병인 경우 존속회사를 제외하고 나머지 합병하는 회사는 소멸하고, 신설합병인 경우 합병하는 회사가 모두 소멸한다(상517(1),227(4)). 회사는 해산 후 권리의무에 대한 청산절차를 거쳐서 소멸하는 것이 원칙(상531)이나, 합병으로 인한 소멸회사는 그 권리의무가 존속회사 또는 신설회사에 승계되므로 해산 후 청산절차 없이 법률상 당연히 소멸한다. 그리고 신설합병인 경우 합병으로 인해 회사가 신설된다. ② 권리의무의 승계: 소멸회사의 권리의무는 존속회사 또는 신설회사로 포괄적으로 승계된다. 따라서 개별적인 이전절차(등기·인도 등)는 요구되지 않는다. 근로관계도 원칙상 승계된다(판례). ③ 합병신주의 효력: 합병으로 인해 신주가 발행된 경우 그 효력의 발생시기는 합병등기를 한 때이다. 합병등기의 창설적 효과(상530②,234) 때문이다. ④ 이사·감사

의 임기: 존속회사의 이사 및 감사로서 합병 전에 취임한 자는 합병계약서에 다른 정함이 있는 경우를 제외하고는 합병 후 최초로 도래하는 결산기의 정기총회가 종료하는 때에 퇴임한다(상527의4①). 이는 합병 후 주주구성에 변화가 생기므로 이사 및 감사에 대한 주주의 의사를 다시 묻기 위해서이다. ⑤ 사후공시: 이사는 합병을 한 날로부터 6개월 간 합병에 관한 사항을 본점에 비치해야 하고, 주주 및 회사채권자는 영업시간 내에 언제든지 이 서류의 열람을 청구하거나 등본·초본의 교부를 청구할 수 있다(상527의6). 이는 합병의 내용을 공시해서 주주 및 회사채권자 등 이해관계자가 합병의 무효 등에 대해 판단할 수 있는 정보를 제공하자는 것이다.

## Ⅴ. 합병의 무효 [6-465]

### 1. 의의

합병에 하자가 있는 경우 일반적인 무효·취소를 적용하면 다수의 이해관계자가 관여하여 합병의 법률관계가 불안정해진다. 이러한 이유에서 합병의 하자는 회사관계의 단체적 성질과 거래안전을 고려할 필요가 있고, 따라서 합병무효의 소로만 다툴 수 있다(합병취소의 소는 인정되지 않는다). 합병의 하자에 관여된 이사가 손해배상책임(상399,401)을 부담함은 물론이다.

### 2. 합병무효의 소

합병무효는 각 회사의 주주·이사·감사·청산인·파산관재인 또는 합병을 승인하지 않은 채권자에 한해 합병등기일로부터 6개월 내에 소만으로 주장할 수 있다(상529). 6개월은 제척기간이고, 무효주장으로 야기될 법률관계의 불안정성을 최소화하기 위해 단기로 규정된 것이다. ① 무효원인: 무효원인은 합병계약의 하자, 주주총회결의의 하자, 합병비율의 불공정 등이 있다. 합병비율의 불공정을 보면, 판례는 합병비율이 현저하게 불공정한 경우 주주의 이해관계에 중대한 영향을 미치므로 무효원인이 될 수 있다고 본다. ② 주요절차: 회사채권자가 소를 제기한 경우 법원은 회사의 청구에 의해 상당한 담보를 제공할 것을 명할 수 있고, 이 경우 회사는 회사채권자의 청구가 악의임을 소명해야 한다(상530②,237,176

③④). 회사설립무효의 소에 관한 절차 규정(상186~189)[6-69]이 합병무효의 소에 준용된다(상530②,240). ③ 합병승인결의의 하자: 합병등기에 의해 합병의 효력이 발생한 이상 합병무효의 소를 제기하는 것 이외에 합병승인에 관한 주주총회결의 무효의 확인만을 독립된 소로써 구할 수 없다(판례). 이는 주주총회결의는 후속행위(합병)를 위한 사전절차에 불과하고 후속행위는 그 특수성을 감안하여 하자에 대한 별도의 구제절차가 마련되어 있기 때문이다(이와 관련해서는 [6-251]을 참조). ④ 판결의 효력: 회사설립무효판결의 효력 규정(상190~191)이 합병무효판결에 준용된다(상530②,240). 원고가 승소한 경우 판결은 대세효와 비소급효가 있다(자세한 것은 [6-71]을 참조). 즉, 합병무효의 판결은 제3자에게도 효력이 있고(대세효)(상190본), 판결확정 전에 생긴 존속회사·신설회사, 사원 및 제3자 간의 권리의무에 영향을 미치지 않는다(비소급효)(상190단). 합병한 회사는 존속회사 또는 신설회사가 합병 후에 부담한 채무에 대해 연대하여 변제할 책임이 있고, 합병 후에 취득한 재산은 합병한 회사의 공유로 한다(상530②,239①②). 그리고, 원고가 패소한 경우에 악의 또는 중과실이 있으면 회사에 연대하여 손해배상책임을 진다(상191).

## 제 3 항 회사의 분할

### Ⅰ. 의의

#### 1. 개념 [6-466]

회사의 분할이란 1개 회사(분할회사)의 영업을 2개 이상으로 분할하여 신설회사(단순분할신설회사 또는 분할합병신설회사) 또는 승계회사(분할승계회사)에 포괄적으로 승계시키는 것을 가리킨다.

#### 2. 종류

##### (1) 단순분할·분할합병·혼합분할합병 [6-467]

**1) 단순분할** 단순분할은 분할회사가 영업을 분할하여 신설회사(단순분할신설회사)에 승계시키는 것이다(상530의2①). 여기서 신설회사는 분할된 영업을 승

계하기 위해서 신설된 회사이다. ① 단순분할은 소멸분할(가령 분할회사가 A와 B로 분할되어 신설된 2개의 회사가 이를 각각 승계하고 분할회사는 소멸)과 존속분할(가령 분할회사가 A와 B로 분할되어 신설된 1개의 회사가 A를 승계하고 분할회사는 B를 보유한 채 존속)로 구분된다. ② 단순분할은 강학상의 용어이고 상법은 이를 그냥 '분할'이라고 표현하고 있는데(상530의2①), 본서에서 분할은 강학상 용어에 따라 단순분할·분할합병을 포괄하는 넓은 의미로 사용한다.

2) **분할합병** 분할합병은 분할회사가 영업을 분할하여 '다른 회사'(분할합병상대방회사)와의 합병을 통해서 신설회사(분할합병신설회사) 또는 승계회사(분할승계회사)에 승계시키는 것이다(상530의2②,530의6①). 여기서 '다른 회사'는 분할합병을 위해서 분할회사와 함께 신설회사를 만들거나, 스스로 분할된 영업을 승계하는 승계회사가 된다. ① 분할합병은 영업을 분할하여 합병시킨다는 점에서 일반적인 합병과는 다르다. ② 분할합병은 소멸분할합병(가령 분할회사가 A와 B로 분할되어 2개의 다른 회사와 이를 각각 합병하고 분할회사는 소멸)과 존속분할합병(가령 분할회사가 A와 B로 분할되어 1개의 다른 회사와 A를 합병하고 분할회사는 B를 보유한 채 존속)으로 나뉜다. ③ 분할합병은 흡수분할합병(가령 분할회사가 A와 B로 분할되어 다른 회사가 A를 흡수합병)과 신설분할합병(가령 분할회사가 A와 B로 분할되어 다른 회사와 A를 신설합병)으로 나뉜다. 흡수분할합병과 신설분할합병은 동시에 발생할 수 있다(가령 분할회사가 A와 B로 분할되어 다른 회사가 A를 흡수합병하고 또 다른 회사와 B를 신설합병하는 경우).

3) **혼합분할합병** 혼합분할합병은 단순분할과 분할합병이 결합된 것이다(상530의2③). 이는 분할회사가 영업을 분할하여 일부는 단순분할을 하고 다른 일부는 분할합병을 하는 것이다(가령 분할회사가 A와 B로 분할되어 신설된 1개의 회사가 A를 승계하고 다른 회사와 B를 합병).

### (2) 인적분할·물적분할 [6-468]

신설회사 또는 승계회사가 분할대가로 발행하는 신주(분할신주)를 누구에게 지급하는지에 따라 인적분할과 물적분할로 나뉜다. 분할신주를 분할회사의 주주에게 지급하는 것이 인적분할이고, 분할회사에게 지급하는 것이 물적분할이다. 물적분할을 하게 되면 분할회사와 신설회사, 그리고 분할회사와 승계회사는 완전모자회사의 관계로 된다. 상법은 인적분할을 기본형으로 하고 이를 물적분할에 준용한다(상530의12).

### 3. 법적 성질 [6-469]

분할의 법적 성질에 관해서는 의견이 다양하다. 가령 인격분할설에 따르면 회사분할은 1개의 회사를 2개 이상의 회사로 나누어 법인격을 분할하는 것이다. 하지만 이에 대해서는 물적분할의 경우 분할회사의 지분구조(주주 간 지분의 분포 상황)에 변화가 없기 때문에 오히려 현물출자의 성질(분할회사가 분할된 영업을 신설회사 또는 승계회사에 현물출자)이 강하다는 비판이 제기되고 있다.

## Ⅱ. 분할의 자유와 제한 [6-470]

① 주식회사는 원칙상 자유롭게 분할할 수 있다(상530의2①②). 다만, 해산 후의 회사는 존립 중의 회사를 신설회사 또는 승계회사로 하는 경우에 한해 분할할 수 있다(상530의2④). 해산 후 회사의 목적은 청산으로 제한된다는 점을 고려한 것이다. ② 한편, 다른 유형의 회사는 분할이 제한된다. 합병회사 및 합자회사는 분할 시에 무한책임사원의 책임이 문제되고, 유한회사 및 유한책임회사는 회사의 규모가 작아서 분할의 필요성이 크지 않기 때문이라고 설명되고 있다.

## Ⅲ. 분할의 요건

### 1. 분할계획·분할합병계약

#### (1) 의의 [6-471]

① 단순분할: 분할회사가 분할의 법률관계를 정한 분할계획서를 작성해야 한다(상530의5). 분할의 상대방이 있는 것이 아니므로 분할계약서는 작성하지 않는다. ② 분할합병: 분할회사와 분할합병상대방회사 사이에 분할합병의 법률관계를 정한 분할합병계약서가 작성되어야 한다(상530의6). 이 경우 각 회사의 분할합병을 하지 않는 부분에는 분할계획서에 관한 규정(상530의5)이 준용된다(상530의6③).

(2) 자본금 [6-472]

① 신설회사, 승계회사, 분할회사(존속하는 경우)의 자본금은 분할계획서·분할합병계약서의 기재사항이다(상530의5,530의6). ② 분할합병의 승계회사가 분할신주를 발행하려는 경우 이로 인해 자본금이 증가한다. 다만, '분할신주가 발행되지 않는 분할합병'(무증자분할합병)도 가능하다. 승계회사가 분할대가로 자기주식을 지급하거나 분할합병교부금을 지급하는 경우(상530의7①(4),530의6①(4)) 등이 그러하다.

(3) 분할의 대가 [6-473]

1) 단순분할 단순분할 시에 신설회사는 분할회사의 주주에게 신설회사의 주식을 발행해야 한다(상530의5①(4)). 다만, 신설회사의 주식이 아닌 금전 또는 그 밖의 재산으로 지급하는 것도 가능하다(상530의5①(5)).

2) 분할합병

(가) 의의 분할의 대가는 분할합병으로 승계회사가 지급하는 대가를 가리킨다. 이는 흡수분할합병계약의 핵심적 사항이다. 분할대가는 기본적으로 흡수분할합병하는 각 회사의 기업가치에 기초한 그들의 협상에 의해 결정된다.

(나) 분할합병대가(분할합병비율)의 공정성 합병에서 합병대가의 공정성이 중요하듯이 분할합병에서 분할합병대가의 공정성도 중요하다. 분할합병대가는 전술한 바와 같이 합병하는 회사가 협상하여 정하는 것이 원칙이나, 상장회사의 경우 분할합병대가의 기초가 되는 분할합병가액(이는 분할합병하는 회사의 기업가치라고 볼 수 있다)의 산정에 관해서 합병가액의 산정에 관한 규정(자본165의4,자본령176의5①)을 준용하고 있다(자본령176의6②). 자세한 내용은 합병가액의 산정[6-455]을 참조하면 된다.

(다) 분할합병교부금 분할합병대가의 지급방식은 제한이 없다. 즉, 분할합병대가는 승계회사의 주식이 아닌 금전 또는 그 밖의 재산으로 지급하는 것이 가능하다(상530의6①(4)). 이를 분할합병교부금이라고 하고(엄밀히 말하면 금전만 분할합병교부금이지만 여기서는 편의상 넓은 의미로 사용한다), 이에 의한 분할합병을 교부금분할합병이라고 한다. 그 밖의 재산으로는 승계회사의 사채 등이 있다. 승계회사는 교부금분할합병을 통해서 자신의 지분구조(주주 간 지분의 분포 상황)를 그대로 유지할 수 있다.

㈑ **삼각분할합병** 분할합병의 승계회사가 자신의 모회사 주식을 분할합병대가로 지급하는 것이 삼각분할합병이다. 이 경우 승계회사는 분할합병대가를 지급하기 위해서 자신의 모회사 주식을 취득할 수 있고, 분할합병대가로 지급되지 않고 계속 보유하는 모회사의 주식은 분할합병의 효력발생일로부터 6개월 내에 처분해야 한다(상530의6④⑤). 이에 관해서는 삼각합병인 경우 모회사주식의 취득[6-457]을 참고하면 된다.

## 2. 분할결의

### (1) 일반적 분할 [6-474]

① 주주총회결의: 분할계획서·분할합병계약서는 분할회사에서 주주총회특별결의에 의한 승인이 요구된다(상530의3①②). 분할합병의 상대방회사에서도 마찬가지로 주주총회특별결의에 의한 승인이 요구된다(상522①②). 다만, 간이분할합병과 소규모분할합병은 이사회결의에 의한 승인을 받으면 된다. 이와 같은 승인요건을 위반한 경우 분할의 무효원인이 된다(통설). ② 종류주주총회결의: 종류주식을 발행한 회사는 분할로 인해 어느 종류의 주주에게 손해를 미치게 될 경우에 종류주주총회결의(상435)도 있어야 한다(상530의3⑥,436). ③ 주주전원의 동의: 회사의 분할로 인해 분할에 관련되는 각 회사의 주주의 부담이 가중되는 경우에는 위 주주총회결의 및 종류주주총회 이외에 그 주주 전원의 동의도 있어야 한다(상530의3⑥). 주주의 부담이 가중되는 경우로는 가령 추가출자가 있다.

### (2) 간이분할합병 [6-475]

흡수분할합병에서는 분할회사의 총주주의 동의가 있거나 승계회사가 분할회사의 발행주식총수의 90% 이상을 소유하고 있는 경우, 분할회사의 주주총회승인은 이사회승인으로 갈음할 수 있다(상530의11②,527의2①). 이를 간이분할합병이라고 한다. 간이분할합병은 분할회사의 주주총회승인이 확실하다는 점을 고려하여 이사회승인으로 간소화한 것이며, 간이분할합병에는 간이합병의 규정(상527의2,522의3②)[6-460]이 준용된다. 한편, 승계회사가 주주총회의 승인을 받아야 함은 물론이다(즉, 승계회사의 입장에서는 분할합병절차에 차이가 없다).

### (3) 소규모분할합병 [6-476]

흡수분할합병에서 승계회사가 분할합병대가로 지급하는 주식(분할신주와 자기주식)이 승계회사의 발행주식총수의 10% 이하이거나 승계회사가 분할합병대가로 지급하는 분할합병교부금(금전 그 밖의 재산)이 승계회사의 순자산액의 5% 이하인 경우 승계회사의 주주총회승인을 이사회승인으로 갈음할 수 있다(상530의11②,527의3①). 이를 소규모분할합병이라고 한다. 소규모분할합병은 승계회사의 주주에게 미치는 영향이 크지 않다는 점을 고려해서 이사회의 승인으로 간소화한 것이며, 소규모분할합병에는 소규모합병의 규정(상527의3)[6-461]이 준용된다. 한편, 분할회사가 주주총회의 승인을 받아야 함은 물론이다(즉, 분할회사의 입장에서는 분할합병절차에 차이가 없다).

## 3. 주주 및 채권자 관련 절차

### (1) 사전공시 [6-477]

분할회사의 이사는 분할계획서·분할합병계약서 등을 본점에 비치해야 하고, 승계회사의 이사는 분할합병계약서 등을 본점에 비치해야 하며, 주주 및 회사채권자는 영업시간 내에 언제든지 이 서류의 열람을 청구하거나 등본·초본의 교부를 청구할 수 있다(상530의7,522의2②). 이는 회사의 이해관계자(특히 주주 및 회사채권자)가 정보에 기초하여 분할과 관련된 의사결정을 할 수 있도록 하자는 것이다.

### (2) 주식매수청구권 [6-478]

① 단순분할: 단순분할에 반대하는 주주에게는 주식매수청구권이 인정되지 않는다. 이는 회사를 나눌 뿐이지 원칙상 분할 전후에 주주이익에 변화가 없다는 점을 고려한 것이다. ② 분할합병: 분할합병은 합병요소로 인해서 그 전후에 주주이익에 변화가 있을 수 있으므로 이에 반대하는 주주에게 주식매수청구권이 인정된다(상530의11②,522의3). 이에 따라 일반적인 분할합병과 간이분할합병에서 주식매수청구권이 인정되고, 소규모분할합병에는 승계회사의 주주에게 주식매수청구권이 인정되지 않는다(상530의11②,527의3⑤). 이는 승계회사의 규모에 비해 합병의 비중이 작기 때문에 주주의 이해관계에 미치는 영향이 작다고 본 것이다(하지만 간이분할합병과 균형이 맞지 않는다는 비판론이 가능하다).

(3) 채권자보호절차 [6-479]

1) 단순분할 단순분할에서는 채권자보호절차를 거치지 않는 것이 원칙이다. 분할회사 및 신설회사는 분할 전의 분할회사의 채무에 대해 연대책임을 지는 것이 원칙이므로(상530의9①), 책임재산의 변화가 없어서 분할회사의 채권자에게 불이익하지 않기 때문이다. 다만, 아래에서 보는 바와 같이 분할회사 및 신설회사의 연대책임이 배제되는 예외적인 경우(상530의9②)[6-485]는 다르다. 이러한 경우는 분할회사의 채권자에게 불리한 방향으로 책임재산이 변동되므로 분할회사의 채권자를 위해서 합병의 채권자보호절차(상527의5)가 준용된다(상530의9④)(신설회사는 기존의 채권자가 없으므로 이러한 절차가 필요하지 않다).

2) 분할합병 분할합병에서 분할회사, 승계회사 및 신설회사의 책임은 단순분할과 기본적으로 같다. 즉, 연대책임이 원칙이고, 다만 예외적으로 연대책임이 배제된다(상530의9①③). 그런데 분할합병의 경우는 단순분할과 달리 연대책임이 적용되는 경우를 포함하여 언제나 합병의 채권자보호절차(상527의5)가 준용된다(상530의11②). 왜냐하면 분할합병의 경우는 상대방회사의 재무상황 등에 따라 회사채권자에게 불리한 방향으로 책임재산이 변동될 수 있기 때문이다. 이 경우 분할회사의 채권자는 물론이고 승계회사의 채권자를 위해서도 채권자보호절차를 거쳐야 한다고 해석된다(다수설)(다만, 신설회사는 기존의 채권자가 없으므로 이러한 절차가 필요하지 않다).

3) 준용내용 ① 분할의 채권자보호절차는 합병의 채권자보호절차(상527의5)가 준용된다(상530의11②). 이에 따르면 회사는 분할의 승인결의일로부터 2주 내에 회사채권자에게 분할에 이의가 있으면 일정한 기간(1월 이상이어야 한다) 내에 이의를 제출할 것을 공고하고 알고 있는 채권자에 대하여는 따로 최고해야 하고, 채권자가 위 기간 내에 이의를 제출하지 않으면 분할을 승인한 것으로 보며, 이의를 제출한 채권자에게 변제 또는 상당한 담보를 제공하거나 이를 목적으로 상당한 재산을 신탁회사에 신탁해야 한다. 채권자보호절차는 간이분할합병 또는 소규모분할합병에도 마찬가지로 적용된다(상527의5②). ② '알고 있는 채권자'에 대한 개별적 최고와 관련하여, 알고 있는 채권자는 회사의 장부 기타의 근거에 의해 성명과 주소가 회사에 알려져 있는 자는 물론이고 회사의 대표이사

개인이 알고 있는 채권자도 포함된다(판례). 알고 있는 채권자에 대한 개별적 최고를 누락한 경우에는 채권자가 이의를 제출하지 않아도 분할을 승인한 것으로 되지 않을 뿐만 아니라, 판례에 의하면 연대책임의 배제도 인정되지 않는다.

### 4. 회사의 설립 [6-480]

분할에 의해서 회사를 설립하는 경우 회사설립에 관한 규정(상288~328)을 준용한다(상530의4본). 다만, 신설회사에 이전되는 분할회사의 영업은 현물출자의 성격을 띠지만, 단순분할의 신설회사에는 현물출자에 대한 검사인의 조사·보고에 관한 규정(상299)을 적용하지 않는다(상530의4본). 이 경우는 현물출자에 대해 분할회사 및 그 주주 이외에 별도로 보호할 이해관계자가 없기 때문이다.

### 5. 총회 및 합병등기 [6-481]

① 총회: 합병 시의 총회(보고총회 또는 창립총회)에 관한 규정(상526,527)이 분할에 준용된다(상530의11①). ② 분할등기: 합병등기에 관한 규정(상528)이 분할등기에 준용된다(상530의11①). 분할등기는 분할의 효력발생요건으로서 창설적 효과가 있다(상530의11①,234).

## Ⅳ. 분할의 효과

### 1. 회사의 소멸·신설 [6-482]

① 단순분할: 분할로 언제나 회사가 신설된다. 그리고 소멸분할인 경우는 분할회사가 소멸한다. 회사는 해산 후 권리의무에 대한 청산절차를 거쳐서 소멸하는 것이 원칙(상531)이나, 분할회사는 소멸분할로 그 권리의무가 신설회사에 승계되므로 해산 후 청산절차 없이 법률상 당연히 소멸한다. ② 분할합병: 신설분할합병인 경우 회사가 신설된다. 그리고 소멸분할합병인 경우는 분할회사가 소멸하고, 신설분할합병인 경우 분할합병상대방회사가 소멸한다. 이 경우도 분할합병으로 그 권리의무가 승계회사 또는 신설회사에 승계되므로 해산 후 청산절차 없이 법률상 당연히 소멸한다.

## 2. 권리의무의 승계 [6-483]

회사분할로 분할회사의 권리의무는 승계회사 또는 신설회사에 부분적으로 승계된다(상530의10). ① '부분적'이란 분할된 부분만 승계된다는 의미이다. 이 점에서 합병의 효과와 다르다. ② 승계는 포괄승계로서 개별적인 이전절차(등기·인도 등)가 요구되지 않는다. ③ 성질상 이전이 허용되지 않는 것은 승계에서 제외된다(판례·통설). 이 점에서 합병의 효과와 다르다. 가령 분할회사의 일신전속적인 것은 성질상 이전이 허용되지 않는다. 판례는 분할회사의 근로관계도 원칙상 승계된다고 본다(근로관계는 일신전속성이 있으므로 이전되지 않는다는 반대설이 있다).

## 3. 분할신주의 효력 [6-484]

분할신주의 효력발생시기는 분할등기를 한 때이다. 분할등기의 창설적 효과(상530의11①,234) 때문이다.

## 4. 회사채권자에 대한 책임 [6-485]

### (1) 연대책임

① 의의: 분할회사, 승계회사, 신설회사는 분할 전의 분할회사의 채무에 대해 연대책임을 진다(상530의9①). 이는 각 회사 사이에 채무승계가 어떻게 되든 분할 전의 분할회사의 채권자를 보호하기 위한 것이다. 여기서 연대책임은 채권자 보호를 위해 법이 정한 책임으로서 채무자들 사이에 주관적 공동관계가 없기 때문에 부진정연대채무[1-97]이다(판례·다수설). 이에 따르면 분할 후에 분할회사에 생긴 시효중단의 사유는 신설회사 또는 승계회사에 영향을 미치지 않는다(판례).
② 대상: 연대책임의 대상은 '분할 전'의 분할회사의 채무이다. 분할은 분할등기로 효력이 발생하므로 '분할 전'은 '분할등기 전'을 의미한다(통설). 분할 전에 발생한 채무이면 그 변제기가 도래하지 않더라도 연대책임의 대상이 된다(판례·통설). 판례는 분할회사의 위법행위가 분할 전에 발생하였으나 과징금까지 부과되지 않은 경우 단순한 사실행위만 존재할 뿐 과징금에 관한 의무가 성립되지 않았으므로 그 과징금은 연대책임의 대상이 아니라는 입장이다.

(2) 연대책임의 배제

① 의의: 단순분할에서 분할회사 및 신설회사의 연대책임이 배제되는 예외가 있다. 즉, 분할회사가 주주총회특별결의로써 분할회사의 채무 중에서 분할계획서에 승계하기로 정한 채무에 대한 책임만을 신설회사가 부담하는 것으로 정할 수 있고, 이 경우 분할회사가 분할 후에 존속하는 경우 신설회사가 부담하지 않는 채무에 대한 책임만을 부담한다(상530의9②). 분할합병에서도 분할회사, 승계회사 및 신설회사의 연대책임이 배제되는 예외가 있다. 즉, 분할회사는 주주총회특별결의로써 분할회사의 채무 중에서 분할합병계약서에 승계하기로 정한 채무에 대한 책임만을 승계회사 또는 신설회사가 부담하는 것으로 정할 수 있고 이 경우 분할회사가 분할 후에 존속하는 경우 승계회사 또는 신설회사가 부담하지 않는 채무에 대한 책임만을 부담한다(상530의9①③). ② 요건: 단순분할이든 분할합병이든 연대책임을 배제하기 위해서는 분할회사의 주주총회특별결의가 필요하고, 위 [6-479]에서 기술한 바와 같이 채권자보호절차를 거쳐야 한다. ③ 효과: 신설회사 또는 승계회사는 분할계획서 또는 분할합병계약서에 승계하기로 정한 채무만을 책임지고, 분할회사는 이들이 부담하지 않는 채무만을 책임진다.

### 5. 사후공시 [6-486]

이사는 분할을 한 날로부터 6개월 간 분할에 관한 사항을 본점에 비치해야 하고, 주주 및 회사채권자는 영업시간 내에 언제든지 이 서류의 열람을 청구하거나 등본·초본의 교부를 청구할 수 있다(상527의6,530의11①). 이는 분할의 내용을 공시해서 주주 및 회사채권자 등 이해관계자가 분할의 무효 등에 대해 판단할 수 있는 정보를 제공하자는 것이다.

## Ⅴ. 분할의 무효 [6-487]

분할에 하자가 있는 경우 일반적인 무효·취소를 적용하면 다수의 이해관계자가 관여한 분할의 법률관계가 불안정해진다. 이러한 이유에서 분할의 하자는 회사관계의 단체적 성질과 거래안전을 고려할 필요가 있고, 따라서 분할무효의 소로만 다툴 수 있다(분할취소의 소는 인정되지 않는다). 이 점에서 합병과 동일하다. 나아가, 분할무효의 소는 합병무효의 소에 관한 규정(상529,237,239,240)[6-465]이 준용되므로(상530의11①) 그 내용이 동일하다.

## 제 4 항 주식의 포괄적 교환과 이전

### Ⅰ. 의의 [6-488]

#### 1. 개념

① 주식교환: 회사는 '주식의 포괄적 교환'(주식교환)을 통해서 다른 회사의 완전모회사가 될 수 있다(상360의2①). 즉, A회사가 B회사의 주주들로부터 B회사의 주식 전부를 이전받고 그 대가로 그들에게 자신의 주식(신주 또는 자기주식) 등을 지급하는 것을 의미하고, 이 경우 A회사와 B회사는 완전모자회사가 된다(상360의2②,360의3③(4)). ② 주식이전: 회사는 '주식의 포괄적 이전'(주식이전)에 의해 완전모회사를 설립하여 스스로 완전자회사가 될 수 있다(상360의15①). 즉, B회사의 주주들이 A회사를 설립하고 A회사가 B회사의 주주들로부터 B회사의 주식 전부를 이전받고 그 대가로 그들에게 자신의 신주 등을 지급하는 것을 의미하고, 이 경우 A회사와 B회사는 완전모자회사가 된다(상360의15②,360의16①(4)). 주식이전은 1개의 회사가 수행하는 것이 보통이나, 2개 이상의 회사가 공동으로 수행하는 것도 가능하다(상360의16①(8)). 후자의 경우는 완전자회사가 2개 이상이 된다. ③ 공통점: 주식교환은 기존회사 간에 완전모자회사관계를 만드는 방법이고, 주식이전은 기존회사가 회사를 신설하면서 신설회사와 기존회사 간에 완전모자회사관계를 만드는 방법이다. 요컨대, 양자는 회사의 신설 여부만 다를 뿐이고 완전모자회사관계를 만든다는 점에서 그 기본적 내용이 같다. 따라서 이하에서는 주식교환과 주식이전을 통합해서 같이 다루되 각 특수성은 별도로 기술하기로 한다.

#### 2. 기능

현재 독점규제법과 금융지주회사법 등에 의해서 지주회사제도가 허용되어 있는데, 주식교환·이전은 지주회사를 설립하는 데 유용한 방법이다(주식교환·이전에 따른 완전모회사가 지주회사로 된다).

### 3. 법적 성질

주식교환·이전을 하게 되면 관련된 회사들은 완전모자회사관계가 된다. 완전모자회사는 법적 측면에서는 여전히 별개의 회사이므로 법인격이 합일되는 합병과는 법적 측면에서 다르지만, 완전모자회사는 경제적 실질 면에서 사실상 하나의 회사이므로 합병과 유사하다. 이러한 이유에서 주식교환·이전에 대한 법적 규율은 합병의 그것과 매우 유사하다. 이런 점에 주목하여 주식교환·이전의 법적 성질은 합병과 유사한 조직법적 행위라는 견해, 완전모자회사관계를 형성하는 특수한 조직법적 행위라는 견해 등으로 나뉘고 있다.

## Ⅱ. 주식교환·이전의 요건

### 1. 교환계약·이전계획

#### (1) 의의 [6-489]

① 주식교환: 주식을 교환하는 당사자회사 사이에 주식교환의 법률관계를 정한 주식교환계약서가 작성되어야 한다(상360의3①③). ② 주식이전: 주식이전을 하는 회사는 주식이전의 법률관계를 정한 주식이전계획서를 작성해야 한다(상360의16①). 주식이전의 상대방회사가 있는 것이 아니므로 이전계약서는 작성하지 않는다.

#### (2) 자본금 [6-490]

1) 의의 주식교환·이전에 따른 완전모회사의 자본금은 주식교환계약서 및 주식이전계획서의 기재사항이다(상360의3③(3),360의16①(3)). 주식교환에서 완전모회사가 '주식교환으로 인해 완전자회사의 주주에게 지급할 신주'(교환신주)를 발행하려는 경우 이로 인해 자본금이 증가한다. 다만, '교환신주가 발행되지 않는 주식교환'(무증자주식교환)도 가능하다. 완전모회사가 교환대가로 완전자회사의

주주에게 자기주식을 지급하거나 합병교부금을 지급하는 경우(상360의3③(2)(4)) 등이 그러하다.

2) **신주의 한도** 완전모회사가 교환·이전대가로 발행하는 신주의 규모가 제한된다. 이는 주식교환·이전으로 인해 자본금 충실이 훼손되는 것을 방지하기 위해서이다. 그 주요내용은 다음과 같다.

① 완전모회사의 자본금은 주식교환의 날에 완전자회사에 현존하는 순자산액에서 다음 각 호의 금액(공제금액)을 뺀 금액을 초과하여 증가시킬 수 없다(상360의7①).

1. 완전자회사의 주주에게 제공할 금전이나 그 밖의 재산의 가액
2. 완전자회사의 주주에게 이전하는 자기주식의 장부가액의 합계액

위 1호 및 2호는 신주발행에 갈음하여 완전자회사의 주주에게 지급하는 것이므로 신주발행에서 제외해야 한다는 뜻이다. 주식이전의 경우에도 같은 내용의 규정이 있으며(상360의18), 다만 주식이전의 경우는 위 2호가 존재하지 않는다는 점(주식이전의 경우 완전모회사는 신설되므로 자기주식의 이전을 고려할 수 없기 때문이다)만 다르다.

② 완전모회사가 주식교환 전에 완전자회사의 주식을 소유하고 있는 경우 완전모회사의 자본금은 주식교환의 날에 완전자회사에 현존하는 순자산액에 '그 회사의 발행주식총수에 대한 주식교환으로 인하여 완전모회사에 이전하는 주식의 수의 비율을 곱한 금액'에서 위 상법 360조의7 1항의 각 호의 금액을 뺀 금액의 한도를 초과하여 증가시킬 수 없다(상360의7②). 이는 완전모회사가 보유하는 완전자회사의 주식은 주식교환 시에 완전모회사에 이전되는 것이 아니므로 이는 신주발행에서 제외해야 하고, 따라서 이는 주식교환 시의 신주 규모의 한도가 된다.

③ 위 ①과 ②에 따르면 완전모회사의 자본증가액이 완전자회사의 순자산액에 미달하는 것은 가능하다. 이 경우 미달차액은 자본거래에서 발생한 잉여금에 해당된다. 이러한 잉여금은 자본준비금으로 적립되어야 한다(상459①).

(3) 교환·이전의 대가

1) 의의[6-491] 교환·이전의 대가는 완전자회사의 주주에게 지급되는 대가를 가리킨다. 교환대가는 주식교환의 핵심적 사항이다. 교환대가는 기본적으로 주식교환을 하는 각 회사의 기업가치에 기초한 그들의 협상에 의해 결정된다. 이전대가는 1개 회사가 주식이전을 하는 경우는 핵심적 사항이라고 보기 어려우나(주식이전의 상대방회사가 있는 것은 아니므로) 2개 이상의 회사가 공동으로 주식이전을 하는 경우는 핵심적 사항이다. 이와 같이 공동으로 주식이전을 하는 경우에 이전대가는 기본적으로 주식이전을 하는 각 회사의 기업가치에 기초한 그들의 협상에 의해 결정된다.

2) 교환·이전대가(교환·이전비율)의 공정성[6-492] 합병에서 합병대가의 공정성이 중요하듯이 주식교환·이전에서 교환·이전대가의 공정성도 중요하다(다만, 1개 회사가 단독으로 주식이전을 하는 경우에는 주식이전에 상대방이 있는 것이 아니므로 이전대가의 공정성이 중요하다고 볼 수 없다). 교환·이전대가는 전술한 바와 같이 주식교환·이전을 하는 각 회사가 협상하여 정하는 것이 원칙이나, 상장회사의 경우 교환·이전대가의 기초가 되는 교환·이전가액(이는 교환·이전하는 회사의 기업가치라고 볼 수 있다)의 산정에 관해서 합병가액의 산정에 관한 규정(자본165의4,자본령176의5①)[6-455]을 준용하고 있다(자본령176의6②본). 다만, 전술한 바와 같이 1개 회사가 단독으로 주식이전을 하는 경우에는 이러한 준용이 없다(자본령176의6②단).

3) 교환·이전교부금[6-493] 교환·이전대가의 지급방식은 제한이 없다. 즉, 교환·이전대가는 완전모회사의 주식이 아닌 금전 또는 그 밖의 재산으로 지급하는 것이 가능하다(상360의3③(4),360의16①(4)). 이를 교환·이전교부금이라고 하고(엄밀히 말하면 금전만 교환·이전교부금이지만 여기서는 편의상 넓은 의미로 사용한다), 이에 의한 주식교환·이전을 교부금주식교환·이전이라고 한다. 그 밖의 재산으로는 완전모회사의 사채 등이 있다. 완전모회사는 교부금주식교환을 통해서 자신의 지분구조(주주 간 지분의 분포 상황)를 그대로 유지할 수 있다.

4) 삼각주식교환[6-494] ① 주식교환에서 완전모회사가 자신의 모회사 주식을 교환대가로 지급하는 것이 삼각주식교환이다. 이 경우 완전모회사는 교환대가의 지급을 위해서 자신의 모회사 주식을 취득할 수 있고, 교환대가로 지

급되지 않고 계속 보유하는 모회사의 주식은 주식교환의 효력발생일로부터 6개월 내에 처분해야 한다(상360의3⑥⑦). 이에 관해서는 삼각합병인 경우 모회사주식의 취득[6-457]을 참조하면 된다. ② 주식이전에는 삼각주식교환의 적용이 없다. 완전모회사는 주식이전으로 신설되기 때문이다.

5) **자기주식 및 상호주**[6-495] 주식교환·이전에서는 자기주식 및 상호주의 문제가 생긴다(다만, 아래 ①③④는 완전모회사가 기존회사인 경우에만 생기는 문제이므로 주식교환에 한정된다). ① 완전모회사가 보유하는 자기주식: 주식교환에서 이는 그대로 보유할 수도 있고, 완전자회사의 주주에게 합병대가로 지급할 수도 있다. 자기주식으로 교환대가를 모두 충당할 수 있는 경우에는 신주발행을 하지 않을 수 있다. ② 완전자회사가 보유하는 자기주식: 이러한 주식이 완전모회사의 주식과 교환·이전되면서 완전자회사가 완전모회사의 주식을 받게 된다면, 이는 상호주(상342의2)가 되므로 6개월 이내에 처분해야 한다[6-145]. ③ 완전모회사가 보유하는 완전자회사의 주식: 완전모회사는 주식교환 후에도 이러한 주식을 계속 보유하게 된다. 이러한 주식에 대해서 교환신주를 발행할 수 없음(상360의7②)은 전술하였다[6-490]. ④ 완전자회사가 보유하는 완전모회사의 주식: 완전자회사는 주식교환 후에도 이러한 주식을 계속 보유하게 되는데, 이는 상호주(상342의2)가 되므로 6개월 이내에 처분해야 한다[6-145].

## 2. 교환·이전결의

### (1) 일반적 교환·이전 [6-496]

① 주주총회결의: 주식교환계약서 및 주식이전계획서는 주식교환·이전을 하려는 각 회사의 주주총회특별결의에 의한 승인을 받아야 한다(상360의3①②,360의16①②)(주식이전의 완전모회사는 주식이전의 효과로서 설립되는 것이므로 이 회사의 주주총회특별결의에 의한 승인은 필요하지 않다). 다만, 간이주식교환과 소규모주식교환은 이사회결의에 의한 승인을 받으면 된다. 이러한 승인 요건을 위반한 경우 주식교환·이전의 무효원인이 된다(통설). ② 주주전원의 동의: 주식교환·이전으로 인해 주식교환·이전에 관련되는 각 회사의 주주의 부담이 가중되는 경우에는 위 주주총회결의 이외에 그 주주 전원의 동의도 있어야 한다(상360의3⑥,360의16④). 주주의 부담이 가중되는 경우로는 가령 추가출자가 있다.

### (2) 간이주식교환 [6-497]

완전자회사의 총주주의 동의가 있거나 완전모회사가 완전자회사의 발행주식 총수의 90% 이상을 소유하고 있는 경우, 완전자회사의 주주총회승인은 이사회승인으로 갈음할 수 있다(상360의9). 이를 간이주식교환이라고 한다. 간이주식교환은 완전자회사의 주주총회승인이 확실하다는 점을 고려하여 이사회승인으로 간소화한 것이며, 그 내용(상360의9,360의5②)은 간이합병의 규정(상527의2,522의3②)[6-460]과 같다. 한편, 완전모회사가 주주총회의 승인을 받아야 함은 물론이다(즉, 완전모회사의 입장에서는 주식교환절차에 차이가 없다).

### (3) 소규모주식교환 [6-498]

완전모회사가 교환대가로 지급하는 주식(교환신주와 자기주식)이 완전모회사의 발행주식총수의 10% 이하이거나 완전모회사가 교환대가로 지급하는 주식교부금(금전 그 밖의 재산)이 완전모회사의 순자산액의 5% 이하인 경우 완전모회사의 주주총회승인을 이사회승인으로 갈음할 수 있다(상360의10①). 이를 소규모주식교환이라고 한다. 소규모주식교환은 완전모회사의 주주에게 미치는 영향이 크지 않다는 점을 고려해서 이사회의 승인으로 간소화한 것이며, 그 내용(상360의10)은 소규모합병의 규정(상527의3)[6-461]과 같다. 한편, 완전자회사가 주주총회의 승인을 받아야 함은 물론이다(즉, 완전자회사의 입장에서는 주식교환절차에 차이가 없다).

## 3. 주주 및 채권자 보호절차 [6-499]

### (1) 사전공시

① 이사는 주주총회의 회일의 2주 전부터 주식교환계약서 또는 주식이전계획서 등을 본점에 비치해야 하고, 주주는 영업시간 내에 언제든지 이 서류의 열람 또는 등사를 청구할 수 있다(상360의4,360의17). 이는 주주가 정보에 기초하여 주식교환·이전과 관련된 의사결정을 할 수 있도록 하자는 것이다. ② 회사채권자에게는 이러한 청구권이 인정되지 않는다. 그 이유는 주식교환·이전을 통해서 완전모자회사관계가 만들어지되 법인격은 그대로 유지되고 주로 그 주주만 변동되므로 회사채권자를 해하지 않기 때문이다.

(2) 주식매수청구권

주식교환·이전에 반대하는 주주에게는 주식매수청구권이 인정된다(상360의5①,360의22). 간이주식교환인 경우에 완전자회사의 주주에게도 주식매수청구권이 인정된다(상360의5②). 하지만, 소규모주식교환에는 완전모회사의 주주에게 주식매수청구권이 인정되지 않는다(상360의10⑦). 이는 완전모회사의 규모에 비해 주식교환의 비중이 작기 때문에 주주의 이해관계에 미치는 영향이 작다고 본 것이다(하지만 간이주식교환과 균형이 맞지 않는다는 비판론이 있다).

(3) 주권의 실효절차

주식교환·이전에 의해 완전자회사의 주식은 주권의 교부 없이 완전모회사로 이전되므로 완전자회사의 주주가 보유하던 주권은 실효된다. 이에 따라 사전에 주권의 실효절차를 거쳐야 한다. 즉, 완전자회사는 주주총회결의에 의한 주식교환·이전의 승인을 한 때 일정한 사항(주식교환·이전의 날에 주권이 무효가 된다는 뜻 등)을 주식교환·이전의 날 1개월 전에 공고하고, 주주명부에 기재된 주주와 질권자(입질된 경우 질권자가 주권을 점유하고 있으므로)에게 따로 그 통지를 해야 한다(상360의8①,360의19①). 주권을 제출할 수 없는 주주에게는 별도의 절차가 마련되어 있다(상360의8②,360의19②,442).

(4) 채권자보호절차

주식교환·이전에는 채권자보호절차를 거치지 않는다. 전술한 바와 같이, 주식교환·이전을 통해서 완전모자회사관계가 만들어지되 법인격은 그대로 유지되고 주로 그 주주만 변동되므로 회사채권자를 해하지 않기 때문이다. 이 점에서 주식교환·이전은 합병과 다르다.

### 4. 등기 [6-500]

① 주식이전에서 완전모회사는 신설회사이므로 이에 대한 설립등기를 해야 한다(상360의20,317). 설립등기는 주식이전의 효력발생요건으로서 창설적 효과가 있다(상360의21). ② 주식교환의 경우 회사구조의 변화는 없고 주주의 변동이 있을 뿐이므로 주식교환의 등기는 필요하지 않다. 주식교환의 경우 신주발행이 있으면 자본금이 증가하므로 이에 대한 변경등기는 필요하다(상317). 하지만 이것이

주식교환의 효력발생요건으로서 창설적 효과까지 인정되는 것은 아니다(아래에서 보는 바와 같이 주식교환은 그 요건이 충족되면 '교환을 할 날'에 그 효과가 발생한다).

## Ⅲ. 주식교환·이전의 효과 [6-501]

### 1. 완전모자회사의 성립

① 주식교환·이전의 요건이 충족되면 완전모자회사가 성립된다. 이는 완전자회사의 주식이 완전모회사로 이전되고 완전자회사의 주주는 완전모회사의 주주로 된다는 의미이다(통설). 다만, 교환·이전대가가 완전모회사의 주식 이외의 재산으로 지급되는 경우라면 완전자회사의 주주가 완전모회사의 주주로 되지 않는다. ② 주식이전 및 신주발행은 별도의 주식이전행위(주권의 교부 등)나 신주발행행위(신주청약, 신주배정 등)가 없어도 법률상 당연히 그 효력이 인정된다(통설). 완전자회사의 주식은 주권의 교부 없이 완전모회사로 법률상 당연히 이전되므로 주권의 실효절차에 따라 완전자회사의 주권이 실효됨은 전술하였다[6-499].

### 2. 효력발생시기

주식교환의 효과는 주식교환계약서에 정한 '교환을 할 날'(상360의3①(6))에 발생한다(통설). 주식이전의 효과는 완전모회사의 설립등기를 한 날에 발생한다(상360의21).

### 3. 이사·감사의 임기

완전모회사의 이사 및 감사로서 주식교환 전에 취임한 자는 주식교환계약서에 다른 정함이 있는 경우를 제외하고는 주식교환 후 최초로 도래하는 결산기의 정기총회가 종료하는 때에 퇴임한다(상360의13). 이는 주식교환 후 완전모회사의 주주구성에 변화가 생기므로 이사 및 감사에 대한 주주의 의사를 다시 묻기 위해서이다. 주식이전의 경우는 완전모회사가 신설되므로 이러한 문제가 생기지 않는다.

### 4. 사후공시

이사는 주식교환·이전의 날로부터 6개월 간 주식교환·이전에 관한 사항을 본점에 비치해야 하고, 주주는 영업시간 내에 언제든지 이 서류의 열람 또는 등사를 청구할 수 있다(상360의12,360의22). 이는 주식교환·이전의 내용을 공시해서 주주 등 이해관계자가 주식교환·이전의 무효 등에 대해 판단할 수 있는 정보를 제공하자는 것이다.

## Ⅳ. 주식교환·이전의 무효 [6-502]

① 주식교환·이전에 하자가 있는 경우 일반적인 무효·취소를 적용하면 다수의 이해관계자가 관여한 주식교환·이전의 법률관계가 불안정해진다. 이러한 이유에서 주식교환·이전의 하자는 회사관계의 단체적 성질과 거래안전을 고려할 필요가 있고, 따라서 주식교환·이전무효의 소로만 다툴 수 있다(주식교환·이전 취소의 소는 인정되지 않는다). 이 점에서 합병과 동일하다. 즉, 주식교환·이전무효는 각 회사의 주주·이사·감사·감사위원회의 위원 또는 청산인에 한하여 주식교환·이전의 날부터 6개월 내에 소만으로 주장할 수 있다(상360의14①,360의23①). 나머지 이 소에 관한 규정(상360의14②④,360의23②④)은 합병무효의 소[6-465]와 그 내용이 같다. ② 한편, 주식교환·이전무효와 관련해서는 완전모회사의 주식이전 의무가 규정되어 있다. 즉, 주식교환·이전무효의 판결이 확정된 경우 완전모회사는 교환·이전대가로 지급된 주식의 주주에게 그가 소유했던 완전자회사의 주식을 이전해야 한다(상360의14③,360의23③). 이는 주식교환·이전이 무효로 됨에 따른 일종의 원상회복의무이다.

# 제10관 조직변경

## Ⅰ. 의의 [6-503]

조직변경은 회사가 그 법인격의 동일성을 유지하면서 다른 종류의 회사로 전환되는 것을 가리킨다. 변경 전후에 회사의 동일성이 유지되므로 권리의무의 승계는 이루어지지 않는다. 주식회사를 중심으로 한정해서 보면, 주식회사와 유한회사 간의 변경(주식회사의 유한회사로의 변경, 유한회사의 주식회사로의 변경), 주식회사와 유한책임회사 간의 변경(주식회사의 유한책임회사로의 변경, 유한책임회사의 주식회사로의 변경)이 가능하다.

## Ⅱ. 요건

### 1. 주식회사와 유한회사 [6-504]

#### (1) 주식회사의 유한회사로의 변경

① 주주총회결의: 주식회사가 유한회사로 변경되려면 주주 전원의 동의에 의한 주주총회결의가 있어야 한다(상604①본). 이 결의 시에 정관 기타 조직변경에 필요한 사항을 정해야 한다(상604③). ② 사채의 상환: 사채의 상환을 완료하지 않은 경우에는 변경할 수 없다(상604①단). 유한회사는 사채를 발행할 수 없기 때문이다. ③ 자본금의 제한: 유한회사의 자본금이 주식회사의 순자산액을 초과할 수 없다(상604②). 이는 유한회사의 자본금 충실을 위해서이다. 이를 위반하면 주주총회결의 당시의 이사와 주주는 회사에 연대하여 그 부족액을 지급할 책임이 있다(상605①). 이 경우 이사의 책임은 총주주의 동의로 면제할 수 있지만 주주의 책임은 면제하지 못한다(상605②,550②,551②③). ④ 채권자보호: 채권자보호절차를 거쳐야 한다(상608,232). ⑤ 등기: 주식회사는 해산등기를 하고 유한회사는 신설등기를 해야 한다. 이러한 등기의 명칭에도 불구하고 실제로 해산과 설립의 절차를 거치는 것은 아니다. 주식회사가 법인격의 동일성을 유지하면서 유한회사로 변경되기 때문이다.

(2) 유한회사의 주식회사로의 변경

① 사원총회결의: 유한회사가 주식회사로 변경되려면 사원 전원의 동의에 의한 사원총회결의가 있어야 한다(상607①본). 다만, 회사는 정관으로 정하는 바에 따라 사원총회의 특별결의(총사원의 반수 이상이며 총사원의 의결권의 4분의 3 이상을 가지는 자의 동의)로 할 수 있다(상607①단). ② 법원인가: 유한회사의 주식회사로의 조직변경은 법원의 인가를 받지 아니하면 효력이 없다(상607③). 엄격한 주식회사의 설립절차를 잠탈하는 방편으로 조직변경을 활용하는 것을 방지하기 위해서이다. ③ 기타: 나머지 요건은 주식회사가 유한회사로 변경하는 경우와 별 차이가 없다(상607,608).

### 2. 주식회사와 유한책임회사 [6-505]

주식회사가 유한책임회사로 변경되려면 주주 전원의 동의에 의한 주주총회결의가 있어야 한다(상287의43①). 유한책임회사가 주식회사로 변경되려면 사원 전원의 동의가 있어야 한다(상287의43②). 이러한 조직변경에는 주식회사와 유한회사 간의 조직변경에 관한 규정(상232,604~607)이 준용된다(상287의44).

## Ⅲ. 효과 [6-506]

① 조직변경: 변경 전 회사가 법인격의 동일성을 유지하면서 변경 후 회사로 변경된다. 따라서 변경 전 회사의 권리의무는 별도의 절차 없이 변경 후 회사로 귀속된다. 또한 변경 전 회사의 주식 또는 지분에 대한 질권자는 변경 후 회사의 주식 또는 지분에 대해 물상대위[6-150]를 한다(상604④,607⑤,287의44,601①,339). ② 효력발생시기: 변경 전 회사가 해산등기를 하고 변경 후 회사가 신설등기를 한 시점에 조직변경의 효력이 발생한다(통설).

## Ⅳ. 조직변경의 무효 [6-507]

조직변경에 하자가 있는 경우 일반적인 무효·취소를 적용하면 다수의 이해관계자가 관여하여 조직변경의 법률관계가 불안정해진다. 이러한 이유에서 조직변경의 하자는 회사관계의 단체적 성질과 거래안전을 고려할 필요가 있고, 여기에는 회사설립의 무효에 관한 소를 유추적용하는 입장과 회사설립의 무효·취소에 관한 소를 유추적용하는 입장이 있다.

# 제11관 회사의 해산과 청산

## Ⅰ. 회사의 해산

### 1. 의의 [6-508]

회사의 해산이란 회사의 법인격의 소멸을 가져오는 법률사실을 말한다. 회사가 해산하면 청산절차가 개시되어 청산의 종결에 의해서 회사의 법인격이 종국적으로 소멸하는 것이 원칙이다. 다만, 예외적으로 합병 또는 분할로 소멸하는 회사는 청산절차 없이 회사의 법인격이 소멸되고(이 경우 소멸회사의 권리의무는 존속회사, 승계회사 또는 신설회사로 법률상 당연히 승계되므로 청산절차를 거치지 않는다), 파산의 경우는 파산절차를 거쳐서 회사의 법인격이 소멸된다(이 경우는 파산의 특수성을 고려하여 청산절차가 아니라 파산절차가 별도로 마련되어 있다).

### 2. 해산사유 [6-509]

회사의 해산사유는 ① 존립기간의 만료 기타 정관으로 정한 사유의 발생 ② 합병 ③ 분할(단순분할 또는 분할합병) ④ 파산 ⑤ 법원의 명령 또는 판결, 또는 ⑥ 주주총회특별결의이다(상517,518). 합병 또는 분할은 이로 인해서 소멸하는 회사에 한해서 해산사유가 된다(합병 또는 분할로 존속하거나 승계하거나 신설되는 회사에는 해산문제가 생기지 않는다). ⑤에 대해서는 아래 7.과 8.에서 좀더 자세히 살펴본다. 그리고 '주주가 1인으로 된 경우'(1인회사)는 주식회사의 해산사유가 아니다[6-12].

### 3. 해산의 공시 [6-510]

① 통지: 회사가 해산한 경우 파산 이외에는 이사는 지체 없이 주주에게 통

지해야 한다(상521). ② 등기: 해산사유가 생기면 해산등기를 해야 하는 것이 원칙이다(상521의2,228). 예외적으로 해산등기 대신에 합병은 합병등기(상528)를 하고, 분할은 분할등기(상530의11①)를 한다. 파산도 해산등기의 대상이 아니다(상521의2,228).

### 4. 해산의 효과 [6-511]

회사가 해산하면 청산절차가 개시된다(다만, 전술한 바와 같이 합병, 분할, 파산은 그렇지 않다). 청산절차가 개시되면 회사는 영업능력을 상실하되 청산의 목적범위 내에서 권리능력을 갖는다(상542①,245). 즉, 청산회사(청산 중의 회사)는 해산 전의 회사와 동일성이 있지만 그 목적이 청산의 범위 내로 축소되는 것이다(통설).

### 5. 회사의 계속 [6-512]

회사가 존립기간의 만료 기타 정관에 정한 사유의 발생 또는 주주총회특별결의에 의해 해산한 경우에는 주주총회특별결의로써 회사를 계속할 수 있다(상519). 아래에서 보는 바와 같이 해산의제된 휴면회사도 회사를 계속할 수 있다. 이렇게 해산된 경우는 회사의 존속을 원하는 주주의 의사를 존중하자는 취지이다. ① 제한: 잔여재산을 분배한 경우는 회사의 계속이 인정되지 않는다(통설). 이 경우는 회사의 실체인 물적 기초가 소멸되었기 때문이다. ② 등기: 회사의 계속을 위해서는 계속등기를 해야 한다(상521의2,229③). ③ 효과: 회사가 계속되면 동일성을 유지하면서 해산 전의 상태로 복귀한다. 다만, 해산법률관계의 안정성을 위해서 회사해산 후 회사계속 전에 진행되었던 청산절차의 효력에는 영향이 없다고 해석한다(비소급효)(통설).

### 6. 장기휴면회사의 특칙 [6-513]

① 해산의제: '장기간 영업활동을 하지 않으면서 해산하지 않는 휴면회사'(장기휴면회사)는 일정한 요건하에 해산을 의제한다. 장기휴면회사는 다른 회사의 상호선정에 제약을 주고(상22), 사기의 도구로 활용되기도 하는 등의 부작용을 유발하므로 해산의제 제도를 둔 것이다. 즉, 법원행정처장이 최후의 등기 후 5년을 경과한 회사는 영업을 폐지하지 않았다는 신고를 법원에 하도록 공고하고 그 때

부터 2개월 내에 신고하지 않으면 신고기간이 만료된 때 해산한 것으로 본다(상520의2①본). 다만, 그 기간 내에 등기한 회사는 그렇지 않다(상520의2①단). 장기간 등기를 하지 않는 회사는 영업활동을 하지 않는다는 추정하에 신고의무를 둔 것이다. ② 회사계속: 해산의제된 회사는 그 후 3년 이내에는 주주총회특별결의로써 회사를 계속할 수 있다(상520의2③). 이 경우 계속등기를 해야 한다(상521의2,229③). ③ 청산의제: 해산의제된 회사가 회사를 계속하지 않으면 그 3년이 경과한 때에 청산이 종결된 것으로 본다(상520의2④). 다만, 회사에 권리의무가 존재하는 범위 내에서는 사실상 청산업무가 필요하므로 그 범위 내에서는 법인격이 유지된다(판례).

### 7. 해산명령

#### (1) 의의 [6-514]

회사의 해산명령은 주로 공익적 이유에서 회사의 존속을 허용하기 어려운 경우에 법원이 해산을 명하는 제도이다. 법원은 결정의 형식으로 해산을 명한다(비송90①,75①).

#### (2) 요건 [6-515]

**1) 주체** 법원은 이해관계인이나 검사의 청구에 의해 또는 직권으로 회사의 해산을 명할 수 있다(상176①). 해산명령사유가 주로 공익적 사유라는 점에서 검사의 청구 또는 직권으로 해산명령이 가능하다.

**2) 사유** 다음 ①~③이 해산명령의 사유이다(상176①). ① 회사의 설립목적이 불법인 경우: 정관에 기재된 설립목적이 불법인 경우는 물론이고 실제의 설립목적이 불법인 경우도 포함한다(통설). ② 회사가 정당한 사유 없이 설립 후 1년 내에 영업을 개시하지 않거나 1년 이상 영업을 휴지하는 경우: 휴면회사의 부작용을 고려하여 법인격을 소멸시키려는 것이다. 정당한 사유 없음이 입증되어야 한다. 주요 영업재산에 생긴 분쟁으로 1년 이상 영업을 하지 못한 경우 회사가 승소하여 영업을 개시하면 정당한 사유가 있고 회사가 패소하면 정당한 사유가 없다(판례). ③ 이사가 법령 또는 정관에 위반하여 회사의 존속을 허용할 수 없는 행위를 한 경우: 이사가 회사재산을 횡령하고 영업과 관련하여 제3자에게

사기행위를 하면 이에 해당할 수 있다(판례).

3) 기타 ① 보전처분: 이해관계인이나 검사가 해산명령의 청구를 하면 법원은 해산을 명하기 전이라도 이해관계인이나 검사의 청구에 의해 또는 직권으로 관리인의 선임 기타 회사재산의 보전에 필요한 처분을 할 수 있다(상176②). ② 담보: 이해관계인이 해산명령의 청구를 한 경우 법원은 회사의 청구에 의해 상당한 담보를 제공하도록 명할 수 있다(상176③). 이 경우 회사는 이해관계인의 청구가 악의임을 소명해야 청구할 수 있다(상176④).

### (3) 효과 [6-516]

해산결정이 확정되면 회사는 해산한다(상517(1),227(6)). 이후는 청산절차에 따라 회사가 소멸한다.

## 8. 해산판결

### (1) 의의 [6-517]

회사의 해산판결은 회사의 존속이 주로 주주이익에 반하는 경우에 법원이 해산을 명하는 제도이다. 법원은 판결의 형식으로 해산을 명한다.

### (2) 요건 [6-518]

1) 주체 법원은 발행주식총수의 10% 이상을 가진 주주의 청구에 의해 회사의 해산을 명할 수 있다. 해산판결사유가 주주이익의 보호와 관련된다는 점에서 청구권자가 주주로 한정된다. 다만, 소송의 남용을 막기 위해서 소수주주권으로 되어 있다.

2) 사유 다음 ①~②와 관련하여 '부득이한 사유가 있는 경우'가 해산판결의 사유이다(상520①). '부득이한 사유가 있는 때'는 회사를 해산하는 것 외에는 달리 주주이익을 보호할 방법이 없는 경우를 말한다(판례). ① 회사의 업무가 현저한 정체상태를 지속하여 회복할 수 없는 손해가 생긴 때 또는 생길 염려가 있는 때: 이는 이사 간, 주주 간의 대립으로 회사의 목적사업이 교착상태에 빠지는 등 회사의 업무가 정체되어 회사를 정상적으로 운영하는 것이 현저히 곤란한 상태가 계속됨으로 말미암아 회사에 회복할 수 없는 손해가 생기거나 생길 염려가 있는 경우를 가리킨다(판례). ② 회사재산의 관리 또는 처분의 현저한 실

당으로 인하여 회사의 존립을 위태롭게 한 때: 가령 이사가 회사재산을 유용한 경우를 가리킨다.

(3) 효과 [6-519]

해산판결이 확정되면 회사는 해산한다(상517(1),227(6)). 이후는 청산절차에 따라 회사가 소멸한다. 해산판결을 청구한 자가 패소한 경우 악의 또는 중과실이 있으면 회사에 연대하여 손해배상책임이 있다(상520②,191).

## Ⅱ. 회사의 청산

### 1. 의의 [6-520]

회사가 해산하면 존속 중 회사의 권리의무를 종국적으로 처리해야 한다. 전술한 바와 같이 합병, 분할 또는 파산 이외의 사유로 해산하면 청산절차를 통해서 처리된다. ① 권리능력: 청산절차가 개시되면 회사는 영업능력을 상실하되 청산의 목적범위 내에서 권리능력을 갖는다(상542①,245). 청산회사(청산 중의 회사)는 해산 전의 회사와 동일성이 있지만 그 목적이 청산의 범위로 축소되는 것이다(통설). 청산회사도 소송에서 당사자능력이 인정된다(판례). 청산회사가 자신의 목적범위를 벗어난 행위를 한 경우 이는 권리능력 없는 자의 행위로 당연히 효력이 없다(판례). ② 종류: 청산절차에는 임의청산과 법정청산이 있다. 전자는 정관 또는 총사원의 동의로 정하는 절차에 따라 회사재산을 처분하는 청산방법인데(상247), 이는 주식회사에는 인정되지 않는다. 주식회사에서는 법정청산만 가능한데, 이는 회사 채권자와 주주의 보호를 위해서 청산절차가 법률에 의해서 엄격하게 정해져 있는 경우이다. 아래에서는 법정청산에 대해서 설명한다. ③ 관련 규정: 회사의 청산에는 합명회사의 청산에 관한 규정(상245~267)의 일부가 준용된다(상542①).

### 2. 청산인

(1) 의의 [6-521]

청산인은 청산회사의 청산업무를 집행하는 상설기관이다(통설). 회사의 청산이 개시되면 청산업무의 집행과 관계 없는 주주총회와 감사는 존속하고 검사인도 선임이 가능하다. 하지만 이사는 지위를 상실하고 그 대신에 청산인이 청산업무를 관장한다. 청산인은 1인도 무방하고, 다만 이 경우는 그가 당연히 대표청산인이 된다(판례). 감사는 청산인을 겸할 수 없다(상542②,411). 청산인은 법이 정한 임기제한이 없다. 청산인은 이사와 마찬가지로 회사와 위임관계에 있다(상542②,382②). 청산인에 관해서는 이사에 관한 규정의 일부가 준용된다(상542②).

### (2) 청산인회 · 대표청산인 [6-522]

① 청산인회: 청산회사에서는 청산인회가 이사회를 대신한다. 청산인회는 청산업무의 집행에 관한 의사결정을 한다(상542②,393). ② 대표청산인: 청산회사에서는 대표청산인이 대표이사를 대신한다. 대표청산인은 청산인회의 의사결정에 따라 청산업무에 관한 재판상 또는 재판 외의 모든 행위를 할 권한이 있다(상542②,389③,209). 해산 전의 회사의 이사가 청산인이 된 경우 종전의 대표이사가 대표청산인이 되고, 법원이 수인의 청산인을 선임하는 경우 대표청산인을 정할 수 있으며(상542②,255), 그 밖의 경우는 청산인회의 결의로 정한다(상542②,389①). ③ 관련 규정: 청산인회와 대표청산인에 관해서는 이사회와 대표이사에 관한 규정의 일부가 준용된다(상542②).

### (3) 선임 [6-523]

① 이사가 당연히 청산인이 되는 것이 원칙이다(상531①본). 다만, 정관에 다른 정함이 있거나 주주총회에서 타인을 선임한 경우에는 이에 따른다(상531①단). 이러한 청산인이 없는 경우 법원은 이해관계인의 청구에 의해 청산인을 선임한다(상531②). 또한 해산사유가 해산명령 또는 해산판결인 경우 법원이 주주 기타의 이해관계인이나 검사의 청구에 의해 또는 직권으로 청산인을 선임한다(상542①,252). ② 주주총회에서 청산인을 선임하거나 이사가 청산인이 된 경우 그 선임결의에 하자가 있으면 주주총회결의취소 · 무효확인의 소(상376,380)를 제기할 수 있는데, 이 경우 청산인의 직무집행정지 또는 직무대행자를 선임할 수 있다(상542②,407,408).

### (4) 종임 [6-524]

① 임기만료: 이는 청산인의 전형적인 종임사유이다. ② 위임종료: 청산인

은 회사와 위임관계에 있으므로(상542②,382②), 민법상 위임의 종료사유에 의해 종임된다. 따라서 청산인의 사임, 사망, 파산, 성년후견개시의 심판 등에 의해 청산인의 임기가 종료된다(민689,690). 다만, 청산인이 부득이한 사유 없이 회사의 불리한 시기에 사임한 경우에는 그 손해를 배상해야 한다(민689②). ③ 해임: 청산인은 법원이 선임한 경우 이외에는 언제든지 주주총회결의로 해임할 수 있다(상539①). 청산인의 업무집행이 현저하게 부적임하거나 중대한 임무에 위반한 행위가 있으면 발행주식총수의 3% 이상을 가진 주주는 법원에 청산인의 해임을 청구할 수 있다(상539②). ④ 결원 시 조치: 법률 또는 정관에 정한 청산인의 수에 부족한 경우 퇴임청산인(임기의 만료 또는 사임으로 퇴임한 청산인)은 새로 선임된 청산인이 취임할 때까지 청산인의 권리의무가 있다(상542②,386①). 법률 또는 정관에 정한 청산인의 수에 부족한 경우 필요하다고 인정할 때에는 법원은 청산인, 감사 기타의 이해관계인의 청구에 의해 임시청산인(일시적으로 청산인의 직무를 수행할 자)을 선임할 수 있다(상542②,386②).

### (5) 직무 [6-525]

**1) 의의** 청산인의 기본직무는 ① 현존사무의 종결 ② 채권의 추심과 채무의 변제 ③ 재산의 환가처분, 그리고 ④ 잔여재산의 분배이다(상542①,254①). 이러한 직무와 관련하여 상법은 아래와 같이 좀 더 세부적인 사항을 규정하고 있다.

**2) 재산상태조사 관련** 청산인은 취임한 후 지체 없이 회사의 재산상태를 조사하여 재산목록과 대차대조표를 작성하고 주주총회의 승인을 얻어야 한다(상533①). 청산인은 그 승인을 얻은 후 지체 없이 재산목록과 대차대조표를 법원에 제출해야 한다(상533②).

**3) 정기주주총회 관련** 청산인은 정기주주총회의 회일로부터 4주간 전에 대차대조표 및 그 부속명세서와 사무보고서를 작성하여 감사에게 제출해야 한다(상534①). 감사는 정기주주총회의 회일로부터 1주간 전에 이 서류에 관한 감사보고서를 청산인에게 제출해야 한다(상534②). 청산인은 정기주주총회의 회일의 1주간 전부터 이 서류와 감사보고서를 본점에 비치해야 한다(상534③). 주주와 회사채권자는 영업시간 내에 이 서류와 감사보고서를 열람할 수 있으며 그 등본

또는 초본의 교부를 청구할 수 있다(상534④,448②). 청산인은 대차대조표 및 사무보고서를 정기주주총회에 제출하여 그 승인을 요구해야 한다(상534⑤).

4) **채권자에 대한 변제** ① 채권자에 대한 최고: 청산인은 취임일로부터 2개월 내에 회사채권자에게 일정한 기간(2개월 이상이어야 한다) 내에 채권을 신고할 것과 신고하지 않으면 청산에서 제외될 뜻을 2회 이상 공고로써 최고해야 한다(상535①). 청산인은 알고 있는 채권자에게는 각별로 채권신고를 최고해야 하고 그 채권자가 신고하지 않아도 청산에서 제외하지 못한다(상535②). 소송이 제기된 채무의 채권자는 알고 있는 채권자에 해당한다(판례). ② 신고기간 내의 변제금지: 청산인은 위 ①의 신고기간 내에는 채권자에게 변제하지 못하고, 다만 회사는 변제지연으로 인한 손해배상책임을 진다(상536①). 이는 변제재산이 부족한 경우 채권자평등의 원칙에 따른 공평한 변제를 위해서이다. 이에 불구하고 청산인은 소액채권, 담보채권 등과 같이 변제로 다른 채권자를 해할 염려가 없는 채권은 법원의 허가를 얻어 변제할 수 있다(상536②). ③ 변제기 전의 변제: 청산인은 변제기에 이르지 않은 채무도 변제할 수 있지만, 다만 이 경우 변제기까지의 이자를 공제해야 하고 가액이 불확정한 채권(조건부채권, 존속기간이 불확정한 채권 등)은 법원이 선임한 감정인의 평가에 의해 변제해야 한다(상542①,259). ④ 청산에서 제외된 채권자에 대한 변제: 채권신고기간 내에 신고하지 않아서 청산에서 제외된 채권자는 분배되지 않은 잔여재산에만 변제를 청구할 수 있다(상537①). 일부의 주주에게 재산분배를 한 경우 그와 동일한 비율로 다른 주주에게 분배할 재산은 분배되지 않은 잔여재산에서 공제한다(상537②). 이미 잔여재산분배가 완료되면 청산에서 제외된 채권자는 권리행사를 할 수 없다는 점을 고려한 것이다.

5) **잔여재산분배** 청산인은 회사의 채무를 완제한 후가 아니면 회사재산을 주주에게 분배하지 못하고, 다만 다툼이 있는 채무는 그 변제에 필요한 재산을 보류하고 잔여재산을 분배할 수 있다(상542①,260). 잔여재산은 주주평등의 원칙에 따라 각 주주가 가진 주식의 수에 따라 분배해야 하고, 다만 잔여재산의 분배에 관해 내용이 다른 종류주식이 있는 경우에는 그렇지 않다(상538).

### 3. 청산의 종결 [6-526]

① 종결시기: 청산은 청산업무를 종결한 때 종결되며, 청산업무가 남아 있

는 한 청산종결의 등기가 되더라도 청산이 종결된 것은 아니다(통설). 따라서 청산업무가 남아 있는 한 청산회사는 그 범위 내에서 권리능력과 당사자능력이 유지된다(판례). ② 결산보고서: 청산업무를 종결한 경우 청산인은 지체 없이 결산보고서를 작성하고 주주총회의 승인을 얻어야 한다(상540①). 이 승인이 있으면 회사는 청산인에게 그 책임을 해제한 것으로 보고, 다만 청산인의 부정행위는 그렇지 않다(상540②). ③ 청산종결의 등기: 청산인은 결산보고서에 대한 주주총회의 승인이 나면 청산종결의 등기를 해야 한다(상542①,264). ④ 서류의 보존: 회사의 장부 기타 영업과 청산에 관한 중요한 서류는 본점소재지에서 청산종결의 등기를 한 후 10년간 보존해야 하고, 다만 전표 또는 이와 유사한 서류는 5년간 보존해야 한다(상541①).

# 제 3 절 다른 유형의 회사

## 제 1 관 유한회사

### Ⅰ. 의의 [6-527]

유한회사는 균등한 비례적 단위의 출자로 구성된 자본금을 갖고 사원이 유한책임을 지며 사원의 구성이 폐쇄적이고 자치적인 회사이다. 자본금과 유한책임은 주식회사적 요소이고, 사원의 폐쇄성과 자치성은 인적회사적 요소이다. 그리하여 유한회사는 주식회사를 기본으로 인적회사를 다소 가미한 회사라고 인식되며, 그 속성은 물적회사에 속한다.

유한회사의 주요한 특징은 다음과 같다. ① 사원은 간접·개별·유한책임을 진다(상212). ② 소유와 경영이 분리된다. 다만, 소규모 폐쇄회사를 전제로 하여 그 기관 및 운용이 간소하다. ③ 물적회사로서 사원은 지분을 자유롭게 타인에게 양도할 수 있는 것이 원칙이다(상556). ④ 유한회사는 주식회사에 관한 규정이 다수 준용된다(상560 등).

## Ⅱ. 설립 [6-528]

### (1) 의의

유한회사의 설립을 위해서는 사원이 되려는 자가 모두 설립절차에 참여하되(이 점에서 주식회사의 발기설립[6-39]과 유사하다), 설립절차는 간소화되어 있다.

### (2) 정관작성

① 사원은 정관을 작성해야 하며(상543), 사원의 수는 1인 이상이면 충분하다(통설). 정관에 자본금의 총액을 기재해야 하며(상543②(2)), 따라서 유한회사의 자본금은 확정자본금 제도에 따른다(이 점이 수권자본금 제도를 취하는 주식회사와 차이다). ② 정관의 기재사항에는 변태설립사항(상544)이 있으나, 주식회사와 달리 변태설립사항과 관련하여 법원이 관여하는 제도(검사인의 선임, 변경처분 등)가 없다. 이는 아래 (6)의 출자전보책임으로 대체된다.

### (3) 기관선임

이사는 정관에서 정할 수 있으며, 정관에 정함이 없으면 회사성립 전에 사원총회에서 선임한다(상547①). 감사는 선임 여부를 정관으로 정할 수 있는 임의기관이다(상568①).

### (4) 출자의 이행

정관에 각 사원의 출자좌수를 기재해야 하고(상543②(4)), 출자는 전액납입되어야 한다(상548①). 사원의 유한책임으로 인해 자본금 충실이 요구되고, 따라서 노무 또는 신용의 출자는 허용되지 않는다(통설).

### (5) 설립등기

설립등기를 마치면 회사가 설립된다(상549,172).

### (6) 설립책임

① 설립에 대한 감독(변태설립사항에 대한 법원의 관여 등)을 하지 않는 대신에 출자전보책임을 통해서 보완한다. 현물출자 또는 재산인수(이는 회사의 성립을 조건으로 제3자로부터 일정한 재산을 양수하기로 약정하는 계약이다)의 목적인 재산이 과대평가된 경우 그 부족분에 대해 회사성립 당시의 사원이 연대책임을 지고, 이 책임은 면제

하지 못한다(상550). 이 책임은 자본금 충실을 위한 무과실책임이다(통설). ② 회사 성립 후에 현금·현물출자가 이행되지 않은 부분이 발견되면 회사성립 당시의 사원, 이사와 감사는 미이행분에 연대책임이 있으며, 이 경우 사원의 책임은 면제하지 못하고 이사와 감사의 책임은 총사원의 동의가 없으면 면제하지 못한다(상551). 이 책임도 자본금 충실을 위한 무과실책임이다(통설). ③ 사원의 책임은 종국적으로 자신이 부담해야 할 자본금 충실의 책임이므로 면제하지 못하게 하고, 이사와 감사의 책임은 회사의 수임인으로서 지는 책임[이사는 사원으로 하여금 출자의무를 이행하게 할 책임이 있고(상548), 감사는 이를 조사할 책임이 있다]이므로 총사원의 동의로 면제할 수 있게 한 것이다.

(7) 설립의 하자

설립의 하자는 회사관계의 단체적 성질과 거래안전을 고려하여 설립무효·취소의 소로만 다툴 수 있다(상552①). 설립취소의 소도 인정한다는 점은 주식회사와 다르고 합명회사와 같다. 이는 유한회사가 소규모 폐쇄회사를 지향하므로 사원의 개성이 어느 정도 중시된다는 점을 고려한 것이다.

## Ⅲ. 사원 [6-529]

(1) 자격과 수

사원의 자격과 수에는 제한이 없다(통설). 종래에는 사원이 50인 이하라는 제한이 있었지만 2011년의 상법 개정으로 폐지되었다.

(2) 권리의무

주식회사의 사원과 기본적으로 유사한 권리를 갖고 있으나, 소규모 폐쇄회사를 지향하는 유한회사의 특성상 주주제안권(상363의2)이 준용되지 않는 등 일부 차이가 있다. 의무의 측면에서 보면, 유한회사의 사원은 상법에 다른 규정이 없는 한 간접·개별·유한책임을 진다(상553). 상법에 다른 규정에 따르면, 사원은 회사설립(상550,551), 증자(상593), 그리고 조직변경(상607④) 시에 출자전보책임도 진다. 출자전보책임에 대해서는 위 Ⅱ.에서 살펴보았고, 이는 주식회사와 다른 점이다.

(3) 지분

① 지분은 사원권(사원의 지위)을 의미한다. 자본금이 '균등한 비례적 단위'(출자좌수)로 구분되고, 출자 1좌의 금액은 100원 이상이어야 한다(상543②(4),546). 각 사원은 그 출자좌수에 따라 지분을 가진다(상554). 요컨대, 지분복수주의가 적용된다(지분복수주의는 각 사원이 출자좌수에 따라 지분을 갖지만, 지분단일주의는 각 사원이 1개의 지분을 갖는다). ② 사원은 출자금회수를 위해 원칙상 지분양도를 할 수 있고, 다만 정관으로 이를 제한할 수 있다(상556). 사원의 지분을 표창한 지시식·무기명식의 증권을 발행하지 못하게 하여(상555), 증권화를 통한 지분양도는 제한하고 있다. 사원명부에 명의개서를 하지 않으면 지분양도를 회사와 제3자에게 대항하지 못한다(상557). 이는 주식회사의 주주명부상 명의개서와 같다. ③ 지분은 질권의 목적으로 할 수 있다(상559①).

## Ⅳ. 기관

### 1. 의의 [6-530]

유한회사는 소규모 폐쇄회사를 지향하므로 주식회사에 비해 기관이 간소화되어 있다. 필수기관으로는 의사결정기관으로 사원총회와 업무집행기관·대표기관으로 이사가 있다. 이사회는 없고, 이사가 수인인 경우 다수결의 결의가 요구된다. 이사가 업무를 집행하고 회사를 대표한다. 그리고 감사는 임의기관이다.

### 2. 사원총회 [6-531]

(1) 개념

사원총회는 사원 전원으로 구성된 필요적 최고의사결정기관이다.

(2) 권한

주주총회는 상법 또는 정관에서 정하는 사항에 한해서 결의할 수 있는 권한이 있지만(상361), 유한회사에는 이러한 결의사항의 제한이 없다. 소규모 폐쇄회사라는 특성으로 인해 사원의 경영참여를 강화하려는 취지로 이해할 수 있다.

(3) 소집

주식회사에 비해 사원총회의 소집절차가 간소화(가령 통지기간을 1주간 전으로 단축)되어 있다(상571).

(4) 의결권

각 사원은 출자에 비례한 수만큼 의결권을 갖는 것이 원칙이나, 정관으로 의결권의 수에 관해 다른 정함을 할 수 있다(상575). 가령 출자 1좌에 복수의결권을 부여하는 것도 가능하다(통설). 다만, 사원의 의결권을 완전히 박탈하는 것은 허용되지 않는다(통설). 그리고 사원총회의 의결권에 관한 사항은 주주총회의 의결권에 관한 규정이 대부분 준용된다(상578).

(5) 결의요건

사원총회의 결의요건은 보통결의, 특별결의, 특수결의로 구분된다(주주총회의 결의요건과 비교할 때 보통결의 및 특별결의가 조금 다르다). ① 보통결의는 정관 또는 상법에 다른 규정이 있는 경우 이외에 적용되고, 총사원의 의결권의 과반수를 갖는 사원이 출석하고 그 의결권의 과반수로써 하는 결의이다(상574). ② 특별결의는 총사원의 반수 이상이며 총사원의 의결권의 4분의 3 이상을 가지는 자의 동의로 하는 결의이다. 가령 정관변경에 특별결의가 필요하다(상584,585①). ③ 특수결의는 총사원의 동의에 의한 결의이다. 가령 유한회사의 주식회사로의 조직변경에 특수결의가 필요하다(상607①본).

(6) 결의방법

사원총회를 개최해서 결의를 하는 것이 가능함은 물론이고, 서면결의도 가능하다. 즉, 총사원의 동의가 있는 때에는 실제로 사원총회를 개최하지 않고 서면에 의한 결의를 할 수 있다(상577①). 이는 주식회사의 경우 소규모회사(자본금이 10억 원 미만인 회사)에 적용되는 특칙(상363④)인데, 이를 유한회사에도 적용하는 것이다. 서면결의는 서면투표(실제로 주주총회는 개최되지만 출석하지 않고 서면으로 의결권만 행사하는 제도)(상368의3)와 다르다.

### 3. 이사

#### (1) 의의 [6-532]

이사는 유한회사의 필요적 업무집행기관이자 대표기관이다. 이런 의미에서 이사는 주식회사의 대표이사의 역할을 수행한다.

#### (2) 선임·종임 [6-533]

이사는 원칙상 사원총회결의에 의하고(상567,382①), 다만 회사설립 시의 이사는 정관으로 정하는 것도 가능하다(상547①). 이사의 수·자격·임기는 제한이 없다. 이사의 해임 및 결원 시의 조치는 주식회사의 규정(상385,386,407,408)을 준용한다(상567).

#### (3) 권한 [6-534]

이사가 업무를 집행하고 회사를 대표한다.

1) **업무집행권** 이사는 업무집행에 관한 의사결정권과 그에 따른 업무집행권을 갖는다(주식회사의 경우 업무집행에 관한 주요 의사결정권은 이사회가 갖고 나머지는 대표이사가 갖는다). ① 이사가 1인이면 의사결정권은 단독으로 행사한다. 이사가 수인인 경우 정관에 다른 정함이 없으면 회사의 업무집행, 지배인의 선임·해임, 지점의 설치·이전·폐지는 이사 과반수의 결의에 의해야 한다(상564①). 사원총회도 지배인을 선임·해임할 수 있다(상564②)[지배인은 영업에 관한 모든 권한을 갖고 있다는 점(상11)을 고려하여, 사원총회가 원하는 경우 그 선임·해임을 할 수 있게 한 것이다]. ② 업무집행권은 이사 각자가 수행한다.

2) **대표권** 이사가 업무집행권을 가지므로 이사가 회사를 대표한다(상562①). 다만, 이사가 수인인 경우 정관에 다른 정함이 없으면 사원총회에서 회사를 대표할 이사를 선정해야 한다(상562②). 정관 또는 사원총회는 수인의 이사가 공동으로 회사를 대표할 것을 정할 수 있다(상562③).

#### (4) 의무와 책임 [6-535]

① 의무: 이사는 회사와 위임관계에 있으므로 회사에 선관의무를 부담한다(상567,382②). 이에 따라 경업·겸직금지(상567,397)와 자기거래금지(상564③)가 이사에게 적용된다. 다만, 주식회사의 이사에게 적용되는 회사기회의 유용금지(상397의2)

는 적용이 없다. ② 책임: 이사의 손해배상책임은 주식회사의 이사와 같다(상567,399~401). 주식회사의 이사와 다른 점은 출자전보책임이다(주식회사의 이사는 신주발행과 관련하여 외관책임 성격의 인수담보책임[6-368]을 진다). 즉, 유한회사의 이사는 회사설립(상551), 증자(상594), 그리고 조직변경(상607④) 시에 출자전보책임을 진다(다만, 이 책임은 총사원의 동의로 면제할 수 있다)는 점에 차이가 있다. 이는 자본금 충실을 위한 인수·납입담보의 책임이다(통설).

### 4. 감사 [6-536]

① 감사: 유한회사는 정관에 의해 1인 또는 수인의 감사를 둘 수 있다(상568①). 감사는 주식회사와 달리 임의기관인 것이다. 감사를 둔 경우에 이에 대해서는 주식회사의 감사에 관한 규정이 대부분 준용된다(상570). 위 3.에서 기술한 이사의 출자전보책임은 감사에게도 그대로 적용된다(상551,594,607④). ② 검사인: 유한회사에도 주식회사와 같은 검사인 제도가 있으며(상578,367,582), 다만 주식회사와 달리 변태설립사항을 조사하기 위한 검사인 제도는 없다.

## Ⅴ. 회사의 계산과 자본금의 변동

### 1. 회사의 계산 [6-537]

유한회사의 사원은 원칙상 유한책임을 부담하므로 주식회사의 계산에 관한 규정을 대부분 준용하고 있다(상583). 가령 이익배당은 배당가능이익이 있는 경우에만 할 수 있다(상583①,462).

### 2. 자본금의 변동

#### (1) 의의 [6-538]

유한회사는 자금조달의 기동성을 중시하지 않는다. 따라서 사채를 발행할 수 없고(상604①단), 자본금의 변동은 사원총회특별결의에 의한 정관변경의 절차(상584,585)를 거쳐야 하는데, 이는 주식회사와 다른 점이다.

#### (2) 자본금의 증가 [6-539]

**1) 의의** 증자(자본금의 증가)의 방법은 출자좌수의 증가와 출자 1좌의 금액의 증가가 있는데, 후자는 유한책임의 원칙상 총사원의 동의를 요한다. 상법은 전자를 중심으로 다음과 같이 규정하고 있다.

**2) 출자인수권** 출자좌수를 증가시키게 되면 기존 사원의 지분희석화 문제가 등장한다. 이를 고려하여 원칙상 사원이 신주인수권을 갖는다(상588본). 이처럼 사원배정이 원칙이나, 제3자배정도 가능하다. 즉, 정관을 변경하는 사원총회결의로써(출자는 정관의 절대적 기재사항이므로) 제3자에게 출자인수권을 부여하기로 한 경우(상584,585,586(3)), 또는 미리 사원총회의 특별결의에 의해 장래의 증자 시에 특정한 제3자에게 출자인수권을 부여하기로 한 경우(상587)는 사원이 출자인수권을 갖지 못한다(상588단). 유한회사에서 제3자배정은 정관에 제3자배정을 할 수 있다는 근거규정을 두지 않은 경우에도 가능하다는 점, 신기술의 도입·재무구조의 개선 등과 같은 경영상 목적의 요건을 요구하지 않는다는 점 등에서 주식회사의 제3자배정(상418②)과는 다르다.

**3) 절차** ① 사원총회결의: 확정자본금 제도가 채택되어 있는 유한회사에서는 자본금 총액이 정관의 절대적 기재사항이므로(상543②(2)), 자본금의 증가를 위해서는 사원총회특별결의에 의한 정관변경의 절차(상584,585)를 거쳐야 한다. 이 결의에서는 정관에 다른 정함이 없더라도 현물출자, 재산인수, 제3자배정을 정할 수 있다(상586). ② 인수: 정관상 자본금총액이 변경되었으므로 그 증자분에 해당하는 출자좌수의 인수가 반드시 이루어져야 한다. 출자인수를 하고자 하는 자는 인수를 증명하는 서면에 인수할 출자좌수와 주소를 기재하고 기명날인(또는 서명)해야 한다(상589①). 광고 기타의 방법에 의하여 출자인수인을 공모할 수는 없다(상589②). ③ 납입: 증자분의 인수와 함께 그 납입도 반드시 이루어져야 한다. 이사는 출자인수인이 출자전액을 납입하게 해야 한다(상596,548). ④ 변경등기: 출자전액이 납입되고 현물출자가 이행된 후 자본금증가로 인한 변경등기를 해야 한다(상591). 자본금증가는 이 변경등기를 함으로써 효력이 발생하고(상592), 이 때부터 출자인수인은 사원의 지위를 갖는다. 다만, 이익배당에 관해서 출자인수인은 출자납입일 또는 현물출자이행일로부터 사원과 동일한 권리를 갖

는다(상590).

4) **출자전보책임** 자본금증가의 경우 사원, 이사 및 감사는 출자전보책임을 진다(상593,594). 이는 회사설립 시에 사원, 이사 및 감사가 지는 출자전보책임과 그 내용이 같다.

5) **증자무효의 소** 자본금증가의 무효는 소로만 다툴 수 있고, 여기에는 주식회사의 신주발행무효의 소에 관한 규정(상430~432)이 준용된다(상595).

#### (3) 자본금의 감소 [6-540]

자본금감소를 위해서는 출자좌수를 감소시키거나 출자 1좌의 금액을 감소시키면 된다. 전자는 지분을 소각 또는 병합하고, 후자는 출자의 일부를 환급하게 된다. 자본금감소는 정관변경이 필요하므로 사원총회의 특별결의가 요구된다(상법584,585). 또한 책임재산을 감소시키는 것이므로 채권자보호절차를 거쳐야 한다(상597,439②). 자본금감소의 무효는 소로만 다툴 수 있고, 여기에는 주식회사의 감자무효의 소에 관한 규정(상445,446)이 준용된다(상597).

## 제 2 관 합명회사

### Ⅰ. 의의 [6-541]

합명회사는 2인 이상의 무한책임사원으로 구성된 회사이다. 합명회사는 사원 간 신뢰에 기초한 회사로서 사원이 기업의 위험을 전적으로 부담하므로 사원의 개성이 중시되는 전형적인 인적회사이다.

합명회사의 주요한 특징은 다음과 같다. ① 사원은 직접·연대·무한책임을 진다(상212). ② 사원의 수가 적고 경영에 직접 참여하므로 소유와 경영이 일치한다. ③ 사원이 지분을 양도하려는 경우 다른 사원의 동의가 필요하다(상197). ④ 합명회사가 법인으로 규정되어 있으나(상169), 그 경제적 실질은 조합에 가깝기 때문에 회사의 내부관계에는 민법상 조합에 관한 규정(민703~724)[1-137]이 준용된다(상195).

## Ⅱ. 설립 [6-542]

### (1) 정관작성·설립등기

합명회사의 설립절차는 비교적 간단해서 정관의 작성과 설립등기를 하면 된다. 즉, 2인 이상의 사원이 공동으로 정관을 작성해야 한다(상178). 정관에는 절대적 기재사항(목적, 상호, 사원, 출자 등)을 기재해야 한다(상179). 합명회사는 설립등기를 함으로써 성립한다(상172). 회사는 다른 회사의 무한책임사원이 되지 못하므로(상173) 합명회사의 사원이 될 수 없다.

### (2) 출자 및 기관

① 합명회사는 사원이 무한책임을 지므로 설립단계에서 정관에 출자에 관한 사항(사원의 출자의 목적과 가격 또는 그 평가의 표준)을 기재하는 것으로 충분하며 출자의 이행까지는 요구되지 않는다. 사원이 출자의무를 이행하지 않으면 제명사유가 된다(상287의27,220①(1)). ② 사원이 합명회사의 업무집행기관과 대표기관이 되므로 설립단계에서 기관을 구성하는 절차도 요구되지 않는다.

### (3) 설립의 하자

① 합명회사의 설립의 하자는 회사관계의 단체적 성질과 거래안전을 고려하여 설립무효·취소의 소로만 다툴 수 있다(상184). 주식회사와 달리 설립취소의 소가 허용되는 것은 합명회사에서는 사원의 개성이 중시되므로 사원 개인의 설립행위에 취소사유가 존재하는 경우 이에 따른 설립취소를 인정하기 위해서이다. ② 사원이 채권자를 해할 것을 알고 합명회사를 설립한 경우 채권자는 그 사원과 회사에 대한 소로 회사의 설립취소를 청구할 수 있다(상185). ③ 설립무효·취소의 판결이 확정된 경우 무효·취소의 원인이 특정한 사원에 한정된다면 다른 사원 전원의 동의로써 회사를 계속할 수 있고, 무효·취소의 원인이 있는 사원은 퇴사한 것으로 본다(상194①②). ④ 나머지 소에 관련된 내용(상186~193)은 주식회사의 설립무효의 소[6-68]에서 살펴본 바 있다.

## Ⅲ. 내부관계

### 1. 출자 [6-543]

① 개념: 출자는 사원이 사원의 자격에서 회사에 재산을 제공하는 것을 가리킨다. 각 사원은 출자의무를 부담한다(상179(4),195,민703). ② 방법: 사원의 무한책임으로 인해 회사재산의 확보가 중시되지 않으므로, 사원의 출자는 금전 또는 현물에 한정되지 않고 노무(민법703②)와 신용도 가능하다(통설). 출자의 방법은 정관에 정하는 바에 따른다(상179(4)). ③ 이행시기: 출자이행의 시기는 정관에 정하는 바에 따른다(상179(4)). ④ 불이행: 출자의무를 이행하지 않으면 민법상 채무불이행(민390)이 되고, 사원의 제명(상220①(1)), 업무집행권·대표권의 상실사유(상205,216)가 된다.

### 2. 지분 [6-544]

#### (1) 개념

지분이란 사원권(사원의 지위)을 의미한다(상197 등). 지분은 사원권을 환가한 금액을 가리키기도 하는데(상222 등), 여기서는 사원권으로서의 지분에 대해 살펴본다. 사원권에는 회사에 대한 공익권(업무집행권, 대표권 등)과 자익권(이익배당청구권 등)이 포함된다.

#### (2) 지분단일주의(두수주의)

합명회사의 각 사원은 1개의 지분을 가지며, 다만 출자의 크기에 따라 지분의 크기는 다를 수 있다. 주식과 달리 지분은 균등한 비례적 단위로 나뉘지 않는데, 합명회사의 사원은 인적 개성이 중시되므로 지분의 유통성이 높지 않기 때문이다.

#### (3) 양도

① 사원이 무한책임을 통해서 회사의 위험을 전적으로 부담하므로 사원의 개성이 중시된다. 만약 지분의 양수인이 자력이 약하다면 다른 사원의 위험부담이 커진다. 따라서 사원이 지분을 양도하려면 다른 사원 전원의 동의가 필요하다(상197). 이는 강행규정으로서 정관으로도 완화할 수 없다(통설). ② 지분의 일부

양도가 가능하며(상197), 이 경우 양수인이 기존사원이면 그의 지분이 증가하고 기존사원이 아니면 신입사원이 된다(통설). ③ 지분양도는 등기사항(상180(2))의 변경이므로 이에 대한 변경등기를 해야 한다(상183). 회사채권자의 보호를 위해서 지분의 양도인은 등기 전에 생긴 회사채무에 대해 등기 후 2년 내에는 다른 사원과 동일하게 무한책임을 진다(상225②).

(4) 상속

합명회사는 사원의 개성과 사원 간 신뢰를 중시하므로 원칙상 지분의 상속이 가능하지 않다. 사원의 사망은 퇴사원인(상218(3))이므로 상속인은 지분환급청구권(상222)을 가질 뿐이다. 다만, 정관으로 상속인이 피상속인의 지분을 상속하여 사원이 될 수 있다고 정할 수 있다(상219①).

(5) 지분의 압류

지분의 압류는 사원의 이익배당청구권과 지분환급청구권에도 그 효력이 있다(상223). 지분을 압류한 채권자는 6개월 전에 미리 예고하고 영업연도 말에 그 사원을 퇴사시킬 수 있으며, 다만 이 예고는 사원이 변제를 하거나 상당한 담보를 제공하면 그 효력을 잃는다(상224①②). 이러한 퇴사제도는 채권자가 사원퇴사에 따른 지분환급청구권에 질권을 행사해서 채무의 변제를 받으려는 경우에 활용된다.

(6) 지분의 입질

민법의 일반원칙에 따라 지분에 대한 권리질(민법345)을 인정한다(통설).

### 3. 기관 [6-545]

(1) 소유와 경영의 일치

사원이 무한책임을 통해서 기업의 위험을 전적으로 부담하므로 합명회사는 소유와 경영이 일치하는 것이 원칙이다. 즉, 사원은 각자가 업무를 집행하고 회사를 대표하는 것이 원칙이다(상200①,207). 사원이 '자기기관'으로서 직접 회사기관의 역할을 수행하는 것이다.

### (2) 의사결정

업무집행에 관한 의사결정 중에서 중요한 것은 사원의 결의로 하고 나머지 의사결정은 업무집행기관이 한다(통설). 사원의 결의는 두수주의에 따라 1인 1의결권이며(통설), 의결권의 과반수로 정하되(상195,민706②), 예외적으로 총사원의 동의가 필요한 경우도 있다(상197 등). 사원의 결의가 필요한 경우 사원총회는 존재하지 않으므로 각 사원의 의사를 확인하는 방법을 취하면 충분하다(판례·통설).

### (3) 업무집행기관

원칙상 각 사원이 별도의 선임절차 없이 업무집행기관이 된다(상200①). 다만, 정관으로 사원의 1인 또는 수인을 업무집행사원으로 정하면 그가 업무집행을 한다(상201①). 이 경우 다른 사원은 업무집행권이 없고 감시권을 갖는다. 업무집행사원은 정당한 사유 없이 사임하지 못하며, 다른 사원의 일치가 있으면 해임할 수 있다(상195,708). 각 사원이 업무집행에 현저하게 부적임하거나 중대한 의무를 위반한 경우 법원은 다른 사원의 청구에 의해 업무집행권한의 상실을 선고할 수 있다(상205①). 업무집행자의 직무집행정지와 직무대행자 제도가 적용된다(상183의2,200의2).

### (4) 업무집행방법

① 사원(또는 업무집행사원)은 각자 독립하여 업무를 집행한다(통설). 다만, 각 사원(또는 업무집행사원)의 업무집행에 다른 사원(또는 다른 업무집행사원)의 이의가 있으면 곧 그 집행행위를 중지하고 총사원(또는 총업무집행사원)의 과반수의 결의에 따라야 한다(상200②,201②). ② 정관으로 공동업무집행사원을 정한 경우는 공동으로 업무집행을 해야 하고, 다만 지체할 염려가 있는 경우는 그렇지 않다(상202). ③ 지배인의 선임·해임은 정관에 다른 정함이 없으면 업무집행사원이 있는 경우에도 총사원의 과반수의 결의에 의해야 한다(상203). 지배인은 영업에 관한 모든 권한을 갖고 있다는 점(상11)을 고려한 것이다.

### (5) 감시

합명회사에는 감사가 없다. 합명회사에서는 각 사원이 회사의 업무와 재산상태를 언제든지 검사할 수 있다(상195,민710).

### 4. 회사와 사원의 이익상충 [6-546]

각 사원이 업무집행권과 감시권을 갖는데 경업·겸직 또는 자기거래를 하면 이익상충(자신의 지위를 이용하여 회사이익의 희생하에 자신 또는 제3자의 이익을 추구)으로 인해 회사에 손해를 끼칠 수 있다. ① 경업·겸직 제한: 사원은 다른 사원의 동의가 없으면 자기 또는 제3자의 계산으로 회사의 영업부류에 속하는 거래를 하지 못하며 동종영업을 목적으로 하는 다른 회사의 무한책임사원 또는 이사가 되지 못한다(상198①). ② 자기거래 제한: 사원은 다른 사원 과반수의 결의가 있는 때에 한하여 자기 또는 제3자의 계산으로 회사와 거래를 할 수 있다(상199).

### 5. 손익의 분배 [6-547]

합명회사에는 사원이 무한책임을 지므로 자본금 충실의 원칙이 없다. 따라서 자본금 충실을 고려하여 손익분배를 법적으로 제한하는 제도가 없고, 손익분배는 정관 또는 사원결의로 정할 문제이다(통설). 다만, 손익분배의 비율을 정하지 않은 경우 각 사원의 출자가액에 비례하여 정하고, 손익분배의 비율을 정한 경우 그 비율은 손익에 공통된 것으로 추정한다(상195,민711). 이는 임의규정이다(통설).

### 6. 정관의 변경 [6-548]

정관의 변경에는 총사원의 동의가 있어야 한다(상204). 합명회사가 전형적인 인적회사라는 점을 고려하여 총사원의 동의를 요구하는 것이다.

## Ⅳ. 외부관계

### 1. 회사의 대표 [6-549]

① 대표기관: 각 사원이 업무집행권을 가지므로 각 사원이 회사를 대표한다(상207). 업무집행사원을 정한 경우는 각 업무집행사원이 회사를 대표하고, 다만 정관 또는 총사원의 동의로 업무집행사원 중에서 특히 회사를 대표할 자를 정할 수 있다(상207). ② 대표권: 대표권은 회사의 영업에 관해 재판상 또는 재판 외의

모든 행위를 할 권한을 의미한다(상209①). 회사를 대표하는 사원이 대표권에 따라 대표행위를 하면 이는 회사의 행위로 된다. 대표권에 대한 제한은 선의의 제3자에게 대항하지 못한다(상209②). ③ 대표방법: 사원(또는 업무집행사원)은 각자 독립하여 회사를 대표한다(통설). 다만, 정관 또는 총사원의 동의로 수인의 사원(또는 업무집행사원)이 공동으로 회사를 대표할 것을 정할 수 있다(상208①). ④ 불법행위: 회사를 대표하는 사원이 그 업무집행으로 인해 타인에게 손해를 가하면 회사는 그 사원과 연대하여 손해를 배상할 책임이 있다(상201). 이는 기본적으로 회사의 책임이지만 피해자를 두텁게 보호하기 위해서 대표사원에게도 연대책임을 지운 것이다.

### 2. 사원의 책임 [6-550]

#### (1) 직접·연대·무한책임

사원은 대외적으로 직접·연대·무한책임을 진다(상212). 즉, 사원은 회사채무에 대해 회사재산으로 완제할 수 없을 때 자신의 재산으로 다른 사원과 연대하여 채권자에게 직접 책임을 진다. 이는 사원이 내부적으로 지는 출자의무 또는 손실분담의무와는 다르다.

#### (2) 성립시기

회사채무가 성립되면 사원의 책임도 성립한다(판례).

#### (3) 부종성

회사채무는 회사재산으로 변제하는 것이 원칙이므로 사원의 책임은 '부종성'(사원의 책임은 회사채무에 종속한다)을 띤다. 즉, 사원은 회사가 채권자에게 주장할 수 있는 항변으로 채권자에게 대항할 수 있고, 사원은 회사가 채권자에게 상계, 취소 또는 해제할 권리가 있으면 변제를 거부할 수 있다(상214).

#### (4) 보충성

회사채무는 회사재산으로 변제하는 것이 원칙이므로 사원의 책임은 '보충성'(사원의 책임은 회사채무를 보충한다)도 띤다. ① 사원은 '회사재산으로 회사채무를 완제할 수 없는 때'에 변제책임이 있다(상212①). 회사재산으로 회사채무를 완제할 수 없음은 채무초과(이는 회사의 부채총액이 자산총액을 초과하는 것이고, 부채총액과 자산총액은 실질가치를 기준으로 평가한다)의 상태를 의미한다(판례·통설). 채무초과의 입증책임은 채권자가 진다(판례). ② 사원은 회사재산에 강제집행이 주효하지 못한 경우에 변제할 책임이 있다(다만, 이 경우 사원이 회사에 자력이 있으며 집행이 용이함을 증명하면 책임이 없다)(상212②③). 이는 채무초과의 입증이 실제로 쉽지 않기 때문에 회사재산에 대한 강제집행이 주효하지 못한 것만으로도(채권자가 회사재산에 실제로 강제집행을 했으나 결국 채권의 만족을 얻지 못한 경우) 사원책임을 물을 수 있게 하여 채권자를 두텁게 보호하기 위한 것이다(판례).

### (5) 책임의 범위

계약상 채무를 포함한 모든 회사채무가 포함된다(통설). 회사가 사원에게 부담하는 채무는 다른 사원이 책임을 지지 않는다는 입장과 다른 사원이 각자의 손실분담의 비율에 따라 책임을 진다는 입장이 대립한다.

### (6) 사원의 범위

모든 사원이 책임을 진다. 나아가, 신입사원은 입사 전에 생긴 회사채무도 책임을 지고(상213), 퇴사사원 또는 지분양도사원은 퇴사등기 또는 변경등기 전에 생긴 회사채무에 2년 내에는 책임을 지며(상225), 자칭사원(사원이 아니면서 타인에게 자기를 사원이라고 오인시키는 행위를 한 자)은 오인으로 회사와 거래한 자에게 책임을 진다(상215). 자칭사원의 책임은 외관책임이다.

### (7) 책임의 소멸

사원의 책임은 해산인 경우 그 등기 후 5년, 퇴사 또는 지분양도인 경우 그 등기 후 2년이 경과하면 소멸한다(상267,225).

### (8) 변제자의 권리

회사채무를 이행한 사원은 회사에 구상권(민법481)을 갖고(통설), 이는 회사채무이므로 다른 사원이 손실분담비율에 따라 책임을 진다(통설).

## Ⅴ. 입사와 퇴사

### 1. 입사 [6-551]

입사는 회사성립 후 사원의 지위를 원시적으로 취득하는 것이다. 입사는 정관의 기재사항이고(상179(3)), 정관의 변경에는 총사원의 동의가 요구된다(상204). 입사는 등기사항(상180(2))의 변경이므로 변경등기도 필요하다(상183).

### 2. 퇴사 [6-552]

#### (1) 의의

퇴사는 회사의 존속 중에 사원지위가 상실되는 것이다. 퇴사제도는 지분양도를 제한하는 대신에 인정되는 것으로서 인적회사에 특수하게 나타난다. 사원은 퇴사를 통해서 출자금을 회수할 수 있게 된다.

#### (2) 퇴사원인

1) **임의퇴사** 정관으로 회사의 존립기간을 정하지 않았거나 어느 사원의 종신까지 존속한다고 정한 경우 사원은 6개월 전에 예고하고 영업연도 말에 한해 퇴사할 수 있다(상217①). 임의퇴사이므로 다른 사원의 동의가 필요하지 않다. 사원이 부득이한 사유가 있는 경우는 예고 없이 언제든지 퇴사할 수 있다(상217②).

2) **강제퇴사** 사원의 지분을 압류한 채권자는 그 사원을 퇴사시킬 수 있다(상224①). 이 경우 채권자는 회사와 그 사원에게 6개월 전에 예고해야 하고, 다만 사원이 변제하거나 상당한 담보를 제공한 경우 그 효력을 잃는다(상224②).

3) **당연퇴사** 사원은 일정한 사유(1. 정관에 정한 사유의 발생 2. 총사원의 동의 3. 사망 4. 성년후견개시 5. 파산, 또는 6. 제명)로 인해 당연히 퇴사한다(상218). 여기서 총사원의 동의에 의한 당연퇴사는 부득이한 사유가 없어도 총사원의 동의가 있으면 언제든지 임의퇴사가 가능하다는 의미이다(통설). 사원이 사망한 경우 그 상속인이 사원의 지위를 승계할 수 있다고 정관이 정한 경우는 이에 따른다(상219).

4) **제명** ① 제명은 당연퇴사의 사유 중 하나이다. 제명이란 사원의 의사에 반하여 사원의 지위를 박탈하는 것이다. 합명회사는 인적회사로서 사원 간의

신뢰가 중시되는데 이를 기대할 수 없는 경우에 제명이 허용된다. 사원에게 제명사유(1. 출자의무의 불이행 2. 경업·겸직금지를 위반한 경우 3. 회사의 업무집행 또는 대표에 관하여 부정한 행위가 있는 때, 권한없이 업무를 집행하거나 회사를 대표한 때 4. 기타 중요한 사유가 있는 때)가 있으면 회사는 다른 사원 과반수의 결의에 의해 제명선고를 법원에 청구할 수 있다(상220①). ② 제명은 사원의 의사에 반하는 것이고 악용될 수 있으므로 엄격하게 해석할 필요가 있다(통설). 이에 따라 제명사유는 배제하거나 추가할 수 없다는 입장(다수설)과 배제할 수 있지만 추가할 수는 없다는 입장이 대립한다.

(3) **퇴사의 효과**

① 사원지위의 상실: 퇴사에 의해 사원은 사원지위를 상실한다. ② 채권자보호: 퇴사사원은 퇴사등기 전에 생긴 회사채무에 2년 내에는 책임을 진다(상225①). ③ 지분환급청구권: 퇴사한 사원은 회사에 지분환급을 청구할 수 있고, 정관에 달리 정함이 없는 한 노무 또는 신용이 출자된 경우에도 같다(상222). 해당 사원의 지분을 계산해서 양(+)인 경우는 환급을 청구할 있고, 음(-)인 경우는 오히려 손실분담의무에 따라 회사에 이를 납입해야 한다(통설). ④ 상호변경청구권: 퇴사한 사원은 자신의 성명이 회사의 상호 중에 사용된 경우 회사에 사용의 폐지를 청구할 수 있다(상226). 이는 명의대여자의 책임(상24)[2-39]을 질 우려가 있기 때문이다.

## 제 3 관 합자회사

### Ⅰ. 의의 [6-553]

합자회사는 무한책임사원과 유한책임사원으로 구성된 회사이다(상268). 합자회사는 합명회사를 기본으로 하되 유한책임사원도 포함시켜 물적 요소를 가미한다. 하지만, 합자회사는 무한책임사원이 기업의 위험을 전적으로 부담한다는 점에서 실질적으로 합명회사에 가까운 인적회사이다.

합자회사의 주요한 특징은 다음과 같다. ① 무한책임사원은 직접·연대·무한책임을 지나(상269,212), 유한책임사원은 직접·연대·유한책임(상269,212,279①)을 진다. ② 무한책임사원은 소유와 경영이 일치되나(상273,269), 유한책임사원은 감시권만을 갖는다(상277,278). ③ 지분을 양도하려는 경우 무한책임사원은 모든 사원의 동의가 필요하나(상269,197), 유한책임사원은 무한책임사원 전원의 동의를 얻으면 된다(상276). ④ 합자회사의 법률관계는 합명회사와 매우 유사하고 상법에 규정이 없으면 합명회사에 관한 규정이 준용된다(상269).

## Ⅱ. 설립 [6-554]

① 합자회사의 설립은 비교적 간단해서 정관의 작성과 설립등기를 하면 된다. 합명회사와 차이점은 유한책임사원과 관련된 부분 정도이다. ② 정관작성을 보면, 합자회사의 경우 1인 이상의 무한책임사원과 1인 이상의 유한책임사원이 공동으로 정관을 작성해야 한다(상268,269,178). 정관의 절대적 기재사항도 합명회사의 그것과 기본적으로 같으나, 다만 각 사원의 무한책임 또는 유한책임을 추가적으로 기재해야 한다(상270). ③ 회사는 다른 회사의 무한책임사원이 되지 못하므로(상173), 회사는 합자회사의 무한책임사원이 될 수 없다.

## Ⅲ. 내부관계

### 1. 출자 [6-555]

무한책임사원은 합명회사의 사원과 같이 노무 또는 신용의 출자도 가능하지만, 유한책임사원은 신용 또는 노무의 출자가 불가능하다(상272). 유한책임사원은 유한책임을 진다는 점을 고려하여 자본금의 충실을 기하자는 것이다.

### 2. 지분 [6-556]

무한책임사원인 경우 지분(사원권)의 양도는 총사원의 동의가 요건이므로 유한책임사원의 동의도 요구된다(상269,197). 무한책임사원의 변동은 유한책임사원의 이해에도 영향을 미치기 때문이다. 이와 달리 유한책임사원인 경우 지분의 양도는 무한책임사원 전원의 동의만 있으면 된다(상276). 유한책임사원 사이에서 각 유한책임사원의 개성은 중시되지 않기 때문이다.

### 3. 기관 [6-557]

① 업무집행기관·방법: 무한책임사원은 정관에 다른 규정이 없으면 각자가 업무를 집행할 권리와 의무가 있다(상273). 정관으로 무한책임사원 중에서 업무집행사원을 정할 수 있고 이 경우 그 사원이 업무를 집행할 권리와 의무가 있다(상269,201(1)). 지배인의 선임·해임은 업무집행사원이 있더라도 무한책임사원의 과반수의 결의에 의한다(상274). 유한책임사원은 회사의 업무집행을 하지 못한다(상278). 다만, 유한책임사원의 업무집행은 내부관계의 문제이므로 이는 임의규정에 불과하고, 따라서 정관 또는 총사원의 동의로 유한책임사원도 업무집행권을 가질 수 있다(판례·통설). 업무를 집행하는 사원에 대한 업무집행권한의 상실선고(상269,205)는 유한책임사원도 청구할 수 있다(판례·통설). ② 감시: 무한책임사원은 회사의 업무와 재산상태를 언제든지 검사할 수 있다(상269,195,민710). 유한책임사원은 유한책임을 진다는 점을 고려하여 특칙이 마련되어 있다. 즉, 유한책임사원은 영업연도 말에 영업시간 내에 한해 회계장부·대차대조표 기타의 서류를 열람할 수 있고 업무와 재산상태를 검사할 수 있다(상277①). 다만, 중요한 사유가 있으면 언제든지 법원의 허가를 얻어 위 열람과 검사를 할 수 있다(상277②).

### 4. 회사와 사원의 이익상충 [6-558]

① 무한책임사원에게는 경업·겸직의 제한(상198)과 자기거래의 제한(상199)이 적용된다(상269). ② 유한책임사원은 업무집행권이 없다는 점을 고려하여 경업·겸직을 허용한다(상275). 자기거래금지(상199)는 유한책임사원에 적용을 배제하는 규정이 없으므로 적용된다는 입장과 자기거래금지도 업무집행권이 없는 유한책임사원에는 해석상 배제되어야 한다는 입장이 대립한다.

### 5. 손익의 분배 [6-559]

합자회사도 합명회사처럼 손익분배는 정관 또는 사원결의로 정할 문제이다(통설). 유한책임사원은 대외적으로 유한책임을 지지만 손실분담은 내부관계의 문제이므로, 정관 또는 총사원의 동의로 유한책임사원에게 출자의무를 초과하여 손실분담의무를 지울 수 있다(통설). 나머지 사항은 합명회사와 같다.

## Ⅳ. 외부관계

### 1. 회사의 대표 [6-560]

유한책임사원은 대표행위를 하지 못한다(상278). 이는 합자회사의 외부관계에 관한 규정으로서 강행규정이며, 정관 또는 총사원의 동의에 의해서도 달리 정하지 못한다(판례·통설). 나머지 사항은 합명회사와 같다.

### 2. 사원의 책임 [6-561]

(1) 내용

무한책임사원은 합명회사의 사원과 같은 책임을 진다. 유한책임사원은 다음과 같은 책임을 진다. ① 직접·연대·유한책임: 유한책임사원은 출자의무를 한도로 채무자에게 직접·연대·유한책임을 진다. 즉, 출자가액에서 이미 이행한 부분을 공제한 가액을 한도로 회사채무를 연대하여 직접 채무자에게 변제할 책임이 있다(상279①). 회사에 이익이 없음에도 배당받은 금액은 변제책임에 가산한다(상279②). ② 출자감소 시의 책임: 유한책임사원은 출자를 감소한 후에도 그 등기 전에 생긴 회사채무는 등기 후 2년 내에는 책임을 진다(상269,212,279①). ③ 자칭무한책임사원의 책임: 이는 외관책임이다. 유한책임사원이 타인에게 자기를 무한책임사원으로 오인시키는 행위를 한 경우 오인으로 인해 회사와 거래를 한 자에게 무한책임사원과 동일한 책임을 진다(상281①). 유한책임사원이 책임한도를 오인시키는 행위를 한 경우 오인시킨 범위에서 책임을 진다(상281②).

(2) 사원의 종류가 변경된 경우

유한책임사원이 무한책임사원으로 변경된 경우 변경등기 전에 생긴 회사채무는 무한책임사원으로서의 책임을 지고, 무한책임사원이 유한책임사원으로 된 경우 변경등기 전에 생긴 회사채무는 등기 후 2년 내에는 무한책임사원으로서의 책임을 진다(상282).

## Ⅴ. 입사와 퇴사

### 1. 입사 [6-562]

무한책임사원이든 유한책임사원이든 입사가 있으면 정관변경의 절차를 거쳐야 한다(상270,269,179). 합명회사의 규정이 준용되므로, 정관의 변경에는 총사원의 동의가 요구되고(상204), 입사는 등기사항(상180(1))의 변경으로서 변경등기도 필요하다(상183).

### 2. 퇴사 [6-563]

퇴사에 관해 합자회사는 합명회사와 별 차이가 없으나, 유한책임사원의 사망 또는 성년후견개시는 당연퇴사의 원인이 되지 않는다(상283,284). 이는 유한책임사원인 경우 그 개성이 중시되지 않기 때문이다. 유한책임사원이 사망하면 그 상속인이 사원의 지위를 승계한다.

# 제 4 관 유한책임회사

## Ⅰ. 의의 [6-564]

유한책임회사는 내부적으로 인적회사의 요소를 가지면서 대외적으로 유한책임을 지는 사원만으로 구성된 회사이다. 이러한 이유에서 유한책임회사는 인적회사와 물적회사의 중간적 성격을 띤다. 사원이 유한책임을 지는 유한회사도 내부적으로 어느 정도의 폐쇄성·자치성·유연성이 있지만 유한책임회사는 이러한 색채가 보다 강하다는 점에서 인적회사의 색채가 보다 강하다. 유한책임회사는 2011년의 상법 개정으로 새로이 도입된 회사 형태이다.

유한책임회사의 주요한 특징은 다음과 같다. ① 유한책임회사는 간접·개별·유한책임을 지는 사원으로 구성되는 회사이다(상287의7,287의4②,287의23②). ② 위 ①과 같이 사원의 책임이 제한되지만 소유와 경영의 분리 여부가 자치적이다. 즉, 정관으로 업무집행자를 사원 중에서 정할 수도 있고 제3자로 정할 수도 있다(상287의12①). ③ 조합적 성격으로 인해 사원의 개성이 중시되므로 사원의 지분은 원칙상 다른 사원의 동의를 얻어야 양도할 수 있다(상287의8①). ④ 유한책임회사는 내부적으로는 인적회사에 가깝기 때문에 내부관계에는 정관 또는 상법에 다른 규정이 없으면 합명회사에 관한 규정이 준용된다(상287의18).

## Ⅱ. 설립 [6-565]

① 정관작성·출자·설립등기: 사원이 정관을 작성해야 한다(상287의2). 사원은 1명이어도 무방하다(통설). 각 사원은 출자의무를 진다. 즉, 정관에 사원의 출자(목적 및 가액)를 기재해야 하고(상287의3(2)), 출자는 전액이 납입되어야 한다(상287의4②③). 사원이 출자의무를 이행하지 않으면 제명사유가 된다(상287의27,220①(1)). 사원의 유한책임으로 인해 자본금 충실이 요구되고, 따라서 사원은 신용 또는 노무를 출자하지 못한다(상287의4①)(이에 대해서는 유한책임회사가 벤처기업 등 무형의 인적 자산을 기초로 하는 기업을 위해 도입된 만큼 신용·노무출자를 허용해야 한다는 비판론이 있다). 회사는 설립등기를 함으로써 성립한다(상287의5). ② 기관: 업무집행자는 정관의 절대적 기재사항이므로(상287의3(4)) 회사설립 시에 정해진다. ③ 설립의 하자: 회사설립의 하자는 회사관계의 단체적 성질과 거래안전을 고려하여 설립무효·취소의 소로만 다툴 수 있다(상287의6). 주식회사와 달리 설립취소의 소가 허용되는 것은 유한책임회사에서는 사원의 폐쇄성으로 인해서 개성이 중시되므로 사원 개인의 설립행위에 취소사유가 존재하는 경우 이에 따른 설립취소를 인정하기 위해서이다. 합명회사 설립의 무효·취소의 소에 관한 규정(상184~194)이 준용된다(상287의6).

## Ⅲ. 내부관계

### 1. 지분 [6-566]

① 개념: 지분이란 사원권(사원의 지위)을 의미한다(상287의29 등). 사원권에는 회사에 대한 공익권(감시권 등)과 자익권(이익배당청구권 등)이 포함된다. ② 지분단일주의(두수주의): 각 사원은 1개의 지분을 가지며, 다만 출자의 크기에 따라 지분의 크기는 다를 수 있다. 지분은 균등한 비례적 단위로 나뉘지 않는데, 사원의 폐쇄

성으로 인해 지분의 유통성이 중시되지 않기 때문이다. ③ 양도: 사원의 폐쇄성으로 인해 사원이 지분을 양도하려면 원칙상 다른 사원 전원의 동의가 필요하다(상287의8①). 다만, 업무집행자가 아닌 사원은 업무집행자인 사원 전원의 동의를 얻으면 양도할 수 있다(상287의8②본). 그리고 정관으로 지분양도에 관한 사항을 달리 정할 수 있다(상287의8③). ④ 상속: 사원의 폐쇄성으로 인해 원칙상 지분의 상속이 가능하지 않다. 사원의 사망은 퇴사원인(상287의25,218(3))이므로 상속인은 지분환급청구권(상287의28)을 가질 뿐이다. 다만, 정관으로 상속인이 피상속인의 지분을 상속하여 사원이 될 수 있다고 정할 수 있다(상287의26,219①). ⑤ 지분의 압류: 지분의 압류는 사원의 잉여금배당청구권에도 그 효력이 있다(상287의37⑥). 여기서 잉여금배당청구권은 이익배당청구권과 의미가 같다. ⑥ 지분의 입질: 민법의 일반원칙에 따라 지분에 대한 권리질(민345)을 인정한다(통설). ⑦ 자기지분: 회사는 자기지분을 양수할 수 없고, 자기지분을 취득하는 경우 취득 시에 소멸한다(상287의9). 이는 자본금 충실을 위한 것이다.

## 2. 기관 [6-567]

### (1) 소유와 경영의 일치 문제

유한책임회사는 소유와 경영의 일치 여부를 자치적으로 정할 수 있다. 즉, 정관으로 업무집행자를 사원 중에서 정할 수도 있고 제3자로 정할 수도 있다(상287의12①). 이는 유한책임회사의 내부적 자치성과 유연성을 보여준다. 아래에서 살펴보는 업무집행자 이외에는 기관에 대해 상법이 규정하고 있지 않으므로 이에 대해서도 자치성과 유연성이 인정된다.

### (2) 의사결정

업무집행에 관한 의사결정 중에서 중요한 것은 사원의 결의로 하고 나머지 의사결정은 업무집행기관이 한다(통설). 사원의 결의가 필요한 경우 사원총회는 존재하지 않으므로 각 사원의 의사를 확인하는 방법을 취하면 충분하다(통설). 사원의 결의는 다음과 같이 한다. ① 총사원의 과반수: 사원의 결의는 합명회사의 규정이 준용된다고 보아서 두수주의에 따라 1인 1의결권이나(통설) 정관으로 달리 정할 수 있고, 의결권의 과반수로 정한다(상287의18,195,민706②). ② 총사원의 동

의: 예외적으로 총사원의 동의가 필요한 경우도 있다[가령 업무집행자의 경업승인(상287의10①)]. ③ 정관: 정관에 의해서 의사결정을 하는 경우도 있다[가령 업무집행자의 선정(287의12①)]. 정관변경은 정관에 다른 정함이 없으면 총사원의 동의가 있어야 한다(상287의16).

(3) 업무집행기관

① 업무집행자: 업무집행자가 업무집행기관이다. 정관으로 사원 또는 사원이 아닌 자를 업무집행자로 정해야 한다(상287의12①). 업무집행자는 수의 제한이 없다(상287의12②). 업무집행권을 갖지 못한 사원은 업무집행자에 대한 감시권을 갖는다(상287의14,277). ② 법인인 경우: 법인도 업무집행자가 될 수 있다(상287의15). 이는 유한책임회사에 특수한 규정인데, 가령 합명회사는 회사가 사원이 될 수 없으므로(상173), 회사가 업무집행기관이 될 수 없다. 법인이 업무집행자가 되더라도 직접 업무집행을 할 수는 없으므로, 법인이 직무수행자(해당 업무집행자의 직무를 행할 자)를 선임하고, 그 자의 성명과 주소를 다른 사원에게 통지해야 한다(상287의15①). ③ 사임·해임·권한상실선고: 업무집행사원은 정당한 사유 없이 사임하지 못하며(상287의18,195,708), 정관에 다른 정함이 없는 경우 총사원의 동의가 있으면 해임할 수 있다(상287의3(4),287의16). 업무집행자가 업무집행에 현저하게 부적임하거나 중대한 의무를 위반한 경우 법원은 사원의 청구에 의해 업무집행권한의 상실을 선고할 수 있다(상287의17,205①). ④ 직무집행정지 등: 업무집행자의 직무집행정지와 직무대행자 제도가 적용된다(상287의5⑤,287의13,200의2).

(4) 업무집행방법

업무집행자는 각자 독립하여 업무를 집행한다(상287의12②). 각 업무집행자의 업무집행에 다른 업무집행자의 이의가 있으면 곧 그 집행행위를 중지하고 업무집행자의 과반수의 결의에 따라야 한다(상287의12②,201②). 정관으로 둘 이상을 공동업무집행자로 정한 경우 공동으로 업무집행을 해야 한다(상287의12③).

(5) 감시

업무집행권을 갖지 못한 사원은 업무집행자에 대한 감시권을 갖는다(상287의14,277).

(6) 책임

사원은 회사에 업무집행자의 책임을 추궁하는 소의 제기를 청구할 수 있고, 여기에는 주식회사의 대표소송에 관한 규정(상403②~④⑥⑦,404~406)이 준용된다(상287의22②). 소수사원권이 아니라 단독사원권이므로 1인의 사원이라도 대표소송을 제기할 수 있다.

### 3. 회사와 업무집행자의 이익상충 [6-568]

업무집행자가 경업·겸직 또는 자기거래를 하면 이익상충(자신의 지위를 이용하여 회사이익의 희생하에 자신 또는 제3자의 이익을 추구)으로 인해 회사에 손해를 끼칠 수 있다. ① 경업·겸직 제한: 업무집행자는 사원 전원의 동의가 없이 자기 또는 제3자의 계산으로 회사의 영업부류에 속한 거래를 하지 못하며, 같은 종류의 영업을 목적으로 하는 다른 회사의 업무집행자·이사 또는 집행임원이 되지 못한다(상287의10①). ② 자기거래 제한: 업무집행자는 다른 사원 과반수의 결의가 있는 때에 한하여 자기 또는 제3자의 계산으로 회사와 거래를 할 수 있다(상287의11).

### 4. 회사의 계산과 자본금의 변동

(1) 회사의 계산 [6-569]

① 회계·재무제표: 유한책임회사는 사원이 유한책임을 부담하므로 상법은 회계·재무제표에 대해 다음과 같이 규율한다. 상법과 대통령령으로 규정한 것 외에는 일반적으로 공정하고 타당한 회계관행에 따른다(상287의32). 업무집행자는 결산기마다 대차대조표, 손익계산서, 그 밖에 회사의 재무상태와 경영성과를 표시하는 것으로서 대통령령으로 정하는 서류를 작성해야 한다(상287의33). ② 잉여금분배: 유한책임회사는 사원이 유한책임을 지므로 자본금 충실이 중시된다. 따라서 잉여금분배(이익배당과 같은 개념이다)에 관한 규정을 두어 자본금 충실을 기하고 있다. 회사는 잉여금(대차대조표상의 순자산액으로부터 자본금의 액을 뺀 액)을 한도로 하여 잉여금을 분배할 수 있다(상287의37①). 이에 위반하여 잉여금을 분배한 경우 회사채권자는 잉여금을 분배받은 자에게 회사에 반환할 것을 청구할 수 있다(상287의37②). 잉여금은 정관에 다른 규정이 없으면 각 사원이 출자한 가액에 비례

하여 분배한다(상287의37④).

(2) 자본금의 변동 [6-570]

① 개념: 자본금은 사원이 출자한 재산의 가액이다(상287의35). ② 증가: 자본금은 정관의 절대적 기재사항(상287의3(3))이므로 자본금의 증가를 위해서는 총사원의 동의가 있어야 한다(상287의16). ③ 감소: 자본금은 정관의 절대적 기재사항(상287의3(3))이므로 자본금의 감소를 위해서도 총사원의 동의가 있어야 한다(상287의16). 나아가 자본금의 감소는 책임재산을 감소시키므로 원칙상 채권자보호절차를 거쳐야 한다(상287의36②본,232).

### 5. 정관의 변경 [6-571]

정관에 다른 규정이 없는 경우 정관의 변경에는 총사원의 동의가 있어야 한다(상287의16). 유한책임회사가 내부적으로 인적회사의 요소가 강하다는 점을 고려해서 정관변경에 총사원의 동의를 원칙으로 하면서, 자치성과 유연성도 중시해서 정관에 다른 규정을 둘 수 있게 한 것이다.

## Ⅳ. 외부관계

### 1. 회사의 대표 [6-572]

① 대표기관: 업무집행자가 회사를 대표한다(상287의19①). 다만, 업무집행자가 둘 이상인 경우 정관 또는 총사원의 동의로 회사를 대표할 업무집행자를 정할 수 있다(상287의19②). ② 대표권: 대표권은 회사의 영업에 관해 재판상 또는 재판외의 모든 행위를 할 권한을 의미한다(상287의19⑤,209①). 회사를 대표하는 사원이 대표권에 따라 대표행위를 하면 이는 회사의 행위로 된다. 대표권에 대한 제한은 선의의 제3자에게 대항하지 못한다(상287의19⑤,209②). ③ 대표방법: 업무집행자는 각자 독립하여 회사를 대표한다(통설). 다만, 정관 또는 총사원의 동의로 둘 이상의 업무집행자가 공동으로 회사를 대표할 것을 정할 수 있다(상287의19③). ④ 불법행위: 회사를 대표하는 업무집행자가 그 업무집행으로 인해 타인에게 손해를 가하면 회사는 그 업무집행자와 연대하여 손해를 배상할 책임이 있다(상287의

20). 이는 기본적으로 회사의 책임이지만 피해자를 두텁게 보호하기 위해서 대표업무집행자에게도 연대책임을 지운 것이다.

### 2. 사원의 책임 [6-573]

사원은 상법에 다른 규정이 있는 경우 이외에는 출자금액을 한도로 회사에 간접·개별·유한책임을 진다(상287의7,287의4(2)). 이와 관련하여 현재 상법에 다른 규정은 없다.

## Ⅴ. 입사와 퇴사

### 1. 입사 [6-574]

① 입사는 회사성립 후 사원의 지위를 원시적으로 취득하는 것이다. 입사는 정관의 기재사항이고(상287의23①), 정관에 다른 규정이 없는 경우 정관의 변경에는 총사원의 동의가 있어야 한다(상287의16). ② 입사는 정관변경 시에 효력이 발생한다(상287의23②본). 다만, 정관변경 시에 해당 사원이 출자의 납입 또는 이행이 안된 경우 이를 마친 때에 사원이 된다(상287의23②단).

### 2. 퇴사 [6-575]

#### (1) 의의

퇴사는 회사의 존속 중에 사원지위가 상실되는 것이다. 퇴사제도는 지분양도를 제한하는 대신에 인정되는 것으로서 인적회사에 특수하게 나타나는데, 내부적으로 인적회사의 요소가 강한 유한책임회사에도 인정된다. 사원은 퇴사를 통해서 출자금을 회수할 수 있게 된다. 하지만 나머지 사원이 유한책임만을 진다는 점을 고려하여, 퇴사를 허용하되 채권자보호절차를 거치게 하고 있다.

#### (2) 퇴사원인

사원의 퇴사에 관해서는 합명회사에 관한 규정을 주로 준용한다. ① 임의퇴사: 정관에서 달리 정하지 않는 한 합명회사의 임의퇴사에 관한 규정(상217①)을 준용한다(상287의24). ② 강제퇴사: 합명회사의 강제퇴사에 관한 규정(상224)을 준용한다(상287의29). ③ 당연퇴사: 합명회사의 당연퇴사에 관한 규정(상218)을 준용한다(상287의25). ④ 제명: 제명은 당연퇴사의 사유 중 하나이다. 사원의 제명에 관하여는 합명회사의 제명에 관한 규정(상220)을 준용하고, 다만 사원의 제명에 필요한 결의는 정관으로 달리 정할 수 있다(상287의27).

(3) 퇴사의 절차

사원의 퇴사에 관해서는 채권자보호절차를 거쳐야 한다. 즉, 회사채권자는 퇴사하는 사원에 대한 환급액이 잉여금(대차대조표상의 순자산액으로부터 자본금의 액을 뺀 액)을 초과한 경우 그 환급에 대해 회사에 이의를 제기할 수 있다(상287의30①). 이 경우 회사는 변제 또는 상당한 담보를 제공하거나 이를 목적으로 해서 상당한 재산을 신탁회사에 신탁해야 하고, 다만 지분을 환급해도 채권자를 해할 우려가 없는 경우 그렇지 않다(상287의30②,232).

(4) 퇴사의 효과

① 사원지위의 상실: 퇴사에 의해 사원은 사원지위를 상실한다. ② 지분환급청구권: 퇴사한 사원은 회사에 금전으로 지분환급을 청구할 수 있고, 환급금액은 퇴사 시의 회사의 재산 상황에 따라 정한다(상287의28①②). 다만, 이러한 지분환급에 대해서 정관으로 달리 정할 수 있다(상287의28③). ③ 상호변경청구권: 퇴사한 사원은 자신의 성명이 회사의 상호 중에 사용된 경우 회사에 사용의 폐지를 청구할 수 있다(상287의31). 이는 명의대여자의 책임(상24)[2-39]을 질 우려가 있기 때문이다.

## 제 5 관 외국회사

### Ⅰ. 의의 [6-576]

① 개념: 외국회사인지는 설립준거법에 따라 구분한다(설립준거법주의)(통설). 즉, 국내회사는 우리의 법에 의해서 설립된 회사이고, 외국회사는 외국의 법에 의해서 설립된 회사이다. ② 법적 지위: 외국회사는 다른 법률의 적용에 있어서는 법률에 다른 규정이 있는 경우 외에는 대한민국에서 성립된 동종 또는 가장

유사한 회사로 본다(상621). ③ 유사외국회사와의 구분: 유사외국회사(외국에서 설립된 회사라도 대한민국에 그 본점을 설치하거나 대한민국에서 영업할 것을 주된 목적으로 하는 경우)는 우리나라에서 설립된 회사와 같은 규정에 따라야 한다(상617). 유사외국회사는 형식적으로는 외국회사이나 실질적으로는 국내회사인 경우를 가리킨다.

## Ⅱ. 국내영업의 요건 [6-577]

① 대표자·영업소: 외국회사가 우리나라에서 영업을 하려면 우리나라에서의 대표자를 정하고 우리나라 내에 영업소를 설치하거나 대표자 중 1명 이상이 대한민국에 주소를 두어야 한다(상614①). ② 등기: 외국회사는 영업소의 설치에 관해서 우리나라에서 설립되는 동종의 회사 또는 가장 유사한 회사의 지점과 동일한 등기를 해야 한다(상614②). 이 경우 회사설립의 준거법과 우리나라에서의 대표자의 성명과 주소를 등기해야 한다(상614③). ③ 등기불이행의 효과(계속거래금지): 외국회사는 영업소의 소재지에서 등기(상614②)를 하기 전에는 계속해서 거래를 하지 못한다(상616①). 이에 위반하여 거래를 한 자는 그 거래에 대해 회사와 연대하여 책임을 진다(상616②).

## Ⅲ. 기타 관련 규정 [6-578]

① 증권: 우리나라에서의 외국회사의 주권 또는 채권의 발행과 그 주식의 이전이나 입질 또는 사채의 이전에 관해 상법 335조 등을 준용한다. ② 대차대조표의 공고: 등기(상614②)를 한 외국회사(대한민국에서의 같은 종류의 회사 또는 가장 비슷한 회사가 주식회사인 것만 해당한다)는 재무제표 등의 승인(상449)과 같은 종류의 절차 또는 이와 비슷한 절차가 종결된 후 지체 없이 대차대조표 또는 이에 상당하는 것으로서 대통령령으로 정하는 것을 우리나라에서 공고해야 한다(상616의2①). ③ 폐쇄명령: 외국회사가 우리나라에 설치한 영업소가 일정한 사유(1. 영업소의 설치목적이 불법한 것인 때 2. 영업소의 설치등기를 한 후 정당한 사유 없이 1년 내에 영업을 개시하지 않거나 1년 이상 영업을 휴지한 때 또는 정당한 사유 없이 지급을 정지한 때, 또는 3. 회사의 대표자 기타 업무를 집행하는 자가 법령 또는 선량한 풍속 기타 사회질서에 위반한 행위를 한 때)가 있으면 법

원은 이해관계인 또는 검사의 청구에 의해 그 영업소의 폐쇄를 명할 수 있다(상619①). ④ 재산청산: 영업소의 폐쇄를 명한 경우(또는 스스로 폐쇄한 경우) 법원은 이해관계인의 신청 또는 직권으로 우리나라에 있는 그 회사재산의 전부에 대한 청산의 개시를 명할 수 있고, 이 경우 법원은 청산인을 선임해야 한다(상620①③).

# 사항색인

ㄴ



ㄷ

ㅇ

**저자약력**
서울대학교 법과대학 졸업 (법학사)
영국 케임브리지대학교 대학원 졸업 (Ph.D. in Law)
서울대학교 법학전문대학원 원장 겸 교수 (현)
사단법인 법학전문대학원협의회 이사장 (현)
보험연구원 원장 (제4대)
법무부 상법개정위원회 위원
금융감독원 금융분쟁조정위원회 위원

**주요 저서**
보험법, 2021, 3판, 박영사
보험업법, 2019, 박영사
보험법의 현대적 과제 (편저), 2013, 소화
21세기 회사법 개정의 논리 (공저), 2007, 소화
새로운 금융법 체계의 모색 (공저), 2006, 소화

제2판
**신상법입문**

초판발행 2020년 2월 15일
제2판발행 2022년 1월 15일

지은이 한기정
펴낸이 안종만 · 안상준

편 집 김선민
기획/마케팅 조성호
표지디자인 이수빈
제 작 우인도 · 고철민 · 조영환
펴낸곳 (주) 박영사
서울특별시 금천구 가산디지털2로 53, 210호(가산동, 한라시그마밸리)
등록 1959. 3. 11. 제300-1959-1호(倫)
전 화 02)733-6771
f a x 02)736-4818
e-mail pys@pybook.co.kr
homepage www.pybook.co.kr
ISBN 979-11-303-4081-4 93360



정 가 39,000원